V&R

Novum Testamentum et Orbis Antiquus / Studien zur Umwelt des Neuen Testaments

Band 128

Vandenhoeck & Ruprecht

Hanna-Maria Mehring

Der „König“ und sein „Volk“

Das Inter-Agieren des johanneischen Jesus vor dem Hintergrund hellenistisch-römischer Herrschermotivik

Vandenhoeck & Ruprecht

Bibliografische Information der Deutschen Nationalbibliothek:
Die Deutsche Nationalbibliothek verzeichnet diese Publikation in der Deutschen Nationalbibliografie; detaillierte bibliografische Daten sind im Internet über https://dnb.de abrufbar.

Umschlaggestaltung: SchwabScantechnik, Göttingen
Satz: le-tex publishing services, Leipzig
Druck und Bindung: Hubert & Co, Göttingen
Printed in the EU

Vandenhoeck & Ruprecht Verlage | www.vandenhoeck-ruprecht-verlage.com

ISSN 1420-4592
ISBN 978-3-525-50023-1

Vorwort

Die vorliegende Arbeit wurde im Wintersemester 2021/2022 an der Katholisch-Theologischen Fakultät der Universität Augsburg als Dissertation angenommen und für die Drucklegung überarbeitet.

Mein erster herzlicher Dank gilt meinem Doktorvater Prof. Dr. Stefan Schreiber für die geduldige und konstruktive Begleitung sowie den Freiraum für ein individuelles Vorgehen und die Unterstützung des Fortgangs der Arbeit über anschließende Anstellungen und Ländergrenzen hinweg. Für die Erstellung des Zweitgutachtens und die wohlwollende Begleitung während meines Lizentiatstudiums gilt ein besonderer Dank Prof. Dr. Franz Sedlmeier. Prof. Dr. Maria Neubrand (†) verdanke ich vielfältige Anregungen und Impulse zum jüdisch-christlichen Dialog. Für ihre kritische Sicht auf ausgetretene Pfade bei der Bestimmung des Verhältnisses „Israel" – „Kirche" und all ihre (persönliche) Ermutigung bin ich dankbar.

Wichtige Teile der Arbeit habe ich während meiner Zeit als Praedocassistentin am Institut für Bibelwissenschaft geschrieben und dort auch die Arbeit fertiggestellt. Den erfolgreichen Abschluss der Arbeit verdanke ich dem ganzen Team des Instituts für Bibelwissenschaft. Ich danke sehr herzlich Prof. Dr. Roman Kühschelm für große Freiräume bei meiner Arbeit am Lehrstuhl. Ao. Univ.-Prof. Mag. Dr. Martin Stowasser, Prof. Mag. Mag. Dr. Veronika Burz-Tropper und Mag. Dr. Barbara Lumesberger-Loisl danke ich insbesondere für die wohlwollende kollegiale Begleitung, ihre Unterstützung und den Wiener Schmäh sowie für viele exegetische Impulse im Austausch rund um das Johannesevangelium. Ein großer Dank gebührt Barbara Lumesberger-Loisl und Veronika Burz-Tropper auch für die Übernahme des Korrekturlesens – ebenso wie MMag. Dr. Clarissa Breu, Sabine Niedeggen, Prof. Dr. Viera Pirker und Jörg Sandkamp.

Prof. Mag. Dr. Markus Tiwald, Katharina Rötzer und Mag. Eva Puschautz möchte ich danken für ihr Wohlwollen und ihre Großzügigkeit in der letzten Phase der Arbeit und dass sie mir nicht nur eine Infrastruktur zum Arbeiten bereitgestellt haben, sondern ich mich getragen und gefördert wusste von dem festen Wunsch des ganzen Wiener Teams – die Fertigstellung der Arbeit möge gelingen!

Ebenso danken möchte ich sowohl dem Oberseminar in Augsburg als auch dem Vertiefungsseminar in Wien, dass ich in diesem Rahmen Teile meiner Dissertation vorstellen und mit ihnen diskutieren konnte und vielfältige Anregungen erhalten habe.

Ich möchte mich bei den Bibliotheken der Universität Augsburg und der Universität Wien für all ihre Unterstützung bedanken – drei Bibliothekar:innen bzw. Fachbereichsbibliotheken gehört ein ganz besonders großes Dankeschön: Mag. Dr.

Alfred Friedl (FB Theologie), Mag. Dr. Sonja Reisner MAS, MSc (FB Klassische Philologie, Mittel- und Neulatein) sowie dem ganzen Team der Fachbibliothek Alte Geschichte.

Ich danke dem Herausgeberkreis von NTOA, Prof. Dr. Martin Ebner, Prof. Dr. Peter Lampe, Prof. Dr. Heidrun Elisabeth Mader, Prof. Dr. Jürgen Zangenberg und insbesondere Prof. Dr. Stefan Schreiber für die Aufnahme der Arbeit in die Reihe. Für die Begleitung der Drucklegung von Seiten des Verlags danke ich Dr. Izaak de Hulster, Miriam Lux und Christoph Spill.

Ohne meine Freund:innen, die mich unterstützt und sowohl Höhenflüge geteilt als auch Tiefpunkte mit durchschritten haben, gäbe es diese Arbeit nicht. Für euren Zuspruch, euer Verständnis, euren kritischen Rat – eurem Sosein in meinem Leben danke ich: MMag. Dr. Clarissa Breu, Dr. Christina Heidler, Dr. Dominik Helms, Astrid Humpert, Dipl.-Theol. Dr. Judith Klaiber, Ass.-Prof.in Dr.in Magdalena Lass, Angela Lücking, Sabine Niedeggen, Mag. Dr. Johanna Öttl, Prof. Dr. Viera Pirker, Dr. Olaf Rölver, Prof. Dr. Thomas Schumacher und Prof. Dr. Ursula Schumacher.

Ein besonderer Dank gilt meiner Familie, die den guten Ausgang der Arbeit immer wie selbstverständlich angenommen und den Weg dahin unterstützend mitgetragen hat.

Wien im Januar 2023 Hanna Mehring

Inhalt

III. Der johanneische Jesus als Herrscher

I. Hermeneutik und Methodik

A Einführung und Forschungsüberblick

1. Einführung

Gegenstand der Analyse ist die Königsmotivik im JohEv und die Untersuchung ihrer Funktion im Gesamtkontext der johanneischen Jesus-Vita. Es wird der Frage nachgegangen, ob und wie Jesus als (idealer) König literarisch inszeniert wird. Ein wichtiger erster Anhaltspunkt, warum der Königsmotivik gerade im JohEv eine besondere Rolle zukommt, ist die reine Anzahl der Königstitel für Jesus (16 Verweise) im Vergleich zu den drei Synoptikern (insgesamt 19 Verweise). An den zentralen Achsenstellen des Evangeliums wird Jesus als König bekannt: in Joh 1,35–51 durch den (späteren) Schüler Natanael, in 6,1–21 durch das Volk nach der wunderbaren Brotvermehrung, in 12,12–19 beim Einzug Jesu nach Jerusalem und in 18,28–19,16 im Rahmen des Verhörs durch den römischen Präfekt Pilatus, der ihn fragt: Bist du der König der Juden? Jesus antwortet ihm darauf, dass sein Königtum nicht von dieser Welt sei.

Häufig wurde in der exegetischen Forschung diese Antwort im Sinne einer Korrektur gelesen, dass Jesus hier sein Königtum als himmlisches verstanden wissen will. Die Lesart, in der der Königstitel begegnet, ist dann die eines dem weltlichen hellenistisch-römischen Kaisertum überlegenen Königtums Jesu.[1]

Das römische Kaisertum und seine Exponenten kommen also mehrheitlich als Negativfolie zum Tragen, mit der Jesus als „Sohn Gottes“ nicht identifiziert werden kann. Zudem wird ersichtlich, dass bei den Monographien vor allem die Arbeiten von Joachim Kügler, Michael Labahn und die Kommentare von Bruce J. Malina/Richard L. Rohrbaugh und Jerome H. Neyrey sowie die Monographie von Warren Carter mit ihrer motivgeschichtlichen Ausrichtung ihren Fokus auf das hellenistisch-römische Kaisertum bzw. die Seleukidenherrschaft als vorgängige Herrschaftsform legen und damit für ein breites Spektrum der Königsmotivik angemessen berücksichtigen.[2] Die anderen im nachfolgenden Forschungsüberblick vorgestellten Arbeiten beschränken sich bei ihrer Analyse des Königs Jesus auf den alttestamentlichen Traditionshintergrund und die frühjüdischen Motivkomplexe der Gesalbtenerwartung.[3] Hier scheint die Lesart des JohEv als jüdisches Evangelium aufgrund einer starken Rezeption alttestamentlicher Gestalten wie Mose, die

1 Vgl. Kügler, König, 89; Hengel, Reich, 170.

2 Malina/Rohrbaugh, John; Neyrey, John (NCBC); Carter, John.

3 Vgl. weitere Arbeiten mit dieser Ausrichtung: Langner, Jesus; Schreiber, Rätsel; Ders., Gesalbter; Stegemann/Stegemann, König.

Kenntnis jüdischer Gesetze und Vorschriften und der zeitlichen Strukturierung nach jüdischen Festtagen auf der Makroebene des Evangeliums[4] weiterzuwirken und eine Beschränkung der Forschungsperspektive nach sich zu ziehen. Dabei ist das Motiv des brotspendenden Herrschers (Plut. Caes. 55; Suet. Iul. 26,2; 37,1–39,4; Suet. Dom. 4,5; R. Gest. div. Aug. 15; 18) ein dezidiert hellenistisch-römisches Konzept eines idealen Herrschers. Auch das Konzept des noble death, in dessen Horizont der Tod Jesu als Sterben des Erhöhten im Unterschied zu den Synoptikern allein im JohEv verstanden werden kann, ist im hellenistischen Traditionsstrom von Iphigenie über historische Beispiele wie Sokrates und Cato, die in der Literatur immer wieder als Vorbilder für ein angemessenes und edles Sterben aufgerufen werden, bis hin zum Sterben der Jünglinge im 2. und 4. Makkabäerbuch zu verankern.[5]

Dieser Umstand berechtigt noch einmal verstärkt dazu, das JohEv in seiner Königsmotivik als geprägt von seinem unmittelbaren hellenistischen Kontext zu lesen und den König Jesus als idealen hellenistischen Herrscher zu verstehen.

Zentral dabei ist die differenzierte Erfassung der Königs-Christologie[6] im JohEv mittels der motivgeschichtlichen Ausrichtung auf das hellenistisch-römische Herrscherideal als Vergleichspunkt für den König Jesus zu leisten. Das Vorhaben ist daher als ein Beitrag zur Erschließung der christologischen Konzeption des JohEv einzuordnen.

Das Auftreten des idealen hellenistischen Königs Jesus im narrativen Verlauf der johanneischen Jesus-Vita soll zudem im Zusammenhang mit dem sich dort spiegelnden Konflikt der Jesus-Gruppe mit ‚den Juden' gelesen und auf seine pragmatische Funktion hin befragt werden, was ein Novum darstellt. Im JohEv reichen die Aussagen über die Juden von „das Heil kommt von den Juden" (4,22) bis hin

4 Vgl. Frey, Johannesevangelium, 117–119.

5 Die Aufnahme hellenistischer Motive ist in dem hellenistischen Entstehungskontext des Johannesevangeliums begründet. Während lange Zeit in der Forschung die Frage diskutiert wurde, ob das Johannesevangelium im palästinischen jüdischen Milieu oder im hellenistischen jüdischen Milieu einzuordnen ist, votiert man heute nahezu einhellig für ein Entstehen in der hellenistisch-jüdischen Diaspora, ohne dass eine eindeutige Festlegung auf einen der diskutierten Entstehungsorte wie Ephesus oder Alexandria möglich ist. Zudem ist in der exegetischen Forschung zusehends die Unterscheidung zwischen hellenistischem Judentum und palästinischem Judentum obsolet geworden, da sehr früh (vgl. die Eroberung Palästinas durch Alexander den Großen) hellenistische Einflüsse auf das Judentum einwirken – spätestens seit Antiochus IV. steht das Judentum in direkter konfligierender Auseinandersetzung mit den Seleukidenherrschern –, und dieser Einfluss in der Prägung des Judentums greifbar wird. Hellenistische Gedanken und Ausdrucksweisen wurden im Judentum aufgegriffen, aber es hat diese „entweder integriert oder abgestoßen und ist durch sie in seiner inneren Kraft nur stärker geworden". Hengel, Christentum, 201. Vgl. Frey, Johannesevangelium, 101.

6 Vgl. zum Begriff Kügler, König, 90.

zu dem Vorwurf, dass der Teufel der Vater der Juden (8,44) sei. Das JohEv gilt aufgrund von Aussagen wie der Letzten als zutiefst antijüdisch. Eng damit verbunden ist häufig der Zug, die „‚heilsgeschichtliche' Ablösung"[7] Israels durch die Kirche für das JohEv als (theologisches) Deutemodell des Verhältnisses Israel - Kirche anzunehmen. Die Gefahr des „Ausgestoßenwerdens" (9,22) für die Juden, die sich zu Jesus als „Messias" bekennen, wird zudem herangezogen, den Akt der Trennung sowie den Trennungsprozess zwischen johanneischer Gemeinde und synagogalem Judentum historisch als weitestgehend vollzogen zu datieren.[8]

Um nur eine, aber zugleich eine der wichtigsten Erklärungen im Rahmen des jüdisch-christlichen Dialogs zu nennen, sei hier auf Nostra Aetate verwiesen als dem Konzilsdokument des 2. Vatikanums, das das Verhältnis der Kirche zu anderen Religionen beschreibt und bestimmt. In Nostra Aetate werden die bleibende Erwähltheit Israels und die Treue Gottes zu seinem Volk herausgestellt.[9] In Nostra Aetate 4 werden die Ableitung der Verfluchung der Juden durch Gott aus der Schrift und die Darstellung der Juden als von Gott verworfen verurteilt. Diese Darstellung der Juden steht im Widerspruch zum Geist Christi und dem Zeugnis der Schrift. Im Zuge dessen werden auch alle Hassausbrüche gegen Juden, Verfolgungen der Juden und Manifestationen des Antisemitismus resultierend aus eben dieser Fehlgeleitetheit der religiösen Liebe des Evangeliums verurteilt.[10] Am 12. März 2000 fand diese Einsicht auch in das eigene Schuldiggewordensein in der großen Vergebungsbitte durch Papst Johannes Paul II. ihre Fortsetzung und ihren (vorläufigen) Höhepunkt. Auch diese Arbeit ist unter dem Vorzeichen des Bemühens um eine Förderung der gegenseitigen Kenntnis und Achtung entstanden und ist dem jüdisch-christlichen Dialog verpflichtet. Diese Arbeit steht wissenschaftsgeschichtlich in der Tradition der Frage, ob der Antijudaismus im JohEv Effekt seiner Rezeption oder im Evangelium selbst angelegt ist. Das Verhältnis Israel – Kirche kann mit den Worten Hartwig Thyens als „endzeitliche Assoziierung glaubender Heiden zu Israel als bleibend erwähltem Eigentum"[11] gefasst werden. Thyen, aber auch Klaus Wengst, kommt das Verdienst zu, auf die Möglichkeit einer zur Zeit der Abfassung des JohEv bestehenden Gemeinschaft zwischen Judenchristen

---

7 Thyen, Exegese, 141.

8 Vgl. Kügler, Johannesevangelium, 218f; Schnelle, Evangelium (ThHK 4), 11. Frey, Trennung, 359; Anders: Schreiber, Begleiter, 48.117–119, der den Synagogenausschluss als „aktuelle Erfahrung" (118) wertet; Berger, Anfang, 83, der für die johanneische Gemeinde von einer früh zu datierenden Trennung durch die Synagoge von der Christus-Gruppe ausgeht.

9 Vgl. den Sammelband zu Anti-Judaismus im vierten Evangelium: Bieringer/Pollefeyt/Vandecasteele-Vanneuville, Anti-Judaism. Vgl. auch Schreiber/Schumacher, Diskussion; Kampling, Frage; Henrix/Rendtorff, Kirchen; Signer, Nostra aetate.

10 NA 4. https://www.vatican.va/archive/hist_councils/ii_vatican_council/documents/vat-ii_decl_19651028_nostra-aetate_ge.html.

11 Thyen, Exegese, 141.

der johanneischen Gemeinde und synagogalem Judentum aufmerksam gemacht[12] bzw. auf den „Judaismus“ der Judenchristen und ihr Ringen „um das jüdische Erbe“[13] hingewiesen zu haben. Heutige theologische Entwürfe müssen sich anfragen lassen und verantworten vor dem Anspruch einer Theologie nach Auschwitz. Vor diesem Hintergrund sollen das JohEv und seine Beschreibung des Verhältnisses Jesus-Gruppe – ‚die Juden‘[14] in dieser Arbeit nicht pauschal ent-antijudaisiert werden.[15] Ebenso soll das JohEv jedoch auch nicht pauschal als judenfeindlich klassifiziert werden, sondern das Verhältnis Jesus-Gruppe – ‚die Juden‘ über eine „kritische Interpretation“[16] in seiner literarischen Inszenierung analysiert und unter Berücksichtigung der besonderen Situation der johanneischen Gemeinde einer sachgemäßen Erklärung zugeführt werden.

Ein besonderes Augenmerk im Rahmen dieser Analyse liegt auf der Beantwortung der Frage nach der pragmatischen Funktion des Auftretens des Königs Jesus als idealer hellenistischer Herrscher. Über eine solche kritische Interpretation der pragmatischen Funktion der Inszenierung Jesu als hellenistischer König in der Verbindung mit dem Konflikt mit ‚den Juden‘ können werbende Strategien zur (An-)Erkennung des Messiaskönigs Jesus durch die Juden mit dem Ziel der (Re-)Konstitution von Gemeinschaft zwischen Juden und Jesus-Gruppe offengelegt werden. Die Arbeit kann zudem zu neuen Erkenntnissen bezüglich der Frage nach der Kontinuität von frühem Christentum und Judentum führen und die Frage nach der Datierung der Ablösung der johanneischen Gemeinde von der Synagoge als Dachverband im Sinne der Spätdatierung beantworten. Der Mehrwert dieser Arbeit liegt dann darin, einen Beitrag zur Kirche-Israel-Diskussion in der exegetischen Forschung zu leisten.[17]

2. Forschungsüberblick

Zunächst wird hier ein kurzer Überblick gegeben über die monographischen Arbeiten, die das König-Sein Jesu motivlich im alttestamentlichen und frühjüdischen Kontext verorten. Über die Arbeiten von Stegemann und Hengel, die die politische

---

12 Vgl. Wengst, Johannesevangelium (ThKNT 4), 13–24. Vgl. auch Ders., Gemeinde.

13 Thyen, Exegese, 156.

14 Aufgrund der negativen Darstellung ‚der Juden‘ als feindlich eingestellt gegenüber Jesus und seinen Anhängern wird dieser Begriff in Anführungszeichen gesetzt.

15 Vgl. zu den Forschungstendenzen: Thyen, Heil, 111–117.

16 Thyen, Heil, 115.

17 So lässt sich nach Hengel die Trennung zwischen Synagoge und Jesusbewegung „*nicht eindeutig auf ein festes und dazu noch gar frühes Datum festlegen* [Hervorhebung im Original]“. Hengel, Christentum, 207. Vgl. auch die Datierung bei Wengst, Re-Visionen, 106–128.

Dimension des Königstitels in den Blick nehmen, wird dann übergeleitet zu den Monographien, Aufsätzen und der Kommentarliteratur, die den hellenistischen Herrschertypus, aber auch die Verfasstheit der hellenistisch-römischen Gesellschaft als Bezugspunkt für das JohEv heranziehen.

Bei den älteren Arbeiten soll hier Wayne A. Meeks 1967 erschienene Arbeit zu Mose als „The Prophet-King“[18] vorgestellt werden, mit der er einen neuen Gesamtentwurf zur Erfassung der Jesusgestalt im 4. Evangelium vorlegt, indem er Mosetraditionen in Beziehung setzt zur johanneischen Christologie, die die Jesusfigur mit dem Prophetentitel belegt. Über eine umfangreiche Untersuchung der Mosetradition in den unterschiedlichen Überlieferungssträngen der nichtrabbinischen jüdischen Quellen, den rabbinischen Quellen und der samaritanischen sowie der mandäischen Überlieferung versucht er die Gestalt des Mose in ihren unterschiedlichen Facetten, vorrangig jedoch unter dem Fokus des Prophet-King herauszuarbeiten, der königliche Funktionen mit prophetischen Topoi in sich vereinigt. Er arbeitet zum einen die Überbietungsstruktur der johanneischen Christologie heraus – Jesus überbietet die Gestalt des Mose in der Gabe der Tora durch die Gabe des Offenbarungswortes Jesu. Zudem zeichnet er Parallelen in der Funktion der Offenbarungsträger Mose und Jesus nach: Beide dienen in ihrer Funktion als Zeichenwirkende als „Gods agent[s]“ und offenbaren ihren Sender in ihren Zeichentaten.[19] Auch die forensische Dimension der jeweiligen Offenbarung Gottes in der Tora oder in der Person Jesu setzt er für beide Gesandte Gottes voraus.

Cordula Langner begreift in ihrem Aufsatz „Was für ein König ist Jesus?“[20] nach einer Durchsicht aller Stellen im JohEv, in denen die Königstitulatur zur Anwendung kommt, Jesu König-Sein als König-Sein wie JHWH, als Zeugnis für die Wahrheit und Jesus selbst als den „Ich-bin“-König. In beiden Fällen kontrastiert und korrigiert der wahre König Jesus den weltlichen König und überbietet ihn durch seinen Tod und seine Auferstehung durch sein wahres ewiges Königsein.[21]

Stefan Schreiber versteht in seinem Aufsatz „Rätsel um den König. Zur religionsgeschichtlichen Herkunft des Königs-Titels im Johannesevangelium“[22] den für Jesus im JohEv verwendeten Königstitel im Kontext der jüdischen Gesalbtenvorstellung. Das Speisungswunder begreift er vor dem Vorstellungshintergrund des eschatologischen Mahles des Gesalbten und sieht diesen Gesalbten mit prophetischen Zügen ausgestattet, so dass diesem „de[r] Status des einzigartigen Repräsentanten in direkter Schau Gottes und exklusiver Offenbarerfunktion“[23] zukommt. Auch

---

18 Meeks, Prophet-King.

19 Vgl. Meeks, Prophet-King, 302.

20 Langner, König.

21 Vgl. Langner, König, 265–268.

22 Schreiber, Rätsel.

23 Schreiber, Rätsel, 61.

die weiteren Stellen, an denen die Königstitulatur für Jesus verwendet oder Königsmotivik eingespielt wird, wie die Hirtenrede in Kapitel 10 und der Einzug Jesu nach Jerusalem, werden von Schreiber im Kontext der jüdischen Gesalbtenerwartung verstanden und über die PsSal 17,40 und 17,21.34 in diese Tradition eingeordnet.[24] Eine politische Dimension sieht Schreiber in der Umdeutung der Gesalbtenerwartung, die für die Legitimation jüdischer Aufstandsbewegungen im 1. Jh. n. Chr. verwendet wurde, in dem Sinne, dass der Gekreuzigte und Erniedrigte in seiner Gottunmittelbarkeit als König und Gesalbter verstanden wird. Diese Gestalt zeichnet sich nicht mehr durch politische Macht und Durchsetzungsfähigkeit aus, sondern durch die „lebensschenkende[…] Macht […] des Offenbarers und Gesandten Gottes, der sich dem Glauben erschließt."[25]

In der 2012 von Beth M. Stovell erschienenen Monographie „Mapping Metaphorical Discourse in the Fourth Gospel. John's Eternal King"[26] bildet die Grundlage für die Analyse der einzelnen Perikopen des JohEv die erarbeitete „linguistic and literary metaphor theory"[27]. Der Hauptteil der Arbeit besteht in einem Durchgang durch die Königsmetaphorik enthaltenden Perikopen und der Analyse der Königsmetaphorik in ihrer Verbindung mit anderen metaphorischen Bildfeldern wie z. B. der Familie. Methodisch ist die Arbeit zunächst intratextuell angelegt, bleibt also auf den Kontext des JohEv beschränkt und bezieht für die Erschließung bestimmter Bildfelder der Königsmetaphorik nur das Alte Testament mit ein.

Eine Diskussion der politischen Dimension der Verwendung des Titels „König Israels" bieten die Aufsätze von Ekkehard W. und Wolfgang Stegemann und Martin Hengel.

Ekkehard W. und Wolfgang Stegemann negieren in ihrem Aufsatz „König Israels, nicht König der Juden? Jesus als König im Johannesevangelium"[28] die politische Dimension der Verwendung des Königtitels für Jesus und sehen für das JohEv eine Distanzierung von jeglichem „Anspruch irdisch-königlicher Herrschaft Jesu und im besonderen auch von der apokalyptisch-revolutionären bzw. davidisch-messianischen Dimension"[29]. Sie verstehen Jesus, wenn dieser mit dem Titel „König Israels" belegt wird, als „Epiphanie des König Israels"[30], also Gottes. Sie ziehen als Verstehenshintergrund für die Verwendung der Königstitulatur die Tradition des

---

24 Vgl. Schreiber, Rätsel, 62f.

25 Schreiber, Rätsel, 65.

26 Stovell, Mapping.

27 Stovell, Mapping, 29.

28 Stegemann/Stegemann, König.

29 Stegemann/Stegemann, König, 49.

30 Stegemann/Stegemann, König, 45.

„weisheitlichen Königtums“[31] heran und sehen im Königstitel den Ausdruck des Anspruchs einer „irdischen Repräsentanz des Königtums Gottes“[32] für Jesus.

Martin Hengel sieht als das spezifische Charakteristikum des Königtums Jesu seine Andersartigkeit und damit zugleich gegebene Überlegenheit gegenüber anderen Herrschern an und zeichnet in diese Grundannahme seine Beschreibung des Königtums Jesu im Durchgang durch die Pilatusszene im JohEv ein. Er setzt das „Reich Christi“, so der Titelbestandteil seines Aufsatzes, in direkten Gegensatz zu den jüdischen Aufstandsbewegungen jüdischer Messiasprätendenten im 1. Jh. n. Chr., aber auch zu einem Kaisertum, das für Hengel von Pilatus als dem Stellvertreter Roms repräsentiert wird. Denn Jesu individuelle Königswürde ist eine die Welt überwindende Macht, die Glauben (be-)wirkt.[33] Die *„johanneische Gottesherrschaft“* ist nach Hengel *„identisch mit dem Königtum Christi* [Hervorhebung im Original]“.[34] Trotz des zeitgenössischen Erfahrungshintergrundes politischer Messiashoffnungen innerhalb des Judentums und, so wie Hengel annimmt, von Christenprozessen vor römischen Behörden und jüdischen Anklägern,[35] enthalte das JohEv keine rigoristische Polemik und sei in keiner Weise sozialkritisch, ja vielmehr das „Ende aller *politischen* [Hervorhebung im Original] Theologie“[36]; damit finde die Auseinandersetzung mit ‚den Juden‘ und Pilatus auf rein theologischer Ebene statt.[37]

Richard J. Cassidy nimmt in seiner 1992 erschienenen Arbeit die Hoheit Jesu als „Savior of the World“, „Lord“ und „Lord and God“ während des Prozesses vor Pilatus in den Blick. Nach einer kurzen (kulturgeschichtlichen) Einordnung der beiden kultisch konnotierten Begriffe *divus* und *deus* und der imperialen Titel „savior of the World“, „Lord“ und „Lord and God“ wird der Prozess vor Pilatus vor dem Hintergrund der Frage nach dem hoheitlichen Status Jesu analysiert. Für den Prozess werden neben dem Agieren der Gegner Jesu auch die Reaktion von Pilatus vor allem auf die Selbstbeschreibung des Königtums Jesu analysiert sowie das Sterben Jesu als Zeichen der Offenbarung der Herrlichkeit akzentuiert.[38] Die Analysen zu den Abschiedsreden mit ihrer Funktion der Selbstversicherung der Gemeinde in einer Verfolgungssituation über die Hervorhebung des hoheitlichen Status Jesu und die Rolle des Parakleten spielen für die hier vorliegende Arbeit nur eine geringfügige Rolle.

---

31 Stegemann/Stegemann, König, 49.
32 Stegemann/Stegemann, König, 53.
33 Vgl. Hengel, Reich, 170.
34 Vgl. Hengel, Reich, 179.
35 Vgl. Hengel, Reich, 174.
36 Hengel, Reich, 182.
37 Vgl. Hengel, Reich, 181–183.
38 Cassidy, Perspective.

Die Arbeit von Travis D. Trost „Who Should be King in Israel" bietet eine Analyse und zeitgeschichtliche Verortung einzelner wichtiger Personen wie von Josephus, von dem Täufer, von Gruppen wie der Qumran-Gemeinde und der johanneischen Gemeinde, von das JohEv bestimmenden Ko-Texten und Denkmodellen aus dem jüdisch-hellenistischen Umfeld.[39] Methodischer Hintergrund ist ein erweiterter Narrative Criticism, der neben den historisch belegbaren Ereignissen – etwa dem Kreuzestod Jesu – einen erweitereten Traditionshorizont voraussetzt, der als literarisches Muster wirksam wird und die Erzählung beeinflusst bzw. die vorliegende Form der Erzählung notwendig macht. Solche „Traditionsräume" werden durch übergeordnete Kontexte wie das römische Imperium sowie die Schriften von Qumran gebildet, aber auch durch Einzeltraditionen wie z. B. Figurenmodelle wie der warrior king, Mose, etc. In der Arbeit wird der Fokus im Sinne einer postkolonialen Hermeneutik auf die Analyse der im Hintergrund stehenden Machtverhältnisse gelegt, im Fokus stehen insbesondere motivliche Bezüge zu Jesus als Nachkomme Davids. Dabei waren für die vorliegende Arbeit besonders interessant der Topos des guten Hirten oder des Sterbens des Einen für die Nation.

Unter den Arbeiten mit einem Fokus auf dem hellenistischen Kontext des JohEv ist weiter Ulrich Busse mit seinem Aufsatz „Metaphorik und Rhetorik im Johannesevangelium: Das Bildfeld vom König?"[40] zu nennen, der den Zusammenhang zwischen hellenistischer Königsmotivik und der Jesusfigur im JohEv herstellt.

Dabei bleibt sein Fokus aber nicht auf direkte Parallelen zwischen hellenistischen Herrschern und Jesus als königlicher Gestalt beschränkt, sondern es wird der Versuch unternommen, auch für den Jüngerkreis und die Aussendungspraxis Jesu eine Analogie zu hellenistischen Herrschaftsstrukturen herzustellen. So beleuchtet Busse den Herrscher unter den verschiedenen Aspekten herrscherlichen Handelns, also als siegreichen Feldherrn, Befreier, Wohltäter, Richter und Priester, wobei Letztgenanntes in großer Nähe zur Vergöttlichung des hellenistischen Herrschers steht. In einem zweiten Unterkapitel gibt er einen Überblick über die staatstheoretischen Voraussetzungen für ein derartiges Konzept von Herrschaft, um dann in einem dritten Teil auf das alttestamentliche Bild vom König JHWH und seinem „König Israels" sowie auf das frühe Judentum und das ihm inhärente Herrscherideal einzugehen. Als Fazit ordnet er den König Jesus noch einmal dezidiert in das unterschiedliche Aspekte umfassende hellenistische Herrscherideal ein, sieht zugleich aber auch eine Überbietung dieses Herrscherideals durch Jesus gegeben.

Tom Thatcher bearbeitet in seiner Monographie „Greater than Caesar"[41] das Machtverhältnis zwischen Kajaphas, Jesus und Pilatus und stellt sich damit in ei-

39 Trost, Politics.

40 Busse, Metaphorik.

41 Thatcher, Caesar.

ne Linie mit Hengel, indem er die subversiven Elemente in der Darstellung des Prozesses gegen Jesus und für seine Christologie die „Inversion of Empire“[42] herausarbeitet. Thatcher operiert mit James C. Scott‘s Konzept des „hidden transcript“ und sieht als Ziel des JohEv die Etablierung von „countermemories“ im Sinne von Michel Foucault gegeben. „Hidden transcript“ ist die Art und Weise auf die Ausübung von „domination“ als unterdrücktes Kollekiv zu antworten, den Inhalt bezeichnet Thatcher mit Foucault als „countermemories“.

Diese Arbeit greift zurück auf Joachim Kügler mit seinen Arbeiten „Der andere König“[43], und „Pharao und Christus“[44]. In der erstgenannten Arbeit, erschienen 1999, betrachtet Kügler das johanneische Logosmodell, den Topos Jesus als Brot des Lebens und die Hirtenrede jeweils vor dem Hintergrund ihres traditionsgeschichtlichen Umfeldes, d. h. vor dem Hintergrund ägyptischer Motivkomplexe, antiker römischer Vorstellungen und hellenistischer Weisheitsvorstellungen und verortet die johanneische Christologie innerhalb dieses Spektrums. In der zweiten früher erschienenen Arbeit versucht Kügler vor allem motivgeschichtliche Linien zwischen altägyptischer Königstheologie und der lukanischen Geburtsgeschichte aufzuzeigen.

Daneben sind die Untersuchungen von Michael Labahn zu nennen, der in „Offenbarung in Zeichen und Wort“[45] die Wunder der Brotvermehrung und des Seewandels im Markusevangelium literarkritisch und in Hinblick auf ihre Prätexte analysiert. Auch seine Untersuchung „Die Gabe des Lebens und kaiserliche Wohltaten“[46] nimmt das wundertätige Handeln Jesu im JohEv im Vergleich mit der Funktion der wundertätigen und wohltätigen Leistungen römischer Kaiser in den Blick. Die Auferweckung des Lazarus wird in Bezug gesetzt zum eigenen Schicksal Jesu im Hinblick auf das ‚Mehr‘ der Auferstehung Jesu im Vergleich zur Apotheose des Herrschers.[47] Christina Eschner untersucht das Motiv des „Sterben für“ unter semantischen Aspekten in seinem kulturellen Kontext von den frühesten Nachweisen bei den griechischen Dichtern wie Euripides bis hin zu den griechischsprachigen Schriften des Judentums insbesondere der Makkabäerbücher, Philos und Josephus’ und erarbeitet ein eigenes Motivbündel bzw. eine Kriteriologie von damit verbundenen Motiven wie die Bedrohungssituation und die Freiwilligkeit des Handelns, die Rolle der Gottheit sowie subsidiäre Zwecke des Handelns.[48] Die Ergebnisse dieser Untersuchung im Hinblick auf ein Unheil abwendendes Sterben

---

42 Thatcher, Caesar, 123.

43 Kügler, König.

44 Kügler, Pharao.

45 Labahn, Offenbarung.

46 Labahn, Gabe.

47 Labahn, Gabe, 273.

48 Eschner, Gestorben I/II.

von Herrschern zum Schutz ihrer Gemeinschaft unter besonderer Berücksichtigung der Rolle der Gottheit sind von besonderer Relevanz und werden auf das „Sterben für" Jesu im JohEv angewendet.

Warren Carter legt mit seiner 2008 erschienenen Monographie „John and Empire. Initial Explorations"[49] einen Durchgang durch das Gesamt des JohEv vor. Diese hat eine stark sozialgeschichtliche Ausrichtung, indem er die Synagogen und die Jesus-Anhänger in ihrem Beziehungsgeflecht und ihrer Partizipation an und Abgrenzung von der römischen Herrschaft beleuchtet. Er legt dabei einen besonderen Fokus auf das als möglichen Entstehungsort diskutierte Ephesus. Vor diesem Hintergrund analysiert er die johanneische Jesus-Vita in Hinblick auf bestimmte römische Motivkomplexe wie Pilatus als governor als Gegenüber zum king oder emperor Jesus, den Kaiser als *pater patriae* im Vergleich mit Gott als Vater Jesu, aber auch die Jesus zukommenden Titel oder die vom Evangelisten Johannes gewählte Gattung im Vergleich zur antiken Biographie. Wie an den genannten Beispielen schon deutlich wird, liest er das JohEv und seine Jesus-Figur tatsächlich in Übereinstimmung mit den römischen Motivkomplexen, so dass die genannten Einzelmotive im Ergebnis in ihrer strukturellen Analogie herausgearbeitet und sichtbar werden. Jerome H. Neyreys Arbeit zu „The Gospel of John in Cultural and Rhetorical Perspective" enthält als Einstieg in die die Entstehung des JohEvs bestimmende römisch-hellenistische Welt eine Einführung in die antiken Gattungen der Lob- und der Schmährede, eine Einführung in die Konzepte von Rolle und Status sowie der „Territorialisierung" der antiken Gesellschaft durch die Zuweisung von Räumen qua Status, Gender, Ethnie. Im Durchgang durch einzelne Perikopen sind besonders beachtenswert die Analysen zum noble shepherd und zum Titel my lord and my god.[50]

Die 2018 erschienene Arbeit von Sehyun Kim nimmt vor allem die Titel, die auf Jesus Anwendung finden, in den Blick. Sie gibt eine kurze Einführung zu den Titeln „Messias", „Sohn Gottes", „Menschensohn", „Prophet" und „Retter der Welt" und setzt diese in Beziehung zum Königsein Jesu. In einem zweiten Teil geht sie auf die Identifizierung‚der Juden' ein und analysiert das Auftreten ‚der Juden' in den Kp. 5–9. Den dritten und letzten Teil bildet dann ein postcolonial reading, indem sie das Handeln der führenden Juden analogisiert mit einem „model of collaboration with Imperialism"[51].

Um die vorliegende Arbeit in den erhobenen Forschungsstand einzuordnen, bleibt zu betonen, dass einige der dieser Arbeit zugrunde liegenden Untersuchungen – etwa zu den Jesus zugeschriebenen Titeln schon an anderer Stelle erfolgt sind.

---

49 Carter, Empire.

50 Neyrey, John (NCBC); Malina/Rohrbaugh, John.

51 Kim, Kingship.

Carter bezieht sich auf die Gattung Biographie/Vita zur Einordnung des JohEvs und seiner Jesus-Geschichte und behandelt ebenso den Aspekt von Apotheose und Ascension. Auch Kügler stellt den johanneischen Jesus als König in den Mittelpunkt seiner Untersuchungen als Logos, Brotgeber und Hirte. Eine Analyse von Funktionen eines idealen Herrschers für das Gesamt der johanneischen Jesus-Vita im Kontext des Gruppenkonfliktes mit ‚den Juden' steht jedoch bisher noch aus.

B Hermeneutische Verortung

Das Johannesevangelium verwendet den Terminus ἡ βασιλεία τοῦ θεοῦ nur im Rahmen des Gesprächs mit Nikodemus (3,3–5) und bezogen auf das eigene Königtum Jesu in 18,36. Die Durchsetzung des Königtums Gottes wird sichtbar an seinem Repräsentanten Jesus, der an den zentralen Achsenstellen der johanneischen Jesus-Vita als König im Gewand eines hellenistischen Herrschers inszeniert wird. Ziel dieser Arbeit ist es, die „*exemplum*-Tauglichkeit“[1] Jesu als idealer hellenistisch-römischer Herrscher zu erweisen. Denn dies ist zugleich die Außenseite, die seine Wirkmächtigkeit als Sohn eines Gottes zeigt. Dabei wird nicht skaliert, wie göttlich Jesus ist, sondern nur festgestellt, dass er vollmächtig handelt. So wird Jesus von Natanael in Joh 1,49 als „König Israels“ identifiziert, er soll zum König akklamiert werden nach dem Brotwunder in Kp. 6, in Kp. 12 erfolgt die Einholung als „König Israels“ und in Kp. 18–19 seine Kreuzigung als „König der Juden“, dessen Königtum[2] nicht von dieser Welt ist.

Ich bestimme die Gattung des JohEv mit Detlev Dormeyer als erzählte Biographie. Hierbei ist die Nähe der Biographie zur Historiographie als Prosaliteratur und zum Enkomion, der Lobrede und der Schilderung eines (idealen) Lebensverlaufs eines Individuums zu beachten:

> „In der Graezistik ist die Eigenständigkeit der Biographie als Gattung längere Zeit umstritten gewesen. Gegenwärtig zeichnet sich ein Konsens ab, biographisches Erzählen, wie es bereits in Homer und in parallelen altorientalischen Literaturkorpora vorliegt wie dem Alten Testament oder der ägyptischen Literatur, von der *Gattung* [Hervorhebung im Original] Biographie abzuheben. [...] Die peripatetische Biographie entsteht daraus, daß das ältere Enkomion, der rhetorische Lobpreis eines Lebenslaufes, mit dem dramatischen Aufbau der klassischen Tragödie verbunden wird. Die Biographie wird aber aufgrund der dramatischen Erzählweise noch nicht zum Drama, sondern bleibt der Prosaliteratur der Geschichtsschreibung verhaftet.“[3]

In seiner Anlage von der Herkunft Jesu und dem ersten öffentlichkeitswirksamen Auftreten bis hin zu seinem zum ‚Sehen‘ animierenden öffentlichen Sterben am Kreuz und den langen Redekomplexen ist das JohEv der Vita vergleichbar. Eine

---

1 Walter, Princeps, 237.

2 Königtum ist gleichbedeutend mit der aktiven Ausübung von Herrschaft, was zugleich ein räumliches (und zeitliches) Erstrecken impliziert.

3 Dormeyer, Augenzeugenschaft, 242f; Frankemölle, Evangelium.

Biographie ist auf Wirkung (der Darstellung) des Protagonisten in moralischer Hinsicht – im positiven Sinn als *exemplum*, im negativen Sinn als Abschreckung – angelegt.[4] Mit der Betonung, dass im JohEv permanent ein öffentlichkeitswirksames Auftreten des Protagonisten inszeniert wird, ist zugleich das fiktionale und damit erzählerische bzw. dramatische Element der johanneischen Jesus-Inszenierung als König benannt. Das Drama findet damit auf der Makroebene des Lebens Jesu sowie auf der Mikroebene der szenischen Einheiten als Ringen um die Frage nach der Anerkennung der beanspruchten Identität statt. Jörg Frey rechnet etwa den literarisch gestalteten „Spannungsbogen" der Auseinandersetzung mit ‚den Juden' in den Kp. 5–12 zu einem „dramatische[n] Stilmittel"[5]. Ich würde hingegen in jeder einzelnen Szene einen solchen dramatischen Bogen gegeben sehen. Findet dieser König mit allen Implikationen bei seinen Adressaten Anerkennung oder Ablehnung?

Jesus wird in 1,1 als θεός bezeichnet. Zugleich gibt es nur einen einzigen wahren Gott (5,44; 17,3).[6] Jesus selbst mache sich zu Gott: Dies wird ihm in 5,18 zum Vorwurf gemacht – als Reaktion auf seine Heilung und Zuschreibung an ihn aufgrund seiner Deutung seines Auftretens. Dennoch gibt es Spitzenaussagen wie in 10,30: „Ich und der Vater sind eins". Diese Schwebe bleibt unter Wahrung des Monotheismus – der Sohn und der Vater sind nicht identisch – in der johanneischen Jesus-Vita bis zum Schluss bestehen. Das Sich-Gott-gleich-Machen wird als Auslöser für den Konflikt mit ‚den Juden' genannt, die Jesus seitdem „suchten zu töten" (5,18).

1. ‚Die Juden' im Johannesevangelium

Frey kommt in seinem Aufsatz „‚Die Juden' im Johannesevangelium und die Frage nach der ‚Trennung der Wege'" zu dem Ergebnis, dass „die Ἰουδαῖοι [...] als literarische Größe wirkungsvoll [bleiben], ganz gleich, welche Referenz ihnen historisch zukommen mag."[7] Bei der Bestimmung des Begriffs ‚die Juden' wird von unterschiedlichen Gruppen ausgegangen, d. h. die Definition von οἱ Ἰουδαῖοι variiert je nach der Extension des Begriffs. Als Beispiel für eine Differenz in der gruppenspezifischen Reichweite des Begriffs lässt sich der Vergleich zwischen Joh 1 und 4,22anführen. Οἱ Ἰουδαῖοι werden in Joh 1,24 mit den Pharisäern identifiziert, die Priester und Leviten zur Klärung der Identität des Johannes des Täufers aussenden. In 4,22 scheint sich die Aussage, das Heil komme aus den Juden, auf die weiter

4 Vgl. zum Vorbildcharakter: Schreiber, Vita, 137.

5 Frey, Bild, 42.

6 Vgl. Burz-Tropper, Paradigma, 76.

7 Frey, Trennung, 343.

gefasste Gruppe des Ethnos der Juden zu beziehen. Dies impliziert zudem eine religöse Dimension als Bezugsgröße. Zudem wird zwischen neutralen und positiv bzw. negativ wertenden Aussagen über ‚die Juden' im JohEv unterschieden. Eng verbunden mit der Frage nach der Extension des Begriffs ist damit die Frage nach einer qualitativen Wertung der unterschiedlichen Gruppen οἱ Ἰουδαῖοι: Wird eine solche Wertung vorgenommen und wenn ja, in welcher Weise?

Jesus wird als Jude bezeichnet, es gibt die unpolemische Zuordnung von Gesprächspartnern Jesu zu den Ἰουδαῖοι, die Bezeichnung von Festen als jüdisch (5,1), jedoch auch die Identifizierung von Gegnern Jesu als οἱ Ἰουδαῖοι, wobei die οἱ Ἰουδαῖοι dabei sowohl die Volksmenge, als auch Autoritäten und Repräsentanten oder Angehörige der Juden bezeichnen. Diese Differenziertheit der Darstellung geht auf den Evangelisten zurück und entspricht nicht der Darstellung der Synoptiker oder dem situativen Kontext des historischen Jesus. Die Pharisäer werden gemeinsam mit der Gruppe der Hohepriester als die nach dem „Messias" Suchenden beschrieben sowie als die den Todesbeschluss Fassenden und die Gefangennahme Jesu Betreibenden (11,47–53; 18,3) gezeichnet. Die Vorsteher der Juden werden als gemeinhin Jesus nicht Anerkennende (7,25f) beschrieben, bei denen es jedoch viele Ausnahmen gibt (12,42).

Daher ist eine eindeutige Bewertung einer Gruppe auszuschließen. Mit Tobias Nicklas ist zudem eine Bewertung einzelner Figuren nach dem Schema positiv, negativ oder neutral abzulehnen, da sie der narrativen Funktion, die ‚die Juden' einnehmen nicht gerecht wird.[8] Frey geht den unterschiedlichen Forschungstendenzen zur Bestimmung der Gruppe ‚der Juden' vor dem Hintergrund der Auseinandersetzung mit möglichen antijüdischen Tendenzen innerhalb des Evangeliums nach.[9] Über die quellenkritische Lösung wird versucht die antijüdischen Spitzenaussagen literarkritisch auszuscheiden.[10] Des Weiteren wurde versucht, die Gruppe der Ἰουδαῖοι semantisch auf eine bestimmte Größe einzugrenzen, wie auf religiöse Autoritäten[11] oder den gesetzesstrengen Teil der Juden[12] oder den Teil der Judenchristen[13]. Auch die geographisch-ethnische Eingrenzung ‚der Juden' auf die Bewohner Judäas[14], die Judäer, stellt eine weitere Lösungsvariante dar. Neben der Strategie der semantischen Eingrenzung ‚der Juden' steht der Versuch der Entschärfung der antijüdischen Aussagen durch die Berücksichtigung des historischen

8 Vgl. Nicklas, Teufelskinder, 219.

9 Vgl. zu diesem Überblick: Frey, Trennung, 340–348.

10 Vgl. dazu Güting, Kritik; Wahlde, Jews.

11 Wahlde, Jews.

12 Lütgert, Johannesevangelium; Motyer, Father.

13 Rissi, Juden.

14 Ashton, 'Ιουδαῖοι.

Kontexts und der Situation der johanneischen Gemeinde[15] im Zuge der Gefahr des ἀποσυνάγωγος bzw. im Konflikt mit dem rabbinischen Mehrheitsjudentum. Diese Konfliktsituation mag sicher zu Zuspitzungen bei der Gegner-Polemik im JohEv geführt haben, sollte aber diese nicht nivellieren. Vielmehr ist hier abermals mit Nicklas darauf hinzuweisen, dass es sich dabei nicht um einen Konflikt zwischen Juden und Christen handelt, sondern „um ein Ringen zweier jüdischer Gruppierungen um das Erbe Israels"[16].

Damit liegt ein zentraler Zielpunkt – neben dem Erweis, dass Jesus als hellenistisch-römischer Herrscher gezeichnet wird – in der Beantwortung der Frage nach der Wirkung der Inszenierung Jesu als idealer König auf den erzählten Konflikt mit ‚den Juden'.

2. Performativität und Text

Karl-Joachim Hölkeskamp beschreibt politische Aushandlungsprozesse in der Antike, zu denen auch die Legitimität des Kaisers gehört, unter Anspielung auf Niklas Luhmann als „Vergesellschaftung unter Anwesenden"[17]. Hölkeskamp hält fest, dass die Ausdrucksseite von Gesellschaft dazu dient, ihre Legitimität insbesondere in einer Phase der Neufindung einer Identität herzustellen.[18] Die „Ausdrucksseite" der Gesellschaft meint dann performative Akte wie öffentlich vollzogene Rituale, die der „Erzeugung von Zugehörigkeit und Zustimmung, der Stiftung von Sinn und Sinnhaftigkeit politischen Handelns und damit der Begründung einer kollektiven Identität dien[en]."[19]

> „Mit ihnen werden Handlungsweisen, Praktiken und Strategien der Selbstdarstellung und -vergewisserung bezeichnet, die erst in ihrem Vollzug, in der Handlung selbst Bedeutung erlangen, Sinn stiften und damit fundamentale sozialintegrative Funktionen erfüllen."[20]

Hölkeskamp bezeichnet diese performativen Akte – und ihre kognitive Dimension, d. h. ihren symbolischen und ästhetischen Aspekt – als „Medium und Motor" der „Neukonstituierung [von] Identität".[21] Damit ist diese Arbeit im performative

15 Martyn, History; Brown, Community; Wengst, Gemeinde.

16 Nicklas, Teufelskinder, 221.

17 Hölkeskamp, Verlierer, 12, der sich bezieht auf: Luhmann, Soziale Systeme, 560–564; Ders., Die Gesellschaft der Gesellschaft, 814–816.

18 Vgl. Hölkeskamp, Performative Turn, 19.

19 Hölkeskamp, Performative Turn, 25.

20 Hölkeskamp, Performative Turn, 21.

21 Hölkeskamp, Performative Turn, 25.

turn zu verorten. In der Linguistik schon lange als Wirklichkeit setzender bzw. transformierender Akt bekannt, sind Performanzen nun auch über den Umweg des cultural turn in den Altertumswissenschaften angekommen. Damit ist der Kern dieser Arbeit und ihrer Fragestellung erreicht: Werden diese performativen Akte nach Hölkeskamp als

> „‚kommunikatives Handeln' im weitesten Sinne begriffen […] rückt die Dimension des ‚Aushandelns' von Agenden, Ansprüchen und ihrer Anerkennung, von Normen, Regeln und Verfahren der Konfliktbeilegung zwischen Regierenden und Regierten, Magistraten und Bürgern, herrschenden Klassen und breiten Schichten in den Blickpunkt."[22]

Damit ist der performative Akt zugleich immer auch auf Reaktion durch die gesellschaftlichen Adressaten angewiesen. Dies gilt auch für die Inszenierung als idealer Herrscher, der die Frage nach der Legitimität des Herrschers zugrunde liegt. „This category implies that it is the attitudes and the beliefs of the ruled groups that attribute ‚legitimacy' to the rulers."[23]

Muss die Herrschaft Gottes in ihrem Repräsentanten und seinem Agieren erfahrbar werden und sich erweisen, so müssen zwei Wirklichkeitsmodi miteinander vermittelt werden – die Wirklichkeit des Kosmos und die Wirklichkeit der Gottesherrschaft. Letztere muss zur Anschauung gebracht werden. Dafür wird in der johanneischen Jesus-Vita die Person Jesu als Herrscher gewählt und die von ihm gesetzten performativen (Sprech-)Akte. „Eine geglückte semantische Äußerung exemplifiziert, was sie semantisch denotiert; bei ihr kommen Aussagegehalt und Weltzustand also zur Deckung."[24] Sybille Krämer und Marco Stahlhut beschreiben dies als „‚Wahrheitsdimension'"[25].

> „Ansätze, die die Performativität von Texten darüber zu bestimmen suchen, wie diese individuelle und kollektive Identitäten konstituieren, Mentalitäten modellieren und Normen setzen bzw. umkehren oder unterlaufen, knüpfen darüber hinaus vielfach an anthropologische bzw. ritualtheoretische Konzeptualisierungen an, die das kreative, Wirklichkeit konstituierende Potenzial von Performativität betonen."[26]

22 Hölkeskamp, Performative Turn, 26.

23 Flaig, Transition, 74.

24 Krämer/Stahlhut, Performative, 37f.

25 Krämer/Stahlhut, Performative, 38.

26 Häsner, Text, 80.

Dies wird sichtbar darin, dass in der johanneischen Jesus-Vita die Akklamation Jesu zum König im Rahmen von bestimmten Mustern der Inszenierung erfolgt[27], sei es im Kontext eines Gastmahls oder im Rahmen des *adventus*. Selbst das Sterben Jesu am Kreuz folgt bestimmten (literarischen) Mustern der Inszenierung. Die performativen Akte konstituieren ihre Wahrhaftigkeit als soziale Handlungen, d. h. sie sind auf das Agieren der Adressaten für ein Gelingen angewiesen. „‚Selbstbestätigend', mithin ‚wahr' ist also eine performative Äußerung nur, wenn es in einer Kultur soziale Praktiken gibt, die diese Äußerung bekräftigen."[28] Gruppen, insbesondere die Elite, folgen Wahrheitsmustern, die ebenso plausibilisiert werden. Daher ist der perlokutionäre Aufschub fast schon notwendig mit dem performativen Akt verbunden. Mit dem „perlokutionären Aufschub" bezeichnen Krämer und Stahlhut den „Zukunftsbezug" im Sinne der „Frage nach dem Gelingen", die immer in der „Schwebe" bleibt, „selbst dann, wenn der Sprecher autorisiert ist"[29].

Austin interessiert sich für

> „die Brechungen im Vollzug eines Handelns, in welchem die Ausführung dem Vorhaben zuwiderläuft, die Realisierung das System unterminiert, die Phänomene die Ordnung durchkreuzen, die Aktualisierung die Regel verletzt."[30]

Dies wenden Krämer und Stahlhut auf den Text als Makrostruktur an und gehen davon aus, dass „Austins Text als Makroproposition etwas sagt, was nicht mit den in ihm formulierten Teilpropositionen zum Abgleich gebracht werden kann."[31] Nur die Teilpropositionen sind also performativ, auf der Makroebene scheitern die in der jeweiligen Szene gesetzten performativen Teilakte.

> „[Austins] Text kann im konstatierenden Modus als ein System behauptender Aussagen, im performativen Modus jedoch als die Inszenierung des Zusammenbrechens gewisser Aussagen gelesen werden. Diese ‚Zweistimmigkeit' von Sagen und Zeigen in Austins Text wahrzunehmen, heißt nicht nur auf das zu hören, was Austin sagt, sondern auch auf das zu schauen, was Austin, indem er etwas sagt, zugleich auch tut."[32]

---

27 Vgl. zum Begriff des Rituals Kp. II/F 1.1.

28 Krämer/Stahlhut, Performative, 38.

29 Krämer/Stahlhut, Performative, 39. „Es geht um die konstitutionelle Nachträglichkeit, die dem performativen Akt eigen ist, insofern sein Gelingen verwiesen ist auf die in Anschußpraktiken bestätigte Anerkennung durch die Öffentlichkeit. Ursprüngliche Performativa glücken, wenn die konventionellen, die institutionellen und die kulturellen Kraft- und Machtverhältnisse ihres Funktionierens erfüllt sind." (Krämer/Stahlhut, Performative, 39.)

30 Krämer/Stahlhut, Performative, 43.

31 Häsner, Text, 73.

32 Krämer/Stahlhut, Performative, 36f.

Bernd Häsner unterscheidet in seinem Aufsatz zu Text und Performativität zwischen struktureller und funktionaler Performativität. Eine schwächere Form der strukturellen Performativität sieht er auf der Ebene der erzählten Geschichte mit der „Textualisierung von verkörperten symbolischen Praktiken", d. h. mit „‚dargestellte[r] Performativität'" gegeben.[33] Diese „textuelle Darstellung von Performanzen", d. h. die „‚Performativität im Text'" liegt dieser Arbeit als Analysegegenstand zugrunde.[34] So gilt es die Frage zu beantworten, warum die Reaktion der Adressaten auf das Auftreten Jesu als Herrscher zunächst positiv ausfällt und dann auf der Ebene des Textes ins Negative umschlägt. Die gesellschaftlichen Machtstrukturen der Zeit der Abfassung des JohEv sind dem Text der johanneischen Jesus-Vita inhärent.

Eng mit dieser dargestellten Performativität verbunden ist die Frage nach der funktionalen Performativität, d. h. der Wirkung des Textes auf den Rezipienten. Wenn in den dargestellten performativen Akten die Adressaten als gesellschaftliche Gruppen sozial handeln – inwiefern dient dieses soziale Handeln als Vorbild bzw. hat abschreckenden Charakter? Wenn Jesus als der ideale Herrscher agiert und die Adressaten seines Handelns in Teilen nicht adäquat handeln – welche Wirkungsabsicht steht dahinter? Denn auch die Darstellung von Performativität unterliegt „textuellen Strategien des In-Szene-Setzens, des Präsentierens und Vorführens der textuellen Propositionen"[35].

3. Sozialhistorie und Text

Es handelt sich beim JohEv um eine erzählerisch eingebettete und fiktional angereicherte Jesus-Biographie und nicht um einen Augenzeugenbericht. Aristoteles' Poetik mit ihrem Effekt der Katharsis, d. h. der Reinigung von allen durch die Aufführung des Textes hervorgebrachten Affekten ist bis heute zentral. In der Poetik des Aristoteles geht es um die Nachahmung von Wirklichkeit, d. h. um die Plausibilisierung von Wirklichkeit. Aristoteles sieht in seiner Poetik das Wahrscheinliche durch die Kunst argumentiert.

> „Der Dichter hat erstens als Stoff zu wählen und zu bearbeiten […] ‚Ereignisse, die sich so oder so ähnlich zutragen könnten, also Mögliches'; und er hat dies zweitens zu tun […]

33 Häsner, Text, 84.

34 Häsner, Text, 84.

35 Häsner, Text, 80.

'unter Beachtung der Regeln von Wahrscheinlichkeit oder gar Notwendigkeit', also in bestmöglicher Motivierung des Geschehenszusammenhangs."[36]

Die Verknüpfung der Ereignisse und Reden muss plausibel, ja notwendig sein.[37] Aristoteles stellt nach Ansicht von Ernst-Richard Schwinge dar, was von der Art ist, dass es wohl geschehen könnte, und zwar das Mögliche „gemäß dem Wahrscheinlichen oder Notwendigen"[38]. Die Wahrscheinlichkeit ist Resultat „daraus, dass die Gründe (die Motivation) und die Umstände einer Handlung angegeben werden und angemessen sind."[39] „Somit wird die Fiktion anerkannt, aber das Postulat erhoben, dass sie der Realität ähnlich sein soll, also als wahr geltenden Grundsätzen nicht widersprechen darf."[40]

Während Manfred Diefenbach „einen antik-'handlungstheoretischen' Zugang"[41] zugrunde legt, um in seiner Untersuchung zum „Konflikt Jesu" 'die Juden' als Handlungsträger zu analysieren, ermangelt es ihm an der zeitgeschichtlichen Rückbindung an die Situation der johanneischen Gemeinde(n). Dem soll in dieser Arbeit, die die (fiktionale) Inszenierung Jesu als König und die Strategien des JohEv analysiert, entgegengewirkt werden. Fehlt bei Diefenbach die Plausibilisierung des Wahrscheinlichen durch die soziologische Rückbindung an die Situation der johanneischen Gemeinde und die gesellschaftspolitischen Rollenträger zur Zeit der Abfassung des Evangeliums, so soll dies hier geleistet werden. Während im Vordergrund dieser Arbeit die Analyse der motivlichen und am Ethos eines idealen Königs orientierten Handlungsfelder des Königs Jesu und das Wie seines Interagierens als Herrscher stehen, so soll auch der Reaktion 'der Juden' nachgespürt werden. Diese teilen sich sozial in unterschiedliche Gruppen – so stehen sich die Pharisäer und Hohepriester als politische, wirtschaftliche, soziale, und bildungstechnische Elite und das Volk gegenüber. Die Reaktionen, sowohl des Volkes als auch der Elite, werden mit gängigen, am Einzelbeispiel aufgezeigten Handlungsmustern der *plebs* und des Senates in der Reaktion auf den Herrscher verglichen. Damit steht im Fokus der Arbeit weniger die Frage nach der Referenz, sondern es wird ein Sinn bzw. eine Bedeutung als „function of οἱ Ἰουδαῖοι within the Johannine narrative"[42] angenommen. „In the Fourth Gospel, 'the Jews' are characters within a narrative world and play a central role in its plot."[43] Die Referenz 'der Juden' ist zudem

36 Kloss, Möglichkeit, 175f. Vgl. Aristot. poet. 9.
37 Vgl. Feddern, Fiktionalitätsdiskurs, 154.
38 Schwinge, Aristoteles, 116.
39 Feddern, Fiktionalitätsdiskurs, 132f.
40 Feddern, Fiktionalitätsdiskurs, 136.
41 Diefenbach, Konflikt, 65.
42 Bennema, Identity, 240.
43 Bieringer/Pollefeyt/Vandecasteele-Vanneuville, Anti-Judaism, 22.

innerhalb des JohEv polyvalent im Sinne munter wechselnder Referenzgruppen. So kann sich der Terminus sowohl auf das Volk als auch auf die Pharisäer beziehen. Damit ist auch die Annahme einer monolithischen, im Sinne einer feindlichen Reaktion in Frage zu stellen. Durch den Vergleich mit der Reaktion der unterschiedlichen Statusgruppen der Stadt Rom wird der sozialgeschichtlichen Ausprägung des Konfliktes zwischen ‚den Juden' und der johanneischen Gemeinde Rechnung getragen. Damit wird auch in dieser Arbeit davon ausgegangen, dass es historisch zur Abfassungs- und Redaktionszeit des JohEv zu Spannungen zwischen ‚den Juden', d. h. insbesondere den Pharisäern als der Elite und der johanneischen Gemeinde gekommen ist, die dann zu einem Ausschluss aus der Synagoge führten.[44] In dieser Arbeit wird auf der Basis der performativen Struktur des JohEv, der eben ein Ringen um Anerkennung dieses Königs Jesus und eine positive Reaktion der Adressaten (bewusst) eingeschrieben ist, angenommen, dass dieser Konflikt noch gegenwärtig ist und es zu keinem endgültigen Bruch bzw. ‚parting of the ways' gekommen ist. Dieser Synagogenausschluss ist als lokale Maßnahme ganz unabhängig von den „übergreifenden innerjüdischen Begradigungsversuche von Jamnia"[45] zu werten.[46] Dabei ist die Lokalität dieser Maßnahme zu betonen und auch für das Treffen in Jamnia ein breitenwirksam durchgesetzter sogenannter Ketzersegen, die Definition der *birkat ha-minim*, zu negieren.[47]

Exkurs: Die Situation der johanneischen Gemeinde

An drei Stellen findet sich der Begriff ἀποσυνάγωγος im JohEv: Das erste Mal tritt er in 9,22 auf, als die Eltern des Blindgeborenen die Aussage verweigern, da sie den Ausschluss aus der Synagoge fürchten bei einem möglichen Christusbekenntnis. Die hier aus der Synagoge Ausschließenden werden als ‚die Juden' bezeichnet, was auf eine Differenzierung der Gruppen zwischen den ‚Juden' und Christusbekennenden zurückschließen lässt. Sie wollen daher die Erklärung der plötzlichen Heilung ihrem Sohn überlassen. Ein zweites Mal wird in 12,42 davon berichtet, dass es einige führende Juden gibt, die sich aufgrund ihrer Angst vor einem Ausgestoßenwerden aus der Synagoge nur heimlich zu Christus bekennen. Jesus selbst warnt dann in 16,2 die Schüler, dass sie zu aus der Synagoge Ausgeschlossenen gemacht werden würden. Diese Mahnung hat selbstverständlich die johanneische Gemeinde als Adressaten. Häufig wird innerhalb der exegetischen Forschungslandschaft dieser Trennungsprozess zwischen Synagoge und johanneischer Gemeinde als abgeschlossen und das JohEv als eine rückblickende Reflexion dieser Situation betrachtet. An dieser Stelle möchte ich kurz auf die Verortungen des JohEv von Wengst und

44 Bieringer/Pollefeyt/Vandecasteele-Vanneuville, Anti-Judaism, 23.
45 Theobald, Evangelium (RNT), 93.
46 Vgl. Frey, Bild, 45.
47 Vgl. Theobald, Evangelium (RNT), 93.

Kügler eingehen. Wengst ordnet in seinem Johanneskommentar die Aussagen im JohEv zum Ausgestoßensein bzw. Ausgestoßenwerden aus der Synagoge in die Zeit der Neukonstitution des Judentums nach der Zerstörung des Jerusalemer Tempels während des Jüdisch-Römischen Kriegs ein. Die Pharisäer bilden innerhalb des Judentums die Trägergruppe des Prozesses der Neukonstituierung. Die Aussagen spiegeln seines Erachtens die Sicht einer Minderheitengruppe, die aufgrund ihres exklusiven Anspruchs, der das Bekenntnis zu Jesus als dem Christos beinhaltet, der Häresie bezichtigt wird und der religiösen Diskriminierung, sozialen Isolierung und wirtschaftlichen Boykottierung unterliegt. Wengst versteht diesen Trennungsprozess zwischen Mehrheitsjudentum und der christlichen Minderheitengruppe bzw. der johanneischen Gemeinde als situativen Hintergrund für die Abfassung des JohEv.[48] Kügler verweist in seinem Artikel zum JohEv in der von Martin Ebner und Schreiber herausgegebenen „Einleitung in das Neue Testament" auf die regionalen Unterschiede in der Ausprägung und dem Voranschreiten des Konfliktes mit dem lokalen Judentum.[49] Da auch die Verortung des JohEv unsicher ist, ist man in Bezug auf die Einschätzung der Ausprägung des Konfliktes zwischen johanneischer Gemeinde und lokalem Judentum auf den Text des JohEv selbst verwiesen. Dieser projiziert die aktuelle Situation der johanneischen Gemeinde auf die Zeit des historischen Jesus zurück. Die Virulenz der Auseinandersetzung mit der Bedrohung durch einen möglichen Synagogenausschluss und damit der Konflikt mit dem durch die Pharisäer repräsentierten Judentum durchziehen das gesamte JohEv. Dies spricht dafür, dass dies in die Situation der johanneischen Gemeinde hinein gesprochen ist und die aktuelle Problemlage spiegelt.

Ich gehe mit Klaus Wengst davon aus, dass das JohEv an Juden(christen) und Heiden(christen) adressiert ist. Das Auftreten der Heiden sowie das prominente Kp. 10, wo Jesus zwei Herden führen wird, die beide auf seine Stimme hören, damit sie eine Herde sind, ist der Hinweis auf eine Gemeinde, die sich aus eben diesen Adressatengruppen zusammensetzt.[50] Trotzdem ist eine große Nähe der Gemeinde aus (vornehmlich) Judenchristen zur Synagoge zu konstatieren.[51]

Diese Nähe zur Synagoge wird im JohEv dadurch gespiegelt, dass sowohl durch Jesus als auch durch ‚die Juden' die Notwendigkeit der Ehrung Gottes und des Schutzes des Volkes plausibilisiert werden. Beide Opponenten wählen dafür Wege, die beide in der johanneischen Jesus-Vita argumentiert werden. Jesus verherrlicht Gott durch das Ausführen seiner Sendung und schützt durch seinen Tod das Volk.

48 Vgl. Wengst, Johannesevangelium (ThKNT 4), 13–18.

49 Kügler, Johannesevangelium, 219–221.

50 Vgl. Wengst, Gemeinde, 155.

51 Vgl. Wengst, Gemeinde, 155f. Wengst betont hier die Relevanz eines Synagogenausschlusses für die so zusammengesetzte johanneische Gemeinde. Dies impliziert meines Erachtens zugleich ein Nahverhältnis zur Synagoge.

Die Elite ehrt Gott: Sie bewahrt Gott vor Blasphemie. Und sie schützt das Volk vor den Römern. Die gleiche Notwendigkeit ist hergestellt. Sowohl die performativen Akte Jesu als auch die Argumentation der Elite werden im Fortgang des Texts durch das Gegenüber dekonstruiert und regelmäßig ihres Scheiterns überführt. Dem Lesenden wird ein *consensus universorum* als Ideal im Sinne der Zustimmung nahe gelegt, aber die Maßgabe eines gelingenden performativen Aktes steht mit der Bestätigung der Apotheose Jesu noch aus. Zugleich bleibt damit die Möglichkeit der Dekonstruktion der Offenbarung Jesu erhalten; der Zweifel an seiner Legitimität bleibt bis zuletzt möglich. Das Recht auf Bestätigung durch die Elite und das Volk soll nicht allein aufgrund von politischen Machtverhältnissen erfolgen, sondern das Auftreten Jesu als Offenbarer ist per se auf Antwort bzw. Reaktion ausgelegt und damit per se dialogisch. Diese Dialogizität wird mit der Leerstelle fortgeschrieben und ist mit ihrer Notwendigkeit - die johanneische Jesus-Vita ist wie gesagt in ihrer Inszenierung Jesu in performativen Akten per se dialogisch - radikal ernst zu nehmen.

Hier gilt es nun in aller Kürze die (mehrheitsfähigen) Thesen zu (Entstehungs-) Zeit und Ort des JohEv zu skizzieren: Aufgrund von Joh 11,48 und diesem Verweis auf die Zerstörung des herodianischen Tempels ist die johanneische Jesus-Vita in die Zeit nach dem Jüdisch-Römischen Krieg zu datieren. P 52 gibt den Zeitpunkt ante quem an und wurde lange auf das Jahr 125 n. Chr. datiert.[52] Es gibt jedoch nach Schnelle gute Gründe für eine Datierung von P 52 auf 125 n. Chr.–150 n. Chr.[53] Ein weiteres wichtiges Kriterium für die Datierung sind die Aussagen zum Synagogenausschluss (9,22; 12,42; 16,2), die jedoch nicht mehr länger mit Jamnia und dem Vorgang der Definition der *birkat ha-minim* im Achtzehnbittengebet gleichgesetzt werden können; zudem ist die Datierung dieses Vorgangs unsicher geworden.[54] Ich spreche mich für die Ephesus-Hypothese für die Verortung des JohEv aus.[55] Ich habe Alexander den Großen in den Quellenbefund mit einbezogen, da er mitbegründend für das römische Herrscherideal war und seit Pompeius, Caesar und Marcus Antonius Nachahmer gefunden hat.[56] Unter Trajan erlebt der Alexanderhype einen neuen Aufschwung. Auch Trajan figuriert als Alexander der Große.[57]

---

52 Kügler, Johannesevangelium, 220f; Rein, Johannesevangelium, 151; Schnelle, Einleitung, 555–557; Broer, Einleitung, 216–219; Schreiber, Begleiter, 48; Theissen, Testament.

53 Vgl. Schnelle, Einleitung, 557 Anm. 137.

54 Vgl. Theobald, Evangelium (RNT), 93.

55 Theobald wendet gegen die Ephesushypothese vor allem das Fehlen eines johanneischen Widerhalls in Eph, 1 und 2 Tim, in den Sendschreiben der Offb und den Ephesuskapiteln der Apg. Ignatius von Antiochien kennt Johanneisches durch seine Heimat Syrien, mit Ephesus verbindet er Paulus, nicht aber den geliebten Schüler. Vgl. zu den Gegenargumenten Theobald, Evangelium (RNT), 94.

56 Spencer, Alexander.

57 Kühnen, Imitatio.

Das JohEv nimmt mit dem Leistungsethos ein Tugendideal auf, das durch Vespasian und Trajan maßgeblich geprägt wurde.[58] Daher ist auch eine Datierung auf 110–125 n. Chr. möglich. Mit Ephesus sind neben der altkirchlichen Tradition[59], die Ephesus als Entstehungsort benennt, alle Voraussetzungen wie die Alexandertradition, die Herrscherverehrung für die *Sebastoi* (der Tempel wurde von Domitian gewährt und ist den Sebastoi gewidmet unter die neben Domitian auch Vespasian und Titus zählen und die nach der *damnatio memoriae* in Bezug auf Domitian weiterhin verehrt wurden),[60] sowie die Existenz einer jüdischen Gemeinde für eine Verortung des JohEv gegeben.[61] Neben Kleinasien und insbesondere Ephesus werden ebenfalls Alexandria, Syrien, Bithynien/Pontus sowie das Ostjordanland/Samarien als Abfassungsort diskutiert.[62] Neben guten Argumenten für Syrien insbesondere Antiochien, das ebenfalls ein großstädtisches, jüdisches (Synagogenbauten) Milieu aufweist, und der (späten) syrischen Thomastradition käme auch Alexandria als Entstehungsort in Frage. Marco Frenschkowski macht als Argument dafür die Papysrustradition (P 52; P 66) des JohEv in Ägypten stark sowie das häufige (papyrologisch belegte) Vorkommen des koptischen Lehnwortes βαΐον und dessen Gebrauch in der ägyptischen Umgangssprache.[63] Gegen Alexandria spricht die prekäre Lage der jüdischen Gemeinde (vgl. das Reskript von Kaiser Claudius mit dem Verbot einer Wiederansiedlung von Juden nach dem Pogrom unter Kaiser Caligula 38 n. Chr.), die sich im Zuge des Jüdisch-Römischen Kriegs und in der Folgezeit verschärfte.[64] Zudem ist Christentum in Alexandria erst ab der Mitte bzw. dem Ende des 2. Jh. n. Chr. belegt.[65] Eine Verortung bleibt jedoch schwierig. Wichtig jedoch ist festzuhalten, dass von einer stark hellenistischen Prägung auch des palästinischen Judentums seit den Arbeiten von Martin Hengel[66] auszugehen ist. Daher bleibt hier als Fazit nur Frey zu zitieren: „Demgegenüber haben die Versuche, den johanneischen Text im Ganzen aus einem einzigen religiösen Kontext

---

58 Vgl. für Vespasian Kp. II/B 2.

59 Vgl. Rein, Das Johannesevangelium, 151; Schnelle, Einleitung, 516f; Broer, Einleitung, 222f.

60 Friesen, Neokoros, bes. 29–49.165–167. Friesen hebt besonders das innovative Modell einer Stadt als *neokoros* für einen städtischen Kult ab. Vgl. Friesen, Neokoros, 50–58. Vgl. auch Tilborg, Ephesus, 205–212.

61 Ios. ant. Iud. 12,125–126. Vgl. Witetschek, Ephesos, 11.

62 Schnelle, Einleitung, 555–557; Broer, Einleitung, 219–225; Theobald, Evangelium (RNT), 94–98. Vgl. auch: Müller, Heimat, 61; Tilborg, Ephesus; Frenschkowski, Ursprung; Wengst, Gemeinde, 167–172.183f; Reim, Lokalisierung.

63 Frenschkowski, Ursprung.

64 Vgl. Theobald, Evangelium (RNT), 95. Papyrus Londiniensis 1912 in: Schimanowski, Juden, 243–249.

65 Vgl. Theobald, Evangelium, 95; Fürst, Christentum 70.

66 Hengel, Judentum; Ders./Markschies, Hellenisierung; Ders., Jerusalem.

zu erklären, an historischer Plausibilität deutlich verloren."[67] Die johanneische Jesus-Vita richtet sich also in jedem Fall an Adressaten, die in einer multireligiösen Umwelt leben. Dem wird auch in dieser Arbeit Rechnung getragen, wenn neben der breiten Darstellung hellenistisch-römischer Herrschermotivik notwendig auch ein Blick auf die Bezüge zum Alten Testament geworfen wird.

67 Frey, Kontext, 75.

C Methodische Reflexion

1. Auswahl und Erschließung der antiken Quellen

Das Dissertationsprojekt ist über den gewählten Zugang der historischen Exegese und der Alten Geschichte als Bezugsdisziplin interdisziplinär angelegt.

Für die Erschließung des Königsideals in der hellenistischen und römischen Kultur werden vor allem Herrscherbiographien, sogenannte Fürstenspiegel und panegyrische Literatur herangezogen, da diese von ihrer Gattungstypologie her am gewinnbringendsten für die Erschließung des zeitgeschichtlichen Herrscherideals sind. Einen wesentlichen Bestandteil bilden zudem Historiographien und staatstheoretische Schriften, die auf ihren Bestand hinsichtlich des Auftretens, der Handlungsmuster, der Funktionen und des Ethos eines idealen Herrschers befragt und untersucht werden. Da die Vorstellung eines idealen Herrschers über die Zeiten hinweg in Teilen gleichbleibend ist, also Konstanten ausbildet, zugleich aber in Bezug auf bestimmte staatstheoretische Vorstellungskomplexe Wandlungen unterliegt, können bei der Festlegung des Quellenkorpus und der Auswahl des Quellenmaterials größere Zeiträume in den Blick genommen werden – über Platos „Der Staat“ und Arrians „Der Alexanderzug“ bis hin zu Augustus’ „Res Gestae“, Plutarchs „Parallelbiographien“, Suetons „Kaiserbiographien“ und dem „Panegyrikus“ auf Kaiser Trajan von Plinius dem Jüngeren. Auch randständige, in der Forschung bisher weitgehend unberücksichtigte hellenistische Schriften wie die Fragmente des Diotogenes, des Sthenidas und des Ekphantos werden mit herangezogen. Einen Schwerpunkt bilden dennoch die Biographien zu den römischen Kaisern und die Historiographien zur Römischen Geschichte mit ihren prosopographischen Inhalten.

Neben der Begründung der Auswahl der Quellen ist nun näher auf die Kriterien für die inhaltliche Erschließung der Quellen einzugehen. Die unterschiedlichen Aspekte des hellenistisch-römischen Herrscherideals werden in den jeweiligen Bereichen des herrscherlichen Handelns in den Blick genommen und mit ihrer Darstellung im JohEv verglichen. Damit wird zugleich eine differenzierte Kriteriologie für die Erschließung und Analyse des Herrscherideals in den antiken Quellen und im JohEv entwickelt. Die beiden wichtigsten Felder für die Konstitution des Herrscherideals sind die Interaktion zwischen dem König und dem Volk als εὐεργέτης und Einziehender. Auch die Elite ist - insbesondere beim *adventus* - Teil der Interaktion des Herrschers mit den Adressaten seines herrscherlichen Handelns. Selbst das Sterben vollzieht sich öffentlich und folgt einem idealen Skript. Die Akklamation zum Herrscher schafft erst die Voraussetzung dafür, sich als idealer

Herrscher beweisen zu müssen. Dabei kommt als weitere Statusgruppe die eigene Faktion bzw. die Gruppe der eigenen Anhänger in den Blick. In allen hier genannten Szenen (6,15; 12,13; 18,37; 1,49) wird Jesus in der johanneischen Jesus-Vita der Titel König zugeschrieben.

In dieser Arbeit liegt der Fokus auf der Interaktion des Herrschers mit den einzelnen Statusgruppen. Für die einzelnen Interaktionsformen wie etwa das Gastmahl oder den *adventus* haben sich „über Gewohnheit und sozialen Comment" ideale Formen des Ablaufs herausgebildet; diese blieben aber kein „‚befriedetes', [...] statisches Ritual", sondern waren für die beteiligten Personen und Personengruppen zugleich individuell variabel.[1] Der Gradmesser für die Legitimation der Herrschaft des jeweiligen Regenten ist die von ihm über diese Interaktionsformen und ihre Inszenierung zu erlangende „*exemplum*-Tauglichkeit"[2], auf die die antiken Historiographen und Biographen ihre biographische Geschichtsschreibung ausrichten. Das Zusammenspiel zwischen den idealen, aber trotzdem variablen Interaktionsformen und zu erreichender *exemplum*-Tauglichkeit ist das maßgebliche Kriterium für die Auswertung der antiken Quellen.

Dabei ist zu beachten, dass „die Taten und Tugenden römischer Kaiser von den antiken Quellen [...] lediglich von vorneherein feststehende Stereotypen [d. h. die vorgängige Bewertung des jeweiligen Herrschers] bestätigen sollten"[3], also immer schon literarisch überformt sind. Zugleich besteht jedoch auch die Möglichkeit, über die (faktische und) von den antiken Autoren auch so bewertete ideale Erfüllung der Funktionen eines Herrschers *exemplum*-Tauglichkeit zu erlangen.

Der diesem Projekt zugrundeliegende Fokus richtet sich daher weniger auf die tatsächlichen Taten und Tugenden eines Herrschers als vielmehr auf die von den antiken Autoren vollzogenen Inszenierungen und konstatierten Bewertungen in den Quellentexten und der daraus abgeleiteten Legitimität des einzelnen Herrschers.

Auch für das JohEv liegt der Fokus auf der Analyse der literarischen Inszenierung der individuell variablen Interaktions- und Handlungsformen eines Herrschers und auf der damit einhergehenden Deutung des Königs Jesus in Hinblick auf seine *exemplum*-Tauglichkeit.

Der König Jesus kann in Übereinstimmung mit dem hellenistisch-römischen Herrscherideal gelesen werden und der Verfasser des JohEv macht sich ihm bekannte Strategien literarisch zunutze für die Herstellung von Jesu *exemplum*-Tauglichkeit in den oben genannten traditionellen Feldern der Herrscherinszenierung.

---

1 Ronning, Adventus, 76.

2 Walter Princeps, 237.

3 Seelentag, Trajan, 296.

2. Auswahl des exegetischen Methodeninstrumentariums

Zur Anlage der Arbeit ist anzumerken, dass zu Beginn eines jeden Kapitels eine kurze Einordnung als Station in die Vita eines Herrschers erfolgt. Bei der vergleichenden Einordnung der einzelnen Stationen sind diese spezifischer gefasst, weil sie den König Jesus als legitimationsbedürftigen Herrscher in den Blick nehmen.

Liegt mit dem JohEv die Vita eines Herrschers vor, so unterliegt sein Anspruch und seine Legitimität einem ständigen gesellschaftlichen Aushandlungsprozess. Daher wird im Rahmen der Pragmatischen Analyse das Reaktionsverhalten der jeweiligen sozialen Rollenträger auf das Handeln Jesu als Herrscher funktional analog gesetzt mit dem Verhalten der einzelnen Statusgruppen im Rahmen des öffentlichen Auftretens eines Herrschers. Hier werden daher neben den genannten vier Königsperikopen auch die Textpassagen einer Analyse unterzogen, die das öffentliche Handeln Jesu als Herrscher als Bezugspunkt haben.[4]

Dazu zählen nach dem Bekenntnis des Natanael (1,49), das erst die Möglichkeit der Herstellung einer größeren Öffentlichkeit schafft, die Heilungen Jesu in Kp. 5 und 11. In 5,1–18 wird erstmals durch das Zusammenlaufen der Volksmenge Öffentlichkeit für Jesus in Jerusalem selbst generiert; der zentrale Konflikt mit ‚den Juden' wird anhand der Heilung des Gelähmten etabliert. Das Brotwunder (6,1–15) hat die Sättigung der Volksmenge als Zielpunkt. Der Seewandel Jesu (6,16–21) ist semiöffentlich. Die Hirtenrede in 10,1–18 findet vor einem öffentlichen Forum statt und legt den Deutungsrahmen für das „Sterben für" Jesu fest, das in 11,47–53 entfaltet wird. Der *adventus* Jesu (12,12–36) ist ein echter *adventus*, bei dem sich die beteiligten sozialen Rollenträger ideal verhalten. Die Verhaftung und der Prozess gegen Jesus finden selbstverständlich öffentlich statt; beim Sterben Jesu am Kreuz sind nur der geliebte Schüler und die Mutter Jesu präsent. Die (bevorstehende) Apotheose Jesu (20,11–18), die der Legitimation als Herrscher und „Sohn Gottes" dient, hat Maria Magdalena zur Zeugin.

Aus der doppelten Zielsetzung des motivgeschichtlichen Vergleichs Jesu als hellenistischem Herrscher und der Analyse der pragmatischen Funktion dieser Inszenierung in Hinblick auf den Konflikt mit ‚den Juden' im JohEv leitet sich die übergeordnete Struktur der Arbeit ab: Die Ergebnisse der Erschließung des hellenistisch-römischen Herrscherideals, die die Basis für die motivgeschichtliche Analyse der ausgewählten Perikopen des JohEv bilden, werden als direkter Referenzpunkt den einzelnen Kapiteln zur Exegese der johanneischen Königsperikopen vorangestellt.

Vier für die Erschließung der doppelten Fragestellung adäquate und innerhalb der neutestamentlichen Exegese etablierte Methodenschritte wurden ausgewählt:

4 So bleibt die Fußwaschung in Kp. 13 außen vor, hat sie doch allein die Schüler als Adressaten.

1. Einordnung der Perikope in den Mikrokontext des JohEv und Segmentierung des Textes nach Verben
2. Komposition
3. Motivgeschichtlicher Vergleich zwischen dem König Jesus und dem hellenistisch-römischen Herrscherideal unter Heranziehung der Ergebnisse der Quellenarbeit sowie dessen Auswertung in Hinblick auf die in der literarischen Inszenierung sichtbar werdende Königs-Christologie
4. Pragmatische Analyse in Hinblick auf den erzählten Konflikt mit ‚den Juden'

II. Die Inszenierung Jesu als Herrscher

A „Rabbi, du bist der Sohn Gottes, du bist (der) König Israels“ (Joh 1,49) – Das Natanaelbekenntnis

Die Herkunft des Helden wird am Beginn seiner Vita bekannt gegeben. Schreiber verortet die Angabe der Herkunft des Helden bzw. Protagonisten zu Beginn einer jeden Vita in der Gattung des Prologs des JohEv (1,1–18).[1] Eine zweite widersprüchliche Herkunftsangabe findet sich mit „Sohn des Josef den aus Nazaret“ in V. 45. Damit ist bereits das Konfliktpotential zwischen Anspruch – „Sohn Gottes“ zu sein – und Wirklichkeit – Sohn des Josef aus Nazaret – benannt. Welcher Wirklichkeit mehr Wahrheit seitens der Rezipienten zuzutrauen ist, wird in der Inszenierung Jesu und der Reaktion auf ihn im Gesamt des JohEv ausgehandelt.

1. Der „König Israels“ und der *princeps* als „Göttersöhne“

1.1 „Sohn Gottes“ im Alten Testament

Die Bestimmung Jesu als „Sohn Gottes“ rekurriert auf Ps 2,7:

> אֲסַפְּרָה אֶל חֹק יְהוָה אָמַר אֵלַי בְּנִי אַתָּה אֲנִי הַיּוֹם יְלִדְתִּיךָ׃
> „Lasst mich die Anordnung des HERRN bekannt geben! Er hat zu mir gesprochen: ‚Mein Sohn bist du, ich habe dich heute gezeugt.‘“

Der Kontext dieses Selbstausspruchs des Königs ist die Inthronisation des Herrschers, deren Zeremonie eine große Nähe zu ägyptischen Texten und ihrer rhetorischen Inszenierung des Herrschers und seiner Stellung bzw. Funktion zu attestieren ist. Diese Rhetorik wurde, so John J. Collins, für das davidische Königtum in Jerusalem, das 2.000 v. Chr. unter der Kontrolle Ägyptens stand, übernommen.[2] Ps 2,7 steht also im Kontext der Einsetzung des Königs und eines „decrees“:

> „The ‚decree‘ is a document, given to the king during the coronation ceremony (cf. 2 Kgs 11:12); it is his personal covenant document, renewing God's covenant commitment to the dynasty of David. The content of the decree establishes the nature and authority of the newly crowned king.“[3]

1 Vgl. Schreiber, Vita, 136.

2 Vgl. Collins, Interpretation, 54.

3 Craigie/Tate, Psalms, 67.

Diese Rückführung auf ein aus ägyptischer Tradition entstammendes, aber judäisch modelliertes Krönungsritual hat sich gegenüber der Deutung als Übernahme einer jährlichen rituellen Inthronisation des Gott-Königs während des Neujahrsfests in ägyptischer bzw. kanaanäischer Tradition und gegenüber der Deutung als postexilisch aufkommende Hoffnung auf eine messianische Herrschergestalt durchgesetzt.[4] Was ist nun unter dem Topos „mein Sohn" zu verstehen? Denn:

> „Die höfische Redeweise läßt in der Tat viele Deutungen zu. Wörtlich genommen würde sie die volle Göttlichkeit des Königs implizieren. Aber es gibt viele Schattierungen und Abstufungen; die Formel kann auf die bloße Gottähnlichkeit des Königs als des Trägers besonderer Kräfte hinweisen, oder auch auf seine volle, dogmatisch ausgebaute Göttlichkeit (nach dem ägyptischen Modell)."[5]

So gilt es nach James W. Watts drei Verstehenshorizonte für die Bezeichnung „Sohn Gottes" basierend auf der semantischen Indifferenz des Begriffs „Sohn" als „zur gleichen Klasse gehörend" oder der „leiblichen Sohnschaft" zu unterscheiden: Das Verstehen als „heavenly beings", ein kanaanäisch basiertes Verstehen als „literally gods" oder ein Verstehen als „of the same order as the moon and the stars".[6] Eng damit verbunden ist die Unterscheidung zwischen einem metaphorischen und einem mythischen Verständnis der Bezeichnung „Sohn Gottes". Den genannten Schattierungen versucht eine auf Eindeutigkeit angelegte Forschungslandschaft Abhilfe zu schaffen, indem sie sich entweder der These der Göttlichkeit des Königs im Sinne der physischen Zeugung oder der These einer Adoption anschließt.[7] Ansgar Moenikes beschreibt unter Berufung etwa auf Herbert Donner, Manfred Görg und Erich Zenger Ps 2,7 als Zeugung: „Wenn aber JHWH den König gezeugt hat, ist der König nicht JHWHs Adoptivsohn, sondern dessen leiblicher Sohn."[8] Moenikes legt im Fortgang seiner Untersuchung den Fokus auf die Erklärung des „Heute" der Zeugung und grenzt dies von der seit der Geburt bestehenden Gottessohnschaft des Pharaos ab.[9] Die Gegenthese bildet die Annahme der Adoption. Erhard Blum geht unter Berufung auf Martin Noth und Hans-Joachim Kraus für Ps 2,7 von einer „Adoptions*erklärung* [Hervorhebung im Original]"[10] aus und definiert Ps 2,7c

---

4 Vgl. Watts, Psalm, 74–76.

5 Lang, König, 47.

6 Watts, Psalm, 76f.

7 Vgl. Lang, König, 46; Moenikes, Psalm. Vgl. auch Görg, Wiedergeburt; Zenger, Beobachtungen; Donner, Adoption.

8 Moenikes, Psalm, 619.

9 Vgl. Moenikes, Psalm, 620f.

10 Blum, Aussage, 129. Vgl. auch Noth, Gott; Kraus, Psalmen, 18f.

als „performative[...] Aussage“[11] im Sinne des „,ich selbst mache dich hiermit zu meinem Kind‘“[12].

Im Hebräischen bezeichnet בֵּן zunächst Verwandtschaftsverhältnisse, auch anderweitige Verwandtschaftsgrade als die direkte männliche Nachkommenschaft.[13] Nach Georg Fohrer, der ebenfalls von der Adoptionsthese ausgeht, gibt בֵּן die Zugehörigkeit zu einem Volk, einer Ortschaft bzw. Land oder einer Menschen- bzw. Berufsgruppe an.[14] בֵּן bezeichnet Angehörige der himmlischen Sphäre bzw. des Hofstaats Gottes, wobei keine Verwendung des Begriffs JHWH stattfindet, sondern andere Gottesbezeichnungen herangezogen werden. Vorstellungshintergrund ist hier ein Pantheon an Göttern bzw. göttlichen Wesen unter der Herrschaft von einem höchsten Gott.[15] Hier ist jedoch ein Bruch mit der altorientalischen Vorstellung einer physischen Gottessohnschaft des Königs zu konstatieren. Es „wird ein Aspekt der judäischen Auffassung vom Königtum der davidischen Dynastie umschrieben.“[16] Funktionalisiert wird der Topos im Sinne der „Legitimation durch Jahwe“[17] des neuen Königs. Für Fohrer wird also die dem ägyptischen Krönungsritual zugrundeliegende Vorstellung einer physischen Sohnschaft beim judäischen Ritual in eine „rechtlich begründete[...] Sohnschaft“[18] umgeformt: „Daß der judäische König weder von Natur Sohn Gottes war noch durch seine Thronbesteigung wie von selbst in die Sphäre des Göttlichen eintrat, sondern durch eine Willenserklärung Jahwes als Sohn anerkannt wurde.“[19] Nach Fohrer wird in Ps 2,7 die Erstgeburt des Königs im Sinne des Ausschließlichkeitsanspruchs seiner Legitimation im Vergleich mit anderen Thronprätendenten festgeschrieben.

> „Von einer Vergöttlichung des judäischen Königs kann keine Rede sein; vielmehr benutzt der Psalm [Ps 89] die Vorstellung von seiner Legitimation durch Jahwe dazu, dessen Hilfe für den legitimen König zu erbitten.“[20]

---

11 BLUM, Aussage, 131.

12 BLUM, Aussage, 132.

13 Vgl. FOHRER, υἱός, 341.

14 Vgl. FOHRER, υἱός, 346. Peter Müller benennt ebenfalls diese Konnotation und legt aber die Bezeichnung einer Einzelperson als Entwicklung für die nachalttestamentliche Zeit dar. Vgl. MÜLLER, Sohn, 76.

15 Vgl. FOHRER, υἱός, 347f.

16 FOHRER, υἱός, 349.

17 FOHRER, υἱός, 351.

18 FOHRER, υἱός, 352.

19 FOHRER, υἱός, 352. Vgl. auch NOTH, Gott, 222.

20 FOHRER, υἱός, 351.

Am häufigsten findet man die Identifizierung Israels als Volk bzw. Gesamtheit qua Relationierung zu seinem Gott mittels des Familienverhältnisses und der Bezeichnung als Sohn bzw. Söhne Gottes.[21] Aber auch ein Einzelmensch konnte in einem Sohn-Verhältnis zu Gott stehen.[22] Υἱός ist vorzugsweise Übersetzung der orientalischen, insbesondere ägyptischen, Herrschertitel, die seit Alexander dem Großen vor allem durch die Ptolemäer benutzt werden. Auch *divi filius* wird als θεοῦ υἱός übersetzt.[23]

Markus Saur hebt die Performativität des Ausspruchs im Sinne der Zurüstung des Königs für sein Amt und der Funktion der Legitimierung qua Erwählung hervor. Er negiert „eine wie auch immer geartete Form von originärer Sohnschaft des Königs“[24], sondern geht von „eine[r] wirkmächtige[n] Erklärung Jahwes in seinem Wort“[25] aus.

> „Mit der performativen Formel בני אתה tritt an die Stelle substantialer Denkformen das Wort als Wirklichkeit konstituierende Größe. Interpretiert man ילד vom Performativ בני אתה her, so ist deutlich, daß keineswegs von einer physischen Zeugung die Rede ist, sondern daß es darum geht, daß Jahwe seinen König heute auf sein Amt vorbereitet und für seine Aufgaben zugerüstet hat. Mit der Rede von der Gottessohnschaft soll - wie im gesamten Alten Orient - das enge Verhältnis zwischen Gott und König unterstrichen werden, das die Grundlage der erfolgreichen Königsherrschaft darstellt.“[26] [...] Er ist das Objekt der göttlichen Erwählung, die auf dem Gottesberg Zion ihren Ort hat.“[27]

Martin Karrer legt in seiner Untersuchung zu „Der Gesalbte“ ein Verständnis der Salbung mit Öl als Ausstattung mit Macht bzw. Ehre (hebr. *kāḇôḏ*) zugrunde. Die Salbung ist nach Karrer im altorientalischen Kontext als „performative[r...] Akt in der Rechtssetzung“[28] vor einem vertraglichen Hintergrund zu verstehen: „Jahwe hat sich den König erwählt. Er nimmt ihn dadurch besonders in Pflicht. Zugleich verleiht und sichert er ihm seine Ehre, Würde und Macht.“[29] Hier ist im Gegensatz zu einer physischen Gottessohnschaft die funktionale Deutung der Übertragung von Sohnschaft im Sinne der Schaffung von Legitimität für den neuen Herrscher zu betonen.

---

21 Vgl. Fohrer, υἱός, 352.
22 Vgl. Fohrer, υἱός, 354.
23 Vgl. Martitz, υἱός (Hellenismus), 336.
24 Saur, Königspsalmen, 34.
25 Saur, Königspsalmen, 34.
26 Saur, Königspsalmen, 34.
27 Saur, Königspsalmen, 40.
28 Karrer, Gesalbte, 100.
29 Karrer, Gesalbte, 100.

1.2 Der *divus* im römischen Herrscherkult

Auch die *divi* des römischen Herrscherkults sind nicht eindeutig der göttlichen bzw. der himmlischen Sphäre zuzuordnen. Während Christian Habicht sie eher der irdischen Sphäre, in der sie aufgrund ihrer Leistungen göttergleiche Ehren erhielten, ihnen aber keine Wesenheit eines Gottes aufgrund ihrer Sterblichkeit und der Angewiesenheit auf die Zuschreibung des Gottestitels durch das menschliche Urteil (der Bevölkerung bzw. des Senats) zukam, zuordnen möchte, stellt Manfred Clauss die Gegenthese auf und sieht in den göttergleichen Ehren die Göttlichkeit des Herrschers in der Meinung der Bevölkerung manifest. Beide treffen sich darin, dass „eine der göttlichen Potenz gleichwertige Kraft des Betreffenden in einer bestimmten Situation sich manifestiert hat.“[30] Auch Peter Herz hält fest: „Certainly people regarded him as a person endowed with extraordinary (i. e. divine) abilities and powers. That was a definition most people could embrace without difficulty.“[31] Lily Ross Taylor korreliert die Caesar zugeeignete Göttlichkeit mit der „natural recognition of his power“[32]. Diese Korrelation ist dahingehend zu präzisieren, dass die Divinität bzw. die göttlichen Ehren den Spiegel bildeten für die dem Herrscher zukommende und auch von ihm erwartete Wirkmächtigkeit, die sich in seinen Leistungen bzw. der idealen Erfüllung seiner Funktionen als Sieger, Schützer, Wohltäter etc. zeigte. Herz unterscheidet bei der Wahrnehmung des Herrschers als epiphaner, d. h. sichtbarer Gott zwischen dem Westen und dem Osten des Römischen Reiches:

> „For the western parts of the empire where the necessary religious traditions were lacking, I am skeptical. The eastern provinces had a completely different religious tradition in dealing with rulers and cultic honors, and for them things are completely different. Here we find the widespread perception that the emperor was not only endowed with special, superhuman abilities, but that he was indeed a visible god.“[33]

Christian Habicht und Frank W. Walbank unterscheiden zwischen wahren Göttern und Herrschern, denen eine Verehrung wie ein Gott zukam.[34] Beide sind sich

---

30 Habicht, Gottmenschentum, 198. Vgl. zur Gegenthese: Clauss, Herrscherkult. Vgl. zur Diskussion: Chaniotis, Divinity; Ders., Kaiserkult; Dreyer, Heroes; Small, Subject; Svenson, *Darstellungen*; Walbank, Herrscherkult; Ders., Monarchies; Price, Rituals; Ders., Cult; Ders., Sacrifice; Charlesworth, *Herrscherkult*; Weinreich, Gottmenschentum; Nock, Soter; Ders., ΘΕΟΣ; Ders./Roberts/Skeat, Gild; Taeger, Charisma; Tarn, Ruler-Cult.

31 Herz, Emperors, 309.

32 Taylor, Divinity, 61.

33 Herz, Emperors, 309. Vgl. auch Herz, Kaiserkult.

34 Vgl. Habicht, Gottmenschentum, 196; Walbank, Könige als Götter.

einig, dass die Herrscher die gleichen kultischen Ehren wie die Götter empfingen, aber diese trotzdem weiterhin als Menschen galten, denn ihre Ehren wurden von Menschen verliehen und die Herrscher waren weiterhin vor und für Götter Opfernde.[35] Habicht geht davon aus, dass der Herrscher nicht mit einem Gott identifiziert wurde, aber er wurde den Göttern im Kult sichtbar gleichgestellt.[36] So kam den Herrschern nach Habicht keine absolute Göttlichkeit wie den Göttern des Olymps zu, da sie ihnen nur den Ehren nach gleichgestellt waren.[37] „Es ergibt sich daraus, daß sie im Kult als Götter verehrt wurden und dennoch nicht wirkliche Götter waren."[38] Zudem ist diese Göttlichkeit eine politisch Motivierte und von einer bestimmten Stadt Verliehene.[39] Die Göttlichkeit der Herrscher ist ihnen nicht immanent und damit nicht universal, d. h. weder ubiquitär noch überzeitlich.[40]

> „Dieser Grenzen der Göttlichkeit eines im städtischen Kult verehrten Menschen ist man sich stets bewußt gewesen, und selbst wo dieser als θεός bezeichnet wird […], bedeutet das keine Gleichstellung mit den Göttern, deren Name dieses Zusatzes nicht bedarf, sondern nur, daß eine der göttlichen Potenz gleichwertige Kraft des Betreffenden in einer bestimmten Situation sich manifestiert hat."[41]

Hier bleibt anzumerken, dass diese Unterscheidung in Götter ohne θεός-Zusatz und Herrscher als Götter mit der Notwendigkeit des θεός-Zusatzes in der Absolutheit nicht zutreffend ist.[42] Neben der mangelnden Omnipotenz des Herrschers weist ihn nach Habicht auch seine Sterblichkeit als Mensch in Unterscheidung von der Gottheit aus.[43] Dem wurde seiner Meinung nach in der Dichtung bereits für die Ptolemäerdynastien etwa durch Kallimachos und Theokrit mit dem Konzept der Apotheose, d. h. der Entrückung des Herrschers (hier Arsinoe und Berenike) in seinem Tod begegnet.[44] Besonderes Interesse verlangt dabei die Entrückungshypothese für Alexander den Großen, weil dort zugleich auch die Zweifel an der Vorstellung einer Apotheose mitgeliefert werden, bleibt diese doch bei einem Versuch.[45]

---

35 Vgl. Habicht, Gottmenschentum, 196.
36 Vgl. Habicht, Gottmenschentum, 196.
37 Vgl. Habicht, Gottmenschentum, 196.
38 Habicht, Gottmenschentum, 196.
39 Vgl. Habicht, Gottmenschentum, 198.
40 Vgl. Habicht, Gottmenschentum, 198.
41 Habicht, Gottmenschentum, 198.
42 Vgl. Pfeiffer, Ptolemäerreich, 37.
43 Vgl. Habicht, Gottmenschentum, 199.
44 Vgl. Habicht, Gottmenschentum, 199f Anm. 35.
45 Vgl. Habicht, Gottmenschentum, 200 Anm. 35.

Die Göttlichkeit ist zudem, wie oben geschildert, eine von Menschen zugesprochene. Ittai Gradel geht deshalb von einer relativen Göttlichkeit aus, die für die jeweilige Kultgemeinschaft gültig war.

> „Divine worship was the highest possible honour known in antiquity, expressing a maximum status gap between the recipient and the worshippers, but it made no gods in the absolute - and irrelevant - sense. It merely granted divine status to the honorand in relation to the worshippers.“[46]

Auch Stefan Pfeiffer geht davon aus, dass bei der kultischen Verehrung des Herrschers die Unterscheidung zwischen Mensch und Gott nicht fallen gelassen wurde. Dennoch kommt er zu folgendem Schluss:

> „Wenn Untertanen, häufig auf freiwilliger Basis, nicht die Formulierung zugunsten des Herrschers in einer Dedikation wählten, sondern sicher bewußt die Herrscher als Götter mit einer Weihung bedachten, so scheint es mir weiterhin wahrscheinlich, daß mitunter ein religiöses Gefühl und eine Vorstellung von der Übermenschlichkeit, eben von der Göttlichkeit des Bedachten, hinter diesem Akt gestanden hat. Der Herrscher wurde dann als weltimmanenter und vor allem wirkmächtiger Gott verstanden.“[47]

Mit Pfeiffer lässt sich festhalten:

> „Es ist [...] davon auszugehen, daß bei den Untertanen unterschiedliche Vorstellungen von der Art der Göttlichkeit des Herrschers bestanden haben. [...] Viele, gerade Mitglieder der gebildeten Elite, werden in den Herrschern keine Götter auf Erden gesehen haben. Das belegen neben der philosophischen Kritik am Herrscherkult ebenfalls die bereits angeführten unzähligen Dedikationen an Götter zugunsten/zum Heile der ptolemäischen Könige.“[48]

Hier steht im Hintergrund eine Verpflichtung zur Dedikation wegen bzw. aufgrund ihrer Stellung und damit Verantwortung gegenüber der *salus* des Römischen Reiches. So kann man mit Pfeiffer zusammenfassen:

> „Aus dem Dargelegten dürfte deutlich werden, daß im Zeitalter des Hellenismus sowohl übernatürliche Wesen oder richtiger die Unsterblichen als auch Sterbliche als Götter bezeichnet und angebetet werden *konnten* [Hervorhebung im Original], ohne daß dabei

46 Gradel, Worship, 29.
47 Pfeiffer, Ptolemäerreich, 44.
48 Pfeiffer, Ptolemäerreich, 43.

> die Unterscheidung zwischen Mensch und Gott – im Sinne eines unsterblichen Wesens – fallen gelassen werden mußte."[49] […] „Inwieweit die Sterblichen aber von ihren Untertanen als wesensidentisch mit den alten Göttern angesehen wurden, darüber wage ich nicht zu urteilen."[50]

Dass jedoch eine göttliche Wirkmächtigkeit dem Herrscher eignet und in seinem Handeln manifest wird, zeigt sich in seinem *numen*.[51]

Zu einem ähnlichen Urteil kommt auch Florian Sittig, der die Unterscheidung zwischen ewigen und gewordenen Göttern zwar trotz fehlender sprachlicher Unterscheidung gegeben sieht, aber nicht entscheiden möchte,

> „ob die Bezeichnung als *divus* den Kaiser mehr von den Göttern unterschied oder diesen mehr anglich. [Dies] hing letztlich davon ab, inwieweit die Reminiszenzen an die menschliche Existenz des Herrschers mit ihm verbunden wurden."[52]

Als Alleinstellungsmerkmal kommt dem Kaiser sein Dasein als *deus praesens* zu. „Als einziger *deus praesens* war der Kaiser als metaphysische Entität dennoch *sui generis*."[53] Die Problematik in Bezug auf die Legitimierung gegenüber der Aristokratie formuliert er für die Frage der Divinisierung wie folgt:

> „Die Problematik, dass der Kaiser zu Lebzeiten zugleich Teil der Aristokratie war und über dieser stand, Mensch und doch gleichzeitig über alle Menschen gesetzt war, fand in der Divinisierung ihre Fortsetzung, die mithin Teil eines Prozesses war, in dem die Rolle des *princeps* verhandelt wurde."[54]

Auch Sittig betont damit die Offenheit des Modells der Apotheose und möchte sich nicht entscheiden, inwiefern der Kaiser als *deus praesens* geglaubt wurde.

> „Die Göttlichkeit eines lebenden Herrschers ist zwar keineswegs explizit ausgeschlossen, aber das Zeremoniell ließ sich durchaus so deuten, dass es die Grenze zwischen den Sphären hervorhob, dass die göttliche Existenz erst mit dem Ende der menschlichen begann."[55]

---

49 Pfeiffer, Ptolemäerreich, 44.
50 Pfeiffer, Ptolemäerreich, 45.
51 Vgl. zum Begriff Kp. II/F 3.4.2.
52 Sittig, Caesarenwahnsinn, 415.
53 Sittig, Caesarenwahnsinn, 415.
54 Sittig, Caesarenwahnsinn, 415.
55 Sittig, Caesarenwahnsinn, 413.

Hebt Pfeiffer als ausschlaggebendes Kriterium für die Wahrnehmung des Herrschers als Gottheit seine Wirkmächtigkeit hervor, so weist Lisa Cordes[56] darauf hin, dass die Göttlichkeit des Herrschers eng korreliert mit seinem Verhalten ist.

Während sie insbesondere auf die *virtus* des Herrschers als Voraussetzung für ein angemessenes Verhalten abhebt[57], werden in dieser Arbeit die konkreten von einem Herrscher übernommenen Funktionen in den Blick genommen. Hinter diesen Funktionen wird selbstverständlich ein bestimmtes Ideal bzw. eine bestimmte erwünschte Eigenschaft sichtbar. So ist an dieser Stelle Matthias Peppel zuzustimmen, der in der Divinisierung des Herrschers eine Legitimation auf Zeit sieht, derer der Herrscher sich in seiner Herrschaft würdig erweisen muss und die ihre Endgültigkeit erst postum in der vom Senat beschlossenen Apotheose erhält.[58] In dieser Arbeit wird basierend auf den Quellen ebenfalls eine „funktionalistische Auffassung von Göttlichkeit"[59] vertreten, die von der Wirkmächtigkeit des Gottes ausgeht und damit per se performativ angelegt ist. Die Funktionen des Herrschers basieren auf dem Modus der Fürsorge. Diese Fürsorge konnte sich in unterschiedlichen Formen spiegeln, die bis hin zu einer bestimmten Zeremonie ritualisiert waren. Die Zugänglichkeit und die Präsenz des Herrschers werden im *adventus* inszeniert. Sein Wohltätertum kommt in den Getreidespenden zum Ausdruck. Seine Sieghaftigkeit ist zugleich Ausdruck seiner Schutzfunktion gegenüber dem Volk.

1.3 Die Funktionen der Divinisierung eines Herrschers

Helga Gesche betont als Funktion der Divinisierung die Herrscherlegitimierung. Für Augustus arbeitet sie heraus, dass dieser in der Münzpropaganda auf die Prägung mit *divus* insbesondere in der Zeit des Ringens um die absolute Stellung in der römischen *res publica* setzte.[60] Dieses Vorgehen dient nach Gesche der Absicherung des eigenen Führungsanspruchs sowie des Anspruchs, Nachfolger Caesars zu sein.[61] Ihres Erachtens eignet dem Status *divi filius* „ein den Herrschaftsanspruch legitimierender und die übergeordnete Stellung im Staat rechtfertigender Gehalt"[62]. Auch Dietmar Kienast sieht die Divinisierung des Augustus im Dienst der „Stabilisierung der neuen monarchischen Herrschaftsform"[63] stehen. Jochen Bleicken sieht die

56 Cordes, Herrscherrepräsentation.

57 Vgl. Cordes, Herrscherrepräsentation, 154.

58 Vgl. Peppel, Gott, 78.

59 Peppel, Gott, 78.

60 Vgl. Gesche, Divinisierung, 383.

61 Vgl. Gesche, Divinisierung, 383.

62 Gesche, Divinisierung, 383.

63 Kienast, Augustus, 246. Vgl. auch Dahlheim, Augustus, 37.

Ausbildung einer neuen „Herrschaftsform" gegeben: „Die Monarchie war künftig auch sakral bestimmt, umso mehr, je weiter die Zeit fortschritt und die Formen sich verfestigten. Sie legitimierte sich darum zunehmend aus dem Gedanken des sakral überhöhten Monarchen."[64] Die enge Verbindung der Divinisierung des Herrschers mit seiner *virtus* und dem für diese Arbeit besonders ausschlaggebenden Kriterium seiner Leistung stellt Gesche noch einmal ausdrücklich heraus:

> „Die einem Princeps zuteil werdende Divinisierung versteht sich in der Theorie als nachträgliche und nachdrückliche Bestätigung seiner überragenden Qualifikation und soll zum Ausdruck bringen, daß der verstorbene Kaiser der Forderung, nur der jeweils Beste dürfe herrschen, gerecht geworden ist. Diese gedankliche Konstruktion impliziert, daß auch die von einem solchen Princeps im Hinblick auf die politische Nachfolge vorgenommene Adoption eines bestimmten Mannes bzw. der Entschluß, einem leiblichen Sohn die Herrschaft zu übertragen, allseits als eine gute Entscheidung akzeptiert werden konnte, ja mußte; denn von einem Princeps, dessen Qualitäten und Leistungen den Senat veranlaßt hatten, einer Erhebung unter die Staatsgötter zuzustimmen, sind grundsätzlich nur staatsdienliche und die Interessen aller berücksichtigende Maßnahmen und Entscheidungen zu erwarten."[65]

Dabei wird schon deutlich, dass die familiäre Anbindung und die Zugehörigkeit zur Herrscherdynastie ausschlaggebend waren als Legitimationsvorschuss bei der Übergabe der Herrschaft. Diese war eng gekoppelt an die Divinisierung im Sinne der göttlichen Anbindung durch Zurückführung auf einen göttlichen Ursprung wie z. B. in der Gottheit Venus.[66] So stärkte Caesar seine Anbindung an Venus durch das Stiften eines Tempels, der statt der Venus Victrix der Venus Genetrix geweiht wurde. Martin Jehne deutet dies als Verschmelzung: „Die Gottheit seines Geschlechts sollte als die Sieg verleihende bezeichnet werden."[67] Seit der Divinisierung der Mitglieder der julisch-claudischen Dynastie wurde dieses „göttliche" Potential erhöht. Denn die Gottessohnschaft etablierte ein zusätzliches Instrument der Herrschaftslegitimation, das auch unabhängig von der dynastischen Bindung funktionierte und dem Prinzipat als Herrschaftsform Dauer verlieh.[68] Aufgrund dieser dynastischen Bindung waren die aussagekräftigsten Maßnahmen zur Legitimation des Nachfolgers bei fehlender geburtsrechtlicher Berechtigung die Adoption, die seit Caesar

---

64 Bleicken, Augustus, 385.

65 Gesche, Divinisierung, 388f.

66 Vgl. Jehne, Staat, 200; Meier, Caesar, 74.

67 Jehne, Staat, 200, der sich bezieht auf: Gelzer, Caesar, 266.

68 Vgl. zur Kontinuisierung des Prinzipats mittels der Herrscherapotheose: Sittig, Caesarenwahnsinn, 412.

eingeführt war, oder eine entsprechende Heiratspolitik. Daneben war eine Ämterübergabe und damit einhergehende Förderung innerhalb der Struktur des *cursus honorum* in Bezug auf den Nachfolger entscheidend. Die Divinisierung der Kaiser diente der Herrschaftslegitimation und der Sicherung des Übergangs von einem Herrscher zum Nächsten. Die Konsekration ist nicht nur „Bestätigung der Taten und Handlungen eines Kaisers", „sondern auch [...] Nachweis seiner Göttlichkeit zu Lebzeiten"[69]. Die Vergottung des Vorgängers war Voraussetzung für die eigene Legitimation als Herrscher.[70] Wichtig ist nach Sittig, dass über die Divinisierung Kontinuität auch über Dynastiegrenzen hinweg zu gewährleisten war.[71]

> „Die Konsekration des Vorgängers aktualisierte noch einmal das göttliche Potential des amtierenden *princeps*, der einen traditionellen Akt der Frömmigkeit inszenierte und instrumentalisierte, um seine private *res familiaris* mit der öffentlichen *res divina* zu verbinden."[72]

Die legitimierende Funktion der Divinisierung bezog sich auf den Verstorbenen und seine Regierungsleistung, und zugleich wirkte sie als Verstärker der Legitimation des Nachfolgers nach dem Herrschaftswechsel.[73]

> „Der Sohn erbte die göttliche Eigenschaft, und mit der Konsekration des Vaters waren nicht nur dessen Entscheidungen, sondern auch der Übergang der Herrschaft auf den Sohn sanktioniert."[74]

Wie vollzog sich nun die Erhebung eines neuen Herrschers?

2. Die Erhebung eines neuen Herrschers

Die Erhebung eines Kaisers vollzog sich über die Akklamation des Herrschers durch das Militär. Eine besondere Rolle spielte dabei die Prätorianergarde. Eine Bestätigung des neuen Herrschers erfolgte dann durch den Senat und das Volk. Dass die Anerkennung durch den Senat notwendig war, aber meistens nur der des

---

69 Clauss, Herrscherkult, 368.
70 Vgl. Clauss, Herrscherkult, 369.
71 Vgl. Sittig, Caesarenwahnsinn, 412.
72 Sittig, Caesarenwahnsinn, 412.
73 Vgl. Sittig, Caesarenwahnsinn, 413.
74 Clauss, Herrscherkult, 370.

Militärs folgte, wird deutlich, wenn mit Dieter Timpe für die Konstruktion des Prinzipats zu konstatieren ist:

> „Faktischer Herrscher war der Imperator, der Herr der Legionen; die Verleihung der staatsrechtlichen Gewalten und Vollmachten, die den augusteischen Prinzipat ausmachten, war eine juristische Umkleidung und Legitimierung dieses revolutionären Sachverhaltes."[75]

Aloys Winterling macht deutlich, dass der Situation des Übergangs von einem Herrscher zum nächsten das Potential zum Bürgerkrieg inhärent war.[76]

Als starke Machtbasis für den neuen *princeps* bildete sich insbesondere in der julisch-claudischen Dynastie die Prätorianergarde heraus. Dies ist darauf zurückzuführen, dass die Prätorianergarde „the largest military unit in the vicinity of Rome […] were used by the Julio-Claudian emperors for non-military, political purposes."[77] Wilfried Nippel beschreibt die Prätorianer als bevorzugte Elitetruppe des *princeps*, die die einzige in Italien und Rom selbst stationierte Einheit war und damit vorrangig für den Einsatz in Italien und zur Sicherung der Hauptstadt herangezogen wurde.[78] Ihre Funktion für das Prinzipat hält John Latimer Kerr wie folgt fest:

> „As to the more important accusation that the Praetorians were in some sense political soldiers, it is clear that they were regarded by the Julio-Claudians as not only their personal protectors but the powerbase of the imperial court and the tool of the emperor and his advisers."[79]

Kerr möchte jedoch grundsätzlich die Funktion der Prätorianergarde als Instrument der Terrorherrschaft eines *princeps* relativiert wissen, insbesondere auch für die negative Darstellung zur Entschuldigung des fehlenden Widerstandes seitens der Senatoren bei Tacitus:

---

75 Timpe, Kontinuität, 37.

76 Vgl. Winterling, Caligula, 16.

77 Kerr, Prefecture, 143.

78 Vgl. Nippel, Aufruhr, 161. Die Bevorzugung war an den kürzeren Dienstzeiten und der höheren Besoldung erkennbar. Die Prätorianer waren unter Augustus nur zum Teil in Rom stationiert, ansonsten in der näheren Umgebung; unter Tiberius waren sie an unterschiedlichen Standorten in Rom stationiert, wurden dann aber unter dem Prätorianerpräfekten des Tiberius, Sejan, an einem Standort zusammengelegt. Vgl. Nippel, Aufruhr, 161. Dies bestätigt noch einmal die Funktion der Kontrolle der Hauptstadt und die enge Bindung an den *princeps*.

79 Kerr, Prefecture, 142.

> „If the Praetorians had really been the emperor's Gestapo, if they really had the power to threaten or execute without reference to any authority other than the emperor and, on occasions, not even to him, then obviously to criticise the emperor's behaviour or disapprove publicly of his crimes would have been little more than suicide."[80]

Und genau diese öffentliche Kritik leistet Tacitus, der zur Zeit Domitians schreibt. Eine besonders interessante Variante bildet die Herrschaftsübernahme durch Caligula. Der Sohn des Germanicus, Urenkel des Augustus und der Livia und Großneffe des Tiberius gehörte in die julisch-claudische Dynastie. Durch die Einsetzung als Erbe gemeinsam mit Gemellus war seine Position dynastisch abgesichert.[81] Nach dem Tod des Tiberius akklamierten Macro als Mitglied der Prätorianergarde sowie die Truppen bei Misenum Caligula zum *imperator*.[82] Der Senat bestätigte Caligula die imperatorische Gewalt.[83] Nutzten die Herrscher zuvor die Möglichkeit der *consecratio* ihres Vorgängers, so machte Caligula aus taktischen Gründen davon keinen Gebrauch. Tiberius war bei der Bevölkerung unbeliebt. Zwar beantragte Caligula die *consecratio* des Tiberius, aber als er merkte, dass er als Person genügend *auctoritas* aufgrund seiner familiären Herkunft hatte und insbesondere nach der Übertragung aller Ehrenrechte des Augustus, verwarf er die Apotheose des Tiberius.[84] Caligula übernahm in einer Senatssitzung nach seiner Begleitung des Leichnams des Tiberius und seiner Ankunft in Rom alle Ehrenrechte bzw. Vollmachten des Augustus (mit Ausnahme des Titels *pater patriae*) auf einmal, so dass die *lex de imperio Vespasiani* hier vorweggenommen zu sein scheint.[85]

Kaiser Nero, der letzte Kaiser der julisch-claudischen Dynastie, war von Kaiser Claudius adoptiert. Nach dem Tod seines Vorgängers wurde er von der Prätorianergarde und den durch seine Mutter eingesetzten Prätorianerpräfekten zum Kaiser (*imperator*) akklamiert.[86] Nero betrieb die Divinisierung von Claudius und beantragte beim Senat seine *consecratio*. Durch den Senat wurde ihm nach seiner Akklamation die Vollmacht seiner Vorgänger übertragen.[87]

---

80 Kerr, Prefecture, 144.

81 Vgl. Balsdon, Emperor, 4.26.

82 Tac. ann. 6,50,3–5. Vgl. Balsdon, Emperor, 21.25.

83 Vgl. Ferrill, Caligula, 92.

84 Vgl. Balsdon, Emperor, 28f. Caligula erneuerte sein Ansuchen nicht.

85 *ingressoque urbem, statim consensu senatus et irrumpentis in curiam turbae, inrita Tiberi voluntate […] ius arbitriumque omnium rerum illi permissum est tanta publica laetitia.* Suet. Calig. 14,1. Vgl. Ferrill, Caligula, 95; Balsdon, Emperor, 27. Den Titel *pater patriae* lehnte er ab. Vgl. Ferrill, Caligula, 94; Balsdon, Emperor, 27.

86 Vgl. Malitz, Nero, 13. Ein Geldgeschenk in Form von 15.000 Sesterzen, die er in seiner (Antritts-)Rede versprach, sicherte die Zustimmung der Prätorianer ab. Vgl. Sonnabend, Nero, 59f.

87 Vgl. Griffin, Nero, 51.

Mehrere Strategien zur Herstellung der Legitimität der Herrschaft werden deutlich: Die Divinisierung des Vorgängers oder bei ausreichender *auctoritas* das Auslassen der *consecratio*. Zudem trat zur Herkunft ein zweites Kriterium, die Leistung eines Herrschers, das seit Augustus gültig war, aber erst am Ende einer Herrschaft resultativ aufgezeigt werden konnte. Mit Kaiser Vespasian erhielt es jedoch gleich schon bei seinem Herrschaftsantritt herrschaftslegitimierende Funktion. Bei Vespasian stechen die Wunderhandlungen mit der Funktion der Legitimierung seiner Herrschaft hervor. Sie sind dem Mangel an ausreichender familiärer Beleumundung im Sinne der Zugehörigkeit zu einer der führenden aristokratischen Dynastien geschuldet.[88] Öffentliche Wunderhandlungen glichen das Defizit seiner Zugehörigkeit zum Ritterstand aus. Er heilt in der Überlieferung bei Sueton einen Blinden und einen Lahmen. In der Überlieferung bei Tacitus wird die Heilung eines Blinden und eines Mannes mit erkrankter Hand geschildert.[89] Wurde Vespasian durch das Heer in Alexandria und erst danach durch die Truppen in Judäa zum *imperator* am 1. bzw. 11. Juli 69 ausgerufen und akklamiert[90], so sind die Heilungen dann das Signal des Einverständnisses „der Himmlischen mit seiner Herrschaft"[91].

In der Senatsversammlung wurden ihm sämtliche Vollmachten des *princeps* in einem übertragen, was in der *lex de imperio Vespasiani* sichtbar wird.[92] So werden ihm das *imperium*, die tribunizische Gewalt sowie alle anderen Sondervollmachten eines Augustus und seiner Nachfolger übertragen.

> „Die aus der Verknüpfung von Kultamt und staatlicher Legitimierung mittels *auctoritas*, *imperium* und tribunizischer Gewalt resultierende Machtfülle spiegelt sich in der Erwartungshaltung wider, die seitens der Reichsbevölkerung dem Princeps entgegengebracht wurde."[93]

Welche Parallelen lassen sich nun zu Jesus ziehen? Zunächst erfolgt eine Einordnung von Joh 1,43–51 in den Kontext. Es wird ein kurzer Überblick über 1,43–51 gegeben. In einem dritten Schritt wird ein motivkritischer Vergleich zwischen der Erhebung eines römischen Herrschers und Jesus vorgenommen.

---

88 Riemer, Wundergeschichten, 226.

89 Suet. Vesp. 7; Tac. hist. 4,81.

90 Vgl. Engster, Kaiserheil, 294.

91 Riemer, Wundergeschichten, 226. Vgl. zur Deutung der Krankenheilungen als Stärkung der *auctoritas* und *maiestas* Vespasians gegenüber seinen Soldaten bei Sueton: Suetonius, Vespasian (Jones), 55.

92 Vgl. Levick, Vespasian, 96.

93 Ziethen, Heilung, 172.

3. Exegetische Analyse Joh 1,43–51

3.1 Kontexteinordnung von Joh 1,43–51

Schreiber verortet, wie schon benannt, die Angabe der Herkunft des Helden bzw. Protagonisten im Rahmen einer Vita im Prolog des JohEv (1,1–18).[94] Die zweite dazu in Widerspruch stehende Herkunftsangabe Jesu findet sich mit „Sohn des Josef den aus Nazaret" in 1,45. Als „Sohn Gottes" steht Jesus, anders als Caesar, der seine Herkunft väterlicherseits über viele Generationen von Venus ableitet, direkt in einer „Offenbarungsgemeinschaft mit Gott"[95]. Die unmittelbare Nähe zu Gott - „war bei Gott" - wird im Prolog V. 1 betont. Dirk Frickenschmidt möchte bei der alltäglichen Metapher der Sohnschaft die Gottesnähe als primär, sekundär erst die Angabe der Herkunft ansehen.[96] Wichtig ist zudem, dass innerhalb des Prologs das Ergehen dieses Gottessohnes angegeben wird: Ablehnung durch die Seinen und Aufnahme bei den Kindern Gottes (V. 11f). Der Vergleich Jesu mit dem Täufer und die heilsgeschichtliche Einordnung seiner Bedeutung als Vorläufer Jesu lässt sich als Synkrisis definieren.[97] Frickenschmidt spezifiziert diese Synkrisis als „Autosynkrisis", deren Funktion dem „biographischen Topos [...] der Einschätzungen und Voraussagen von anderen vor dem Schritt in die breite Öffentlichkeit"[98] gleicht.

> „Die verborgene Identität der Hauptperson soll noch vor Beginn ihres öffentlichen Auftretens erste Kontur bekommen, damit sie nicht nur ‚offenbar werde für Israel', sondern auch für den Leser."[99]

Schreiber sieht in diesem „grundlegenden Darstellungsmittel[...] antiker Viten"[100] den Vergleichspunkt bezüglich der Qualität und Leistung im Sinne der Offenbarungstätigkeit: „Während Johannes Jesus als Messias offenbart, also Zeugnis *für Jesus* [Hervorhebung im Original] ablegt, vermag Jesus aufgrund seiner Herkunft *Gott selbst* [Hervorhebung im Original] unmittelbar zu offenbaren – wie sein gesamtes Auftreten zeigen wird."[101]

Nach dem Prolog in Joh 1,1–18, der dem Evangelium vorangestellt ist und Jesus als den einzigen Logos identifiziert, der in die Welt kommt und dort Ablehnung

---

94 Vgl. Schreiber, Vita, 136.
95 Schreiber, Vita, 137. Vgl. auch Suet. Iul. 6,1.
96 Vgl. Frickenschmidt, Biographie, 423.
97 Vgl. Schreiber, Vita, 138.
98 Frickenschmidt, Biographie, 425.
99 Frickenschmidt, Biographie, 427.
100 Schreiber, Vita, 138.
101 Schreiber, Vita, 139.

erfährt, dient Joh 1,19–51 der narrativen Einführung und Identifizierung Jesu. Hier fungiert der Dialog als „Weg der Wissensvermittlung“[102], und über die Dialoge zwischen dem Täufer und den Abgesandten aus Jerusalem sowie zwischen den in die Nachfolge eintretenden Schüler wird eine kommunikative Christologie entfaltet.

3.2 Segmentierung von Joh 1,43–51

3.2.1 Segmentierung des griechischen Texts Joh 1,43–51

43 Τῇ ἐπαύριον ἠθέλησεν ἐξελθεῖν εἰς τὴν Γαλιλαίαν
καὶ εὑρίσκει Φίλιππον.
καὶ λέγει αὐτῷ ὁ Ἰησοῦς·
ἀκολούθει μοι.
44 ἦν δὲ ὁ Φίλιππος ἀπὸ Βηθσαϊδά, ἐκ τῆς πόλεως Ἀνδρέου καὶ Πέτρου.
45 εὑρίσκει Φίλιππος τὸν Ναθαναὴλ
καὶ λέγει αὐτῷ·
ὃν ἔγραψεν Μωϋσῆς ἐν τῷ νόμῳ καὶ οἱ προφῆται
εὑρήκαμεν,
Ἰησοῦν υἱὸν τοῦ Ἰωσὴφ τὸν ἀπὸ Ναζαρέτ.
46 καὶ εἶπεν αὐτῷ Ναθαναήλ·
ἐκ Ναζαρὲτ δύναταί τι ἀγαθὸν εἶναι;
λέγει αὐτῷ [ὁ] Φίλιππος·
ἔρχου
καὶ ἴδε.
47 Εἶδεν ὁ Ἰησοῦς τὸν Ναθαναὴλ
ἐρχόμενον πρὸς αὐτὸν
καὶ λέγει περὶ αὐτοῦ·
ἴδε
ἀληθῶς Ἰσραηλίτης ἐν ᾧ δόλος οὐκ ἔστιν.
48 λέγει αὐτῷ Ναθαναήλ·
πόθεν με γινώσκεις;
ἀπεκρίθη Ἰησοῦς
καὶ εἶπεν αὐτῷ·
πρὸ τοῦ σε Φίλιππον φωνῆσαι
ὄντα ὑπὸ τὴν συκῆν
εἶδόν σε.

102 Rubel, Erkenntnis.

49 ἀπεκρίθη αὐτῷ Ναθαναήλ·
ῥαββί,
σὺ εἶ ὁ υἱὸς τοῦ θεοῦ,
σὺ βασιλεὺς εἶ τοῦ Ἰσραήλ.
50 ἀπεκρίθη Ἰησοῦς
καὶ εἶπεν αὐτῷ·
ὅτι εἶπόν σοι
ὅτι εἶδόν σε ὑποκάτω τῆς συκῆς,
πιστεύεις;
μείζω τούτων ὄψῃ.
51 καὶ λέγει αὐτῷ·
ἀμὴν ἀμὴν λέγω ὑμῖν,
ὄψεσθε *τὸν οὐρανὸν ἀνεῳγότα*
καὶ τοὺς ἀγγέλους τοῦ θεοῦ ἀναβαίνοντας καὶ καταβαίνοντας ἐπὶ τὸν υἱὸν τοῦ ἀνθρώπου.

3.2.2 Segmentierung der Übersetzung Joh 1,43–51[103]

43 Tags darauf wollte er hinausgehen nach Galiläa,
und er findet Philippus.
Und Jesus sagt ihm:
Folge mir (nach)!
44 Es war aber der Philippus von Bethsaida, aus der Stadt von Andreas und Petrus.
45 Philippus findet Natanaël
und sagt ihm:
Über welchen schrieb Mose im Gesetz und die Propheten,
haben wir gefunden,
Jesus, einen Sohn des Josef, den aus Nazaret.
46 Und Natanaël sprach zu ihm:
Kann etwas Gutes sein aus Nazaret?
Philippus sagt ihm:
Komm
und sieh!

103 Alle Übersetzungen sind mit Hilfe folgender Wörterbücher angefertigt: Bauer, Wörterbuch; Liddell/Scott, Lexicon.

47 Jesus sah Natanaël
kommend zu ihm
und sagt über ihn:
Seht,
wahrhaftig ein Israelit, in dem Falschheit nicht ist.
48 Natanaël sagt ihm:
Woher kennst du mich?
Jesus antwortete
und sprach zu ihm:
Bevor dich Philippus rief,
sah ich dich
seiend unter dem Feigenbaum.
49 Natanaël antwortete ihm:
Rabbi,
du bist der Sohn Gottes,
du bist König Israels.
50 Jesus antwortete
und sprach zu ihm:
Weil ich zu dir sprach,
dass ich dich sah unter dem Feigenbaum,
glaubst du?
Größeres als dieses wirst du sehen.
51 Und er sagt ihm:
Amen, Amen, ich sage euch,
ihr werdet den Himmel geöffnet sehen,
und die Engel Gottes aufsteigend und absteigend auf den Menschensohn.

3.3 Das Setting für das Natanaelbekenntnis

Otto Schwankl gliedert den Auftakt des JohEv als Wochenrhythmus und orientiert sich an der Tagesstruktur, die sich vom Zeugnis des Täufers bis hin zur Hochzeit von Kana zieht.[104] Diesem Auftakt liegt inhaltlich eine dreigliedrige Struktur zugrunde: das Auftreten des Täufers (1,19–34), das Auftreten bzw. die Berufung der ersten Schüler (1,35–51) und das zeichenhafte Handeln Jesu bei seinem Auftreten bei der Hochzeitsgesellschaft in Kana (2,1–11). Schwankl stellt die Steigerung im Offenbarungsgeschehen über und durch Jesus selbst in dieser Auftaktwoche heraus.

---

104 Vgl. Schwankl, Jüngerberufung, 425. Vgl. zum Tagesrhythmus auch Theobald, Evangelium (RNT), 143f.

„Am ersten Tag ist er nur anonym und indirekt gegenwärtig, zuerst im negativen Selbstzeugnis des Täufers ‚Ich bin nicht der Messias' (1,20), dann im positiven Zeugnis: ‚Mitten unter euch steht der, den ihr nicht kennt' (1,26). Am zweiten Tag fällt der Name ‚Jesus', aber nur einmal und grammatisch im Akkusativ (V. 29), als ‚Zweit-Aktant', der vom Täufer gesehen, bezeugt und vorgestellt wird, jedoch nicht im direkten Gegenüber, sondern nur in der Wahrnehmung und Rede des Täufers. Am dritten und vierten Tag, in unserer Perikope, wird Jesus (auch grammatisch) zur Hauptfigur und zum Wortführer. Am letzten, zeitlich abgesetzten Tag, auf der Hochzeit zu Kana, spricht er dann nicht mehr nur, sondern handelt; er ‚tut' sein erstes Zeichen (ἐποίησεν V. 11)."[105]

Die sich im Modus der Kommunikation entfaltende Christologie setzt gleich zu Beginn auch den das gesamte JohEv durchziehenden konfliktuösen Kontrapunkt mit der Entsendung von Priestern und Leviten durch ‚die Juden' zur Befragung des Täufers nach seiner Identität und der Legitimität seines Handelns, insbesondere der Taufaktivität. Die entsendenden ‚Juden' werden in V. 24 als Pharisäer identifiziert. Hier sind zwei Übersetzungsmöglichkeiten zu unterscheiden. Die Präposition ἐκ kann mit „von den Pharisäern" oder „aus den Pharisäern" übersetzt werden. Erstere Variante macht die Pharisäer zum Subjekt der Aussendung; letztere definiert die Abgesandten als Objekt (partitiv) als zu den Pharisäern gehörend. Michael Theobald begründet seine Entscheidung für die erste Variante mit der Beschreibung der Pharisäer im Gesamtverlauf des Evangeliums als Opponenten zur Jesus-Gruppe und als Teilgruppe ‚der Juden', die alternierend verwendet werden.[106]

Uta Poplutz unterscheidet dezidiert zwischen der Funktion der Hohepriester und der der Pharisäer. Sie schätzt die Autorität der Pharisäer als sehr hoch ein, da diese personell und institutionell entsprechend zur Entsendung von Boten zum Sammeln von Informationen über die Identität Jesu ausgestattet sind. Sie sieht ihre Funktion als Gruppe als „observe[...] the religious order"[107]. Cornelis Bennema spricht den Pharisäern, die im Gegensatz zu den Hohepriestern laizistisch waren, aufgrund ihres Zuspruchs und ihrer Beliebtheit bei der breiten Bevölkerung die „power of influence" nicht nur gegenüber dem Volk, sondern eben auch gegenüber der Gruppe der Hohepriester zu, die die „power of control and policy making" inne hatte.[108] Bennema beschreibt historisch die Hohepriester als politische und religiöse Autoritäten, die die Vollmacht hatten das Synhedrium in juridisch-religiösen Belangen zusammenzurufen.[109] Es ist die Gruppe der Pharisäer, die wegen der

---

105 Schwankl, Jüngerberufung, 426.

106 Vgl. Theobald, Evangelium (RNT), 159f.

107 Poplutz, Pharisees, 121.

108 Bennema, Identity, 246f. Vgl. Poplutz, Pharisees, 121.

109 Vgl. Bennema, Priests, 383. Vgl. auch zur Kooperation der Hohepriester mit den Römern: Ios. ant. Iud. 20,250–251.

Sabbatverstöße Jesu nachforscht und in der Lage ist, Verhöre durchzuführen. Sie sind deswegen Poplutz zufolge ebenfalls die erste Adresse für Denunziationen, was solche Verstöße betrifft. Dafür spricht auch, dass sie nach Poplutz „well-informed" sind „about what is happening in the crowd, even what is spoken in secret".[110] Poplutz hält für die Pharisäer fest, dass sie im Vorfeld agieren und ihrer Funktion der Beobachtung und Nachforschung nachkommen. Sie haben zudem die Autorität bei der Entscheidung bezüglich kultischer Fragen insbesondere der Sabbatobservanz und sie haben die Kontrolle über den Ausschluss aus der Synagoge von Christusanhängern sowie die Kontrolle der Tempelpolizei.[111] Auch lassen sie ein Synhedrium einberufen, das die Instanz für das Todesurteil gegen Jesus bildet. Die Pharisäer können neben den Hohepriestern Mitglieder des Synhedriums sein.[112] An der Ausführung durch Verhaftung und Überführung an Pilatus und die Interaktion mit dem Präfekten sind sie nicht mehr beteiligt. Dies ist auffällig und bestätigt noch einmal die klare Aufgabenaufteilung.

Doch auch in dieser Gruppe gibt es zwiegespaltene Reaktionen auf Jesus, einige wie Nikodemus sympathisieren mit Jesus. Daher bildet diese Gruppe keinen monolithischen Block in der (negativen) Reaktion auf Jesus und seinen Identitätsanspruch. Tatsächlich ist auch für unsere Auftaktszene der Befragung des Täufers eine Offenheit in der Wertung der Befragung gegeben. Auslöser für Aussendung und Befragung ist die Möglichkeit, dass der Täufer der „Messias" oder der „Prophet" sein könnte. In einer politisch unruhigen Zeit konnotiert dem Auftreten und der Erwartung eines Messias Hoffnung(spotential). Zugleich werden jedoch auch die Funktion als untersuchende Instanz sowie die Machtverhältnisse im Sinne des Autoritätsgefälles zwischen aussendender Gruppe der Pharisäer in ihrem städtischen Kontext Jerusalem und dem Täufer mit seinen Schülern in der Wüste sichtbar. Nachdem die Rolle der Pharisäer bei der Feststellung der Identität Jesu beschrieben wurde, stellt sich nun die Frage, wie die Identitätszuschreibungen seitens des Täufers und der erstberufenen Schüler an Jesus ausfallen.

Der Täufer identifiziert sich zunächst negativ als „Messias" – „ich bin nicht Christos" (1,20) – und erst in der zweiten Gesprächseinheit zwischen ihm und seinen Schülern identifiziert er Jesus im Schlusssatz als „Sohn Gottes" (V. 34). Die beiden bereits eingeführten Identitäten „Messias" und „Sohn Gottes" finden im Anschluss Wiederholung in der Szene der Schülerberufung durch Jesus. Denn die Identifizierung mittels Dialog findet nun über Andreas gegenüber Petrus und der Vorstellung Jesu als „Messias" (V. 41) statt. Auch Jesus identifiziert jeweils die von ihm Berufenen; so benennt er Simon neu als Kephas (V. 42).

---

110 Poplutz, Pharisees, 120.

111 Vgl. Poplutz, Pharisees, 118.120.

112 Vgl. Stemberger, Pharisäer, 113.

3.4 Textanalyse Joh 1,43-51

Im Vordergrund dieser Kommunikationsarbeit steht jedoch das Bekenntnis des Natanael, das die gesamte Kommunikationseinheit 1,35–51 zu einem Höhepunkt und Abschluss bringt. Denn diese Szene ist breit ausgestaltet durch die Einführung Jesu durch den Erstberufenen Philippus gegenüber Natanael, die widersinnig formuliert ist: Jesus, ein Sohn des Josef aus Nazaret, über den Mose im Gesetz und die Propheten geschrieben haben (V. 45). Nachdem Natanael zu Jesus durch den Direktberufenen Philippus geführt wurde, erfolgt eine wechselseitige Identifikation: Natanael wird als „wahrer Israelit ohne Falschheit" durch Jesus charakterisiert, und Natanael identifiziert Jesus mit dem „Sohn Gottes", dem „König Israels" (V. 47.49). Natanael wird als „wahrer Israelit" bezeichnet[113], was eine Anspielung auf Jakob darstellt, der in Gen 32,28 als Israel benannt wird und vor seinem Namenswechsel als jemand der falsch, betrügerisch ist (Gen 27,35), charakterisiert wird.[114] Eine zweite Anspielung auf Ps 31,2b LXX ist gegeben, in der das Ideal eines Israeliten als οὐδὲ ἔστιν ἐν τῷ στόματι αὐτοῦ δόλος beschrieben wird.[115]

Häufig wird für Joh 1,49 in der exegetischen Forschung darauf hingewiesen, dass der Titel „Sohn Gottes" der Höherwertigere bzw. als Erstgenannter dem Titel „König Israels" übergeordnet und damit ein Missverständnis der Königszuschreibung als rein weltlich im Sinne eines politischen Befreiers auszuschließen sei.[116] Ich verstehe das Natanaelbekenntnis in seiner Doppelstruktur als synthetischen Parallelismus membrorum, so dass hier der Titel „König Israels" die Bezeichnung „Sohn Gottes" näher erläutert.[117] Israel ist objektiver Genitiv und bestimmt den Herrschaftsbereich und hat damit eine nationale Akzentuierung.[118] Mit diesem doppelten Natanaelbekenntnis ist ein spezifischer Bezug zum Königspsalm 2,7 gegeben,

---

113 Vgl. zur Übersetzung als „wahrhaft": Barrett, John, 184. Ludger Schenke sieht in Natanael einen vorbildlichen Israeliten im Gegensatz zu den feindlich agierenden ‚Juden'. Vgl. Schenke, Johannes, 50. Thomas L. Brodie sieht Natanael als repräsentative Figur und als „‚symbol of Israel coming to God'". Brodie, John, 168, der sich bezieht auf Brown, John (AB 29), 82, der Natanael als vorbildhafte Figur ansieht.

114 Vgl. Theobald, Evangelium (RNT), 193; Mullins, John, 105.

115 Vgl. Nicklas, Feigenbaum, 199. Vgl. auch Wengst, Johannesevangelium (THKNT 4), 83.

116 Vgl. Dietzfelbinger, Evangelium (ZBK.NT 4), 60.

117 Vgl. zur Synonymität der beiden Titel: Beasley-Murray, John (WBC 36), 27; Brant, John (P.CNT), 54. Vgl. zur ontologischen Ineinssetzung von König und „Sohn Gottes": „Wahrscheinlich soll Sohn Gottes hier dieselbe Bedeutung wie König von Israel haben." Peterson, Johannesevangelium, 112. Wilckens deutet „König Israels" als Explikation von „Sohn Gottes", dem für das JohEv wichtigeren Titel. Vgl. Wilckens, Johannes (NTD 4), 51. Im Sinne der Messianität Jesu: Barrett, John, 186, der eine Stufung der Titel explizit negiert. Lindars, John (NCB), 119, der von einer Stufung der Titel im Sinne der Klimax bei „Sohn Gottes" ausgeht.

118 Vgl. Schreiber, Gesalbter, 462.

dessen Vorstellungshorizont im Hintergrund steht: die Konnotation des Königs als Sohn, die die Nähe zu JHWH beschreibt. John F. McHugh betont ebenfalls die nationale Färbung des Titels „König Israels", da dieser eine typische Eigenbezeichnung aus dem Raum Palästina ist und außerhalb Palästinas nur in Gebetstexten bzw. liturgischen Texten Verwendung zu finden ist.[119] Er unterscheidet zwischen dem „König Israels" als „God's viceroy on earth" im „drama of god's chosen people" und dem „König der Juden" als „reign as an earthly monarch".[120] Relevant ist hier zudem der unmittelbare Kontext, denn Jesus wird durch Philippus gegenüber Natanael in V. 45als derjenige beschrieben, über den „Mose im Gesetz und die Propheten" geschrieben haben. Hier kann an die Mose-Verheißung eines Propheten wie Mose aus Dtn 18,15.18 gedacht sein.[121] Die prophetischen Texte, die einen Kommenden verheißen (Gen 49,10; Jes 32,1; 59,20; Hab 2,3f; Sach 9,9; Dan 7,13f), haben in der Mehrzahl der Fälle eine königliche Ausrichtung im Sinne der Schaffung von Frieden sowie der Wiederherstellung von Gerechtigkeit (Jes 32,1; 59,20; Sach 9,9).[122] Kontrastierend klappt in Joh 1,45 die irdische Identität Jesu als Sohn Josefs und aus Nazaret kommend nach. Gegenüber Simon Petrus wird Jesus in V. 41 als Μεσσίας eingeführt, was dann korrekt als Χριστός wiedergegeben wird. Die Gegenidentifizierung durch Jesus wird über das Motiv des wunderbaren Vorherwissens qualifiziert. Denn Natanael scheint sich richtig identifiziert zu wissen. Wenn Jesus auf das Schauen von Natanael unter dem Feigenbaum als dem Woher seines Wissens verweist (V. 48), belegt dies für Natanael, dass Jesus aus „wunderbare[n], übernatürliche[n] Kräfte[n] [...] seine Menschenkenntnis schöpft"[123]. Während Simon im Gegenzug durch Jesus als Kephas, der Fels, neu benannt wird (V. 42), identifiziert Jesus Natanael als Israelit, an dem keine Falschheit ist, bzw. als wahren Israeliten. Demgemäß kommt seinem Bekenntnis zu Jesus als „Sohn Gottes" und „König Israels" höchste Wertigkeit zu.[124] Ab V. 45 wird die Verheißung vereindeu-

---

119 Vgl. McHugh, John (ICC 4,1), 163.

120 McHugh, John (ICC 4,1), 164.

121 Vgl. Theobald, Evangelium (RNT), 192.

122 Vgl. Loretz, Hippologia, 318.

123 Theobald, Evangelium (RNT), 193. Theobald sieht mit dem Feigenbaum das Motiv des Schriftstudiums symbolisiert, da die Vorstellung Jesu gegenüber Natanael über den Schriftbezug auf Mose und die Propheten erfolgt. Vgl. Theobald, Evangelium (RNT), 194. Wenn Natanael Schriftkundiger ist, konterkariert dies die von den Hohepriestern und Pharisäern in 7,49 vorgenommene Abwertung des Volkes als Gesetzesunkundige und damit leicht zu Verführende. Denn das Volk reagiert in Joh 7 mit den gleichen Zuschreibungen gegenüber Jesus wie Natanael: Zum einen mit Skepsis wegen seiner Herkunft aus Nazaret, zum anderen mit der Identifikation als „Prophet" und „Gesalbter".

124 Schreiber spitzt zu: Denn „ein ‚wahrhafter Israelit' ist demnach der, der Jesus als seinen König bekennt und sich unter dessen Herrschaft stellt". Schreiber, Gesalbter, 463. Vgl. auch Thyen, Johannesevangelium (HNT 6), 140.

tigt durch das Natanaelbekenntnis auf die Erwartung des Königs Israels hin. Damit läuft die Szene auf das Natanaelbekenntnis zu und bildet den Höhepunkt mit der Identifizierung Jesu als „Sohn Gottes“ und „König Israels“.

Eine zusätzliche Verdichtung erfährt die Identifikation Jesu als „König Israels“ durch seine Verheißung größerer Machttaten bzw. Zeichen gegenüber Natanael in V. 51. Hier liegt eine klare Anspielung auf den Traum Jakobs vor, den Stammvater Israels, in Bet-El (Gen 28,12: Engel steigen über Jakob auf in den Himmel), dem Ort des späteren Gotteshauses, der synonym für die Kommunikation zwischen Gott und Mensch steht.[125] Breit diskutiert ist die Frage, ob die Engel hinauf- und hinabsteigen auf der Leiter – so die Variante im hebräischen Text und in der LXX – oder ob sich diese auf Jakob selbst bewegen, wie es die rabbinische Überlieferung festhält.[126] Theobald möchte die Vorstellung vom Ort personal fassen als „Menschensohn“ und sieht Bet-El durch Jesus als Ort bzw. Funktion der „Kommunikation zwischen Himmel und Erde“[127] an. Thyen sieht den „Menschensohn“ ebenfalls in der Übernahme der kommunikativen Funktion zwischen Himmel und Erde und assoziiert diesen mit der Leiter, während Natanael an die Stelle Jakobs tritt.[128] Wengst sieht Jesus in der Funktion des „Urbild[es]“ Jakob und damit in der Funktion, die für ganz Israel gilt.[129] Allen Positionen gemeinsam ist, dass es um die Funktion der Kommunikation durch Gott und der Gottesgegenwart[130] in Jesus geht. Im Gefolge von Wengst ist zu betonen, dass damit eine Ablösung oder ein Ersetzen Jakobs nicht impliziert ist, sondern vielmehr die Analogie in der Funktion bestärkt wird.[131]

---

125 Der „Menschensohn“ ist nicht im Himmel, sondern auf Erden. Daher erklärt sich die Beschreibung der Bewegung der Engel als Hinauf- und Hinabsteigen: Neyrey, Allusions, 597. Vgl. auch Theobald, Evangelium (RNT), 196; Becker, Johannes (ÖTK 4,1), 124. Dietzfelbinger deutet leider als Ersetzung Jakobs durch Jesus: Dietzfelbinger, Evangelium (ZBK.NT 4), 61; Wilckens, Evangelium, 53. Ersatz der Leiter durch Jesus: Morris, John (NICNT 4), 149. Verortung im Rabbinentum: Barrett, John, 187; Odeberg, Fourth Gospel, 33–42.

126 Vgl. zur Diskussion: Kirk, Intertextuality; Fossum, Mysticism.

127 Theobald, Evangelium (RNT), 196. Vgl. auch Wengst, Johannesevangelium (THKNT 4), 85; Becker, Evangelium (ÖTK 4,1), 124; Schnackenburg, Johannesevangelium (HTKNT 4/1), 319; Barrett, John, 187 hier verbunden mit der Aufstiegs- und Abstiegsmetaphorik des JohEv. Lindars sieht die Leiter ersetzt. Vgl. Lindars, John (NCB), 122. Ebenso Thyen, Johannesevangelium (HNT 6), 146; Lincoln, John (BNTC), 122f. Als Überbietung: Carson, John (PNTC), 163f. Schwank deutet als Verheißung (Jakobs Traum) und Erfüllung (Jesu Verheißung) und Natanael als „wahre[s] Israel“. Schwank, Johannes, 78f.

128 Vgl. Thyen, Johannesevangelium (HNT 6), 146.

129 Wengst, Johannesevangelium (THKNT 4), 85.

130 Vgl. Wengst, Johannesevangelium (THKNT 4), 85.

131 Vgl. Wengst, Johannesevangelium (THKNT 4), 85.

Das Größere, das zukünftig geschaut werden wird, bezieht sich nach Wengst imsbesondere auf die im Kreuzesgeschehen sichtbare Verherrlichung Jesu.[132] Johannes Beutler bezieht das Größere auf die Zeichen Jesu sowie auf die „Wahrnehmung seiner Herrlichkeit in seiner Erhöhung zum Vater“[133]. Da die Diskussion um die Ehre Jesu und die Ehre Gottes bzw. seine Verherrlichung einen zentralen Bestandteil von Anfang bis Ende der johanneischen Jesus-Vita bildet, so muss das Größere mehr als nur das Kreuzesgeschehen, also auch die Zeichen Jesu umfassen.

3.5 Die Erhebung Jesu als Herrscher – Ein motivkritischer Vergleich

Gleich zu Beginn ist festzuhalten, dass hier kein analogiegeschichtlicher Vergleich der Erhebung eines Potentaten zum Herrscher mit den Szenen des Täuferzeugnisses und der Schülerberufungen herzustellen ist, da das Setting ein grundlegend anderes zu sein scheint: Das situative Setting einer Herrschererhebung und das Setting der Schülernachfolge. Jedoch soll ein Vergleich auf funktioneller Ebene gezogen werden: Welche Funktionen übernehmen die einzelnen Vertreter bzw. die auftretenden Gruppen und welche pragmatische Absicht liegt in der Gestaltung dieses „narrativen, erzählerischen Auftakt[s]“[134] des JohEv?

Die Gruppe der Pharisäer in ihrer Verbindung mit den Hohepriestern ist zu korrelieren mit dem Senat in seiner Funktion, die Vollmachtsübertragung an den neuen *princeps* zu ratifizieren sowie die Legitimität der Herrschaft eines Kaisers zu überprüfen und nach dem Tod in das Urteil der Apotheose oder der *damnatio memoriae* münden zu lassen. Die Akklamation Jesu zum „König Israels“ durch Natanael ist funktionell mit der Akklamation des Potentaten zum *imperator* durch den Prätorianerpräfekten bzw. die Prätorianergarde zu vergleichen. Hier ist zu betonen, dass es sich um eine funktionale Analogie handelt: Die Gruppe der Schüler, die ohne jegliche Möglichkeit der militärischen Durchsetzung ist, agiert funktional äquivalent zur sozialen Rolle der Gruppe der Prätorianergarde. Der Titel „Sohn Gottes“ ist Verweis auf die göttliche Herkunft bzw. die ‚Dynastie‘ und benennt den Anspruch, *divus* bzw. *deus* zu sein. Da dies auf der Rezipientenseite ein semantisch offenes Konzept ist – im Falle des Urteil fällenden Senats sogar Verhandlungssache – und ihm damit keine objektive wesensbestimmende Eindeutigkeit inhärent ist, kommt dieser Identifizierung die Funktion der Sicherstellung und Erhöhung der Legitimität des Herrschaftsanspruchs zu. Damit ist zugleich der Anspielungsraum des Herrschaftswechsels und der Durchsetzung der Königsherrschaft Gottes durch seinen *divi filius* gesetzt.

---

132 Wengst, Johannesevangelium (THKNT 4), 86.

133 Beutler, Johannesevangelium, 117.

134 Schwankl, Jüngerberufung, 425.

4. Analyse der pragmatischen Funktion der Verwendung des Königstitels

Diesem Auftakt der johanneischen Variante der Vita Jesu liegt also die Akklamation zum Herrscher durch die eigenen Anhänger des Herrschers zugrunde. Während im Rahmen des römischen Prinzipats die Prätorianergarde aufgrund der ihr zukommenden militärischen Gewalt und politisch-sozialen Konfigurierung für diese Aufgabe prädestiniert war, übernehmen die erstberufenen Schüler Jesu, insbesondere Natanael, diese Funktion. Damit ist der Herrschaftsanspruch für einen begrenzten Kreis an Anhängern manifest geworden und muss nun gegenüber Volk und Führungspersonen legitimiert werden. Es muss um die Akzeptanz dieses Herrschers und die Zustimmung zu seiner Herrschaft gerungen werden. Im Vergleich zum Prolog liegt der Legitimationsdruck seit seiner Akklamation also auf Jesus, nicht auf seinen Adressaten. Gleich zu Beginn wird also die Notwendigkeit der Legitimation eindeutig Jesus zugeschrieben, nicht seinen Opponenten. Jesus muss in seinem Wirken überzeugen. Zugleich wird der Status eines „Sohn Gottes" Jesus zugeschrieben, ein Anspruch, den auch Jesus selbst für sich erhebt. Dies ist in Joh ursächlich für den Blasphemievorwurf. Die semantische Offenheit des Konzepts *divi filius*, was den Grad der zugeschriebenen Göttlichkeit an den *divus* betrifft, wurde bereits betont. So ist auch für die johanneische Jesus-Vita davon auszugehen, dass diese semantische Offenheit in der Skalierung der Göttlichkeit Jesu bis zum Tod Jesu und seinem Aufsteigen in den Himmel bestehen bleibt. Denn das Zuschreiben von (absoluter) Göttlichkeit nach dem Tod eines Herrschers bleibt - trotz des Erweises göttlicher Wirkmächtigkeit während der Lebzeiten des Herrschers - dem Urteil des Senats vorbehalten bzw. erfolgt durch den *consensus universorum*. Wie weit das Konzept einer „funktionalistischen Auffassung von Göttlichkeit"[135] ausgestaltet ist und sich als tragfähig erweisen kann, muss im Folgenden analysiert werden.

Ein wichtiger Aspekt der Inszenierung als legitimer Herrscher und Götterliebling ist das wundertätige Wirken eines Machthabers. Dem wird im Folgenden mit einem kurzen Blick auf das Heilen Jesu und dann im Weiteren mit der Analyse der Brotvermehrung und des Seewandels Jesu Rechnung getragen.

---

135 Peppel, Gott, 78.

B „Willst du gesund werden?“ (5,6) – Jesus als herrscherlicher Heiler

In Joh 5,1–18 findet eine öffentlichkeitswirksame Inszenierung des Herrschers als Wundertäter anhand des Wirkens als Heiler statt. Dies leitet zum Wunderkapitel 6 mit Brotvermehrung und Seewandel über. Der zentrale Konflikt mit ‚den Juden‘ entzündet sich anhand der Heilung eines ‚Gelähmten‘[1]. Nach der Reinigung des Tempels ist die Heilung in Jerusalem das zweite öffentlichkeitswirksame Handeln des zum Herrscher akklamierten Jesus. Mit Kaiser Vespasian als Heiler eines Blinden und eines Gelähmten ist der Vergleichspunkt benannt. Im Fokus des motivgeschichtlichen Vergleichs steht weniger das Herausarbeiten von Analogien und Unterschieden im Heilungshandeln von Vespasian und Jesus, sondern vielmehr die Funktion der Inszenierung im Rahmen der jeweiligen Herrschervita. Beide wurden relativ unmittelbar vor den Heilungen zum Herrscher durch die eigenen Anhänger bzw. Truppenverbände akklamiert und müssen sich nun als legitim gegenüber einer breiten Öffentlichkeit erweisen. Daher wird nun zunächst ein Überblick über Joh 5,1–18 gegeben. In einem zweiten Schritt wird die Inszenierung Vespasians als Heiler und die Funktion dieser Inszenierung untersucht. Auch das Konzept der *salus*[2] wird vorgestellt. In einem letzten Schritt wird ein Vergleich der Funktionalisierung dieser Inszenierung mit derjenigen von Jesus als Heiler in Joh 5,1–18 vorgenommen.

1. Jesus und der ‚Gelähmte‘

1.1 Kontexteinordnung und Textanalyse von Joh 5,1–18

Jesus heilt in 5,1–18 einen Menschen, der 38 Jahre lang seine Krankheit trägt und sich in den fünf Hallen mit den Kranken nahe des Teiches am Schaftor in Jerusalem aufhält. Zuvor gab es nur das Weinwunder zu Kana (2,1–11) und die Heilung des Sohnes des „Königlichen“ (4,46–54), deren Publikum begrenzt war und die beide in Kana und damit im Raum von Galiläa stattfanden. Der Mensch scheint

1 Die Bezeichnung der ‚Gelähmte‘ wird in Anführungszeichen gesetzt, da der Erkrankte als lange schon an seiner Krankheit tragend und als bei der Fortbewegung beeinträchtigt vorgestellt wird. Die gewählte Klassifizierung dient der Analogisierung mit den Heilungswundern Vespasians.

2 In Kleinschreibung meint *salus* im folgenden Kapitel das Wohlergehen bzw. die Gesundheit; *Salus* in Großschreibung bezeichnet die verehrte Gottheit.

eingeschränkt in seiner Bewegungsfähigkeit zu sein, denn dies ist die Begründung, warum er das „aufgewühlt" werdende „Wasser" (V. 7) zu spät erreicht. Die Einleitung mit der Ortsbeschreibung und die Exposition mit der Beschreibung des Krankheitsphänomens und dem Erschwernismotiv ist in V. 2–7 sehr breit geschildert. Der Wundertäter geht auf den Erkrankten zu und eröffnet den Dialog mit der Frage, ob er gesund werden wolle (V. 6). Das Erschwernismotiv ist hier nicht als Hindernis zum Wundertäter zu gelangen inszeniert, sondern als Erschwernis, dass einem keine Hilfe eines Menschen zuteil wird, um das Wasser, wenn es aufgewühlt wird, rechtzeitig zu erreichen (V. 7). Die Heilung in V. 8 wird nur als Befehl aufzustehen, die Bahre zu tragen und herumzugehen gefasst. Die Bestätigung und die Demonstration erfolgen in V. 9. Der Geheilte erregt Aufsehen durch das Herumtragen seiner Bahre und ‚die Juden' ermahnen ihn wegen seines Verstoßes gegen den Sabbat (V. 10–13). Der Sabbatverstoß kann im Herumtragen der Bahre bestanden haben.[3] Nach dem Wiedertreffen Jesu im Heiligtum und der Identifizierung durch den Geheilten sowie der Aufforderung Jesu nicht wieder zu sündigen (V. 14), informiert der Geheilte ‚die Juden' über die Identität dessen, der ihn geheilt hat (V. 15). Die Heilung des Menschen am Sabbat in Kp. 5 ist Auslöser für den Konflikt mit ‚den Juden', zum einen wegen des Sabbatbruchs, zum anderen wegen des den Heilungen inhärenten Anspruchs göttlicher Wirkmächtigkeit und damit der Gottessohnschaft seitens Jesu, die als Gleichstellung mit Gott negativ rezipiert wird: „sondern auch Gott den eigenen Vater nannte, gleich sich machend Gott" (5,18). Auf sein zweites öffentlichkeitswirksames Auftreten in Jerusalem (das erste aufsehenerregende Auftreten Jesu war seine Tempelreinigung) reagieren ‚die Juden' mit „suchten (ihn) zu töten" (ἐζήτουν ἀποκτεῖναι 5,18).

2. Der Herrscher als Heiler in der hellenistisch-römischen Antike

2.1 Das Beispiel Vespasians

Dass die Heilungen eines Herrschers auf gesellschaftliche Machtverhältnisse und ihre Vereindeutigung zugunsten des Herrschers und seines Anspruchs auf (göttliche) Legitimität zielten, wird im Vergleich mit den Heilungen Vespasians deutlich.[4]

---

3 Vgl. THEOBALD, Evangelium (RNT), 378. Vgl. Jub 2,29f; mSchab 7,2.

4 Hier wird nur exemplarisch auf die Heilungen Vespasians eingegangen. Nicht unterschlagen werden sollen jedoch andere Varianten wundertätigen Handelns römischer Kaiser: RIEMER, Wundergeschichten; CLAUSS, Herrscherkult, 342–353. Die Heilungen an Menschen eines Vespasian und später die des Hadrian bleiben jedoch Ausnahmen, da sich das wundertätige Handeln eines Kaisers allgemeiner auf die *salus* des Römischen Reiches bezog. Darunter fallen Fruchtbarkeitsvorstelllungen oder das Erfahren der Wohltätigkeit des Herrschers. Vgl. Suet. Aug. 98,2. CLAUSS, Herrscherkult, 343f.

Ausdruck fand die göttliche Wirkmächtigkeit des Kaisers auch in seinen Heilungen. Für Kaiser Vespasian werden zwei Heilungswunder berichtet. Er heilt in der Überlieferung bei Sueton einen Blinden und einen Lahmen. In der Überlieferung bei Tacitus wird die Heilung eines Blinden und eines Mannes mit erkrankter Hand geschildert.[5] Bei beiden wird die Heilung über Berührung unter Speicheleinsatz vollzogen. Tacitus führt zudem eine Erweiterung ein, indem er die Skepsis Vespasians gegenüber dem Gelingen einer Heilung hervorhebt (ein Gutachten von Ärzten wird zuvor eingeholt) und damit das Bescheidenheitsmotiv verstärkt.[6] Die Heilung selbst scheint an das Heiligtum des Serapis gebunden zu sein, denn Tacitus verweist auf den Traum der Kranken, in denen Serapis ihnen Heilung verheißt als Movens für die Bitte um Heilung durch die Erkrankten. Bernhard Heininger weist darauf hin, dass die beiden Überlieferungen keine historischen Tatsachenberichte bieten, sondern dass vielmehr „die Serapispriesterschaft ihre Hände kräftig im Spiel hatte und Vespasian zwei ‚Kranke' untergeschoben hat, deren Heilerfolg vermutlich schon von vornherein feststand."[7]

Die Zugänglichkeit des Kaisers ist hier abermals die Voraussetzung für die Heilung, denn nur so können die beiden Erkrankten um ihre Heilung bitten.[8] Beide Autoren benennen als Movens für die Krankenheilungen die Steigerung von *auctoritas* und *maiestas* (Sueton[9]) sowie die Funktion als Zeichen der Zugeneigtheit der Gottheiten (*inclinatio numinum*) und Gunst des Himmels (*caelestis favor*) für Vespasian (Tacitus[10]). Ulrike Riemer führt die beiden Heilungswunder auf die Notwendigkeit der Kompensation fehlender *auctoritas* zurück. So entstammt Vespasian keiner adligen Familie, sondern begründet als *homo novus* eine neue Dynastie. Wurde Vespasian durch die Truppen in Alexandria zum *imperator* am 1. Juni 69 ausgerufen und akklamiert, so sind die Heilungen dann das Signal des Einverständ-

---

Häufig finden sich auch außerordentliche Phänomene im Zusammenhang mit dem Verhalten von Tieren. Vgl. Sauter, Kaiserkult; Weinreich, Martial, v. a. 74–165. Trevor S. Luke betont auch den geringen literarischen Nachhall, den die Heilungen Vespasians entfaltet haben. So bietet Josephus keinen Bericht darüber. Erst im Rom eines Titus' und eines Domitians konnten die Wunderheilungen im Namen einer ägyptischen Gottheit positiv rezipiert werden. Vgl. Luke, Empire, 84. Vgl. auch Gunderson, Amphitheater, 640f; Thin, Empereurs, 220f; Scott, Cult, 1–19; Suetonius, Vespasian (Jones), 52–56; Morenz, Vespasian.

5 Suet. Vesp. 7,2–3; Tac. hist. 4,81,1–3.

6 Riemer, Wundergeschichten, 226.

7 Heininger, Markusevangelium, 185. Vgl. auch Blatz, Wundererzählungen, 189–212; Labahn, Gabe; Haehling, Wunderheiler.

8 Vgl. Ziethen, Heilung, 182.

9 Suet. Vesp. 7,2.

10 Tac. hist. 4,81,1.

nisses „der Himmlischen mit seiner Herrschaft“[11]. Folgerichtig wertet Riemer auch den Besuch des Serapistempels in Alexandria als Resultat der Heilungen Vespasians wie bei Tacitus und nicht als Voraussetzung, wie das Sueton durch seine Voranstellung nahelegt.[12] Die Unterschiede in der Datierung und der Darstellung der Heilung bei Sueton und Tacitus beruhen nach Barbara Levick darauf, dass Sueton die Wirkabsicht der Legitimierung und Absicherung der Stellung Vespasians zugrunde legt und Tacitus von einem Handeln bzw. einem Akt ausgeht, der sich in erster Hinsicht an die Bevölkerung Alexandriens richtet – so wird die allgemeine Bekanntheit des Blinden und das religiöse ‚Schwärmen‘ der Alexandriner explizit benannt.[13]

> „All classes in a difficult city alien to Vespasian were being won over. The vision legitimated him as the protégé of a deity once of particular importance to upper-class Greeks, while the miracles had an instant effect on a mixed crowd like the audience assembled for Ti. Julius Alexander's speech.“[14]

Sowohl Luke als auch Lothar Spahlinger zeigen sich skeptisch gegenüber dem von Sueton mit den Heilungen Vespasians verbundenen Ansinnen, denn eine Steigerung von Ansehen durch ein Agieren als Magier scheint für die Elite in Rom nicht akzeptabel gewesen zu sein:

> „Indeed, it is unlikely that the emperor's healing of provincial commoners by personal touch in the manner of a magician or holy man – persons of dubious reputation in Rome – would have inspired other Romans, particularly the elite, attribute greater *auctoritas* and *maiestas* to him.“[15]

Auch Spahlinger betont die Wirkung auf die zugegen seiende Menge und die Soldaten Vespasians. Auch er sieht es als schwierig an mit diesem wundertätigen Handeln

---

11 Riemer, Wundergeschichten, 226. Vgl. zur Deutung der göttlich legitimierten Krankenheilungen als Stärkung der *auctoritas* und *maiestas* Vespasians gegenüber seinen Soldaten bei Sueton: Suetonius, Vespasian (Jones), 55.

12 Vgl. Riemer, Wundergeschichten, 226.

13 Vgl. Levick, Vespasian, 78f. Vgl. auch Tac. hist, 4,81,1 Luke stellt heraus, dass die Heilungen während des *adventus* Vespasians stattfinden. Luke, Empire, 105. Zudem macht er deutlich, dass in Rom die Nachricht von den Wunderheilungen Vespasians im Namen bzw. als neuer Serapis mindestens zwiegespalten aufgenommen werden musste. Er stellt zudem die Fraglichkeit einer positiven Reaktion auf Wunderhandlungen überhaupt in den Raum, da diese mit magischen Ritualen bzw. Magie assoziiert waren. Luke, Empire, 80. Vgl. auch die Schilderung der ablehnenden Reaktion der Alexandriner bei Cass. Dio. 65,8,1–2.

14 Levick, Vespasian, 79. Vgl. auch Luke, Empire, 80 Anm. 14.

15 Luke, Empire, 80.

vor dem Senat als „imperator alten Römersinns zu erscheinen"[16]. Im Westen des Reiches hätte sich die Wirkung auf die „niederen Volksmassen" beschränkt, deren Anhängerschaft zum Serapiskult sichtbar wird im von Cassius Dio berichteten Senatsbeschluss aus dem Jahr 43 v. Chr., einen Tempel für Isis und Serapis zu errichten.[17] Während Luke und Spahlinger damit die Version von Tacitus für plausibler halten, möchte ich die Variante von Sueton stärken und mit Levick davon ausgehen, dass Vespasians Heilungswunder nach der Schlacht von Cremona und dem Gerücht vom Tod des Vitellius und vor der Eroberung Roms stattfanden. Daher sieht sie neben den direkten Adressaten[18] auch die Bevölkerung im Westen des Reiches und insbesondere die Elite als Ziel dieser öffentlichkeitswirksamen Inszenierung Vespasians. Sie datiert die Wunderhandlungen in den Winter 69–70 n. Chr.[19] vor (der Bekanntheit der) Eroberung Roms „ they enhanced the prestige and majesty of a man new to his position."[20]

Nun noch einmal ein etwas detaillierterer Blick auf die einzelnen Überlieferungstraditionen: Vespasian heilt einen Mann mit einem gelähmten Bein bzw. verrenkter Hand und einen Erblindeten mittels Berührung mit Speichel und einem Fußtritt. Zurückzuführen bleibt die Heilung, so schildert es Sueton, auf die Gottheit Serapis, die an die beiden Erkrankten die richtigen Verfahren für den Heilungsprozess mitteilt. Erst das Zusprechen von Freunden, die Heilung vorzunehmen, bewegt Vespasian trotz aller Zweifel gegenüber der Möglichkeit eines Heilungserfolges dazu.[21] Auch Tacitus deutet die Heilung durch Vespasian als Zeichen für die göttliche Anerkennung Vespasians. Bei Tacitus heilt Vespasian im Zuge seiner Ankunft in Alexandria einen Blinden und einen an der Hand Eingeschränkten. Auch bei Tacitus wenden sich beide Erkrankte an Vespasian auf Weisung des Gottes Serapis hin. Auch in dieser Schilderung heilt Vespasian mittels Speicheleinsatz und einer Berührung mit dem Fuß die Erkrankten. Hier lässt Vespasian ein ärztliches Gutachten erstellen, da auch hier seine Zweifel an der Möglichkeit einer Heilung durch Tacitus betont werden. Die Ärzte betonen zum einen, dass den Göttern etwas an der Sache liegen könnte, was ein direkter Verweis auf die Möglichkeit der Deutung des Zeichens im Sinne der göttlichen Herkunft Vespasians ist, der hier zum Werkzeug der Gottheit wird: „Vielleicht liege den Göttern an der Sache, und vielleicht sei er,

---

16 Spahlinger, Vespasian, 340.

17 Cass. Dio 47,16,1. Spahlinger, Vespasian, 340.

18 Levick sieht insbesondere nach der Niederschlagung des jüdischen Aufstandes die alexandrinischen Griechen adressiert. Vgl. Levick, Vespasian, 78f.

19 Levick, Vespasian, 79.

20 Levick, Vespasian, 78.

21 Suet. Vesp. 7,3.

der Fürst, als Werkzeug der Gottheit ausersehen."[22] Zum anderen fiele im Falle des Scheiterns des Vorhabens der Spott auf die Erkrankten. Beide Erkrankte werden sofort geheilt, die Heilung wird konstatiert und auf Augenzeugen verwiesen, die das Geschehene wahrheitsgemäß berichten.

Babett Edelmann ordnet die in der Heilung sichtbar werdende Göttlichkeit des Heilenden wie folgt ein: „Von jenen Menschen, die man mit gottgleichen Ehren bedachte, [erwartete man] auch dieselben Leistungen [...], die man bis dato von den Göttern erbeten hatte."[23] So ist der Bereich der von Menschen übernommenen Leistungen der Götter für die persönliche Mensch-Gott-Beziehung eingeschränkt auf den Fall, dass ein Mensch „die Fähigkeit besaß, in das persönliche Schicksal einzugreifen"[24]. Als Beispiele werden von ihr dann Mediziner und Wissenschaftler wie Pythagoras von Samos und Empedokles von Akragas oder der Arzt Menekrates aus Syrakus angeführt, denen Göttlichkeit zwar zugesprochen wurde, die aber keine Einrichtung eines Kultes erreichten. Daher blieb die persönliche Beziehung stabil zu den individuellen Helfergöttern, an die man sich weiterhin mit einer individuellen Bitte wandte.[25]

Interessant für den Vergleich Jesu mit Vespasian ist die oben schon geschilderte Legitimationskrise des Vespasian. Edelmann konstatiert für den König, seine Göttlichkeit qua Amt (aufgrund von Erwählung) zu erhalten – das Amt bzw. das Erreichen der Königsherrschaft ist Ausweis der göttlichen Legitimation des Herrschers.[26] Bei Vespasian läuft die Argumentationsrichtung umgekehrt. Erst in der Leistung des Einzelnen wird das Göttliche sichtbar, das dann als Legitimation für das Anstreben des Herrscheramtes dient.[27] Sueton weist in seinem Bericht selbst auf das fehlende Ansehen Vespasians aufgrund seines schnellen Aufstiegs und der fehlenden genealogischen Legitimation hin. „Ansehen und, man möchte sagen, eine gewisse Größe fehlten ihm als Kaiser noch, was ja verständlich ist, da er uner-

---

22 Tac. hist. 4,81,2: *id fortasse cordi deis et divino ministerio principem electum; denique patrati remedii gloriam penes Caesarem, inriti ludibrium penes miseros fore.* Übersetzung: Tacitus, Historien (Borst).

23 Edelmann, Herrschaftslegitimation, 115.

24 Edelmann, Herrschaftslegitimation, 115. Dass der Kaiser häufig in der Funktion der Vermittlung von *salus* als Gesundheit assoziiert wird, wird bei Kaiser Trajan dadurch eingespielt, dass Kranke sich vom Krankenbett aufmachen, um seiner ansichtig zu werden, als ob das Sehen der Erscheinung des Herrschers Heil im Sinne von körperlicher Gesundheit wirke. Vgl. Plin. paneg. 22,3. Brigitte Haehling von Lanzenauer macht deutlich: „Diese Beschreibung [...] spiegelt [...] offenbar die Erwartungen und Vorstellungen weiter Bevölkerungskreise zur Person des Prinzeps wider, die als Heilsbringer menschliches Maß zu sprengen imstande ist." Haehling von Lanzenauer, Imperator, 91.

25 Edelmann, Religiöse Herrschaftslegitimation, 115.

26 Vgl. Edelmann, Herrschaftslegitimation, 51f.

27 Vgl. Edelmann, Herrschaftslegitimation, 109.117–119.

wartet und eben erst Herrscher geworden war."[28] Sueton leitet zur Rückkehr nach Rom durch Vespasian mit einer Notiz bezüglich seiner (durch den militärischen Erfolg und die Heilungen) in einer solchen Weise und in einer großen Menge vorhandenen *fama* über, was zumindest die Ausgangsposition für die Anerkennung als legitimer Herrscher für Vespasian verbesserte. Das Konzept der Leistung im Sinne des wohltätigen Handelns des Kaisers ist jedoch nicht nur auf die einzelne zu heilende Person beschränkt, sondern bezieht sich im Rahmen der *salus publica* auf die gesamte Gesellschaft und das Wohlergehen des römischen Staates. Wie hängen diese beiden Konzepte zusammen?

2.2 Das Konzept der *salus*

Cicero definiert die *salus* als oberstes Ziel für jeden Herrscher und Staatsmann. *Salus* ist gleichzusetzen mit dem Wohl der Gesamtheit und meint im Falle Ciceros die Wiederherstellung der staatlichen Ordnung. Interessant an der ciceronischen Idee der *salus publica* ist nun, dass diese für Cicero herstellbar ist durch die „,rettende Tat' des Einzelnen, der durch sein politisches oder militärisches Handeln den Staat aus einer Gefahr herausführt und damit den positiven Zustand der *salus* wiederherstellt."[29] Dieser *servator* oder *conservator* ist der römische Gegenbegriff in Analogie zum griechischen σωτῆρ.[30] Auch Rufus F. Fears hält den griechischen Einfluss auf die Gottheit *Salus* fest und ordnet sie in die Gottheiten ein, die in der Lage waren „to save the individual or the community from plague, political oppression, warfare, or other dangers."[31] Der römischen *Salus* wurde der Aspekt der griechischen σωτηρία zugeordnet. So wurde seit dem Zweiten Samnitenkrieg „commemorated a specific instance of the divine salvation of the Roman state. [...] Salus was the first Roman term used to render the greek title of *Soter*, with its essential notions of material salvation."[32] Für Cicero ist σωτῆρ derjenige, der die *salus* bzw. das Heil gewährleistet – dies hat damit auch eine religiöse Dimension.[33] Für Cicero gibt sein rettendes Eingreifen im Rahmen der Catilinarischen Verschwörung Anlass für die Einforderung der Verleihung der *corona civica* an ihn selbst.[34] Damit ist das Leistungsprinzip angedeutet. Der Handelnde ist der „Garant[...] der

28 Suet. Vesp. 7,2. Übersetzung: Sueton, Kaiserviten (Martinet).
29 Winkler, Salus, 31. Cicero nimmt dies selbst für sich in Anspruch: Cic. dom. 99.
30 Vgl. Winkler, Salus, 31.
31 Fears, Virtues, 859.
32 Fears, Virtues, 860.
33 Vgl. Miano, Salvation, 147. Vgl. Cic. rep. 1,12. „Servare is occasionally referred by Plautus to Salus herself. Although these expressions testify to a semantic connection between gods and the act of saving, they do not allow us to determine more specific meanings." Miano, Salvation, 150.
34 Vgl. Winkler, Salus, 33. Vgl. Cic. Pis. 6.

salus, weil nur er alleine das Wohlergehen der Gesamtheit und das Funktionieren des Staates garantieren kann."[35] Diese Aussage trifft zum ersten Mal auf Caesar zu, dessen dreimalige Auszeichnung mit der *corona civica* seine Verdienste für das allgemeine Wohl verdeutlicht und das Konzept der *salus* findet durch Caesar zum ersten Mal eine „konsequente politische Anwendung"[36]. Die *Salus Augusta* bezeichnet unter seinem Nachfolger Augustus die „Übertragung der *Salus Publica* auf die kaiserzeitlich-augusteische Ordnung, die von dem Handeln des *princeps* abhängig war."[37] Wegen der Beendigung der Bürgerkriege wurde Augustus ebenfalls mit der *corona civica* ausgezeichnet und in dieser Funktion als Retter „garantierte er das Staatswohl"[38]. Mit der Heraushebung der individuellen Rettergestalt hat dann zugleich auch die *salus* des Kaisers eine immer größere Bedeutung, die ihren Ausdruck in *vota* für die Gesundheit und Wohlbehaltenheit des Kaisers fand. Für Caesar wurden Gebete, die sich auf die *salus* bezogen, vollzogen.[39] Auch unter Augustus fanden *vota pro salute (caesaris) augusti* statt. Zunächst wurden sie als *vota pro valetudine* und dann institutionalisiert aufgrund der Regelmäßigkeit der *vota* für die Gesundheit des Herrschers auch unabhängig von einer tatsächlichen Erkrankung des Herrschers durchgeführt.[40] *Salus Augusti* meint zunächst die „Personifikation der Gesundheit des Kaisers"[41]. Dennoch wird diese enge Definition erweitert und damit überschritten:

> „Salus Augusti ist dabei als eine übergeordnete und konstante Kraft zu verstehen, die jedem Kaiser innewohnt bzw. an der er Teil hat, und nicht als Personifikation einer persönlichen Gesundheit"[42].

Dieser Unterscheidung trägt die Verwendung von Adjektiv und Genitivverbindung Rechnung. Das Adjektiv findet Verwendung bei allen Gottheiten, die Genitivverbindung wird verwendet bei Personifikationen von Charakteristiken oder das Gesamtwohl fördernden Taten des Kaisers.[43]

Regina Hauses sieht unter Augustus noch eine Unterscheidung gegeben zwischen der *Salus Publica* und der auf die Person des Kaisers abgestellten Gesundheit als

35 Winkler, Salus, 34.
36 Winkler, Salus, 34. Vgl. Weinstock, Julius.
37 Winkler, Salus, 40.
38 Winkler, Salus, 39.
39 Winkler, Salus, 42.
40 Vgl. Winkler, Salus, 42f.
41 Winkler, Salus, 94.
42 Winkler, Salus, 94.
43 Vgl. Winkler, Salus, 95.

der *salus Augusti*.[44] Wurden die *vota* für die *Salus Augusti* unter Augustus noch als Konsequenz der Taten des Augustus für das Wohl der Gesamtheit dargestellt, kam es unter Tiberius zu einer wirklichen Institutionalisierung als jährliche *vota* durch die Arvalbrüder.[45] Unter Vespasian wurde die Verbindung der Leistung der Rettung des Staates, die ihre Ehrung in der *corona civica* fand, mit dem *princeps* gestärkt. Die *salus Augusti* als das Wohlergehen des *princeps* konnte dem Staatswohl gegenübergestellt werden, denn die Gebete für das Wohl des Kaisers fanden wegen seiner Rettung des Staates statt.[46] Unter Nero wurde die *salus* des Herrschers von der *Salus Publica* im jährlichen *votum* erbeten. Lorenz Winkler hält fest, dass der „durch Salus Publica personifizierte Zustand nun direkt von der Person und dem Heil des Kaisers abhängig war."[47]

> „Das Gebet für das Wohlergehen des Kaisers an Salus Publica war nicht mehr Ausdruck des Dankes aufgrund einer dem Staat und dem Staatswohl erbrachten konkreten Leistung des Princeps, sondern wurde vielmehr durch die kontinuierliche Durchführung zu einer prinzipiellen Voraussetzung für das Bestehen der Salus."[48]

Eine weitere wichtige Entwicklung findet unter Galba statt, der die *salus publica* an die *salus generis humani* bindet. Unter Galba werden die *corona civica* gemeinsam mit der *salus generis humani* auf Münzen abgebildet.[49] Galba ist also der Retter der gesamten Menschheit. Unter Trajan werden in die *vota* die Provinzialen einbezogen, so dass sich nun die *salus* auf das *genus humanum* bezieht.[50] Wichtig zu erwähnen sind auch die *vota* unter seinem Vorgänger Domitian, die nicht mehr an die *Salus Publica* gerichtet waren, sondern an die ausgeschriebene *Salus Augusta publica populi Romani Quiritium*. Damit wird nach Regina Hauses „der zunehmenden Bedeutung des Princeps für das Wohl des Staates Rechnung"[51] getragen. Seit Domitian beziehen sich die für ihn ausgesprochenen zusätzlichen *vota* auf die *salus universorum*.[52] Dies bedeutet, dass die Gesundheit des Kaisers „Garant[...] für das Wohlergehen des Reiches war"[53]. War die *salus publica* seit Tiberius mit *iustitia*

---

44 Vgl. Hauses, Gesundheit, 99.
45 Vgl. Winkler, Salus, 61.
46 Vgl. Winkler, Salus, 93.
47 Winkler, Salus, 61.
48 Winkler, Salus, 62.
49 Vgl. Winkler, Salus, 71 und 70 Anm. 334.
50 Vgl. Winkler, Salus, 77. Vgl. Schwarte, Salus, 233f.
51 Hauses, Gesundheit, 102.
52 Vgl. die *vota* am 22. Januar in den Jahren 86–90 n. Chr. Schwarte, Salus, 229.
53 Mittag, Wohlergehen, 344.

und *pietas*[54] und damit mit der *virtus* des Herrschers verbunden, so konstatiert Hauses, war die *salus publica* seit Nero nicht mehr an eine bestimmte Leistung des Herrschers gebunden, sondern basiert „ausschließlich auf der Existenz des Kaisers"[55]. Eine Trennung der *Salus Augusti* von der *Salus Publica* ist seit Trajan und seiner „Überhöhung […] als Garant des Heils"[56] nicht mehr gegeben.

Die Heilungen des Kaisers sind sichtbares Zeichen für seine Wohltaten und seine Leistungen im Dienste der *salus* des Einzelnen hier im Sinne der Herstellung von Gesundheit.

Eine wichtige Grundlage für das Wohlergehen des *populus Romanus* war die Sicherstellung der Getreideversorgung für die der *princeps* verantwortlich war. Unter Vespasian werden Münzen geprägt, die seine Leistung für die *cura annonae* in Verbindung mit der *Salus* abbilden. Dazu zählt auch, dass *Salus* mit Kornähren abgebildet wird.[57]

3. Jesus als Heiler – Ein motivkritischer Vergleich

Die Heilung des Erkrankten durch Jesus führt zum Zusammenlaufen der Volksmenge. Dies bedeutet, dass das Handeln Jesu in der Vollmacht Gottes öffentlich wahrnehmbar wird. Dies ermöglicht überhaupt die Steigerung der *auctoritas* und *maiestas* des zum Herrscher Akklamierten. Bei ‚den Juden' führt die Heilung zu dem Vorwurf, sich Gott gleich zu machen (5,18). Dies spiegelt die von Luke und Spahlinger in den Raum gestellte Möglichkeit einer negativen Reaktion auf das heilende Wirken eines Herrschers. Das heilende Wirken konnte auf Magie zurückgeführt werden, insbesondere wenn der Heiler als Gegner diffamiert werden sollte. Jesus führt seine Heilung auf göttliches Wirken zurück: „Mein Vater wirkt bis jetzt, auch ich wirke. […] Denn was immer jener tut, dieses tut auch der Sohn gleicherweise" (5,17.19). Er ordnet sein Wirken und die Vollmacht, in der er es tut, damit als legitim ein. Jesus handelt nicht als Magier oder Dämon-Besessener – dieser Vorwurf wird ihm in 10,20 gemacht. ‚Die Juden' ordnen Jesus in 5,18 als jemanden wie (in der Vollmacht) JHWH(s) Handelnden ein; sie machen aber Jesus aufgrund der Bezeichnung Gottes als eigenen Vater und der unmittelbaren Analogisierung seines Handelns mit dem Handeln Gottes den Vorwurf der Gleichsetzung mit Gott.

Das Konzept der *salus* ist, wie oben gezeigt, nicht nur auf den Einzelnen und seine Gesundheit bezogen, sondern auch auf das Wohl des römischen Staates. Jesus

---

54 Vgl. Winkler, Salus, 50.

55 Hauses, Gesundheit, 100. Vgl. auch Winkler, Salus, 60.

56 Winkler, Salus, 123.120f. Die enge Verbindung bzw. Gleichsetzung konnte nur als Gegenthese zu Domitians Schreckensherrschaft entwickelt werden.

57 Vgl. Winkler, Salus, 87 und 86 Anm. 425.

stellt hier zunächst *salus* für den Erkrankten wieder her. Jedoch bezieht sich sein Wirken ebenso auf die übergeordnete Ebene der *salus* des λάος bzw. der Welt.[58] Die Vorstellung der *salus* als einer übergeordneten Größe steht auch im Hintergrund des Motivs des „Sterben für", das in Kp. II/E dargelegt wird.

Hier ist jedoch nun direkt der Unterschied zur römischen *salus*-Vorstellung zu benennen. Für die *salus publica* war eine Entwicklung aufgezeigt worden von der Abhängigkeit von einer konkreten Einzelleistung des Herrschers über die Bindung an bestimmte Tugenden des Herrschers bis hin zur Abhängigkeit allein von der Existenz des Kaisers. Als Kontrapunkt ist zu festzuhalten: Jesu rettendes Eingreifen besteht in seiner Sendung durch den Vater. Dies bedeutet, dass *salus* nicht allein durch eine konkrete Einzelleistung Jesu herzustellen ist, sondern an die Sendung und die Beauftragung durch JHWH gebunden ist. Umgekehrt hängt der Erfolg der Sendung Jesu mit dem Ziel der Rettung nicht allein von seiner Existenz in der Welt ab, sondern hat seine Voraussetzung und seinen Zielpunkt in seinem „Sterben für". Sichtbar wird die mit dem König Jesus verbundene *salus* in seinen Zeichen im Sinne der Wiederherstellung der Gesundheit des Einzelnen sowie der überreichlichen Sicherung der Versorgung mit Nahrungsmitteln. Ist der Leistungsgedanke und damit die Sichtbarkeit der *salus* nicht von der Hand zu weisen und wurde die enge Verbindung von *salus* mit der *cura annonae* bei Vespasian herausgearbeitet, so wird im folgenden Kapitel ein Blick auf den Herrscher als Brotspender und Gastmahlgeber geworfen und Jesus in der Ausübung dieser herrscherlichen Funktion analysiert.

Als ganz grundlegende pragmatische Funktion bleibt hier noch einmal die Herstellung von Öffentlichkeit zu betonen. Denn auch bei der Heilung des Lahmen durch Jesus beim Bethesda-Teich in Jerusalem war eine Volksmenge präsent, die an dem Ort war, und die Jesus Gelegenheit gibt zu verschwinden (5,13). Eine große Volksmenge folgt Jesus in 6,1f, weil sie seine Zeichen gesehen hatte. Ich identifiziere diese Volksmenge mit der in 5,13f genannten, was nicht ausschließt, dass sich auf dem Weg von Jerusalem an das Ostufer des Sees Gennesaret nicht noch weitere Menschen anschlossen. Damit ist eine sehr enge Verbindung zwischen dem ὄχλος und der *plebs urbana* Jerusalems zu ziehen. Die Heilung des Gehbeeinträchtigten ist das erste öffentlich getätigte Anzeichen für die von diesem Herrscher garantierte umfassende *salus*. Thyen definiert die Volksmenge als mit Jesus als Festpilger nach Jerusalem ziehende Menschenmenge aufgrund des Plurals (Sehen der Zeichen 6,1) in der Begründung für das Mitziehen bzw. die Nachfolge. Daher schließt Thyen darauf, dass die Volksmenge sowohl bei der Heilung des „Königlichen" in Kp. 4 als

---

58 Zur Definition des λάος vgl. Kp. II/D 4. Die Welt wird als Ziel der Rettung in 3,17 und 4,42 angegeben.

auch bei der Heilung des ‚Gelähmten' in Kp. 5 zugegen war.[59] Er gibt jedoch auch an, dass

> „diese beiden Heilungen für den intertextuell beschlagenen impliziten Leser als *partes pro toto* für alle Krankenheilungen Jesu stehen – und das Imperfekt ἐποίει legt nahe, daß er es tatsächlich so verstehen *soll* [Hervorhebung im Original]".[60]

Ich möchte mich dem anschließen und diese Annahme jedoch nur auf die Heilung des ‚Gelähmten' beziehen. Denn Thyen möchte die Menge der Nachfolgenden mit den Schülern Jesu gleichsetzen, die sein Wort in 6,60f nicht ertragen können, die „murren" und die ihn in V. 66 verlassen und nicht mehr mit ihm umhergehen.[61] Diesen Bogen halte ich für zu weit gespannt, da in V. 23–25 eine weitere Menschenmenge in Booten aus Galiläa zu der ursprünglichen beim Brotwunder anwesenden Menge dazu stößt.[62] Es ist also uneindeutig, welche „Menge" wann und wie zu den „Murrenden" gehört.

Auffällig ist zudem, dass Jesu Maßgabe „Ehre von Menschen nehme ich nicht an" (5,41) durch seinen *adventus* in Jerusalem konterkariert wird. Daher stellt sich die Frage, wie zuverlässig Jesus als Redner ist und ob auch sein Urteil über ‚die Juden' als Adressaten seiner Rede – diese haben die Liebe zu Gott nicht[63] – glaubwürdig ist. Beide Motive, die Ehre bzw. die Verherrlichung und das Urteil der Verhärtung, werden erneut aufgenommen und weiterentwickelt im Kp. 12 des JohEv.

Neben einem thematischen Bogen – der Herstellung von *salus*, sei sie bezogen auf eine individuelle Heilungserfahrung oder auf das Wohlergehen der *plebs* – zieht sich auch eine Linie in Bezug auf das Figureninventar von Kp. 5 zu Kp. 6 des JohEv. Im Folgenden wird eine Analyse Jesu als Brotspender bzw. Gastmahlgeber und als ‚Seewandler' geleistet. Ist mit diesem Wunderkapitel ein Höhepunkt im Wirken des Protagonisten der johanneischen Herrschervita erreicht?

---

59 Vgl. Thyen, Johannesevangelium (HNT 6), 333.

60 Thyen, Johannesevangelium (HNT 6), 333.

61 Vgl. Thyen, Johannesevangelium (HNT 6), 333f.

62 Theobald verweist auf den für die richtige Bestimmung der Herkunft Jesu notwendigen galiläischen Background der Menge hin. Vgl. Theobald, Evangelium (RNT), 469.

63 Vgl. zur Übersetzung als Gen. subj. oder Gen. obj.: Thyen, Johannesevangelium (HNT 6), 325; Theobald, Evangelium (RNT), 416.

C [...] damit sie (ihn) machten zum König (Joh 6,1–21) – Der König Jesus als Gastmahlgeber

Frickenschmidt nimmt auch für das JohEv das Konzept der ἀκμή in Anspruch. Ἀκμή bedeutet im Rahmen einer Biographie „if it comes at a highly significant moment in the hero's career“[1]. Frickenschmidt sieht das Konzept der ἀκμή in Kp. 6 im Wunder der Brotvermehrung verwirklicht. Er begründet dies zum einen mit der dort einsetzenden Zäsur im Sinne der Spaltung zwischen Ablehnenden und Annehmenden – selbst innerhalb der Schülerschaft und mit der Wirksamkeit der sich im Brotwunder ereignenden Offenbarung der Identität Jesu, die die Rezipienten dazu verleitet, Jesus als „kommenden Propheten“ und „König Israels“ zu benennen.[2]

> „Eine solche Verbindung der Schilderung des Gipfels großer öffentlicher Anerkennung mit der Kennzeichnung der zugleich oder auch kurz danach beginnenden Krise im Verhältnis der Hauptperson zur Öffentlichkeit war kennzeichnend für die Höhepunkte des Mittelteils in antiken Biographien.“[3]

Meines Erachtens unterschätzt dies auf der Ebene des JohEv das Konfliktpotential der Heilungen. So ist die Heilung des Menschen in Kp. 5 Auslöser für den Konflikt mit ‚den Juden‘, da der mit den Heilungen einhergehende Anspruch göttlicher Wirkmächtigkeit und damit der Gottessohnschaft seitens Jesu offenbar wird und als Gleichstellung mit Gott negativ rezipiert wird (5,17f). In Kp. 6 mündet die Speisung durch Jesus in das anschließende Gespräch, das zum „Murren“ ‚der Juden‘ (6,41) und der Spaltung der Schüler Jesu führt, da viele Schüler in dieses „Murren“ (6,61) einstimmen.[4] Zudem gibt es eine Steigerung des Versprechens von (ewigem) Leben mit der Erweckung des Lazarus, insbesondere was die Öffentlichkeitswirksamkeit angeht. Die Erweckung des Lazarus führt zur Versammlung eines Synhedriums und einem Todesbeschluss gegen Jesus (11,47–53). Zugleich finden viele Juden Vertrauen zu Jesus bzw. glauben an ihn (11,45). Brotwunder und Seewandel stellen demnach einen (vorläufigen) Höhepunkt neben anderen dar.

---

1 Polman, Akme, 173.

2 Vgl. Frickenschmidt, Biographie, 441f.

3 Frickenschmidt, Biographie, 442.

4 Vgl. Theobald, Evangelium (RNT), 490.

1. Der Herrscher als Brotspender

An den Getreidekrisen Roms wird die fürsorgende Funktion des Kaisers als Ernährer und Wohltäter gegenüber dem römischen Volk sichtbar. So übernahm der *princeps* Augustus im Konsulatsjahr von Marcus Marcellus und Lucius Arruntius das Amt der Getreidebeschaffung und schreibt in seinem Tatenbericht, dass er die gesamte Bürgerschaft von der Furcht und der damaligen Gefahr, ausgelöst durch eine Getreidekrise, durch seine Aufwendungen und Fürsorge befreit habe.[5] Hier wird durch Augustus die Herrschertugend der Wohltätigkeit mit der hier im Sinne finanzieller Aufwendungen verstandenen Tugend der Freigebigkeit verbunden.

Das Ideal des Wohltäters wird jedoch schon bei Aristoteles beschrieben: „die Freigebigkeit ist das dem Reichtum angemessene Verhalten"[6]. Auf zwei Entwicklungslinien innerhalb des Konzeptes des Wohltäters von seinen Anfängen in Griechenland bis hin zur römischen Kaiserzeit möchte ich daher im Folgenden besonders eingehen, da diese die ideelle und reale Grundlage für das Herrscherideal bilden: das Auftreten der *viri maiores* und die ungeheure Akkumulation von Geld in den Händen dieser führenden Männer. Dabei ist vor allem die Entwicklung in hellenistischer Zeit und die dort zu verortende Verbindung von Wohltätigkeit mit dem Tugendkatalog eines Herrschers zu beachten. Einen weiteren wichtigen Aspekt bildet die Funktion der Wohltätigkeit und die Wirkung auf die Gruppen, denen die Wohltat zugute kam. Dies soll in einem Längsschnitt durch die Zeit anhand der Beispiele des Strategen Kimon, Alexanders des Großen und der römischen Kaiser betrachtet werden. Zunächst wird nun ein Einblick in die Funktion des Kaisers als Brotspender und Gastmahlgeber gegeben sowie die Funktion der Ablehnung von Titeln analysiert. Dies wird ebenfalls für das Motiv des Seewandels angestrebt. Für beide Phänomene – die Brotspende und den Seewandel – wird ein motivlicher Vergleich zum Herrscher Jesus gezogen.

1.1 Kimon

In Griechenland war das Ideal der Wohltätigkeit verbunden mit Leistungen eines Einzelnen für die Mitbürger oder das Gemeinwesen. Die Wohltätigkeit gilt als Tugend, die jedoch zugleich notwendig an das entsprechende Vermögen als ihre Voraussetzung gebunden ist. Die Tugend der Freigebigkeit kann somit nur der Reiche erfüllen,[7] dessen Reichtum zudem auf Grundbesitz basiert und nicht aus einer Tätigkeit resultiert.[8] Dies bedeutet zugleich, dass die Tugend der Freigebigkeit

---

5 R. Gest. div. Aug. 5.

6 Aristot. eth. Nic. 1120a6–8. Zitiert nach: Kloft, Liberalitas, 6.

7 Vgl. Kloft, Liberalitas, 6.

8 Vgl. Kloft, Liberalitas, 7.

allein der Schicht der Adligen zukam und auf diesen elitären Kreis beschränkt war. Gerade auch die Wohltaten gegenüber der Polis sind durch ihre Aufwendigkeit und ihren Bezug auf die Gesamtheit der Polis[9] noch einmal von der allgemeinen Freigebigkeit begrifflich zu differenzieren als „Großgeartetheit“[10], was überbordende Aufwendigkeit und Freigebigkeit meint und konnten rein finanziell nur vom Adel geleistet werden.

Die Wirkung von Freigebigkeit (und Großgeartetheit) besteht in einer Bindung des Empfängers der Wohltat an den Geber durch Zuneigung bzw. Freundschaft.[11]

Diese Bindung des Empfangenden an den Wohltäter dient jedoch auch politischen Zwecken i.S. der Sicherung politischer Gefolgschaft. So beschreibt Hans Kloft den Adligen Kimon, der aufgrund seiner Freigebigkeit die erste Stelle in Athen einnahm:

> „Es ist letztlich nicht zu entscheiden, wie hoch im einzelnen bei dieser Haltung die Anteile der Standesverpflichtung, der persönlichen Charaktereigenschaft und des politischen Kalküls waren. [...] Man wird Kimon als einem einsichtigen Politiker zubilligen, daß er diese seine Freigebigkeit wirksam und für ihn nutzbringend anzubringen wußte.“[12]

1.2 Alexander der Große

An Alexander dem Großen zeigt sich die Integration der Tugend der Freigebigkeit in das Herrscherideal. Als Beleg für diese Aufwertung der Freigebigkeit als eine der zentralen Königstugenden neben der Weisheit, Tapferkeit und der Milde sind die Alexanderviten heranzuziehen, da in ihnen die Wohltätigkeit als eine der zentralen Tugenden Alexanders zu Tage tritt, die eng verbunden ist mit seinem Verständnis von Herrschaft. So bescheinigt ihm Arrian in der „Anabasis“ größte Sparsamkeit in Bezug auf seine eigenen Vergnügungen, jedoch größtmögliche Freigebigkeit im Wohltun dem Nächsten: „[...] keiner war sparsamer als er mit dem Aufwand für eigene Vergnügungen und zugleich freigebiger, wenn es darum ging, seinen Nächsten wohlzutun.“[13]

Auch Plutarch beschreibt Alexander als „Schenkenden“, der von Natur aus freigebig war und der als Schenkender durch „Freundlichkeit und Anmut“ (καὶ προσῆν

---

9 Vgl. Kloft, Liberalitas, 7.

10 Kloft, Liberalitas, 7.

11 Vgl. Kloft, Liberalitas, 63.180.

12 Kloft, Liberalitas, 15.

13 Arr. an. 7,28,3: καὶ τὰ μὲν ξυντεθέντα ἢ ὁμολογηθέντα φυλάξαι βεβαιότατος, πρὸς δὲ τῶν ἐξαπατώντων μὴ ἁλῶναι ἀσφαλέστατος, χρημάτων τε ἐς μὲν ἡδονάς τὰς αὑτοῦ φειδωλότατος, ἐς δὲ εὐποιΐαν τῶν πέλας ἀφθονώτατος. Übersetzung: Arrian, Alexanderzug (Wirth).

ἡ φιλοφροσύνη) gekennzeichnet war.[14] Der Adressatenkreis der Wohltaten ist hier relativ unbestimmt als „seine Freunde“[15] gehalten. Die Wohltätigkeit Alexanders hatte jedoch Freunde und Feinde zum Adressaten, so dass auch hier erneut die Tugend der Wohltätigkeit als Mittel der Herrschaftssicherung fungiert – und zwar in beide Richtungen. Zwei Beispiele für diese funktionale Bestimmung der Königstugend bei Alexander dem Großen seien kurz genannt: Alexander erwies sich nach seinem Sieg über die Perser nach der Schlacht am Granikos 334 v. Chr. als Wohltäter gegenüber den Besiegten: Er befreite Eltern und Kinder von jeglichem Bodenzins sowie allen sonstigen persönlichen öffentlichen Leistungen, den Hand- und Spanndiensten und jeglicher Vermögenssteuer. Zugleich ließ er das Heiligtum des olympischen Zeus errichten, so dass sich seine Wohltätigkeit nicht nur in Leistungs- und Steuererleichterungen, sondern auch in seiner Bautätigkeit spiegelt.[16] Wie eng dieses Verhalten als Sieger nicht allein auf die Persönlichkeit Alexanders zurückgeht, sondern sich hier bereits das Verhaltensideal eines guten Königs abbildet, wird deutlich durch einen Tadel des Verhaltens Alexanders bei Arrian nach der Eroberung der persischen Hauptstadt – er habe sich durch das Plündern und Niederbrennen der persischen Königsburg mehr als Eroberer, denn als wirklicher Herrscher erwiesen und die Zuneigung des Volkes verloren.[17] Gleichzeitig band Alexander seine eigenen Freunde und Gefährten bzw. Soldaten durch seine Freigebigkeit an sich. Besonders eindrücklich schildert Arrian die Schuldenerlassung Alexanders gegenüber seinen Soldaten in großem Stil sowie die Auszeichnung persönlicher Tapferkeit durch Geschenke und im Falle besonderer Tapferkeit durch goldene Kränze.[18] Verbunden mit der Freigebigkeit Alexanders ist die spezifische Funktion seiner finanziellen Großzügigkeit, die die Adressaten seiner Wohltätigkeit an ihn band. Sie sichert die Herrschaft.[19]

Festgelage, aber auch die Veranstaltung von sportlichen oder musischen Wettkämpfen, zählen ebenfalls zur herrscherlichen Freigebigkeit Alexanders des Großen, durch die er sich die Zuneigung seiner Freunde und Gefährten sicherte. So werden von Arrian zwei große Massenspeisungen durch Alexander den Großen berichtet: Im Rahmen der Massenhochzeit von Susa 324 v. Chr., bei der neben Alexander dem Großen weitere 92 Gefährten persische Frauen heirateten, gab es ein Bankett.[20] Neben den Gefährten und ihren Frauen wurden auch die Freunde der Gefährten Alexanders des Großen bewirtet. Nach der Meuterei von Opis 324 v. Chr. gab

---

14 Plut. Alex. 39,1. Vgl. HAMILTON, Plutarch, 101.

15 Plut. Alex. 39,7

16 Vgl. Arr. an. 1,16,4–5; 1,17,5–6.

17 Arr. an. 3,18,11–12.

18 Arr. an. 7,5,3–6.

19 Vgl. KLOFT, Liberalitas, 19.

20 Arr. an. 7,4,7–8; Plut. Alex. 70,3.

Alexander der Große ein weiteres Festmahl für sein gesamtes Heer. Die beiden letztgenannten Festbankette, die Alexander der Große gab, waren zugleich Mittel in politischer Hinsicht. So diente die Massenhochzeit in Susa zum einen der Legitimation der Konkubinen der Soldaten Alexanders des Großen und zum anderen über die Heirat von angesehenen Perserinnen durch die Gefährten der Integration von Persern in die Gemeinschaft der Makedonen.[21] Die Zeremonie der Massenhochzeit und das anschließende Festmahl selbst hatte die Funktion das „einigende[...] Element“[22] zwischen den beiden (ethnisch) unterschiedenen Gruppen auf der Ebene der Symbolik zum Ausdruck zu bringen. Zugleich erhielten die Soldaten Schuldenerlass.

Das Festmahl in Opis 324 v. Chr. war Reaktion auf den Unmut der Soldaten angesichts der Entlassung makedonischer Soldaten aus dem Heer bei zeitgleicher Integration von Persern, der sich fast bis zur Meuterei gesteigert hätte, wenn Alexander der Große nicht interveniert hätte.[23] Das Mahl diente daher als Zeichen der Versöhnung mit den Makedonen und sollte über die konzentrisch angeordneten Gruppen von Makedonen, Persern und Völkern die Hierarchie innerhalb der (Völker-)Gemeinschaft abbilden und zugleich den Makedonen gegenüber eine Versicherung ihrer ranghöchsten Stellung geben.[24] Zum Dank brachte Alexander den Göttern Opfer, denen das Herkommen zu opfern gebot, und hielt ein Fest-

21 Vgl. Demandt, Alexander, 378.

22 Müller, Herrschaftssicherung, 62.

23 Alexander reagierte mittels eines sehr großzügig ausfallenden Entlassungsgeschenks und der Veranstaltung eines Festgelages. Der Wohltätigkeit Alexanders gegenüber seinen Gefährten lagen zumeist politische Absichten zugrunde. So erhielten die Soldaten, die aufgrund ihres Alters entlassen werden und zurückkehren sollten, ein großzügiges Entlassungsgeschenk, das in der Heimat Neid wecken sollte. Mit diesem großzügigen Entlassungsgeschenk sollte also nicht nur der Einsatz der Soldaten belohnt und ihr Unmut gemildert werden, sondern die Motivation bei den Zurückbleibenden gesteigert und der Feldzug Alexanders und der König selbst in der Heimat legitimiert und als erfolgreich gewertet werden. Zugleich war dieses Entlassungsgeschenk nach Sabine Müller politisches Mittel, damit sich Alexander der Große von der Gefahr der Bedrohung seiner Autorität durch eine bestimmte Gruppe verabschieden und diesen Akt über ein Entlassungsgeschenk verschleiern konnte. Vgl. Müller, Herrschaftssicherung, 212; Demandt, Alexander, 332–334; Will, Alexander, 73–75; Wiemer, Alexander, 156–159; Fox, Biographie, 579–588; Fox, Alexander, 559–564; Lauffer, Alexander, 173–176.

24 Arr. an. 7,11,8–9: Ἀλέξανδρος δὲ ἐπὶ τούτοις θυσίαν τε θύει τοῖς θεοῖς οἷς αὐτῷ νόμος καὶ θοίνην δημοτελῆ ἐποίησε, καθήμενός τε αὐτὸς καὶ πάντων καθημένων, ἀμφ᾽ αὐτὸν μὲν Μακεδόνων, ἐν δὲ τῷ ἐφεξῆς τούτων Περσῶν, ἐπὶ δὲ τούτοις τῶν ἄλλων ἐθνῶν ὅσοι κατ᾽ ἀξίωσιν ἤ τινα ἄλλην ἀρετὴν πρεσβευόμενοι, καὶ ἀπὸ τοῦ αὐτοῦ κρατῆρος αὐτός τε καὶ οἱ ἀμφ᾽ αὐτὸν ἀρυόμενοι ἔσπενδον τὰς αὐτὰς σπονδὰς καταρχομένων τῶν τε Ἑλλήνων μάντεων καὶ τῶν Μάγων. εὔχετο δὲ τά τε ἄλλα [καὶ τὰ] ἀγαθὰ καὶ ὁμόνοιάν τε καὶ κοινωνίαν τῆς ἀρχῆς Μακεδόσι καὶ Πέρσαις. εἶναι δὲ κατέχει λόγος τοὺς μετασχόντας τῆς θοίνης ἐννακισχιλίους, καὶ τούτους πάντας μίαν τε σπονδὴν σπεῖσαι καὶ ἐπ᾽ αὐτῇ παιωνίσαι.

mahl, wobei er sich in ihrer aller Mitte niederließ, die Makedonen um ihn herum, anschließend die Perser und dahinter die nach Rang und Verdienst besonders geachteten Persönlichkeiten der anderen Völker. Dabei schöpften er und die, die in seiner Nähe waren, gemeinsam aus einem Mischkrug und brachten ihre Trankopfer dar, wobei griechische Seher wie persische Magier die Gebete sprachen. Neben anderem Segen erflehte er dabei Eintracht und das Gefühl von Zusammengehörigkeit in einem Reich für Makedonen und Perser. Wie es heißt, nahmen an diesem Opferfest 9.000 Menschen teil, die ein und dasselbe Opfer brachten und dazu den Paian anstimmten.[25]

1.3 Pompeius und Caesar

Im Römischen Reich sind Pompeius und Caesar die beiden exponiertesten Beispiele für die das Phänomen der *viri illustres* gilt. Pompeius übernahm als allein Zuständiger die Aufgabe der Getreideversorgung, die *cura annonae*, während der Versorgungskrise im Jahre 57 v. Chr. In der Darstellung bei Plutarch wird jedoch deutlich, dass Pompeius diese Aufgabe zugeteilt wird zur Wiederherstellung seines gesunkenen Ansehens und seiner politischen Macht.[26] Hier wird deutlich, dass politischer Einfluss an die Funktion des Oberbefehlshabers über das Römische Reich, aber zugleich an die Fähigkeit der Sicherstellung der Versorgung des römischen Volkes mit Lebensmitteln gebunden war. Ein weiteres eindrückliches Zeichen seiner Freigebigkeit ist der Bau des Theaters. Das Weihfest mit seinen sportlichen und musischen Wettkämpfen steht ganz im Zeichen seiner Großgeartetheit und bindet das Volk nach der Schilderung Plutarchs durch Liebe und Zuneigung.[27] Die Weichen für ein entsprechendes Kaiserideal, das auch die konkrete materielle Fürsorge für das Volk von Rom übernimmt, werden hier gestellt.

Caesar verteilt neben Getreide auch direkte Geldgeschenke und durch ihn wird die Tugend der Freigebigkeit, die zunächst an die Tugend des Maßhaltens gebunden war, gesteigert bis zur Maßlosigkeit.[28] Von Caesar ist die größte Massenspeisung bekannt im Rahmen der Feier seiner Triumphe über Gallien, Ägypten, Pontus und Afrika. Bei Plutarch wird dies als Einladung der „ganze[n] Bürgerschaft" (τὸν δῆμον), die zeitgleich „an zweiundzwanzigtausend Tischen (Triklinen) bewirtet"[29] wurde, geschildert. Danach fanden Gladiatorenkämpfe und eine Seeschlacht zu

---

25 Vgl. zur Funktion des Festmahls: Demandt, Alexander, 333f; Fox, Alexander, 564–566; Lauffer, Alexander, 174f; Will, Alexander, 73–75.

26 Plut. Pomp. 49,5.

27 Plut. Pomp. 52,4.

28 Kloft, Liberalitas, 62.

29 Plut. Caes. 55,2–4.

Ehren seiner verstorbenen Tochter Julia statt.[30] Mit John H. D'Arms ist hier tatsächlich von 22.000 Triklinen auszugehen, so dass insgesamt 198.000 Menschen gespeist wurden. Dabei wurden 6.000 Neunaugen als Delikatesse für die sozial Höhergestellten von A. Hirtius zur Verfügung gestellt. Caesar überbietet mit dieser Feier inklusive öffentlicher Speisung auch Lucullus, der seinen Triumph mittels eines *epulum* (Festmahl) für die Stadtbevölkerung und die angrenzenden *vici* auf der Fläche des gesamten *forum boarium* inszenierte. Das *epulum* Caesars erfordert zudem einen großen Organisationsaufwand und eine hohe Spendenbereitschaft seitens der *ministri*.[31] Sueton schildert dieses Vorgehen im Zuge des spanischen Triumphs noch ein wenig genauer: Neben einer erhöhten Geldspende und dem großzügigen Erlassen einer Jahresmiete ließ Caesar öffentlich 10 Scheffel Getreide und Öl an das Volk austeilen. Zudem ließ er eine öffentliche Speisung mit zusätzlicher Fleischverteilung und zwei Morgenmähler abhalten. Er hebt dabei seine Großzügigkeit in Bezug auf die Menge der Speisen heraus:

> „Er veranstaltete auch noch ein Festessen und eine Fleischverteilung, nach dem spanischen Sieg zweimal ein zweites Frühstück; denn weil nach seinem Geschmack das erste zu knauserig und nicht seiner Freigebigkeit entsprechend ausgefallen sei, richtete er fünf Tage später ein neues aus, bei dem es an überhaupt nichts fehlte."[32]

D'Arms verortet das *epulum* im Zuge der Feier des spanischen Triumphs in den *horti trans tiberim*.[33]

> „To anchor this public feasting to a private setting showed even greater originality. Caesar thereby demonstrated how private Roman *horti* could bring benefit to the *plebs Romana* and thereby also serve his larger political aims."[34]

So lässt sich mit D'Arms festhalten:

30 Plut. Caes. 55,4. Vgl. Pelling, Caesar, 412.

31 Vgl. zu den Zahlenangaben im Vergleich zu Lukullus und dem Einsatz der *ministri*: D'Arms, Public, 38f.

32 Suet. Iul. 38,2: *adiecit epulum ac viscerationem et post Hispaniensem victoriam duo prandia; nam cum prius parce neque pro liberalitate sua praebitum iudicaret, quinto post die aliud largissimum praebuit.* Übersetzung: Sueton, Kaiserviten (Martinet). Vgl. Suet. Iul. 37,1–39,4.

33 Vgl. D'Arms, Public, 41.

34 D'Arms, Public, 42.

> „Caesar opened his private gardens in Trastevere to the *plebs Romana* on the occasion of his Spanish triumph, and marked the occasion by a distribution of food and drink. Political considerations may have provided special incentives."[35]

Damit ist der politische Konnex für diese Praxis der *liberalitas* gerade auch in Hinblick auf den hier untersuchten Einsatz von Getreidespenden und öffentlichen Speisungen bereits benannt und Plutarch selbst betont die politische Strategie, die im Hintergrund der Inszenierung Caesars als „innovator in spreading the benefits of the common meal"[36] steht: Er versuchte das Volk erneut zu gewinnen durch die Veranstaltung von Gastmählern und die Vergabe von Getreidespenden.[37] Plutarch erwähnt zudem diesbezüglich die diesem Verhalten zugrundeliegende tiefere Absicht: Die Liebe des Volkes bot nach Ansicht Caesars den sichersten Schutz.[38] Dabei ist herauszustellen, dass gerade die Feier des Triumphs gegenüber Pompeius konfliktbeladen war, da dieser Triumph den Sieg über Römer feierte. Caesar inszeniert sich hier an exponierter Stelle nicht nur als Ersatz, sondern auch als der, der Pompeius in der *liberalitas* noch übertrifft. Zudem war im Jahr 46 v. Chr. das System der *frumentationes* reformiert und die Größe derer, die das Recht auf eine Getreidespende hatten auf Basis der *lex Julia frumentaria* auf die Hälfte (150.000) durch Caesar reduziert worden.[39]

Werden die Geldspende und die Getreidespende beim Bericht Suetons als Erstes genannt, so scheinen sie neben der Veranstaltung von Spielen das sichtbarste und immer wiederkehrende Zeichen für die Freigebigkeit (und die damit verbundene Wohltätigkeit) eines Herrschers zu sein.

Der Konnex zwischen der Freigebigkeit Caesars und ihrer politischen Zweckgebundenheit für das Erlangen von Ämtern bzw. der Alleinherrschaftsstellung wird in den Schilderungen Suetons und Plutarchs für Caesar immer wieder hervorgehoben.[40] So schildert Sueton für das Amt Caesars als Ädil gemeinsam mit Marcus Bibulus, dass auf die Freigebigkeit Caesars, die in der Verschönerung des Forums und des Kapitols sowie vor allem in den von ihm veranstalteten Spielen

---

35 D'Arms, Public, 41.

36 D'Arms, Public, 38.

37 Plut. Caes. 57,7–8.

38 Plut. Caes. 57,7–8. Vgl. zu Mechanismen der Bindung des Volkes an den Herrscher: Kloft, Liberalitas, 58; Pelling, Caesar, 430f; Jehne, Staat, 289f; Purcell, Rome, 800–811; Standhartinger, Speisungserzählungen, 66.

39 Vgl. D'Arms, Public, 41; Jehne, Staat, 304–308. Vgl. zur Getreideversorgung unter Caesar: Rickman, Corn, 175–179; Garnsey, Famine, 211; Dahlheim, Caesar, 207; Pelling, Caesar, 414; Erdkamp, Market; Sirks, Food; Weeber, Massenunterhaltung.

40 Vgl. für das Verteilen von Wahlgeld für die Ämter des *pontifex maximus* und das Erlangen des Konsulats: Gelzer, Caesar, 39.58.

zum Tragen kam, naturgemäß die Gewinnung der Gunst des Volkes folgte, die er sich im Folgenden zu Nutze machen will für die Übertragung der Provinz Ägypten durch einen Volksbeschluss.[41]

Im Zuge der Feier der vier Triumphe warb Caesar für sich als Beispiel für Freigebigkeit und Gunsterweise. Dazu zählte neben der Veranstaltung von Spielen auch ein zum Gedenken an seine Tochter veranstaltetes Gladiatorenspiel und Festmahl für das Volk, das er in seinem eigenen Haus vorbereiten ließ.[42] Daneben nennt Sueton ebenso die Verteilung von Getreide ohne Maß und Gewicht sowie von Geldgeschenken für den Senat und Personen aus allen Ständen.[43] Wie eng die Tugend der Freigebigkeit bei Caesar auch verbunden ist mit der Erhöhung seines politischen Einflusses durch die Bindung des Volkes über seine Freigebigkeit an ihn wird zudem bei Plutarch sehr deutlich. Dieser bringt die Begeisterung des Volkes gegenüber Caesar ursächlich in einen Zusammenhang mit seiner Freigebigkeit, d. h. hier im Sinne des Prunkes bei von ihm veranstalteten Aufführungen, Festzügen und öffentlichen Speisungen; diese Begeisterung des Volkes ermöglichte Caesar nach der Darstellung Plutarchs das Erlangen von Ämtern und Ehren.[44] Schon zuvor hatte Plutarch die Gastereien, die Tafel und den Glanz der Lebensführung als Grund für die Beliebtheit Caesars im Volk und die Begeisterung des Volkes benannt.[45] Hier wird also eine wichtige Form der Wohltätigkeit bzw. der Großgeartetheit explizit als öffentliche Speisung benannt. Gleichzeitig verbindet Caesar die Tugend der Freigebigkeit mit der konkreten politischen Funktion der Bindung von Anhängern an seine Person und ihre Verpflichtung auf Loyalität und Gefolgschaft.

---

41 Suet. Iul. 11.

42 Suet. Iul. 26,2: *munus populo epulum que pronuntiavit in filiae memoriam, quod ante eum nemo. quorum ut quam maxima expectatio esset, ea quae ad epulum pertinerent, quam vis macellaris ablocata, etiam domesticatim apparabat.*

43 Suet. Iul. 26,2: *frumentum, quotiens copia esset, etiam sine modo mensuraque praebuit ac singula interdum mancipia e praeda viritim dedit.* Suet. Iul. 27,1: *omnibus vero circa eum atque etiam parte magna senatus gratuito aut levi faenore obstrictis, ex reliquo quoque ordinum genere velinvitatos vel sponte ad se commeantis uberrimo congiario prosequebatur, libertos insuper servulosque cuiusque, prout domino patronove gratus qui esset.*

44 Plut. Caes. 5,8–9; 5,9: ἐπεὶ δὲ τοῦτο μὲν ὁδοῦ τῆς Ἀππίας ἀποδειχθεὶς ἐπιμελητής πάμπολλα χρήματα προσανάλωσε τῶν ἑαυτοῦ, τοῦτο δ' ἀγορανομῶν ζεύγη μονομάχων τριακόσια καὶ εἴκοσι παρέσχε, καὶ ταῖς ἄλλαις περί τε θέατρα καὶ πομπὰς καὶ δεῖπνα χορηγίαις καὶ πολυτελείαις τὰς πρὸ αὐτοῦ κατέκλυσε φιλοτιμίας οὕτω διέθηκε τὸν δῆμον, ὡς καινὰς μὲν ἀρχὰς χαινὰς δὲ τιμὰς ζητεῖν ἕκαστον αἷς αὐτὸν ἀμείψαιντο. Vgl. zur Funktion des *epulum* bei Caesar und Pompeius in Bezug auf die *plebs*: D'Arms, Public, 33–44.

45 Plut. Caes. 4,5: ἦν δέ τις καὶ ἀπὸ δείπνων καὶ τραπέζης καὶ ὅλως τῆς περὶ τὴν δίαιταν λαμπρότητος αὐξανομένη κατὰ μικρὸν αὐτῷ δύναμις εἰς τὴν πολιτείαν. Vgl. zur *liberalitas* als politischer Methode: Pelling, Caesar, 147.

„Caesar's special gesture of benefaction, the distributing of food and wine to the masses on his own private property, succeeded in binding the *plebs Romana* more closely than ever before to the person of the ruler."[46]

Im Hintergrund steht der Konflikt der Alleinstellung Caesars nach seinem Sieg gegen Pompeius als designierter *dictator*, der im Gegensatz zur oppositionellen Oberschicht Roms aufgrund seiner Alleinstellung in der Lage war, Bankette in solcher Größenordnung und Exklusivität zu veranstalten.

Mit Pompeius und vor allem mit Caesar sind die Grundlagen für das augusteische Konzept der prinzipalen *liberalitas* gelegt.

1.4 Augustus

Augustus hatte vor seinem Tod die Aufstellung seines Tatenberichts auf zwei Stelen vor seinem Mausoleum angeordnet. Der Tatenbericht wurde jedoch auch in einer Senatssitzung und als Zweites im Auftrag des Tiberius öffentlich verlesen.[47] Dem Tatenbericht liegt thematisch eine Dreiteilung in Taten des Augustus (3–14), die Wohltätigkeit (und Bautätigkeit) des Augustus (15–24) und die Außenpolitik des Augustus (26–33) zugrunde.[48]

Wie in einem Brennspiegel verdichtet, finden sich alle Formen der Wohltätigkeit und Freigebigkeit eines Pompeius und eines Caesar im Tatenbericht des Augustus, der damit zugleich auch die erneute Steigerung der Freigebigkeit des *princeps* nicht nur in der Vielfältigkeit der Formen, sondern auch in der Höhe der Summen gegenüber dem vorher durch Caesar und Pompeius Geleisteten verdeutlicht. Zu einem knappen Tatenbericht verdichtet wird die Wohltätigkeit des Augustus rein über die Benennung der von ihm geleisteten Ausgaben für die jeweilige Adressatengruppe sowie über die Auflistung der von ihm errichteten Bauwerke und der von ihm veranstalteten Spiele geschildert. In dem hier untersuchten Zusammenhang interessieren vor allem die Kp. 15 bis 18, da diese sich auf die Geld- und Getreidespenden des Augustus beziehen. Das augusteische Konzept der Wohltätigkeit ist charakterisiert durch die Übernahme der Getreideversorgung durch Augustus sowie die Zuweisung von Geld- und Getreidespenden aus den Getreidespeichern des *princeps* und seinem Privatvermögen (Kp. 15–18).[49] Die Geld- und Getreidespenden (Kp. 15–16.18) bilden das Zentrum der prinzipalen Wohltätigkeit. Daran schließt die Schilderung der Freigebigkeit des *princeps* gegenüber den Munizipien

46 D'Arms, Public, 42.

47 Vgl. Schulte, Fürstenspiegel, 187; Bringmann/Wiegandt, Augustus, 224.

48 Vgl. Bringmann/Wiegandt, Augustus, 265f.

49 Vgl. zur Getreideversorgung durch Augustus: Garnsey, Famine, 229–243.

und der Staatskasse unter Angabe der gespendeten Summen (Kp. 17) an.[50] Die Kp. 22 bis 23 benennen dann alle durch Augustus finanzierten und ausgerichteten Spiele. Das letzte Kapitel dieses zweiten Blocks beinhaltet den Verweis auf die Wiederaufstellung des Bildschmucks in den Tempeln der Provinz Asia und auf die augusteischen Weihegeschenke für den Tempel des Apollo. Dieses Kapitel bietet damit bereits einen Hinweis auf eine der Herrschertugenden des *princeps*, die in einer Reihung der Herrschertugenden explizit am Schluss noch einmal genannt werden: Tüchtigkeit, Milde, Gerechtigkeit, Frömmigkeit bzw. Pflichttreue.[51] Die Herrschertugend der Freigebigkeit bzw. Wohltätigkeit ist in dieser Reihe nicht explizit genannt, lässt sich aber unter die Pflichttreue subsumieren. Denn als eine Tugend des Herrschers galt es seiner Fürsorgepflicht nachzukommen. Das augusteische Konzept der Wohltätigkeit war dieser Fürsorge wie der Sicherung der Nahrungsmittelversorgung[52] angesichts von Hungerkatastrophen, der Sicherung der Getreideversorgung und der Leistungen der Staatskasse sowie der Fürsorge gegenüber Bedürftigen[53] verpflichtet, ging aber gleichzeitig darüber hinaus, was an der stillen Auflistung der gespendeten Geldsummen und Getreidemengen sowie der puren Anzahl der Neubauten des Augustus ersichtlich ist. Hier zeigt sich die Wohltätigkeit auch im Sinne der Großgeartetheit. Dass die Freigebigkeit des Augustus ursprünglich einem Ideal der nobiles entsprang, wird daran deutlich, dass seine Spenden dem freien Willen des *princeps* entsprangen. Auch Sueton bescheinigt Augustus umfassende Freigebigkeit gegenüber „allen Ständen“ und bei „zahlreichen Gelegenheiten“.[54] Unter den Spenden an das Volk nennt er zunächst die augusteischen Geldspenden, direkt darauf benennt er die Versorgung des Volkes mit Getreide auch bei schwieriger Versorgungslage und die Verteilung von Getreide zu niedrigen Preisen oder gratis. Zugleich wird deutlich, dass der *princeps* seit Augustus und der Übernahme des Amtes der *cura annonae* umfassend für die Getreideversorgung als „kaiserliche[...] Nahrungsmittelverwaltung“[55] zuständig

---

50 Vgl. zur Unterscheidung zwischen Geld- und Getreidespenden und *frumentationes* und deren Gewährleistung über die Sanierung des *aerariums*: Kröss, Plebs, 186; Griffin, Plebs, 32.35.

51 R. Gest. div. Aug. 34.

52 Vgl. zur Umstrukturierung der Verwaltung der *annonae* unter Augustus: Bleicken, Augustus, 428f; Levick, Augustus, 145; Kienast, Augustus, 198f; Dahlheim, Augustus, 225.

53 Vgl. zur Reaktion des Augustus auf Getreideversorgungskrisen: Garnsey, Famine, 218f. Kp. 18 nennt einen weiteren Kreis der Bedürftigen über die empfangsberechtigte *plebs urbana* hinausgehend. Vgl. Kloft, Liberalitas, 75. Im Fokus der normalen Verteilung von Getreide stand jedoch nicht die Armenfürsorge. Vgl. Parkin, Almsgiving; Prell, Armut, 279–287; Hands, Charities, 89–115; Bolkestein, Wohltätigkeit, 369–379.

54 Suet. Aug. 41,1: *Liberalitatem omnibus ordinibus per occasiones frequenter exhibuit.* Übersetzung: Sueton, Kaiserviten (Martinet). Vgl. zur *liberalitas* des Augustus in Bezug auf alle *ordines*: Suetonius, Augustus (Wardle), 309–314.

55 Fellmeth, Brot, 154. Vgl. allg.: Veyne, Macht.

war und eine Unterscheidung zwischen der Sicherung der Getreideversorgung als *cura anonnae* und der *liberalitas principis* schwierig ist. Denn gerade in Hungerkrisen griff die kaiserliche Spendenpraxis – so hält dies Ulrich Fellmeth etwa für die Landbevölkerung in Ausnahmefällen fest.[56] Sueton macht jedoch auch darauf aufmerksam, dass Augustus mit diesen Maßnahmen um das Allgemeinwohl besorgt war und schließt das Buhlen um Gunst als Motivation für diese Maßnahmen aus. Implizit macht er damit natürlich einen Gegensatz zu Caesar auf. Für diese Bindung der Freigebigkeit an die Sorge für das Allgemeinwohl führt Sueton die Unabhängigkeit der Vergabe der augusteischen Wohltaten von dem Verlangen des Volkes an. Sueton bescheinigt Augustus „ große[...] Strenge und Standfestigkeit“[57] bei der Vergabe der Spenden und versteht dieses zum einen als Einhaltung des von ihm Zugesagten. Zum anderen sieht er damit die Möglichkeit der Verweigerung von nicht versprochenen Spenden gegenüber dem Volk und die damit einhergehende Unabhängigkeit von den Forderungen des Volkes gegeben. Diese Unabhängigkeit von den Forderungen des Volkes wird nach Sueton auch darin sichtbar, dass Augustus die Regelung der öffentlichen Getreideverteilung sowohl am Volk und an den Händlern orientierte.[58] Zuvor hatte er die Möglichkeit einer Einstellung der öffentlichen Getreideversorgung verworfen mit der Begründung, dass diese wegen der Gunstbuhlerei wieder eingeführt werde.[59] Nimmt die Verteilung von Geld- und Getreidespenden an das Volk den ersten Rang im Tatenbericht des Augustus ein und werden diese mehrfach und breit geschildert, so lässt sich an der thematischen Gliederung des Sueton bezüglich der Praxis der Freigebigkeit erkennen, dass Geld- und Getreidespenden den allgemeinen Steuererleichterungen und der

56 Vgl. FELLMETH, Brot, 191f.

57 Suet. Aug. 42,2: *nec minore gravitate atque constantia, cum proposito congiario multos manumissos insertosque civium numero comperisset, negavit accepturos quibus promissum non esset, ceterisque minus quam promiserat dedit, ut destinata summa sufficeret.* Übersetzung: SUETON, Kaiserviten (Martinet). Vgl. zum Umgang des Augustus mit der *plebs urbana* und der Bestimmung der Kriterien zum Getreideempfang: SUETONIUS, Augustus (Wardle), 314–319. GARNSEY, Famine, 236–239.242.

58 Suet. Aug. 42,3. Vgl. KIENAST, Augustus, 198f. Augustus ließ im Jahre 2 v. Chr. die Zahl der Empfänger des *frumentum publicum* auf 200.000 beschränken und unterstellte den Empfang streng kontrollierten Kriterien. Vgl. Cass. Dio 55,10,1. Empfangsberechtigt waren römische Bürger ab dem 10. Lebensjahr sowie Freigelassene (mit festem Wohnsitz in der Hauptstadt). Ritter und Senatoren waren vom *frumentum publicum* ausgeschlossen. Kienast schließt daraus, dass das *frumentum publicum* zum „Symbol des römischen Bürgerrechts“ (KIENAST, Augustus, 199) wurde und abgrenzend gegenüber Sklaven und Ausländern wirkte. Vgl. auch SOUTHERN, Augustus, 177.245 Anm. 17.251 Anm. 15. Auch Alfred Reese betont den Charakter eines „kollektiven Privilegs“ statt der Sozialfürsorge. REESE, Bürger, 118. Reese geht von einer Splittung zwischen der *plebs urbana* und der *plebs frumentaria* beim Regierungsantritt des Tiberius aus, da die Bevölkerungszahl anstieg, die Zahl der Empfänger auf 150.000 beschränkt blieb. REESE, Bürger, 119. Vgl. zur Getreideversorgung unter Augustus auch RICKMAN, Corn, 180–186; WEEBER, Brot; ERDKAMP, Grain; SIRKS, Food.

59 Suet. Aug. 42,3.

Verringerung sonstiger Leistungen nachgeordnet werden, aber der Unterhaltung und Veranstaltung von Festen vorgeordnet sind.[60] Sie bilden damit auch bei Sueton einen festen und zentralen Bestandteil der herrscherlichen Wohltätigkeit und Großzügigkeit. Auch für Augustus sieht Sueton einen inneren Zusammenhang zwischen dessen Verdiensten und der Liebe aller sozialen Gruppen zu ihm. Als exponiertestes Beispiel ist hier die Verleihung des Titels „*pater patriae*" im Zusammenwirken von Volk und Senat zu nennen in aller „Einmütigkeit"[61], da hier zugleich noch einmal die Sorge des Augustus um die *patria* deutlich wird.[62]

Zur Einordnung der politischen Funktion sowohl der *cura annonae* als auch der Getreidespenden als Zeichen der herrscherlichen *liberalitas* ist die *plebs frumentaria* näher zu bestimmen.

Rolf Gilbert identifiziert die *plebs frumentaria* mit der *plebs Romana*.[63] Marcus Prell hebt mit dem Hinweis darauf, dass die Zugehörigkeit zur *plebs frumentaria* ehrend auf Grabsteinen vermerkt wurde, die besondere, d. h. privilegierte Stellung der *plebs frumentaria* im Vergleich zur übrigen *plebs* heraus und hält fest:

> „Die Getreideverteilung mußte folglich einen Keil zwischen Empfänger und Nicht-Empfänger schieben und eine gewisse soziale Hierarchie innerhalb der Plebs fördern. Die *plebs frumentaria* stellte somit eine privilegierte Gruppe der Einwohner Roms dar."[64]

---

60 Suet. Aug. 41–43.

61 Suet. Aug. 58,1–2: *Patris patriae cognomen universi repentino maximoque consensu detulerunt ei: prima plebs legatione Antium missa; dein, quia non recipiebat, ineunti Romae spectacula frequens et laureata; mox in curia senatus, neque decreto neque adclamatione, sed per Valerium Messalam is mandantibus cunctis: „quod bonum", inquit, „faustumque sit tibi domuique tuae, Caesar Auguste! sic enim nos perpetuam felicitatem rei p. et laeta huic precari existimamus: senatus te consentiens cum populo R. consalutat patriae patrem." cui lacrimans respondit Augustus his verbis – ipsa enim, sicut Messalae, posui –: „compos factus votorum meorum, p. c., quid habeo aliud deos immortales precari, quam ut hunc consensum vestrum ad ultimum finem vitae mihi perferre liceat?"*

Zuerst erfolgte die Gesandtschaft geleitet durch Tribunen und ein erneutes Antragen des Titels durch die Menge beim Betreten des Theaters als öffentlichem Raum. Darauf erfolgte der Antrag durch Valerius Messalla im Namen des Senats in der Kurie, den Augustus in diesem dritten Versuch annahm. Vgl. Suetonius, Augustus (Wardle), 391–396.

62 Hier vor allem in der Verbindung des Titels als Symbol für das Gute und das Glück des Hauses des Augustus mit dem Glück des Staates sowie der Freude für die Stadt Rom. Vgl. Suet. Aug. 57,1–58,2.

63 Vgl. Gilbert, Princeps, 61f.

64 Prell, Armut, 282. Vgl. auch Fellmeth, der die Guppe als „Ärmste[…] der Armen" benennt, zugleich aber anmerkt, dass dazu auch „die Prätorianergarde in Rom und vermutlich der kaiserliche Hofstaat und die Verwaltungsbeamten" zählten. Vgl. Fellmeth, Brot, 188. Auch Weeber grenzt die Gruppe der Anspruchsberechtigten von den Ärmsten der Armen ab und sieht alle sozialen Schichten bzw. ordines zugelassen: Weeber, Massenunterhaltung, 159.161. Zudem war die Notwendigkeit des Zukaufs von Nahrungsmitteln insbesondere bei der Versorgung einer gesamten Familie gegeben, so dass die Nichterwerbstätigkeit der Empfänger ausgeschlossen werden kann. Fellmeth, Brot, 187.

Als Kriterium für die Zugehörigkeit zur *plebs frumentaria* lässt er weitere Aspekte als nur das Bürgerrecht gelten:

> „Weder das Bürgerrecht noch Bedürftigkeit galten als sicherer Freibrief für eine Aufnahme in die Gruppe der kostenlosen Getreideempfänger. Bürgerrecht, Wohnsitz in Rom und ein bestimmtes Alter waren notwendige, aber nicht hinreichende Bedingungen für die Aufnahme in die Liste der Getreideempfänger."[65]

Dies ist kein Widerspruch zu Gilbert, eher eine Bestätigung des Bürgerrechts als conditio sine qua non - ebenso wie der Wohnsitz in Rom -, so dass das Bürgerrecht doch sichtbar wurde. Prell unternimmt den Versuch, die Gruppe der *plebs frumentaria* von den Bedürftigen abzugrenzen. Er sieht in der Gruppe der Empfangsberechtigten vor allem „Werktätige" und keine „Arbeitssuchenden und Müßiggänger[...]"[66]. Dies fasst er eng zusammen mit der durch die Getreidespenden verbundenen politischen Absicht[67] der Bindung des (stimmberechtigten) Volkes an den Kaiser im Sinne einer Patron-Klienten-Beziehung und der Schaffung von Loyalität gegenüber seiner Person.[68] So scheint die mit den *frumentationes* verbundene politische Absicht Bedürftige als erste und einzige Empfängergruppe geradezu auszuschließen.

Prell unterscheidet zwischen den regulären *frumentationes* und den zusätzlichen Spenden wie „öffentliche Speisungen und außerordentliche Lebensmittelverteilungen"[69], die den gleichen geschenkhaften Charakter wie die *congiaria*, d. h. die Geldgeschenke hatten. Als Adressat der *congiaria* sieht er die *„plebs frumentaria* sowie bestimmte in Listen eingetragene Personen"[70]. Das *congiarium* im Jahr 29 ist die Wiederholung des *Triumphalcongiariums* Caesars von 46 und wird darüber institutionalisiert.[71]

> „Dabei wurden langfristig frumentum publicum und congiaria in Rom zu äußeren Zeichen des Bürgerrechts, ihr Garant aber war der Princeps persönlich und damit das von ihm repräsentierte kaiserliche Regime."[72]

---

65 Prell, Armut, 283. Vgl. Suet. Aug. 41,2. Das Mindestalter lag unter Augustus bei 10 Jahren. Prell, Armut, 283.

66 Prell, Armut, 283.

67 Vgl. Prell, Armut, 283.

68 Vgl. Prell, Armut, 284.

69 Prell, Armut, 286. Vgl. auch Weeber, Massenunterhaltung, 163f.

70 Prell, Armut, 286.

71 Vgl. Gilbert, Princeps, 64.

72 Gilbert, Princeps, 69.

Gilbert sieht als Funktion die Bindung des *populus* an den Kaiser und nicht an die aristokratische Oberschicht sowie die Sicherung der politischen Macht für das „gesamte julisch-claudische Haus“[73] gegeben.[74] Tiberius sichert die institutionalisierte Kontinuität des *congiariums*, indem er nach einigem Zögern auch die von Augustus gestifteten Geldgeschenke auszahlt.[75]

1.5 Caligula und Nero

Wie wichtig Zeichen der Freigebigkeit des Herrschers gerade auch in Bezug auf die Nahrungsversorgung bleiben, spiegelt sich gerade auch im Negativbeispiel eines Herrschers wie Caligula wider, der der *damnatio memoriae* verfiel. Sueton berichtet über die Verteilung kleiner Geschenke und Körbe mit Zukost an das Volk.[76] Neben der zweimaligen Verteilung von Geldspenden an das Volk wird auch die Veranstaltung von Festgelagen für die Senatorenschaft und Beamten für Caligula berichtet, allerdings mit dem Zusatz, dass dieser zudem aufwendige Geschenke wie Prachtkleider und Purpurbänder an die Senatoren- und Beamtenschaft verteilte.[77] Gleichzeitig wird jedoch auch berichtet, dass dieser dem Volk des Häufigeren eine Hungersnot verordnete,[78] was Sueton als eines der zahlreichen Beispiele für den Übermut und die Gewalttätigkeit Caligulas anführt. Zudem schildert Sueton die Schwelgereien und die Verschwendung Caligulas in Hinblick auf Speisen und Mahlzeiten mit deutlich kritischem Ton: „schlürfte die wertvollsten Perlen in Essig aufgelöst, setzte seinen Gästen Brote und Speisen mit einer Goldglasur vor, wobei

---

73 GILBERT, Princeps, 67.67–69.

74 Vgl. GILBERT, Princeps, 67–69.

75 Vgl. GILBERT, Princeps, 83.

76 Suet. Cal. 18,2: *sparsit et missilia variarum rerum et panaria cum obsonio viritim divisit.*

77 Suet. Cal. 17,2: *congiarium populo bis dedit trecenos sestertios, totiens abundantissimum epulum senatui equestrique ordini, etiam coniugibus ac liberis utrorumque; posteriore epulo forensia insuper viris, feminis ac pueris fascias purpurae ac conchylii distribuit.* Caligula verantwortete die *congiaria* aus Anlass des Erhalts der *toga virilis* bzw. von Ämtern wie dem ersten Konsulamt. Eine andere Möglichkeit ist, dass sich das zweite *congiarium* auf den Erhalt der *toga virilis* von Gemellus, dem Vetter des Caligula, bezieht. Vgl. SUETONIUS, Caligula (Wardle), 191; SUETONIUS, Caligula (Lindsay), 89f.

78 Vgl. Suet. Cal. 26,5: *ac nonnumquam horreis praeclusis populo famem indixit.* Gilbert hält für Caligula ein Umschwenken fest von größter *liberalitas* – so finden zwei *congiaria* zur Erfüllung des Testaments des Tiberius im Mai 37 und im Juli 37 aus Anlass des *tirociniums* Caligulas statt – bis hin zur Schließung der Getreidespeicher. Er führt dies darauf zurück, dass Caligula zu Beginn seiner Herrschaft das Volk „bewußt, manchmal in provozierender Absicht, als politischen Faktor der Macht des Senats“ entgegensetzte, während dessen sich dies später in „eine wachsende Vernachlässigung der öffentlichen Meinung“ verkehrte. GILBERT, Princeps, 86.87f. Vgl. auch FERRILL, Caligula, 115. Vgl. zur Diskussion der unterschiedlichen Varianten bezüglich des Brückenbaus Caligulas als Ursache der Versorgungskrise in Rom bei Sueton und Cassius Dio: GARNSEY, Famine, 222f.

er oft bemerkte, man müsse entweder ein sparsamer Mann oder Kaiser sein“[79]. Denn das Ideal des *princeps* war eingeordnet in die Fürsorge für das Volk und die Mäßigung der eigenen *luxuria*. Nach der Aufteilung von Eftychia Stavrianopoulou, die die Festgelage in empowering-Feste, patron-role-Feste und diacritical-Feste unterscheidet, ist dieses Verhalten Caligulas in den Bereich der diacritical-Feste einzuordnen, die die Asymmetrie des Verhältnisses zwischen Gastgeber und Gästen durch den Einsatz besonderer Konsumgüter neu inszenieren und damit zugleich den Abstand zwischen Herrscher und Gästen erneut festlegen.[80] Im Makrokontext der zweigeteilten Herrscherbiographien, Sueton unterscheidet in seinen Viten immer in einem ersten Teil die Beschreibung des Herrschers und in einem zweiten Teil die Beschreibung des Menschen, ist dieser Teil bei Sueton einzuordnen in die Beschreibung des Menschen Caligula als „Ungeheuer“[81].

Für Nero lässt sich ebenfalls feststellen, dass nach vielen Zeichen der Freigebigkeit zu seinem Herrschaftsantritt in Form von Geld- und Getreidespenden an die Prätorianer und das Volk,[82] Sueton dann nur noch von Pervertierungen der Form des öffentlichen Banketts weiß, etwa durch die Anwesenheit von Prostituierten und Flötenspielerinnen.[83]

1.6 Domitian und Trajan

Wurde bis hierhin die Genese des Motivs des Herrschers als Brotspender über Pompeius, den Diktator Caesar, im Rahmen des augusteischen Prinzipats und bis hin zu den Kaisern Caligula und Nero betrachtet, so soll nun noch ein kurzer Blick für die Erfassung des Phänomens des Kaisers als Brotspender auf die beiden römischen Herrscher geworfen werden, die zur Abfassungszeit des JohEv amtierten: Domitian und Trajan. Wichtig in Hinblick auf das JohEv ist, dass sowohl Domitian als auch Trajan in unterschiedlicher Weise noch einmal das Ideal des Kaisers als Brotspender auch in der Wahrnehmung ihrer Zeitgenossen nicht nur erfüllt, sondern auch verstärkt haben. Domitian selbst veranstaltete im Rahmen der jeweiligen Spiele oder Feste öffentliche Speisungen, bei denen er an die Senatoren und Ritter Speisekörbe, an das Volk Körbchen mit Zukost verteilen ließ:

> „Während man sich ein herrliches Schauspiel ansah, gab er ein berauschendes Mahl; und zwar ließ er am ‚Fest der sieben Hügel‘ an Senat und Ritterschaft Brotkörbchen (panariis),

79 Suet. Cal. 37,1. Übersetzung: Sueton, Kaiserviten (Martinet).

80 Vgl. Stavrianopoulou, Speisungen, 167f.

81 Suet. Cal. 22,1: *Hactenus quasi de principe, reliqua ut de monstro narranda sunt.*

82 Suet. Nero 10,1.

83 Suet. Nero 27,2.

an das einfache Volk Körbchen (sportellis) mit Zukost (obsonio) verteilen, dann begann er als erster zu essen.“[84]

Hier wird demnach bei der öffentlichen Speisung in Menge und Qualität nach dem Stand des jeweiligen Adressaten unterschieden. Da Domitian, so wie es Sueton berichtet, das Zeichen für das gemeinsame Essen gab, schloss sich an die Verteilung der *sportulae* eine gemeinsame Mahlzeit in Gegenwart des Kaisers an. Der Unterschied zwischen der Verteilung von *sportulae* und einem Bankett lag hier dann nicht in der Praxis der gemeinsamen Mahlzeit, sondern in der Ausstattung der dargebotenen Speisen, die bei einer *cena recta* aufwendiger war als im Falle der Speisekörbchen.[85] Die häufigere Praxis war jedoch die, dass die verteilten *sportulae* zunächst mitgenommen und dann zeitversetzt verzehrt wurden.[86]

Sueton berichtet für Domitian unter dem Aspekt der Neuerungen der Regelung des täglichen Lebens die Wiedereinführung der Sitte der regelrechten Speisung statt der Verteilung von Lebensmitteln an das Volk.[87] Klaus Vössing sieht mit der Wiedereinführung des unter Nero verbotenen regelrechten Banketts als öffentliche Speisung eine Maßnahme gegeben, die die römische Führungsschicht von den öffentlichen Speisungen ausschließen sollte. Für die römische Führungsschicht sollte durch den Aufwand und die Erschwerung der Organisation eines solchen öffentlichen Banketts die Möglichkeit einer öffentlichen Speisung verhindert werden. Durch das Verbot der finanziell und organisatorisch weniger aufwendigen Verteilung von (öffentlichen) *sportulae publicae* sollte also das Recht öffentlicher Speisungen auf den *princeps* monopolisiert werden.[88]

Ein wichtiger Text, auf den auch schon Joachim Kügler hingewiesen hat, ist die Notiz einer öffentlichen Speisung im Rahmen von Spielen im Amphitheater und die damit verbundene Bejubelung Domitians als *dominus*: „Und er hörte es gern, daß man ihm im Amphitheater am Tag, an dem er eine öffentliche Speisung

---

84 Suet. Dom. 5: *Congiarium populo nummorum trecenorum ter dedit atque inter spectacula muneris largissimum epulum Septimontiali sacrorum quidem senatui equitique panariis, plebei sportellis cum obsonio distributis initium vescendi primus fecit; dieque proximo omne genus rerum missilia sparsit, et quia pars maior intra popularia deciderat, quinquagenas tesseras in singulos cuneos equestris ac senatorii ordinis pronuntiavit.* Übersetzung: Sueton, Kaiserviten (Martinet). Vgl. auch Standhartinger, Speisungserzählungen, 69.

85 Vgl. Vössing, Bankett, 273.

86 Vgl. Vössing, Bankett, 273.275.

87 Suet. Dom. 7,1: *Multa etiam in communi rerum usu novavit: sportulas publicas sustulit revocata rectarum cenarum consuetudine.*

88 Vgl. Vössing, Bankett, 280–288. Vgl. auch Vössing, Klientelwesen; Zur Praxis des *epulum*: Suetonius, Domitian (Jones), 47.

veranstaltete, zurief: ‚Unserem Herrn und unserer Herrin, Glück!'".[89] Hier wird die Praxis der Bindung des Volkes an den Kaiser als Herrscher noch einmal eindrücklich vor Augen gestellt, sowie die Praxis der öffentlichen Speisung als einer der wichtigsten Orte der Herrscherdarstellung und wichtigstes Mittel der Inszenierung als (legitimer) Herrscher gekennzeichnet.[90]

Plinius berichtet in seinem Panegyrikus über Trajan, dass dieser im Bereich der öffentlichen Getreideversorgung seine Pflichten der Fürsorge als Vater und *princeps optimus* voll erfüllt hat und nicht nur das römische Volk überreich mit Getreide versorgt, sondern auch für die Getreideversorgung Ägyptens während einer Trockenperiode Sorge getragen hat. Plinius stellt Trajan direkt in die Tradition des Pompeius als einem „Staatsdiener"[91], der die Getreideversorgung organisierte. Zugleich vergleicht er dies mit einer „immerwährenden Geldspende"[92], ordnet sie also in den Bereich der Freigebigkeit des römischen Herrschers ein. Hier erscheint der Kaiser nicht nur als Vater des römischen Volkes, sondern auch als fürsorgender Herrscher für seine Provinzen, der in der Not „Heilung und Rettung"[93] für Ägypten bringt.

Als Fazit der hier beschriebenen Phänomene rund um die Getreidespende und die öffentliche Speisung durch die Herrscher lässt sich das Ideal des vom Volk unabhängigen, diesem aber zugleich zugewandten Herrschers festhalten. Dies prägt alle Herrscherbeschreibungen. Die öffentliche Speisung, die im Idealfall in ein gemeinsames Mahl mündete, war eines der wichtigsten Mittel der Bindung des Volkes an den Herrscher und der Sicherung der Loyalität gegenüber seiner Herrschaft und damit zugleich der Legitimität des Herrschers selbst. Das Ideal lag aber gerade in der Herstellung von Nähe zum Volk, zum einen durch die Fürsorge, zum anderen durch die Wohltätigkeit des Herrschers, allerdings unter Wahrung der Unabhängigkeit vom Volk. Eine Instrumentalisierung der Praxis der Bindung des Volkes durch Wohltaten und der Übersteigerung im Sinne der Gunstbuhlerei, wie etwa bei Caesar, wird negativ beurteilt und abgelehnt. Diente die öffentliche Speisung dazu, die Nähe des Kaisers zum Volk herzustellen bzw. auch symbolisch zu spiegeln, so galt es, diese Nähe im Rahmen des gemeinsamen Mahles nicht durch eine Hervorhebung der Rangunterschiede durch *luxuria* oder Verschwendung zunichte zu machen.

---

89 Übersetzung: SUETON, Kaiserviten (Martinet). Suet. Dom. 13,1: „*Domino et dominae feliciter!*" Vgl. KÜGLER, König, 85.

90 Vgl. KÜGLER, König, 85.

91 Plin. paneg. 29,1–2.

92 Plin. paneg. 29,1–2.

93 Plin. paneg. 30,5.

2. Der Herrscher und seine Titel

Ein zweiter wichtiger Bestandteil der herrscherlichen Inszenierung ist der Umgang mit der Übertragung der Herrschergewalt und der Übertragung von Sondervollmachten wie der Diktatur. Zwei wichtige Texte müssen hier gesondert voneinander betrachtet werden: die Antragung der Diktatur gegenüber Augustus in der Schilderung Suetons im Vergleich zur Antragung der Königswürde gegenüber Caesar geschildert bei Plutarch.

In der Schilderung Suetons wird die durch Volk und Senat angetragene Diktatur durch Augustus abgelehnt, ebenso wie er den Titel „Herr“ rigoros für sich selbst verweigert.[94] Denn Augustus selbst kommt seinem Tatenbericht zufolge die Gleichheit an Amtsgewalt im Vergleich mit seinen Kollegen auf der Basis der Ämter und Funktionen der *res publica* zu, er schreibt sich aber zugleich eine größere Autorität bzw. Machtfülle zu.[95] Zugleich sieht er seinen „informellen Einfluss[...]“ vor allem als Ergebnis der „Anerkennung seines Verdienstes“.[96]

Hier wird bereits die erzählpragmatische bzw. propagandistische Strategie des Tatenberichts des Augustus deutlich: die Legitimation der eigenen Machtfülle in der Verbindung mit der Wiederherstellung der *res publica*. Nach Klaus Bringmann liegt der propagandistische Charakter der Res Gestae darin begründet, dass die augusteische Darstellung suggeriert, die von Augustus empfangenen Ehrungen und die damit einhergehende Autorität seien Ausfluss seiner Leistung: der „ersten Befreiungstat“ zur endgültigen Wiederherstellung der *res publica*.[97] Augustus selbst beschreibt diese erste Befreiungstat als Befreiung des römischen Staates von der Gewaltherrschaft einer Clique; alle Ämter und Funktionen sowie die Fülle der Ehrungen bringt Augustus dann in einen Zusammenhang mit dieser ersten Befreiungstat.[98] Mit der endgültigen, zweiten Befreiungstat, der Beendigung des Bürgerkriegs und der Wiedereinsetzung von Senat und Volk als Verfügungsgewalt

---

94 Vgl. Suet. Aug. 53,1: *Dictaturam magna vi offerente populo genu nixus deiecta ab umeris toga nudo pectore deprecatus est. domini appellationem ut maledictum et obprobrium semper exhorruit. cum spectante eo ludos pronuntiatum esset in mimo: „o dominum aequum et bonum!“ et universi quasi de ipso dictum exultantes comprobassent, et statim manu vultuque indecoras adulationes repressit et insequenti die gravissimo corripuit edicto; dominumque se posthac appellari ne a liberis quidem aut nepotibus suis vel serio vel ioco passus est atque eius modi blanditias etiam inter ipsos prohibuit.*
Vgl. Suetonius, Augustus (Wardle), 373–375.

95 R. Gest. div. Aug. 34. De facto resultiert die *auctoritas* des Augustus bereits 23 v. Chr. aus der Vereinigung mehrerer Ämter auf eine Person. Diese unumschränkte Autorität ist damit durch den Senat legitimiert. Vgl. zur Verbindung des *imperium proconsulare maius* und der Amtsgewalt des Volkstribunen Hoff/Stroh/Zimmermann, Augustus, 125.

96 Bringmann/Wiegandt, Augustus, 280.

97 Vgl. Bringmann/Wiegandt, Augustus, 266.

98 Vgl. Bringmann/Wiegandt, Augustus, 266.

über den Staat 27 v. Chr.,[99] verbindet er die Benennung als Augustus, den ihm gewidmeten goldenen Schild in der *curia Iulia* sowie seinen alles überragenden Einfluss.[100]

An dieser propagandistischen Strategie des Augustus lässt sich die historische Vorbelastung durch die Erfahrung der Diktatur Sullas und das Streben Caesars nach der Alleinherrschaft ablesen. Augustus vermeidet nach Sueton daher alle Titel, die in der Tradition der Alleinherrschaft stehen würden bzw. dieses Alleinstellungsmerkmal umfassender Gewalt zum Ausdruck bringen könnten. Augustus selbst lehnte den Titel „Herr" ab.[101] Zugleich vermeidet er in seinem Tatenbericht jeden Anschein der unrechtmäßigen Aneignung von umfassender politischer Gewalt, sondern bindet in legitimatorischer Absicht jede Übertragung von Amtsgewalten an die Entscheidungen des Senats zurück. Er benennt zudem in seinem Tatenbericht explizit die Zurückweisung der Diktatur[102] und sieht seine eigene *auctoritas* als Ausfluss seiner Verdienste um den römischen Staat.

An dieser Stelle soll nun ein Blick auf den Umgang Caesars mit der Antragung des Königstitels geworfen werden.

Nach der Schilderung Plutarchs wird Caesar die Königswürde durch Antonius angetragen in der Hoffnung, dass das Volk dieser Übertragung alleinherrscherlicher Gewalt durch einen Akt der öffentlichen Akklamation zustimmt und die Übertragung zugleich damit legitimiert.

Zweimalig wurde der Schilderung Plutarchs zufolge durch Caesar selbst initiiert und gewünscht, Caesar die Königswürde anzutragen. Das erste Mal wurde der Versuch unternommen – traditionsträchtig nach der Rückkehr Caesars von Alba, der von Aeneas gegründeten Königsstadt, nach Rom; Caesar wurde durch seine Freunde als König begrüßt. Das Volk stimmte jedoch nicht in diese Begrüßung ein.[103]

Ein zweiter Versuch wird während des Luperkalienfestes unternommen.[104] Zweimal trägt Antonius, der amtierende Konsul und Teilnehmer am heiligen Lauf, dem

99 Vgl. Bringmann/Wiegandt, Augustus, 266.

100 Vgl. Bringmann/Wiegandt, Augustus, 266.

101 Suet. Aug. 53,1. Vgl. Galinsky, Kaiser, 91.

102 R. Gest. div. Aug. 5.

103 Plut. Caes. 60.

104 Plut. Caes. 61. Vgl. zu den beiden Versuchen: Pelling, Caesar, 445–456; Dobesch, Königstitel; Welwei, Luperkalienproblem. Karl-Wilhelm Welwei geht nicht davon aus, dass Caesar die alte Königswürde angetragen wurde, aber er sieht hinreichend Indizien gegeben, dass Caesar eine monarchische Stellung mit den Ehren eines Königs anstrebte. Die Inszenierung auf dem Luperkalienfest diente der Entkräftung der Vorwürfe bzw. des Verdachts der Opposition sowie einem Stimmungstest beim Volk ohne – und das betont auch Welwei – damit der Möglichkeit einer adäquaten Ausdrucksform für seine Alleinstellung bzw. *potestas* zu entsagen. Opposition regte sich nach der Übertragung der Diktatur auf Lebenszeit an Caesar. Auch beim Volk regte sich

mit den Insignien des Triumphators ausgestatteten und auf der Rednerbühne auf dem Forum sitzenden Caesar die Königswürde in Form der Darbietung der Königsbinde an; zweimal schlägt Caesar die Königswürde aus und wird nach der Schilderung Plutarchs mit dem Jubel des Volkes belohnt.[105] Plutarch selbst sieht die Ermordung Caesars in seinem Streben nach der Königswürde begründet, das ihn sowohl den Senatoren entfremdete als auch die Abwendung des Volkes nach sich zog.[106] Der Titel *rex* wurde vom Volk abgelehnt, da er als Synonym für die Alleinherrschaft negativ aufgeladen war nach den Bürgerkriegen in der Republik. Gerhard Dobesch unterscheidet die Erzähltradition und die von Caesar in den Fasti festgehaltene Version der Ereignisse. Während die Erzählvariante die Inszenierung der Antragung der Königswürde deutlich macht, die aber von Caesar gewollt war und zu der er sich nur im Rahmen seiner Inszenierung vom Volk zwingen lassen wollte, zeigt der bei Cicero überlieferte Fasteneintrag die Deutung Caesars der Antragung der Königswürde.[107] Sie wurde ihm vom Konsul Antonius im Namen des Volkes angeboten. Caesar übergibt das Diadem an Iuppiter Capitolinus, wo es aufbewahrt wurde. „Der divus Iulius-Iuppiter Iulius [übersendet] das Diadem Iuppiter"[108] als dem einzigen König der Römer, mit dem er in enger Beziehung steht, und der das Diadem für ihn aufbewahrt, bis Caesar von der Königswürde Gebrauch macht. Dobesch legt dar, dass das „Caesarem uti noluisse"[109] der Ablehnung der Königswürde im Näheren bedeutet, dass Caesar zunächst keinen Gebrauch von der ihm angetragenen Würde machen wolle, d. h. aber de facto vom Volk durch den

---

Widerstand, weil das Diadem Zeichen des *rex* und damit deckungsgleich war mit dem Zeichen für Tyrannis. Vgl. Welwei, Luperkalienproblem, 64–67. John A. North hebt den karnevalistischen Charakter des Festes hervor. Er negiert ebenfalls, dass eine Krönung Caesars oder das Ausloten der Stimmung bei der *plebs* für eine Krönung angestrebt war. Vielmehr geht er davon aus, dass Caesar „was to associate himself and his *gens* with the foundation myths of Rome". North, Caesar, 159. Er sieht die Inszenierung Caesars im Rahmen des Luperkalienfestes als hilfreich für den Übergang Caesars von der Republik zum Monarchen an, denn das Ritual leistet demnach Folgendes: „Rather it connected the founders and the new ruler with the whole glorious tradition of the Republic and the men who had fought to create Roman dominance over Italy and then the Mediterranean world." North, Caesar, 160. Vgl. auch Weinstock, Julius, 336–340; Meier, Caesar, 564–568.

105 Plut. Caes. 61,6: ἀπωσαμένου δὲ τοῦ Καίσαρος ἅπας ὁ δῆμος ἀνεκρότησεν· αὖθις δὲ προσφέροντος, ὀλίγοι, καὶ μὴ δεξαμένου πάλιν ἅπαντες.

106 Plut. Caes. 60,1: Τὸ δ'ἐμφανὲς μάλιστα μῖσος καὶ θανατηφόρον ἐπ' αὐτὸν ὁ τῆς βασιλείας ἔρως ἐξειργάσατο τοῖς μὲν πολλοῖς αἰτία πρώτη, τοῖς δ' ὑπούλοις πάλαι πρόφασις εὐπρεπεστάτη γενομένη.

107 Vgl. Dobesch, Königstitel, 132 Anm. 236.237. Vgl. Cic. Phil. 2,88. Vgl. auch Plut. Caes. 61,7; Suet. Iul. 79. Vgl. auch Gelzer, Caesar, 271–274; Dahlheim, Caesar, 231–234; Meier, Caesar, 47–49; Jehne, Caesar, 105–107; Jehne, Staat, 223f.

108 Dobesch, Königstitel, 132.

109 Cic. Phil. 2,88. Vgl. Dobesch, Königstitel, 125.

Konsul ernannter König ist und jederzeit Gebrauch von der Königswürde machen kann.[110]

Die von Augustus geschaffene Konstruktion bestand in der formalen Überantwortung des Gemeinwesens der Verfügungsgewalt von Senat und Volk während Augustus gleichzeitig die volle Autorität eines Alleinherrschers auf der Basis der tribunizischen Gewalt inne hatte.[111] Mittels dieser tribunizischen Gewalt beruft Tiberius den Senat zur Klärung der Umstände des Begräbnisses des Augustus und der Nachfolge als *princeps* ein.[112] Wie verhalten sich die Nachfolger von Caesar und Augustus bei der Antragung von Titeln insbesondere im Kontext ihres Herrschaftsantritts?

Vergleicht man die Herrschaftsantritte der nachfolgenden römischen Kaiser in ihrem Zusammenspiel zwischen Volk und Senat, so lässt sich eine Verschiebung von Tiberius zu Caligula beobachten. Tiberius wird vom Senat aufgrund des Testamentes des Augustus als legitimer Nachfolger angesehen und diesem allein vom Senat die Herrscherwürde übertragen, es wird von Sueton in seiner Schilderung betont, dass nur Senatoren bei der Verlesung des Testamentes zugegen waren[113], so nimmt Tiberius auf Bitten des Senats und seiner Freunde die Herrschaft an.[114] Die Tatsache, dass Tiberius als legitimer Nachfolger des Augustus galt, führt Leonhard Schumacher darauf zurück, dass ihm als Mitregenten des Augustus bereits *imperium* und *tribunicia potestas* zukamen und nach dem Tod des Augustus die „caesarische Hausmacht"[115]. Auffällig ist auch bei Tiberius das Zögern, die vom Senat übertragene *potestas* des *princeps* anzunehmen. Zwar kamen ihm in der Schilderung Suetons bereits die militärische Macht (Gewalt) und die äußeren Zeichen zu, so dass Sueton das Sich-bitten-Lassen durch Freunde und Senat um die Annahme der Herrschaft zur Schauspielerei degradiert.[116] Aber auch Suetons Tiberius versteht das Herrschen als Dienst und benennt es als „servitutem"[117]. „He deprecated references to himself as ‚Master' and said that he thought of the senators as his masters."[118]

110 Vgl. Dobesch, Königstitel, 125.

111 Vgl. Schumacher, Herrschaftsübertragung.

112 Suet. Tib. 23,1: *iure autem tribuniciae potestatis coacto senatu.* Tac. ann. 1,7–8; Cass. Dio 56,28,1. Vgl. auch Suetonius, Tiberius (Lindsay), 107. Vgl. Yavetz, Tiberius, 31f.

113 Suet. Tib. 23.

114 Suet. Tib. 23. Schrömbges, Tiberius, 67–85.

115 Schumacher, Herrschaftsübertragung, 317. Vgl. auch für diese These: Seager, Tiberius, 42–46; Shotter, Tiberius, 17–25; Grant, Cäsaren, 111f.

116 Vgl. Suetonius, Tiberius (Lindsay), 107.

117 Suet. Tib. 24,2: *tandem quasi coactus et querens miseram et onerosam iniungi sibi servitutem, recepit imperium; nec tamen aliter, quam ut depositurum se quandoque spem faceret. ipsius verba sunt: „dum veniam ad id tempus, quo vobis aequum possit videri dare vos aliquam senectuti meae requiem."*

118 Shotter, Tiberius, 28. Suet. Tib. 29.

Tom Hillard bescheinigt Velleius als dem Hofbiographen des Tiberius[119], der dieses Zögern umschreibt, ein besonderes Sensorium in Bezug auf die neue Weise des Herrschens als *princeps*:

> „Thus the new mood required of Roman leadership moderation, even hesitancy, and something more than the quest for glory. But Augustus and Tiberius took this further. They refused, or professed to refuse, *honores* and the power that went with them – and Tiberius had sought to refuse *principatus* itself."[120]

Hillard sieht das Signum seiner Herrschaft in der *moderatio*, was auf den sozialen Normvorstellungen der Zeit fußt: „[...] while it ennobled industry and labour it ennobled hesitation (and the cost of leadership)."[121] Denn zugleich basierte die Herrschaft des Tiberius auf dem Ideal des Dienens auf der Basis eines Patron-Klienten-Verhältnisses.[122] Sueton weist daraufhin, dass Tiberius die Fassade aufrechterhält, vom Senat die *potestas* des *princeps* zu erhalten.[123] Dem wurde Rechnung getragen, indem das *imperium* an Tiberius nur für 10 Jahre galt und danach eine Verlängerung erfolgen musste, wie Cassius Dio für die Jahre 24 und 34 berichtet.[124] Den Titel *imperator* als Pränomen sowie den Titel *pater patriae* wies Tiberius entsprechend der von ihm eingenommenen Haltung der *moderatio* im Jahr 15 n. Chr. zurück.[125]

Diese rechtliche Befähigung besitzt Caligula beim Tod seines Vorgängers nicht und muss daher, inszeniert durch den Prätorianerpräfekten Macro, durch die Garde- und Flottensoldaten am 16. März 37 n. Chr. in Misenum zum *imperator* akklamiert werden.[126] Das Volk stimmt nach der Schilderung Suetons dieser ersten Akklamation bei der Ankunft Caligulas in Rom zu. Der Senat überträgt Caligula dann „unter der Zustimmung des gesamten Senats und der Menge, die in die Kurie eingedrungen war"[127] die Entscheidungs- und Verfügungsgewalt in allen Angelegenheiten.[128] Caligula steht damit ebenfalls in der Tradition der *recusatio imperii*, wenn er in der Schilderung Suetons mit der Übernahme aller Vollmachten

---

119 Vell. 2,124,2.

120 Hillard, Velleius, 229.

121 Hillard, Velleius, 231.

122 Vgl. Hillard, Velleius, 237.

123 Suet. Tib. 23–24.

124 Vgl. Suetonius, Tiberius (Lindsay), 109. Cass. Dio 57,24,1; 58,24,1. Vgl. auch Levick, Tiberius, 68–81.

125 Seager, Tiberius, 142.

126 Die Übertragung des *imperiums* durch den Senat an Caligula fand am 18. März statt. Vgl. Ferrill, Caligula, 92.

127 Suet. Cal. 14,1. Übersetzung: Sueton, Kaiserviten (Martinet). Vgl. Suetonius, Caligula (Wardle), 151–153. Vgl. zur Zustimmung des Volkes die genannte Menge der Opfergaben in Suet. Cal. 14,1.

128 Winterling, Caligula, 51.

und Ehrenrechte bis nach seinem Einzug wartet und das Einverständnis sowie die Übertragung durch den Senat abwartet.[129] Werden Caligula alle Gewalt und alle Ehren des Augustus in einem übertragen, so weist er den Titel *pater patriae* als einzigen zurück.[130] Nach der Ermordung Caligulas ist die Nachfolgefrage ungeklärt.

Bei seinem Nachfolger Claudius kommt es dann zu einem Wandel in der Verfahrensform: Soldaten rufen ihn zuerst als *imperator* aus, er wird in der Darstellung von Sueton durch das Volk als neuer Herrscher begrüßt und diese beiden Akte legen den Senat auf die Bestätigung des Claudius als Nachfolger Caligulas fest.[131] Diese neue Form setzt sich mit den Kaisern Galba, Otho und Vitellius über Vespasian bis hin zu Trajan fort. So berichtet Sueton über die Erhebung Vespasians zum Kaiser:

> „Da sie fürchteten, daß sie nach ihrer Rückkehr Rechenschaft ablegen müßten und bestraft würden, faßten sie den Entschluß, einen Feldherrn durch Wahl zum Kaiser zu machen. Denn sie seien nicht weniger gut als das spanische Heer, welches Galba, oder als die Praetorianerkohorten, die den Otho, oder als das Heer in Germanien, welches den Vitellius zum Kaiser ausgerufen hatte."[132]

---

129 Cass. Dio datiert den Herrschaftsantritt auf den 28. März. Cass. Dio 59,30,1. Vgl. Suetonius, Caligula (Lindsay), 77.

130 Vgl. Balsdon, Emperor, 27; Ferill, Caligula, 94.

131 Suet. Claud. 10,1–4; 10,4: *verum postero die et senatu segniore in exequendis conatibus per taedium ac dissensionem diversa censentium et multitudine, quae circumstabat, unum rectorem iam et nominatim exposcente, armatos pro contione iurare in nomen suum passus est promisitque singulis quina dena sestertia, primus Caesarum fidem militis etiam praemio pigneratus.* Die Anerkennung als Herrscher findet trotz der mit der Akklamation durch die Prätorianer einhergehenden Erklärung des Claudius zum *hostis* durch den Senat statt.

132 Übersetzung: Sueton, Kaiserviten (Martinet). Suet. Vesp. 6,2–3: *ibi per occasionem ac licentiam omni rapinarum genere grassati, cum timerent ne sibi reversis reddenda ratio ac subeunda poena esset, consilium inierunt eligendi creandique imperatoris; neque enim deteriores esse aut Hispaniensi exercitu qui Galbam, aut praetoriano qui Othonem, aut Germaniciano qui Vitellium fecissent. propositis itaque nominibus legatorum consularium, quot ubique tunc erant, cum ceteros alium alia de causa improbarent et quidam e legione tertia, quae sub exitu Neronis translata ex Syria in Moesiam fuerat, Vespasianum laudibus ferrent, assensere cuncti nomenque eius vexillis omnibus sine mora inscripserunt et tunc quidem compressa res est revocatis ad officium numeris parumper. ceterum divulgato facto Tiberius Alexander praefectus Aegypti primus in verba Vespasiani legiones adegit Kal. Iul., qui principatus dies in posterum observatus est; Iudaicus deinde exercitus V Idus Iul. apud ipsum iuravit.* Und so wurden die Namen aller Konsularlegaten aufgeschrieben, die es damals irgendwo gab. Weil jeder aus einem anderen Grunde an den anderen etwas auszusetzen hatte und einige aus der dritten Legion, die nach dem Tode Neros von Syrien nach Mösien verlegt worden war, den Vespasian priesen, stimmten alle zu und schrieben seinen Namen ohne Aufbegehren auf alle Fahnen. Damals wurde diese Erhebung schnell zum Verstummen gebracht, indem man einige Abteilungen auf ihre Posten zurückbeorderte. Übrigens ließ, als diese Tat doch noch bekannt geworden war, Tiberius Alexander, der Praefekt von Ägypten, als erster seine Legionen den Eid auf Vespasian ablegen, und zwar am 1. Juli. Dieses Datum galt auch später als der Tag der Thronbestei-

Levick betont die Beteiligung des Militärs bei der Erhebung Vespasians qua Akklamation zum *imperator* und damit in der Funktion des Kaisermachers.[133]

Die genannten Kaiser werden zunächst von den Soldaten als Herrscher (*imperator*) per Akklamation begrüßt. Diesem Votum muss dann der Senat folgen, indem er den akklamierten Kaiser offiziell bestätigt.[134] Volk und Senat bleiben jedoch zumindest die Instanzen, die rechtmäßig die Herrschaft übertragen. Denn die Akklamation des jeweiligen Kandidaten als Kaiser durch das Heer muss immer noch bestätigt werden durch das Volk, das dem *imperator* alle Rechtsgewalt bzw. Verfügungsgewalt überträgt, und den Senat, der diesen Akt formalisiert und bestätigt. Selbst Vespasian, der seine Akklamation durch das ägyptische Heer in Alexandria als *dies imperii* feiert, leitet seine Herrschaft von der Willenserklärung von Volk und Senat ab.[135] Denn in der *lex de imperio Vespasiani* wird eben auch Macht und Gewalt des Volkes auf Vespasian als Kaiser übertragen, so dass seine Beschlüsse Gesetzeskraft haben.[136] Leonhard Schumacher sieht für das frühe Prinzipat bis zu Vespasian die Herrschaft des Kaisers durch das Volk sanktioniert durch die Einberufung der *comitia*, die die Übertragung der Gewalt des Volkstribunen auf den Kaiser und zugleich den Beschluss des Senats bezüglich der Anerkennung des jeweiligen Kandidaten bestätigte.[137] Levick geht von der Antragung des Titels *pater patriae* durch Senat und Volk im Zuge der Rückkehr Vespasians nach Rom und der Annahme des Titels zu diesem Zeitpunkt aus.[138]

Die Mäßigung in der Annahme von Titeln bleibt von Tiberius bis Trajan Zeichen der Legitimität bzw. legitimen Würde des Herrschers, d. h. des Übereinstimmens von Herrschergewalt und Erfüllung der Aufgaben eines Herrschers sowie der Entsprechung eines in seinem Selbstverständnis gemäßigten, aber doch sich auf göttliche Herkunft zurückführenden Herrschers. Gunnar Seelentag und Karl Strobel weisen beide auch auf die *recusatio* der *salutatio* als *imperator* bei der *profectio* Trajans als Statthalter der Provinz Germania Superior im Jahr 96 n. Chr. hin. Damit stellt sich Trajan in die Linie der *recusatio imperii*. Ein Bürgerkrieg mit Kaiser

---

gung. Als nächstes leistete ihm am 11. Juli sein Heer in Iudaea den Treueid. Übersetzung: Sueton, Kaiserviten (Martinet).

133 Vgl. Levick, Vespasian, 76.

134 Vgl. zur Akklamation Vespasians als *primus principatus dies* bei Sueton (und Tacitus): Suetonius, Vespasian (Jones), 49.

135 Vgl. Schumacher, Herrschaftsübertragung, 326.

136 Vgl. Schumacher, Herrschaftsübertragung, 316.

137 Vgl. Schumacher, Herrschaftsübertragung, 316. Zu diskutieren bleibt, ob Vespasian auch zögert die tribunizische *potestas* zu übernehmen, die zu den Ämtern gehörte, deren Übernahme einen Nachfolger aufbaute und diesen deutlich sichtbar machte in der öffentlichen Wahrnehmung. Gegenüber dem *imperium* war die tribunizische Gewalt an *potestas* unterlegen. Vgl. Levick, Vespasian, 77.

138 Vgl. Levick, Vespasian, 102. Suet. Vesp. 12.

Nerva wurde vermieden.[139] Nach der Adoption wurden Kaiser Trajan zunächst der Caesarentitel, die *tribunicia potestas* und das *imperium proconsulare* übertragen.[140] Nach seinem Herrschaftsantritt 98 n. Chr. lehnt Trajan die Übertragung des Titels *pater patriae* ab, was in der Änderung der Titulatur in neu ausgegebenen Münzserien sichtbar wird. Christian Ronning deutet dies als Erfüllung der Tugenden der *benignitas* und der *indulgentia*, die in Entsprechung zum Konzept des *pater patriae* stehen. Trajan wird hier also in seinem Verhalten und seiner inneren Haltung als wahrer *pater patriae* eingeführt, der in der Zurückweisung des Titels sich zugleich würdig erweist.[141]

3. Exegetische Analyse Joh 6,1–15

3.1 Kontexteinordnung von Joh 6,1–21

Die Perikopen der wunderbaren Brotvermehrung und des Seewandels sind im Makrokontext des JohEv im ersten Hauptteil des öffentlichen Wirkens Jesu zu verorten, der bis zum Einzug Jesu in Jerusalem in 12,12–19 reicht und die Zeichentaten Jesu berichtet, sowie seine diese Zeichentaten deutenden Bildreden wiedergibt. Jesus wird als Erstes im Kreis der Schüler, d. h. im Rahmen der Berufungsszene durch Natanael (1,43–51) als König bekannt. Ein zweites Mal wird in 6,15 von der Absicht des Volkes berichtet, ihn als König zu akklamieren. Am Schluss seines öffentlichen Wirkens erfolgt der Königs-Ruf des Volkes beim Einzug Jesu nach Jerusalem. Die Ausbreitung der Offenbarung Gottes in seinem Sohn Jesus wird zunächst als reine Erfolgsgeschichte erzählt. Der Kreis derjenigen, die durch Jesus zum Glauben bzw. zur Nachfolge kommen, beschränkt sich zunächst auf den Kreis der Schüler – denn das Weinwunder in Kana in 2,1–11 dient dazu, dass die Schüler Jesu zum Glauben kommen (V. 11). Die nächste Zeichentat ist die Tempelaktion in Jerusalem. In Jerusalem kommen „viele" (2,23) zum Glauben aufgrund der Zeichen, die Jesus tut. Die hier beschriebene Reaktion bezieht sich allgemein auf „viele". Aber auch einer der Pharisäer und „der führenden Juden" (3,1), Nikodemus, kommt – wie in 3,1–21 geschildert – zu einem (Lehr-)Gespräch zu Jesus mit der Motivation, dass er Jesus gleich zu Beginn als Rabbi bzw. Lehrer Gottes identifiziert.

In Kp. 4 empfängt eine Samaritanerin in Sychar die Selbstoffenbarung, dass er der Christus sei. Das Ich-Bin-Wort ist dann die Bestätigung für die Samaritanerin,

---

139 Vgl. Seelentag, Taten, 289f; Strobel, Traian, 161f.

140 Vgl. Ronning, Herrscherpanegyrik, 77 Anm. 241.

141 Vgl. Ronning, Herrscherpanegyrik, 72. Dennoch führte Trajan den Titel bereits im Oktober 98 kurzzeitig offiziell. Vgl. Ronning, Herrscherpanegyrik, 72 Anm. 214. Vgl. auch Seelentag, Taten, 58–60; Strobel, Traian, 171f; Fell, Anspruch. Vgl. zur Zurückhaltung Trajans: Plin. paneg. 21,1–2.

dass sie Jesus über ihre Assoziation angesichts der Ausführungen Jesu zur Praxis der Anbetung in Geist und Wahrheit richtig identifiziert habe, als Gesalbten, der sie alles lehren würde. Ein zweites Zeichen neben dem Wunder von Kana ist dann die (Fern-) Heilung des Sohnes eines „Königlichen" (4,46) durch Jesus. Dieser Königliche kann einen Mann aus königlichem Geschlecht bezeichnen, aber auch einen königlichen Beamten oder einen Soldaten in den Diensten eines Königs.[142] Michael Labahn und Udo Schnelle identifizieren diesen „Königlichen" als Heiden.[143] Schnelle begründet diese Einordnung mit der Nähe der Erzählung zu der Erzählung vom Hauptmann von Kafarnaum im MtEv und LkEv. Dass mit dem „Königlichen" hier ein Heide gemeint ist, ergibt sich aus der Erzähllogik der Kp. 2 bis 4, die die Ausbreitung der Jesusbotschaft von den Schülern über die Jerusalemer Juden bis hin zu den Samaritanern zum Inhalt haben. Folgerichtig müsste die Botschaft Jesu bzw. das Zum-Glauben-kommen an ihn im nächsten Schritt die Heiden erreichen. Dass hier ein Jude aus königlichem Geschlecht gemeint ist, ist unwahrscheinlich, da die Erzähllogik der ersten vier Kapitel auf die horizontale Ausbreitung der (Selbst-)Offenbarung Jesu zielt.[144] Der Konflikt innerhalb der Jerusalemer Führungsschicht wird zudem über die Figur des Nikodemus eingeholt, der zu den führenden Juden gehört, die den Dialog mit Jesus suchen, während die Jerusalemer Führungsschicht tendenziell als Gegner Jesu gezeichnet wird. Die Erfolgsstory Jesu, d. h. die Ausbreitung der Anerkennung der Offenbarung Gottes in Jesus und seine richtige Identifizierung erfolgen horizontal, also über die Juden in Galiläa und Jerusalem bis zu den Samaritanern und setzt sich auch vertikal durch in allen sozialen Schichten vom jüdischen Volk in Jerusalem über den Vorsteher Nikodemus.

In 5,1–18 erfolgt dann der Bruch mit dieser Erfolgsstory und der Konflikt mit der Jerusalemer Führungsschicht entzündet sich am Brechen des Sabbatgebotes durch die Heilung eines ‚Gelähmten' durch Jesus. Die Jerusalemer Führungsschicht setzt sich im JohEv vornehmlich aus Pharisäern und Hohepriestern zusammen. Die Verfolgung Jesu durch ‚die Juden' liegt jedoch nicht nur in der fehlenden Achtung des Sabbatgebotes begründet, sondern auch, so heißt es in V. 18, in der Gleichstellung Jesu mit Gott.

An das Brotwunder schließt die Brotrede Jesu an, das heißt die Auslegung des Brotwunders in seiner Zeichenhaftigkeit gegenüber der Volksmenge. Theobald sieht in den Redewechseln einschneidende Zäsuren, so dass die Lebensbrotrede

142 Vgl. SCHNELLE, Evangelium (ThHK 4), 132 Anm. 205.

143 Vgl. LABAHN, Gottessohn, 149; SCHNELLE, Evangelium (ThHK 4), 132.

144 Zudem werden in Kp. 7 und 12 die Hellenen als Gruppe erwähnt, der ebenfalls die Jesusoffenbarung verkündet werden kann bzw. die selbst über eine Gruppe von Gesandten auf Jesus zukommen. Dies bestätigt noch einmal, dass die Botschaft Jesu einen universalen Adressatenkreis hat. Vgl. zur These der Ausbreitung (horizontal): LABAHN, Gottessohn, 149.

mehr „mit einem mehrgliedrigen Dialog zu tun“[145] hat. An dieser Stelle seien die aussagekräftigsten Stellen innerhalb der Brotrede und damit der Gesamtduktus des Dialogs in der von Theobald erarbeiteten „Struktur des Lebensbrot-Dialogs“[146] nachgezeichnet.

Die ersten drei Redewechsel bilden nach Theobald den Prolog bzw. den Anfangsteil (V. 25–31). Der erste Redewechsel zwischen Jesus und der Volksmenge setzt in V. 25–27 ein mit der Frage der nach Jesus suchenden Volksmenge, wie dieser an die andere Seite des Ufers des Sees gekommen sei. Jesus antwortet, eingeleitet durch ein Amen-Wort, das die wahren Beweggründe für die Suche der Volksmenge nach Jesus benennt (Sättigung). In V. 27 erfolgt die Gegenüberstellung von üblicher Nahrung zur Fristung des Daseins mit der Speise, die ewiges Leben vermittelt. Das Manna wird hier als Speise, die vergeht, bestimmt und die das Überleben der Väter sicherte. Das Brot wird hier hingegen als der Herabsteigende, d. h. mit dem inkarnierten Logos, identifiziert und schenkt ewiges Leben.

Der zweite Redewechsel erfolgt in V. 28f und hat zum Inhalt die Frage nach den richtigen Werken Gottes, die nach Jesus im Glauben an den ihn Sendenden bestehen.

Der dritte Dialog beinhaltet die Frage nach den Zeichen Jesu V. 30f, die einen Glauben an ihn rechtfertigen, wobei hier die johanneische Ironie sichtbar wird, denn die Menge hat zuvor zwei wunderbare Zeichen erhalten. In V. 32f werden dann das Mannawunder des Mose und das Brotwunder Jesu in einem Amen-Wort durch Jesus einander gegenübergestellt. Hier gibt es eine gleich mehrfache Korrektur bezüglich des Spenders des Brotes: Nicht Mose gab das Manna, sondern Gott ist der Geber des wahren Himmelsbrotes. Gott gibt also gegenwärtig das wahre Himmelsbrot.[147]

In V. 34 erfolgt dann die Bitte um das Brot Gottes, die ihre Antwort findet in der Spitzenaussage in V. 35. Denn in Vers 35 erfolgt eine zweite Selbstidentifikation Jesu mit dem Brot des Lebens, das Hunger und Durst stillt. Damit ist der Hauptteil der Rede Jesu (V. 32–51) eingeleitet.

Diese Antwort wird dann im Rahmen dieses vierten Redewechsels in V. 36–40 entfaltet. Es erfolgt ein Diskurs über die Willenseinheit von Vater und Sohn, deren Wille es ist, alle in die Hand des Sohnes Gegebenen zu bewahren und auferstehen zu lassen am letzten Tag. Das Gegeben sein in die Hand Gottes drückt die Vorordnung des Handelns Gottes vor jedem menschlichen Tun im Sinne der Nachfolge aus.[148] „Glaube und Erwählung sind miteinander verbunden, und dabei ist zu beachten,

145 Theobald, Schriftzitate, 334.

146 Vgl. zum Folgenden: Theobald, Schriftzitate, 324f. Vgl. auch Beutler, Struktur.

147 Vgl. Wengst, Johannesevangelium (THKNT 4), 202f; Kügler, König, 75; Schnelle, Evangelium (ThHK 4), 175.

148 Vgl. Wengst, Johannesevangelium (THKNT 4), 205.

dass die Erwählung nicht ausgrenzend ist, sondern umfassend."[149] Als Reaktion kommt es zum „Murren" ‚der Juden', ein Begriff der aus der alttestamentlichen Bezugsstelle Ex 16,2 entnommen ist und dort das „Murren" der Israeliten gegen Gott bezeichnet. Er bringt das Ungehaltensein über die Schwere des Weges und das „fehlende[...] Vertrauen[...] in Gottes Führung" zum Ausdruck.[150]

Ab V. 41 ist die Frage nach der Herkunft Jesu bestimmend und die göttliche wird der irdischen Sohnschaft gegenübergestellt. Dies bedeutet, dass die Abkunft von seinem Vater Josef den fünften Redewechsel (V. 41–51) einleitet, der sich in zwei Antwortteile gliedert (V. 43–46 und V. 47–51). V. 47–51 enthält sowohl ein Amen-Wort als auch ein Ἐγώ-εἰμι-Wort, so dass hierin eine Wiederholung und Zuspitzung der gesamten Auslegung des „Kernwortes"[151] aus V. 35 zu liegen scheint. In V. 48 kommt es also zur zweiten Selbstidentifizierung Jesu mit dem Brot des Lebens und einer zweiten Gegenüberstellung von Mannawunder und Brotwunder. Das Manna ist das Brot, das das Überleben sichert, währenddessen das Brot Jesu ewiges Leben spendet.[152] Jesus identifiziert sich in V. 51 als das lebendige, aus dem Himmel herabgestiegene Brot, von dem gegessen wird. Er ist Gabe und Geber zugleich und in dieser Einheit Hingabe für andere, da das von ihm gegebene Brot das Fleisch Jesu ist, das er gibt für das Leben der Welt. Hier wird sowohl der Bogen zurückgeschlagen zum Prolog Joh 1,14 und seiner Inkarnationsaussage als auch der Tod Jesu antizipiert.[153]

Der sechste und letzte Dialog des Hauptteils erfolgt in V. 52–58. In V. 52 löst die Selbstidentifikation Jesu Streit unter ‚den Juden' aus. Dies stellt die Einleitung zum sogenannten eucharistischen Einschub in V. 52–58 dar, auf den hier aber nicht näher eingegangen werden muss.

V. 59 bildet den szenischen Abschluss. In V. 60–65 erfolgt der siebte Redewechsel, der zugleich den Schlussteil bildet. Es wird die Spaltung in der Reaktion unter den Schülern Jesu auf die christologische Zuspitzung der Offenbarung Jesu geschildert, die in V. 66 (Erzählerkommentar) in die Rückkehr vieler Schüler und einen Abbruch ihrer Jesusnachfolge mündet. Die murrenden Schüler (Ex 16,2) werden mit denjenigen, die nicht an Jesus glauben, identifiziert und der Dialog endet mit der Aussage, dass niemand zu Jesus kommen kann, wenn es ihm nicht gegeben ist durch den Vater. Dem wird das Bleiben der Zwölf und das stellvertretende Bekenntnis des

149 Zumstein, Johannesevangelium (KEK 2), 265.

150 Wengst, Johannesevangelium (THKNT 4), 206. Vgl. zum Bezug zu Ex 16,2: Thyen, Johannesevangelium (HNT 6), 356.

151 Theobald, Schriftzitate, 342.

152 Vgl. auch Wengst, Johannesevangelium (THKNT 4), 209; Kügler, König, 75; Schnelle, Evangelium (ThHK 4), 175.

153 Vgl. Wengst, Johannesevangelium (THKNT 4), 212.

Petrus zu Jesus als dem „Heiligen Gottes“ gegenübergestellt und als Möglichkeit zur Identifikation für die johanneische Gemeinde angeboten (Joh 6,67–71.

3.2 Segmentierung von Joh 6,1–15

3.2.1 Segmentierung des griechischen Texts Joh 6,1–15

1 Μετὰ ταῦτα ἀπῆλθεν ὁ Ἰησοῦς πέραν τῆς θαλάσσης τῆς Γαλιλαίας τῆς Τιβεριάδος.
2 ἠκολούθει δὲ αὐτῷ ὄχλος πολύς,
ὅτι ἐθεώρουν τὰ σημεῖα
ἃ ἐποίει ἐπὶ τῶν ἀσθενούντων.
3 ἀνῆλθεν δὲ εἰς τὸ ὄρος Ἰησοῦς
καὶ ἐκεῖ ἐκάθητο μετὰ τῶν μαθητῶν αὐτοῦ.
4 ἦν δὲ ἐγγὺς τὸ πάσχα, ἡ ἑορτὴ τῶν Ἰουδαίων.
5 Ἐπάρας οὖν τοὺς ὀφθαλμοὺς ὁ Ἰησοῦς καὶ θεασάμενος
ὅτι πολὺς ὄχλος ἔρχεται πρὸς αὐτὸν
λέγει πρὸς Φίλιππον·
    πόθεν ἀγοράσωμεν ἄρτους
    ἵνα φάγωσιν οὗτοι;
6 τοῦτο δὲ ἔλεγεν πειράζων αὐτόν·
    αὐτὸς γὰρ ᾔδει
    τί ἔμελλεν ποιεῖν.
7 ἀπεκρίθη αὐτῷ [ὁ] Φίλιππος·
    διακοσίων δηναρίων ἄρτοι οὐκ ἀρκοῦσιν αὐτοῖς
    ἵνα ἕκαστος βραχύ [τι] λάβῃ.
8 λέγει αὐτῷ εἷς ἐκ τῶν μαθητῶν αὐτοῦ, Ἀνδρέας ὁ ἀδελφὸς Σίμωνος Πέτρου·
9   ἔστιν παιδάριον ὧδε
    ὃς ἔχει πέντε ἄρτους κριθίνους καὶ δύο ὀψάρια·
    ἀλλὰ ταῦτα τί ἐστιν εἰς τοσούτους;
10 εἶπεν ὁ Ἰησοῦς·
    ποιήσατε
    τοὺς ἀνθρώπους ἀναπεσεῖν.
ἦν δὲ χόρτος πολὺς ἐν τῷ τόπῳ.
ἀνέπεσαν οὖν οἱ ἄνδρες τὸν ἀριθμὸν ὡς πεντακισχίλιοι.
11 ἔλαβεν οὖν τοὺς ἄρτους ὁ Ἰησοῦς
καὶ εὐχαριστήσας
διέδωκεν τοῖς ἀνακειμένοις ὁμοίως καὶ ἐκ τῶν ὀψαρίων
ὅσον ἤθελον.

12 ὡς δὲ ἐνεπλήσθησαν,
λέγει τοῖς μαθηταῖς αὐτοῦ·
    συναγάγετε τὰ περισσεύσαντα κλάσματα,
    ἵνα μή τι ἀπόληται.
13 συνήγαγον οὖν
καὶ ἐγέμισαν δώδεκα κοφίνους κλασμάτων ἐκ τῶν πέντε ἄρτων τῶν κριθί-
νων
ἃ ἐπερίσσευσαν τοῖς βεβρωκόσιν.
14 Οἱ οὖν ἄνθρωποι ἰδόντες
ὃ ἐποίησεν σημεῖον
ἔλεγον
    ὅτι οὗτός ἐστιν ἀληθῶς ὁ προφήτης
    ὁ ἐρχόμενος εἰς τὸν κόσμον.
15 Ἰησοῦς οὖν γνοὺς
ὅτι μέλλουσιν ἔρχεσθαι καὶ ἁρπάζειν αὐτὸν
ἵνα ποιήσωσιν βασιλέα,
ἀνεχώρησεν πάλιν εἰς τὸ ὄρος αὐτὸς μόνος.

3.2.2 Segmentierung der Übersetzung Joh 6,1–15

1 Danach ging Jesus weg jenseits des Meeres von Galiläa, des von Tiberias.
2 Eine große Volksmenge folgte ihm aber,
weil sie die Zeichen sahen,
die er tat an den Kranken.
3 Jesus aber ging auf den Berg hinauf,
und dort setzte er sich mit seinen Schülern.
4 Das Pesach war aber bevorstehend, das Fest der Juden.
5 Jesus erhebend nun die Augen und sehend,
dass eine große Volksmenge kommt zu ihm,
sagt zu Philippus:
    Von wo sollen wir Brote kaufen,
    damit diese sich satt essen[154]?
6 Dies aber sagte er, ihn erprobend;
denn er selbst wusste,
was er tun wollte.

154 Im Folgenden wird die Sinnlinie der Fülle im Sinne der *liberalitas* eines Herrschers betont. Vgl. für φαγεῖν auch das „verschwenden“: LIDDELL/SCOTT, Lexicon, 1911.

7 Philippus antwortete ihm:
Für zweihundert Denare Brote genügen nicht für sie,
damit jeder ein wenig erhalte.
8 Ihm sagt einer von seinen Schülern, Andreas, der Bruder von Simon Petrus:
9 Es ist ein Knabe hier,
der hat fünf Gerstenbrote und zwei Fische;
aber was ist dieses für so viele?
10 Jesus sprach:
Macht,
dass die Menschen sich hinlegen!
Es war aber viel Gras an dem Ort.
Es legten sich nun die Männer hin, an der (An-)Zahl ungefähr fünftausend.
11 Da nahm Jesus nun die Brote,
und dankend,
teilte er an die Liegenden aus, und genauso von den Fischen,
wieviel sie wollten.
12 Wie sie aber gesättigt waren,
sagt er seinen Schülern:
Sammelt die im Überfluss vorhandenen Stücke,
damit nicht etwas vernichtet wird.
13 Sie sammelten nun
und füllten zwölf Körbe mit Stücken von den fünf Gerstenbroten,
die von den Gesättigten im Überfluss übrig waren.
14 Die Menschen nun, sehend,
welches Zeichen er tat,
sagten:
Dieser ist wahrhaftig der Prophet,
der in die Welt kommende.
15 Jesus nun erkennend,
dass sie kommen und ihn mit sich reißen wollen,
damit sie ihn zum König machen,
entwich wieder auf den Berg, er allein.

3.3 Kompositionsanalyse Joh 6,1-15

3.3.1 Gliederung von Joh 6,1-15

Die narrative Analyse erfolgt auf der Basis des von Theißen in seiner Arbeit zu „Urchristlichen Wundergeschichten"[155] erarbeiteten Formschemas. Nachfolgend wird ein Überblick über den Text gegeben und eine Gliederung geleistet, dann erfolgt die Analyse der Form.

Einleitung

V. 1	Angabe von Ort und Personen
V. 2	Ortswechsel, Einführung des Wundertäters und der Volksmenge
V. 3	Zweite Einführung des Wundertäters
V. 3	Ort: Berg jenseits
V. 3	Einführung der Schüler
V. 4	Zeitangabe: zeitliche Nähe zum Pesachfest

Exposition

V. 5	Zweite Einführung der Volksmenge
V. 5	Charakterisierung der (Not-)Situation
V. 5	Ergreifen der Initiative durch Wundertäter: Beschreibung der Situation nicht vorhandener Speise für die anwesende Menge der Menschen und Angabe der Absicht der Speisung der Menschen
V. 5	Einführung der Schüler als Helfer für Demonstration der Größe des Wunders:
V. 6	Erprobung der Schüler, namentlich Philippus durch Jesus mit Frage nach Abhilfe
V. 7	Erschwernismotiv: Antwort des Philippus: Brot für 200 Denare notwendig

→ *Veranschaulichung der Größe des Wunders*

V. 8–9	Skepsis durch Antwort des Andreas: Knabe mit fünf Gerstenbroten, zwei Fischen, Konstatierung des Mangels an Nahrung für die Absicht der Speisung

→ *Veranschaulichung der Größe des Wunders*
Schüler: kein Angebot einer Lösung

155 Theissen, Wundergeschichten, 57–81.

Zentrum

V. 10	Szenische Vorbereitung der Wunderhandlung: Aufforderung der Schüler an die Menschen sich niederzulegen
V. 10	Nähere Beschreibung des Ortes durch viel Gras, was ein sich Niederlegen ermöglicht
V. 10	Konstatierung des Vollzugs der Aufforderung durch die Menschenmenge
V. 11	Vollzug der Speisung
V. 11	Nehmen des Brotes
V. 11	Sprechen des Dankgebetes - Verteilen
V. 11	Gleiches Verfahren mit den Fischen
V. 11	Erste Konstatierung des Wunders: Schlussnotiz des Nehmens soviel sie wollten als Vorbereitung der Demonstration des Wunders

Schluss

V. 12–13	Erste Szene: Demonstration des Wunders
V. 12	Zweite Konstatierung des Wunders: Feststellung der Sättigung der Menschenmenge
V. 12	Aufforderung an die Schüler zum Einsammeln des Übriggebliebenen
V. 12	Angabe der Begründung „damit nicht etwas zugrunde gehe“
V. 13	Erfüllung der Aufforderung durch Schüler und Angabe der Menge und damit der Fülle des Übriggebliebenen (12 Körbe)
V. 14–15	Zweite Szene: Akklamation der Menge als Reaktion auf Zeichentat Jesu
V. 14	Reaktion der Volksmenge: Identifizierung Jesu als „Prophet“, der „in die Welt kommende“
V. 15	Angabe der Begründung für Rückzug des Wundertäters als Herzensschau Jesu: Beschreibung des Vorhabens der Menge, Wundertäter zum König zu machen
	Reaktion des Wundertäters: Rückzug des Wundertäters[156]

3.3.2 Formanalyse von Joh 6,1–15

Die wunderbare Speisung ist der Gattung der Geschenkwunder zuzuordnen: das eigentliche Wunder, die wunderbare Vermehrung des Brotes, bleibt in der szenischen Darstellung der Brotverteilung selbst zurückgenommen und wird, wie es für diesen Typ Wundergeschichte üblich ist, erst im Schlussteil in übersteigerter Weise demonstriert.[157]

---

156 Vgl. für diese Gliederung: LABAHN, Offenbarung, 153–156.

157 Vgl. THEISSEN, Wundergeschichten, 113.

Im Mittelpunkt steht Jesus in seiner Funktion des den Segen spendenden und Brot verteilenden (jüdischen) Hausvaters und des Spenders von Brot an das Volk.

Die Exposition enthält eine doppelte Einleitung: zum einen die Szene selbst, zum anderen auch die Einleitung in die Wundergeschichte.

In der ersten Einleitung (V. 1-4) werden alle zentralen Eckdaten benannt und die Szene geographisch und zeitlich verortet. Die Zeit des Pesach ist nahegekommen. Jesus bewegt sich jenseits des Meeres von Galiläa und wird von einer großen Volksmenge begleitet, deren Begleitung begründet wird mit seinen Krankenheilungen, d. h. der Zeichentätigkeit Jesu. Das Motiv des Entziehens des Wundertäters wird variiert aufgenommen, denn Jesus entzieht sich der Volksmenge auf den Berg, bleibt allerdings in der Gemeinschaft seiner Schüler. Jesus steigt einen Berg hinauf und setzt sich mit seinen Schülern.

Hier wird über die traditionellen Topoi eine Szene der Unterrichtung gestaltet: Jesus, der Lehrer, nimmt eine sitzende Position ein, ebenso die Schüler.[158] Im Gegensatz zu Mk sollen hier die Schüler durch Jesus belehrt werden und nicht die Volksmenge, die in dem Speisungswunder in Mk 6,32-34 Adressat der Lehre Jesu ist. Ähnlich wie im Matthäusevangelium, das im Unterschied zu Johannes neben der sitzenden Position Jesu dann auch dezidiert die Bergpredigt einleitet mit den Worten „und er öffnete seinen Mund, er lehrte sie" (Mt 5,2), ist auch hier der Berg der Ort der Verkündigung. Diese feste Verbindung des Topos Berg mit Verkündigung ist aus der Mose-Sinai-Tradition (Ex 24) bekannt.[159]

Statt des Lehrgesprächs bzw. der Verkündigung erfolgt jedoch nun ein Blickwechsel Jesu von den Schülern weg, hin zu der herannahenden Volksmenge. In der zweiten Einleitung (V. 5-10) wird also der Fokus weggelenkt von der Schülergruppe und einer möglichen Unterrichtung durch den Lehrer Jesus hin zu der herankommenden Volksmenge. Sowohl das Motiv des Kommens des Wundertäters als auch des Kommens der Volksmenge werden in dieser Exposition breit entfaltet.

Die Prüfung des Philippus durch Jesus impliziert eine Charakterisierung der Not im Sinne des Mangels an Nahrungsmitteln für die Versorgung der Zahl der Menschen mit Lebensmitteln. Im Gegensatz zu Mk 6,30-44 wird bei Joh jedoch nichts explizit über die örtlich bedingte fehlende Versorgung der Volksmenge als Motivation für das Handeln Jesu ausgesagt. Die Frage Jesu an Philippus, woher man soviel Brot für die Sättigung der Menschenmenge nehmen soll, entspricht dem von Theißen für das Geschenkwunder herausgestellten typischen Zug, dass allein dem Wundertäter die Initiative zukommt.[160] Zugleich etabliert sie die Schüler als Helfer des Wundertäters.[161] Trotzdem ist die Menge in der Rolle der Hilfsbedürftigen.

---

158 Vgl. Wengst, Johannesevangelium (THKNT 4), 188.

159 Vgl. Theobald, Evangelium (RNT), 429.

160 Vgl. Theissen, Wundergeschichten, 111.

161 Vgl. Labahn, Offenbarung, 154.

Die Geldangabe 200 Denare in der Antwort des Philippus, die nur den Geldwert nennt, für den ausreichend Brot für die Menschenmenge gekauft werden müsste, also keine echte Antwort auf die Frage Jesu darstellt, entspricht nach Wengst dem Jahreslohn eines Tagelöhners.[162]

Diese Zahlenangabe steht daher in einem engen Zusammenhang mit der zweiten Angabe der zahlenmäßigen Menge der Gesättigten. Beide Zahlenangaben sollen noch einmal die Größe des anschließenden bzw. vorangegangenen Wunders hervorheben. Eng verbunden mit der pragmatischen Funktion der Hervorhebung der Größe des Wunders ist die Funktion der Erschwernis der Sättigung aller Menschen.[163]

Auch in Kp. 6 tritt Philippus in Kombination mit Andreas in Analogie zu der Einführung der Schüler in der Berufungsszene Joh 1,35–51 auf. Ein drittes Mal treten die beiden in Kombination in 12,20–26 nach dem Einzug Jesu nach Jerusalem auf, als diejenigen, die den Wunsch der Hellenen, Jesus zu sehen, an ihn weitergeben.

Der Hinweis des Schülers Andreas auf einen Knaben[164] mit fünf Gerstenbroten und zwei Fischen ist in die Erzähllinie der Größe des Wunders einzuordnen, da im Anschluss ein Zusatz folgt, der die Skepsis in Bezug auf das Ausreichen dieser Nahrungsmittel für die Sättigung der anwesenden Menschenmenge zum Ausdruck bringt.

Die szenische Vorbereitung beinhaltet dann das Motiv des Sich-niederlegen-Lassens der Menschenmenge als Auftrag Jesu an die Schüler und den Bericht über das Erfüllen dieser Aufforderung durch die Menschenmenge. Ἀναπεσεῖν (V. 10) ist im Kontext dieser Perikope mit „sich niederzulegen" im Rahmen des Haltens einer Mahlzeit bzw. eines Symposiums zu übersetzen.[165]

Damit ist bereits das Zentrum des Handelns Jesu eingeführt: das Handeln als (jüdischer) Hausvater im Rahmen eines jüdischen Mahles durch das Sprechen des Segens über das Brot[166] (der Fisch gilt als Beilage) und das Austeilen von Brot und

---

162 Vgl. Wengst, Johannesevangelium (THKNT 4), 189 Anm. 299. Vgl. Labahn, Offenbarung, 21.

163 Vgl. Theissen, Wundergeschichten, 112f; Labahn, Offenbarung, 21.

164 Bestimmung von παῖς als doppelter Diminutiv durch Roth, Boy, 358. Vgl. Hunt, Rewriting, 254f; Barrett sieht in der LXX λειτουργός und den Diminutiv παιδάριον gegeben. Vgl. Barrett, John, 274f; morris, John (NICNT 4), 304.

165 Es bedeutet: zurückfallen, sich zurücklegen, insbesondere sich niederlegen z. B. zu Tisch. Vgl. Passow, Handwörterbuch, 189.

166 Vgl. Becker, Evangelium (ÖTK 4,1), 231. Vgl. Wengst, Johannesevangelium (THKNT 4), 190; Brant, John (P.CNT), 117; Dietzfelbinger, Evangelium (ZBK.NT 4), 148; Schnackenburg, Johannesevangelium (HTKNT 4/2), 21f, die die Danksagung in das Zentrum stellen, aber einen eucharistischen Anklang gegeben sehen. Wilckens sieht das „eucharistische Mahl der späteren Kirche" abgebildet. Wilckens, Evangelium (NTD 4), 97; Schenke, Johannes, 124. Thyen sieht eucharistische Anklänge aufgrund der „enge[n] Intertextualität" mit den „synoptischen Prätexte[n]" gegeben. Thyen, Johannesevangelium (HNT 6), 337f. Vgl. auch Schnelle, Evangelium (ThHK 4), 161;

Fisch (V. 11). Dass Jesus allein der Austeilende ist, steigert den Fokus auf seine Person und verhilft ihm zum Alleinstellungsmerkmal bzw. steigert seine Souveränität.[167] Eine eucharistische Anspielung ist gegeben, weil εὐχαριστεῖν statt εὐλογεῖν verwendet wird, was zur festen Sprachtradition für das Herrenmahl wird. Zudem ist die Trias aus nehmen – danksagen – verteilen aufgenommen und der Ritus wird nur für die Brote ohne Nennung des Zahlwortes sprachlich benannt, was den Anklang an das Herrenmahl verstärkt.[168] Auch Schnelle sieht neben den genannten Argumenten für eine eucharistische Anspielung die Nähe zu 1 Kor 11,23f gegeben und geht von einer Beeinflussung durch die synoptischen Parallelen aus. Εὐχαριστεῖν ist terminus technicus für das Eucharistiegebet, was sich an seiner Beschränkung in seiner Verwendung auf die Einsetzungsberichte und Speisungsgeschichten zeigt.[169] Der Akt des Verteilens bezieht sich jedoch auf die Brote (Pl.) statt auf Brot (Sg.).[170] Zudem fehlt das Brechen des Brotes, so dass der Schwerpunkt auf der Danksagung liegt, was nach Rudolf Schnackenburg spätestens seit Justin traditionsbildend war.[171]

Das Wunder der Brot- und Fischvermehrung noch über das notwendige Maß für die Sättigung der Menge hinaus vollzieht sich unbemerkt über den Prozess des Verteilens von Brot und Fisch durch Jesus selbst. Die Unscheinbarkeit des Vollzugs des Wunders entspricht der von Theißen beschriebenen Typik und steht im Kontrast zur breiten Demonstration der wunderbaren Brotvermehrung.[172] Das Motiv der Konstatierung des Wunders ist bei diesem Geschenkwunder nicht scharf abzugrenzen von der Demonstration der wunderbaren Brotvermehrung. Bereits in Vers 11 wird das Wunder konstatiert mit dem Zusatz „soviel sie wollten" und die Menge des Brotes und des Fisches als ausreichend für 5.000 Menschen gekennzeichnet.[173]

Barrett, John (KEK), 276; Lincoln, John, 213; Mullins, John, 187; Moloney, John (SaPaSe 4), 198; Brodie, John, 272; Carson, John (PNTC), 270; Schwank, Evangelium, 198.

167 Vgl. Becker, Evangelium (ÖTK 4,1), 231. Vgl. die Deutung als „christologische Tendenz" bei Schnackenburg, Johannesevangelium (HTKNT 4/2), 23. Morris sieht hingegen ein Verteilen durch die Schüler Jesu gegeben. Morris, John (NICNT 4), 305.

168 Vgl. Theobald, Evangelium (RNT), 434. Becker sieht den jüdischen Vater entsprechend „jüdischer Mahlsitte" handeln. Vgl. Becker, Evangelium (ÖTK 4,1), 231. Vgl. auch Ridderbos, John, 214.

169 Vgl. Schnelle, Evangelium (ThHK 4), 161.

170 Vgl. Becker, Evangelium (ÖTK 4,1), 231.

171 Vgl. Schnackenburg, Johannesevangelium (HTKNT 4/2), 22. Vgl. Theobald, Evangelium (RNT), 434.

172 Theissen, Wundergeschichten, 112f.

173 Schnelle sieht einen Bezug zu 2 Chr 35,9 und dem Schlachten von 5000 Pesachlämmern gegeben. Vgl. Schnelle, Evangelium (ThHK 4), 160. Schnelle macht also die Anspielungen auf das Pesachmahl stark.

In den V. 12 und 13 erfolgt dann die breite Demonstration der Größe des Wunders, beginnend mit der zweiten Konstatierung des Wunders durch die Feststellung der Sättigung der Menschenmenge und die Nennung der Zahl des durch die Schüler eingesammelten Übriggebliebenen der Speisen, „damit nicht etwas vernichtet wird" (V. 12). Die Angabe „12 Körbe" weist auf die Sammlung des zerstreuten Zwölf-Stämme Volkes Israel.[174] Mit dieser Einspielung des endzeitlichen Motivs der Sammlung des zerstreuten Volk Israel wird bereits übergeleitet zu der Identifizierung Jesu als (eschatologischer) Prophet durch die Menge in V. 14. Anhand dieser Zeichentat identifiziert das anwesende Volk Jesus in doppelter Weise: als „Prophet, der in die Welt kommende" und als „König". In V. 15 ist statt „entführen" für ἁρπάζειν „(begierig) mit sich zu reißen" zu übersetzen, da dies die Funktion des Volkes im Sinne der Akklamation des neuen Kaisers spiegelt.[175]

3.4 Jesus als Brotspender – Motivkritische Deutelinien

3.4.1 Jesus – ein zweiter Elischa oder ein zweiter Mose?

Die Identifizierung als „in die Welt" kommender „Prophet" nimmt die Mosetradition von Dtn 18,15 auf und spielt im Kontext dieses Speisungswunders auf das Mannawunder in Ex 16 an.[176] Dieser Vergleich zwischen dem Speisungswunder Jesu und dem Mannawunder des Mose in Ex 16 wird dann im zweiten Teil des Kp. 6, der Brotrede Jesu, breit entfaltet. Labahn geht von einer „christologischen Verwendung von Dtn 18,15ff im joh. Kreis"[177] aus und möchte dieses Verständnis dann auch für Joh 6,14 in Anschlag bringen. Er verweist dafür auf Josephus' Beschreibung der sogenannten Zeichenpropheten, die Wunder in der Exodustradition in Aussicht stellten bzw. befreiungstheologische Hoffnungen weckten. Dabei gesteht Labahn durchaus ein, dass 6,14 zwar einen Bezug auf die Vorstellung des kommenden eschatologischen Propheten spiegelt, ein konkreter „Bezug auf Mose und auf Dtn 18"[178] jedoch fehlt bzw. umstritten ist. Joh 1,21 und 5,46 bieten möglicherweise ebenfalls eine Anspielung auf den kommenden Propheten wie Mose. Schnelle, Hengel und John Painter gehen sowohl für die genannten Parallelstellen als auch für Joh 6,14 von einer generellen Referenz auf den messianischen Propheten aus.[179]

---

174 Vgl. Labahn, Offenbarung, 160.

175 Passow, Handwörterbuch, 397.

176 Vgl. für Dtn 18 Theobald, Evangelium (RNT), 436. Vgl. für Ex 16 Labahn, Offenbarung, 62.

177 Labahn, Offenbarung, 103.

178 Labahn, Offenbarung, 104.

179 Vgl. Schnelle, Evangelium (ThHK 4), 162; Ridderbos, John, 215f; Schnackenburg, Christus (HThK.S 4), 303; Kraus, Prophet, 157; Painter, Messiah, 243f; Hengel, Schriftauslegung, 268; Kertelge, Wunder, 133. Vgl. zur Ineinssetzung von Prophet und König vor dem Hinter-

Theobald geht angesichts des Zusatzes „der, der kommen soll“ von einem unspezifischen Ausdruck für die Erwartung einer „messianischen Gestalt“[180] aus und sieht diesen Vers als zum Chorschluss der Zeichenquelle gehörend an. Für eine Allusion auf Dtn 18,15 weist er auf das mit dem Setting auf dem Berg gegebene „Mose-Kolorit“ hin, das dann mit der Mannaallegorie weiter ausgeführt wird.[181] Raymond E. Brown hingegen sieht mit dem Zusatz „der kommen soll“ weniger eine Anspielung auf Mose als auf den Elijah-Elischa-Zyklus gegeben, dass Elijah als derjenige gilt, der wiederkommen wird, und für den die Tradition des *Elijah redivivus* verbürgt ist.[182] Wengst sieht mit dem Verweis auf den Propheten die Tradition der Brotvermehrung durch den Propheten Elischa in 2 Kön 4,42–44 alludiert.[183]

> „42 Einmal kam ein Mann von Baal-Schalischa und brachte dem Gottesmann Brot von Erstlingsfrüchten, zwanzig Gerstenbrote und frische Körner in einem Beutel. Elischa sagte: Gib es den Leuten zu essen! 43 Doch sein Diener sagte: Wie soll ich das hundert Männern vorsetzen? Elischa aber sagte: Gib es den Leuten zu essen! Denn so spricht der HERR: Man wird essen und noch übrig lassen. 44 Nun setzte er es ihnen vor; und sie aßen und ließen noch übrig, wie der HERR gesagt hatte.“

Literarische Verbindungslinien bestehen in der wunderbaren Speisung vieler Menschen durch wenig Brot und Zukost, der näheren Spezifizierung des Brotes als Gerstenbrot, dem Auftreten eines Dieners, der Skepsis gegenüber der Möglichkeit einer Speisung der anwesenden Menschen mittels der gegebenen Menge an Speisen und der Übernahme der Initiative durch den Propheten. Dieser gibt den Auftrag, die Speisen vorzusetzen, an den Diener zwar weiter, teilt aber eventuell selbst wie in Joh 6 die Speisen aus oder lässt dies doch in Stellvertretung den Diener ausführen. Der Gottesmann prophezeit, dass jeder essen und noch übrig lassen wird (2 Kön 4,43).[184]

---

grund des Auftretens prophetischer „Messiasprätendenten“ (Schreiber, Begleiter, 215): Peterson, Johannesevangelium, 225. Vgl. zu Motivanalogien und einer solchen Einordnung Jesu als „Messiasprätendent“: Hoskyns, Gospel, 281.

180 Vgl. Theobald, Evangelium (RNT), 436.

181 Vgl. Theobald, Evangelium (RNT), 436. Vgl. auch Anderson, Christology, 174–177; Brant, John (P.CNT), 117; Dietzfelbinger, Evangelium (ZBK.NT 4), 146; Schnackenburg, Johannesevangelium (HTKNT 4/2), 25f.

182 Brown, John (AB 29), 234f. Vgl. zum politischen Konnex: Brown, John (AB 29), 249f.

183 Vgl. Wengst, Johannesevangelium (THKNT 4), 189f. Vgl. thyen, Johannesevangelium (HNT 6), 336; Standhartinger, Speisungserzählungen, 60; Theobald, Evangelium (RNT), 432; Mullins, John, 188f; Labahn, Offenbarung, 163–176. Anders: Ridderbos, John, 212; Schenke, Brotvermehrung, 94f.

184 Vgl. thyen, Johannesevangelium (HNT 6), 336; Standhartinger, Speisungserzählungen, 60; Mullins, John, 188f; Labahn, Offenbarung, 163–176. Schenke, Brotvermehrung, 94f.

Angesichts der näheren Kennzeichnung des Propheten als „der in die Welt kommende“ in V. 14 und der engen kontextuellen Verbindung des Brotwunders mit der Brotrede und ihrem Zentrum der Mannawunderanalogie sehe ich hier eine Aufnahme der Mosetradition im Vordergrund stehen, d. h. die Erwartung des von Mose angesagten und nach seinem Vorbild handelnden „eschatologischen Propheten“.[185] Die Erwartung des eschatologischen Propheten ist im Judentum im 1. Jh. n. Chr. präsent und in weiten Kreisen verbreitet. Sie wird zudem aktualisiert durch die bei Josephus beschriebenen Zeichenpropheten, die ihren messianischen Anspruch im Gegensatz zu den zur Gewalttat bereiten Messiasprätendenten über die Ankündigung von an den Exoduswundern orientierten Zeichentaten legitimierten.[186]

Als Beispiele sind hier der 44 n. Chr. auftretende Theudas zu nennen, der die Spaltung des Jordans ankündigte, sowie der unter dem Prokurator Felix auftretende Ägypter, der seine Anhänger auf den Ölberg führte und ankündigte, die Mauern Jerusalems zum Einsturz zu bringen.[187] Das Auftreten der Zeichenpropheten zielte auf die Befreiung von der Fremdherrschaft und hatte damit einen nationalen Herrschaftsanspruch.[188] Theobald macht auf den auch für die Zeichenpropheten charakteristischen Zusammenhang zwischen „*(Legitimations-)Zeichen*“ und Identifizierung als „*(eschatologischer) Prophet*“ [Hervorhebung im Original] aufmerksam,[189] wonach das Reaktionsschema der Menge gestaltet ist, Jesus als eschatologischen Propheten zu identifizieren.

3.4.2 Jesus als Gastmahlgeber und Titelverweigerer

Angela Standhartinger macht das Stiften von Speisen und Speisungen für das Volk durch einzelne Wohltäter für ihre sozialgeschichtliche Erschließung der Perikope der wunderbaren Speisung der 5.000 zu ihrem Ausgangspunkt. Standhartinger ordnet die Speisung der 5.000 als eine öffentliche Speisung im Sinne eines regelrechten Banketts (mit zwei Gängen unter Darbietung von Brot und Fisch) ein.[190]

---

185 Theobald, Evangelium (RNT), 436; Schnelle, Evangelium (ThHK 4), 162; Ridderbos, John, 212; Anderson, Christology, 174–177; Labahn, Offenbarung, 103–107; Schnackenburg, Johannesevangelium (HTKNT 4/2), 24–27; Barrett, Johannes (KEK), 290f; Haenchen, Johannesevangelium, 302; Meeks, Prophet-King, 91–93. Anders: Becker, Evangelium (ÖTK 4,1), 232; als messianischer König Bultmann, Johannes (KEK 2), 158; Kügler, König, 75f.

186 Ios. ant. Iud. 20,97–99.167–172.

187 Ios. ant. Iud. 20,97–99.167–172. Vgl. Theobald, Evangelium (RNT), 436f; Merz/Theissen, Jesus, 278f; Kügler, König, 87f.

188 Vgl. Schreiber, Rätsel, 60.

189 Vgl. Theobald, Evangelium (RNT), 436.

190 Vgl. Standhartinger, Speisungserzählungen, 76.78.

Sie schließt aber auch eine Verteilung von *sportulae* nicht ganz aus.[191] Dieser Einschätzung möchte ich mich grundsätzlich anschließen und Joh 6,1–15 vor dem Hintergrund der kaiserlichen Praxis der öffentlichen Speisung des Volkes verstehen, die, wie in den Ausführungen oben gezeigt, das Zentrum der kaiserlichen Wohltätigkeit bildete.[192] Die Entscheidung, ob hier ein öffentliches Bankett geschildert wird oder die Verteilung von *sportulae* erfolgt, möchte ich dahingehend bestärken, dass eine *cena recta* geschildert wird. Der Fokus liegt in jedem Fall auf der gemeinsamen Mahlzeit, die sich, wie oben gezeigt, auch an die Verteilung von *sportulae* anschließen kann. Dass in 6,1–15 an ein regelrechtes Bankett gedacht ist, wird deutlich durch den Begriff des „sich niederlegen lassens" (6,10).[193] Zudem werden nacheinander, 6,10f scheint eine zeitliche Abfolge des Verteilens zuerst des Brotes und danach des Fisches nahezulegen, Brot und Fisch verteilt, was auf die Abfolge zweier Gänge hinweist.[194] Damit ist zugleich gegenüber der These Küglers, der hinter dieser Massenspeisung das allgemeine Motiv des Herrschers „als Brotgeber, als Ernährer und Versorger seines Volkes"[195] stehen sieht, ein sehr viel spezifischerer Bezug und Vergleichspunkt zur römischen Herrschaftspraxis der Kaiser gegeben. Allerdings möchte ich im Gegensatz zu Standhartinger nun die kaiserliche Praxis der öffentlichen Speisung einem direkten Vergleich mit der bei Joh beschriebenen Speisung des Volkes durch den König Jesus unterziehen. Jesus handelt unabhängig vom Verlangen des Volkes. Damit kann zunächst das Motiv der Initiative des Wundertäters im Rahmen eines Geschenkwunders auch für diese Perikope etabliert sein. Gleichzeitig bildet es jedoch das Herrscherideal des unabhängig vom Wunsch bzw. Willen des Volkes agierenden freigebigen Kaisers ab. In der johanneischen Version des Speisungswunders fehlt allerdings die Betonung des Aspekts der Fürsorge für die Volksmenge. Haben wir mit der wunderbaren Speisung eine *cena recta* vorliegen, so muss hier der Aspekt der Fürsorge zurücktreten, da hier die Freigebigkeit im Sinne der Großgeartetheit zum Zug kommt. Im Gegensatz zum öffentlichen Bankett diente vor allem die öffentliche Getreideverteilung der Sicherung der Grundversorgung der römischen Bürger.[196] Die Speisen, die dargeboten werden, bestehend aus Brot und Fisch, gehören zu den Speisen der ärmeren Leute. Gerste ist eine preiswerte Getreideart, die nur selten für Brot verwendet wird.[197] Fleisch und Fisch sind für die Oberschicht re-

191 Vgl. Standhartinger, Speisungserzählungen, 80.

192 Vgl. zu Massenspeisungen in der römischen Umwelt: Donahue, Community.

193 Vgl. Standhartinger, Speisungserzählungen, 76.

194 Vgl. Standhartinger, Speisungserzählungen, 78.

195 Kügler, König, 85.

196 Vgl. Standhartinger, Speisungserzählungen, 66.

197 Vgl. zur Einordnung des Gerstenbrotes als Speisemittel in der Antike: Wengst, Johannesevangelium (THKNT 4), 190; Mullins, John, 188; Peterson, Johannesevangelium, 224; Labahn,

serviert; kleinere Fische, die den Bewohnern in am Wasser gelegenen Standorten als Grundnahrungsmittel dienen, sind als Speise der armen Leute einzuordnen.[198] Jesus bewährt sich daher also auch in der Wahl der Speisen als guter Gastgeber: es wird *luxuria* in Bezug auf die Speisen vermieden und die Menge der Speisen ist überreichlich. Es werden alle gesättigt, das Bankett dient jedoch nicht der Völlerei. Die überreichliche Fülle der Speisen, die übrig bleiben, wird eingesammelt. Damit erweist sich Jesus auch hier als idealer Herrscher, der eine Herausstellung der Asymmetrien über die Güte der Speisen im Sinne edler Konsumgüter oder über die Masse der Speisen für Ausgewählte vermeidet. Der König Jesus ist bei seinem Bankett nicht nur zugegen, er teilt sogar selbst die Speisen aus. Damit erweist sich Jesus als volksnaher Herrscher, dessen Nähe zum Volk gegenüber dem üblichen Ablauf einer *cena recta* noch gesteigert wird durch die Austeilung der Speisen durch Jesus selbst. Die Veranstaltung öffentlicher Speisungen diente der Demonstration der Nähe des Herrschers zum Volk und war zugleich politisches Mittel zur Bindung des Volkes an den Herrscher. Der letztgenannte Aspekt der Bindung des Volkes an den Herrscher, der für alle Kaiser durchgehend das wichtigste Ziel und der eigentliche Zweck einer Volksspeisung war, scheint auch bei Jesus zur Erfüllung zu kommen, wenn die Volksmenge die Absicht hat, ihn zum König zu akklamieren. Jesus selbst verhindert jedoch seine Akklamation zum König durch das Volk. Die Bindung des Volkes an den Herrscher und die Sicherung von Gefolgschaft kann damit nicht allein der Skopus dieser Perikope sein. Für die Erfassung der Aussageabsicht der Perikope muss daher nun die Verweigerung der Akklamation zum König durch Jesus näher in den Blick genommen werden.

In der Forschung wird dies häufig als Kritik Jesu an der Praxis der römischen Kaiser, die Massen durch Geschenke an sich zu binden, verstanden oder als Kritik einer falschen, weil auf der reinen Oberflächenebene des Wunders verbleibenden Identifizierung Jesu durch das Volk als Brot garantierender Herrscher. Dieses Verständnis Jesu bleibe dann hinter der universalen Dimension und der göttlichen Legitimation der Herrschaft Jesu, die sich auf Gott zurückführt, zurück.[199]

Offenbarung, 173f; Garnsey, Food, 119f. Morris klassifiziert den Jungen deswegen sozial als arm und den Fisch als Mittel, das Brot genießbar zu machen. Vgl. Morris, John (NICNT 4), 304; Wahlde, John (ECC), 272; Lindars, John (NCB), 242; Hoskyns, Gospel, 289. Zu den Diminutivformen von „Knabe" und „Fisch" vgl. Thyen, Johannesevangelium (HNT 6), 336f; Mullins, John, 189; Carson, John (PNTC), 270.

198 Vgl. Standhartinger, Speisungserzählungen, 78 Anm. 77. Vgl. auch Purcell, Fish. Lindars beschreibt den Fisch als Zukost. Lindars, John (NCB), 242. Vgl. auch Labahn, Offenbarung, 84 Anm. 20. Vgl. zur Unterscheidung zwischen Fisch und Gekochtem: Peterson, Johannesevangelium, 224. Johannes Beutler bestimmt ὀψαρίων als Gekochtes. Beutler, Johannesevangelium, 212.

199 Morris sieht Jesus als König bzw. Repräsentanten der Königsherrschaft Gottes, der sich hier gegen ein irdisches Verständnis seines Königtums im Sinne eines Messiaspätendenten durch die Menge

So wertet Kügler die Verweigerung der Königsakklamation durch Jesus als Kritik daran, dass das Volk sich anmaßt, den „kosmische[n] König“[200] Jesus zum (Volks-)König akklamieren zu können. Das Bestreben der Menge sei falsch, denn

> „der Logos ist von Ewigkeit her Herr der Schöpfung und deshalb kann das Brotwunder nur ein Zeichen für die himmlische Königswürde sein, aber kein Anlaß, Jesus zum Volkskönig zu machen.“[201]

Und Labahn sieht in der Verbindung von abgelehnter Akklamation Jesu und Seewandelperikope die Ablehnung einer irdischen Vermittlung des Königtums Jesu, denn die Seewandelperikope verweise auf den „wahre[n] *Basileus* [Hervorhebung im Original] des himmlischen Königreichs seines Vaters“[202].

Auf der Textoberfläche scheint am Ende der Perikope eine bejahte Identifikation als zweiter Mose zu stehen und eine abgelehnte Identifizierung als König. Bezieht man jedoch die unmittelbar anschließende Brotrede mit ein und betrachtet den Dialog zwischen Jesus und ‚den Juden', so wird deutlich, dass die am Ende der Speisungserzählung noch scheinbar bejahte Identifizierung mit dem „kommenden Propheten“ erschwert wird. Denn die aus dem Vergleich des Mannawunders des Mose mit dem Brotwunder Jesu zu ziehende Konsequenz, Jesus als aus dem Himmel herabgestiegenes Brot zu bekennen, führt zur Ablehnung Jesu bei den Juden' und zu Spaltungen bei seinen Schülern.

Bezieht man zugleich für die adäquate Erfassung der Ablehnung der Königsakklamation durch das Volk das beschriebene (Herrscher-)Ideal in Bezug auf den Umgang mit der Antragung von Titeln und der Herrschaft durch Volk und Senat ein, so entspricht Jesu Verhalten dem beschriebenen Herrscherideal eines Augustus oder Trajan. Meines Erachtens erfüllt Jesus das Herrscherideal in vollkommener Weise durch seinen Rückzug auf den Berg. Er greift damit die prinzipale Praxis eines Augustus oder Trajan auf, die Vorsicht walten ließen bei der Annahme von Titeln und Ehrungen.

Vergegenwärtigt man sich zudem, dass in Kp. 5 die Verfolgung Jesu durch die Jerusalemer Führungsschicht aufgrund seines Bruchs mit dem Sabbatgebot und seiner Gleichstellung mit Gott beginnt, so erscheint Jesus hier als jemand, dessen Anspruch angezweifelt wird und dem jegliche Legitimität seines Handelns, die sich

---

wendet und damit den Ausschluss aus der Königsherrschaft Gottes gegeben sieht. Vgl. Morris, John (NICNT 4), 306f. Vgl. auch zur Kritik an einem politischen Verständnis und einer Funktionalisierung des Königs Jesus: Lincoln, John (BNTC), 214; Schenke, Johannes, 124. Jegliche politische Konnotation für die Zeit Jesu negiert Haenchen, Johannesevangelium, 303f.

200 Kügler, König, 89.

201 Kügler, König, 89. Vgl. auch Zumstein, Johannesevangelium (KEK 2), 248f.

202 Labahn, Offenbarung, 215.

aus seiner Selbstidentifikation als „Sohn Gottes“ speist, abgesprochen wird. Bezieht man vor diesem Hintergrund ein, dass die römischen Kaiser durch Volk und Senat bestätigt werden, so scheint Jesus hier in dem Konflikt zu stehen, dass das Volk Bereitschaft signalisiert, ihn als König zu akklamieren, die Jerusalemer Führungsschicht ihn jedoch ablehnt. Jesus entzieht sich diesem Konflikt und erweist sich damit als idealer Herrscher. An dieser Stelle möchte ich an die oben geschilderten gescheiterten Versuche Caesars erinnern, sich vom Volk zum König erheben zu lassen. Auch das Agieren Trajans im Sinne der Ablehnung seiner Akklamation zur Vermeidung eines Bürgerkriegs ist hier noch einmal zu nennen. Dass dieser Konflikt hier durch das Handeln Jesu als idealer Herrscher auf einen späteren Zeitpunkt verlagert wird, lässt sich dem heilsgeschichtlichen Motiv der „Stunde“ zuordnen. Die Legitimation des Handelns Jesu durch Gott und damit die universale, die Ebene des Konfliktes mit der Jerusalemer Führungsschicht übersteigende rettende Dimension des Handelns Jesu in Selbstoffenbarung und Tod ist damit angezeigt. Die Stunde meint den Zeitpunkt der Verherrlichung Jesu und damit im Kontext der johanneischen Theologie zugleich seine Erhöhung.[203] Frey sieht die Stunde ebenfalls vor allem auf die Verherrlichung Jesu bezogen, die eng mit seinem Tod und dem Kreuzesgeschehen verbunden ist.[204] Dies würde die Stunde als Stunde der Offenbarung Jesu als Gesandter Gottes bzw. seiner himmlischen Herkunft akzentuieren. Jetzt ist diese Stunde jedoch noch nicht eingetreten, wie Jesus Maria in Joh 2,4 wissen lässt. Denn bis Kp. 12 spannt sich der Bogen des öffentlichen Wirkens Jesu durch Zeichentaten und Bildreden, die eine richtige Identifizierung Jesu ermöglichen sollen.

Der Skopus der Perikope liegt damit tatsächlich in den beiden identifizierenden Zuschreibungen an Jesus, der „kommende Prophet“ und zu akklamierende König zu sein. Während die erste Identifizierung in ihrer christologischen Konsequenz Jesus dann auch als aus dem Himmel herabgestiegenes Brot zu bekennen, in der Brotrede zum „Murren“ ‚der Juden‘ und zur Rückkehr der eigenen Schüler führt, wird die zweite identifizierende Zuschreibung über den Erweis Jesu als idealer Herrscher durch die vorbildhafte Ablehnung seiner Akklamation aufrechterhalten. Die Ablehnung seiner Akklamation ist demnach gerade nicht als Kritik an der

---

203 Vgl. Schnelle, Evangelium (ThHK 4), 267; Wengst, Johannesevangelium (THKNT 4), 373. Zugleich kann die Stunde auch die Stunde meinen, die Zeugnis gibt für die Sendung Jesu vom Vater (2,11; 13,1). Ulrich Wilckens sieht mit der Stunde den Zeitpunkt der Kreuzigung Jesu gekennzeichnet. Da in der Theologie des Johannesevangeliums Kreuzigung und Erhöhung zusammenfallen, ist die gesamte Sendung Jesu durch den Vater auf die Kreuzigung ausgerichtet, in der sich seine Sendung erfüllt. Wilckens sieht das Motiv der Stunde aus der Sprache der „traditionelle[n] Endzeiterwartung“ in die johanneische Christologie eingetragen. Vgl. Wilckens, Evangelium (NTD 4), 56f. Vgl. auch Knöppler, Theologia, 110–115.

204 Vgl. Frey, Eschatologie, 218.

Identifizierung als König durch das Volk zu verstehen, sondern als Erweis als der ideale König.

Und auch das Volk wird seiner Rolle als Statusgruppe gerecht. Dem ὄχλος als Pendant zu *turba* konnotiert nach Katja Kröss eine „qualitative Eigenschaft, nämlich Unordnung, Chaos".[205] Der Zusatz πολύς verweist jedoch auf die Quantität der Menge. Findet dieser Begriff Verwendung im Kontext einer *cena recta* und anschließender Königsakklamation so sind beide Konnotationen hier anzunehmen. Die Größe der Menge erweist die Größe der Wohltat Jesu. Eine Königsakklamation impliziert ein aufrührerisches, tumultarisches Element – insbesondere wenn die agierende Volksmenge eine gewisse Größe erreicht hat.

Hans Ulrich Instinsky definiert als „Merkmal des consensus", „daß er sich gegenüber dem Princeps in Akklamationen, Ehrennamen, Vota für den Gefeierten ausdrückt."[206]

Einen solchen Fall stellt die Antragung des Titels *pater patriae* dar. Zweimal trägt in der Schilderung Suetons das Volk per Gesandtschaft Augustus den Titel *pater patriae* an. Im Folgenden trägt das Volk Augustus, nachdem dieser eine erste Antragung des Titels durch eine Gesandtschaft nach Antium abgelehnt hatte, mit Lorbeerkränzen geschmückt erneut den Titel an, was er jedoch ablehnt:

> „weil er das Angebot abgeschlagen hatte, trug sie ihm den Ehrennamen in dem Moment an, als er in Rom gerade Schauspiele besuchte; sie war zahlreich zusammengeströmt und hatte sich mit Lorbeerkränzen geschmückt."[207]

Erst als der Senat ihm die Ehre des Titels durch Valerius Messalla – jedoch ohne formellen Beschluss des Senats – anbietet, nimmt er unter Tränen an.[208]

Ein Vergleich zwischen der Antragung der Diktatur im Jahr 22 v. Chr.[209] sowie des Titels *pater patriae* 2 v. Chr. an Augustus mit der Antragung des Königstitels in Joh 6 ist vor allem in Hinblick auf die Analyse der Rolle des ὄχλος gewinnbringend.

In beiden Fällen, sowohl beim Antragen des Titels *pater patriae* als auch beim Antragen der Diktatur, wird dies durch die Menge geleistet. In der Schilderung der Antragung der Diktatur in den Res Gestae wird der *consensus universorum*, d. h. die übereinstimmende Antragung durch Senat und Volk betont.[210] Die ausführlichste

---

205 Kröss, Plebs, 27.

206 Instinsky, Consensus, 217.

207 Suet. Aug. 58,1. Übersetzung: Sueton, Kaiserviten (Martinet).

208 Suet. Aug. 58; R. Gest. div. Aug. 35,1; Cass. Dio 55,10,10. Vgl. zum Ausdruck des *consensus* aller *ordines* bei der Verleihung des Titels *pater patriae*: Griffin, Plebs, 45f.

209 Cass. Dio 54,1,2–5; Suet. Aug. 53; R. Gest. div. Aug. 5,1f; Vell. 2,89,5.

210 R. Gest. div. Aug. 5.

Variante zur Diktaturofferte bietet Cassius Dio.[211] Bei ihm ergreift ebenfalls das Volk die Initiative und schließt sogar den Senat ein, bedroht ihn mit Brandstiftung, um die Antragung der Diktatur per Senatsbeschluss zu erzwingen. Augustus übernimmt auf Bitten der mit den 24 Rutenbündeln ausgestatteten *plebs* nach dem Vorbild des Pompeius jedoch allein die *cura annonae*. Dies ist eine Antwort auf die Beschreibung, dass das Volk meint, die Abgabe des Konsulats durch Augustus und die damit einhergehende Pflichtensäumnis oder Unfähigkeit sei die Ursache für die Versorgungskrise, Krankheiten und andere Katastrophen. Hier wird also das Volk als die treibende Kraft, der aktiv handelnde Part, der sogar zu gewalthaftem Handeln gegenüber dem Senat in der Lage ist, beschrieben. Kröss geht davon aus, dass die Versorgungskrise durch Augustus bewusst hervorgerufen wurde und Augustus der Opposition im Senat symbolträchtig seine Machtfülle und zugleich sich selbst als Wiederhersteller der *res publica* vor Augen führte.[212] Bei Cassius Dio steht die Antragung der Diktatur an erster Stelle, diese wird von allen relevanten Statusgruppen bestätigt und erst die Annahme der *cura annonae* bietet eine Lösung, dem Leistungsverständnis der *plebs* gerecht zu werden und zugleich die eigene *auctoritas* zu inszenieren. Denn Kröss betont den Prestigeverlust durch die Abgabe des Konsulats durch Augustus, was durch diese Inszenierung, die im Sinne der *res publica* unter Zerreißen der Toga vorgenommene Ablehnung der Diktatur sowie die Annahme der Vollmacht der *cura annonae*, kompensiert werden musste.[213] Während der eigentliche Adressat nach Kröss der angesichts dieser Inszenierung ohnmächtige Senat war[214], möchte ich betonen, dass trotzdem die *plebs*, obwohl sie manipuliert bzw. zu einem Werkzeug degradiert worden sein mag, in der literarischen Gestaltung bei Dio und Augustus als aktiv handelnde Statusgruppe, die ihre Interessen zur Not auch gewalthaft durchsetzen kann, beschrieben wird. Auch bei der Antragung der Königswürde durch Antonius kommt dem Volk eine solche legitimierende und stabilisierende Funktion in der literarischen Inszenierung zu; das Volk verweigert dies jedoch. Dem entspricht in Joh 6 der ὄχλος als aktive Statusgruppe, die ihre Interessen im Sinne der Sicherstellung der Nahrungsmittelversorgung durch einen wirkmächtig handelnden Herrscher vertritt und durch die Antragung des Titels absichern möchte. Der ὄχλος, der Jesus seit seinem Heilungswunder in Jerusalem folgt[215], ist in die Kategorie der *plebs frumentaria* als

---

211 Cass. Dio 54,1,2–5.

212 Vgl. Kröss, Plebs, 254.260.

213 Vgl. Kröss, Plebs, 263.266.

214 Vgl. Kröss, Plebs, 260.

215 Vgl. Kp. II/B 3.

politische Größe einzuordnen und damit in der Rolle gleichzusetzen mit der *plebs urbana*[216], die in den *consensus universorum* eingeschlossen ist.

Sowohl die Identifizierung als der in die Welt „kommende Prophet" ist mit Mängeln behaftet, denn Jesus korrigiert dies durch seine Selbstoffenbarung als vom Himmel herabgestiegenes Brot des Lebens. Aber auch die Absicht des Volkes, Jesus zum König zu machen, erfasst die Identität dieses Königs nicht vollkommen, wenn sie die Zeichenhaftigkeit seiner Tat unterschlagen würde. Der performative Akt der Volksmenge scheint zu misslingen, aber in der Verweigerung der Antragung des Königstitels durch Jesus gelingt er und hält die Möglichkeit der performativen Zuschreibung des Königstitels offen bzw. verschiebt sie ganz bewusst auf den Zeitpunkt des Anbruchs der Stunde, die dann in Kp. 12 im Rahmen des *adventus* erfolgt. Der propositionale Gehalt des Titels König für Jesus bleibt also unangetastet.

4. Das Motiv des Seewandels

4.1 Die Überwindung des Elements Wasser

Für die religionsgeschichtliche Einordnung des Seewandelmotivs ist angesichts des breiten Vorkommens des Motivs eine Fülle von Texten aus unterschiedlichen kulturellen Räumen einzubeziehen.[217] Wie Poseidon das Wasser zu überwinden[218] und in einem Wagen mittels Pferden wie Land zu überqueren, wird in der griechischen Tradition anhand des Beispiels von Xerxes und in der römischen Tradition anhand des Beispiels von Caligula als Identifizierung mit den Fähigkeiten einer Gottheit gewertet, der man sich mit menschlichen Mitteln anverwandelt. So werden sowohl Xerxes als auch Caligula mit ihrem Brückenbau und insbesondere ihrer

---

216 Kröss definiert *plebs urbana* für die Kaiserzeit als „in stärkerer Assoziation zu seiner Wurzel plē, eine ‚Rückkehr' zur Bedeutung ‚Menge'/‚Masse', die wie alle anderen Massentermini die Möglichkeit des Ausschlusses der Senatoren als ‚Individuen' beinhaltet." Kröss, Plebs, 38. Sie sieht zudem den Aspekt eines „politische[n] Faktors institutioneller Art" gegeben, da die *plebs urbana* an den Comitien teilnahm. Kröss, Plebs, 30. Hier ist vor allem die *plebs frumentaria* im Blick, da diese in direkter Kommunikation mit dem Kaiser stand und über die Drohung mit Aufruhr ihre Interessen durchsetzen konnte. Vgl. Ungern-Sternberg, Plebs.

217 Vgl. Labahn, Offenbarung, 202–214. Auch Patrick J. Madden bietet einen umfassenden Überblick über mögliche Traditionen zur Seewandelmotivik aus der paganen, jüdischen und christlichen Überlieferung. Vgl. Madden, Walking, 49–73. Ebenfalls zu nennen ist der Aufsatz von Collins, Rulers, 212–223.

218 Für Poseidon, den Gott des Meeres, wird nach Madden mit der Geschwindigkeit argumentiert, mit der die Hippocampi ihre Hufe bewegen, so dass ein Ziehen des Wagens und eine schnelle Fortbewegung („flew") möglich wird. Vgl. Madden, Walking, 54f.

Überquerung des jeweiligen Gewässers mittels eines von Pferden gezogenen Wagens – des Hellesponts bzw. der See von Baiae – mit Poseidon verglichen. „It seems that the ability to travel over water as if it were land is illustrative of divine power in general.“[219] Brian D. McPhee macht das breite Panorama der griechisch-römischen Mythologie auf und möchte zwischen den Überquerungsmodi water-flying, water-running und water-walking unterscheiden. McPhee veranschlagt für die folgenden Verben semantisch eine größere und damit exaktere Bandbreite an Bedeutungen und fordert damit exaktere Übersetzungen ein.

> „For πορεύομαι, Dankers lexicon offers a primary meaning of ‚to move over an area, gener. with a point of departure or destination specified ‚*go, proceed, travel*‘, for διαπορεύομαι, ‚of movement by way of someth., *go, walk through*‘, or ‚of movement from one part or locality to another within a geographical area, *pass through*‘; and for διαβαίνω, ‚to proceed from one side to another over a geographical area, *go through, cross*‘[Hervorhebungen im Original].“[220]

Er verortet alle diese Verben im Bereich der Beschreibung von to „travel in general, which could embrace any of the types of movement“[221]. Als Fazit hält er fest: „The phenomenon of Jesus' walking on the sea, strongly distinguished by the verb περιπατέω, remains unparalleled.“[222]

Bei Lukian ist das Über-das-Wasser-Laufen aufgrund der Unmöglichkeit der Überwindung physikalischer Gesetze durch seine karikierende Beschreibung und das Absprechen jedweder Realität gekennzeichnet.[223] Dem widerspricht, dass in der griechischen Mythologie das Laufen über das Wasser nur auf den ersten Blick eine wunderbare Überwindung physikalischer Gegebenheiten ist; dies ist allerdings auf der Basis physikalischer Gesetze argumentiert und stellt daher nur die abnorme Geschwindigkeit der Bewegungsabläufe von Wasserläufern und Pferden mit göttlichem Status dar:

> „The concept underlying these feats seems to be that all matter, even liquids and gases, has a certain degree of solidity, which can support speeding feet or hooves at least for a fraction of a second. In any case, whether running on grain, water, or air, the supernatural element

219 McPhee, Walking, 767.

220 McPhee, Walking, 772f. Zitiert nach: BDAG. Vgl. Dankers Lexikon (BDAG) basiert auf der Ausgabe des Griechisch-deutschen Wörterbuchs von Bauer, Wörterbuch, 1387f.376.363.

221 McPhee, Walking, 773.

222 McPhee, Walking, 773.

223 Vgl. Labahn, Offenbarung, 207.

is the runner's extraordinary speed; the fact of not bruising, sinking, or falling is itself not supernatural but a theoretical possibility at sufficient speeds within this worldview."[224]

Der eigentliche Vergleichspunkt des Motivs des Seewandels ist aber damit schon benannt: die Überwindung von Unüberwindbarem bezogen auf Naturphänomene bzw. natürliche Hindernisse.[225] Sie ist zugleich in beiden hier beschriebenen Traditionssträngen immer mit dem Epiphan-Werden eines Göttlichen verbunden, sei es bei der Beschenkung mit dieser Gabe durch eine Gottheit (vgl. Homer, Ilias), sei es das Epiphan-Werden eines Göttlichen bzw. einer göttlichen Kraft im Menschen. Adela Yarbro Collins vergleicht die Fortbewegung des Poseidon über das Wasser und die damit einhergehende Macht des Poseidon über die Wassergewalt mit der Macht JHWHs über die Naturgewalten – entscheidend sichtbar gemacht in der Scheidung des Wassers des Roten Meeres für den Durchzug der Israeliten.[226] McPhee kritisiert an dieser Auslegung berechtigt die Wahl des Vergleichspunkts: Poseidon hat selbst nicht Macht über das Meer, aber verwendet (göttliche) Hilfsmittel für die Überwindung von natürlichen Hindernissen.[227]

Auch Rick Strelan schreibt die Fähigkeit zur Beherrschung von Naturgewalten insbesondere der Stillung von Seestürmen nicht nur einzelnen Helden, die in besonderer Nähe zu den Göttern stehen und diese sich gewogen zu machen verstehen, zu, sondern sieht diese Fähigkeit insbesondere bei Herrschern gegeben.

„In addition, and importantly in relation to the ‚heroes' of Mark and Lucan, from the fifth century BCE, power over the sea began to be associated also with rulers and kings, especially Xerxes and Alexander the Great. In general, as van der Loos writes: ‚Gods, ‚divine men', kings, priests, philosophers and magicians, all were considered capable of guiding or subduing the forces of nature'."[228]

Neben den jüdischen Sturmstillungsgeschichten sieht Strelan eine besondere Nähe nicht nur inhaltlich, sondern vor allem auch formal zu der Vorlage eines Homers oder Vergils gegeben, auf die sowohl ein Lukan, aber auch ein Markusevangelist zurückgreifen können.[229] Während bei Strelan der motivliche Vergleichspunkt im Versuch der Stillung des Sturms mittels göttlicher Hilfe liegt, möchte ich diesen tatsächlich etwas weiter fassen. Denn in der johanneischen Variante des Seewandels geht es weniger um die Beruhigung der See und die Gewährleistung der Weiterfahrt

---

224 McPhee, Walking, 768f.

225 Vgl. Labahn, Offenbarung, 207.

226 Vgl. Collins, Rulers, 214.

227 Vgl. McPhee, Walking, 767.

228 Strelan, Caesar, 169, der sich bezieht auf Loos, Miracles, 641.

229 Vgl. Strelan, Caesar, 168.

als um die Überwindung unüberwindbarer natürlicher Hindernisse durch den Herrscher ohne bzw. nur mit einem indirekten Eingreifen göttlicher Mächte. Dies wird somit der Vergleichspunkt für die folgenden Analysen sein. Meines Erachtens ist dieser Zusammenhang der Überwindung von natürlichen Hindernissen trotz aller Unmöglichkeit und der Epiphanie von Göttlichem in diesem Ereignis auch für den Herrscher und seine Herrschaftslegitimation in Anspruch zu nehmen. Schon McPhee verweist darauf, dass Xerxes von Dio Chrysostomus und Herodot aufgrund seiner Überquerung des Hellesponts mit Poseidon und Zeus verglichen wird.[230] So soll nun auch in der Weiterführung Labahns anhand der wichtigsten Quellentexte dieser Konnex von Herrschertum und Überwindung natürlicher Hindernisse noch einmal deutlicher akzentuiert werden. Da der Vergleichspunkt dezidiert gerade in der Unmöglichkeit der Überwindung eines Hindernisses liegt, kann hier auch ein breiteres Spektrum an Quellentexten herangezogen werden, die über das Motiv des Seewandelns bzw. des Wandelns über Wasser hinausgehen.

4.1.1 Der Herrscher als Bezwinger von Unüberwindbarem – Xerxes

An erster Stelle ist hier Xerxes zu nennen, dessen Überquerung des Hellesponts bei Herodot in seinen Historien geschildert wird.[231] In der Schilderung Herodots sind bereits alle wichtigen mit dem Motiv der Überwindung von Unüberwindbarem verbundenen Motive präludiert: die Hybris des Herrschers bzw. das megalomanische Eroberungsvorhaben, die Notwendigkeit etwas Menschen Unmögliches zu ermöglichen, die Epiphanie eines Göttlichen im Herrscher. Xerxes' Ziel ist die Überquerung des Hellesponts für die Eroberung von Hellas aus Rache für die (Vernichtungs-)Feldzüge der Griechen gegen die Perser. Neben der Charakteristik eines Rachefeldzuges ist aber auch das Movens der Ausdehnung des Perserreiches so weit, „bis zum Himmel des Zeus"[232], hervorzuheben, da es eng verknüpft ist mit dem Motiv menschlicher Hybris. Gleich zu Beginn wird das Vorhaben des Hellaszuges legitimiert, indem die Warnungen des Artabanos vor der sich in diesem Vorhaben offenbarenden Hybris des Menschen ausgespielt werden gegen Traumgesichte des Königs Xerxes, in denen diesem der Zug gegen Hellas als göttlicher Wille offenbart wird.[233] Dass das Motiv des Überwindens von Unüberwindbarem immer eng gekoppelt ist mit menschlicher Hybris, lässt sich an der Bewertung des Durchstechens des Athos-Gebirges durch Xerxes' Truppen im Zuge der Überbrü-

230 Vgl. McPhee, Walking, 767.
231 Vgl. Beutler, Johannesevangelium, 215.
232 Hdt. 7,8,3: γῆν τήν Περσίδα ἀποδέξομεν τῷ Διὸς αἰθέρι ὁμουρέουσαν.
233 Hdt. 7,11–18.

ckung des Hellesponts ablesen: Herodot wertet dies als unnütze Maßnahme, die dem Prahlen des Xerxes und der Errichtung eines Denkmals für ihn diene.[234]

Das Motiv des Epiphan-Werdens eines Göttlichen in Xerxes wird auf zweifache Weise eingespielt. Der Hellespont selbst wird als göttliches Wesen, d. h. als die Gottheit Poseidon verstanden, deren Züchtigung dem Herrscher Xerxes nach der Zerstörung der Brücken durch einen Sturm obliegt; zum Einsatz kommen Geißelhiebe, Fußketten und der Versuch, dem Wasser Brandmale aufzudrücken. Xerxes erscheint in der wörtlich angeführten Rede bei Herodot als Gebieter, der über das Wasser hinweggehen wird, ob es will oder nicht.[235] Dieser Anspruch, das Wasser zu bezwingen, ist auch Legitimation als wahrer, durchsetzungsfähiger Herrscher. Gleichzeitig ist dieser Züchtigung und dem Moment der absoluten Willensdurchsetzung auch das Motiv der menschlichen Hybris inhärent. Erhebt sich hier der Herrscher Xerxes über die Gottheit Poseidon, so opfert er ihr andererseits, damit das Wasser ihm einen sicheren Übergang gewährt. Die enge Verbindung zwischen Herrscher und epiphan Göttlichem wird zum anderen daran deutlich, dass Xerxes nach dem erfolgreichen Übergang über den Hellespont von einem Griechen als Erscheinung des Zeus in der Gestalt eines Persers mit dem erborgten Namen des Xerxes identifiziert wird. Hier findet also aufgrund der Leistung von Menschenunmöglichem die Identifizierung von Xerxes als Herrscher mit Zeus statt, der gekommen ist, um Hellas zu knechten.[236] Die Entlarvung der menschlichen Anmaßung des Herrschers Xerxes erfolgt erzählerisch geschickt über ein weiteres Vorzeichen für den negativen Ausgang des Eroberungsfeldzuges des Xerxes, der in aller Pracht beginnt, aber mit Flucht und Niederlage enden wird.[237] Die Folie für den

---

234 Hdt. 7,24: Wenn ich mir die Sache so recht überlege, ließ Xerxes diesen Graben aus purem Geltungsbedürfnis ausbauen, um damit seine Macht zu zeigen und ein Denkmal zu hinterlassen; denn sie hätten ohne alle Mühe und Anstrengung die Schiffe über die Landenge ziehen können. Trotzdem ließ er einen so breiten Kanal für das Meer bauen, daß zwei Dreiruderer nebeneinander ihre Ruder benutzen konnten. Die gleichen Leute, die den Kanal ausschachten mußten, hatten auch den Auftrag erhalten, eine Brücke über den Strymon zu schlagen. Übersetzung: Herodot, Historien (Feix).

235 Hdt. 7,35,1–2: ὡς δ᾽ἐπύθετο Ξέρξης, δεινὰ ποιεύμενος τὸν Ἑλλήσποντον ἐκέλευσε τριηκοσίας ἐπικέσθαι μάστιγι πληγὰς καὶ κατεῖναι ἐς τὸ πέλαγος πεδέων ζεῦγος. ἤδη δὲ ἤκουσα ὡς καὶ στιγέας ἅμα τούτοισι ἀπέπεμψε στίξοντας τὸν Ἑλλήσποντον. ἐνετέλλετο δὲ ὦν ῥαπίζοντας λέγειν βάρβαρά τε καὶ ἀτάσθαλα „ὦ πικρὸν ὕδωρ, δεσπότης τοι δίκην ἐπιτιθεῖ τήνδε, ὅτι μιν ἠδίκησας οὐδὲν πρὸς ἐκείνου ἄδικον παθόν. καὶ βασιλεὺς μὲν Ξέρξης διαβήσεταί σε, ἤν τε σύ γε βούλῃ ἤν τε μή·σοὶ δὲ κατὰ δίκην ἄρα οὐδεὶς ἀνθρώπων θύει ὡς ἐόντι καὶ θολερῷ καὶ ἁλμυρῷ ποταμῷ". Vgl. Labahn, Offenbarung, 208.

236 Hdt. 7,56,2: „Ὦ Ζεῦ, τί δὴ ἀνδρὶ εἰδόμενος Πέρσῃ καὶ οὔνομα ἀντὶ Διὸς Ξέρξην θέμενος ἀνάστατον τὴν Ἑλλάδα θέλεις ποιῆσαι, ἄγων πάντας ἀνθρώπους; καὶ γὰρ ἄνευ τούτων ἐξῆν τοι ποιέειν ταῦτα".

237 Hdt. 7,57,1–58,1: Ὡς δὲ διέβησαν πάντες, ἐς ὁδὸν ὁρμημένοισι τέρας σφι ἐφάνη μέγα, τὸ Ξέρξης ἐν οὐδενὶ λόγῳ ἐποιήσατο καίπερ εὐσύμβλητον ἐόν·ἵππος γὰρ ἔτεκε λαγόν. εὐσύμβλητον ὦν

Leser, das Scheitern des Heereszuges des Xerxes als Bestrafung menschlicher Hybris gegenüber der Gottheit zu verstehen, ist hier durch Herodot bereits grundgelegt. Auch Dio Chrysostomus kennt die Tradition der Überwindung von Naturgewalten durch Xerxes, sei es die Überbrückung des Hellesponts oder das Leertrinken eines Sees zur Überwindung des Wassers.[238]

4.1.2 Alexander der Große

Ein weiterer wichtiger Traditionsstrang, der ebenfalls alle drei tragenden Motive bedient, ist der Alexandermythos. Plutarch bringt den Zug Alexanders des Großen an der Küste von Pamphylien in Verbindung mit dem Zurückweichen des Wassers.[239] Das Umschlagen des Windes und das Eintreten heftigen Nordwindes, das zum Zurückweichen des Wassers führt und den (Land-)Weg von Phaselis nach Perge erst für seinen Teil des Heeres gangbar macht, wird mit der Tyche Alexanders des Großen begründet, die bei Arrian als „göttliche"[240] Fügung benannt wird.

> „Alexander brach von Phaselis auf und schickte einen Teil seiner Truppen durchs Gebirge nach Perge, wohin bereits vorher die Thraker den an sich beschwerlichen und langwierigen Weg auf seinen Befehl gangbar gemacht hatten. Er selbst führte seinen eigenen Heeresteil längs des Meeres am Ufer entlang. Betretbar ist dieser Weg nur, wenn der Wind von Norden weht, bei Südwind ist es unmöglich, unmittelbar am Ufer entlang zu marschieren. Damals nun schlug der Südwind plötzlich um. Und dies nicht ohne göttliche Fügung, wie er selbst und die Leute, die dabei waren, es auslegten: Starke und heftig wehende Stürme aus Norden machten den Weg frei, so daß er schnell und mühelos vorwärts kam."[241]

Dieses Motiv des Zurückweichens des Wassers ist jedoch zu unterscheiden vom Überwinden des Wassers. Wenn hier das göttliche *numen* selbst oder aber der Schutz der Götter für den Göttergünstling spürbar wird, wird beim Motiv des Überwindens des Wassers dieses häufig gegen den Willen der Götter betrieben.

τῇδε τοῦτο ἐγένετο, ὅτι ἔμελλε μὲν ἐλᾶν στρατιὴν ἐπὶ τὴν Ἑλλάδα Ξέρξης ἀγαυρότατα καὶ μεγαλοπρεπέστατα, ὀπίσω δὲ περὶ ἑωυτοῦ τρέχων ἥξειν ἐς τὸν αὐτὸν χῶρον. ἐγένετο δὲ καὶ ἕτερον αὐτῷ τέρας ἐόντι ἐν Σάρδισι·ἡμίονος γὰρ ἔτεκε ἡμίονον διξὰ ἔχουσαν αἰδοῖα, τὰ μὲν ἔρσενος τὰ δὲ θηλέης κατύπερθε δὲ ἦν τὰ τοῦ ἔρσενος. τῶν ἀμφοτέρων λόγον οὐδένα ποιησάμενος τὸ πρόσω ἐπορεύετο, σὺν δέ οἱ ὁ πεζὸς στρατός. Vgl. LABAHN, Offenbarung, 208.

238 Dion Chrys. 3,29–31.

239 Plut. Alex. 17,6: ὡς θείᾳ τινὶ τύχῃ παραχωρήσασαν Ἀλεξάνδρῳ τὴν θάλασσαν […]. Vgl. LABAHN, Offenbarung, 208.

240 Arr. an. 1,26,2.

241 Arr. an. 1,26,1–2. ARRIAN, Alexanderzug (Wirth/Hinüber).

Oder es wird ein expliziter Verweis auf das Durchführen von Opfern für die Götter oder das Nacheifern den Göttern gegeben.

Wie grundlegend das Motiv menschlicher Hybris auch für Alexander ist und wie sehr nicht nur Wagemut, sondern auch die Durchsetzung seines Willens inneres Movens für die zahlreiche Motivik der Überwindung von Unüberwindbarem durch Alexander den Großen ist, wird an zwei weiteren ähnlich gelagerten Beispielen deutlich. Eine Bergfestung in Sogdien nahm Alexander im Rahmen seines Eroberungsfeldzuges gegen die Perser ein – angetrieben durch Zorn und Ehrgeiz aufgrund der Verhöhnung durch deren Herrn Ariamazes, dass es nur geflügelten Soldaten möglich sei, diese Festung einzunehmen.[242] Alexander verlangt nach der Eroberung des Berges die Übergabe der Festung mit dem Hinweis darauf, dass er geflügelte Soldaten gefunden habe und diese den Gipfel des Berges besetzt halten.[243]

Bei der Beschreibung der Einnahme einer weiteren Bergfestung wird zum einen die Undurchführbarkeit der Eroberung dieser Bergfestung deutlich gemacht, zum anderen dagegen Alexanders Wagemut und sein Vertrauen in sein Glück, so dass er der Überzeugung war, „sich jeden Weg gangbar machen und jede Sperre überwinden“[244] zu können. Hier wird dies auch aus der Außenperspektive der Gegner gespiegelt, denn der im Folgenden angegriffene Feldherr Chorienes unterwirft sich Alexander mit der Begründung „es gebe nichts, was dieser und sein Heer nicht mit Gewalt zu bezwingen vermöchten“[245]. Auch findet sich implizit die Legitimation von Herrschaft, die in der gleichen Argumentationslinie wie bei Xerxes steht: der wahre Herrscher ist der durchsetzungsfähige, seiner Gewalt bewusste Herrscher. Zugleich wird mit dem Motiv des Vertrauens in sein Glück durch Alexander bereits das Motiv des von den Göttern besonders Geliebten und Erwählten eingespielt. Damit verbunden ist das Selbstverständnis Alexanders des Großen als ein Sohn des Zeus und die Identifikation mit dem göttlichen Heros Herakles. Alexander

---

242 Arr. an. 4,18,4–19,4. 4,18,6. Vgl. zur Bestimmung des Bergmassivs: Stoll, Kriegführung, 331.

243 Arr. an. 4,18,4–19,4. 4,19,3: ἐξευρῆσθαι γὰρ δὴ τοὺς πτηνοὺς ἀνθρώπους καὶ ἔχεσθαι ὑπὸ αὐτῶν τοῦ ὄρους τὰ ἄκρα [...]. Curt. 7,11. Vgl. zu diesem gesamten Abschnitt: Labahn, Offenbarung, 208; Barceló, Alexander, 189; Demandt, Alexander, 239f; Hammond, Alexander, 195f; Fox, Biographie, 427f; Fox, Alexander, 414f; Lauffer, Alexander, 132f; Wiemer, Alexander, 132. Arrians Chronologie und Identifizierung der Felsburgen kommt hier durcheinander. Zudem wird die Erstürmung der zweiten Festung des Sisimithres mit der des Chorienes identifiziert. Vgl. Bosworth, Commentary, 125. Zur Quellenlage bei Quintus Curtius: Baynham, Alexander, 92–95.

244 Arr. an. 4,21,3: Ἀλλὰ καὶ ὣς Ἀλέξανδρος ἥπτετο τοῦ ἔργου· πάντα ᾤετο χρῆναι βατά τε αὐτῷ καὶ ἐξαιρετέα εἶναι, ἐς τοσόνδε τόλμης τε καὶ εὐτυχίας προκεχωρήκει. Übersetzung: Arrian, Alexanderzug (Wirth).

245 Arr. an. 4,21,7: βίᾳ μὲν γὰρ οὐδὲν ὅ τι οὐχ ἁλωτὸν εἶναι Ἀλεξάνδρῳ καὶ τῇ στρατιᾷ τῇ ἐκείνου. Übersetzung: Arrian, Alexanderzug (Wirth). Vgl. zur Eroberung Barceló, Alexander, 189; Fox, Biographie, 428–430; Fox, Alexander, 415–417.

der Große stellte sich in die Tradition des Gottmenschen Herakles. Er selbst verstand sich als Sohn des Zeus, dem beim Besuch des Zeus-Ammon-Orakels diese Sohnschaft offenbart wird und der sich in Ägypten als Pharao verehren ließ.[246]

Pedro Barceló hält für das Orakel von Siwa und den Anspruch auf göttliche Sohnschaft von Zeus seitens Alexanders des Großen fest: „Aus den überlieferten Einzelheiten lässt sich entnehmen, dass Alexander am Eingang des Ammonion von einem Priester als Sohn Gottes begrüßt wurde."[247] Dies entspricht seinem Titel und seiner Verehrung als Pharao. Nach der Begrüßung erfolgte die Befragung des Orakels. Die Fragen selbst sind nicht bekannt, was zu Spekulationen diesbezüglich bei Diodor, Curtius und Plutarch führte.[248] Barceló zieht daher folgendes Fazit für das Orakel von Siwa und das Selbstbild Alexanders des Großen:

> „Alexander soll nachträglich lediglich seine Zufriedenheit mit den erhaltenen Bescheiden bekundet haben. Möglicherweise verstärkten diese Auskünfte seinen vorher bereits genährten Glauben an eine göttliche Abkunft."[249]

Auf seinem Indienfeldzug macht es sich Alexander der Große zur Aufgabe, eine Festung der Inder auf dem Aornos, einem Bergmassiv, zu erobern. Besonderen Anreiz gewinnt diese Aufgabe für Alexander nach der Schilderung Arrians, da selbst Herakles, Sohn des Zeus, es nicht geschafft habe, diesen Berg einzunehmen.[250] Arrian schildert dann die Erstürmung des Berges und benennt als Movens den Wagemut Alexanders des Großen und der Makedonen. Alexander gelingt die Überwindung des Unüberwindbaren, die Eroberung des Berges, und dieser zweite Sohn des Zeus überflügelt damit Herakles. Bei dieser Bergeroberung ist das Motiv der Epiphanie nicht in Szene gesetzt und doch impliziert der Vergleich mit und das

---

246 Arr. an. 3,3–4; Curt. 4,7,6–32; Plut. Alex. 27; Diod. 17,49–51. Vgl. Barceló, Alexander, 137; Dreyer, Heroes, 221; Demandt, Alexander, 173–179; Will, Legende, 44–46; Seibert, Alexander, 116–125; Bosworth, Conquest, 71.282f; Kienast, Alexander, 309–333; Will, Alexander, 78–90; Hammond, Alexander, 126–128; Fox, Biographie, 272–288; Lauffer, Alexander, 88f. Für eine eher positive Einschätzung Arrians als um Rationalität bemühter Historiker, der seiner Anabasis zwei der frühesten Quellen, die Biographien Ptolemaios' und Aristobuls, zugrundelegt, können ebenfalls die genannten Werke herangezogen werden: Demandt, Alexander, 4–6. Kritischer in der Einschätzung Will, Legende, 15f. Positiv in der Einschätzung ebenfalls: Hammond, Sources, 313–333; Wiemer, Alexander, 108f. Zur Quellenlage bei Quintus Curtius: Baynham, Alexander, 159–164.

247 Barceló, Alexander, 137.

248 Diod. 17,49,2–51,4; Curt. 4,7,29–32; Plut. Alex. 27. Vgl. Hammond, Alexander, 127; auch Fox, Alexander, 453f; Hamilton, Plutarch: Alexander, 71f.

249 Barceló, Alexander, 137.

250 Arr. an. 4,28,4. Vgl. Demandt, Alexander, 246; Wiemer, Alexander, 145; Hammond, Alexander, 195f; Fox, Biographie, 466–471; Lauffer, Alexander, 144f.

Überbieten von Herakles, dass der Anspruch Alexanders des Großen als Sohn eines Gottes hier legitimiert werden soll, da er den Göttersohn Herakles an Fähigkeiten noch übertrifft. Oliver Stoll sieht Alexander den Großen hier nach dem Vorbild von Xenophon bei seinem Zug der Zehntausend agieren. Herodot schildert immer wieder Eroberungen von Bergfestungen gegen die Feinde der Griechen, die durch kluge Taktik des Strategen Xenophon erfolgreich gewonnen werden.[251] Stoll versteht Xenophon als

> „‚erfolgreiches Modell eines Befehlshabers europäischer Tradition', als ein[en] Befehlshaber, der aktiv das Finden neuer und unterschiedlicher Lösungswege für militärische Problemstellungen betreibt und generiert, gerade was die Bewältigung von schwierigem Terrain, Pässen und Gebirgen angeht."[252]

Dabei übersieht er, dass der Erfolg der Unternehmungen dem Willen Götter entspricht und die Durchführung der militärischen Unternehmung durch die Auspizien vorher in Hinblick auf die göttliche Zustimmung befragt und gesichert wurde. Xenophon handelt also im Einklang mit dem Willen der Götter. Auch bei Alexander wird das Motiv des Zurückweichens des Wassers mit dem Motiv des Götterlieblings bzw. als göttlicher Wille korreliert.[253]

Wie eng verknüpft die Offenbarung als Gottessohn gerade mit der Fähigkeit der Überwindung von Unüberwindbarem ist, wird auch bei der Figur Herakles selbst deutlich. Seneca nimmt in seinem Drama Hercules furens die Tradition auf, dass Herkules sein Boot verlässt und zu Fuß das Meer überschreitet.[254] Bei Seneca heißt es, dass er den Ozean „zu Fuß bezwang (maria superavit pedes)", nachdem er mit seinem Boot auf eine Sandbank gelaufen war. Auch die auf den ersten Augenschein hin genuinen water-walker wie Senecas Herkules, der gestrandet an den Syrtia vor der lybischen Küste das Meer zu Fuß überquert, dekonstruiert McPhee nach dem Vorbild der Argonauten als Sandbankläufer. Die Argonauten tragen gestrandet ihr Schiff den Spuren der Pferde Neptuns folgend über die Sandbänke hinweg in tieferes Wasser. „Granted, traversing a days-long desert is an achievement, but Hercules does not walk on water in this passage."[255]

---

251 Vgl. Stoll, Kriegführung, 329. Vgl. zum Einfluss Xenophons McGroarty, Xenophon; Dillery, Xenophon, 59f.

252 Stoll, Kriegführung, 335.

253 Lucan. 5,670–675. Arr. an. 1,26,1–2.

254 Sen. Herc. f. 322–324.

255 McPhee, Walking, 771.

4.1.3 Caesar

Neben Xerxes und Alexander dem Großen ist als drittes exponiertes Beispiel auf Caesar einzugehen, der sich selbst dezidiert in die Alexandertradition einordnet und sich nach der Darstellung Plutarchs beklagt, noch nicht so viel geleistet zu haben wie Alexander der Große.[256]

Plutarch und Sueton kennen beide auch für Caesar das Motiv der Überwindung von Unüberwindbarem im Zuge des Bürgerkrieges und der Sammlung seines Heeres für den Feldzug gegen Pompeius. Cassius Dio überliefert ebenfalls eine Parallelvariante.[257] Bei Plutarch hat sich die Tradition der Überfahrt von Apollonia nach Brundisium über den sturmgepeitschten Fluss Aoüs, dem Zugang zum Meer, erhalten. Caesar, der unerkannt an Bord eines Nachen geht, will die Überfahrt nach Brundisium gegen die unruhige und aufgepeitschte See erzwingen, als Steuermann und Ruderer schon zurückkehren wollen.[258] Er begründet seine Forderung „wag's und fürchte nichts" gegenüber dem Steuermann damit, dass er Caesar in seinem Boot führe und Caesars „Glück" mitfahre.[259] Bei Sueton findet sich eine Notiz darüber, dass Caesar die Überquerung des Meeres so lange versucht, bis das Boot fast Schiffbruch erleidet. Interessant ist, dass die religiöse Dimension dieser Überfahrt erst im Nachsatz und unabhängig von Caesars *fortuna* eingespielt wird. So leitet Sueton zur nächsten Episode der Durchsetzung des Willens Caesars am Beispiel von militärischen Operationen auch gegen den Willen der Götter bzw. deren Gunst für das Vorhaben über.[260]

Dieses Motiv findet sich auch bei Appian, der die Episode im Kontext eines anderen Sturmes bietet. Caesar ist alleine im Boot und heißt den Steuermann die Segel zu hissen, denn Caesars Tyche stehe gegen die Wellen der See.[261]

---

256 Plut. Caes. 11,5–6. Vgl. auch Pelling, Caesar, 183f.

257 Cass. Dio 41,46; Plut. Caes. 38; Suet. Iul. 58,2.

258 Plut. Caes. 38,4–5.

259 Plut. Caes. 38,5: „Ἴθι", ἔφη, „γενναῖε, τόλμα καὶ δέδιθι μηδέν· Καίσαρα φέρεις καὶ τὴν Καίσαρος Τύχην συμπλέουσαν." Übersetzung: Plutarch, Vitae parallelae (Ziegler/Wuhrmann).

260 Suet. Iul. 58,2–59: *a Brundisio Dyrrachium inter oppositas classes hieme transmisit cessantibusque copiis, quas subsequi iusserat, cum ad accersendas frustra saepe misisset, novissime ipse clam noctu parvulum navigium solus obvoluto capite conscendit, neque aut quis esset ante detexit aut gubernatorem cedere adversae tempestati passus est quam paene obrutus fluctibus. ne religione quidem ulla a quoquam incepto absterritus umquam vel retardatus est. cum immolanti aufugisset hostia, profectionem adversus Scipionem et Iubam non distulit. prolapsus etiam in egressu navis verso ad melius omine: „teneo te", inquit, „Africa." ad eludendas autem vaticinationes, quibus felix et invictum in ea provincia fataliter Scipionum nomen ferebatur, despectissimum quendam ex Corneliorum genere, cui ad opprobrium vitae Salvitoni cognomen erat, in castris secum habuit.* Bei Sueton ist die Szene anders verortet – zwischen Brundisium und Dyrrachium.

261 App. civ. 2,150.

Trotz aller Versuche des Steuermanns „des Flusses Meister zu werden“[262] ist bei Plutarch eine Umkehr letztlich notwendig. Über die Metaphorik, dass der Fluss „wütend gegen die heranrollenden Meereswogen“ prallt, die „Wasser [...] in brausenden Wirbeln“ tosten, wird hier der Fluss zu einer eigenständigen, gegnerischen Größe im Sinne einer wütenden Flussgottheit stilisiert.[263] Die Hybris Caesars wird sichtbar in seiner Forderung „wag's und fürchte nichts“[264], obwohl nach menschlichem Ermessen eine Überfahrt unmöglich und eine Umkehr notwendig ist. Mit dem Motiv der Erzwingung der Durchfahrt gegenüber der personalisierten Größe Fluss, dies bedeutet Meister des Flusses zu werden, wird das Motiv des Glücks Caesars verbunden. Ebenso wie bei Alexander ist das Vertrauen in sein Glück doppelt konnotiert: als Wagemut und zugleich als ebenfalls eigenständige, schicksalhafte und damit nahezu göttliche Größe.[265] Auch bei Caesar rücken hier dieses Vertrauen in Fortuna und die Überzeugung, dass Glück Caesar begleitet[266], in die Nähe einer persönlichen Größe und eines ‚göttlichen‘ Begleiters, was ihn zum einen zur Überfahrt befähigt und zum anderen Schutz gegenüber dem wütenden Fluss bietet. Die Ironie in der Darstellung liegt nun darin, dass Caesar tatsächlich umkehren muss und der Fluss unbezwungen bleibt.[267]

Lukan bietet die ausführlichste Schilderung des Sturmes und des Wellenganges und bietet eine alternative Variante für das Fortuna-Motiv.[268] Caesar wartet auf die Truppenkontingente, die er in Brundisium zurückgelassen hat. Deren Überfahrt sowie das Übersetzen der Truppenkontingente, die Antonius unterstehen, möchte er nun durch seine persönliche Anwesenheit in Brundisium beschleunigen. Caesar, dessen Versuch der Überwindung von Naturgewalten geschildert wird, wird bei Lukan selbst zur Naturgewalt stilisiert.[269] So bietet nur Lukan die Deutung des Sturmes als Gutes, das Fortuna Caesar tun will. „It was a characteristic of great leaders

---

262 Plut. Caes. 38,6: ελάθοντο τοῦ χειμῶνος οἱ ναῦται, καὶ ταῖς κώπαις ἐμφύντες ἐβιάζοντο πάσῃ προθυμίᾳ τὸν ποταμόν·Übersetzung: Plutarch, Vitae parallelae (Ziegler/Wuhrmann)

263 Plut. Caes. 38,4: πρὸς δὲ τὴν πλημμύραν τῆς θαλάττης καὶ τὴν ἀντίβασιν τοῦ κλύδωνος ἀγριαίνων ὁ ποταμός, καὶ τραχὺς ἅμα [καὶ] κτύπῳ μεγάλῳ καὶ σκληραῖς ἀνακοπτόμενος δίναις, ἄπορος ἦν βιασθῆναι τῷ κυβερνήτῃ, καὶ μεταβαλεῖν ἐκέλευσε τοὺς ναύτας, ὡς ἀποστρέψων τὸν πλοῦν. Übersetzung: Plutarch, Vitae parallelae (Ziegler/Wuhrmann).

264 Plut. Caes. 38,5. Übersetzung: Plutarch, Vitae parallelae (Ziegler/Wuhrmann).

265 Pelling, Caesar, 346f. Vgl. zur Parallelüberlieferung insbesondere bei App. civ. 2,56–57; aber auch Cass. Dio. 41,46 und Lucan. 5,497–702: Pelling, Caesar, 344. Pelling definiert *fortune* hier als Gradmesser der „human mentality“ von Caesar und seinen Männern. Vgl. insgesamt zur Bootsüberfahrt: Pelling, Caesar, 344–349. Vgl. auch Weinstock, Julius, 112–127, bes. 123.

266 Meier, Caesar, 466f.

267 Plut. Caes. 38,5–7.

268 Lucan. 5,475–684.

269 Vgl. Matthews, Storm, 47.

that they had a special relationship with ‚Fortune'."[270] Dabei ist zu unterscheiden zwischen Caesars persönlicher fortuna und der allgemeinen Gottheit Fortuna, die häufig im Zusammenhang mit dem Schicksal oder anderen Gottheiten genannt wird.[271]

Die Umstände, die einer Überquerung bzw. einer Zusammenführung der Truppenkontingente entgegen stehen, werden mit „ferre moras scelerum"[272] angegeben. Monica Matthews nimmt auch für die lukanische Darstellung der Überwindung der sturmgepeitschten See durch Caesar das Motiv der Alexanderimitatio im Sinne des Wagens des Unmöglichen und des Überquerens eines Ozeans an. Hierfür wird über „non rupta vadosis / Syrtibus incerto Libye nos dividit aestu" das Setting der Syrte[273] aufgemacht und der Konnotationskontext der Strandung der Argo sowie des Herakles und der glücklichen Überwindung der Syrte sowohl durch die Argonauten als auch durch Herakles geschaffen. Caesar wird bei dieser Überwindung im Modus der (soldatischen) Tapferkeit beschrieben. Während Catos Tapferkeit im Kampf auf der Seite des Pompeius im Rahmen des Bürgerkriegs gekoppelt ist an seine *virtus* und er damit zugleich auch die Fürsorge für seine Soldaten bei der Querung der libyschen Wüste unter Umgehung der Syrte auf dem Landweg für das Erreichen eines sicheren Winterquartiers erfüllt, ist Caesars Tapferkeit gerade durch das Fehlen von Fürsorge gekennzeichnet, so dass es zugleich Hybris ist. Denn Caesar schlägt alle Warnungen des Führers des Bootes, Amyclas, in den Wind.[274] Caesar gibt sich seinem Schicksal anheim und findet sich mit einem Tod als Bürger im Gegensatz zu einem Begräbnis als Diktator und König ab. Das bereits von Caesar Erreichte reicht aus, um seinen Ruhm zu erinnern, so dass es weiterhin gilt ihn zu „fürchten" und dass „jedes Fleckchen Erde mit mir rechnet"[275]. Seine Rettung inszeniert Lukan jedoch als Fügung der Fortuna, die nicht Caesars Untergang will, sondern rettend seinen Nachen in einer sanften Woge an Land setzt, so dass Caesar erneut „ungezählte Reiche und ungezählte Städte mit seinem Glück in Händen"[276] hält und seinen Eroberungswillen weiter fortsetzen kann. Hier werden Caesars späterer Erfolg und sein(e) Sieg(e) seiner fortuna zugeschrieben bzw. der Wohlgesonnenheit von Fortuna:

---

270 Matthews, Storm, 81.

271 Vgl. Matthews, Storm, 81.

272 Matthews, Storm, 45.

273 Vgl. Matthews, Storm, 57.

274 Vgl. Matthews, Storm, 72.

275 Lucan. 5,671: *dum metuar semper terraque exspecter ab omni.* Übersetzung: Lucanus, Bellum (Ehlers).

276 Lucan. 5,676f: *pariter tot regna, tot urbes fortunamque suam tacta tellure recepit.* Übersetzung: Lucanus, Bellum (Ehlers).

> „good fortune reflects the strong antagonism between Human Excellene (Ἀρετή, *Virtus*) and External Chance (Τύχη, *Fortuna*) which from Hellenistic period onwards was so marked a feature of ancient thought".[277]

Caesars Vorgehen wird nach der Rückkehr in zweifacher Hinsicht durch die Soldaten kritisiert. Zum einen habe sich Caesar weniger wie das zukünftige Haupt der Welt, sondern wie ein Mensch in verzweifelter Lage verhalten. Zum anderen wird die Legitimität des Herausforderns des guten Willens der Götter für eine solche Aktion angezweifelt und damit impliziert, dass Caesar zwar in der Vergangenheit unter dem Schutz der Götter stand, aber dies auch in der Zukunft für das entscheidende Vorhaben, das Gewinnen des Bürgerkriegs gegen Pompeius und das Regieren der Menschheit, beweisen muss.[278]

4.1.4 Caligula

Als viertes und letztes Beispiel soll der Brückenbau zwischen Baiae und den Hafendämmen von Puteoli durch Gaius Caligula in der Darstellung Suetons angeführt werden.[279] Caligula wird durch Sueton direkt in eine Traditionslinie mit Xerxes und der Überschreitung des Meeres durch Brückenbau gestellt. Durch die Einordnung in diese Traditionslinie wird auch die Frage nach der Legitimation von Herrschaft gestellt, die von Sueton für Caligula durch die Episode mit dem Astrologen Thrasyllus angereichert wird[280], der Caligua als Nachfolger des Tiberius ausschließt aufgrund der Unüberwindbarkeit der See für Caligula. Caligula versucht diese Prophezeiung positiv zu erfüllen durch eine Überschreitung des Meeres auf einer durch Schiffe konstruierten Brücke.[281] Das Motiv des Epiphan-Werdens eines Göttlichen wird dann jedoch erst bei Josephus eingespielt, wenn sich Caligula in der Schilderung des Josephus als Gebieter über das Wasser bezeichnet und als Gott inszeniert.[282]

Bei Caesar und Caligula wird in der Schilderung Plutarchs, aber auch Suetons in der Rezeption das Motiv der Überwindung von Unüberwindbarem mit der Legitimation von Herrschaftsansprüchen bzw. von Herrschaft verbunden. Denn Caesar bewertet es als Signum eines zukünftigen Herrschers zuvor große Taten

---

277 Balsdon, Felix, 3.

278 Lucan. 5,685–702. Vgl. Matthews, Storm, 265.269.

279 Vgl. Suet. Cal. 19,1–3. Zur Verortung: Suetonius, Caligula (Wardle), 189; Suetonius, Caligula (Lindsay), 94.

280 Vgl. Suetonius, Caligula (Wardle), 194.

281 Vgl. Labahn, Offenbarung, 209.

282 Ios. ant. Iud. 19,4–6. Vgl. Labahn, Offenbarung, 209.

geleistet zu haben. Für Caligula bildet gerade die Karikatur der Tat des Xerxes die – aus der Sicht Plutarchs zweifelhafte – Legitimation seines Herrschaftsanspruchs.[283]

Sueton und Cassius Dio liefern neben dem Wahnsinn Caligulas auch Argumente, die aus dem Vergleich mit anderen Brückenbauern wie Xerxes stammen und damit schon fast traditionsbildend wirken: das Argument der Megalomanie als Antriebsfeder und damit eng verbunden der Übertrumpfung des Xerxes.[284] Obwohl Cassius Dio später zu datieren ist, bietet er im Vergleich mit Sueton interessante Aspekte seiner Kontextualisierung dieser Überlieferung.[285] So ist bei Cassius Dio der einzige legitime Grund für einen Triumph für Caligula die Fahrt über das Meer gezogen von Pferden als führe man über Land. Im Anschluss werden die Maßnahmen zur Herstellung der Brücke sowie die Brücke selbst mit ihren Ruhe- und Wohnplätzen beschrieben. Den Sieg erlangt Caligula im Brustpanzer Alexanders des Großen, den er vor seinem ‚Feldzug' anlegt. Damit schreibt sich Caligula dezidiert in die Alexanderimitatio ein.[286] Sueton benennt hingegen das Tragen der *corona* als Movens, das ihn in eine Linie mit Augustus stellt, da dieser dieses Ehrabzeichen über seinem Haus durch den Senat verliehen bekommen hat.[287] Caligula scheute nicht die Annahme von vom Senat zugestandenen Ehren und nahm (bis auf den Titel *pater patriae*) alle Ehren, die Augustus in seiner gesamtem Lebenszeit erhalten hatte, bei seinem Herrschaftsantritt in einem Akt an.[288]

Kurz zum Geschehen auf der Brücke nach Puteoli in der Schilderung des Cassius Dio: Vor der Überquerung der Brücke wird der Gottheit Neptun und der Invidia geopfert, so dass die Götter günstig gestimmt werden für den Übergang. Das Ankommen in Puteoli wird im Modus des feindlichen Eindringens beschrieben. Im Folgenden werden die Rast nach der Schlacht geschildert und der Rückweg Caligulas, gekleidet in goldgestickter Tunika, gezogen von siegreichen Rennpferden, wird zugleich als Zug eines Siegers im Wettkampf als auch mittels des Mitführens von Beutestücken und einer Geisel der den Parthern angehörenden Arsakidenfamilie

---

283 Jesus erweist sich hier dann als der ideale Herrscher mit der höchsten Legitimation, denn nur er bewältigt im Vergleich mit Xerxes, Caesar, Alexander dem Großen und Caligula den Seewandel ohne Hilfsmittel. Hier kommt dann die Möglichkeit der Überbietung der hier vorgestellten Herrscher durch Jesus in Betracht.

284 Vgl. Suetonius, Caligula (Lindsay), 97. Vgl. zu möglichen Ursachen für die Aktion: Suetonius, Caligula (Wardle), 194–196. Besondere Aufmerksamkeit verdient dabei die Möglichkeit der Inszenierung als Neptun. Vgl. auch Winterling, Caligula, 120–124; Ferrill, Caligula, 115–117; Balsdon, Emperor, 50–53.

285 Suet. Cal. 19,1–3; 32,2; Cass. Dio 59,17 . Kleijwegt, Triumph. Vgl. auch Beacham, Spectacle, 173–175.

286 Vgl. die These von Malloch, Gaius, 208; Humphrey, History, 174–182.

287 Suet. Cal. 19,2. Vgl. Suetonius, Caligula (Lindsay), 95f; Suetonius, Caligula (Wardle), 191.

288 Vgl. Suetonius, Caligula (Wardle), 194; Suetonius, Caligula (Lindsay), 95.

als Triumphzug inszeniert.[289] Daraufhin folgt eine Rede des Siegers vor den Soldaten – das Lob gilt zunächst Caligula selbst, dann den Soldaten für ihre überragende Leistung im Sinne des Überquerens der See zu Fuß. Der Lohn für die Dienste wird direkt ausgezahlt. Die Szene schließt mit der Schilderung, dass Caligula die Nacht zum Tag durch Beleuchtung werden ließ. Dies wird in Analogie gesetzt zu seinem Willen, das Wasser zu Land zu machen. Die Überwindung natürlicher Hindernisse durch technische Mittel wird hier zum Mittel der Herrscherinszenierung, mittels derer sich der Herrscher als legitim erweist.

Steve J.V.C. Malloch sieht in der Schilderung des Brückenbaus zwischen Puteoli und Baiae in der Variante bei Cassius Dio im Vergleich zu Sueton durch die Anspielung auf den Zug Alexanders des Großen auch „more than the harmless, if extravagant and hubristic, fulfilment of Thrasyllus' prophecy"[290]. Marc Kleijwegt sieht über diesen breiten Assoziationskontext eine gelungene politische Kampagne zur Stärkung der Bindung der Soldaten an den *imperator* gegeben.[291] „The return can only be a deliberate enactment of a general's triumph."[292]

Dies setzte den Senat unter Zugzwang und ist die Ursache für die Vergabe weiterer Ehrungen an Caligula durch den Senat, um so seine Loyalität gegenüber dem *princeps* unter Beweis zu stellen. Caligula testet mit dieser Aktion zugleich das Verhältnis zum Senat aus.[293] Dem war vorausgegangen, dass Caligula eine dikanische Rede im Senat gehalten hat, in der er die Schmeicheleien für seinen Vorgänger Tiberius durch Senatsmitglieder anprangerte und im Zuge dessen die Prozesse wegen Majestätsverbrechen wiederbelebte. Der Senat beschließt auf diese Rede hin die Ehrung Caligulas durch ein jährliches Opfer auf dem Altar der Clementia des Gaius und dass sein goldenes Bild auf dem Kapitol ausgestellt werde. Zudem wurde ihm die Ehrung einer *ovatio* zugedacht.[294] Kleijwegt hebt hervor, dass beim karikierenden Triumphzug weder bei Sueton noch bei Cassius Dio die Senatoren als eigene Gruppe genannt werden, und auch in der Rede Caligulas diese nicht als Adressaten einbezogen werden.[295] Damit wird die Rüge des Senats und zugleich die Bindung an die Prätorianer fortgesetzt, was sich dann in der hohen Beteiligung zahlreicher Kohorten am Germanienfeldzug, der auch einem Niederschlagen einer Verschwörung unter Gaetulicus dienen konnte,[296] spiegelt. Kleijwegt sieht

289 Kleijwegt bestimmt die Beschreibung als Parodie einer militärischen Expedition und eines Triumphzugs. Vgl. Kleijwegt, Triumph, 656.

290 Malloch, Gaius, 207.

291 Vgl. Kleijwegt, Triumph, 670.

292 Kleijwegt, Triumph, 662.

293 Vgl. Grant, Cäsaren, 149–151; Kleijwegt, Triumph, 666–668.

294 Vgl. Balsdon, Emperor, 50.

295 Vgl. Kleijwegt, Triumph, 668.

296 Vgl. Kleijwegt, Triumph, 668f.

sogar eine politische Notwendigkeit in der Inszenierung eines „mock triumph“[297] gegeben:

> „If Caligula had already received reports on the state of undisciplined behaviour of the German army under Gaetulicus at the beginning of 39 [...] his imminent departure for the North would have made the necessity of a spectacle of alliance with the soldiers all the more pressing.“[298]

Nach der Sättigung Caligulas, die negativ mit „bis zum Übermaß“[299] gewertet wird, erfolgt die Schilderung von sogenannten Seespielen, die eigentlich eine bestimmte Schlacht nachbilden sollten. Für Caligula wird jedoch die Grausamkeit seines Vorgehens betont und herausgestellt, dass bei dem Hineinstoßen seiner Gefährten von der Brücke in das Wasser nur aus Glück nur wenige gestorben seien. Diese Grausamkeit gegenüber den eigenen Gefährten korrespondiert mit der Grausamkeit Caligulas gegenüber der eigenen Bevölkerung, die Hunger leidet, da so viele Schiffe für den Bau der Brücke gebraucht und damit auch der Handelsverkehr per Schiff reduziert werden muss.[300] Die Möglichkeit der Rettung vieler seiner Gefährten, die auf die Ruhe des Meeres zurückgeführt wird, wird aus der Sicht Caligulas als Machtbeweis Caligulas gegenüber der Gottheit Poseidon gewertet, die „vor ihm Angst bekommen“[301] habe. Auch Xerxes hatte dem Poseidon für eine Überquerung des Hellesponts geopfert. Die Beschreibung der Episode schließt damit, dass Caligula auch Darius und Xerxes im Wettstreit überbietet, wer die größere Distanz über das Wasser zu Fuß zurückgelegt hat. Caligula ist sich sicher, „daß er eine vielfach größere Meeresstrecke als sie überbrückt habe“[302]. Dies stimmt auch de facto.[303]

Als Fazit kann festgehalten werden, dass die Seewandelmotivik dem übergeordneten Bereich der Überwindung von Unüberwindbarem in Bezug auf Naturphänomene zuzuordnen ist und dies auch den Vergleichspunkt für die hier vorgestellten Episoden darstellt. Eine weitere wichtige Erkenntnis ist, dass das Motiv der Überwindung von Unüberwindbarem immer verbunden ist mit dem Offenbar-Werden einer göttlichen Macht. Wenn dieses Motiv nun explizit für einen Herrscher in Anspruch genommen wird, dann liegt die pragmatische Funktion darin, den Herrscher an eine Gottheit oder eine göttliche Macht zurückzubinden und damit zugleich

---

297 Kleijwegt, Triumph, 669.

298 Kleijwegt, Triumph, 670f. Vgl. zur Problematik der Datierung aller drei Ereignisse in das Jahr 39 Kleijwegt, Triumph, 665f.

299 Cass. Dio 59,17,9. Übersetzung: Cassius Dio, Geschichte (Veh).

300 Cass. Dio 59,17,2.

301 Cass. Dio 59,17,11. Übersetzung: Cassius Dio, Geschichte (Veh).

302 Cass. Dio 59,17,11. Übersetzung: Cassius Dio, Geschichte (Veh).

303 Vgl. Suetonius, Caligula (Lindsay), 97.

seine Herrschaft zu legitimieren. Zugleich ist es interessant, dass bei Xerxes, Caesar und Caligula die Überwindung des Wassers im Kontext eines geplanten Kriegszuges steht. Bei Xerxes folgt auf die Überbrückung des Hellesponts zunächst der Sieg gegen Leonidas bei den Thermophylen. Im darauffolgenden Seekrieg (bei Salamis) werden die Perser jedoch vernichtend geschlagen. Caesar bleibt nach seinem gescheiterten Versuch der Überwindung der Meerenge und nach der geglückten Vereinigung mit den Truppen des Marc Anton siegreich gegen Pompeius und gewinnt bei Pharsalos die entscheidende Schlacht im Bürgerkrieg, die ihn zum alleinigen Herrscher in Italien macht. Caligula kann nach seiner Überwindung der Wasserdistanz zwischen Puteoli und Baiae kleine Teilerfolge bei seinem Krieg in Germanien verzeichnen, für die er seitens des Senats eine Ovation, d. h. einen kleinen Triumph als Ehrung erhielt. Die Invasion nach Britannien bleibt jedoch erfolglos und kann ebenfalls nur in symbolischen Nachspielen von Kriegsszenen als Sieg ausgegeben werden.[304]

5. Exegetische Analyse Joh 6,16–21

5.1 Segmentierung von Joh 6,16–21

5.1.1 Segmentierung des griechischen Texts Joh 6,16–21

16 Ὡς δὲ ὀψία ἐγένετο
κατέβησαν οἱ μαθηταὶ αὐτοῦ ἐπὶ τὴν θάλασσαν
17 καὶ ἐμβάντες εἰς πλοῖον
ἤρχοντο πέραν τῆς θαλάσσης εἰς Καφαρναούμ.
καὶ σκοτία ἤδη ἐγεγόνει
καὶ οὔπω ἐληλύθει πρὸς αὐτοὺς ὁ Ἰησοῦς,
18 ἥ τε θάλασσα ἀνέμου μεγάλου πνέοντος
διεγείρετο.
19 ἐληλακότες οὖν ὡς σταδίους εἴκοσι πέντε ἢ τριάκοντα
θεωροῦσιν τὸν Ἰησοῦν
περιπατοῦντα ἐπὶ τῆς θαλάσσης
καὶ ἐγγὺς τοῦ πλοίου γινόμενον,
καὶ ἐφοβήθησαν.

304 Vgl. Barrett, Caligula, 93–97.

20 ὁ δὲ λέγει αὐτοῖς·
ἐγώ εἰμι·
μὴ φοβεῖσθε.
21 ἤθελον οὖν λαβεῖν αὐτὸν εἰς τὸ πλοῖον,
καὶ εὐθέως ἐγένετο τὸ πλοῖον ἐπὶ τῆς γῆς
εἰς ἣν ὑπῆγον.

5.1.2 Segmentierung der Übersetzung Joh 6,16–21

16 Als es aber Abend wurde,
stiegen seine Schüler herab zum Meer,
17 und (als sie) eingestiegen (waren) in ein Boot,
kamen sie jenseits des Meeres nach Kafarnaum.
Und Dunkelheit war schon geworden,
und Jesus war noch nicht gekommen zu ihnen,
18 und das Meer wurde aufgewirbelt,
weil ein starker Wind wehte.
19 Als sie nun etwa fünfundzwanzig Stadien oder dreißig gerudert waren,
sehen sie Jesus,
umhergehend auf dem Meer
und nahe kommend dem Boot,
und sie fürchteten sich.
20 Er aber sagt ihnen:
Ich bin (es),
fürchtet euch nicht!
21 Sie wollten ihn nun ins Boot aufnehmen,
und sofort kam das Boot nahe dem Land,
zu dem sie sich hin bewegten.

5.2 Kompositionsanalyse von Joh 6,16–21

5.2.1 Gliederung von Joh 6,16–21

Zunächst wird wie beim Brotwunder eine Gliederung der Seewandelperikope nach dem Schema von Theißen vorgenommen. Dann erfolgt die Analyse der Form.

Einleitung

V. 16	Angabe von Zeit, Personen und Ort
a	Es ist bereits Abend geworden;
b	Abstieg der Schüler an den See
V. 17	Näherbestimmung als Überquerung des Sees Einsteigen der Schüler in ein Boot mit Ziel der Überfahrt über den See[305]

Exposition

V. 17	Näherbestimmung der bedrohlichen Situation für die Schüler: Eintreten der Finsternis, vgl. Erreichen einer „qualifizierten Zeit“ der Bedrohlichkeit[306] Abwesenheit Jesu als Steigerung der Bedrohung
V. 18	Windgang: Aufgewirbelt-Werden des Sees durch starken Wind

Zentrum

V. 19	Wiederholte Ortsangabe: nach Zurücklegen von 25 oder 30 Stadien Schüler als Epiphaniezeugen: Schilderung des Seewandels Jesu als Vision Jesus als Epiphane: Wandeln auf dem See, Nahekommen dem Boot der Schüler Schüler als Epiphaniezeugen: Reaktion mit Furcht[307]
V. 20	Epiphane: ἐγώ εἰμι-Wort Jesu, d. h. Selbstidentifikation Gebot sich nicht zu fürchten

Schluss

V. 21	Versuch des Hineinziehens Jesu durch Schüler mit Ziel des Erlangens der „heilsamen Nähe“ Jesu[308]
V. 21	Wunderbare Landung des Bootes als Demonstration der Macht Jesu Ortsangabe: Landung am angestrebten Ufer

5.2.2 Formanalyse von Joh 6,16–21

Theißen versteht den Seewandel Jesu als eine in ein Rettungswunder eingebettete Epiphanie. Diese kann somit nicht losgelöst von dem Rettungswunder stehen und ist mit diesem eng verbunden.[309] Alle Motive, die eine Epiphanie konstituieren, die

305 Vgl. Labahn, Offenbarung, 224.

306 Labahn, Offenbarung, 224.

307 Vgl. Labahn, Offenbarung, 225.

308 Labahn, Offenbarung, 225.

309 Vgl. Theissen, Wundergeschichten, 102f.

Vision, das Erschrecken als Reaktion bei den Zeugen, das offenbarende Wort und der Aphanismus[310] sind demnach eingebettet in das Setting des Rettungswunders.

Die Exposition enthält die Angaben zu Personen, Zeit und Ort. Es ist bereits spät, also Abend eingetreten, als die Schüler den See Gennesaret überqueren, um den Zielort Kafarnaum zu erreichen. In V. 16 werden die einzelnen Vorgänge, wie das Hinabsteigen der Schüler an den See und das Hineinsteigen in das Boot, sehr detailliert beschrieben.[311] Für ἐπὶ τὴν θάλασσαν gibt es auch die alternative Übersetzungsmöglichkeit „über das Meer". Da ἐπὶ mit Akkusativ zumeist die Richtung der Bewegung angibt, ist hier jedoch das Hinabsteigen zum See gemeint.[312] In V. 17 werden diese Angaben noch einmal näher bestimmt durch den Zusatz, dass es schon dunkel geworden und Jesus nicht bei den Schülern war. Es wird kein Grund genannt, warum die Schüler ohne Jesus fortgehen. Es wird häufig gemutmaßt, dass Jesus die Schüler durch das Fortschicken vor dem Einfluss der Menge mit ihrem Anliegen schützen wollte, wenn dies aber ein relevantes Movens gewesen wäre, hätte Joh dies aufgenommen.[313] Die zusätzliche Erläuterung des Fehlens Jesu stellt gemeinsam mit der Angabe zum Aufkommen eines Sturms die szenische Vorbereitung für die Epiphanie Jesu dar. Ἤρχοντο πέραν τῆς θαλάσσης εἰς Καφαρναούμ kann übersetzt werden „kommend/gehend bei dem Meer", macht aber nach dem Hinabsteigen zum Wasser und dem Bericht des Einsteigens in das Boot keinen Sinn und spiegelt nach Ludger Schenke nur eine ältere Stufe des Textes, in der die Schüler Jesu über den See nach Kafarnaum zu kommen versuchen.[314] Hier ist jedoch für die Übersetzung von einem durativen Imperfekt oder einem Imperfekt de conatu auszugehen, so dass „während sie versuchten den See zu überqueren" gemeint ist.[315] Das τε in V. 18 bindet die Abwesenheit Jesu mit dem Einbrechen der Nacht und der stürmischen See zusammen.[316] Alle drei Elemente, die Finsternis, das Fehlen Jesu, der starke Wind kennzeichnen die Situation als bedrohlich für die Schüler Jesu. Es folgt eine weitere Angabe des Abstands zum Ufer. Die Schüler sind 25–30 Stadien entfernt. Ein Stadium beträgt 607 Fuß. Der See Gennesaret ist an seiner breitesten Stelle 61 Stadien breit und 109 Stadien lang (nach Josephus 40 Stadien insgesamt breit, 140 Stadien lang), so dass die Schüler sich mitten auf dem See befinden.[317] Es

---

310 Vgl. Theissen, Wundergeschichten, 103.

311 Vgl. Labahn, Offenbarung, 226.

312 Vgl. Madden, Walking, 107.

313 Vgl. Madden, Walking, 107.

314 Vgl. Madden, Walking, 108. Vgl. Schenke, Szenarium, 198.

315 Vgl. Madden, Walking, 108, der sich bezieht auf: Brown, John (AB 29), 251. Vgl. Thyen, Johannesevangelium (HNT 6), 339.

316 Vgl. Madden, Walking, 109.

317 Ios. bell. Iud. 3,506. Vgl. Brown, John (AB 29), 251f; Theobald, Evangelium (RNT), 443f; Wengst, Johannesevangelium (THKNT 4), 193; Dietzfelbinger, Evangelium (ZBK.NT 4), 149; Haenchen, Johannesevangelium, 311.

wird dann im Zentrum dieses Rettungswunders die Epiphanie Jesu berichtet. Der Epiphane handelt zweigliedrig: er wandelt auf dem Wasser, was näher bestimmt wird als ein sich dem Boot nähern. Ἐπὶ τῆς θαλάσσης wird in der LXX als „bei dem Meer“ übersetzt.[318] Madden macht darauf aufmerksam, dass der Rezipient bei dieser Beschreibung daher zunächst an kein Wunder denkt.[319] Erst wenn die Erscheinung sich nähert und das Erschrecken der Schüler Jesu, ihre numinose Furcht angesichts der Erscheinung auf dem Meer bzw. des sich Näherns berichtet wird, wird deutlich, dass die Szenerie auf dem See Gennesaret verortet ist und hier Jesus am ehesten mit dem McPheeschen Typus des water-walkers zu vergleichen ist.[320] Der auf dem Wasser wandelnde Jesus, der sich dem Boot der Schüler nähert, wird von seinen Schülern im Modus der Vision erfasst.[321] Bei Johannes ist die Furcht der Schüler nicht im Sturm, sondern in der Erscheinung Jesu begründet.[322] Auch Madden führt das Erschrecken der Schüler Jesu weniger auf die Entfernung zum Ufer angesichts des Sturmes, sondern ebenfalls auf die Erscheinung Jesu zurück.[323] „The fear of the disciples is the fear of the divine typical of theophanies. The fear that Jesus inspires is religious awe in the presence of a divine being.“[324] Madden führt für die Übersetzung von καὶ ἐγγὺς τοῦ πλοίου γινόμενον als „getting near to the boat“ mit Jesus statt des Bootes als Subjekt die fehlende Genitivkonstruktion von γινομένου an. Zudem korreliere die belegte Übersetzung mit der Wahrnehmung des Volkes des Wunderbaren der Überquerung des Sees durch Jesus, was Ausdruck in der Frage findet, wann Jesus an die andere Seite des Ufers des Sees gelangt ist (6,25).[325] Meines Erachtens gilt das Interesse des Autors in 6,25 jedoch weniger der Konsistenz der Übersetzungsfrage von 6,19 , sondern der Herausstellung des Wunderbaren der Seeüberquerung durch Jesus und der narrativen Verzahnung mit der Brotrede, die ihren Anlass aus dem ersten dieses Doppelzeichens, der wunderbaren Sättigung aller, gewinnt. Zudem dient 6,25 der Beschreibung des Versuchs der logisch-rationalen Rekonstruktion des Uferwechsels Jesu durch den ὄχλος – es fehlt nur ein Boot, das, wie von Augenzeugen berichtet, ohne Jesus abgefahren ist, der sich aber bereits gemeinsam mit seinen Schülern in Kafarnaum befindet - der zugleich das Wunderbare der Überwindung physikalischer Begrenztheiten ahnt.

318 Vgl. Madden, Walking, 110.

319 Vgl. Madden, Walking, 110.

320 Gegen McPhee, der Jesu Wandeln über den See als genuin jesuanisch betrachtet. McPhee, Walking, 773.

321 Vgl. Labahn, Offenbarung, 225. Zu ἐπὶ vgl. Barrett, John, 280.

322 Vgl. Wengst, Johannesevangelium (THKNT 4), 193; Dietzfelbinger, Evangelium (ZBK.NT 4), 149. Barrett betont die Plötzlichkeit des Sturms. Vgl. Barrett, John, 280.

323 Vgl. Madden, Walking, 110.

324 Madden, Walking, 111.

325 Vgl. Madden, Walking, 111.

Die Schüler identifizieren die Erscheinung sogleich als über den See wandelnden Jesus und nicht als Gespenst wie bei Mk 6,49. Die Epiphanie ist daher in einen engen Zusammenhang gestellt mit der Notiz des Fehlens Jesu bei den Schülern. Das Motiv der Furcht der Schüler kennzeichnet die Erscheinung Jesu als göttliche Erscheinung, da Theophanien bei den Empfängern als Reaktion (Gottes-)Furcht hervorrufen. Die Gegenreaktion beim Epiphanen ist wiederum zweigliedrig; sie ist mit einer Selbstidentifizierung als „ich bin es" verbunden und dem Zusatz „Fürchtet euch nicht" (6,20). Beide Teile der Reaktion entsprechen dem alttestamentlich berichteten Motivrepertoire aus dem sich das Verhalten Gottes bei seinem Epiphan-Werden zusammensetzt. O'Day sieht hier vor allem Analogien zum Bericht des Propheten Jesaja über eine Theophanie als Motivparallele gegeben: Gott gibt sich zu erkennen und vereindeutigt die Identifikation durch ein ἐγώ εἰμι-Wort in Jes 43,25.[326] Auch Wengst führt hier als Beispiel für eine Selbstoffenbarung Gottes Jes 43,10f an[327]:

> „10 Ihr seid meine Zeugen - Spruch des HERRN - / und mein Knecht, den ich erwählt habe, damit ihr erkennt und mir glaubt / und einseht, dass ich es bin. Vor mir wurde kein Gott erschaffen / und auch nach mir wird es keinen geben. 11 Ich, ich bin der HERR / und außer mir gibt es keinen Retter."

Madden findet sechs Vorkommen der Verbindung von ἐγώ εἰμι und μή φοβοῦ, alle im Zusammenhang mit der Zusage des Schutzes durch Gott, so dass er zu dem Schluss kommt: „However, the combination of ἐγώ εἰμι with μή φοβοῦ, however, was bound to evoke an aura of the divine, especially in the context of walking on the water."[328]

Hier wird Jesus somit über die Aufnahme der Ich-bin-Offenbarung in der Tradition der Gottesoffenbarung als Repräsentant Gottes inszeniert.[329] Wengst beschreibt

326 Vgl. O'DAY, John, 155.

327 Vgl. WENGST, Johannesevangelium (THKNT 4), 193f. Vgl. auch SCHWEIZER, Bildreden.

328 MADDEN, Walking, 112. Vgl. auch Anm. 107: Gen 26,24; 43,3; 2 Sam 13,28; Jer 1,8.17; 26,28; 49,11. Vgl. zur Kombination von „Offenbarungswort" und „Fürchte dich nicht"-Aufforderung als „typisches Element bei Theophanien (Gen 15,1; Lk 1,30, aber auch Jes 43,1; 44,2.8)" bei ZUMSTEIN, Johannesevangelium (KEK 2), 252. Jesus offenbart auf dem See seine Gottheit, seine Epiphanie erscheint als „rettende Gegenwart". SCHNELLE, Evangelium (ThHK 4), 164.

329 Vgl. auch WENGST, Johannesevangelium (THKNT 4), 194, der hier auf die Gesandtenmotivik eingeht. Vgl. THYEN, Johannesevangelium (HNT 6), 340; MORRIS, John (NICNT 4), 310; WILCKENS, Evangelium (NTD 4), 98. Barrett sieht hier keinen Bezug zur Offenbarung einer Gottheit und wenn dann als Auftreten Jesu als „divine figure", die sich durch ein absolutes ἐγώ εἰμι identifiziert. BARRETT, John, 281. Vgl. HAENCHEN, Johannesevangelium, 311f, der keine „göttliche Offenbarungsformel" durch ἐγώ εἰμι gegeben sieht, aber im Seewandel eine Epiphanieerzählung bei der die gefährdenden Elemente und damit der charakteristische Zug eines Rettungswunders zurücktritt. Lincoln sieht ebenfalls die Analogie zum sich mittels eines „I am" offenbarenden Gottes, dessen

die Konsequenz dieser Einordnung der Selbstoffenbarung in die Tradition der Gottesoffenbarung:

> „Indem Johannes in dem ‚Ich bin's' Jesu das göttliche ‚Ich bin's' der biblischen Tradition anklingen lässt, macht er damit also deutlich, dass sich Gott mit Jesus und seinem Geschick identifiziert, sich so damit verbindet, dass er in ihm präsent ist."[330]

Das Zentrum der Erzählung liegt in den Motiven des Fehlens Jesu, der Furcht der Schüler angesichts der Vision, und der Selbstoffenbarung Jesu. Das Fehlen Jesu wird aufgelöst durch sein Kommen über das Wasser. Mit seinem Seewandel verbunden ist das Auftreten von Furcht angesichts der göttlichen Dimension, die dem Seewandel Jesu innewohnt und ihn als Gott zugehörig qualifiziert. Diese Furcht wird dann ebenfalls aufgelöst durch die Selbstoffenbarung Jesu in der Tradition der Gottesoffenbarung und die Aufforderung, sich nicht zu fürchten.[331] Die Schlussmotivik in V. 21 besteht im Versuch der Schüler, Jesus in das Boot hineinzuziehen. Eine eigentliche Rettung der Schüler ist nicht notwendig, da alle Konfliktpunkte zuvor bereits aufgelöst worden sind. Der Erzählzug des Hineinziehens Jesu in das Boot ist gekoppelt mit dem Bericht der zeitgleichen wunderbaren Landung. Die wunderbare Landung stellt ein zweites Wunder dar, das aber nur darauf zielt, die Epiphanie Jesu als wunderbaren Vorgang zu deklarieren und zugleich hat dieser Erzählzug die Funktion, die Macht des Wundertäters zu demonstrieren.[332] Theißen sieht mit diesem Motiv zugleich das Verschwinden der Epiphanie verbunden – der Aphanismus wird durch die Beschreibung in Kombination mit der wunderbaren Landung als wunderbarer Vorgang charakterisiert.[333] Eine vierte und letzte Orts-

---

Epiphanie Furcht auslöst und dessen Wasserwandeln ein Hinweis auf seine Macht zu retten ist. Vgl. Lincoln, John (BNTC), 218; Ähnlich: Mullins, John, 190f. Schwank mit Verweis auf Ex 3,14 vgl. Schwank, Evangelium, 203f; Brant, John (P.CNT), 119; Schnackenburg, Johannesevangelium (HTKNT 4/2), 38. Vgl. zu den Verweisen des absoluten Ich-bin (Ex 3,14; Jes 43,10.25; 51,12; 52,6) Zumstein, Johannesevangelium (KEK 2), 252.

330 Wengst, Johannesevangelium (THKNT 4), 194. John Paul Heil unterscheidet zwischen der Funktion der Selbstidentifikation Jesu und der Applikation des Selbstoffenbarungsformulars JHWHs. Vgl. Heil, Walking, 79f. Vgl. zu den Ich-bin-Worten: Petersen, Analysen; Dies., Lichtmetaphorik; Zimmermann, Christologie; Schweizer, Ego; Theobald, Herrenworte; Cebulj, Identitätsbildung; Williams, Interpretation; Ball, Function; Norden, Formengeschichte; Thyen, Licht; Hinrichs, Wort; Dunn, Christology; Freed, Egō; Zimmermann, Offenbarungsformel.

331 Chrakteristische Motive für eine Epiphhanie sind nach Theißen: „die wunderbare optische und akustische Erscheinung, die erschrockene Reaktion des Menschen, das Offenbarungswort, der wunderbare ἀφανισμός." Theissen, Wundergeschichten, 103.

332 Vgl. O'Day, John 6,15–21, 155; Labahn, Offenbarung, 229.

333 Vgl. Theissen, Wundergeschichten, 103.

angabe rahmt die Wundererzählung und konstatiert das Wunder: das Ufer, an dem die Schüler landen, ist das zu Beginn angestrebte Ufer, der Zielort ist erreicht.

Meines Erachtens ist diese Wundererzählung besser als eine mit wunderbaren Zügen ausgestaltete Epiphanie, denn als wirkliches Rettungswunder aus Not einzuordnen.[334] Bezeichnet Theißen den Seewandel Jesu als „soteriologische[...] Epiphanie[...]"[335], so könnte die Epiphanieerzählung in der johanneischen Version meines Erachtens auch losgelöst von dem Setting der Rettung aus Seenot tradiert werden. Das Motiv der Rettung wird in der johanneischen Version dann gar nicht mehr als Rettung (aus Seenot) erzählt, sondern als plötzliche Landung eingeleitet durch καὶ εὐθέως, die jedoch mit dem wunderbaren Aphanismus Jesu zusammengebunden ist. Auch diese Motivverbindung des Aphanismus des Epiphanen mit der wunderbaren Landung stellt die Epiphanie Jesu als das Zentrum der Perikope heraus.

Die V. 22–25 konstatieren und demonstrieren über die Volksmenge die Überquerung des Sees durch Jesus als wunderbaren Vorgang, der die Volksmenge in die Gruppe der (indirekten) Zeugen der wunderbaren Überquerung des Sees einreiht. Denn das Volk begibt sich ebenfalls auf die andere Seite des Sees und auf die Suche nach Jesus. Mit dem Finden Jesu und der impliziten Verortung Jesu am anderen Ufer des Sees wird das Wunder noch einmal bestätigt. Die V. 22–25 sind als Demonstration des Wunders des Seewandels Jesu eng mit der Wundererzählung verzahnt, bilden aber meines Erachtens aufgrund des Personenwechsels eine eigenständige Passage, da sie zugleich die Überleitung zur nachfolgenden Brotrede Jesu bilden.[336]

5.3 Jesus als Seewandler – Ein motivkritischer Vergleich

Die zweite Wundererzählung vom Seewandel Jesu wird häufig als kontrastierendes Wunder zur Brotvermehrung zuvor verstanden. So wird in dieser Wundererzählung ein Kontrast, wenn nicht gar eine Korrektur des falschen Verständnisses des Volkes von Jesus gesehen, das diesen zuvor zum König machen wollte.[337] Häufig

---

334 Madden ordnet die Seewandel-Erzählung als Ressurection-Appearance auf der Basis der folgenden vier Kategorien ein: (1) arguments based on the literary form of the narrative; (2) arguments based on similarities to the tradition in John 21,1–14; (3) arguments based on structural parallels; (4) arguments based on the uniqueness of the resurrection of Jesus. Vgl. Madden, Walking, 116.

335 Theissen, Wundergeschichten, 103, der sich bezieht auf: Pax, Epiphanie, 832–909.

336 Anders Labahn, Offenbarung, 225.

337 Vgl o'Day, John, 157; Jonge, Jesus, 129; Borgen, Bread, 270; Brown, John (AB 29), 250. Barrett, John, 278 betont die Gewalttätigkeit des Handelns ebenso wie Schnackenburg, Johannesevangelium (HTKNT 4/2), 27, der zudem in der politischen Deutung des Königs Jesus durch das Volk ein „Verkennung des wahren Königtums Jesu" gegeben sieht. Vgl. auch Schwank, Evangelium, 201.

wird in der Auslegung der Perikope der Aspekt der Offenbarung Jesu über das Ich-bin-Wort als Repräsentant Gottes und die damit gegebene Heilsmittlerschaft der Gegenwart Jesu als zentral angesehen. Vor dem dargestellten Hintergrund, dass sich auch römische Kaiser über die Überwindung unüberwindbarer Hindernisse legitimierten, ist Jesu Seewandel kongruent mit der Selbstinszenierung der römischen Kaiser, etwa eines Caligulas, als Herr über die Elemente bzw. Überwinder von Unüberwindbarem. Stärker noch als bei Caesar dient bei Alexander dem Großen das Motiv der Überwindung von Unüberwindbarem dem Erweis der eigenen Unbesiegbarkeit und damit der eigenen Legitimation als Herrscher. Dient bei Caligula der Triumph über die See zwischen Baiae und den Hafendämmen von Puteoli ebenfalls der eigenen Herrschaftslegitimation, erweist sich Jesus auch in der Seewandelperikope gegenüber seinen eigenen Schülern als der ideale König im Sinne des Beherrschens der Elemente. Gleichzeitig ist diese Inszenierung als der das Wasser bezwingende König vor dem Hintergrund der Anfeindungen durch ‚die Juden' in Kp. 5 und der Verfolgungssituation durch die Jerusalemer Führungsschicht Erweis der Legitimität seines Königtums. Der Skopus der Erzählung liegt nun aber in der gegenseitigen Beleuchtung des diesem Motiv der Überwindung von Unüberwindbaren zugrundeliegenden Aspektes der Vergöttlichung der Bezwinger bzw. der göttlichen Macht durch die JHWH-Repräsentation in Jesus. Denn bei Alexander dem Großen ist mit dem Motiv der Überwindung der Elemente seine Legitimation als zweiter Sohn des Zeus verbunden. Bei Caesar ist mit dem Motiv der Überwindung der Elemente das Vertrauen in das jeweilige Glück festzustellen. Diese Rückbindung an eine übergeordnete ‚göttliche' Größe erfolgt in der Seewandelperikope für Jesus als Repräsentant Gottes an JHWH, weswegen eine Verschiebung stattfindet: Das hellenistisch-römische Motiv der Legitimation der eigenen Herrschaft über das Überwinden von unüberwindbaren Elementen und die damit implizierte Rückbeziehung auf eine göttliche Macht oder eigene göttliche Herkunft erfolgt nicht mehr über die Gottheit Zeus oder das Glück, sondern in der Rückführung auf JHWH. Dies wird deutlich in dem die Tradition der Gottesoffenbarung aufnehmenden ἐγώ-εἰμι-Wort Jesu.

In der Seewandelperikope wird Jesus über das hellenistisch-römische Motiv der einen Herrscher auszeichnenden Befähigung zur Überwindung der Elemente somit nicht nur als König, sondern zugleich als „Sohn Gottes" eingeführt. Die Einheit Jesu mit dem Vater, seine Rückbindung als Gesandter und Repräsentant an JHWH, wird in dieser Perikope gegenüber den eigenen Schülern neu inszeniert über die Aufnahme des in der hellenistischen Umwelt bereits eingeführten und bekannten Motivs der Überwindung von Unüberwindbarem.[338] Über die Aufnahme hellenistisch-römischer Motive wird der Anspruch Jesu nicht nur bestätigt, sondern zugleich der Vorwurf ‚der Juden' in Joh 5,18 gegenüber Jesus, Gott den eigenen Vater[339] zu nennen und sich Gott gleich zu machen, auf ironische Weise gebrochen. Während der Diskurs über die richtige Identifizierung Jesu als „Sohn Gottes" zwischen Jesus und ‚den Juden' bereits in Kp. 5 in die Verfolgung Jesu mündet und damit bereits ein Scheitern des Anerkennens des Anspruchs Jesu droht, wird der Diskurs über die Inszenierung Jesu als idealer König fortgesetzt.

Exkurs: Die richtige Identifizierung Jesu – Das Stilmittel der Kontrastierung im Johannesevangelium

Eine Ineinssetzung der beiden Identifizierungen als der in die Welt „kommende Prophet" und als der König sollte vermieden werden. Denn während die Identifizierung Jesu als zweiter Mose von Jesus zwar nicht abgelehnt, aber korrigiert wird über seine Selbstoffenbarung als aus dem Himmel herabgestiegenes Brot des Lebens, so wird diese Selbstoffenbarung dann von den Adressaten seiner Rede abgelehnt, da sie auf die himmlische Herkunft Jesu rekurriert. Gleichzeitig wird über die Vollerfüllung des hellenistisch-römischen Königsideals in Brotspende und Seewandel die Implikation der Spendung von Leben und der himmlischen Herkunft Jesu bzw. seiner Identität als „Sohn Gottes" aktualisiert.

Erzählpragmatisch wird hier sehr geschickt verfahren, denn auf der Handlungsebene wird Jesus aus Nazaret hier über die Erfüllung des hellenistisch-römischen Königsideals als „König Israels" und „Sohn Gottes" inszeniert. Währenddessen scheitert die auf der Ebene der Bildreden liegende Selbstoffenbarung Jesu als aus dem Himmel herabgestiegenes Brot, denn diese wird durch die Adressaten der Rede Jesu abgelehnt. Ausgehend von der Gesprächssemantik kann man hier also von einer „interpretativen Verschiebung"[340] sprechen von „Brot aus dem Himmel" (Joh 6,31) zu Jesus als dem aus dem Himmel herabgestiegenen Brot Gottes, das der Welt Leben gibt (Joh 6,33.35). Dies führt der Gesprächssemantik zufolge zu einer „Profilierung"[341] des Königs Jesus als Leben spendender König mit himmlischer

---

338 Vgl. zu Motiven zur Überwindung von Wasser durch JHWH wie dem Exodus oder Ps 77,14–21 und Ps 78,13 sowie Jes 51,6–16 Schnackenburg, Johannesevangelium (HTKNT 4/2), 39f; Wilckens, Evangelium (NTD 4), 98.

339 Theobald deutet dies so, dass Jesus von Gott als seinem Vater „in einem exklusiven Sinn spricht". Theobald, Evangelium (RNT), 382.

340 Bei einer Verschiebung werden „die Definitions- und Anwendungskriterien für Ausdrücke verändert im Sinne der Bildung neuer Lesarten innerhalb eines polysemen Spektrums verwandter Lesarten". Deppermann, Grammatik, 298.

341 Bestimmte Aspekte eines Sachverhaltes werden fokussiert bzw. profiliert. Es werden nur bestimmte Aspekte der lokalen Interpretation von Ausdrücken hervorgehoben. Viele andere Aspekte werden

Herkunft und macht noch einmal die Verbindung der beiden Perikopen der Brotspende und der Epiphanie Jesu sinnfällig. Diese Identifizierung erfährt durch die Kontextualisierung mit der Brotrede zudem gesprächssemantisch gesprochen eine „Modalisierung“[342] im Sinne einer Verstärkung. Während diese Konnotationen bzw. christologischen Zuspitzungen für den in die Welt „kommenden Propheten“ bzw. in der Mose-Manna-Diskussion Ablehnung erfahren, bleiben sie für den König Jesus zumindest potentiell aktualisierbar.

Der Anspruch Jesu wird also aufrechterhalten über die Möglichkeit einer Identifizierung Jesu als „König Israels“ und „Sohn Gottes“, erkennbar – und hier liegt die Ironie in der Erzählpragmatik des JohEv – an der Erfüllung des hellenistisch-römischen Königsideals. Damit die Möglichkeit einer solchen Identifizierung und zugleich die Möglichkeit eines Dialogs mit ‚den Juden‘ erhalten bleibt, muss sie vor dem Hintergrund des Konfliktes Jesu mit der Jerusalemer Führungsschicht verschoben werden in den Bereich der hellenistisch-römischen Herrscherinszenierung. Dass diese Möglichkeit tatsächlich erhalten bleibt und vollzogen wird, wird deutlich beim Einzug Jesu nach Jerusalem (Joh 12,12–19). Der Einzug Jesu ist als Einholung eines hellenistisch-römischen Herrschers gestaltet.[343] Gleichzeitig wird Jesus, auf einem Esel reitend und damit die Weissagung aus Sach 9,9 erfüllend, als „König Israels“ begrüßt.

Über die der hellenistisch-römischen Umwelt entspringende Inszenierung als der ideale, das Wasser bezwingende König wird in der Seewandelperikope zugleich der Erweis für den Anspruch Jesu, „Sohn Gottes“ zu sein, erbracht und das Königtum Jesu zugleich legitimiert. Nur bei Caligulas Überquerung der Brücke in der Schilderung von Cassius Dio (und Sueton) ergibt sich eine solche inhaltliche Nähe einer Verbindung des Seewandeldiskurses mit der Frage nach der Versorgung der Menschen mit Brot. Denn für Caligula wird ein wirkmächtiges Handeln im Sinne der Fürsorge als Sicherung der Versorgung mit Getreide negiert. Vielmehr wird durch die Verwendung von Schiffen für den Bau der Brücke eine Hungersnot ausgelöst, da diese Schiffe als Handels- und Transportschiffe für die Getreidelieferungen fehlen. Dieser Diskurs ist eng verwoben mit der Darstellung des nach dem Essen betrunkenen Caligula, der Menschen von der Brücke stößt und den Tod von Menschen in Kauf nimmt.[344] Wie oben dargelegt, ist der Adressat dieser Inszenierung der Senat. Jedoch sind in der Darstellung Dios nicht nur die Soldaten Teil der Inszenierung, um Caligula als siegreichen Feldherrn aussehen zu lassen.

---

als indexikalischer Hintergrund des Verstehens vorausgesetzt. Vgl. Deppermann, Grammatik, 300f.

342 Modalisierung beschreibt das Verhalten des Beitrags in Bezug auf seine Geltung oder die Gewissheit des Behaupteten oder die Interaktionsmodalität. Vgl. Deppermann, Grammatik, 239.

343 Vgl. Ios. bell. Iud. 7,63–74.

344 Cass. Dio 59,17,2.9–10.

Auch die *plebs* wird als die Statusgruppe benannt auf deren Kosten die (Selbst-)Inszenierung Caligulas geht. Damit wird die Legitimationsstrategie zu der Caligula greift zugleich durch die Kontextualisierung durch Cassius Dio konterkariert.

6. Analyse der pragmatischen Funktion der Verwendung der Motivtrias Gastmahlgeber – Titelverweigerer – Seewandler im Kontext des Gruppenkonfliktes mit ‚den Juden'

An dieser Stelle soll noch einmal auf die in der Einführung benannten beiden Fragehorizonte nach einer positiven Lesart im Sinne der Übereinstimmung der Königsmotivik im JohEv mit dem hellenistisch-römischen Herrscherideal und der Pragmatik der beiden Perikopen im Kontext der Konfliktgeschichte mit ‚den Juden' eingegangen werden.

Berücksichtigt man die in der Geschichtsschreibung eines Arrians, Plutarchs und Suetons zu Tage tretende Unterscheidung zwischen dem Ideal königlicher bzw. kaiserlicher Herrschaft und der tatsächlichen Praxis, dann verkörpert der König Jesus im JohEv den idealen Herrscher. Die Menge identifiziert ihn richtig als König angesichts der zuvor erfolgten idealen öffentlichen Speisung. Auch die Verweigerung der Königsakklamation durch Jesus entspricht dem antiken Ideal in dem Sinne, dass Jesus sich hier aktiv in die prominente Linie der *recusatio imperii* einreiht. Damit verhindert er zuvorderst eine Eskalation des Konfliktes mit der Jerusalemer Führungsschicht und vermeidet zum anderen eine Instrumentalisierung der Bindung des Volkes durch Gunsterweise. Das Spannende in performativer Hinsicht liegt darin, dass Jesus über das Ritual des Gastmahlgebens ein Angebot zur Identifikation als Herrscher macht, das, in dieser idealen Situation, seitens der Adressaten positive Resonanz erfährt. Mit dem Ansinnen der Akklamation zum König wird eine weitere verfestigte Geste aufgerufen, die die Antwort der *recusatio imperii* insbesondere angesichts der beschriebenen Konfliktsituation zwingend macht. Jesus erweist sich erst in der Ablehnung der Herrschaft durch sein Entweichen als der ideale König, d. h. im performativen Akt der Verweigerung der Akklamation konstituiert er sich zugleich als Herrscher.

Der Seewandel steht dann ganz im Zeichen des die Elemente überwindenden Herrschers, was symbolisch seine Nähe zu Gott bzw. seine göttliche Herkunft vergegenwärtigt. Die Pragmatik der beiden Perikopen lässt sich allerdings erst näher bestimmen über ihre kontextuelle Einbindung: Sie sind gerahmt vom Beginn der Verfolgung Jesu wegen seines Bruchs des Sabbatgebotes und seiner Gleichstellung mit Gott und der Selbstoffenbarung Jesu als das Brot, das aus dem Himmel herabgestiegen ist, in der anschließenden Brotrede, die als Reaktion „Murren" bei ‚den Juden' und Spaltungen bei den Schülern Jesu hervorruft. Nach dieser Ablehnung einer überbietenden Analogie zwischen dem Mannawunder des Mose und dem

Brotwunder Jesu, wird auch die Möglichkeit einer Identifikation Jesu mit dem „kommenden Propheten" erschwert. Verhält sich Jesus als der ideale König mit seiner Ablehnung einer möglichen Akklamation durch das Volk und wird die Lesart Jesu als der ideale König gerade auch in seiner einzigartigen Beziehung zu JHWH in der Perikope vom Seewandel Jesu noch einmal gegenüber dem engsten Schülerkreis bestätigt, so bleibt diese mögliche Identifizierung Jesu erhalten, denn sie erfährt keine Ablehnung durch ‚die Juden' oder die Schüler Jesu. Vielmehr wird sie bestätigt durch das stellvertretend für die anderen Schüler gesprochene Bekenntnis des Petrus zu Jesus als „Heilige[m] Gottes" (6,69), was die Identifikation Jesu mit dem „Sohn Gottes" abermals akzentuiert.

Die Pragmatik der beiden Perikopen, so lässt sich abschließend formulieren, liegt nun aber gerade in der Ermöglichung einer Fortsetzung des Dialogs mit ‚den Juden' über die Identifizierung Jesu als König. Der Königstitel beinhaltet nicht nur vor dem hellenistisch-römischen Hintergrund des Kaisers als *divi filius*, sondern auch vor dem alttestamentlichen Hintergrund von Psalm 2,7 die Konnotation des Königs als Sohn Gottes.

So bietet gerade die Erfüllung des hellenistisch-römischen Königsideals durch Jesus die Möglichkeit einer Identifizierung Jesu als „König Israels" durch ‚die Juden' und Anerkennung als „Sohn Gottes".

D „Ich bin der gute Hirte“ (Joh 10,11.14) – Jesus als herrscherlicher Hirte[1]

In Joh 10,1–18 kommt der Königstitel nicht vor. Aber der gute Hirte ist ein herrscherlicher Topos wie hier gezeigt werden soll. Jesus bezeichnet sich in Joh 10,11.14 selbst als der gute Hirte: Εγώ εἰμι ὁ ποιμὴν ὁ καλός. Liegt hier eines der für das JohEv konstitutiven Ich-bin-Worte Jesu[2] vor, so ist diese Selbstprädikation Jesu durch die Besonderheit gekennzeichnet, dass Jesus die Bewertung in der Ausübung seiner Funktion als „gut“ mit dem Einsatz seines Lebens für die Schafe verbindet. Dies entspricht den für die in der Antike etablierten Beschreibungskategorien des Hirten. Das Handeln Jesu erhält jedoch einen außergewöhnlichen, ja hyperbolischen Zug, weil er insbesondere als königlicher Hirte wirkmächtig handelt, was über die Verbindung mit theologischen Kategorien verstärkt wird.

Das Kapitel gliedert sich ähnlich wie das Kp. II/B: Zunächst erfolgen die Kontexteinordnung und die Textanalyse von Joh 9,39–10,21. Im Folgenden wird die Funktion des herrscherlichen Hirten im Alten Testament mit einem besonderen Fokus auf Ez 34 (LXX) und Jer 23 (LXX) skizziert. In einem weiteren Schritt wird das Motiv des „herrscherlichen Hirten“[3] und seine Verwendung in der griechisch-römischen Literatur beleuchtet. Gemeinhin wird der Niedergang des Paradigmas des herrscherlichen Hirten in der griechisch-römischen Antike mit Platos Dialog Politikos verbunden, der den Hirten durch den Staatsmann ersetzt.[4] Dies gilt es zu überprüfen. Der motivkritische Vergleich mit Joh 10,1–18 bildet das Zentrum. Als Kriterium für die Vergleichbarkeit des Motivs kommt jedoch weniger das Lexem ποιμὴν in Betracht, das vor allem bei Homer und bei Dio Chrysostomus Verwendung findet. Vielmehr gilt es nach den Zuschreibungen im Sinne von Funktionen an den herrscherlichen Hirten zu fragen, da diese auch in Joh 10,1–18 den guten Hirten bestimmen. In einem letzten Schritt wird Jesus als herrscherlicher Hirte und der Effekt seines Handelns als guter Hirte in den Blick genommen.

---

1 Dieses Kapitel ist als Aufsatz bei PZB erschienen: Mehring, Hirte. Hier wurden kleinere Umstellungen in der Anordnung der Unterkapitel und geringfügige Überarbeitungen vorgenommen.

2 Vgl. zu den johanneischen Ich-bin-Worten Kp. II/C Anm. 330.

3 Schulte, Speculum, 101.

4 Vgl. Schulte, Speculum, 101–118.

1. Exegetische Analyse Joh 9,39–10,21

1.1 Kontexteinordnung von Joh 9,39–10,21

Joh 10,1–18 geht die Heilung des Blindgeborenen durch Jesus voraus. Der Konflikt mit den ‚Juden' hat zuvor mehrere Zuspitzungen gefunden. So suchen ‚die Juden' Jesus seit der Heilung des ‚Gelähmten' am Sabbat nicht nur wegen des Sabbatbruchs, sondern vor allem wegen der Gleichsetzung mit Gott zu töten. Jesus steigt heimlich nach Jerusalem zum Laubhüttenfest hinauf und lehrt so als ob diese Worte von Gott wären. Auch während des Festes suchen ihn ‚die Juden' und versuchen ihn durch ihre Diener verhaften zu lassen. Das gesamte Kp. 7 besteht in der Frage nach der richtigen Identifizierung Jesu und dem Glauben an ihn: Ist er der Christus angesichts seiner Zeichen und seiner Lehre oder ist er Jesus aus Nazaret, den einige der Jerusalemer und die von den ‚Juden' ausgesandten Diener zu ergreifen suchen. In 8,44 kommt es zum Vorwurf seitens Jesu gegenüber Juden, die zum Glauben an ihn gekommen waren. Diese Gruppe scheint nicht identisch zu sein mit ‚den Juden', die Jesus suchen zu verhaften und zu töten.

Die zweite im JohEv geschilderte Heilung – die Heilung des Blindgeborenen – greift abermals den Sabbatkonflikt und den Streit um die richtige Identifizierung Jesu – Sünder oder von Gott stammend – auf. Auch steht abermals nach Kp. 8 die richtige Zugehörigkeit – Schüler Jesu oder Schüler des Mose zu sein – zur Diskussion. Hier werden die Pharisäer als Gremium eingeführt, das Verhöre nicht nur der Eltern, sondern vor allem des Blindgeborenen durchführt und das zudem für den Ausschluss des Blindgeborenen aus der Synagoge sorgt. Grund für den Ausschluss ist, wie in 9,22 klar benannt wird, das Bekenntnis zu Christus als „Sohn Gottes". Theobald hebt den Zusatz „Sohn Gottes" zum Messiasbekenntnis als relevant hervor, da ein Messiasbekenntnis zunächst innerhalb des differenzierten Spektrums an unterschiedlichen Strömungen innerhalb des Frühjudentums nur das „messianische Profil" der Christen hervorhob.[5] Das Bekenntnis des Geheilten wird narrativ nach seinem Synagogenausschluss durch die Proskynese vor dem Sohn des Menschen (9,35–38) eingeholt.

Die Abgrenzung des Hirtengleichnisses Jesu gestaltet sich schwierig, da das Amen-Wort Jesu und seine erzählende Gleichnisrede[6] die Antwort auf die Ausgangsfrage der Pharisäer (9,39–41), ob sie selbst zu den Blinden zu zählen sind, bildet. Die Rede Jesu in 10,1–18 ist leicht abzugrenzen von der auslösenden Situation und der daraufhin berichteten Hörerreaktion (10,19–21), die eine Spaltung der

5 Theobald, Evangelium (RNT), 646.

6 Vgl. zur Gattungsbestimmung die Übersicht bei Zimmermann, Christologie, 278f.

Juden beschreibt in diejenigen, die Jesus einen bösen Geist unterstellen, und diejenigen, die in ihm den (zeichenwirksamen) Geist Gottes wirken sehen. Wird hier eine synchrone Textbetrachtung vorgenommen, so wird die vorliegende Textgestaltung in ihrer kontextuellen Einbettung und damit 9,39–10,21 als Einheit ausgelegt.[7]

1.2 Kompositionsanalyse von Joh 9,39–10,21

Ich folge der Gliederung von Ruben Zimmermann in seiner Arbeit zur „Christologie der Bilder"[8] und teile 9,39–10,21 ebenfalls in zwei Redeteile, also in 9,39–10,6 und 10,7–21, die jeweils eingeleitet werden durch eine auslösende Situation, auf die dann Jesus mit einem Amen-Wort reagiert und damit zugleich seine Rede beginnt. Neben der die beiden Reden auslösenden Situation 9,39f und 10,6 wird dann jeweils auch die Reaktion der Hörer auf die vorangegangene Rede Jesu (10,6 und 10,19–21) berichtet.

Schon in den ersten beiden Versen der Rede Jesu wird der Gegensatz zwischen Hirte und Räuber formal in Form eines antithetischen Parallelismus hervorgehoben. Hirt und Räuber scheiden sich an der Wahl ihres Zugangs zum Stall. Der Hirte benutzt die Tür und ist damit als der eigentliche Besitzer zu erkennen, während der Dieb sich anderweitig Zutritt verschafft. Mit der Figur des Türhüters in V. 3 wird das Motiv des Eintretens durch die Türe aufgenommen und vertieft. V. 4 und 5 sind dann wieder durch einen antithetischen Parallelismus gekennzeichnet, denn der Hirte wird nun gegenüber den Fremden abgegrenzt aufgrund des Kriteriums des Kennens der Seinen und des Rufens jedes einzelnen Tieres beim Namen. Diesem Ruf folgen die Schafe aufgrund der Vertrautheit der Stimme. Jesus ist damit ebenso wie JHWH Hirte über seine eigene Herde, die er kennt und die ihn kennt (Joh 10,14).

Der zweite Redeteil gliedert sich in die Einleitung in V. 7 und die Amen-Formel, mit der die Rede Jesu eingeleitet wird, in der das doppelteilige Türwort[9] in V. 7f und 9f von dem Hirtenwort in V. 11–13 und 14–16 abzugrenzen ist. Diejenigen, die vor Jesus kamen, werden im ersten Türwort zu Dieben und Räubern degradiert, denen die Schafe jedoch kein Gehör schenken. Es identifiziert Jesus mit der Tür – die Genitivkonstruktion mit τῶν προβάτων kann als Genitivus subjectivus oder

---

7 Vgl. zur Einheit von 9,39–10,42: Zimmermann, Christologie, 241–250. Vgl. zum Problem der literakritischen Scheidung: Theobald, Evangelium, 658–660; Thyen, Johannes 10, 134–154; Thyen, Versuchen, 578–590; Busse, Questions, 6–17; Becker, Evangelium (ÖTK 4,1), 365–367; Schnackenburg, Johannesevangelium (HTKNT 4/2), 348–351.

8 Vgl. zum Folgenden Zimmermann, Christologie, 257 und zu der folgenden sprachlich-strukturellen Gliederung der beiden Redeteile Zimmermann, Christologie, 258–268, bes. 259–261. Vgl. zur Herausarbeitung der Antithesen: Zimmermann, Christologie, 262.264.

9 Vgl. Burz-Tropper, Räume.

Genitiv der Richtung bestimmt werden.[10] Das zweite Türwort bietet ein Ich-bin-Wort Jesu. Das Eintreten durch die Tür ist Voraussetzung für das Finden von Rettung, das dann als Ein- und Ausgehen und Weiden in der Metaphorik der Herdenhaltung gefasst wird. Während die vor Jesus Gekommenen mit Dieben und Räubern gleichgesetzt werden, die zum Stehlen, Schlachten und Vernichten der Herde kommen, zeichnet sich die Funktion des Hirten Jesus dadurch aus, das Leben in Fülle zu geben. Im ersten Hirtenwort liegt zunächst ein Ich-bin-Wort Jesu vor (10,11–13), der sich als Hirte näherhin als „gut" qualifiziert. Als Kriterium führt Jesus für diese Qualifizierung seine Bereitschaft zur Lebenshingabe für die Schafe an. Auch hier findet eine antithetische Abgrenzung des guten Hirten – diesmal vom Lohnknecht als seinem negativen Gegenüber – statt. Denn der Lohnhirte erfüllt seine Aufgabe, die Herde vor wilden Tieren und Angreifern zu schützen, nicht und ordnet die Sicherung seines Lebens der Sicherung und dem Schutz der Herde vor, was die Zerstreuung der Herde durch den Wolf zur Folge hat. Das Ich-bin-Wort vom guten Hirten wird durch Jesus im zweiten Hirtenwort wiederholt (10,14–16) und leitet damit die Beschreibung des Vertrauensverhältnisses zwischen dem Hirten und seiner Herde in Analogie zum wechselseitigen Kennen des Vaters durch den Sohn ein. Hier wird also das Verhältnis zwischen Jesus und den Seinen als Gotteskindschaft eingeordnet. Er führt neben dieser Herde eine andere Herde aus ihrem Stall, die ebenfalls auf seine Stimme hört, so dass eine Herde und ein Hirt entstehen (10,16). Die Rede Jesu mündet in den christologischen Schluss in V. 17f, wo der Lebenseinsatz Jesu als Gebot des Vaters, sein Leben zu geben und es wieder zu nehmen, gefasst wird.

2. Das Paradigma des Herrschers als Hirte

2.1 Das Paradigma des herrscherlichen Hirten im Alten Testament

Bereits in mesopotamischen, aber auch in ägyptischen Quellen wird der König als Hirte identifiziert und diese Funktion ist Teil der Königstitulatur.[11] Der Herrscher wird mittels des Bildes des Hirten auf die Fürsorge für sein Volk durch Schutz im Sinne der Abwehr von Feinden, aber auch positiv auf die Gewährleistung der Lebensgrundlagen festgelegt. Herrschaft differenziert sich also in die Funktion des Schutzes nach außen und nach innen in die Funktion der Lebensfürsorge aus.[12]

---

10 Vgl. zur Diskussion der grammatikalischen Bestimmung: Burz-Tropper, Räume, 72; Wengst, Johannesevangelium (THKNT 4), 313f; Theobald, Evangelium (RNT), 672; Zimmermann, Christologie, 263.

11 Vgl. Kügler, König; Seibert, Hirt.

12 Vgl. Seibert, Hirt, 18f; Zimmermann, Christologie, 318f.

Gerade die Funktion der Lebensfürsorge kann der Hirte nur durch seine enge Verbindung zur Gottheit, die ihn in sein Amt eingesetzt hat, gewährleisten. Denn der König und die Gottheit sind sich in ihrer Funktion als Hirte verwandt, da auch die Gottheit mit der Zuschreibung „Hirte“ belegt wird.

Diese mesopotamische Tradition bildet die Grundlage für die Versinnbildlichung des Handelns JHWHs als Hirte im Alten Testament. Aber auch für den Topos des Völkerhirten bei Homer gibt es Überlegungen, diesen traditionsgeschichtlich als mesopotamischen Ursprungs zu werten,[13] was in der Forschung aber weiterhin umstritten ist, da der Topos des Hirten in Griechenland unabhängig geprägt worden sein kann.[14] Dieser findet bei Homer Anwendung auf herausragende Herrschergestalten wie Agamemnon. Daher soll hier ebenfalls der Fokus auf der Analogisierung von Hirtenfunktion und Herrscheramt liegen.

Im Alten Testament nimmt das Motiv des Hirten eine zentrale Stellung für die Versinnbildlichung des Handelns JHWHs an Israel ein. JHWH, der König und Herr der Heerscharen, handelt in Situationen der Transition wie ein guter Hirte an seiner Herde. Dabei werden vor allem das fürsorgliche Handeln als Schöpfergott sowie das geschichtliche Handeln Gottes über seine Funktion als Hirte figuriert.[15] Er führt Israel aus dem Sklavenhaus Ägypten auf gute Weide in das gelobte Land – der gelungene Exodus zeugt davon, dass Israel unter der Vollmacht und dem Schutz JHWHs steht; er setzt Hirten wie David als König über Israel ein, der als vormaliger Hüter seiner Schafe damit den „Prototyp [...] israelitischen Königtums“[16] bildet. Dennoch geht der Titel Hirte nicht in das „Standardrepertoire der Königsphraseologie“[17] ein, sondern wird als eigentlich Gott zukommende Funktion vielmehr, so Kügler, „zur kritischen Instanz für das Hirtenamt des Königs“,[18] der eine reine Stellvertreterfunktion für JHWH selbst einnimmt und damit an den Maßstäben des idealen Königtums JHWHs gemessen wird. Die mit diesem Maßstab einhergehende Möglichkeit religiös begründeter Kritik führt zu einer Relativierung des Königtums.[19] Wenn JHWH als strafender Gott gegenüber Israel handelt, dann als Hirte, der seine schützende und fürsorgende Funktion gegenüber Israel aufgibt

---

13 Vgl. Schulte, Speculum, 26 Anm. 11. Vgl. auch Himmelmann, Hirten-Genre, 38.

14 Vgl. Mueller-Goldingen, Kyrupädie, 42 Anm. 84. Vgl. auch Aalders, Thought, 25. Aalders legt für die hellenistischen Könige dar, dass die Verwendung der Metapher des Hirten gerade seine Unterschiedenheit in dem Sinne, dass der König „a being of another kind and of another order“ (Aalders, Thought, 25) war. „Thus the notion of the king as shepherd fitted very well with the well-known tendency to deification of ruling kings during Hellenistic times.“ Aalders, Thought, 25f.

15 Vgl. Kügler, König, 115.

16 Kügler, König, 116.

17 Kügler, König, 116.

18 Kügler, König, 117.

19 Vgl. Kügler, König, 117.

und Israel der Zerstreuung anheimgibt.[20] Daneben kann, wie in den gewählten Beispielen unten sichtbar, das Versagen eingesetzter Hirten als der führenden Elite Ursache der Zerstreuung sein. In jedem Fall kommt es Gott allein zu, Israel aus der Zerstreuung des babylonischen Exils zurück auf gute Weide zu führen.

Joh 10,1–18 ist über Stichworte und Motivanalogien eng verknüpft mit seinen Prätexten Ez 34,1–31 und Jer 23,1–8 (LXX), die beide eine Reflexion auf die Erfahrung des babylonischen Exils darstellen.[21] Jesus wird in 10,11–18 als die Herde sammelnder Hirte in der Übernahme der Funktion JHWHs identifiziert. Denn Ez 34,1–31 und Jer 23,1–8 beschreiben den Entschluss JHWHs, seine Herde aus der Zerstreuung zusammenzuführen und sie auf gute Weideplätze zu bringen. Für JHWH wird hier als vornehmliche Funktion die Fürsorge des Hirten betont, die sich in der Herausführung aus der Zerstreuung (sowie in dem Weiden und der Sorge um das einzelne Tier) zeigt.[22] Anlass für den Entschluss JHWHs ist das Versagen der schlechten Hirten. Zimmermann hebt neben der Konstanz in der Zuschreibung an Israel, Schafherde Gottes zu sein, den Wechsel von „prophetische[r] Fremdhirtenpolemik" in „scharfe Kritik an den eigenen schlechten Hirten Israels"[23] als Reflex auf das babylonische Exil hervor.

Mit den Hirten ist aufgrund der Pluralbildung die politische Führung zu identifizieren.[24] Dies gilt auch für die Hirten in Jer 23,2[25] – die politische Führung wird durch JHWH für ihr Fehlverhalten, das Resultat ihrer Ignoranz gegenüber JHWH, bestraft. Das Fehlverhalten der Hirten bedingt in Ez 34 die Preisgabe der Herde gegenüber wilden Tieren und ihre Zerstreuung. Ist die Herde JHWHs zum Fraß der Hirten geworden, greift JHWH nun rettend ein durch Absetzung der Hirten und Zurückfordern seiner Schafe, die er aus dem Rachen der Hirten reißt (Ez 34,10). Regine Hunziker-Rodewald versteht V. 11–15 als Einheit mit V. 5f und V. 7f und Fortschreibung von V. 2b–4.9f. Sie betont, dass in dieser Einheit die Passivität der Hirten Ursache für die Zerstreuung der Schafe ist und JHWH nach dem Gericht seine Schafe den Orten der Zerstreuung, die die Gefahr der Vermischung mit den Völkern beinhalten, entreißt.[26] Die Hirtenschelte wird breit entfaltet. Die Hirten haben sich selbst geweidet durch die Ausbeutung der Schafe und ihrer Produkte

---

20 Vgl. Kügler, König, 116.

21 Sedelmeier, Ezechiel (NSK.AT 21/2), 160f.176; Fischer, Jeremia (HThKAT), 678; Greenberg, Ezekiel (HThKAT), 397; Hunziker-Rodewald, Gottesverständnis, 86f.165–167. Vgl. zum Hirtenmotiv und der Unterscheidung zwischen den schlechten und dem guten Hirten Sedlmeier, Ezechiel, 161–178. Vgl. zur Verbindung von Ez 34 und Jer 23 zu Joh 10,1–18: Zimmermann, Christologie, 320–327.336–344.

22 Vgl. Zimmermann, Christologie, 342.

23 Zimmermann, Christologie, 320.

24 Greenberg, Ezekiel (HThKAT), 395f.

25 Fischer, Jeremia (HThKAT), 677. Vgl. auch Hunziker-Rodewald, Gottesverständnis, 83.

26 Vgl. Hunziker-Rodewald, Gottesverständnis, 163f.

(Fett, Wolle, Fleisch), das Vernachlässigen von Fürsorge und Pflege der Schafe und dem Anwenden von Gewalt gegen die Schafe. Im Gegensatz zum JohEv liegt in Ez 34 der Fokus auf dieser Hirtenschelte und damit auf der Kritik an der politischen Führungsschicht. Dies bedeutet, dass im Alten Testament die Funktion des Auftretens der schlechten Hirten in der Herrschaftskritik liegt. Wegen des Versagens der Hirten muss JHWH die Funktion eines Hirten selbst übernehmen. In Jer 23,1f werden die bösen Taten der Hirten als aktives Zugrunderichten und Zerstreuen sowie Vertreiben der Herde JHWHs beschrieben. Die Suche JHWHs nach seinen Schafen und die Rückführung aus der Zerstreuung beschreiben dann im Weiteren das rettende Handeln Gottes an seiner Herde, das in Ez 34,11–16 in Bilder des Zurückholens aus allen Orten und des Führens in das eigene Land, des Weidens durch JHWH selbst auf guter und fetter Weide und des Ruhenlassens der Herde gefasst wird. Weitere wichtige Topoi der Fürsorge sind die Versorgung der verletzten Schafe, die Stärkung der Schwachen und die Bewachung der starken Schafe. Hier wird ein individualisiertes und auf die Bedürfnisse des einzelnen Herdenmitgliedes abgestimmtes Kümmern JHWHs sichtbar. Durch JHWH eingesetzt wird dann ein einziger Hirte, David (Ez 34,23f), bzw. mehrere Hirten (Jer 23,4), die das Weiden der Schafe im Auftrag JHWHs fortan stellvertretend übernehmen und erfüllen. JHWH agiert als „Herdeneigentümer“[27] mit der Sammlung aus der Zerstreuung und dem Einsetzen neuer Hirten und trägt Sorge für die *„Restitution der Herde“*.[28]

JHWH schließt einen Friedensbund, der Segen für das Land Israel verheißt, was im Bild des fruchtbaren Landes und des Schutzes und der Sicherheit vor wilden Tieren - Israel wird nie mehr Beute fremder Völker sein - versinnbildlicht wird. Diese von Gott vorgenommene Pflanzung (Ez 34,29) bietet also fruchtbares Land und zugleich Schutz vor der Schmähung durch die Völker.

Jer 23,3f fasst die Heilsvorstellung als die nach der Sammlung aus der Zerstreuung und der Rückführung auf die Weide durch JHWH hergestellte Möglichkeit zu gedeihen, sich unter dem Schutz der von JHWH eingesetzten Hirten zu vermehren. In Jer 23,5 wird ein König verheißen, ein gerechter Spross für David, der Recht und Gerechtigkeit schafft. Dabei lässt sich eine Verschiebung der Situation erkennen: War Zerstreuung das Leitwort für die Beschreibung des babylonischen Exils, so ist es nun die Sammlung des Volkes Israel als Ausdruck der Hoffnung, die zudem durch die deuteronomistisch geprägte Vorstellung der Wiedererrichtung des davidischen Königtums gekennzeichnet ist.[29]

Aber auch der Perserkönig Kyros II. wird von JHWH als Hirte erwählt und eingesetzt, der im Auftrag bzw. in der Vollmacht JHWHs handelt und JHWH Nationen

---

27 Vgl. Hunziker-Rodewald, Gottesverständnis, 88.

28 Hunziker-Rodewald, Gottesverständnis, 78.

29 Vgl. Mehring, Motivkritik, 240.

unterwirft und Herrscher entwaffnet (Jes 44,28).[30] Dieser Gesalbte JHWHs, der von JHWH mit dem Titel „Hirte" gerufen wird, führt Gottes Willen aus: Dieser beinhaltet den Aufbau Jerusalems und die Neugründung des Tempels. Das wird in Jes 45,13 bestätigt, wo es heißt, dass JHWH Kyros in Gerechtigkeit erweckt hat und seine Wege ebnet. Kyros ist verantwortlich für den Aufbau der Stadt und die Freilassung des verschleppten Volkes.

2.2 Das Paradigma des herrscherlichen Hirten in griechischen und römischen Quellen

2.2.1 Kyros II. als herrscherlicher Hirte

Kyros II. wird jedoch nicht nur im Alten Testament als Hirte inszeniert. Seiner Person setzt Xenophon mit seiner Kyrupädie literarisch ein Denkmal. In diesem „Fürstenspiegel"[31] wird Kyros ebenfalls als Hirte bezeichnet.[32]

In der Kyrupädie wird stark auf die fürsorgende Funktion eines Herrschers abgehoben. Denn für den idealen Herrscher Kyros wird sein Wettkampf mit allen Menschen um ein Höchstmaß an Fürsorge (τὸ φιλονίκως ἔχειν πάντων ἀνθρώπων θεραπείᾳ περιγίγνεσθαι) hervorgehoben.[33] Dieses wird als Sicherung eines glücklichen Lebens näher spezifiziert, während die Funktion des Königs darin parallelisiert wird mit der Funktion eines Hirten, die Tiere seiner Herde glücklich zu machen. Er

> „müsse die Tiere seiner Herde glücklich machen, um sie nutzen zu können, soweit man bei Schafen von Glück sprechen dürfe, und ebenso müsse der König seinen Städten und Menschen ein glückliches Leben bieten, um daraus Nutzen ziehen zu können. Bei dieser

---

30 Vgl. zur Diskussion des Kyros-Orakels: Berges, Jesaja (HThKAT), 370–441.

31 Vgl. zur Gattung des Fürstenspiegels und der Problematik der Verwendung dieses Begriffs Haake, Kingship. Vgl. auch Haake, Basileias.

32 Bei Herodot (Hdt. 1,107–122) ist Kyros in den Motivkreis des ausgesetzten und von Hirten aufgenommenen Königskindes einzuordnen. Dies bildet ein etabliertes Motivinventar zur Hervorhebung der Besonderheit des Kindes und seines Stehens unter dem Schutz der Götter, da es trotz widriger Umstände mittels göttlicher Fügung überlebt und zudem die Herrschaft erlangt. Vgl. zum Motiv: Binder, Kyros.

33 Xen. Kyr. 8,2,14. Christian Mueller-Goldingen geht für Kyr. 8,2,14 von einem Einfluss seitens Antisthenes aus, der ebenfalls das Beispiel Agamemnons und damit auch den Vergleich zwischen Herrscher und Hirte kennt. Diesem Vergleich liegt als *tertium comparationis* das Streben nach dem Besten für die Untergebenen zugrunde, was auch bei Antisthenes Tugend bzw. Wissen des Königs ist. Vgl. Mueller-Goldingen, Kyrupädie, 42f.

Einstellung überrascht es nicht, daß er ehrgeizig darauf bedacht war, alle Menschen an Fürsorglichkeit zu übertreffen."[34]

Pierre Carlier hebt den Gegensatz in der Verwendung der Hirtenmetapher für den Herrscher zwischen Xenophon und Plato hervor. Im Vergleich mit Plato unterstellt er Xenophon ein weniger luzides Konzept der Hirtenkunst, da dieser davon ausgeht, dass der Hirte die Hauptfunktion des Scherens im Sinne der richtigen Verwertung der Produkte der Schafe inne hat, während er bei Plato die Hauptfunktion des Weidens bzw. der Speisung der Herde inne hat. Dem Staatsmann kommt bei Plato in dem Maße, insofern er denn Hirte ist, in einem umfassenden Sinn die Sorge für die Schafe zu – er hat für sie das Beste zu gewährleisten. Demgegenüber gehe Xenophon davon aus, dass der Hirte aus den von seiner Herde produzierten Produkten Nutzen ziehen darf.[35] Xenophon beschreibt in Kyr. 1,1,2 zunächst die Schwierigkeiten, eine Herde von Menschen als Hirte zu führen bzw. zu leiten im Vergleich zu einer Herde von Tieren. Die Menschen werden als ungehorsam beschrieben und als solche, die die angemessene Nutzung ihres Ertrages durch den Hirten verhindern und sich gegen den Herrscher feindlich zusammenschließen. Im Anschluss daran werden Herrscher aufgeführt, die versuchen, sich an der Herrschaft über ihr eigenes Volk zu halten. Dies entspricht allerdings nicht dem gezeichneten Hirtenideal eines Menschen, der über Tiere herrscht, die ihm gehorsam folgen und ihm ihre Erträge zur besten Verwendung überlassen und sich gemeinsam mit dem Hirten gegen Feinde von außen zusammenschließen. Demgegenüber wird die Besonderheit von Kyros als Hirte über unterschiedliche Völker herausgestellt und damit auch der Grund für die Wahl des Themas angegeben: die nähere Untersuchung und Beschreibung des Charakters des Kyros sowie seiner Erziehung, die ihn zu einer solchen idealen Regierungskunst befähigen.[36]

Deborah L. Gera betont ebenso wie Carlier den negativen Aspekt des Eigennutzens, den Kyros aus seiner Fürsorge für die ihm Untergebenen ziehen kann. So entspräche der hier gezeichnete Herrscher eher dem von Thrasymachos vorgestellten Realbild eines Herrschers in Platos Politeia.[37] Dieser identifiziert die Fürsorge für das Beste der Herde als interessegeleitet im Sinne des Nutzens für den Herdenbesitzer. Es folgt somit nicht dem von Xenophon in seinen Memorabilia[38] gezeichneten Vorbild des Völkerhirten Agamemnon, der für den Schutz, das Wohlergehen und die (Funktions-)Tüchtigkeit seiner Soldaten Sorge trägt, damit diese ihr Los erfüllen, ja sogar zu Wohlstand und einer guten Lebensgestaltung

34 Xenophon, Kyrupädie (Nickel).

35 Vgl. Carlier, Cyropédie, 329 Anm. 4.

36 Xen. Kyr. 1,1,2–6.

37 Plat. rep. 343a–d.

38 Xen. mem. 3,2,1–4.

kommen, ohne jedoch darüber hinaus Nutzen daraus ziehen zu wollen. Die hier betonte Fürsorglichkeit des Kyros entspringe demnach weniger seiner Menschenliebe, sondern vor allem seinem Zweckdenken.[39] Johannes Haubold zieht die Grenze noch schärfer und sieht in der Beschreibung des Thrasymachos eine Redefinition der Beziehung zwischen Hirt und Herde im Sinne des Wechsels vom Hirten einer Herde in den Herdeneigentümer bzw. ἄναξ einer Gemeinschaft, der aus dieser seinen Nutzen zieht.[40]

Drei Eigenschaften werden Kyros in der Kyrupädie wiederholt zugeschrieben, die ihn zur Übernahme seines Hirtenamtes befähigen: seine Menschenfreundlichkeit, seine Gerechtigkeit und seine Großzügigkeit, wobei Letztere Ausfluss bzw. Spielart der Ersteren sind. So wird Kyros in 8,1,22 als sehendes Gesetz bezeichnet, das zugleich Milde walten lässt. Direkt nach der Identifizierung des Kyros als Hirte in 8,2,14 wird zudem die Großzügigkeit im Sinne der Freigebigkeit des Kyros herausgestellt. Grundlage für diese beiden Eigenschaften ist, wie schon angemerkt, seine Menschenliebe.[41] Spannend an dieser Identifizierung des Kyros als Hirte ist, dass Xenophon damit im Widerspruch zur Tradition Platos steht, der statt einer Identifizierung von Hirte und Staatsmann das Beispiel der Webkunst als einzig gelungene Metapher für die Staatskunst gelten lässt.[42]

---

39 Vgl. Gera, Cyropaedia, 295.

40 Vgl. Haubold, Homer, 23.

41 Xen. Kyr. 8,2,14–23. Vgl. zu den herrscherlichen Tugenden: Farber, Cyropaedia.

42 Vgl. zu Xenophon: Nadon, Prince; Tatum, Fiction. Spannend ist in diesem Zusammenhang auch die Frage nach der Datierung der Kyrupädie. Diese steht in literarischer Abhängigkeit zu Platos Politikos. Christian Mueller-Goldingen weist auf die thematischen Analogien zwischen den beiden Werken hin. Auch Xenophon begründet die Schwierigkeit des Herrschens über die Menschen mit der Instabilität der drei Verfassungsformen sowie der Schwierigkeit des Herrschens über Hausklaven als auch der Physis des Menschen, der sich gegen die Herrschaft auflehnt. Vor allem fällt auf, dass die Instabilität der drei Verfassungsformen nicht näher begründet wird. Auch die Verwendung und die Ausführlichkeit des Hirtenvergleichs ist auffällig. Der Hinweis auf Kyros' Wissen reagiert auf die Schwierigkeit, eine Menschenherde zum Gehorsam zu bringen. Stehen beide Werke damit in einem irgendwie gearteten Zusammenhang, so lässt sich die Priorität Platos aufgrund der logischen Klarheit und des Zusammenhangs seiner Argumente feststellen. Platos Politikos lässt sich zwischen den Dialogen Sophistes und der Apologie einordnen, da dieser mit diesen beiden anderen Dialogen durch Prozess und Hinrichtung des Sokrates, die im Hintergrund der Dialoge stehen, verbunden ist. Er gehört zur Gruppe der späten Dialoge. Auf der Basis der Verbindungen des Politikos zu den anderen Dialogen wurde versucht, sein absolutes Datum zu bestimmen. Am Ende des Theaitetos trifft man eine Verabredung für den nächsten Tag, der Sophistes schildert die Dialoge dieses Treffens (am Morgen) und den ersten Auftritt des Fremden aus Elea, der dann im Politikos im Sinne der Fortsetzung des Dialogs (am Nachmittag) erneut breit zu Wort kommt. Oder aber er wird mit den Aktivitäten Platos auf Sizilien verbunden und dann auf die zweite Sizilienreise 367/366 datiert. Vgl. Mueller-Goldingen, Kyrupädie, 45–51. Joseph B. Skemp sieht in der Entscheidung Dions, sich gewalttätig die Alleinherrschaft zu sichern, den *terminus ante quem* für die Abfassung des Politikos,

In diese Reihe von Beschreibungen des Kyros als Hirte gehört auch die Romrede des Aelius Aristides,[43] in der dieser die Größe und fast universale Bedeutsamkeit und den Glanz Roms darüber herauszustellen versucht, dass er das Reich des Perserkönigs und die Qualität seiner Herrschaft kritisch prüft und abwertet. So beschreibt er das Königtum eines Kyros als Reisekönigtum, in dessen Rahmen die Unterwerfung der Völker immer an die Präsenz des Herrschers gebunden ist, während die Abwesenheit des Herrschers im Gegenzug Aufstand bedeutet. So spricht er Kyros in § 18 ab, sein Land als Ganzes ständig beherrschen zu können, und führt als Beleg den Wechsel des Herrschersitzes von Babylon nach Susa oder Ekbatana an. Zugleich negiert er die Fähigkeit des Kyros, für sein Land „wie gute Hirten" zu sorgen.

2.2.2 Der herrscherliche Hirte bei Plato

Scheint dies nun den Eindruck zu erwecken, dass die Verwendung des Topos des Königs als eines Hirten auf Herrscher aus dem mesopotamischen Raum beschränkt bleibt, so ist der Kulturtransfer dennoch gelungen, denn griechische und römische Autoren beschreiben für die eigenen Adressaten mittels dieser Analogie gelungene Herrschaft bzw. ein Ideal, an dem ein Herrscher sich messen lassen muss. Dieser Topos findet bereits bei Homer prominent Verwendung.[44] Die Helden des homerischen Epos wie Agamemnon und Nestor werden von Homer als „Völkerhirten" bezeichnet.[45] Auch Plato setzt sich mit dieser Tradition auseinander und verwendet das Bild des Hirten in seiner Schrift Politeia für den Herrscher, der im Sinne der Sorge für die Herde dieser das bestmögliche Gute zur Verfügung stellt. Die Sorge für die Herde dient nicht der Steigerung des Nutzens, den der Herrscher aus der Herde zieht, sondern das Achten auf das Beste der Herde konvergiert mit dem Besten (Nutzen) für den Herrscher.[46] In seinem Dialog Politikos verwendet Plato das Bild des Hirten für den Staatsmann und allegorisiert die Staatskunst mittels der Hirtenkunst (Plat. polit. 258–275). So wird die Staatskunst als „Wissenschaft von der

---

d. h. nach der dritten Sizilienreise Platos im Jahre 361 – nach 360 wäre eine Schrift wie der Politikos hinfällig gewesen. Vgl. Skemp, Statesman, 13; Mueller-Goldingen, Kyrupädie, 48f.

43 Aristeid. 18.

44 Vgl. allgemein zu Homer: Morris/Powell, Homer.

45 Agamemnon: Hom. Il. 2,243.254.772; 4,413; 7,230; 10,3; 11,187; 11,202; 14,22; 19,35; Od. 3,156; 4,532. Nestor: Il. 9,81; 10,73; Od. 3,469; 17,109. Hektor: Il. 10,406; 22,277. Andere Herrscher: Il. 1,263; 4,296; 5,144; 6,214; 11,92.506.576.598.651.842; 13,411; 14,423; 17,348; 19,386; 22,389. Vgl. hierzu: Schulte, Speculum, 26 Anm. 11 und Mueller-Goldingen, Kyrupädie, 42 Anm. 84. Vgl. auch Xen. mem. 1,2,32; 3,2,1; Plat. rep. 345c–e. Vgl. hierzu: Schulte, Speculum, 25 Anm. 8. Vgl. zum homerischen König Barceló, Basileia.

46 Plat. rep. 345c–e.

Gemeinschaftszucht von Menschen"[47] definiert. Im Politikos wird jedoch vor allem um die Definition des idealen Herrschers und weniger um die der real praktizierten Staatskunst gerungen.[48] Kurz zur Gliederung des Politikos[49]: Der Dialog findet vor allem zwischen Sokrates dem Jüngeren und einem Fremden bzw. Gastfreund aus Elea statt, während Sokrates und Theodoros im Hintergrund bleiben. Grob gliedern lässt sich der Dialog, in dem der Fremde die Rolle des Sokrates gegenüber dem jüngeren Sokrates einnimmt, in drei große Teile. Der erste Teil beinhaltet, wie schon erwähnt, den Vergleich zwischen der Herrscherkunst und der Hirtenkunst mittels der Methode der Dihairese (257a–268b). Diese Definition muss jedoch in einem zweiten Anlauf mittels des Mythos (268d–277c) näher spezifiziert werden, denn es gilt, den Hirten von den anderen Mitzüchtern der Herde wie Ärzten, Bauern, Handwerkern zu unterscheiden. Was macht den Staatsmann zum *„primus inter pares"*?[50] Oder um es mit Friedo Ricken zu formulieren: „Die Dihairese hat die verschiedenen Künste anhand ihres Produkts unterschieden. Jetzt geht es darum, verschiedene Künste voneinander zu unterscheiden, die dasselbe Produkt haben [...]."[51] Die Gleichsetzung zwischen Hirtenkunst und Staatskunst ist nur gültig in Bezug auf das Zeitalter des Kronos, in dem die Menschen der Fürsorge der Götter unterliegen, nicht aber im Zeitalter des Zeus, in dem die Menschen sich selbst überlassen und ohne göttlichen Hirten sind, der ihre Bedürfnisse stillt. Sie sind in die Selbstverantwortung entlassen und müssen sich mittels der ihnen durch die Götter zur Verfügung gestellten Künste selbst versorgen. Der Staatsmann wird zunächst also als „Gott unter Menschen" und „Nachahmer göttlicher Ordnung" vorgestellt.[52]

Dies entspricht dem Denkmuster der Identifizierung des Herrschers mit dem göttlichen Gesetz, was auf die Einsetzung des Herrschers durch die Götter und damit auf seinen göttlichen Ursprung verweist.[53] Im Fragment des Diotogenes wird die Königsherrschaft ein gottähnliches Geschäft genannt und als Nachahmung der Ordnung des Kosmos verstanden.[54] Das durch Johannes Stobaios dem Sthenidas

---

47 Plat. polit. 267d. Übersetzung: PLATON, Politikos (Ricken).

48 Vgl. ERLER, Platon, 247.

49 Vgl. zur Gliederung: ERLER, Platon, 246.

50 SCHÄFER, Herrschen, 124.

51 PLATON, Politikos (Ricken), 12.

52 ERLER, Platon, 249.

53 Vgl. auch die Ausführungen von SCHULTE, Speculum, 125–158.

54 Stob. 4.7,61f. Vgl. auch SCHULTE, Speculum, 140–143. Die Verfasser der Fragmente sind unbekannt. Die Zuschreibung der Fragmente an bestimmte Autoren erfolgte durch Johannes Stobaios. Da die Datierung der möglicherweise neupythagoreischen Fragmente zwischen dem 2. und 3. Jh. v. Chr. und dem 2. und 3. Jh. n. Chr. schwankt, werden diese hier nur in einem Exkurs behandelt. In den Fragmenten finden sich jedoch wichtige Grundlinien der Funktionszuschreibung an den idealen Herrscher gespiegelt. Vgl. zu Fragen der Datierung HAAKE, Writing, 174 Anm. 65. Aus

zugeschriebene Fragment setzt den König direkt in Analogie zum ersten Gott, der als Vater für seine Kinder sorgt; die Königsherrschaft ist bei ihm Abbild der Herrschaft Gottes über den Kosmos.[55] Im Fragment des Ekphantos wird dies bis zur Abbildhaftigkeit des Königs gegenüber Gott gesteigert. Für die Beschreibung des Verhältnisses zwischen Herrscher und Volk findet ebenfalls das Bild des Hirten über seiner Herde Verwendung, das in eine Reihe mit der Beziehung zwischen Vater und Sohn und Gesetz und Bürger gestellt wird.[56] Dies folgt dem Schema der Beziehung zwischen anderen Größen etwa zwischen Steuermann und Schiff sowie zwischen Arzt und Patienten, die ebenfalls gerne herangezogen werden für die Illustrierung des Beziehungsverhältnisses zwischen Herrscher und Volk.[57] Im Hintergrund dieses Beziehungsverhältnisses steht also immer die Funktion der Leitung, aber auch der Fürsorge und des Schutzes vor Gefährdungen, Krankheiten etc.

Der Fehler in der Dihairese ist mittels des Mythos aufgedeckt, denn es wird nun zum einen zwischen dem göttlichen und dem menschlichen Hirten, zum anderen auch zwischen einer freiwilligen und einer gewalttätigen Fürsorge unterschieden. Die korrigierte und für das Zeitalter des Zeus gültige Definition lautet dann: Staatskunst ist „die freiwillige Herdenwartung über freiwillige, zweifüßige Lebewesen".[58] Aber auch dieser Definition mangelt es an genügender Eindeutigkeit, denn noch immer ist der Staatsmann mit seinem Anspruch, alleiniger Hirte der menschlichen Herde zu sein, nicht genügend geschieden von denen, die ebenfalls diesen Anspruch erheben. Der menschliche Hirte wird bei Plato damit zunächst gleichgesetzt mit dem Abbild des göttlichen Hirten, was dann aber sofort revidiert wird, da nicht dem Staatsmann, sondern anderen Hütern die Aufgabe der Aufzucht und Ernährung der Herde zukommt.[59] Im Vergleich zum Allherrscher des Mythos „unterscheidet sich der *politikos* dagegen darin, in der Anleitung bzw. Führung [...], nicht aber gleichzeitig in der Aufzucht [...], der Versorgung und Hervorbringung der ihm anvertrauten Lebewesen kompetent zu sein".[60] Der Staatsmann ist der „mit Vernunft regierende[...] königliche[...] Mann[...]"[61]. Dieser ragt aufgrund seiner

---

neutestamentlicher Sicht besonders interessant sind die Datierungsvorschläge von Louis Delatte und Reinhold Merkelbach, die von einer Abhängigkeit der Diotogenes- und Ekphantosfragmente von Philo von Alexandrien bzw. von gemeinsamen Vorlagen ausgehen. Vgl. MERKELBACH, Beiträge, 73 Anm. 2. Matthias Haake sieht die Fragmente in der (späten) römischen Kaiserzeit verfasst. Vgl. auch HAAKE, Basileias, 121f Anm. 88.

55 Stob. 4.7,63. Vgl. auch SCHULTE, Speculum, 148–150.

56 Stob. 4.7,64. Vgl. auch SCHULTE, Speculum, 156.

57 Vgl. Stob. 4.7,61; Dion Chrys. 3,26; 4,25.

58 Plat. polit. 276e. Übersetzung: PLATON, Politikos (Ricken). Vgl. auch zur Aufdeckung der Fehlerhaftigkeit und Neudefinition der Staatskunst mittels des Mythos: SCHÄFER, Herrschen, 124.

59 Plat. polit. 275d–276c.

60 SCHÄFER, Herrschen, 126.

61 ERLER, Platon, 249.

Kompetenzen im Sinne der Selbstbeherrschung und der Fähigkeit, das Ganze im Blick zu haben, aus seiner Herde bzw. „Betreuungsgemeinschaft"[62] heraus.[63] Es ist also zu unterscheiden zwischen „souveräner Anleitung und Fürsorge gegenüber betreuender Aufzucht und Versorgung"[64].

Im darauffolgenden zweiten Teil wird anhand des Beispiels der Webkunst die Staatskunst als „Menschenfürsorge"[65] gefasst und mit der Webkunst parallelisiert sowie von den für das Produkt der Webkunst notwendigen Hilfskünsten unterschieden (Plat. polit. 277d–287b). Das Beispiel hat die Funktion anhand von etwas Bekanntem etwas Unbekanntes zu erschließen. Denn „zwischen beiden besteht eine strikte Analogie hinsichtlich der Funktion (Fürsorge für die Menschen) und der Verfahrensweise (in einem spezifischen Wissen begründete Kompetenz)."[66]

Der dritte Teil (Plat. polit. 287b–311c) beinhaltet in einer weiteren großen Dihairese als der Scheidung der Ursachen und Hilfsursachen auch einen Durchgang der unterschiedlichen Staatsformen sowie der Funktion der Gesetze und mündet in die Bestimmung des idealen politikos.[67] Aufgabe des Staatsmannes ist es, Vergessenheit zu überwinden, sich ein göttliches Ideenwissen anzueignen, die Möglichkeit für die Orientierung an einem objektiven Maß zu bieten und das Chaos in Ordnung zu überführen.[68] Das objektive Maß meint nach Bernd Effe das „Normwissen"[69] des politikos. Die Durchsetzung von Normen kann auch das Gesetz, das unbedingt einzuhalten ist, als Kopie der vom Staatsmann verfügten Ordnungen und Regeln leisten.[70] Die Aufgabe des Staatsmannes ist es, mittels seines Normwissens, das am „absoluten Maßstab des Guten"[71] orientiert ist, sowohl die Antinomien im menschlichen Wesen zusammen zu weben, als auch sich um die Einheit des Staates durch das Zusammenweben gegensätzlicher Komponenten zu bemühen.[72]

Die zentrale und in der Forschung vieldiskutierte Frage ist jedoch, ob das Bild des Hirten als Staatsmann damit abgelöst ist oder nur variiert wird. J. Manuel Schulte sieht den Hirten als Versinnbildlichung für den idealen Herrscher nach Plato zur reinen Allegorie verkommen, während das Bild des Vaters für den Herrscher stärker aufgegriffen und populär wird.[73] Demgegenüber betonen Wilhelm Schubart

62 Schäfer, Herrschen, 128.
63 Vgl. Schäfer, Herrschen, 126.
64 Schäfer, Herrschen, 128.
65 Plat. polit. 276e. Platon, Politikos (Ricken).
66 Effe, Politikos, 206.
67 Vgl. Erler, Platon, 246.
68 Vgl. Effe, Politikos, 205.
69 Effe, Politikos, 207.
70 Vgl. Erler, Platon, 252.
71 Effe, Politikos, 211.
72 Vgl. Erler, Platon, 247.
73 Vgl. Schulte, Speculum, 254.

und Erwin R. Goodenough die Kontinuität. Schubart stellt weniger das Ende des herrscherlichen Hirten als vielmehr die Unterschiede in der Konzeption vom Philosophen und König vor dem Hintergrund unterschiedlicher philosophischer Strömungen heraus. Er stellt Platos König als dem Hirten und Wohltäter die Konzeption vom „philosophischen Mann […]“[74] durch Stoiker, Epikureer und Peripatetiker gegenüber; letztlich sind für Schubart beide Gedankenkreise in der hellenistischen Vorstellung vom Herrscher vereint.[75] Auch Goodenough weist darauf hin, dass der aus dem Politikos bekannte Hirte bei Xenophon mit Persien verknüpft wird, geht aber nicht von einer Abwertung des Bildes des Hirten aus.[76] Roslyn Weiss hingegen versteht den Vergleich von Staatsmann und Weber als Versuch, die Sorge für eine Gesamtgemeinschaft als die richtige Verteilung zu fassen: „‚With virtue and ἐπιστήμη the just and holy things to all‘ (302,d 1–2).“[77] Dabei wird das „herd-nurturing“ als eine der sieben Genera der „statesman's art“[78] untergeordnet. Diese Genera reichen von der Ernährung über Schutz bis hin zum Handel. Zudem ist das Paradigma des Arztes notwendig als Ergänzung des Paradigmas des Hirten, denn dies holt die dem Staatsmann notwendig eignende „expertise“, „flexibility“ sowie seine „responsiveness“ ein.[79]

2.2.3 Der herrscherliche Hirte bei Dio Chrysostomus

Dio Chrysostomus proklamiert in seiner ersten Königsrede in 1,12f als Tugendideal des guten und aufgrund seiner Gutheit mit der Königswürde durch Zeus ausgestatteten Königs, dass er ein echter Hüter und Hirte seines Volkes sein soll.[80] Das bedeutet, dass er mit der Funktion betraut wurde, sich zu sorgen und Rat zu erteilen. Hier wird explizit die Funktion der Sorge und des sich Annehmens um die Menschen – direkt nach der Gottesliebe – als Auftrag und Pflicht des guten Königs, des wahren Königs, wie Homer ihn versteht, festgelegt. Der gute König wird in einen Gegensatz gestellt zum schlechten König als einem Tischherrn und Zechgenossen, der ein Prasser und Schlemmer ist und seine zerrüttete Seele mit Dummheit, Unverschämtheit, Hochmut und Ungesetzlichkeit anfüllt.[81] Hier wird

---

74 Schubart, Königsbild, 287.

75 Vgl. Schubart, Königsbild, 287f.

76 Goodenough sieht die Metapher der Biene bei Plato abgelehnt, legt aber positiv die Fortschreibung der Tradition der Hirtenmetapher bei Ekphantos dar. Vgl. Goodenough, Philosophie, 60f.

77 Weiss, Statesman, 221. Vgl. Plat. polit. 301d.

78 Weiss, Statesman, 221.

79 Vgl. Weiss, Statesman, 221.

80 Vgl. zur Datierung: Jones, Chrysostom, 115–123; Kühnen, Imitatio, 169.

81 Dion Chrys. 1,12–15. Vgl. insbesondere für „Dummheit, Unverschämtheit, Hochmut und lauter Ungesetzlichkeit“: Chrysostom, Reden (Elliger). Vgl. zu den Königsreden des Dio Chrysostomus: Moles, Kingship.

mit dem guten, als dem durch Zeus eingesetzten König direkt Homer (Il. 2,205f) zitiert, auf dessen Tradition der Beschreibung des wahren Königs sich Dio Chrysostomus beruft. Zudem wird nach Homer ein schlechter und zügelloser, habgieriger Mensch niemals König sein. Die Beschreibung des schlechten Königs als Zechgenosse ist eine Reminiszenz an Platos Beschreibung des Hirten als Zechgenossen.[82] Von Plato wird der Vergleich des Staatsmannes mit dem Hirten aufgrund dessen revidiert, dass der Hirte der gleichen Gattung angehört wie seine Herdentiere – der Gattung Mensch – und nicht als Gott von seiner Menschenherde unterschieden ist. Dio Chrysostomus hingegen zieht aus diesem Umstand den Schluss a minore ad maius und wertet die Liebesbindung zwischen Menschenherde und Herrscherhirte als umso größer, als diese im Vergleich zu den Realia des Hütens einer Tierherde der gleichen Gattung angehören.[83] Interessant in Bezug auf Joh 10 ist, dass Dio Chrysostomus das Sorgen des Herrschers nächst den Göttern für die Menschen, das Lieben und Ehren der Guten sowie die Fürsorge für alle in 1,17 in der Bildtrias des Rinder-, Schaf- und Pferdehüters und seiner Herde inszeniert und im Weiteren anhand dieses Gleichnisses argumentativ entfaltet. Damit wird die Fürsorgefunktion des Herrschers in Analogie zur Funktion eines Hirten gesetzt. Zugleich bestätigt Dio Chrysostomus die These Xenophons, dass die Liebe der Herde und ihr Gehorsam an die Qualität des jeweiligen Herrschers gebunden sind und legt als Kriterium für die Güte des Herrschers seine Milde und Menschenfreundlichkeit fest.[84] Diese speist sich auch bei Dio, der hier mittels seines Vorbildes Homer argumentiert, aus ihrer Gottgenährtheit und daraus, dass die wahren Könige „Gefährten des Zeus" sind, was sie neben Macht auf Fürsorge und Milde, Gerechtigkeit, Barmherzigkeit, Freigebigkeit verpflichtet.[85] Allerdings kennt Dio nicht die Skepsis des Xenophon gegenüber den Menschen als den Beherrschten. Denn auch hier schließt er wieder a minore ad maius von der allgemeinen Gültigkeit der Liebe der Abhängigen zu ihren Herrschenden, die umso größer sein muss, wenn die Abhängigen vernunftbegabt und fähig zur Dankbarkeit sind, im Vergleich zu einsichts- und vernunftlosen Wesen. Dies gilt ebenso für die Liebe des Herrschers zum Volk. Die wechselseitige Liebe zwischen Herrscher und Volk wird durch die Adjektive ἥμερος/φιλάνθρωπος und die Verben ἀγαπάω, φιλέω, ἐράω anhand der Beispiele Hirt – Herde, Pferde – Lenker der Pferde, Jäger – Hund in 1,19f entfaltet.

In der dritten Königsrede des Dio Chrysostomus bestimmt Sokrates gegenüber seinem Dialogpartner, da er im Zweifel ist, ob der Perserkönig Xerxes berechtigt Großkönig genannt werden kann, abermals die Aufgaben eines Herrschers als Hirte, der dafür zuständig ist, für Schutz und Weide zu sorgen, die Abwehr wilder

---

82 Vgl. Chrysostom, Reden (Elliger), 789 Anm. 5 und 6. Vgl. auch Plat. rep. 345c.

83 Dion Chrys. 1,17–20. Vgl. Trapp, Plato.

84 Dion Chrys. 1,20.

85 Dion Chrys. 1,37–41.

Tiere zu leisten sowie vor Dieben auf der Hut zu sein. Kommt der Hirte seiner Aufgabe adäquat nach und erfüllt diese, so kann er als angemessener, ja guter Hirte qualifiziert werden. Dio Chrysostomus schreibt sich hier mit seiner dem Sokrates in den Mund gelegten Rede in den platonischen Diskurs ein und bindet das allgemeine Beste und das Wohl der Herde an das Beste für die Interessen bzw. das Wohl des Herrschers.[86] Demgegenüber zeichnet sich der Tyrann durch das entgegengesetzte Verhalten aus: das Behandeln der Herde als feindliche Beute, d. h. die Ausbeutung und Vernichtung seiner eigenen Herde bzw. die Preisgabe an die Vernichtung durch andere. Weil die Analogie zu Joh 10 mit der Fürsorge- und Schutzmotivik sehr ausgeprägt ist, kommt Dio Chrysostomus nun selbst zu Wort:

> „Hat er nicht die Art eines guten Hirten (οὐδὲ ποιμένος ἐπιεικοῦς ἔχων ἦθος),[87] der für Obdach (σκέπας) und Weide (νομή) für seine Herde sorgt (προνοούμενος), ferner die wilden Tiere abwehrt und vor Dieben auf der Hut ist, sondern fällt er als erster darüber her, vernichtet sie und gestattet es auch andern, als handle es sich, sagen wir, um eine feindliche Beute – niemals könnte ich einen solchen Regenten Herrscher oder König nennen, viel eher Tyrann und Peiniger, wie Apollon einst den Tyrannen von Sikyon genannt hat, auch wenn er viele Tiaren, viele Zepter und viele Untertanen hatte."[88]

Dem geht in seiner zweiten Königsrede auf der Basis eines Homerzitats (Il. 2,480–483) ein Vergleich von Agamemnon mit dem stärksten Stier der Herde voraus. Hier wird zwar nicht der Hirte als Bild für die Herrschaft eines Königs gewählt, aber die Funktionen sind analog. Agamemnon herrscht mit fürsorglichem Sinn, führt die Herde auf die Weide und verteidigt diese vor wilden Tieren.[89] Diese Verteidigung wird näher expliziert in der Trias von Nichtergreifen der Flucht, Kampf für die ganze Herde, Beistand für die Schwachen: „Er führt sie auf die Weide, und zeigt sich ein wildes Tier, ergreift er nicht die Flucht, sondern kämpft für die ganze Herde und steht den Schwachen bei [...]."[90] Dies ist motiviert aus der Entschlossenheit, die Gesamtheit (der Herde) zu retten (προθυμούμενος σῴζειν τὸ πλῆθος; 2,69). Diese Entschlossenheit ist jedoch unbestimmt und meint im Kontext wohl eher den Kampfeinsatz, der dann die siegreiche Überlegenheit des stärksten Stieres gegenüber den wilden Tieren erweisen soll. Zu überlegen wäre, ob diese betonte Entschlossenheit zur Rettung der Gemeinschaft auch die

---

86 Dion Chrys. 3,39.

87 Hier wäre besser zu übersetzen: „wenn er nicht das Wesen eines angemessenen = guten Hirten hat". Vgl. für ἐπιεικοῦς: Passow, Handwörterbuch, 1061.

88 Dion Chrys. 3,41. Übersetzung: Chrysostom, Reden (Elliger).

89 Dion Chrys. 2,66–68.

90 Dion Chrys. 2,69. Übersetzung: Chrysostom, Reden (Elliger).

Bereitschaft, im Kampf zu sterben, impliziert.[91] Denn Johannes Haubold nimmt für den homerischen Völkerhirten seine Bereitschaft für seine Herde zu sterben an. Er betont als Ideal die Funktion des Schutzes und der Rettung der Völker für den Hirten.[92] Kommt der Hirte seiner Funktion des Schutzes seiner Herde nicht nach, so wird dies ins Gegenteil verkehrt. Die Herde schützt den Hirten, indem sie für ihn stirbt. „At critical moments the assumed ideal leader of early Greek hexameter dies for his group; but the ‚actual' leader, more often than not, makes the people die for himself."[93] Haubold scheint hier ebenfalls den idealen Hirten an dem Erfüllen seiner Funktionen zu messen und anhand dieses Kriteriums vom realen aktuellen Hirten zu scheiden. Hans Bernsdorff hat in seiner Untersuchung zu „Hirten in der nicht-bukolischen Dichtung des Hellenismus" für die Hirten in der Ilias herausgearbeitet, dass diese auf die Verteidigung der Herde vor wilden Tieren verpflichtet sind, d. h. Schutz zu gewähren und dies auch unter Einsatz ihres Lebens. Die emotionale Bindung des Hirten wird als Sorge oder Furcht um die Herde gefasst.[94] Dies macht das Abhängigkeitsverhältnis und die enge wechselseitige Bezogenheit der Herde auf den Hirten deutlich. Er betont die Verpflichtung auf den Kampf gegen Raubtiere als Normalfall. Das mögliche Scheitern der Verteidigung wertet er im Gegensatz zu Haubold als einen möglichen Ausgang für den zum Kampf gegen die wilden Tiere verpflichteten Hirten.[95] Das Beispiel des Hirten, der die Herde gegen ein wildes Tier verteidigt, illustriert den Angriff eines (griechischen) Heros auf eine Gruppe im Erzählkontext des trojanischen Krieges.[96] Haubold untersucht ebenfalls das Verhalten des homerischen Völkerhirten gegenüber der Herde und ordnet ihm unterschiedliche Handlungsmuster zu. Neben der Sammlung des Volkes, das dem König nachfolgt, benennt er, wie oben schon erwähnt, den Schutz der Herde (vor wilden Tieren). Bei einem negativen Ausgang des Kampfeinsatzes des Hirten gegen wilde Tiere erfolgt die Zerstreuung.[97]

---

91 Vgl. das Beispiel des Itymoneus in Homers Ilias (Hom. Il. 11,670–684), der im Kampf bei der Verteidigung seiner (Rinder-)Herden gegen Nestor, der sich dieser räuberisch bemächtigen möchte, stirbt. Dies führt zu Angst und Zerstreuung der ländlichen Bevölkerung Elis'. Vgl. Bernsdorff, Hirten, 52.

92 Haubold, Homer, 22.

93 Haubold, Homer, 37f.

94 Vgl. Bernsdorff, Hirten, 54.

95 Vgl. Bernsdorff, Hirten, 54f. Haubold kommt zu dem Ergebnis, dass das Scheitern des Hirten der Normalfall ist. Vgl. Haubold, Homer, 20. Hom. Il. 5,136–140; 11,546–555 (= 17,661–663); 10,485f; 12,299–306; 15,323–325.587f.630–638; 16,351–355.658.752f; 17,61–69.109–112.657–664; 18,161–164.525–529.573–586. Vgl. zu den Stellen erfolgreicher und nicht erfolgreicher Verteidigung: Bernsdorff, Hirten, 54 Anm. 28 und 30 sowie Haubold, Homer, 19f Anm. 29 bis 31.

96 Vgl. Bernsdorff, Hirten, 54.

97 Vgl. Haubold, Homer, 17–40.

Für Dio Chrysostomus bemisst sich an der Erfüllung dieser Schutz- und Fürsorgefunktionen der wahre König. Auch die Tyrannen, gegen die der wahre König seine Herde schützt, werden mit dem Adjektiv „wild" in 2,71 belegt. Das Bild des Hirten dient zudem analog als Spiegel des Verhältnisses zwischen dem Herrscher und den Göttern – die Götter übernehmen die Leitungsfunktion für den Herrscher wie gute Hirten.[98] Die Hirten setzen den Herrscher über das Volk ein und entscheiden anhand der Qualität der Herrschaft des Königs, ob sie diesen entfernen und schlachten oder in seinem Amt belassen. Als Kriterien gelten die Milde gegenüber dem Volk und die Bereitschaft zum Schutz gegenüber wilden Tieren, was als Leitung und Schutz der Herde sowie Gehorsam gegenüber den Göttern entfaltet wird. Die Tyrannis ist demgegenüber durch Missachtung und Misshandlung des eigenen Volkes, Zurückweichen vor den äußeren Feinden sowie durch die Wildheit und die Angriffslust gegenüber der eigenen Gemeinschaft gekennzeichnet.[99]

Ein weiteres Mal dient das Bild des Hirten und seiner Funktionen bei Dio Chrysostomus in seiner vierten Rede im Dialog des Diogenes mit Alexander dem Großen für die Veranschaulichung der Unterscheidung der Königsherrschaft von der Herrschaft eines Tyrannen.[100] Das Bild, das Dio vom homerischen Völkerhirten entwirft, rekurriert wiederum als Zitat Homers auf Minos als „Gefährten des Zeus" (Od. 19,178f) und bestimmt damit den König als nach Gerechtigkeit und Wahrheit Strebenden. Dio bezeichnet das Königsein als göttliche Kunst, die Zeus jedem, dem er will, mitteilt. Die von Zeus Belehrten heißen dann Söhne des Zeus (4,21). Diogenes verkehrt hier im Gespräch mit Alexander ironischerweise die Voraussetzungen für die Zeussohnschaft. So sieht er im Anspruch Alexanders, Sohn des Zeus zu sein, die Konsequenz und nicht die Voraussetzung dafür, ein guter König zu sein.[101] Auch die Zeussohnschaft des Herakles bindet er im Folgenden an die Erziehung zu Seelengröße. In 4,70–72 fordert er Alexander den Großen, den Nachfahren des Herakles auf, in die Nachfolge als Hirte in der Tradition seines Vorfahren Archelaos einzutreten, damit er zur Vernunft komme.[102] Dem sei noch hinzugefügt, dass auch

---

98 Auch für Zeus findet neben der Metapher des (fürsorgenden) Vaters für Götter und Menschen die Metapher des Hirten Verwendung (2,75). Die freiwillige Unterordnung des Herrschers (als dem Besten) unter die Götter aufgrund von Einsicht und Vernunft trotz seiner Überlegenheit an Stärke, Mut und Kraft wird als erzieherische Lektion für einsichtige Könige in Bezug auf die Kunst zu herrschen gewertet (2,70).

99 Dion Chrys. 2,73f.

100 Dion Chrys. 4,40–45. Vgl. dazu auch Lang, Hirte.

101 Dion Chrys. 4,21–27.

102 Auch für Kyros stellt Dio Chrysostomus sein δοῦλος-Sein als Lampenträger am Hofe des Astyages in 15,22 heraus und wertet den Aufstieg zum Herrscher als Ergebnis seiner Tugend, die ihn als wahren εὐγενεῖς erweist. Auch 15,22 scheint daher für Mueller-Goldingen unter antisthenischem Einfluss zu stehen. Vgl. Mueller-Goldingen, Kyrupädie, 40f.

Seneca in seinem Drama Hercules furens Herakles (und Apollo) in der Funktion des Hirten figuriert.[103]

Für den hier dargelegten Argumentationsgang ist interessant, dass Dio Chrysostomus seine Beispiele und Vergleichsgrößen in Bezug auf den idealen Herrscher für einen Kaiser wählt, dessen Alexander-Imitatio die anderer römischer Kaiser übertrifft.[104] Hier sei nur auf die Verwendung des Zeusattributes des Blitzes und des *parazonium* in der Münz-Ikonographie Trajans verwiesen.[105] Die Königreden-Reden des Dio Chrysostomus werden gemeinhin als an Kaiser Trajan adressiert bzw. als auf diesen bezogen verstanden und damit in die Regierungszeit Trajans datiert.

Damit werden die Könige in die göttliche Sphäre gerückt und als Freunde des Zeus (von göttlicher Seite) mit Wahrheit und Wissen versorgt. Das Streben nach dem Guten eignet auch bereits den Aufgaben eines Königs in 4,44: die Versorgung der Schafe (πρόνοια), ihre Bewahrung (σωτηρία) und ihr Schutz (φυλακή). Der Tyrann sieht als seine Aufgabe die Tötung, Schlachtung und Häutung seiner Tiere und degeneriert zum Metzger. Dio schließt mit der Feststellung, dass ein himmelweiter Unterschied zwischen der Aufgabe eines Metzgers und der eines Hirten bestehe – auch wenn beide manchmal ihre Herde vor sich her treiben, also in Teilen die gleiche Aufgabe erfüllen –, etwa ein so großer Unterschied wie zwischen der Königsherrschaft und der Tyrannis.

2.2.4 Der herrscherliche Hirte bei Seneca und Plutarch

Seneca beschreibt in seinem „Fürstenspiegel" für den *princeps* Nero in Sen. clem. 1,16,1–5 die schlechte Herrschaft am Beispiel des Dompteurs, der sein Pferd zum Gehorsam prügelt und es dadurch störrisch macht, statt sein Ziel über die sanfte Berührung zu erreichen. Auch die Herrschaft über Menschen darf demnach ebensowenig gewalttätig und hart ausgeübt werden wie diejenige über (sprachunfähige) Tiere. Auch hier wird anhand dieser Analogiebildung ein Schluss a minore ad maius gezogen. Dies findet Bestätigung in Sen. clem.1,17,1:

> „Kein Lebewesen ist widerspenstiger, keines muß mit größerem Geschick behandelt werden als der Mensch, mit keinem muß man behutsamer umgehen. Denn was ist törichter, als zwar zu erröten, daß man an Zugvieh und Hunden seinen Zorn ausläßt, aber unter schlimmsten Bedingungen unter dem Menschen der Mensch existiert?"[106]

---

103 Sen. Herc. f. 230–234.450f, Seneca, Hercules (Billerbeck).

104 Vgl. zur Alexander-Imitatio Trajans: Kühnen, Imitatio, 165–172. Vgl. zur Adressatenschaft der Reden Dions an Trajan: Moles, Dio, 186–207; Jones, Chrysostom, 115–123.

105 Vgl. Kühnen, Imitatio, 165.

106 Seneca, De Clementia (Rosenbach).

Auch Seneca verwendet das Argument der Widerspenstigkeit des Menschen, um seinen Schüler Nero von Brutalität und Zorn abzuhalten und ethisch und juridisch zur Milde und Menschenfreundlichkeit gegenüber seinem Volk anzuhalten.[107]

Plutarch verwendet in seiner Schrift „Der Philosoph muss vorzugsweise mit Regenten sich unterhalten" das Bild der Ziege, die von der Pflanze Exyngion isst, deren Wirkung nicht nur das Tier selbst, sondern die gesamte Herde stillstehen lässt, bis der Hirte die Pflanze aus dem Maul des Tieres entfernt hat. Diese ansteckende Wirkung kann auch die philosophische Lehre bzw. die Vermittlung von ἀρετή bei einem Staatsmann und Herrscher haben, da in ihm vermittelt durch einen Anaxagoras, Plato, Pythagoras, Athenodorus oder Panaetius die Liebe zur Tugend entfacht und die Herrscher, namentlich Perikles, Dion, Cato und Scipio, dadurch zu Wohltaten gegenüber Vielen angesteckt werden.[108] Während diese Wohltaten unbestimmt bleiben, wird die ἀρετή der Fürsorge im Bild des sich um das einzelne Tier kümmernden Hirten, der die Distel aus dem Maul des Schafes zieht, beschrieben. Dieser Hirte ist nun aber eher mit dem den Herrscher unterrichtenden Philosophen und die Ziege mit dem Herrscher zu identifizieren. Zuvor werden aber auch hier die Könige als Schüler der Götter beschrieben; die Könige geben die über ihre Schülerschaft erlangte Weisheit, Gerechtigkeit, Güte und Seelengröße an ihre „Herde" zu deren Nutzen weiter.[109]

Ein kurzes Fazit: Das Bild des Hirten ist besonders geeignet das Verhältnis zwischen Herrscher und Volk zu veranschaulichen und den Herrscher auf bestimmte Funktionen gegenüber dem Volk zu verpflichten. Das Spektrum der hier vorgestellten und analysierten Texte ist in seiner Art und Weise der Zuschreibung von Tugenden und Funktionen an den idealen Herrscher sehr breit und reicht von der Vermittlung von ἀρετή bei Plutarch über die Gewährleistung eines glücklichen Lebens bei Xenophon bis hin zum zentralen Topos der (Für-)Sorge für die Gemeinschaft, der bei allen hier analysierten Texten entweder mittelbar im Hintergrund steht bzw. von Plato bis Dio Chrysostomus als das wichtigste Merkmal und die wichtigste Funktion des Herrschers benannt wird.

Wie wichtig Homer mit seinem Bild vom Völkerhirten bleibt, wird an der Häufigkeit des Zitierens von Homer bei Dio Chrysostomus deutlich.[110] Damit lässt sich mit Xenophon und Dio Chrysostomus eine Linie ziehen, die den Topos des über die Menschen eingesetzten guten Hirten seit Homer rezipiert und auch gegen die Kritik eines Plato weiter fortschreibt.

---

107 Vgl. allgemein zu Senecas Fürstenspiegel: Kurczyk, Nero.

108 Plut. mor. 776E–777A. Die ansteckende Wirkung der Tugend wird nur dem Herrscher aufgrund der Öffentlichkeit seiner Person zugeschrieben und beschränkt sich bei einem Privatmann mit geschäftslosem Leben auf die Herstellung von innerlicher Ruhe und Stille.

109 Vgl. auch Boulet, Philosopher-King.

110 Saïd, Mythology; Kindstrand, Homer; Moling, Dion.

Auffällig dabei ist, wie häufig das Hirtenbild (auch nach Plato) im Kontext der Bestimmung des idealen Herrschers bzw. der idealen Herrschaftsform Verwendung findet. Es ist damit eng an die Gattung der Peri-basileias-Schriften bzw. an die Unterrichtung eines Herrschers durch einen Philosophen gebunden.[111] Matthias Haake analysiert in seinem Aufsatz zu Alexander dem Großen und Arcadius die Rolle der engen Beziehung zwischen Philosoph und Herrscher, insbesondere ihrer schriftlichen Kommunikation, und kommt zu dem Schluss:

> „Auf der Bühne der hellenistischen Staatenwelt spielte vor dem Publikum der Poleis von daher die (inszenierte) Selbstkontrolle der herrscherlichen Macht eine ganz wesentliche Rolle, da sie für die Beurteilung des Alleinherrschers hinsichtlich der Frage ‚guter Herrscher oder schrankenloser Tyrannen?' von zentraler Bedeutung war."[112]

Für die Philosophen diente das Verfassen der Peri-basileias-Schriften im Gegenzug der Erhöhung und Sichtbarmachung ihrer „herausgehobene[n] gesellschaftliche[n] Position"[113].

3. Jesus als herrscherlicher Hirte – Ein motivkritischer Vergleich

Auf die enge Verbindung zwischen Joh 10,1–18 und dem alttestamentlich etablierten Motivinventar des einen Hirten, der stellvertretend für JHWH die Obhut für seine Herde übernimmt, wurde durch eine Vielzahl von Arbeiten hingewiesen und diese findet in der exegetischen Forschungslandschaft breite Anerkennung.[114] Jesus übernimmt alle Funktionen JHWHs als guter Hirte. Hier sind insbesondere die lexematischen Verknüpfungen des Zerstreuens (σκορπίζει), des (Heraus-)Führens (ἄγειν) und der Weide (νομή) anzuführen. Auch das Grundmodell des Versagens der schlechten Hirten, was zur Zerstreuung und zur Bedrohung durch wilde Tiere, ja zum Zugrundegehen der Herde führt, des rettenden Eingreifens JHWHs und des

111 Vgl. Haake, Writing, 165–206; Haake, Basileias, 83–138.

112 Haake, Alexander, 75.

113 Haake, Alexander, 76. Warren Carter benennt in seinem Vortrag am 20.11.2017 zu „The Sheep are Bleating: An Imperial-Critical Reading of the Shepherds in John 10" im Rahmen der Johannine Literature Section bei der jährlichen Tagung der SBL in Boston einen Teil der hier verwendeten Quellen von Homer über Plato und Seneca und geht ebenfalls davon aus, dass der Topos des Hirten in der griechisch-römischen Literatur etabliert blieb.

114 Vgl. zur Verbindung von Ez 34 und Jer 23 zu Joh 10,1–18: Zimmermann, Christologie, 320–327, 336–344; Schreiner, Ezechiel; Beutler, Hirtenrede; Willmes, Hirtenallegorie; Rehm, Messias. Für den Vergleich zwischen Ez 34 und Joh 10 in Bezug auf Jesus als König: Stovell, Mapping. Vgl. allgemein zur Hirtenrede im JohEv: Kowalski, Hirtenrede; Turner, History; Kiefer, Hirtenrede; Simonis, Hirtenrede.

Einsetzens eines einzigen Hirten wird in Joh 10,1–18 aufgenommen, aber entscheidend variiert. Denn im Unterschied zum erhofften davidischen Hirten agiert Jesus wie ein „Herdeneigentümer"[115] – die Schafe sind die Seinen und er ist der eine Hirt – und handelt, indem er die Schafe führt und ihnen Weide gibt, in der Rolle JHWHs. Auch in Joh 10,1–18 gibt es die Abgrenzung des Hirten Jesus gegenüber den Dieben und Räubern sowie gegenüber dem Lohnhirten. Den schlechten Hirten wird als Versagen in Ez 34,3f das Schlachten und das gewalttätige Zugrunderichten (vgl. auch Jer 23,1) der Herde angelastet.[116] In diesen beiden Textpassagen steht also ebenso wie in den griechisch-römischen Quellen die Diskussion des Verhältnisses zwischen Hirt und Herde im Sinne einer Negation eines Ausbeutungsverhältnisses und der positiven Wertung als Fürsorgeverhältnis im Zentrum. Auch der Dieb in Joh 10,10 kommt, um zu schlachten und zugrunde zu richten.[117] Das Versagen der schlechten Hirten im Sinne des Vernachlässigens ihrer Aufsichts- und Schutzfunktion entspricht dem Versagen des Lohnhirten.[118] Ist in Ez 34 mit den schlechten Hirten die politische Führung gemeint, so werden in Joh 10,1–18 auch aufgrund der kontextuellen Einbindung in ein Streitgespräch mit den Pharisäern eben diese mit ihrem Versagen konfrontiert.[119]

Neben der Nähe zu diesem alttestamentlich etablierten Motivinventar fällt nun aber auch die Parallele zu der Figuration Kyros' II. als des guten Hirten auf, der bei Xenophon an die Gewährleistung eines glücklichen Lebens und damit zugleich an die Fürsorge für seine Herde gebunden wird. Diese Analogie in der Funktionsbestimmung der Fürsorge bleibt noch recht allgemein. Aber auch Dio Chrysostomus schreibt sich in seiner ersten Königsrede in die Qualifizierung des Königs als des guten und wahren Herrschers mittels des Kriteriums der Fürsorge ein. Der gute Hirte Jesus stimmt mit den bei Dio Chrysostomus in seiner dritten Königsrede beschriebenen Funktionen eines Hirten überein: Er bietet seiner Herde Weide und Schutz und verteidigt sie vor wilden Tieren. Die Funktion des (Ver-)Sorgens (πρόνοια), des Bewahrens (σωτηρία) und des Schutzes (φυλακή) durch den Hirten wird in der vierten Königsrede (4,44) noch einmal als einzige Aufgabe des Hirten eingeschärft und gegenüber einer gewalttätigen Herrschaft im Bild des Metzgers

---

115 Vgl. Zimmermann, Christologie, 342.383–388. Vgl. zum Anspruch Jesu, einziger Hirt zu sein: Zimmermann Christologie, 266.342.384.

116 Vgl. Zimmermann, Christologie, 341.

117 Vgl. Zimmermann, Christologie, 341.

118 Vgl. Zimmermann, Christologie, 341.

119 Vgl. zur Problematik der Identifizierung der Diebe/Räuber: Wengst, Johannesevangelium (THKNT 4), 314; Thyen, Johannesevangelium (HNT 6), 481f; Theobald, Evangelium (RNT), 672f; Schnelle, Evangelium (ThHK 4), 232; Wilckens, Evangelium (NTD 4), 166. Vgl. zur weiteren Diskussion: Burz-Tropper, Räume, 72f; Dietzfelbinger, Evangelium (ZBK.NT 4), 304f; Morris, John (NICNT 4), 450f.

abgegrenzt. Auch Jesus grenzt sich als guter Hirte von Dieben und Räubern ab, die zum Stehlen, Schlachten und Vernichten in den Stall eindringen.

In seiner ersten Königsrede beschreibt Dio das Verhältnis zwischen Hirt und Herde als wechselseitiges Liebesverhältnis (1,17–20). Das Verhältnis von Hirt und Herde wird in Joh 10,14 als wechselseitiges „Kennen" gefasst.[120] Dieses Kennen wird in 14,7 als Erkennen des Vaters im Sohn variiert aufgenommen. Zimmermann weist auf die inhaltliche Interferenz des Rufens der Schafe beim Namen durch den Hirten, das Hören der Stimme im Gegensatz zum Nichthören sowie das damit verbundene Erkennen hin.[121] Das Hören auf die Stimme (sowie das Eintreten durch die Tür) wird also „auf einen theologischen Sinnbereich"[122] ausgeweitet.

Innerhalb des etablierten Motivinventars ist der Lebenseinsatz des Hirten Jesus für seine Schafe (Joh 10,11.15) zu verstehen. Dieser Lebenseinsatz zum Schutz seiner Schafe vor der Bedrohung durch wilde Tiere und Zerstreuung wird als das eigentliche Unterscheidungskriterium zwischen dem guten Hirten und dem Lohnhirten deklariert. Hier ist an die Entschlossenheit Agamemnons, die Herde (vor dem Angriff wilder Tiere) zu retten, in Dios zweiter Königsrede zu erinnern (2,69). Zu betonen bleibt, dass die Verteidigung der Herde gegen wilde Tiere bis hin zum Einsatz des Lebens als Ideal gezeichnet wird. Denn im Normalfall figuriert eben das wilde Tier den einzelnen Heros und die Hirten die (Gruppe der) Verteidiger gegen diesen Angriff. An dieser Stelle ist auch auf die Verpflichtung von Soldaten und Volk, den Herrscher zu schützen, hinzuweisen. Sichtbar wird dies zum einen in der Bereitschaft von Soldaten, den Herrscher in der Schlacht mit ihrem Leben zu schützen, und in der römischen Kaiserzeit in der *devotio pro principe*, in der ein Mensch ein Gelübde gegenüber den Göttern abgibt und sich selbst bzw. sein Leben für das Wohlergehen des Herrschers zum einzulösenden *votum* macht.[123]

Inszeniert Xenophon Kyros als guten Hirten in der Kyrupädie und wird Kaiser Trajan in den Königsreden des Dio Chrysostomus auf das Ideal des guten Hirten verpflichtet, so wird auch Jesus hier als der ideale König inszeniert – ja er überbietet die genannten Herrscher in der Qualität seiner Herrschaft durch das Ausmaß seiner Fürsorge im Sinne seiner Bereitschaft zum Einsatz seines Lebens für die Schafe. Hier findet das hellenistisch geprägte Motiv des rettenden Sterbens zugunsten einer Gesamtheit Applikation auf das Motiv des guten Hirten.

---

120 Vgl. Wengst, Johannesevangelium (THKNT 4), 319; Zumstein, Johannesevangelium (KEK 2), 394f; Schnelle, Evangelium (ThHK 4), 234; Thyen, Johannesevangelium (HNT 6), 485–488; Theobald, Evangelium (RNT), 679–681; Dietzfelbinger, Evangelium (ZBK.NT 4), 308–310; Beasley-Murray, John (WBC 36), 170f; Wilckens, Evangelium (NTD 4), 166f; Becker, Evangelium (ÖTK 4,1), 390f.

121 Vgl. Zimmermann, Christologie, 307f.

122 Zimmermann, Christologie, 311.

123 Versnel, Sense, 250–253.

Während Kyros als Völkerhirte Sorge für ein glückliches Leben seiner ihm Anvertrauten im Diesseits trägt, ermöglicht der Hirte Jesus Leben in Fülle. Während der Hirte bei Dio Chrysostomus die Lebensgrundlagen und das friedliche Zusammenleben seiner Herde sichert, führt Jesus seine Herde nicht nur auf die Weide, sondern bietet ewiges Leben (10,28; 17,2) . Denn folgt auf Joh 10 die Erweckung des Lazarus, wird dem Rezipienten deutlich, dass das Leben in Fülle zu haben zugleich meint, das ewige Leben zu haben. Bereits in Joh 10,28 werden die Seinen als die von Gott Jesus Anvertrauten (vgl. auch 17,6; 17,24),[124] von denen er keinen verliert, definiert. Auch hier werden die Topoi des Hörens auf die Stimme und der Nachfolge aufgerufen. Die Abwehr wilder Tiere ist bei Jesus bis zum Einsatz seines Lebens gesteigert. Damit ist in der Metaphorik des herrscherlichen Hirtens die Motivik des Kampfes und des Krieges aufgerufen. Joh 10 ist damit neben der Gefangennahme Jesu eines der wenigen Kapitel, in denen die militärische Komponente der Verteidigung durch den Idealherrscher Jesus angedeutet wird. Erläuterung findet das Motiv des Lebenseinsatzes des Hirtens in Joh 10,17 als „Leben lassen" und „Leben wieder nehmen". Die Gesandtenchristologie ist ausgeprägt in Joh 10,11–18, denn das Leben zu lassen und es wieder zu nehmen, ist das Gebot des Vaters an den Sohn, der den Gesandten mit dieser Vollmacht ausgestattet hat, so dass hier eine Willens- und Wirkeinheit deutlich werden.

In den griechisch-römischen Quellen ist der herrscherliche Hirte Freund des Zeus und wird von diesem mit göttlichem Wissen genährt. Jesus erhält als Sohn durch den Vater seine Sendung zur Rettung der Welt durch das Schenken von ewigem Leben, indem er den Vater und sich zu erkennen gibt (17,2f). Er hält die Gebote des Vaters und bleibt in seiner Liebe und verpflichtet seine Schüler darauf, sein Liebesgebot zu halten, um in seiner Liebe zu bleiben (15,9–12).

Das Verhältnis zwischen Herrscher und Volk ist durch ἀγάπη geprägt. Die Liebe zu den Jesus Anvertrauten (13,34), die ihren Spiegel im Liebesverhältnis zwischen Gott und Jesus hat (ἀγάπη 15,9), aber auch in der Liebe der Schüler Jesu untereinander und die damit zugleich Zeichen der Schülerschaft ist (13,35), ist Voraussetzung für Jesu Bereitschaft, sein Leben für die Seinen einzusetzen. Zugleich entspricht es Jesu Willen, sein Leben hinzugeben (10,18). Hier lässt sich der hellenistisch geprägte Motivzug der Freiwilligkeit des „Sterben für" verorten. Auch die damit verbundenen Verben τίθημι/λάβω (10,17) bringen das aktive Handeln Jesu zum Ausdruck, der die Vollmacht zum Geben und wieder Nehmen des Lebens besitzt.[125]

---

124 Vgl. Ez 34,10, wo JHWH seine Schafe aus der Hand der schlechten Hirten fordert. Vgl. auch Zimmermann, Christologie, 339.

125 Dies kann, so Theobald, eine Vorstellung von Auferstehung spiegeln, weniger „als göttliches Rettungsgeschehen *an Jesus* […], sondern als Handeln *Jesu selbst*". Theobald, Evangelium (RNT), 682. Vgl. zur Liebe als Movens: Zimmermann, Christologie, 393.

Mit dem Symbol des guten Hirten findet eine Metapher Verwendung, die in Bezug auf ihre Rezeption schillernd ist, da sie von unterschiedlichen Adressatengruppen – Juden und Heiden – nicht nur dechiffriert werden kann, sondern auch für unterschiedliche Adressatengruppen identifikatorisch aufgeladen ist. Daher soll nun noch einmal textimmanent im Kontext des Gesamtevangeliums nach den Adressaten des Hirtengleichnisses gefragt werden.

4. Analyse der pragmatischen Funktion im Kontext des Gruppenkonfliktes mit ‚den Juden': Jesus als der herrscherliche Hirte für die μια ποιμνη

Jesus wird in Joh 9,39–10,21 vor dem alttestamentlichen Hintergrund als Erfüllung der Hoffnung auf den von JHWH eingesetzten „shepherd-king"[126] identifiziert und übernimmt bei Joh in Erfüllung des hellenistischen Königsideals die fürsorgende Funktion bis hin zum Lebenseinsatz bzw. „Sterben für". Jesus stirbt also in Vollerfüllung dieser herrscherlichen Fürsorgepflicht für das Volk. Damit rückt er zugleich in die Nähe der „Gefährten" oder „Söhne" eines Gottes. Er stirbt als der ideale König für die Konstitution der Gemeinschaft der Kinder Gottes. Für Joh 9,39–10,21 stellt sich die Frage, zugunsten welcher Gemeinschaft Jesus stirbt. Jesus lässt sein Leben für die Schafe (10,11.15). Vom Textfluss her und dem aufgemachten alttestamentlichen Motivhintergrund der Bedrohung der Schafe durch die Zerstreuung ist hier an das Gottesvolk Israel zu denken. Jesus hat jedoch auch Schafe, „die nicht aus diesem Stall sind" (V. 16), zu führen. Auch diese Herde wird auf seine Stimme hören (ἀκούσουσιν 3. Pers. Pl. Ind. Fut. Akt.), so dass auch diese zweite Herde zu den Seinen zu zählen ist. Es scheint vor diesem Hintergrund naheliegend, diese anderen Schafe mit den Juden in der Diaspora zu identifizieren. Zimmermann macht in diesem Zusammenhang auf die differenzierte Verwendung und den Wechsel in der Terminologie von πρόβατα für die beiden Herden und ποίμνη als Bezeichnung für die eine Herde aufmerksam.[127] Hier ist an den differenzierten Gebrauch von ἔθνος und λαός in Joh 11,50–52 zu erinnern. Über die Stichworte δεῖ ἀγαγεῖν (Joh 10,16) und σκορπίζει (Joh 10,12) ist eine Stichwortverbindung zu Joh 11,50–52 hergestellt.[128] Wird in der Prophezeiung des Kajaphas der λαός als Zielgruppe des Sterbens Jesu genannt, findet in V. 50 und 51f ἔθνος Verwendung.[129] Wenn das Sterben für das ἔθνος im Sinne des Sterbens „zugunsten" der jüdischen Nation in 11,52 um das Ziel der Zusammenführung der Kinder Gottes erweitert wird, so

126 Köstenberger, Shepherd, 79. Vgl. auch Lamarche, Zacharie (EB), 138f.

127 Vgl. Zimmermann, Christologie, 399.

128 Vgl. zu diesem Zusammenhang: Zimmermann, Christologie, 399–401; Frey, Heiden, 309–322.

129 Vgl. Theobald, Evangelium (RNT), 754.

dient der Tod Jesu einem doppelten Ziel. Während ἔθνος die nationalpolitische Größe Israel umfasst,[130] bezeichnet λαός die zusammengeführten Kinder Gottes. Während das Volk Israel klar unter der Größe ἔθνος firmiert, bleiben die Schafe aus dem anderen Stall bzw. die Kinder Gottes unterdeterminiert. So lässt sich mit Frey zunächst festhalten, dass „eine eindeutige Identifikation der ‚zerstreuten Gotteskinder' mit den Heidenchristen sprachlich nicht möglich"[131] ist. So gilt es nach Zimmermann eben nicht die Schafe aus dem anderen Stall in die αὐλή des Volkes Israel zu bringen.[132] Vielmehr gibt es eine neu zu konstituierende Größe[133] aus dem „jüdischen ἔθνος, und darüber hinaus [aus] den von außerhalb der αὐλή in die Herde seiner Nachfolger Gerufenen"[134]. Ist Jesus gekommen, um die Welt zu retten (Joh 3,17; 4,42; 12,47), so wird meines Erachtens die universale Dimension dieser μία ποίμνη deutlich. Dabei ist neben Joh 4 und seiner Spitzenaussage in V. 22[135] („das Heil kommt von den Juden") auch das Auftreten der Hellenen in Joh 12,20f, die im Rahmen des *adventus* mit ihrem Wunsch, Jesus sehen zu wollen, eine Vorbildfunktion übernehmen, besonders interessant.

Da diese als Festpilger und damit als JHWH-Anhänger beschrieben werden, stellt sich die Frage, ob diese als Diasporajuden oder als Gottesfürchtige aus der Welt zu identifizieren sind. Johannes ist immer sehr präzise in der Angabe der jüdischen Feste, zu denen Jesus nach Jerusalem hinaufzieht. Daher fällt die Verwendung des Verbs „anbeten" (προσκυνήσωσιν 12,20) für die Hellenen an dieser Stelle auf. Ziehen die Festpilger in Joh 11,55 nach Jerusalem hinauf, um sich zu reinigen (ἁγνίσωσιν), sind die Hellenen nach Jerusalem gekommen, um Gott anzubeten. Theobald macht darauf aufmerksam, dass Gottesfürchtige nach Josephus' Beschreibung vom Pesachfest ausgeschlossen waren, aber trotzdem dazu berechtigt waren, im Vorhof der Heiden Gott zu verehren und bestimmte Opferriten zu vollziehen.[136] War Jesus in Joh 4 bereits zur Gruppe der Samaritaner vorgedrungen, so

---

130 Vgl. Theobald, Evangelium (RNT), 754. Vgl. auch Frey, Heiden, 311; Zimmermann, Christologie, 400. Zum Topos Zerstörung statt Wegnehmen: Beasley-Murray, John (WBC 36), 196. Beasley-Murray zieht eine Verbindungslinie im Sinne des Unverständnisses zu der Menge, die in Joh 6 zum König machen will und negiert damit eine politische Kategorie für die Deutung des Wirkens Jesu.

131 Frey, Heiden, 317.

132 Vgl. Frey, Heiden, 320f; Zimmermann, Christologie, 400.

133 Vgl. Frey, Heiden, 314–322, hier besonders 321; Zimmermann, Christologie, 400.

134 Vgl. Frey, Heiden, 321.

135 Klaus Wengst betont für Joh 4,22, dass „die Bindung Gottes an Israel und damit die Partnerschaft zwischen Gott und seinem Volk bleibt" und daher nicht von einem Ablösungsmodell des Bundes durch Jesus ausgegangen werden darf. Wengst, Johannesevangelium (THKNT 4), 143.

136 Vgl. Theobald, Evangelium (RNT), 798. Vgl. auch Schnackenburg, Johannesevangelium (HTKNT 4/2), 478 und die Quellenangabe Ios. bell. Iud. 6,423–427. Vgl. zu Joh 11,55 und den Reinigungsriten im Rahmen des Pesachfestes: Thyen, Johannesevangelium (HNT 6), 544f.

schreitet meines Erachtens hier das Ausgreifen Jesu auf den Kosmos[137] fort. Diese Lesart wird durch den Abschlusskommentar der Pharisäer in Joh 12,19 zusätzlich verstärkt. Mit Theobald lässt sich diesbezüglich konstatieren:

> „Dass griechischsprachige *Juden* [Hervorhebung im Original] aus der Diaspora gemeint seien [...], überzeugt deswegen nicht, weil doch der Wunsch dieser Menschen, Jesus zu sehen, ironischerweise 12,19 bestätigen soll (‚siehe, *die Welt* [Hervorhebung im Original] läuft ihm nach!‘).“[138]

Auch die Verwendung von Ἕλληνές im Sinne der gesamten nichtjüdischen (heidnischen) Welt bei Philo und Josephus sowie intrajohanneisch als Bezeichnung für die griechisch-sprachige Welt in Joh 7,35 spricht für die Bestimmung der Hellenen als Griechen bzw. Gottesfürchtige.[139]

Die Sammlung der Kinder Gottes meint dann neben dem Volk Israel auch die Heiden, die ἔθνη.[140] Die direkten Adressaten der Hirtenrede sind die Pharisäer, die die anstoßgebende Frage stellen. Diese werden gleichgesetzt mit ‚den Juden‘, die zwiegespalten auf die Rede Jesu reagieren. Ihnen werden mit dem geheilten Blindgeborenen aus Joh 9 und der anderen Herde, die auf Jesu Stimme hören wird, zwei Vorbilder an Glaube bzw. Nachfolge vor Augen geführt. Der in Joh 10,1–18 gezeichnete herrscherliche Hirte ist damit sowohl für Juden(christen) als auch für die Heiden(christen) anschlussfähig und adressiert die μία ποίμνη.[141] Damit ist als Bedeutung für ‚die Juden‘ als Gesprächspartner festzuhalten, dass ‚die Juden‘ vollumfänglich adressiert sind und eine Ablösung oder Auswechslung der Adressaten des Heilshandelns Gottes zu negieren ist. Auch die Heiden sind als Größe, dem das Heilshandeln Gottes gilt, über das Motiv der Völkerwallfahrt alttestamentlich etabliert.

Sind die engen Verbindungslinien von Joh 10,1–18 zu Joh 11,47–53 aufgezeigt worden, so ist deutlich geworden, dass Joh 10,1–18 thematisch das „Sterben für“ Jesu vorbereitet. Daher ist nun näher einzugehen auf Jesu herrscherliches „Sterben für“ und den Todesbeschluss eines Synhedriums gegen ihn.

---

137 Vgl. Frey, Heiden, 329. Kierspel, Jews; Onuki, Gemeinde.

138 Theobald, Evangelium (RNT), 798. Vgl. zur Bestimmung als Heiden: Beutler, Johannesevangelium, 359; Zumstein, Johannesevangelium (KEK 2), 453; Schnelle, Evangelium (ThHK 4), 267.

139 Vgl. Zugmann, Hellenisten, 159.237f.310.

140 Als Zielgröße des Handelns Jesu wird wie oben erläutert auch die Welt angegeben.

141 Vgl. zur Bestimmung der Adressaten des JohEv als heidenchristlich-griechisch: Frey, Heiden; Brown, Community; Culpepper, Anatomy.

E „Dass Jesus sterben werde für das Volk […]“ (Joh 11,51f) – Das „Sterben für“ des Königs Jesus

„The period of the career, the most important and most productive period of life, the Greeks termed *akmē*.“[1] Frickenschmidt sieht das Konzept der ἀκμή in Kp. 6 im Wunder der Brotvermehrung verwirklicht. Damit scheint das Konzept der ἀκμή für ihn gebunden zu sein an das öffentlichkeitswirksame wundertätige Handeln Jesu.

Mit der Erweckung des Lazarus wirkt Jesus sein größtes Zeichen. Viele Juden vertrauen daraufhin auf Jesus bzw. glauben an ihn (11,45). Dieses Zeichen Jesu löst die Ehrung durch einen *adventus*, d. h. durch das Ritual zur Einholung einer hochgestellten Persönlichkeit durch die Bevölkerung einer Stadt, aus. Damit ist in der Inszenierung im Rahmen des JohEv die ἀκμή Jesu erreicht, denn diese Heilung löst das größtmögliche (positive) Echo aus. Dies liegt darin begründet, dass in der Erweckung des Lazarus das Ziel der Sendung Jesu abgebildet ist. Für das Sterben Jesu am Kreuz werden keine solchen Reaktionen berichtet, dennoch ist die Erhöhung am Kreuz Fixpunkt der johanneischen Jesus-Vita. Das „Sterben für“ Jesu zum Schutz der Gemeinschaft vollzieht sich. So steht auch in Kp. 11 das Motiv des Sterbens als Abschluss der Szene und die Passion wird argumentativ vorbereitet. Die Erweckung des Lazarus führt zur Versammlung eines Synhedriums und zu einem Todesbeschluss gegen Jesus (11,47–53).

Wichtig ist nun, dass man sich die Erzählperspektive vor Augen führt, die in Joh 11,45–53 eingenommen wird. Berichtet werden zunächst zwei Reaktionen auf die Tat Jesu. Viele kamen zum Glauben an Jesus; die andere Reaktion ist der Bericht der Zeichenhandlung durch Augenzeugen vielleicht sogar im Sinne der Anklage Jesu bei den Pharisäern. Ab V. 45 schildert der Erzähler das Geschehen und die Begründung für den Entschluss zur Tötung Jesu aus der Perspektive der Gegner, d. h. der Hohepriester und Pharisäer.[2] Eine Ergänzung und Korrektur

---

1 Polman, Akme, 170f.

2 Tobias Nicklas hat in diesem Zusammenhang bereits auf den Diskurs über Sehen und Nichtsehen, Wissen und Unwissen verwiesen, der in 11,45–53 ebenfalls im Hintergrund steht und ironisch gebrochen aufgenommen wird. Gehören die Pharisäer als Synhedriumsmitglieder dezidiert zu den Schriftgelehrten und denjenigen, die den Status als Wissende für sich beanspruchen, so offenbaren sie in Kp. 9 ein größtmögliches Unwissen in Bezug auf die richtige Identifizierung Jesu. Ahnen sie die Möglichkeit eigener Blindheit bzw. Nichterkennens im Zuge der Gerichtsansage Jesu (9,39–41), so werden sie von Jesus als Sehende mit Sünde bezeichnet, da sie sich im Besitz der ‚Wahrheit‘ bzgl. des kommenden Messias bzw. Propheten wissen und diesen Anspruch nach außen erheben. Vgl. Nicklas, Prophetie, 591. Vgl. auch Finnern, Narratologie. Angesichts dieses negativen „Werturteils“ (Finnern,

dieser Erzählperspektive, die damit doppelbödig wird, erfolgt in V. 51f durch einen Erzählerkommentar aus der Perspektive der Glaubenden.

Aus der Perspektive der Gegner stellen die Zeichenhandlungen Jesu sowie vor allem seine wachsende Anhängerschaft eine potentielle Bedrohung für das Volk dar, da dies ein Eingreifen der Römer als der Besatzungsmacht notwendig machen konnte. Das Synhedrium war als das höchste judikative (und exekutive) Organ auch zuständig für die Sicherung des religiösen Friedens gerade im Zuge der großen Wallfahrtsfeste wie dem Pesachfest. In der Perspektive der Gegner ist Jesus ein Störfaktor innerhalb des politisch-religiösen Machtgefüges, der zu beseitigen ist, so dass sie mit einem Todesbeschluss auf diese Bedrohung antworten. Im vorauseilenden Gehorsam fasst das Synhedrium den Beschluss zur Auslieferung Jesu.[3] Die Verurteilung zum Tod erfolgt durch Pilatus und wird durch ihn bzw. römische Soldaten vollzogen. Die Strategie scheint von Erfolg gekrönt.

Das Verständnis des Todes Jesu bildet die „Mitte des christlichen Glaubens" und mit der Frage nach der Deutung des Todes Jesu steht theologisch immer „das Ganze auf dem Spiel" – so Frey in seinem Aufsatz zu „Problemen der Deutung des Todes Jesu in der neutestamentlichen Wissenschaft".[4] Dies gilt gerade für das in Joh 11,50 im Zentrum stehende Motiv des „Sterben für", d. h. die soteriologischen Sterbeformeln. Daher ist in diesem Zusammenhang auch die Frage der religions- und traditionsgeschichtlichen Verortung der für den Tod Jesu herangezogenen Lexemverwendungen und „soteriologischen Deutemodelle"[5] von besonderem Interesse. Während die Diskussion einer zeitlichen Abfolge und damit der in Opposition gesetzten Herleitung der Todesdeutungen von den Hebräern oder dem Kreis der Hellenisten obsolet geworden ist, da Palästina und damit auch Jerusalem seit Alexander dem Großen unter hellenistischem Einfluss stand, verlagerte sich der

---

Narratologie, 182) der Pharisäer als Blinde und machtpolitisch Agierende in der erzählten Welt kann die richtige Wertung der Aussage des Hohepriesters nur durch den Erzähler geleistet und nachgetragen werden. Durch den Erzähler wird das Sterben Jesu für das Volk und die Zusammenführung der Kinder Gottes als wahr gewertet (Finnern, Narratologie, 183) und in den Wahrheitsdiskurs eingeordnet.

3 Vielleicht steht im Hintergrund die bei Diodor und Plutarch (Diod. 17,15; Plut. Phoc. 17) geschilderte und im Rahmen einer kriegerischen Auseinandersetzung alltägliche Option der Auslieferung von Personen an den obsiegenden Feldherrn, die die Bereitschaft haben mussten für die Polis zu sterben. Dieses „Sterben für" beinhaltet das Abwenden von Unheil von der Polis, denn die Auslieferung würde einen Angriff Alexanders des Großen auf und eine kriegerische Auseinandersetzung mit Athen verhindern. Vgl. Eschner, Gestorben II, 236–241. Die Auslieferung erfolgt auf eine Forderung Alexanders des Großen hin, so dass Eschner den apotropäischen Charakter im Sinne der Beseitigung der Kriegsgefahr und die Wirksamkeit des Todes der Ausgelieferten an diese Forderung bindet. Vgl. Eschner, Gestorben II, 240. Die Auslieferung hat zugleich den Charakter der Strafe, so dass auch ein Straftod zur Besänftigung Alexanders vorliegt. Vgl. Eschner, Gestorben II, 240f.

4 Frey, Probleme, 7.

5 Frey, Probleme, 33.

religionsgeschichtliche Streit auf die Entgegensetzung von Jes 53 aus dem Alten Testament und ein damit verbundenes Verständnis als stellvertretender Sühnetod und der paganen Belege zum Motiv des Unheil abwendenden Sterbens für die Gemeinschaft als im Hintergrund stehender Ursprungskontext. Nach einem kurzen Blick in die Forschungsgeschichte wird das „Sterben für“ anhand von zwei Herrschern, Kodros und Otho, sowie der Tochter des Herakles analysiert. In einem weiteren Schritt wird Jesu „Sterben für“ einem motivkritischen Vergleich unterzogen. In einem letzten Schritt wird nach der Pragmatik der Perikope gefragt.

1. Das Motiv des „Sterben für“ in der hellenistisch-römischen Antike

1.1 Die Herleitung des Motivs – Ein Forschungsüberblick

Der ehrenvolle Tod oder noble death ist eine Kategorie der modernen Forschung. Hatte Sam K. Williams das „Sterben für“ als „saving event“ für den jüdischen Kontext unter besonderer Berücksichtigung von Jes 53 erstmalig als Motiv entwickelt, untersuchte David Seeley eben jenes „Sterben für“ als noble death im Sinne eines martyrologischen Verständnisses für den griechisch-römischen Traditionsraum.[6] Das ruhmvolle Sterben erfolgt nach den von Seeley erhobenen 5 Kategorien: Stellvertretung (vicariousness), aus Gehorsam (obedience), es erfolgt in Standhaftigkeit durch „overcoming of physical vulnerability“, über Verwendung von Opfermetaphorik (sacrificial metaphor) und es spielt sich in einem militärischen Kontext (military context) ab.[7] Ein direkter militärischer Kontext ist jedoch nicht immer gegeben und lässt sich, wenn überhaupt, allgemeiner fassen als Situation des politischen Konflikts. Die Kategorie des Gehorsams gegenüber einer übergeordneten Größe – etwa der Wahrheit – impliziert zugleich die Kategorie der Freiwilligkeit.

Paulus kennt das Sterben für einen Gerechten und das Einsetzen des Lebens für einen guten Menschen. Diesem Ersatztod für eine positiv konnotierte Einzelperson stellt er das Sterben Christi „für uns als wir noch Sünder waren“ (Röm 5,7f) als das charakteristisch Christliche entgegen. Hier wird also das pagane Ideal des Ersatztodes durch Christus überboten, zugleich wird das Sterben Jesu analog als noble death eingeordnet.

Frühchristlich ist ebenso der enge Konnex zwischen der Person eines Königs und seinem „Sterben für“ zur Beendigung eines unheilvollen Zustandes ein bekannter Topos, wie das Zitat aus 1 Clem zeigt: „Doch um auch Beispiele von Heiden zu

---

6 Seeley, Martyrology; Williams, Death. Vgl. auch zum Thema: Droge/Tabor, Death; Bremmer, Atonement; Schröter, Heilsbedeutung, 124.

7 Vgl. Seeley, Martyrology, 13.

bringen: viele Könige und Anführer haben in Pestzeiten aufgrund eines Orakelspruchs sich selbst in den Tod gegeben, um durch ihr Blut die Bürger zu retten.“[8] Das Handeln der Christen wird nachgehend genau diesem Ideal des extremen Einsatzes seiner selbst für eine andere Person zugeordnet.

Damit wird schon deutlich, dass es innerhalb des neutestamentlichen Schrifttums und der Briefliteratur der frühen christlichen Gemeinden keine kontradiktorische Gegenüberstellung des noble death und des Sterbens Jesu für die Sünder gibt, sondern vielmehr ein Implikationsverhältnis zu attestieren ist. Die Argumentationslinie, eine Deutung des Sterbens Jesu von der pagan-griechischen Tradition des „Sterben für“ sei sowohl unjesuanisch als auch urchristlich nicht gedeckt, ist daher mindestens differenzierter zu betrachten.[9] Aus welchem kulturellen ‚Kon-Text‘ das Motiv des „Sterben für“ abzuleiten ist, war lange Zeit in der Forschungsgeschichte die dominante Fragestellung. Daher ist dies nun in den Blick zu nehmen.

Das Novum des Sterbens Jesu ist nach Paulus sein Sterben für Sünder. Eine der frühesten Deutungen des Todes Jesu von Paulus in Röm 4,25 unter Aufnahme von Formeltradition wird als stellvertretender Sühnetod mit Anspielungen auf Jes 53 bestimmt.[10]

Mit der ἀποθνῄσκειν ὑπέρ-Wendung liegt insofern ein Problem vor, als der Kanon des Alten Testaments das „Sterben für“ als Lexem außerhalb der Makkabäerbücher nicht kennt – in Jes 53,10 LXX wird eine δῶτε περὶ ἁμαρτίας ἡ ψυχὴ ὑμῶν-Wendung für die Beschreibung der Lebenshingabe des Gottesknechts für die Sünden der Vielen verwendet. Zudem ist eine andere Zielbestimmung mit der Konstruktion von περὶ ἁμαρτίας gegeben. Zwar ist das Prinzip *unum pro multis* in Jes 53 realisiert, aber die anderen Metaphern, mit denen der Gottesknecht in Jes 53 gleichgesetzt wird, stehen in Kontrast zu Joh 11,45–53. Das vierte Gottesknechtslied schildert die Situation Israels im Bild der Verirrung von Schafen. Vom Gottesknecht wird in Jes 53,7 dann als Schaf und als Lamm gesprochen, das zur Schlachtbank geführt wird. Über die Lebenshingabe des Gottesknechts wird Gerechtigkeit hergestellt; der Plan Gottes wird gelingen. In Joh 11,50–52 ist von den zusammenzuführenden Kindern Gottes die Rede als Ziel des Sterbens Jesu; die Perikope bedient also ein anderes Bildspektrum wie Jes 53. Dieses Bündel an

8 Übersetzung: Horacio, Erste Clemensbrief, 561. Horacio E. Lona verweist auf Kodros (König und Anführer, sterbend für Athen) und Menoikeus als Anspielungshorizont für 1 Clem. Vgl. Lona, Clemensbrief, 561f. In Plut. Pel. 21 werden echte und mythische Menschenopfer in eine Reihe gestellt. Vgl. Eschner, Gestorben II, 242f.

9 Vgl. Frey, Probleme, 26–34.

10 Vgl. Frey, Probleme, 34. Martin Hengel vertritt die These, dass der Tod in 1 Kor 15,3 unter Rückbezug auf Jes 53 als stellvertretender Sühnetod gedeutet wurde, doch die Sterbeformel mit ihrer ὑπέρ-Variante gehe auf die Jerusalemer Hellenisten zurück und spiegele griechisch-hellenistischen Sprachgebrauch. Vgl. Hengel, Atonement, 36–39.

Argumenten (und nicht allein das lexikalische) spricht gegen eine Herleitung von Joh 11,50–52 von Jes 53.[11]

Wengst stellt die These auf, dass das Motiv des „Sterben für“ „vom Griechentum“ ausgehend im hellenistischen Judentum (Makkabäerbücher) Verwendung fand unter Erweiterung um den „alttestamentlich-jüdischen Sühnegedanken“ und entsprechend urchristlich gewendet durch das frühe Christentum aufgenommen wurde.[12]

Daher ist nun näher einzugehen auf die „Sterben für“-Motivik in den Makkabäerbüchern. Die Verwendung der ἀποθνῄσκειν ὑπέρ-Formel im Sinne des Sterbens für die Gesetze (2 Makk 7,9) und das Vaterland (2 Makk 8,21) oder für die Freiheit bzw. die Lebenshingabe für den Bund der Väter in 1 und 2 Makk 6–8 ist nicht mit dem Gedanken des faktischen Ersatztodes bzw. der Gewährleistung der Rettung der Gemeinschaft verbunden. Der Schutz der Gesetze ist gerade nicht an den Tod gekoppelt, sondern das vorherige Handeln im Sinne des Einhaltens der Gesetze auch unter Bedrohung mit dem Tod dient dem Schutz dieser. Mit der Aufrechterhaltung der religiösen Identität ist das Ziel der Wiedergewinnung politischer Unabhängigkeit verbunden.[13]

Daher belegt Henk S. Versnel aufbauend auf van Henten dies mit der Kategorie des patriotischen Todes bzw. des Sterbens für das Vaterland.[14]

Wenn Eleazar sich opfert für die Einhaltung der Gesetze (2 Makk 6,28f) und damit im übertragenen Sinn für die Rettung (der Identität) des Volkes, dann eignet seinem Tod im Gegensatz zu einer Devotion nicht die Qualität eines Ersatztodes bzw. der zuvor als Willen Gottes kundgegebenen Gewährleistung von Rettung. Auch bei der Lebenshingabe der sieben Jünglinge für die Gesetze (2 Makk 7,36–38) ist nach Cilliers Breytenbach keine direkte Verbindung zwischen dem Sterben der Jünglinge und der Besänftigung des Zornes Gottes gegeben, sondern vielmehr zwischen der Bitte der Jünglinge um eben dieses, was Gott dann auch gewährt.[15]

---

11 Vgl. ZIMMERMANN, Christologie, 390f Anm. 24.

12 Vgl. WENGST, Formeln, 67–70.

13 Vgl. ESCHNER, Gestorben II, 326.

14 Vgl. VERSNEL, Sense, 255.258. Für 2 Makk 7,9 veranschlagt er die Kategorie des Sterbens eines Philosophen für ein höheres Gut.

15 Vgl. für beide Beispiele: BREYTENBACH, Sterbeformeln, 116. Vgl. auch VERSNEL, Sense, 257–260. Eschner sieht hingegen weniger das Gebet als den Tod des Jüngsten der Jünglinge als Auslöser für die Besänftigung des Zorns JHWHs. Vgl. ESCHNER, Gestorben II, 336 Anm. 87 und 337–339. Hier wird nicht auf die Tradierung der beiden Beispiele in 4 Makk eingegangen, da das Motiv der Besänftigung des Gotteszorns als der einzige unmittelbare Vergleichspunkt zum Unheil abwendenden Sterben vorliegt, aus dem die Rettung des Volkes Israel durch einen „Sieg über die Feinde und damit einhergehend die Vernichtung des Tyrannen sowie die Reinigung des Landes“ hervorgeht. ESCHNER, Gestorben II, 339. Dieses Motiv liegt entscheidend variiert vor, denn Gott sichert nicht im Vorhinein

Zum Abhängigkeitsverhältnis des Motivs des „Sterben für“ betont Jan Willem van Henten die Fülle der alttestamentlichen Belege für einen „sacrificial death of a mediator“ mit dem Ziel eines „non-cultic atonement“.[16] Für die Rezeption dieses Motivs in 2 Makk 7 hält er fest, dass 2 Makk 7

> „represent this reflex in the intra-Jewish development of traditions grounded in the Hebrew Bible. At the same time, the idea that a mediator was necessary for effecting the atonement may well have been triggered by non-Jewish traditions.“[17]

Van Henten deutet das „Sterben für“ der jüdischen Märtyrer zugunsten der Gesetze bzw. Satzungen der Ältesten sowie zugunsten des Volkes im Sinne einer ethnischen und nationalen Größe als patriotischen Tod.[18] Findet sich bei Joh die bei den Makkabäern verwendete Verbindung von Stätte und Volk als Angabe des Ziels des „Sterben für“[19], so ist zu überlegen, ob sich der Tod Jesu ebenfalls als patriotischer Tod zugunsten der Gemeinschaft der Kinder Gottes als eine die (nationalen) ἔθνη übersteigende Größe verstehen lässt.

Bezogen auf die Deutung des Todes Jesu im JohEv ist die Forschungsgeschichte wie folgt zu skizzieren: Für das JohEv hält Frey die Frage, ob die pagan-griechische Rede vom „Sterben für“ „religionsgeschichtlich neben den Bezug auf die alttestamentlich-frühjüdische Tradition (insbesondere Jes 53) oder gar an seine Stelle treten kann“ für irrelevant, da dieses „schon eine längere christliche Sprachtradition voraussetzt“[20]. Er verweist auf die Nähe des JohEv zum Ersten Johannesbrief und sieht die „Rede von der Lebenshingabe Jesu ‚für uns‘“ und damit den Gedanken der Stellvertretung als von der johanneischen Gemeinde formelhaft übernommen, wie 1 Joh 3,16 nahelegt, wo dieses Motiv mit dem Motiv der Liebe Gottes verbunden[21] werde und die Deutung des Todes Jesu in 1 Joh 2,2 und 4,10 unter Aufnahme von Sühneterminologie ἱλασμός erfolgt.[22] Das Konzept

---

seine Rettung zu (Eschner, Gestorben II, 338f) und dieses Motiv besitzt für den Tod Jesu keine Relevanz.

16 Henten, Martyrs, 163.

17 Henten, Martyrs, 163.184–186.

18 Vgl. Henten, Martyrs, 225–234.267.

19 2 Makk 1,29; 2,18. Vgl. Theobald, Evangelium (RNT), 752.

20 Frey, Tod, 568.

21 Vgl. Frey, Tod, 574. Dem ist entgegenzuhalten, dass zumindest in einer direkten traditionsgeschichtlichen Linie der 1 Joh abhängig vom Johannesevangelium ist, das diesem vorausgeht, währenddessen der 1 Joh keine Kenntnis der redaktionellen Bearbeitung des JohEv hat bzw. keine Spuren aufweist.

22 Vgl. Frey, Tod, 581.

der Sühne sieht er im JohEv prominent besetzt.[23] Problematisch ist bei dieser Art der Argumentation und hier sei Jens Schröter zitiert:

> „Die religionsgeschichtlich-analytische Kategorie verwandelt sich auf diese Weise in ein traditionsgeschichtliches Erklärungsmodell, das dann auch auf solche Formulierungen bezogen wird, die den Tod Jesu in anderer Terminologie und unter Zuhilfenahme anderer Analogien versprachlichen.“[24]

Es sind grundsätzlich zwei unterschiedliche Herleitungsansätze der hyper-Formel im JohEv zu unterscheiden. Für das JohEv und seine Kontextualisierung des Todes Jesu ist die Implementierung urchristlicher Deutungsmuster wie des stellvertretenden Sühnetodes festzustellen. Dies wird vor allem für Joh 1,29 und 6,51 unter Bezugnahme auf die alttestamentliche Tradition des Pesachlamms oder Jes 53 in Anspruch genommen. Diese Deutung als stellvertretender Sühnetod wird dann ebenfalls über den Verweis auf die (Notwendigkeit zur) intrajohanneischen Kontextualisierung auf alle Sterben-für-Formulierungen übertragen und damit zur dominierenden Deutung des Todes Jesu gemacht. Thomas Knöppler geht davon aus, dass in 6,51c eine Sühneaussage vorliegt, die sich auf dem Weg der Stellvertretung vollzieht. Durch das stellvertretende Sterben des „Menschensohnes“ und durch das Essen des mit ihm identifizierten Brotes gewährt er ewiges Leben. Knöppler dann wörtlich:

> „Aufgrund der in 6,51c erkennbaren Verbindung zwischen dem Motiv der Stellvertretung und dem Gedanken der Sühne ist auch für die weiteren joh Stellvertretungsformulierungen ein Zusammenhang mit dem Sühnegedanken vorauszusetzen, auch wenn derselbe in den übrigen Belegen nicht explizit zur Sprache gebracht wird.“[25]

Auch Beutler deutet den Tod Jesu im Sinne des Hohepriesters als stellvertretendes Sterben für das ganze Volk, zieht aber ebenfalls von der Abendmahlstradition und ihrer christlichen Deutung von Jes 53 den Sühnegedanken für die Deutung von Joh 11,50–52 heran. Dass dieses „Sterben für“ in dem eben genannten Sinne als christlich verstanden werden muss, sieht er mit der Formelhaftigkeit des ἀποθνῄσκειν ὑπὲρ bei Paulus und damit im Neuen Testament begründet.[26]

---

23 Frey, Tod, 582.572.

24 Schröter, Sühne, 60.

25 Knöppler, Theologia, 203.

26 Vgl. Beutler, Heilsbedeutung, 45.

> „Die zu Beginn des Evangeliums programmatisch vorgestellte Todesdeutung bietet ihrerseits dann auch einen nicht zu vernachlässigenden Horizont für das Verständnis der Aussagen von Jesu Hingabe seines Lebens ‚für' die Schafe, die Freunde oder die Seinen, in der er deren Heil konstitutiv erwirkt."[27]

Demgegenüber betonen andere Untersuchungen die Eigenständigkeit der johanneischen Deutung des Todes Jesu. Christian Dietzfelbinger deutet Joh 11,50–52 nur im Sinne der Stellvertretung, nicht aber im Sinne des Sühnetodes und verweist auf die Heranziehung unterschiedlichster sprachlicher Metaphern für die Deutung des Todes Jesu. Er sieht das Zentrum in der Deutung des Todes Jesu bei Joh in der Rückkehr in die δόξα des Vaters, der Erfüllung seines Auftrags und dem Ziehen der Seinen zu sich sowie der Sendung des Parakleten. Er versteht den Topos vom stellvertretenden Sühnetod als aus der urchristlichen Tradition entnommen und eingefügt, aber dies habe „in keiner der von Johannes selbst entwickelten Strukturen einen Platz"[28].

Wenn man von der Bekanntheit der urchristlichen Deutung des Todes Jesu im johanneischen Kreis (als mündliche oder schriftliche Tradition) ausgeht, dann stellt sich die Frage, warum der Verfasser des JohEv bzw. die Redaktion die Formel des „Sterben für" so variantenreich als Sterben für das Volk, Sterben für die Freunde, Hingabe des Lebens für die Schafe und eben nicht als Sterben für uns bzw. die Sünden aufgenommen hat.[29]

Frey negiert letztlich die Möglichkeit einer „‚genealogischen' Erklärung im Sinne von ‚Abhängigkeiten'" bzw. einer Konstruktion der „Herleitung im strengen Sinne"[30] und beschränkt sich auf die Möglichkeit der Angabe des Verstehenskontextes für das Verständnis der urchristlichen Analogien. Keiner dieser beiden Verstehenskontexte darf nach Frey gerade auch bei der Analyse des Motivs des „Sterben für" im JohEv verabsolutiert werden. Er führt dann die Kategorie der Wirksamkeit des Todes Jesu ein, die eine größere Spannbreite an Sinnmöglichkeiten umfassen kann, die er dann jedoch in einem zweiten Schritt wieder mit Stellvertretung (und Sühne) gleichsetzt.[31]

Im Zuge eines neuerlichen Überdenkens und der Klärung des Verhältnisses von sekundärem Deutungsmuster und den in den biblischen Texten verwendeten

---

27 Frey, Probleme, 40. Frey sieht in Joh 1,29 eine „subtile Verschmelzung" (Probleme, 40) von Jes 53 und der Pesachlammtypologie gegeben, was die „sündentilgende[…] Wirkung des Todes Jesu" (Probleme, 40) zum Ausdruck bringe. Joh 1,29 nimmt er dann als Leitlinie auch für die Deutung des „Sterben für" in Joh 11,50–52. Vgl. Frey, Theologia Crucifixi, 516–535.

28 Dietzfelbinger, Sühnetod, 74.

29 Vgl. Dietzfelbinger, Sühnetod, 74.

30 Frey, Probleme, 36.

31 Vgl. Frey, Tod, 566–572.

Begriffen zeichnet sich in der Forschung zudem ein Paradigmenwechsel ab.[32] Dies führt, so Schröter, „zu der Frage, in welchem Verhältnis die genannten Kategorien zu dem quellensprachlichen Befund der urchristlichen Texte stehen bzw. inwiefern sich die mit ihnen vorgenommenen Deutungen als sachgemäße Interpretationen dieser Texte erweisen."[33] Im Zuge dessen wurde auch die Frage nach der Verbreitung und damit verbunden dem religionsgeschichtlichen Hintergrund der von Joh verwendeten ἀποθνῄσκειν ὑπέρ-Wendung neu gestellt. Schröter stellt in seiner Untersuchung zum „Sterben für die Freunde" fest, dass das „Sterben für" ein aus der griechischen Tradition stammender Topos ist, der in der jüdischen Märtyrerliteratur und pagan-hellenistisch im 1. Jh. rezipiert wurde.[34] Mit Eschners Arbeit zur „griechischen Konzeption des Unheil abwendenden Sterbens" ist dieser ‚Kon-Text' wieder verstärkt in den Fokus gerückt und soll hier auf das JohEv Anwendung finden.

1.2 Was ist ein „Sterben für" und wieso, weshalb, warum wird es erzählt?

Ich möchte mich angesichts der religiösen Konnotiertheit der Kategorien von Seeley der Definition von Frey anschließen, der das „Sterben für" definiert als:

> „‚gerechtes', in Erfüllung der Pflicht (z. B. gegenüber der Familie oder der Polis), erfolgendes Sterben, ein Tod, der anderen nützt oder zumindest nützen soll, ein Tod, der freiwillig übernommen (und evtl. dem Leben in Unfreiheit und Sklaverei vorgezogen) wird und so die Unüberwindbarkeit des Sterbenden dokumentiert, weiter ein Sterben, das ‚für eine Überzeugung' (die Freiheit, die Philosophie oder einen religiösen Glauben) erfolgt und bei der Nachwelt ‚unsterblichen' Ruhm bringt."[35]

---

32 Forschungsgeschichtlich lässt sich nach Bieringer folgende Entwicklung erkennen: „Durch die Assoziation mit paulinischen und anderen neutestamentlichen Texten und die Verbindung mit Jes 53 bzw. 4 Makk wurde ὑπέρ eine Zeit lang unkritisch mit αντί gleichgesetzt" und eben dann mit „anstelle von" statt etwa mit „zugunsten von" übersetzt. Bieringer, Ursprung, 238.

33 Schröter, Sühne, 58.

34 Die „Eigenbedeutung" des Todes Jesu besteht nach Schröter darin, den „Seinen einen Liebesdienst zu erweisen, indem er sein Leben für sie zur Verfügung stellt und dadurch ihren Bestand als Gemeinschaft aus Juden und Heiden ermöglicht". Schröter, Sterben, 286. Während Klaus Scholtissek zunächst die Freundschaftsmetaphorik des JohEv vor dem Hintergrund der hellenistischen Freundschaftsethik untersucht, widmet er sich dann auch der Frage nach dem traditionsgeschichtlichen Hintergrund der Todesdeutung Jesu und möchte diesen als gegen griechisch-römische und hellenistisch-jüdische Interpretationen der „Lebenshingabe für einen Freund" urchristlich und damit sühnetheologisch reformuliert verstehen. Vgl. Scholtissek, Freundschaftsethik, 421.434f.

35 Frey, Tod, 562, der sich bezieht auf: Versnel, Sense, 227.

Das „Sterben für" stellt einen zentralen Bestandteil eines noble death dar. Sachdienlich ist die Unterscheidung von Jörg Frey zwischen noble death und einem effctive death, d. h. einem Sterben „„für andere" (d. h. ‚anderen zugut' oder auch ‚anstelle von anderen') erfolgt. Er bringt zum Ausdruck, daß der Tod eines Menschen eine positive Wirkung zeitigt'."[36] In Jes 53 werden damit die „Ursachen des Leidens und Geschlagenwerdens" geschildert, „wogegen die Wendung vom ‚Sterben für' die Personen oder Dinge benennt, auf die sich die positive Wirkung dieses Sterbens richtet (Freunde, Vaterland, Gesetze usw.)."[37] Die Formel des „ Sterben für" bietet damit keinen Verweis auf den Opferkult, sondern dient der Beschreibung der (durch diesen Tod hervorgerufenen) „positive[n] Wirkung"[38].

Die Inszenierung eines solchen noble death und das Herstellen von Ehre bzw. Ruhm durch ein geskriptetes edles Streben wird Gegenstand von Kp. II/G sein.

Kurz zur Begründung der Auswahl der im Folgenden vorgestellten Beispiele: In der Untersuchung des „Sterben für" und der damit verbundenen Motive beziehe ich mich auch auf die umfassenden Vorarbeiten von Eschner, die bereits auf die Analogie zwischen dem Tod Othos und dem Tod Jesu im JohEv hinweist.[39] Die herangezogenen Beispiele sind auf Personen bezogen, deren Tod mit der lexikalischen Wendung ἀποθνῄσκειν ὑπέρ und/oder in Kombination mit einer vergleichbaren umschrieben und gedeutet wird. Sie beinhalten jeweils das Motiv *unum pro multis dabitur caput* – in Vergils Aeneis[40] lexikalisch so geprägt, aber als Motiv bereits vorher bekannt –, das für den zu untersuchenden Text Joh 11,45–53 das entscheidendste Kriterium für die Auswahl der in Frage kommenden Paralleltexte ist. Hinzu kommen als weitere Motivparallelen die Kundgebung göttlichen Willens und die Kontextualisierung im Rahmen eines Krieges.[41] Dies verringert das Korpus der als Parallelen in Frage kommenden Texte, ist aber zugleich aufgrund der Angabe nur der zentralen Motivzüge offen gehalten, um möglichst viele Paralleltexte zu erfassen.

Das „Sterben für" kann jedoch im Fall des konkreten Beispiels durch die Motive des Unheil Abwendens, des Gemeinschaftserhaltes, der Stellvertretung, aber auch des Opfertodes oder der Besänftigung des Zornes von Göttern, angereichert, überlagert oder bestimmt werden.

Ist bei Euripides die Dominanz von Königen und Mitgliedern von Königsfamilien der Auswahl des Mythos geschuldet, so bestätigt die Durchsicht der Verwendung der *unum pro multis*-Motivik im Zusammenhang einer Schlacht die Dominanz von

---

36 Frey, Tod, 567, der sich bezieht auf: Schröter, Sterben, 265.

37 Schröter, Heilsbedeutung, 126.

38 Schröter, Heilsbedeutung, 126.

39 Eschner, Gestorben II, 282.

40 Verg. Aen. 5,815.

41 Vgl. zu diesen beiden Motiven Eschner, Gestorben II, 351f.

Königen bzw. herrscherlichen Gestalten, die dieses Prinzip verkörpern. Die Anzahl der für die Abwehr von Unheil von der Gemeinschaft gestorbenen Könige ist jedoch im Gesamtmaßstab relativ gering. Das Motiv des „Sterben für“ bzw. des Sterbens „anstelle von“ ist breit belegt. Davon ist noch einmal das Motiv des Sterbens für eine Gesamtheit als eine Unterkategorie abzuheben. Im Gesamtmaßstab meint dann hier die zahlreichen Beispiele des Sterbens für eine Gesamtheit, die besonders häufig und prägnant bei Euripides inszeniert, aber auch bei Diodor, Lykurg und Herodot, bis hin zu Plutarch, Vergil und Cassius Dio geschildert werden. Wie oben bereits dargelegt, bleibt zu diskutieren, ob auch 2 Makk 6–7 ein Sterben für eine Gesamtheit bietet. Das Sterben für eine übergeordnete Gemeinschaft ist also ein beliebtes und literarisch sowie zeitlich (5. Jh. v. Chr. bis 2. Jh. n. Chr.) breit tradiertes Motiv.[42] Als prominenteste, aber lateinischsprachige Variante ist zunächst Vergil mit seiner Schilderung der Überfahrt des Aeneas zu nennen. Neptun fordert in der Verhandlung mit Venus für die Sicherung der Überfahrt das Leben eines Menschen, und zwar des Steuermannes, der dann vom Schlaf übermannt und von Bord gespült wird.

Die geringe Zahl an Herrschern - die Kinder des Herrschers kommen für das „Sterben für“ eher in Frage und sind bei Euripides von Iphigenie bis Menoikeus breit vertreten - hängt mit der Verpflichtung von Soldaten und dem Volk zusammen, den Herrscher zu schützen. Sichtbar wird es zum einen in der Bereitschaft von Soldaten den Herrscher in der Schlacht mit ihrem Leben zu schützen und in der *devotio pro principe*, in der ein Mensch ein Gelübde gegenüber den Göttern abgibt und sich selbst für den Kaiser und sein Wohlergehen zum *votum* macht. War an den Herrscher die Gunst der Götter und (an sein Wohlergehen) auch das Heil bzw. das Wohlergehen des Staates gebunden, so galt es dieses Wohlergehen zu sichern. Daher wurde eine herrscherlose Phase als bedrohlich empfunden. Ein Herrscherwechsel ging zudem häufig mit Machtkämpfen einher, die die Schwächung und Tötung der gegnerischen Seite bedingten.

Mit Eschner ist zu konstatieren,

> „dass es mit dem Tod Christi den Tod eines *Königs* [Hervorhebung im Original] zu deuten galt. Dazu passt die Wahl der Konzeption des Unheil abwendenden Sterbens jedoch insofern besonders gut, als ein solcher Tod eines Königs „für“ das Wohl seines Volkes gerade innerhalb dieses Hintergrundes der griechischen ἀποθνῄσκειν-ὑπέρ-τινος-Formulierung besonders häufig (vgl. v. a. Kodros, Leonidas, Otho) begegnet.“[43]

---

42 Die Rezeption setzt sich natürlich auch über das 2. Jh. n. Chr. noch fort. Hier interessiert aber nur der angegebene Zeitraum.

43 Eschner, Gestorben I, 109.

Und hier ist natürlich auch noch einmal an den Ersten Clemensbrief zu erinnern. Um aber auch der Verbreitung und intensiven Rezeption des Euripides und seiner Tragödienstoffe Rechnung zu tragen, ist die Wahl auf folgende drei herrscherliche Gestalten gefallen: den athenischen König Kodros, den römischen Kaiser Otho und Makaria, die Tochter des Herakles.

2. Das „Sterben für“ von Kodros, Otho und der Tochter des Herakles

2.1 Kodros

Das Sterben des athenischen Königs Kodros (1091–1070 v. Chr.) wird als ruhmreiches Sterben der damaligen Könige für die Rettung ihrer Untertanen bei Lykurg in seiner Rede gegen Leokrates (330 v. Chr.)[44] gefasst. Kurz zum Kontext des „Sterben für“ des Kodros: Nach einer Missernte der Peloponnesier fassten diese den Plan eines Kriegszuges gegen Athen. Sie befragten den Gott des Orakels von Delphi bezüglich des Erfolgs des Vorhabens und erhielten den Orakelspruch: Sieg bei Unterlassung der Tötung des athenischen Königs. Der Orakelspruch wurde den Athenern durch einen Bürger aus Delphi aus Wohlwollen bekannt gemacht. In der Situation der Belagerung Athens durch die Peloponnesier und nach der Benachrichtigung über den Orakelspruch verkleidet sich Kodros als Bettler, begibt sich zum Stadttor und provoziert eine gewalttätige Auseinandersetzung mit zwei feindlichen Soldaten durch die Tötung des einen von ihnen. Als Reaktion wird Kodros durch den zweiten in Zorn geratenen Soldaten getötet. Die Athener klären die Peloponnesier über den Vorfall auf und fordern die Herausgabe ihres Königs zur Bestattung. Dem kommen die Peloponnesier nach und rücken daraufhin ab, da sie erkannten, dass das Land nicht in Besitz zu nehmen ist. Lykurg deutet das Beispiel des Kodros als Sterben „für das Vaterland“, als Eintauschen des eigenen Lebens für „die allgemeine Rettung“ aus „Liebe“ zum „Vaterland“.[45]

In dem für den athenischen König Kodros berichteten Sterben ist die Kategorie des noble death eingelöst, denn ein Sterben zum Schutz der Stadt bzw. der Gemeinschaft wird in der Antike als rühmlich gewertet. So charakterisiert Lykurg die damaligen Könige, für die er Kodros beispielhaft anführt, als „so vornehme Männer, daß sie es vorzogen, lieber für die Rettung ihrer Untertanen zu sterben als ihr eigenes Leben zu retten, indem sie in ein anderes Land gingen.“[46] Der Wille der Götter lag in der Gewährleistung des Wohles des Königs Kodros gegen die Preisgabe und

---

44 Lykurg, 84–88.

45 Lykurg. 88: ἀποθνῄσκειν ὑπὲρ αὐτῆς καὶ τὴν ἰδίαν ψυχὴν ἀντὶ τῆς κοινῆς σωτηρίας ἀντικαταλλάττεσθαι· Übersetzung: Lykurg, Rede (Engels).

46 Lykurg. 86. Übersetzung: Lykurg, Rede (Engels).

die Eroberung Athens und seiner Bevölkerung.[47] Durch eine List – die Verkleidung von Kodros als Bettler – wird die Vollerfüllung des Orakels unter Verkehrung der Parameter erreicht. Kodros gibt sich selbst durch bewusste Provokation der feindlichen Soldaten dem Tod preis. Eschner macht deutlich, dass der Untergang der Athener nur durch die Sicherung des Lebens des Kodros zu erreichen ist; der Sieg wäre den Feinden gesichert, wenn Kodros nicht stirbt.[48] Damit ist der Tod des Kodros freiwillig und kein Opfertod im Sinne des Geopfertwerdens nach der Maßgabe eines Orakelspruchs durch die im Falle des Todes Geretteten.[49] Für Kodros ist sowohl die Freiwilligkeit als auch die Entschlossenheit zu sterben und darüber die Athener zu retten betont, denn seine List offenbart sein planvolles Vorgehen für das Erreichen seiner Tötung. Zudem bittet er die Athener darauf zu achten, wann der Zeitpunkt seines Todes ist und stellt damit selbst sein „Sterben für“ in einen Zusammenhang mit der Bedrohungssituation.[50] Er gibt einen Vorverweis auf sein nachfolgendes Handeln und seine List. Sein Sterben erfolgt anstelle der Athener und für die Rettung der Untertanen. Der Tod des Kodros ist wirksam, denn er verhindert Vertreibung und Tod der Athener.[51] Lykurg bringt dies zum Ausdruck durch das Bild des Tausches des eigenen Lebens für die allgemeine Rettung. Die hier benannte Rettung des Ganzen als Ziel des Sterbens des Einen versinnbildlicht das Prinzip *unum pro multis*.[52] Die Liebe zum Vaterland wird bei Lykurg als Movens für das Sterben des Kodros hervorgehoben.[53] Wichtig ist zu betonen, dass damit die Lebenshingabe des Kodros als Ausdruck seiner liebenden Fürsorge gewertet wird. Werden die Könige als tugendhaft aufgrund ihrer Lebenshingabe für die Rettung der Untertanen qualifiziert und damit durch ihr Sterben göttergleicher Ehren wert[54], so ist damit zugleich impliziert, dass sich der König als der rühmlichste aller Männer erweisen sollte. Damit wird zugleich die Funktion des Königs und

---

47 Vgl. Eschner, Gestorben II, 93. Plato (Symp. 208d) führt das Sterben des Kodros, der Alkestis und des Achills an als Beispiel für das edle Sterben im Sinne der Erlangung der Unsterblichkeit der Tugend und eines ruhmreichen Rufes motiviert aus Liebe zur Unsterblichkeit. Auch dieses Motiv findet sich bei Lykurg in der Schilderung des Erlangens von Unsterblichkeit durch das Beispiel des Kodros im Sinne göttergleicher Ehren und eines über den Tod hinaus währenden Anteils am Land (Lykurg. 88). Daneben wird als Funktion des Sterbens des Kodros die Sicherung der Königswürde seiner Kinder über die Aufrechterhaltung der Eigenstaatlichkeit Athens gegenüber den Feinden genannt. Vgl. hierzu auch Eschner, Gestorben II, 92.

48 Vgl. Eschner, Gestorben II, 94.

49 Vgl. Eschner, Gestorben II, 93.

50 Lykurg. 86.

51 Vgl. Eschner, Gestorben II, 94.

52 Lykurg. 88.

53 Lykurg. 88.

54 Lykurg. 88.

die Legitimität seiner Herrschaft an die liebende Fürsorge für die Untertanen bzw. die *patria* bis hin zum Lebenseinsatz gebunden.

2.2 Otho

Kurz zum Kontext des „Sterben für" Othos: Otho, einer der vier Prätendenten im Vierkaiserjahr und im Jahr 69 n. Chr. nach der Ermordung Galbas an die (vom Senat anerkannte) Herrschaft gekommen, stürzt sich nach der Niederlage in der Schlacht bei Bedriacum gegen seinen Widersacher, den niedergermanischen Statthalter Vitellius, ins Schwert. Vitellius wird von Soldaten des zum *imperator* akklamierten Vespasian nach einer Niederlage gegen dessen Legionen in Rom aufgegriffen und zu Tode gefoltert.

Eschner stellt für Otho heraus, dass sein Tod nicht der Erringung des Sieges in einem bestehenden Krieg dient. So findet kein Selbstopfer vor oder während einer Schlacht statt für die Verhinderung von Unheil im Sinne einer Niederlage. Vielmehr wird durch den Tod Othos die Ursache für den Bürgerkrieg beseitigt, indem der Herrschaftsanspruch Othos obsolet wird.[55] Werden bei Plutarch vor allem die Wendungen ἐπιδιδόναι und ἀποθνῄσκειν ὑπέρ verwendet, so betont Eschner für die Wendung ἐπιδιδόναι, dass es sich bei Otho dezidiert um eine Selbst-„*Hingabe in den Tod* [Hervorhebung im Original]" handelt.[56] Otho stirbt also für die Beendigung eines Zustands des Unheils, er möchte zudem weiteres Unrecht und Unglück für das Vaterland vermeiden,[57] und kann dies nach Eschner in seiner eigenen Interpretation nur über seinen Tod, d. h. die Abwesenheit seiner Person, nicht mehr über sein Weiterleben und einen Sieg herstellen[58], was zugleich die Wirksamkeit seines Todes (statt des üblichen Orakels) gewährleistet. Damit wird bei Plutarch von Otho selbst seinem Tod der größere und bessere Nutzen im Vergleich zu einem Sieg für das Wohlergehen der Untertanen beigemessen.[59]

Ich möchte das Prinzip der Fürsorge als entscheidendes Movens herrscherlichen Handelns Othos herausstellen. Denn Otho verhindert eine Fortsetzung des Krieges bzw. eine weitere kriegerische Auseinandersetzung. Dem liegt nach Anton J.L. van Hooff folgende Motivation zugrunde: „On the other hand excessive integration too may lead to suicide: in the ‚altruistic' type of self-killing a person sacrifices himself because of extreme identification with the group."[60]

55 Vgl. Eschner, Gestorben II, 279.
56 Vgl. Eschner, Gestorben II, 278.279.
57 Plut. Otho 15,5–6. Vgl. Eschner, Gestorben II, 278.
58 Vgl. Eschner, Gestorben II, 279.
59 Vgl. Eschner, Gestorben II, 279.
60 Hooff, Suicide, 80.

Cassius Dio berichtet, dass Otho die Entscheidung für seine Selbsttötung aus Liebe zu den Römern trifft.[61] Daneben stellt er dezidiert das Zugrundegehen Othos als des Einen für die Vielen bzw. alle als besser und gerechter im Vergleich zum Zugrundegehen von Vielen für den Einen heraus.[62] Er möchte vermeiden, dass aufgrund eines Menschen die Fortsetzung des Bürgerkriegs erfolgt und damit die Vernichtung einer großen Menschenmenge. Die Quantität der Leidtragenden wird hier der Ursache – eine Einzelperson – gegenübergestellt. Hier wird die Wirksamkeit des Herrschers, die auf seiner Stellung und den Zuschreibungen an ihn beruht, deutlich. Das traditionelle Verhältnis von Kaiser und Volk wird verkehrt, denn hier stirbt der *princeps* für das Volk bzw. die Rettung der Soldaten und nicht umgekehrt. In der Schilderung des Cassius Dio wird das Motiv des Sterbens eines Soldaten für den Herrscher auch explizit aufgerufen und als Verlangen der Soldaten dargestellt, dem gegenüber Otho seinen Tod fordert.[63] Und hier ist das Prinzip *unum pro multis* ebenfalls verbunden mit dem Motiv des Sterbens aus Liebe, so dass das „Sterben für“ veranlasst ist durch die Liebe des Herrschers zum Volk.[64] Rühmenswert für einen Herrscher ist also die liebende Fürsorge für die Soldaten und Römer, die maximal gesteigert werden kann bis hin zum Einsatz des Lebens im Sinne des „Sterben für“.

Eine Bestätigung dieser Einschätzung Othos wird dann von Cassius Dio und Plutarch nachgeholt. Das Prinzip der *devotio pro principe* wird vom Herrscher durchgeführt für die Rettung seiner Soldaten.[65] Militärische Sieghaftigkeit als eines der wesentlichen Herrscherprädikate eines hellenistischen Herrschers wird hier als Bewertungskriterium für die Legitimität der Herrschaft der (liebenden) Fürsorge für die Römer nachgeordnet.

Damit ist diese erste Herrscherpflicht und Tugendideal zugleich. Otho bindet bei Plutarch die Legitimation zur Herrschaft über die Römer (würdig der Herrschaft über die Römer) an seine Bereitschaft zum Geben seines Lebens für das Vaterland.[66] Erst über das rühmenswerte Sterben Othos erweist er sich nach Plutarch als legitimer Herrscher, denn er kann rühmlich sterben für viele und vortreffliche Bürger.[67]

---

61 Cass. Dio 63,13,1: φιλῶ πάντας Ῥωμαίους, κἂν μὴ ὁμολογῶσί μοι.

62 Cass. Dio 63,13,2. Hier ist am Besten als „Zugrundegehen“ oder „Vernichtung“ zu übersetzen. Vgl. auch Cassius Dio, Geschichte (Veh).

63 Cass. Dio 63,14,1–3: καὶ ταῦτα μὲν οὕτως ἐπὶ πλεῖστον τῆς ἡμέρας ἐλέχθη, τοῦ τε Ὄθωνος τελευτῆσαι δεομένου καὶ ἐκείνων μὴ ἐφιέντων αὐτῷ τοῦτο ποιῆσαι.

64 Vgl. Eschner, Gestorben II, 281. Da jedoch nicht alle Römer unmittelbar im Bürgerkrieg durch den Tod bedroht sind, sieht Eschner von der Kategorie des Ersatzsterbens ab. Vgl. Eschner, Gestorben II, 282.

65 Cass. Dio 63,13,3.

66 Plut. Otho 15,4: εἰ τῆς Ῥωμαίων ἡγεμονίας ἄξιος γέγονα, δεῖ με τῆς ἐμῆς ψυχῆς ὑπὲρ τῆς πατρίδος ἀφειδεῖν.

67 Plut. Otho 15,4.

Nur sein „Sterben für“ kann nach der Otho von Plutarch in den Mund gelegten Rede den größten Nutzen haben auch im Vergleich zu einem Sieg.[68] Die Hingabe Othos dient nach Plutarch der Wiederherstellung von Frieden und Eintracht und dem Verhindern des Eintretens einer weiteren derartigen Notlage wie des gegebenen Bürgerkriegs.[69] Die Würdigkeit der Herrschaft bzw. die Legitimität der eigenen Herrschaft bemisst sich bei Plutarch, wie oben schon benannt, an der Bereitschaft Othos freiwillig sein Leben für die *patria* zu geben. Damit ist die Legitimität an die Tugend Othos gebunden und das Ideal eines edlen Sterbens. Dieses wird näher bestimmt als Sterben für so Viele und so Gute (Bürger).[70]

Mit dem Motiv des „Sterben für“ verbunden ist häufig ein Orakelspruch, der das Leben eines Menschen fordert für das Erreichen eines bestimmten Ziels. Bei Cassius Dio wird der Sieg des Vitellius als Wille der Götter deklariert. Dies tritt im Falle Othos funktional an die Stelle des Orakels. Dem wird in der Rede Othos die Rettung aller (auch der Soldaten des Vitellius) als von Otho erbrachte Leistung als eigentliche zu erfüllende Herrscherpflicht gegenübergestellt. Dies wird als in Übereinstimmung mit den Göttern stehend legitimiert.[71] Bei Tacitus überwindet Otho Fortuna bei seinem Herrschaftsantritt und macht von seinem Glück maßvoll Gebrauch. Trifft ihn nun das Schicksal, so ist Otho nach Heinz Heubner so zu verstehen, dass er diesen Schicksalsschlag nicht unter allen Umständen und zum Unheil anderer abwenden wird.[72]

> „Der plutarchische Otho will in der Gloriole des kaiserlichen Patrioten erscheinen, der die Wohlfahrt seines Volkes über sein eigenes Leben stellt und eine Macht von sich weist, die er nur durch Bürgerkrieg gewinnen kann, der des Tac. will nur mehr das Verdienst in Anspruch nehmen, einem von ihm zwar nicht verschuldeten Verhängnis, einem Verhängnis aber, an dem er nach dem Willen der Geschichte Anteil hat, ein Ende zu setzen, nachdem er den Anruf des Schicksals erfahren hat.“[73]

---

68 Plut. Otho 15,6: καὶ γὰρ τὸ ἀγαθὸν τοῦ κρατοῦντος ἐκείνῃ κακόν ἐστι. πιστεύσατε πολλάκις ὅτι δύναμαι κάλλιον ἀποθανεῖν ἢ ἄρχειν.

69 Plut. Otho 15,6: οὐ γὰρ ὁρῶ τί τηλικοῦτον Ῥωμαίοις ὄφελος ἔσομαι κρατήσας, ἡλίκον ἐπιδοὺς ἐμαυτὸν ὑπὲρ εἰρήνης καὶ ὁμονοίας, καὶ τοῦ μὴ πάλιν ἡμέραν τοιαύτην ἐπιδεῖν τὴν Ἰταλίαν. Für Otho gilt damit das Gleiche wie für Cato: „A noble suicide is laudable as long as it happens on behalf of (*hyper*) the fatherland.“ Vgl. Hooff, Suicide, 185.

70 Plut. Otho 15,4: ἀλλὰ μὴ μείζονος ἀποστερεῖτε, τοῦ καλῶς ἀποθανεῖν ὑπὲρ τοσούτων καὶ τοιούτων πολιτῶν.

71 Cass. Dio 63,13,1: νικάτω Οὐιτέλλιος, ἐπεὶ τοῦτο τοῖς θεοῖς ἔδοξε· σωζέσθωσαν καὶ οἱ ἐκείνου στρατιῶται, ἐπεὶ τοῦτ᾽ ἐμοὶ δοκεῖ.

72 Vgl. Tacitus, Historien (Heubner), 185.

73 Tacitus, Historien (Heubner), 186f. Vgl. zum Charakter der letzten Rede Othos vor seinen Soldaten bei Tacitus: Keitel, Exhortations.

Hier soll das mit dem „Sterben für“ verbundene Motiv der Fürsorge herausgestellt werden, dass auch den Schutz der Freunde gegenüber dem herannahenden Feind umfasst: Tacitus schildert die Vorsorge Othos für eine sichere Abreise der Freunde und Begleiter. Teil seiner Fürsorge ist ebenfalls das Verteilen von Geld sowie das Vernichten von Schmähbriefen.[74] Otho kümmert sich um seinen Neffen und spendet ihm Trost und Ermutigung anhand seines bevorstehenden Verlustes. Die Begriffe „*laudando*“ und „*castigando*“ zeichnen ihn in seiner Reaktion als idealen Feldherrn aus und verweisen damit nach Rhiannon Ash abermals auf potentiell vorhandenes Führungspotential.[75] Die Tränen der Freunde, hier insbesondere der Neffe, und die Festigkeit des Trost spendenden Protagonisten sind seit Sokrates ein feststehendes Motiv.[76] Interessant ist auch, dass Otho aus der betonten Freiwilligkeit und Schnelligkeit seines „Sterben für“ sein Anrecht auf Milde des Siegers gegenüber seinem Neffen ableitet.[77] Otho erweist sich jedoch als ein guter Herrscher, denn er fordert die *clementia* nicht für sich selbst, sondern für seinen Neffen ein. Damit entzieht er sich dem Dilemma, den neuen Herrscher als legitim anerkennen zu müssen, denn mit der Annahme der *clementia* ging zugleich die Akzeptanz als neuer Herrscher einher.[78] Dies kommt nun allein dem Neffen Othos zu. Er weist auch eine Verschonung durch den Gegner Vitellius ab, bringt jedoch die Freiwilligkeit seines Sterbens sowie die eigene *clementia* gegenüber der Familie des Vitellius - insbesondere gegenüber Germanicus, dem Sohn des Vitellius[79] - als Prinzip des antiken Tauschgeschenks ein. Sein „Sterben für“ soll zudem die *clementia* gegenüber seinen Soldaten durch Vitellius im Sinne des Gewährens eines straffreien Wechsels sicherstellen.[80] Ash stellt heraus, dass die zum Ausdruck gebrachte Hoffnung auf ein (langes) Leben der Soldaten, eine Anspielung auf die *devotio pro principe* unter umgekehrten Voraussetzungen enthält.[81]

---

74 Tac. hist. 2,48,1–2.

75 Tac. hist. 2,48,2: *mox Salvium Cocceianum, fratris filium prima iuventa, trepidum et maerentem ultro solatus est laudando pietatem eius, castigando formidinem.* Vgl. Tacitus, Histories (Ash), 208.

76 Vgl. Tacitus, Histories (Ash), 208.206. Bei Tacitus wird der Versuch die Tränen der Seinen zu verhindern genannt. Vgl. Tac. hist. 2,48,1.

77 Tac. hist. 2,48,2. Ash betont, dass auch Cato zwei junge Männer, Demetrius und Apollonides, unterstützt. Tacitus, Histories (Ash), 208.

78 Vgl. Tacitus, Histories (Ash), 209.

79 Vgl. Tacitus, Histories (Ash), 208f.

80 Dafür spricht auch, dass er den Soldaten zu einem schnellen Überlaufen zum Sieger rät, damit sie den Zorn des Siegers nicht reizen. Tac. hist. 2,48,1.

81 Vgl. Tacitus, Histories (Ash), 206.

2.3 Die Tochter des Herakles

Makaria und ihre Geschwister sowie ihre Mutter Alkmene und der Gefährte ihres Vaters Herakles, Iolaus, haben Zuflucht gesucht am Altar von Athen. Sie werden aufgrund ihrer Herkunft von Herakles verfolgt durch König Eurystheus. Dieser will gegen Athen in den Krieg ziehen aufgrund der Präsenz der Herakliden und des Schutzes durch König Demophon. Der Rat aller Zukunftsdeuter fordert das Opfer einer Jungfrau aus edlem Geschlecht für die Rettung der Stadt. Demophon verweigert die Opferung seiner eigenen Kinder oder die Tötung der Nachkommen eines anderen Atheners. Die Möglichkeit der Opferung von Iolaus ist ebenso nichtig, da die Argiver, angeführt von Eurystheus, die Leben der Nachkommen des Herakles fordern. Makaria übernimmt freiwillig den vom Orakel geforderten Tod für die Rettung der Geschwister, nachdem sie sich des Schutzes bzw. der Rettung der Geschwister durch ihren Tod versichert hat.[82] Sie bewahrt ihre Geschwister vor der Auslieferung an Eurystheus. Makaria stirbt zudem zur Verhinderung einer Niederlage von Athen und damit zugunsten von Athen. Der Chor benennt dies als Schutz des Landes.[83] Makarias Tod ist „city-oriented, like that of Menoecus was, and made for love, as Alcestis' was."[84] Im Orakelspruch wird die Notwendigkeit eines

82 Eurip. Heraclid. 381–628. Eurip. Heraclid. 498–506: μή νυν τρέσῃς ἔτ᾽ ἐχθρὸν Ἀργεῖον δόρυ ἐγὼ γὰρ αὐτὴ πρὶν κελευσθῆναι, γέρον, θνῄσκειν ἑτοίμη καὶ παρίστασθαι σφαγῇ. τί φήσομεν γάρ, εἰ πόλις μὲν ἀξιοῖ κίνδυνον ἡμῶν οὕνεκ᾽ αἴρεσθαι μέγαν, αὐτοὶ δὲ προστιθέντες ἄλλοισιν πόνους, παρόν σφε σῶσαι, φευξόμεσθα μὴ θανεῖν; Vgl. Wilamowitz-Möllendorff, Herakliden; Eschner, Gestorben II, 59.

83 Eurip. Heraclid. 621–624: εὐδόκιμον γὰρ ἔχει θανάτου μέρος ἁ μελέα πρό τ᾽ ἀδελφῶν καὶ γᾶς, οὐδ᾽ ἀκλεής νιν δόξα πρὸς ἀνθρώττων ὑποδέξεται.

84 Burnett, Tribe, 16. Auch Barbara McCauley betont das doppelseitige Ziel der Rettung für die Familie und das Land durch Makarias Tod. Vgl. McCauley, Heraclidae, 48. Sie stellt Makaria in den Ruf und das Ansehen ihres Vaters, der die Nachkommen verpflichtet. Harry C. Avery betont ebenfalls das Streben Makarias dem Vorbild ihres Vaters nachzueifern und ihm gleichzukommen. Die „*noblesse oblige* [Hervorhebung im Original]“, d. h. die Destination für eine ruhmvolle Tat qua Geburt, ist für Makaria spürbar. Ihre *eugeneia* wird erprobt und unter Beweis gestellt. Avery, Heracleidai, 542. Durch den Chor wird Makaria und ihr Handeln bzw. ihr Tod in den Willen der Götter hineingestellt, ihr wird Ruhm aufgrund ihrer „courage“ im Sterben und ihrer „goodness“, die ihre Verstrickungen übersteigt, zuerkannt. Vgl. Avery, Heracleidai, 543. Nach Eschner wird in Makarias eigener Rede vor allem die Funktion der Rettung der Familie und des Geschlechts betont, die Rede des Chores macht jedoch deutlich, dass es neben der Rettung der Herakliden auch die Rettung des Landes ist, die mit dem Sterben der Makaria erreicht ist. Eschner betont daher auch die unterschiedliche Zielsetzung der eigenen Sterben-für-Aussagen der Makaria im Sinne der Rettung der Familie und der Opferformulierungen des Orakels, die den Sieg im Krieg und damit die Rettung bzw. den Schutz der Polis versprechen. Vgl. Eschner, Gestorben II, 62. Eschner erklärt die Divergenz der Ziele damit, dass im Orakel keine bestimmte Jungfrau, sondern irgendeine verlangt wird. Die Zwangsläufigkeit eines Opfers der Heraklidentöchter ist bedingt durch die Kausalität der Situation, dass diese in Athen sind und keine andere Zufluchtsmöglichkeit mehr

Menschenopfers im Vergleich zu einem Tieropfer gefordert und eingeschärft.[85] Die Opferterminologie dominiert daher in der Beschreibung des Sterbens der Makaria im Kontext von Athens Sieg.[86] „Die *Opferung* [Hervorhebung im Original] der Makaria soll in erster Linie den Sieg in dem bevorstehenden, letztlich durch die Herakleskinder verursachten Krieg bewirken.“[87] Damit stirbt sie nicht allein für die „eigene Polis“, sondern zugleich für die „neue Heimat“.[88] Zugleich stirbt sie für die Rettung des Lebens ihrer Geschwister, denen im Falle eines Sieges weiterhin Asyl gewährt werden wird. Diese Gewährleistung von Sicherheit für ihre Geschwister sichert Makaria durch direktes Nachfragen, ob dies durch ihr „Sterben für“ gesichert ist, ab.[89] Zudem nimmt sie vorausschauend ihre eigene Zukunft vorweg: Als Sterbende nach der Niederlage Athens im Krieg oder als weiterhin gemeinsam für ihre Geschwister nach Asyl Suchende, denen aufgrund ihrer Feigheit und ihres Ausnutzens anderer niemand Asyl gewährt oder als unglückliche Waise, die (aufgrund ihres Schicksals) unverheiratet bleibt. Sie wertet ihr „Sterben für“ daraufhin im direkten Vergleich als höherwertig.[90] Sie charakterisiert ihr Sterben für ihre Brüder als aus rühmlichen Beweggründen. So wird in V. 530 die Freiwilligkeit ihres Sterbens betont. Ihr Sterben wird im Rahmen dieser familiären Verpflichtung auf Ehre bzw. Ruhm und die eigene Nobilität euphemisiert.[91] Allan führt dies auf den „aristocratic viewpoint“[92] zurück. Zuvor wurde in V. 510 der Erweis der noblen Herkunft auf die Abstammung von Herakles und das Wissen um die damit einhergehenden Verpflichtungen eng geführt.[93] Damit ist in ihrem „Sterben für“ das Prinzip der Fürsorge impliziert. Nach Eschner eignet dem Sterben der Makaria zugleich der Charakter eines Ersatztodes. Mit der Verwendung von ἀντί ist der Ersatztod zugunsten eines Kollektivs und zwar der Schwestern der Makaria impliziert.[94] Daneben findet sich die Formulierung: τὴν ἐμὴν ψυχὴν ἐγὼ

---

zur Verfügung steht. Demnach bestände nur noch die Möglichkeit eines Losverfahrens zwischen den Heraklidentöchtern, wie Iolaus dies auch vorschlägt, zur Gewährleistung der Gerechtigkeit der Auswahl. Die Entscheidung der Makaria wird dann über die bekannten Muster der Freiwilligkeit des Sterbens und den Erweis der eigenen *virtus* bzw. der Nobilität der Geburt hergestellt.

85 Eurip. Heraclid. 486–491. Vgl. Eschner, Gestorben II, 59.

86 Vgl. Eschner, Gestorben II, 61.

87 Eschner, Gestorben II, 62.

88 Vgl. Eschner, Gestorben II, 62.

89 Vgl. Eschner, Gestorben II, 59.

90 Eurip. Heraclid. 525–527.

91 Vgl. Eschner, Gestorben II, 60 Anm. 195.

92 Euripides, Children (Allan), 173.

93 Vgl. Euripides, Children (Allan), 172.

94 Eurip. Heraclid. 580. διδοῦσαν ἀντὶ τῶνδε κατθανουμένην Vgl. Eschner, Gestorben II, 61.64. Vgl. Euripides, Heraclidae (Wilkins), 125.

δίδωμ’ ἑκοῦσα τοῖσδ’, ἀναγκασθεῖσα δ’οὔ. Es findet sich jedoch auch die klassische „Sterben für“-Wendung: κἀξαγγέλλομαι θνήσκειν ἀδελφῶν τῶνδε κἀμαυτῆς ὕπερ, sowie ἀδελφῶν ἢ πάρος θέλει θανεῖν.[95] Die Schwestern wären ebenso von einer Bedrohung durch den Tod qua Los für die Opferung für Athen betroffen. Denn als Makaria sich freiwillig zum Sterben für das Gewinnen der Schlacht bereit erklärt, schlägt Iolaus als Alternative die Möglichkeit eines Losentscheides zwischen Makaria und ihren Schwestern vor.[96] Dies negiert Makaria und bekräftigt noch einmal ihre Bereitschaft zum Sterben für die Geschwister, was somit nach Eschner den Kern der von Makaria selbst vorgenommenen Sinngebung ihres Sterbens bildet.[97] Eschner stellt heraus, dass neben der Rettung der Herakliden, denen im Falle eines Krieges die Auslieferung an Eurystheus droht, die Rettung der Stadt im Sinne des Sieges über die Angreifer unausweichlich an den Tod der Makaria gebunden wird durch die Weigerung Demophons einen Bürgerkrieg zu riskieren durch die Tötung eines Atheners. Damit ist eine weitere wichtige Motivation für das „Sterben für“ der Makaria benannt.[98] Iolaus nennt in V. 484–497 die Rettung der Stadt Athen als Ziel des Todes insbesondere von Makaria, die mit ihrer Zuflucht erst den Krieg durch Eurystheus gegen Athen und seinen Herrscher Demophon ausgelöst hat. Makaria benennt in V. 491 die Rettung der Ihren und die Rettung der Stadt als doppeltes Ziel.[99] In dieser engen Verbindung, Allan verweist auf die Verbindung durch μέν δέ, die hier über χρή anaphorisch ist[100], wird zudem die kausale Abhängigkeit der Rettung der Ihren von der Rettung der Stadt deutlich. In V. 503–515 wird die Rettung der Stadt durch Makaria als Ausgleich für das Gewähren von Schutz für die Herakliden benannt. Das Movens ist auch hier die edle Abstammung, der man gerecht werden muss.[101] Die Konsequenzen eines unrühmlichen Handelns von Makaria und ihren Geschwistern werden in V. 516–519 sichtbar in der Beschreibung der Anfeindungen gegen sie und der Möglichkeit einer erneuten Vertreibung bzw. eines Banns.

In die Kategorie des Umgangs mit dem Leichnam fällt dann die Bitte um Bestattung in der Heimat, falls eine Rückkehr in die Heimat zukünftig möglich ist. Makaria selbst ordnet die Erinnerung an sie und die Bestattung ihres Leichnams als Lohn für ihren Beistand und ihren Lebenseinsatz für die eigene Familie und die

95 Eurip. Heraclid. 531f.536.550.

96 Eurip. Heraclid. 539–546.

97 Vgl. Eschner, Gestorben II, 62.

98 Vgl. Eschner, Gestorben II, 58.

99 εἰ χρὴ μὲν ἡμᾶς, χρὴ δὲ τήνδ’ εἶναι πόλιν.

100 Vgl. Euripides, Children (Allan), 171.

101 Eurip. Heraclid. 501–514.

Schwestern ein.[102] Sie fügt als Movens für diesen Lebenseinsatz eine Lebensführung in Fürsorge für andere aufgrund des Bewusstseins der eigenen Sterblichkeit an.[103]

Auffällig ist auch die Bitte um ein Sterben mit verhülltem Haupt, was auf den Opfercharakter des „Sterben für“ der Makaria verweist und zugleich die Brautmetaphorik bedient. Die Bitte um das Sterben der Makaria in den Armen von Frauen verweist auf den Status der unverheirateten Frau. Hier wird die Jungfräulichkeit der Makaria, die als Brautpreis für ihr Leben das Leben und den Schutz ihrer Familie erhält, herausgestellt. Die Sicherung der Ursprungsfamilie wird hier an die Stelle der zukünftigen eingeheirateten Familie gestellt und sowohl Makaria als Beziehungswesen, zugleich aber auch als Bindungslose herausgestellt.[104] In der Reaktion der Umwelt auf die letzten Worte der Makaria wird ihr „Sterben für“ als heroisch gewertet, die Makaria aufgrund ihres Todes Ruhm in der Nachwelt und im Vergleich vor allen anderen Frauen zusichert.[105] Dann wird ihr von Iolaus in V. 597–599 εὐψυχια, ein typisch militärischer Terminus für Tapferkeit, attestiert[106] und sie als die Tapferste aller Frauen herausgestellt. Iolaus verbietet sich harsche Worte gegenüber Kore, der Tochter von Demeter, der Makaria geopfert wird und die ihre Devotion bereitwillig annehmen wird. Der Gram und die Trauer des Iolaus über den Tod der Makaria werden betont.[107] Eine Reaktion der Geschwister der Makaria wird nicht geschildert. Der Chor bestätigt, dass Makaria für die Geschwister und das Land starb in Verpflichtung gegenüber ihrem Vater und ihrer noblen Geburt. Er spricht ihr den Erwerb von δόξα seitens der Menschen zugunsten der Brüder und dem Land zu, was aus ihrer Tugendhaftigkeit resultiert – sie wird als „Gute“ in V. 628 bezeichnet.[108]

3. Exegetische Analyse Joh 11,47–53

3.1 Kontexteinordnung von Joh 11,47–53

Der Todesbeschluss gegen Jesus und die Prophezeiung des Kajaphas in 11,49–51 erfolgen im Anschluss an die Auferweckung des Lazarus und sind Ergebnis der

---

102 Eurip. Heraclid. 586–596.

103 Eurip. Heraclid. 574–583.

104 Vgl. zu dem Aspekt von Makaria als unverheirateter Frau: Eschner, Gestorben II, 60 Anm 194.

105 ἀλλ᾽, ὦ μέγιστον ἐκπρέπουσ᾽ εὐψυχία πασῶν γυναικῶν, ἴσθι, τιμιωτάτη καὶ ζῶσ᾽ ὑφ᾽ ἡμών καὶ θανοῦσ᾽ ἔσῃ πολύ Eurip. Heraclid. 597–599.

106 Vgl. Euripides, Children (Allan), 175.

107 Eurip. Heraclid. 603–607.

108 Eurip. Heraclid. 621–628.

negativen Seite der Reaktion auf die Auferweckung durch einen Teil der Anwesenden. Während viele zum Glauben kommen, bilden in der Schilderung des JohEv den Konterpart zu dieser positiven Reaktion diejenigen, die den Pharisäern von der Zeichentat Jesu berichten. Ein zusammengerufenes Synhedrium reagiert auf diese Zeichentat und auf den Zulauf zu Jesus. Die Erweckung des Lazarus und das wundertätige Handeln Jesu an Lazarus rufen in V. 45f bei den Juden also eine zwiegespaltene Reaktion hervor: viele glauben an Jesus; einige berichten den Pharisäern von der Tat Jesu. Diesen Zeugenbericht nehmen die Hohepriester und Pharisäer zum Anlass zur Einberufung der Versammlung, die der Beratung über die causa Jesu dient. Als Begründung für die Notwendigkeit von Maßnahmen gegenüber Jesus wird seine massive Zeichentätigkeit angeführt. Als mögliche Konsequenzen dieser Zeichentätigkeit werden das Einschreiten der Römer gegen die Stätte und das Volk (ἔθνος) genannt. Im Hintergrund steht die Sorge, dass „alle an ihn glauben" (V. 48) und sich die Schar der Anhänger um ein Vielfaches vergrößert, was dann inhaltlich in Kp. 12 bei der Inszenierung des *adventus* Jesu in Jerusalem narrativ eingelöst wird. Denn die Kombination von Zeichenprophetie – Jesus spricht Marta die Auferweckung ihres Bruders Lazarus zu („dein Bruder wird auf(er)stehen" (11,23)) bzw. die nachfolgende Einlösung wunderhaften Handelns – und dem Sammeln von Anhängern, die sich zur Zeit Jesu in den sogenannten Zeichenpropheten manifestiert, war tatsächlich ein Anlass zum Eingreifen der Römer. Nach Josephus wertet der Prokurator Felix das Auftreten der Zeichenpropheten als Aufstandsversuch und geht militärisch gegen die ‚Aufständischen' vor.[109] Jesus wird durch das Synhedrium in diese Kategorie der Messiasprätendenten eingeordnet.

3.2 Jesu Sterben für das Volk – Ein motivkritischer Vergleich

Mit dem Lexem ἀποθνῄσκειν-ὑπέρ-τινος ist das geprägte Motiv bereits angegeben, das bei Joh mit weiteren Motiven verknüpft und kontextualisiert wird, so dass folgendes Motivinventar erhoben werden kann:

- Bevorstehen einer kriegerischen Auseinandersetzung
- Prinzip *unum pro multis dabitur caput*
- Festlegung als göttlicher Wille
- Sterben zugunsten einer Gesamtheit mit dem Ziel: Abwendung von Unheil zugunsten einer Gemeinschaft[110]

109 Ios. ant. Iud. 20,171. Vgl. Schreiber, Begleiter, 215f.

110 Vgl. zu den Motiven Eschner, Gestorben II, 3–37.

Das aus der griechisch-römischen Umwelt des Neuen Testaments stammende Motiv des „Sterben für" ist jüdisch eingebettet, denn das Sprechen des Hohepriesters ist in V. 51 als Prophezeien deklariert und damit als Offenbarung des Willens Gottes.[111]

Die Kopplung von Priestertum und Prophetie in der Figur des Hohepriesters Kajaphas findet sich häufiger im Alten Testament. Der Hohepriester war zuständig für das Orakel.[112] Ein solches Orakel wurde gemäß den Antiquitates des Josephus durch den König vor einer Schlacht über den Ausgang des Krieges beim Hohepriester eingeholt. Beim Leuchten der Steine auf dem hohepriesterlichen Gewand (Brustschild) gewährte Gott Unterstützung.[113] Urim und Tummim waren zur Abfassungszeit der Priesterschrift Bestandteil des hohepriesterlichen Ornats. Auch frühjüdisch nimmt zum Beispiel Josephus diese Befähigung für sich in Anspruch und weist dies in seiner Deutung auch anderen biblischen Gestalten zu. Philo von Alexandrien ordnet die Fähigkeit zur Prophetie eben nicht dem Amtscharisma des Priesters an sich, sondern seinen persönlichen Fähigkeiten zu.[114] Josephus benennt die Sardonyxsteine am Brustschild des Hohepriesters, 12 in Gold gefasste Edelsteine, die für die 12 Stämme Israel stehen, nicht als Urim und Tummim, sondern als Orakel.[115] Im Folgenden wird ein Überblick gegeben über Beispiele für ein solches Orakel in der Überlieferung des Josephus.

Josephus schildert das Beispiel von Ahimelech für David (1 Sam 22,9f) oder die Befragung des Ephods des Hohepriesters Abjatar durch David in Bezug auf die Amalekiterschlacht (1 Sam 30,7f).[116] Diese Kriegsorakel sind nicht nur auf den Hohepriester beschränkt, sondern auch durch Propheten leistbar.[117] Daneben gab es für Josephus eine zweite Variante des hohepriesterlichen Orakels, denn das Aufscheinen des rechten der zwei Sardonyxsteine, ebenfalls beide mit den Namen der 12 Stämme Israels versehen, auf dem Schultermantel des Hohepriesters, konnte auch die Präsenz Gottes während des Kultes angeben. Oliver Gußmann ordnet dies damit als „unpolitisches, kultisches Orakel" ein.[118]

Wichtig ist, dass Josephus damit den Hohepriestern prophetische Fähigkeiten zubilligt, die rituell eingebettet und legitimiert sind. Nach dem biblischen Zeugnis wurden Urim und Tummim in Dtn 33,8 dem Stamm Levi und damit den Leviten zugeordnet. Zu einem späteren Zeitpunkt war die Verwendung von Urim und

111 Droge spricht von „hebräischen Orakeln": Droge, Death, 168.

112 Vgl. Gussmann, Priesterverständnis, 298.

113 Vgl. Gussmann, Priesterverständnis, 299. Ios. ant. Iud. 6,254.257.359; 7,72.76.

114 Vgl. Gussmann, Priesterverständnis, 298. Vgl. für Philo Gussmann, Priesterverständnis, 298 Anm. 42.

115 Vgl. Gussmann, Priesterverständnis, 302. Ios. ant. Iud. 3,163–164.217.

116 Vgl. Gussmann, Priesterverständnis, 299. Ios. ant. Iud. 6,254.257.359

117 Vgl. Gussmann, Priesterverständnis, 299. Ios. ant. Iud. 6,271.328.

118 Vgl. Gussmann, Priesterverständnis, 301.

Tummim nur noch den Hohepriestern vorbehalten.[119] Das hohepriesterliche Orakelwesen ist mit der Ära der Monarchie verquickt. Während der Zeit des Exils verfiel dies in Ungebräuchlichkeit, so dass nachexilisch ein Priester mit Urim und Tummim erwartet wurde. Esr 2,63 und Neh 7,65, in denen dies formuliert wird, beschreiben damit die Hoffnung auf das Kommen eines (priesterlichen) Propheten.[120]

Von Beginn an ist auch das Auftreten der Makkabäer durch Bilder geprägt. Traumbilder zeigen sowohl Judas (gestorben 160 v. Chr.) als auch Johannes Hyrkan I. (164–104 v. Chr.) den kommenden Sieg in der Schlacht, herbeigeführt durch den Beistand JHWHs, an. So wird Judas in einer Schau, gerahmt durch das Gebet des Hohepriesters Onias und vermittelt durch Jeremia, ein goldenes Schwert als Geschenk Gottes gereicht (2 Makk 15,11–16). Hyrkan I. spielt auch für Josephus in seiner Bewertung eine herausragende Rolle. Für Hyrkan I. sieht Josephus die Verbindung von Priestertum, prophetischer Gabe und herrscherlichem Anspruch gegeben.[121] Die Zeit des priesterlichen Orakelwesens endet für Josephus mit Hyrkan I.[122] Das Auftreten prophetisch inspirierter Personen ist für ihn auch nach dem Abbrechen der Ära der biblischen Propheten möglich. Josephus beschreibt für Hyrkan I. eine unmittelbare Nähe zu Gott, dem direkt das Wort Gottes offenbart wird und der die Zukunft weissagen kann, z. B. die Nachricht über den Sieg seiner Söhne über Antiochus IX. und das Traumgesicht in Bezug auf seinen Sohn Alexander Jannäus als seinem Nachfolger.[123] Auch der Hohepriester Jaddus empfängt im Traum das Orakel bzw. die göttliche Weisung, Alexander den Großen und seine Truppen in die Stadt Jerusalem einzulassen und diese feierlich zu begrüßen ohne Angst, da Gott für sie sorgen werde. Dieses Traumorakel empfängt Jaddus nach einem Gebet mit der Bitte um Hilfe und der Darbringung eines Opfers mit der Bitte um Schutz des jüdischen Volkes. Alexander dem Großen erschien der Hohepriester im Traum und gebot ihm nach Asien zu kommen, er werde das Heer Alexanders führen und ihm das persische Reich übergeben. Die Begegnung zwischen Jaddus und Alexander dem Großen gestaltete Josephus nach dem Ablauf eines idealen *adventus* des Herrschers Alexander[124], der eine Proskynese Alexanders des Großen vor dem Hohepriester in seinem Gewand und das gemeinsame Opfern im Tempel beinhaltet.[125]

---

119 Vgl. Gussmann, Priesterverständnis, 41–43.

120 Vgl. Gussmann, Priesterverständnis, 301 Anm. 52.

121 Vgl. Gussmann, Priesterverständnis, 300.

122 Vgl. Gussmann, Priesterverständnis, 301.

123 Vgl. Gussmann, Priesterverständnis, 300f. Ios. ant. Iud. 13,282; 13,322.

124 Vgl. Gussmann, Priesterverständnis, 302. Vgl. Ios. ant. Iud. 11,325–339.

125 Vgl. Gussmann, Priesterverständnis, 303.

In Joh 11,50–52 wird der Hohepriester jedoch nicht durch den König befragt. Vielmehr ist Jesus Gegenstand einer Prophezeiung bzgl. Ziel und Inhalt seines Sterbens (im Sinne der Abwendung des Krieges), das damit dem göttlichen Willen entspricht. Gleichzeitig wird eine Aussage über den Beistand JHWHs in einem bevorstehenden Krieg sowie darüber hinaus gemacht. Die Funktion des paganen Orakels und die der von Kajaphas geleisteten Prophezeiung konvergieren in dieser Hinsicht. Im Folgenden wird die Prophezeiung des Kajaphas im Kontext des JohEv analysiert.

Nach der Benennung des Gefahrenpotentials durch Jesus - durch seine Tätigkeit wird Jesus weiterhin Anhänger gewinnen, was die Römer zu einem Eingreifen im Sinne des Nehmens von Stätte und Volk bewegen könnte - erfolgt in V. 50 die Weissagung durch Kajaphas, den amtierenden Hohepriester. Kajaphas wirft den anderen Ratsmitgliedern Unwissenheit im Sinne politischer Ahnungslosigkeit vor und argumentiert von einem real- und machtpolitischen Standpunkt aus.[126] Er hebt die größtmögliche Wirkung des Todes eines Einzelnen, bei geringstem Einsatz (ein Menschenleben) gegenüber der Gefahr der Vernichtung der Stätte und des Volkes hervor. „Ihr bedenkt nicht, dass es euch nützt, dass ein Mensch stirbt für das Volk (λαός) und nicht das ganze Volk (ἔθνος) vernichtet wird" (V. 50). Die Einbettung der ἀποθνῄσκειν-ὑπέρ-τινος-Wendung in einen ἵνα-Satz ist eindeutiger Beleg für die Sinnrichtung. Mit ὑπέρ wird der Bezugsgegenstand der Handlung angegeben und damit die mit dem „Sterben für" verfolgte Absicht. Diese ist dann inhaltlich entweder negativ (zur Abwendung von) oder positiv (zugunsten von) näher zu spezifizieren.[127] Die Formel ist daher keine Angabe der Ursache des Sterbens Jesu, sondern Jesus stirbt zugunsten des Volkes und zur Abwendung des Sterbens der ganzen Nation. Ὑπέρ kann das Sterben „anstelle von" mit einschließen, da es mit ἀντί synonym verwendet werden kann.[128] In Joh 11,50c ist ὑπέρ mit „zugunsten von" statt „anstelle von" zu übersetzen, da es sonst eine Dopplung mit V. 50d gäbe.[129] Der Erzähler nimmt in einem weiteren Kommentar in V. 52 Stellung zur Prophezeiung des Kajaphas und ergänzt das Motiv des ‚Sterben für die Nation' um das Ziel der Sammlung der zerstreuten Kinder Gottes. In Joh 11,53 wird dann der Beschluss des Todes Jesu als Konsequenz des sich Beratens (ἐβουλεύσαντο) des Synhedriums genannt, was die Fahndung nach Jesus, seine Gefangennahme und seine Auslieferung an die Römer beinhaltet.

Jesu Tod gehört in die Kategorie des Unheil abwendenden Sterbens. Der Rezipient wird mit der Situation einer Bedrohung der Stätte und des Volkes durch das militärische Eingreifen der Römer konfrontiert. Jesu Tod zählt nach Eschners

126 Vgl. THEOBALD, Evangelium (RNT), 754.

127 Vgl. ESCHNER, Gestorben II, 172.

128 Vgl. ESCHNER, Gestorben II, 173.

129 Vgl. THEOBALD, Evangelium (RNT), 754.

Katagorisierung zu den apotropäischen Todesfällen im Vorfeld eines möglichen Krieges bzw. wie bei Otho im Vorfeld weiterer Kämpfe.[130]

Ziel und Inhalt des Sterbens Jesu ist das Verhindern der Vernichtung von Stätte und Volk durch die Römer. Sein Tod ist damit kein Mittel zur Herstellung eines Sieges in einer Schlacht, sondern zur Vermeidung der Eskalation der Situation bis hin zu einer kriegerischen Auseinandersetzung (mit den Römern). Eschner hebt dabei hervor, dass „die apotropäische Wirkkraft des Todes jeweils in der mit dem Tod eines Menschen hergestellten Beseitigung und der auf sie folgenden Abwesenheit der gestorbenen Person begründet ist“[131]. Sind alle oben angeführten Beispiele von Königen und Königskindern darauf angelegt, eine Gesamtheit wie eine Polis zu retten, so stirbt auch Jesus als der ideale König für den Erhalt bzw. die Neukonstitution einer Gemeinschaft. Er stirbt in Vollerfüllung der herrscherlichen Fürsorgepflicht. Er stirbt aus Liebe zur Welt (Joh 3,16). Er erweist sich in seinem „Sterben für“ zudem als ruhmvoll. Damit ist die Analogie zum rühmlichen Sterben des Kodros und zum Selbstlob Othos, ruhmvoll zu sterben, gegeben und die Analogie zu Makaria, die im militärischen Kontext das höchste Lob erhält, die Tapferste zu sein.[132] Das *unum pro multis* schließt ein Sterben ‚anstelle‘ ein, ist zugleich aber auch ein Sterben ‚zugunsten von‘ im Sinne der Zusicherung dauerhafter Rettung.[133] Opfertermini finden hingegen keine Anwendung. Auch das Sterben für die militärische Sieghaftigkeit, die Ehre der Stätte, findet keine Aktualisierung in Joh 11. Dies entspricht dem Charakter des *adventus* Jesu in Jerusalem, wo er als der in Sach 9,9 verheißene Friedenskönig einzieht.

Aus der Perspektive der Glaubenden ist mit der Bedrohung der heiligen Stätte und des Volkes eine Anspielung auf den Jüdisch-Römischen Krieg mit der Zerstörung des Tempels und Jerusalems gegeben. Ist aus der glaubenden Perspektive der Tod Jesu ein wirksamer Tod auch über die literarische Ebene hinaus, wenn er konterkariert wird durch die Historie? Oder ist die Wirksamkeit seines Todes durch die realpolitischen Gegebenheiten ad absurdum geführt? Die johanneische Ironie liegt darin, dass das Ziel der Gegner Jesu letztlich scheitert. Die Vernichtung der Stätte und des Volkes wird aus historischer Perspektive eben nicht verhindert, sondern zeitlich auf ein späteres Datum verschoben.[134]

---

130 Vgl. Eschner, Gestorben II, 279.

131 Eschner, Gestorben II, 283.

132 Eurip. Heraclid. 597–599.

133 Vgl. Eschner, Gestorben II, 173.

134 Auf der Ebene der erzählten Welt: Denn das wahre Verhältnis der beiden Machtbereiche zueinander wird den Rezipierenden im Gespräch Jesu mit Pilatus im Rahmen seiner Verurteilung (Joh 18,28–19,16) vor Augen geführt. Dort macht Jesus Pilatus deutlich, dass seine gesamte ihm vom römischen Kaiser übertragene realpolitische Gewalt nur eine abgeleitete ist und letztlich von Gott stammt (19,10f); Pilatus erfüllt seinen Zweck als Instrument im Heilsplan Gottes, indem er die

Auf einer hinter der von den Gegnern Jesu vertretenen realpolitisch greifbaren Ebene ist die Wirksamkeit des Handelns Jesu durch das Handeln Gottes in seinem Repräsentanten gewährleistet. Das Motiv *unum pro multis* ist mit einem lebenshingebenden Eingreifen verbunden, das dauerhaft Rettung schafft. In den geschilderten Fällen ist dies über den Motivzug der Bekanntmachung des Willens der Gottheit im Sinne der Zuschreibung einer „rettende[n] Bedeutung“[135] durch eine autoritative Instanz gewährleistet.

So stirbt Jesus für die Abwendung der Vernichtung des ἔθνος, denn durch seine Vollmacht, das Leben zu geben und wieder zu nehmen, überwindet er die Macht des Todes, so dass er ewiges Leben (Joh 11,25f) spendet. Im JohEv wird Jesus als „König Israels“ in Vollerfüllung des hellenistischen Herrscherideals inszeniert, dessen Wirksamkeit seines Sterbens aus der Perspektive der Gegner auf ein Sterben „anstelle von Stätte und Volk“ beschränkt ist. Aus der Perspektive der Glaubenden ist es hingegen ein Sterben (anstelle von und) zugunsten des λαός der zusammengeführten Kinder Gottes, der das ἔθνος und die ἔθνη inkludiert. Hier scheitert die Kongruenz der Äußerung und des Zustandes der Welt, denn Jesu Tod verhindert gerade nicht die Einnahme der Stätte und des Volkes durch die Römer. Vor dem Makrokontext der johanneischen Jesus-Vita, die mit der Erweckung Jesu und seiner Auffahrt zum Vater endet, wird ein Gelingen des performativen Aktes des „Sterben für“ (die Stätte und) den λαός denkmöglich.

Macht zur Verurteilung Jesu zum Tod, die römische Kapitalgerichtsbarkeit, übertragen bekommen hat.

Ebene der Rezeption: Es ist ein geringer Realitätseffekt gegeben. Erzählexterne Referenzsignale erfolgen auf die Zerstörung von Stätte und Volk durch Römer. Die Erzählung hat vorrangig thematische Funktion: Augenscheinlich ist eine Kontrastbeziehung zur Situation des Rezipierenden gegeben, denn die Vernichtung von Stätte und Volk hat stattgefunden. Realpolitisch ist das Vorhaben der Pharisäer im Rückblick gescheitert. Applikation von Ereignissen: Bei einem ersten Abgleich mit der Wirklichkeit der Rezipienten (Stätte und Volk wurden durch die Römer vernichtet) scheint das Sterben Jesu für die Stätte und das Volk mit dem Sieg der Römer im Jüdisch-Römischen Krieg gescheitert. Dies erzeugt eine kognitive Dissonanz. Beim Rezipierenden wird die Spannung erhöht – wird Jesus sein Leben einsetzen, wird er sein Leben lassen und wieder nehmen? Wird sein Sterben für die Stätte und das Volk erfolgreich sein? Wie wird er dies leisten? Literarisch inszeniert werden beide Momente in der Kreuzigung und der Erscheinungserzählung in Kp. 21 verbunden mit dem Weideauftrag an Petrus. Vgl. zu den Analysekriterien Finnern, Narratologie.

135 Eschner, Gestorben II, 267.

4. Analyse der pragmatischen Funktion des Motivs des „Sterben für" im Kontext des Gruppenkonfliktes mit ‚den Juden'

Hier soll ein Vergleich erfolgen zwischen dem Agieren des römischen Senats als soziale Gruppe gegen einen politischen Feind und dem Agieren des Synhedriums. Für den Tod Neros und Domitians wird eine Beteiligung des Senats nicht ausgeschlossen. So ist Jens Gering überzeugt von der „Mitwisserschaft einiger Senatoren an der Ermordung Domitians"[136] und führt dies auf eine senatorische (Oppositions-)Gruppe zurück, die Nerva als Übergangskaiser und für den gesamten Senat akzeptablen neuen Herrscher durchsetzte. Gering schlussfolgert dies aus dem Fehlen eines Schockzustandes des Senats und der unmittelbaren Einigung auf einen Nachfolger durch die sofortige Präsentation Nervas als Nachfolger.[137] Das durch die Pharisäer einberufene Synhedrium ähnelt in seiner Beschlussfassung und der Herleitung des Beschlusses der *hostis*-Erklärung des Senats. „Wer zum *hostis populi Romani* erklärt wurde, der konnte als offizieller Staatsfeind von jedem straflos getötet werde[n], denn das römische Bürgerrecht schützte ihn nicht länger."[138] Der prominenteste Fall, der für das Prinzipat bekannt ist, ist die Erklärung Neros zum *hostis* durch den Senat, nachdem Galba durch Senatsbeschluss als Kaiser anerkannt worden war.[139] Interessant ist auch, dass Galba nach seiner Ermordung vom Senat ebenfalls zum zweiten Mal nach seiner Deklaration auf Befehl Neros als *hostis* gebrandmarkt wurde.[140] Als *hostis* wurde eigentlich nur ein Gegner des römischen Staates, der sich zum Zeitpunkt seiner Deklaration außerhalb der Stadtmauern Roms befand, bezeichnet. Bei Galba war dessen Ermordung, die einen möglichen Angriffspunkt für den neuen Kaiser Otho bildete, die Veranlassung zu seiner postumen Erkärung zum *hostis*. Dass Nero als römischer Bürger als *hostis* deklariert wird, trifft dann auf einen inneren Feind zu, was der Entwicklung der *hostis*-Deklaration während der Bürgerkriegswirren entspricht.[141] Demnach kann die *hostis*-Deklaration Neros auch erst erfolgen, nachdem der Senat Galba als Kaiser anerkannt hatte.

---

136 GERING, Domitian, 329.

137 Vgl. GERING, Domitian, 328f.

138 NEUMANN, Ausnahmezustand, 259; NIPPEL, Aufruhr, 91. Nippel weist auf die Analogien der postumen Strafaktionen zum Majestätsverbrechen und Landesverratsprozess hin. Vgl. NIPPEL, Aufruhr, 86.

139 Vgl. RUDICH, Dissidence, 224. Vgl. auch WALDHERR, Nero, 260.

140 VITTINGHOFF, Staatsfeind, 99.91. Auch Kaiser Otho wurde nach seiner Niederlage zum *hostis* erklärt. Vgl. VITTINGHOFF, Staatsfeind, 93f. Vgl. Tac. hist. 1,47; Suet. Otho 6–7; Suet. Nero 49; Cass. Dio 63,29,1; zu Vitellius: Cass. Dio 64,1,1.

141 Vgl. NEUMANNN, Ausnahmezustand, 260.

Dem Senat kam nach Natascha Christiana Neumann nur die Rolle der Bestätigung einer Person als *hostis* zu, während die Anklage bzw. die Aufforderung zur *hostis*-Erklärung durch den jeweiligen Gegner bzw. die gegnerische Partei und nach den gegebenen (militärischen) Machtverhältnissen erfolgte. Dem eignete damit zugleich auch eine legitimatorische Funktion für die Partei, die den Antrag stellte.

> „Wer auch immer in der jeweiligen aktuellen Auseinandersetzung zeitweise die Oberhand gewann [...], unternahm es meist als erstes, den eigenen Widersacher als Feind des römischen Staates abzustempeln, was den angenehmen Nebeneffekt aufwies, selber wenigstens optisch zwangsläufig in die Position desjenigen gerückt zu werden, welcher Rom legal repräsentierte, denn was sollte man selbst auch schon anderes sein, wenn dem politische[n] Gegner die Rolle des *hostis* zugewiesen wurde."[142]

Ausgangspunkt für die Anklage, die dem Vorwurf des *hostis* vergleichbar war, war die *affectatio regni*, d. h. die Anmaßung des Königtums und damit ein (landes)feindliches Handeln. Dieser Tatbestand konnte anschließend in einem Perduellioverfahren überprüft werden.

> „Als staatsfeindlichen Akt beschrieb die *perduellio* [eine Handlung], die für den Staat ein[e] Bedrohungslage bedeutete, welche vom Grad der Gefährdung her mit jener durch einen auswärtigen *hostis* verursachten vergleichbar war und zwar mit der einen Ausnahme, dass in diesem Fall der wie ein *hostis* Handelnde (*pro hoste*) seinem Rechtsstatus nach eben nicht *hostis*[,] sondern *civis Romanus* war, weswegen sein Verhalten dann als Straftatbestand eingestuft wurde und nicht als Anlass den Betreffenden einfach zu töten."[143]

Die *perduellio* war zur Zeit des Prinzipats durch das *crimen maiestatis* abgelöst.

> „Im Gegensatz zum Begriff *perduellio* bezog sich jener des *crimen maiestatis* nicht auf die Angriffshandlung[,] sondern auf das angegriffene bzw. beschädigte Gut in Form der *maiestas populi Romani*."[144]

Während jedoch beim *crimen maiestatis* ein Angriff auf die Person und eine Minderung der *maiestas* des *populus Romanus* bzw. in der Kaiserzeit auf den *princeps* und den römischen Staat erfolgte,[145] bildet die Deklaration als *hostis* den Gegen-

---

142 Neumannn, Ausnahmezustand, 260.

143 Neumannn, Ausnahmezustand, 95; Bleicken, Senatsgericht, 27.

144 Neumannn, Ausnahmezustand, 95.

145 Vgl. Neumann, Ausnahmezustand, 95.267.

punkt, da dem Feind seine (Bürger-)Rechte abgesprochen wurden und damit eine Minderung stattfand. Für die Deklaration als *hostis* galt als Kriterium allein seine Einstufung als „Störer"[146] – sei es in der Vergangenheit oder für die Zukunft; dies löste jedoch kein Notstandsrecht bzw. *senatus consultum ultimum* aus.[147] Aus der Perspektive der Römer liegt mit dem öffentlichkeitswirksamen Anspruch und Auftreten Jesu ein *crimen maiestatis* vor. Aus der Binnenperspektive des Synhedriums erklären sie Jesus bei dieser Versammlung zum *hostis*. Sie entziehen ihm und seinem Anspruch damit jegliche Legitimation und deklarieren ihn zum innenpolitischen Feind im Machtgefüge der Kollaboration mit den Römern in der römischen Provinz Judäa. Im JohEv sind die Verantwortlichkeiten klar geregelt und es braucht die Kapitalgerichtsbarkeit[148] des römischen Präfekten Pilatus für die Verurteilung und Hinrichtung Jesu: Pilatus verurteilt Jesus zum Tod. Der Auslöser für die Verhaftung Jesu, das Verhör und die Einleitung des Rechtsprozesses vor Hannas und seine Überstellung an Pilatus ist jedoch die Deklaration als *hostis* seitens des Synhedriums.

Über die hier vorgelegte Analogisierung des Vorgehens des Synhedriums als politisch einflussreiche Gruppe mit einer *hostis*-Erklärung durch den Senat wird die Außendarstellung der Gründe für die Auslieferung Jesu an Pilatus hinterfragt und die Binnenlogik, die jedwedem gruppenspezifischen Handeln zugrundeliegt, präzise erfasst. Die dahinter stehende Logik dieses gruppenspezifischen Handelns speist sich aus dem gleichen Ziel, dem auch das Handeln Jesu untersteht: Der Schutz des Ethnos! Aus der Perspektive des Synhedriums ist der Schutz vor einem inneren Feind als einem illegitimen Königsprätendenten zu leisten. Gegenüber Pilatus erfolgt dann die Angabe der Ursache der Illegitimität Jesu: seine Blasphemie sich zum „Sohn Gottes" bzw. sich Gott gleich zu machen (19,7; 5,18). Über den Topos „König der Juden" wird das *crimen maiestatis* angegeben – und ein Rechtsverfahren vor Pilatus sowie eine Verurteilung plausibel (19,12). Wie oben bereits dargelegt, wird das Agieren des Synhedriums für die Lesenden vor dem Hintergrund der Zerstörung des Tempels historisch plausibel argumentiert. Das Synhedrium stärkt mit der *hostis*-Erklärung legitimatorisch seine Autorität und wird seiner Funktion des Schutzes und der Fürsorge für das Volk zunächst gerecht – ohne die Tempelzerstörung letztgültig verhindern zu können. Ob hingegen das Sterben Jesu für die beiden Herden gelingt, unterliegt an dieser Stelle im Text dem perlokutionären Aufschub und wird historisch ebenfalls als gescheitert zu bewerten sein. Die Gabe ewigen Lebens bleibt jedoch mit der Apotheose des Herrschers denkmöglich.

146 Neumann, Ausnahmezustand, 266.

147 Vgl. Neumann, Ausnahmezustand, 262.

148 Vgl. zu den Rechtsverhältnissen in der römischen Provinz Judäa: Niemand, Kreuz, 413–419.

Das wundertätige Handeln Jesu an Lazarus und die Auferweckung des Lazarus aus Toten ist der Ehrung durch einen *adventus* würdig. Wegen des Zeugnisses der bei der Erweckung anwesenden Volksmenge geht die große Menge an Festpilgern dem Herrscher Jesus entgegen und akklamiert ihn als „König Israels". Daher ist im Anschluss auf den *adventus* Jesu in Kp. 12 einzugehen. Mit der Erweckung des Lazarus hat Jesus sicher das größte Zeichen gewirkt. Ist also doch in Kp. 11 die ἀκμή erreicht oder ist die öffentliche Inszenierung im Sinne einer Ehrung aufgrund der ruhmeswürdigen Leistung der Erweckung durch Jesus der Höhepunkt in der johanneischen Jesus-Vita?

F „Hosanna; gesegnet der Kommende im Namen des Herrn und der König Israels“ (Joh 12,13) – Der *adventus* des Herrschers Jesus

Frickenschmidt nimmt, wie schon in den Kp. II/B, II/C und II/E benannt, für das JohEv das Konzept der ἀκμή in Anspruch. Für Plutarchs ἀκμή-Konzept im Kontext seiner Biographien hebt G. H. Polman die Flexibilität hervor: „Many *akmē*-characterizations present the hero's dominant trait, or at least the one for which he is best known, but generally not to the exclusion of other traits.“[1] Dies hat rezeptionsästhetische Auswirkungen: „But at other times the reader himself must pick out the *akmē* from the events of the hero's life.“[2] Nimmt man die literarische Komplexitätsstruktur eines Plutarch auch für das JohEv als Vita in Anspruch, so sind mehrere Zäsuren als Höhepunkte des Wirkens Jesu in Bezug auf den ‚impact‘ des Handelns Jesu und seine Öffentlichkeitswirksamkeit einzuordnen. Neben Joh 6 ist hier vor allem die Erweckung des Lazarus in Kp. 11 zu nennen. Das Zeichen in Kp. 11 dient dem Erweis der δόξα Gottes und der Verherrlichung des Sohnes. Jesus zieht sich nach der Erweckung des Lazarus und der daraufhin berichteten zwiegespaltenen Reaktion zunächst nach Efraim zurück. Als er nach Betanien zurückkehrt, heißt es von der großen Menge aus Juden, dass diese zu ihm strömt, um ihn und Lazarus zu sehen und des Zeichens Jesu angesichtig zu werden. Gemeint ist die gleiche Gruppe, die Marta und Maria wegen des Todes ihres Bruders Lazarus getröstet hat und darüber hinaus Juden, die sich ebenfalls von der Wahrhaftigkeit der Erweckung des Lazarus überzeugen wollen. In 12,11 wird dies durch einen Wechsel des Akkusativobjekts deutlich gemacht: viele von den Juden kamen wegen Lazarus und glaubten an Jesus.[3] In 12,18 wird deutlich gemacht, dass die Juden, die anwesend waren bei der Erweckung des Lazarus, Zeugnis von diesem Zeichen geben. Die Wirkmächtigkeit dieses Zeichens und seine Tradierung sind die Voraussetzung für das Entgegenziehen[4], d. h. den *occursus*, der Festmenge und ihren jubelnden Empfang als „König Israels“. Jesus hat sich mittels dieses Zeichens Ruhm erworben. Zudem hat er sich mittels dieses Zeichens als legitimer Herrscher erwiesen und mittels dieser Tat seine Wirkmächtigkeit wie ein Gott unter Beweis gestellt. Auch das Handeln Jesu in Kp. 12 – seine Bitte um Verherrlichung – sowie die öffentlichkeitswirksame Bestätigung dieser Verherrlichung in Vergangenheit

1 Polman, Akme, 176.

2 Polman, Akme, 173.

3 Vgl. Theobald, Evangelium (RNT), 781.

4 Vgl. Theobald, Evangelium (RNT), 781.

und Zukunft durch die Stimme Gottes bilden einen weiteren Höhepunkt. Ziel- aber nicht Endpunkt dieser Jesus-Vita ist das Kreuz und der Tod Jesu. Wird das Sterben Jesu am Kreuz als noble death und zugleich als Inthronisation des Königs der Juden durch eine Tafel zuschauerwirksam inszeniert, so wird damit eine Summe aus Jesu Wirken gezogen.

1. Der *adventus*

Für den Retter der *res publica, princeps* Augustus, berichtet Sueton, die Ehrungen gegenüber Augustus aufzählend, dass man Augustus bei seiner Rückkehr das Geleit unter dem Singen melodischer Lieder gab und zudem bei seiner Ankunft keine Hinrichtungen stattfinden durften.[5] Auch Cassius Dio berichtet über weitere Ehrungen in Verbindung mit einem *adventus* des Augustus: die Straflosigkeit für Bittsteller an den Kaiser während seines *adventus* sowie die Ehrung durch einen Altar im Sitzungssaal des Senats.[6] Für den *occursus* für Augustus 19 v. Chr. im Zuge der Beendigung des Partherkonflikts, der Stabilisierung und Ordnung der Provinzen im Osten und (der Beseitigung) von Wahlunruhen in Rom wird die außergewöhnliche Entfernung betont, die die Gesandtschaft des Senats, unter ihr der amtierende Konsul, Prätoren und Volkstribunen, Augustus entgegenzog – bis nach Kampanien.[7] Hieran wird bereits deutlich, dass der vom Senat beschlossene *adventus*, das Ritual zur Einholung einer hochgestellten Persönlichkeit, ehrenden Charakter hatte und einen der höchsten Ehrbeschlüsse darstellt, mit welchem der Senat den Einziehenden auszeichnen kann.

Exkurs: Der soziale Aspekt des Ehrens

Stellt der *adventus* das Zugestehen von Ehre dar, so soll in diesem Exkurs der soziale Aspekt von Ehrungen betrachtet werden. Damit ist zugleich auch ihre Beziehungsdimension eingeholt, die relevant wird für die Bestimmung der δόξα-Relation zwischen Gott und Mensch.

Δοκεῖν, δοκεύειν, δέκεσθαι[8] stehen in einem engen Zusammenhang bei der Bedeutungskonstitution von δόξα, worunter zunächst das sinnlich wahrnehmbare Scheinen oder Glänzen eines Lichtkörpers zu verstehen ist. Schneider versteht die übrigen Bedeutungen von δόξα als Ableitungen dieser ursprünglichen Bedeutung: „Aus dem Lichtkörper, der einen Schein und Glanz ausstrahlt, wurde ein Anschein,

---

5 Suet. Aug. 57,2.

6 Cass. Dio 54,25,3. Beide Ehrungen lehnte Augustus ab.

7 R. Gest. div. Aug. 12. Vgl. LEHNEN, Adventus, 136. Vgl. BRINGMANN/WIEGANDT, Augustus, 271.

8 Eine knappe Zusammenfassung zu δόξα als Ansehen, Ruf, Ruhm findet sich bei GREINDL, Untersuchung, 87–103.

den eine Sache hat oder erweckt."[9] Denn das Scheinen wurde vom konkreten Subjekt des Lichtkörpers übertragen auf stellvertretende Größen, die ebenfalls scheinen. Δοκιμάζειν ist nach Schneider „demgemäß zunächst, seiner kausativen Form entsprechend, als ins rechte Licht rücken, beleuchten [Hervorhebung im Original] zu verstehen."[10] Auch für δόξα geht er von der konkreten Grundbedeutung Lichtglanz aus, aus der sich die anderen Bedeutungen ableiten.

> „Meinung als das, was einleuchtet; Ehre als das gute Licht, in dem man gesehen wird, in dem man steht; Anschein als der äußere Glanz, den eine Sache ausstrahlt oder hat; Wahn als der leicht trügerische Glanz und Schein [Hervorhebungen im Original]."[11]

Bei den Substantiven listet er für die LXX verschiedene Bedeutungsnuancen auf, die von Meinung über Ehre bis hin zu Ruhm und Lichtglanz reichen.[12] Interessant ist dann auch seine Einordnung der Bedeutungsvariante von δόξα als Meinung, die er für die LXX nachgeordnet sieht.[13] Schneider übersetzt δοξάζειν profangriechisch zunächst immer mit ausgezeichnet werden bzw. auszeichnen.[14] Für die LXX nimmt er die Grundbedeutung mit „ehren" bzw. „rühmen" an. In Bezug auf Gott möchte er „preisen" übersetzen.[15] Den dynamischen Charakter sieht er im Bekleiden mit Macht insbesondere von Herrschern gegeben.[16]

Wenn man hier diese δόξα Jesu auch mit der von Evangelos Alexiou erstellten Klassierung als positiv konnotierten Ruhm versteht, so basiert dieser Ruhm auf der Gewinnung des Wohlwollens der Gesamtheit einer Polis.[17] In einem engeren Sinn kann δόξα hier vor dem Hintergrund des *adventus* und der Angabe der erfolgreichen, ja siegreichen Vollendung der Sendung Jesu als „Ansehen und Reputation" definiert werden.[18]

Im profangriechischen Gebrauch von Ehre und Schande ist die Relationalität, nach der sich das Ansehen des Einzelnen in Bezug auf die übergeordnete soziale Größe bemisst, wesentlich. So diskutiert Julian Pitt-Rivers zunächst die Ehre des Individuums, das mit der Zuteilung von Ansehen die Wertvorstellungen der Gesellschaft repräsentiert, um dann die Ehre des Einzelnen in Bezug auf die Ehre

---

9 Schneider, Doxa, 9.
10 Schneider, Doxa, 9.
11 Schneider, Doxa, 9.
12 Vgl. Schneider, Doxa, 44–60.
13 Vgl. Schneider, Doxa, 67.
14 Vgl. Schneider, Doxa, 62.
15 Vgl. Schneider, Doxa, 62.63.70.
16 Vgl. Schneider, Doxa, 67.
17 Vgl. Alexiou, Ruhm, 29.
18 Alexiou, Ruhm, 30.

der übergeordneten Größe bzw. Gruppe zu diskutieren. Schande bzw. Ehrverlust kann nur durch den Übergeordneten kompensiert und ignoriert werden, nicht durch den Untergeordneten. Ehre oder Schande sind vor allem wirksam vor einem öffentlichen Forum. In Bezug auf die übergeordnete soziale Gruppe partizipiert der Untergebene an der Ehre des Übergeordneten (vgl. König – Volk; Patron – Klient).[19] Julio Caro Baroja schließt daher die Dichotomie Honour – Shame des Einzelnen mit Fame und Infamy auf der sozialen Ebene sowie zivilem und moralischem Leben und Tod zusammen.[20] Δόξα ist eng verbunden mit κλέος und κῦδος und ist zugleich zu unterscheiden von τιμή:

> „Κλέος entsteht immer erst aus einer besonderen Tat, durch die der Ruhm der Ahnen ‚aufgeweckt' wird, und der Widerhall unter den Nächsten verschwindet gegenüber dem in der ganzen Welt. Κῦδος ist die Kraft, eine Sache zu einem guten Ende zu führen, und zugleich bezeichnet es auch die Wirkung dieser Kraft auf die, die sie sehen; τιμή wird einem von der Umwelt als der bestimmte zukommende Anteil gegeben; vor dieser rechtlichen Fixierung und sie umfassend wirkt aber das gesamte Sein des Adels und schafft sich eine Geltung."[21]

Movens für diese so beschriebene Tat ist ἀρετή.

> „Ἀρετή ist ja nie Eigenschaft in unserem Sinne als ein inneres Haben oder Sein, sondern immer ein Sein, das sich nach außen manifestiert und in diesem Nach-außen-treten zugleich das Urteil der Umwelt aufruft."[22]

Im Lateinischen entspricht dem die Unterscheidung zwischen *gloria* als dem Wunschziel und im Sinne eines angestrebten persönlichen Besitzes eines Römers schlechthin und *honos* als der zugeteilten Ehrung durch die *res publica*[23] und dem *honestus*-Sein als dem Sich-rühmlich-Verhalten. Schon Ulrich Knoche betont die Bindung des Konzepts der Ehre an das soziale Gefüge, in dem die Person, die den Ruhm erlangt, steht. Gerade für die „römische Auffassung" sieht er die „Bindung des Ruhmesgedankens an eine gleichsam urteilende und wertende Menge" als konstitutiv an.[24] Zudem sieht er die Gewinnung von Ruhm als prozesshaftes Geschehen an, in dem der *gloriosus* zunächst bekannt in der Öffentlichkeit ist

---

19 Vgl. Pitt-Rivers, Honour.
20 Vgl. Baroja, Shame, 85.
21 Steinkopf, Ruhm, 47.
22 Steinkopf, Ruhm, 12.
23 Klose, Honos, 25.
24 Knoche, Ruhmesgedanke, 421.

und in einem zweiten Schritt sich die Menge ihm anvertraut, ihn liebt, und durch (öffentliche) Ehrungen als sichtbares Signum dieser liebenden Anerkennung auszeichnet.[25] Als Beleg führt er ein Zitat Ciceros an, der den Ruhm sinngemäß definiert als Lob förderlicher Taten und Anerkennung großer Verdienste um den Staat, die durch das Urteil sowohl der Besten, als auch der Vielen ihre Legitimation erhalten.[26] Sowohl die vom Einzelnen errungene Leistung ist auf das Wohl der *res publica* ausgerichtet, als auch die Anerkennung des Einzelnen ist zurückgebunden eben an diese Größe. Es müssen also Taten sein zum Nutzen des Gemeinwesens und von besonderem Ausmaß bzw. mit Gefahren verbunden.[27] *Gloria* ist nach Ulrich Knoche durch eine bestimmte Eigenart gekennzeichnet: „Sie bezieht sich nicht auf eine Eigenschaft, sondern sie ist etwas Beigelegtes; *gloria* kann es also nur dort geben, wo zwei Faktoren vorhanden sind: ein Anerkannter und ein Anerkennendes."[28] Er präzisiert: „Der Ruhm ist demzufolge in erster Linie abhängig vom Urteil anderer, nicht so sehr von dem eigenen Wert, dem eigenen Gewicht."[29] *Gloria* und der damit verbundene *honos* sind gebunden an die Sozietät, die den Einzelnen durch ihre Anerkennung ehrt und durch Ehrenbezeugungen auszeichnet. „Der Ruhm ist davon abhängig, daß die Gesamtheit der Bürger einen aus ihrer Mitte als überdurchschnittlich anerkennt."[30]

Interessant ist, dass Knoche das Entstehen des Individuums mit der Verquickung von Ruhm als Wert mit sittlicher Qualität und der damit einhergehenden Loslösung der *virtus* vom Gemeinwesen einhergehen sieht. „Diese Lösung des einzelnen Menschen von jeder praktisch wirksamen Gemeinschaft muß in der Folge zur Vernichtung des Ruhmesgedankens als eines leitenden Ideals hinführen."[31] Der Aufschwung der *exempla*-Literatur seit Beginn des Prinzipats ist nach Knoche Resultat dessen, dass der Ruhmesgedanke seine Wirkkraft verloren habe.[32]

Abschließend ist hier noch einmal mit Annika B. Kuhn der Beziehungscharakter in der Zuschreibung und Definition von Ehre für die antike römische Gesellschaft hervorzuheben, denn auf diesen wird später in der Beschreibung der Herrlichkeit Gottes zurückzukommen sein.

> „However, status symbolism, the ‚language' of status and prestige, not only served as a static manifestation and adornment of rank that closely mirrored Rome's social and

---

25 Vgl. Knoche, Ruhmesgedanke, 422.

26 Vgl. Knoche, Ruhmesgedanke, 420. Vgl. Cic. Phil. 1,29.

27 Vgl. Knoche, Ruhmesgedanke, 430.

28 Knoche, Ruhmesgedanke, 420.

29 Knoche, Ruhmesgedanke, 421.

30 Knoche, Ruhmesgedanke, 424.

31 Knoche, Ruhmesgedanke, 442.

32 Vgl. Knoche, Ruhmesgedanke, 443.

political structure. On the contrary, it also implied dynamic relations between the basic constituents involved in this communicative process: between the sign (status symbol), the signified (status, *dignitas*), the sender (the status holder entitled to the symbols) and receiver (the community and their judgement).“[33]

Der Senat allein hatte das Recht zur Entsendung der senatorischen Gesandtschaft zum Vorempfang des Einziehenden, die dem Einziehenden die Loyalität des Senats signalisierte. Denn diese Senatsgesandtschaft fand doch vorwiegend beim Herrschaftsantritt eines neuen Kaisers statt, dem mit dem darauffolgenden *adventus* die performative Zurschaustellung des *consensus universorum* – also des Einverständnisses aller Stände – folgte. Umgekehrt diente der *adventus* auch der Ehrung von Senat und Volk durch den Einziehenden. Zugleich stellt es für Jesus die Potenz zur Herstellung der *salus* dar.

1.1 Der *adventus* des Herrschers und sein Interagieren mit den *ordines*

Joachim Lehnen hat in seiner grundlegenden Arbeit zum „Adventus Principis“[34] die einzelnen Stationen und rituellen Abläufe eines *adventus* eines Herrschers anhand der römischen *Principes* und Kaiser erarbeitet und unter Beachtung aller Varianzen im Detail zu einem allen *adventus* zugrundeliegenden Ablaufschema zusammengestellt. Seine für den Bereich des *adventus* als Mittel herrscherlicher Repräsentation immer noch wegweisende Untersuchung bildet die Grundlage für die hier angestrebte Überblicksdarstellung über die wichtigsten Stationen und Abläufe des *adventus*-Rituals.

Wenn hier ein Überblick über die einzelnen Akte des *adventus*-Rituals gegeben werden soll, so wird der Fokus dabei auf die Details gelegt, die für die bei Joh in 12,12–36 beschriebene Variante eines herrscherlichen *adventus* Jesu besondere Aufmerksamkeit verlangen.

Profectio und *adventus* sind in ihrer Funktion spiegelbildlich aufeinander bezogene Rituale[35], die die Begleitung einer angesehenen Persönlichkeit wie eines

---

33 Kuhn, Status, 16.

34 Lehnen, Adventus.

35 Ritual ist nach Jan Meister folgendermaßen zu definieren: „‚Ritual‘ wird hier in einem umgangssprachlichen Sinn verstanden und soll eine regelmässig, zu bestimmten Anlässen und nach bestimmten Regeln ablaufende Interaktion bezeichnen. Demgegenüber weckt der Begriff ‚Zeremoniell‘ in höherem Masse Assoziationen an wenig veränderliche, geradezu ‚erstarrte‘ Abläufe, wie dies bei den deutlich stärker formalisierten und reglementierten Einzügen der späteren Kaiser der Fall ist, für die der Begriff ‚Zeremoniell‘ bereits etabliert ist; der Begriff des Rituals soll die höhere Dynamik und Offenheit des republikanischen und frühkaiserzeitlichen *adventus* zum Ausdruck bringen.“

Provinzstatthalters oder eines *princeps* durch die Bevölkerung der Stadt entweder aus der Stadt heraus (*profectio*) oder in die Stadt hinein (*adventus*) vorsehen. Lehnen beschreibt die *profectio*, d. h. den Auszug des Herrschers, in genauer Analogie zum *adventus*: Die Begleitung des Herrschers aus der Stadt hinaus durch die Bevölkerung bis kurz vor das Stadttor, den Wechsel der Kleidung durch den Herrscher vom Bürgerkleid in die Feldherren- oder Reisekleidung.[36] Neben der Darbringung von Opfern spielte das Ablegen von Gelübden eine eminent wichtige Rolle. Der Herrscher schloss einen Vertrag mit der Gottheit mittels der Gelobung großer Opfer im Fall des Gelingens seiner Unternehmung. Das *votum* unterscheidet sich vom Bittopfer dadurch, dass das Einlösen des Gelübdes durch den Herrscher nur im Fall des Erfüllens der Bitte durch die Gottheit, d. h. bei einem positiven Ausgang der Unternehmung, insbesondere bei einem Sieg in einer Schlacht, fällig war.[37] Die versprochenen Leistungen für die gesunde und wohlbehaltene Rückkehr des Kaisers werden bei seinem *adventus* eingelöst. Damit ist auch bereits die religiös-politische Dimension des *adventus*-Rituals angesprochen.

„Bei der *profectio* wird die Anwesenheit des Kaisers gewünscht, beim Adventus wurde sie dann zur Realität"[38], was in der Einlösung der zuvor dargebrachten *vota* durch Kaiser und Volk sichtbar wird. Sind die beiden Ritualabläufe einander zugehörig, so kommt dem *adventus*-Ritual per se höhere Bedeutung zu. Denn die Erscheinung des Herrschers wurde zunehmend als Präsenz einer Gottheit verstanden. Die ἀπάντησις, d. h. das Entgegenkommen durch die Bevölkerung der jeweiligen Stadt, stellt die Antwort auf die παρουσία des Herrschers dar.[39] Damit eignet dem *adventus* ein eminent religiöser Charakter, der in der Einlösung der *vota* und dem Opfer durch den Herrscher zum Ausdruck kommt. Jedoch betont Lehnen, dass mit dem „unerwarteten Einbruch einer Gottheit"[40] die Hoffnung auf eine dauerhafte Präsenz des Kaisers verbunden war, die sich in seiner Fürsorge und *liberalitas* gegenüber dem Volk zeigt.[41]

Der *adventus* hatte damit eine religiöse Funktion - der erfolgreiche Herrscher opferte als Liebling der Götter - mit der die zweite Funktion eng verbunden ist. Denn eine zweite wichtige Funktion kommt dem *adventus* als herrschaftslegitimierendem

---

Meister, Adventus, 34. Anm 4. Allerdings muss es feste Anhaltspunkte gegeben haben, die Ankunft eines Würdenträgers als *adventus* zu interpretieren. So können bestimmte Abläufe isoliert und einzeln vollzogen und trotzdem aufgrund ihrer zeitgeschichtlichen politischen Situierung als *adventus* verstanden und gedeutet werden.

36 Vgl. Lehnen, Profectio, 18–27.

37 Vgl. Lehnen, Profectio, 19.

38 Lehnen, Adventus, 100.

39 Vgl. Lehnen, Adventus, 68.

40 Lehnen, Adventus, 68.

41 Vgl. Lehnen, Adventus, 68.

bzw. herrschaftsstabilisierendem Ritual zu. Gerade der erste Einzug in die Stadt Rom war nach der Erhebung eines neuen Herrschers für diesen von besonderer Bedeutung, denn dadurch konnte seine Akzeptanz als legitimer König durch Senat und Bevölkerung zum Ausdruck gebracht und rituell abgesichert werden.[42] Dem *adventus* in Rom kam die Bedeutung zu, den Herrscherwechsel anzuzeigen und den Kaiser zugleich als Triumphator zu inszenieren und der Bevölkerung Roms bekannt zu machen. Der *adventus* diente zudem dazu, sich der militärischen Gefolgschaft der Soldaten über die den Kaiser zum *imperator* erhebenden Truppenverbände hinaus zu versichern.[43] Der *adventus*, der zunächst ein von Senatoren beschlossenes Ritual und der hochgestellten Persönlichkeit als Ehrerweis zugedacht war, wurde während der Prinzipatszeit und insbesondere in der Spätantike nun fast vollständig mit dem Triumph des Kaisers als alleinigem Heerführer in eins gesetzt und der *caesar invictus* bei seinem *adventus* gefeiert.[44] Er war also gesellschaftspolitisch ein hochbedeutsamer Akt. Lehnen verweist auf die Funktion des *adventus* als „Konsensritual", das eben nicht nur auf den Konsens zwischen Herrscher und Senat, sondern auch auf Herrscher und Volk zielt und damit die allgemeine Legitimität und Akzeptanz des Herrschers in allen Bevölkerungsteilen versinnbildlichen soll.[45] Die kaiserliche Rangstellung ist nämlich nicht allein über eine Rekonstruktion von Vollmachten, Insignien und Machtmitteln verständlich, sondern vielmehr als Ergebnis eines vielschichtigen Kommunikationsprozesses zwischen Herrscher und Beherrschten zu betrachten. Der Kaiser musste von Beginn des Prinzipats an die verschiedenen *ordines*, Senatoren, *equites Romani*, aber auch die *plebs urbana* – insbesondere die Centuriatcomitien als dem Wahlkörper[46],

> „in die Konzipierung kaiserlicher Repräsentation einbeziehen und entsprechende Rollen verteilen, die gleichwohl so gestaltet werden mussten, dass sie für die Beteiligten annehmbar waren."[47]

Umgekehrt galt es, das Ansehen des Kaisers in solcher Weise erkennbar zu inszenieren, dass dies anerkennbar war. Es war notwendig,

> „seinen Rang in einer Weise abzubilden, die Akzeptanz und Zustimmung fand. Damit ist sehr allgemein seine Stellung gemeint, aber auch die damit assoziierten Inhalte. Zudem

---

42 Vgl. Hölscher, Victoria, 62.

43 Vgl. Lehnen, Adventus, 102.

44 Vgl. Lehnen, Adventus, 215.

45 Vgl. Lehnen, Adventus, 239. Vgl. auch Flaig, Usurpation, 199.

46 Galsterer, Ordo.

47 Zimmermann, Status, 189.

ist diese Repräsentation situationsbezogen und muss laufend dem jeweiligen Kontext sozialer wie politischer Interaktion angepasst werden."[48]

Damit verbunden ist eine dritte wichtige Funktion. Denn ein Herrscher konnte über die Art und Weise seiner Herrschaftsinszenierung im Rahmen des *adventus* sein Selbstverständnis als Herrscher über die Herausstellung bestimmter Herrschertugenden festlegen und zur Anschauung bringen.

Im Folgenden werden die einzelnen für den *adventus* Jesu und seine Inszenierung als „König Israels" relevanten Stationen des antiken hellenistisch-römischen *adventus*-Rituals gesichtet und in ihrer Relevanz für die drei eben genannten Funktionen diskutiert. Dabei liegt der Schwerpunkt auf den für die kaiserlichen Einzüge in Rom beschriebenen Szenen. In einem zweiten Schritt wird der *adventus* Jesu damit verglichen und seine Art der Herrscherrepräsentation und Inszenierung sowohl in Hinblick auf die drei genannten Aspekte untersucht als auch in Hinblick auf seine narrative Wirkungsabsicht befragt.

Der Ablauf eines solchen *adventus* gestaltet sich folgendermaßen: Auf den Vorempfang folgen die beiden voneinander zu unterscheidenden Festzüge, der *occursus*, d. h. die eigentliche Einholung, und der *ingressus*, d. h. der Einzug in die Stadt, welche ihren Höhepunkt mit dem Opfer auf dem Kapitol und dem Zug des Kaisers zum Palast finden. Seinen Endpunkt findet das *adventus*-Ritual mit der Veranstaltung von Spielen.[49]

1.2 Der Ablauf des *adventus*

1.2.1 Ankündigung

Zunächst erfolgt die Ankündigung der Ankunft, zum einen längerfristig über den Entschluss des Kaisers zu einem Besuch, zum anderen mittelfristig über das Herannahen des Kaisers, womit dann zugleich auch das Schmücken der Stadt begann. Die Ankündigung geschah über offizielle Schreiben an den Senat und Mundpropaganda. Eine Ankündigung des *adventus* war nicht nur für das Schmücken der Stadt und die Vorbereitung der Stadtbevölkerung, sondern insbesondere für die Planung und Organisation der dem Kaiser entgegenziehenden Delegation des Senats, den vorgelagerten ersten *occursus*, notwendig. Es gab einen offiziellen Beschluss durch den Senat, in dem die Einholung sowie Opfer und weitere Ehrungen festgelegt wurden. Wenn der *adventus* kurz bevor stand und der Herrscher durch ein Heer

48 ZIMMERMANN, Status, 191.

49 Vgl. LEHNEN, Adventus, 405.

begleitet wurde, kündigten auch akustische Signale wie Pauken und Trompeten den Herannahenden an.[50]

1.2.2 Dekoration

Lehnen weist auf das Schmücken des Stadttores mit Lorbeer und die Ausstattung der Stadtbevölkerung durch das Tragen von Lorbeer, der dem Einziehenden entgegengestreckt wurde, hin.[51] Beim Einzug des Nero in Gemeinschaft mit Tiridates 66 n. Chr. in Rom - sie trafen in Neapel zusammmen und zogen von Puteoli und dem dort veranstalteten Gladiatorenspiel hinauf nach Rom - versammelten sich große Menschenmengen auf dem Forum.

> „Nach Ständen gegliedert nahmen dessen Mitte die Zivilisten ein, welche weiße Gewänder und Lorbeerzweige trugen, während auf den übrigen Teilen des Platzes Soldaten in schimmernder Wehr standen, so daß ihre Waffen und Feldzeichen wie Blitze leuchteten."[52]

Der Lorbeer ist doppelt konnotiert: Zum einen steht er für die durch die Anwesenheit des Herrschers eingeleitete Friedenszeit. Zum anderen ist er Symbol für den mit der Rückkehr des Kaisers von seinem Vorhaben verbundenen Sieg, so dass dem Einzug des Herrschers auch immer ein triumphales Moment eignet.[53]

In der *adventus*-Erzählung des JohEv verwendet die Menge Palmblätter beim Willkommensgruß an den „König Israels". Daher ist hier auf die Symbolik der Palmblätter näher einzugehen. Sowohl in Griechenland als auch im Imperium Romanum der Kaiserzeit ist die Palme Zeichen des Triumphes. Petra von Gemünden verweist in ihrem Aufsatz zu den Palmzweigen in der johanneischen Einzugsgeschichte auf die Verwurzelung des Palmzweiges in „agonistischen Kontexten" - etwa die Bekränzung mit Palmzweigen bei einem Sieg in einem poetischen oder sportlichen Wettstreit.[54] Die Palme ist zudem Attribut der Göttin Victoria und findet daher auch im militärischen Kontext Verwendung, etwa als *tunica palmata*, also als Ehrenkleid für den siegreich nach Rom zurückkehrenden Feldherrn, oder in der Münzprägung der Herrscher angesichts erlangter Siege.[55] Palmzweige finden daher auch Verwendung im Kontext des Einzugsszenarios eines Herrschers.

---

50 Vgl. hierzu insgesamt: Lehnen, Adventus, 105–107.

51 Vgl. Lehnen, Adventus, 120f.

52 Cass. Dio 63,4,2. Übersetzung: Cassius Dio, Geschichte (Veh).

53 Vgl. Lehnen, Adventus, 121.

54 Vgl. Gemünden, Palmzweige, 209. Vgl. allgemein zur Kontextualisierung der Palmzweige: Hill, Pleonasm. Vgl. auch Edwards, John (BBC), 125; Barrett, John, 417; Hoskyns, Gospel, 421.

55 Vgl. Gemünden, Palmzweige, 210. Vgl. zur *tunica palmata* Gemünden, Palmzweige, 210 Anm. 20.

Numismatisch von besonderem Interesse ist die Münzprägung Hadrians, der bei seinem *adventus* von Palmzweigen tragenden Kindern begrüßt wird.[56] 1 Makk 13,51 und 2 Makk 10,7 verwenden wahlweise die Begriffe βαΐον oder φοίνιξ für Palme bzw. Zweig. Die Palme ist Zeichen des Sieges, denn in 1 Makk 13,51 zieht Simon Makkabäus nach seinem Triumph über die seleukidischen Besatzer der Akra von Jerusalem (141 v. Chr.) mit Lobgesang und Palmzweigen ein. Brown betont in diesem Zusammenhang die Palme als Symbol für die Nationalität und Unabhängigkeit Israels unter den Makkabäern. Neben 1 Makk 13,51 führt er 2 Makk 10,7 an, wo die Inbesitznahme des Tempels nach seiner Entweihung durch Antiochus IV. Epiphanes geschildert wird. Ein weiterer wichtiger Beleg für diese Konnotation der Palme ist die Verwendung der Palme als Symbol für die Münzprägung im Rahmen des Bar-Kochba-Aufstandes (132–135 n. Chr.).[57] Auch im Testament Naphtali bringen Palmzweige, die Levi überreicht werden, symbolisch die ihm übertragene Fülle der Macht über ganz Israel zum Ausdruck. Hier findet sich die Bezeichnung τὰ βαΐα τῶν φοινίκων.[58]

1.2.3 *Occursus*

Josephus berichtet in seinem Jüdisch-Römischen Krieg über den *adventus* Vespasians in Rom, dass ihm eine so große Anzahl an Menschen entgegenzog, dass die Stadt sich menschenleer anfühlte. Er vermittelt den Eindruck eines dreigestuften *occursus*.[59] War der Festzug durch den Senat angeordnet, so bildete auch die Senatorenschaft die Spitze des Zuges. Ihnen folgten die Angehörigen des Ritterstandes und die übrige Bürgerschaft, Frauen und Kinder.[60] Die Entfernung, die man dem Herannahenden entgegenzog, wurde teilweise vorher ebenfalls im Senatsbeschluss festgelegt und variierte. Als Ideal galt der feststehende Topos des „so weit wie möglich“[61]. Von Augustus ist überliefert, dass man ihm bis nach Kampanien entge-

56 Vgl. von Gemünden, Palmzweige, 210. Vgl. Breglia, Coins, 140f.

57 Vgl. Brown, John (AB 29), 461. Vgl. auch Farmer, Branches. Vgl. auch Wilckens, Evangelium (NTD 4), 188. Als Symbol für einen Sieg im Feststrauß zu Sukkot Thyen, Johannesevangelium (HNT 6), 553. Ebenfalls als Siegeszeichen für Herrscher Lindars, John (NCB), 422; Bauer, Johannesevangelium (HNT 6), 160. Als Stärkung des nationalen Elements in 1 und 2 Makk von Gemünden, Palmzweige, 210; Tilborg, Johannes-Evangelium, 175.

58 Vgl. Brown, John (AB 29), 461. TestNaph 5,4. Vgl. zur möglichen Einordnung der Belege TestNaph 5,4 und 1 Makk 13,51 als in Ägypten griechische Version bzw. Übersetzung ins Griechische: Frenschkowski, Ursprung, 222.225.

59 Vgl. Lehnen, Adventus, 131; Ios. bell. Iud. 7,63–74.

60 Vgl. Lehnen, Adventus, 248–251.

61 Vgl. Lehnen, Adventus, 135. Vgl. Ios. bell. Iud. 7,68.

genzog.[62] Von Germanicus ist eine ungewöhnlich große Entfernung überliefert, die ihm die Bevölkerung Roms entgegeneilte. Beide werden von allen *ordines* unter besonderer Betonung der Teilnahme von Frauen (mit Kindern) empfangen.[63] Dies ist ein Aspekt der *civilitas*, denn dies bedeutet, dass der Kaiser nicht als (feindlicher) Feldherr, von dem Gefahr ausgeht, sondern als Bürger bzw. Schutzherr und Wohltäter einzieht. Zugleich kann es auch der Verstärkung der Geste der Unterwerfung und damit der Versicherung der Friedensabsicht dienen. Daher sei noch einmal der *occursus* für Germanicus geschildert:

> Das Volk hatte er dermaßen auf seiner Seite, daß, wie die meisten überliefern, er manchmal, wenn er irgendwo ankam oder von irgendwo aufbrach, vor lauter Menschen, die ihm entgegeneilten oder ihn geleiteten, um sein Leben fürchten mußte und ihm bei seiner Rückkehr aus Germanien, wo er soeben einen Aufstand unterdrückt hatte, alle Praetorianerkohorten ohne Ausnahme aus der Stadt entgegeneilten; und dies trotz seines Befehls, daß höchstens zwei die Stadt verlassen durften; auch das römische Volk, Männer wie Frauen, alle strömten sie, ob alt oder jung, egal welchem Stand sie angehörten, bis zum zwanzigsten Meilenstein aus der Stadt ihm entgegen.“[64]

Die Entfernungen werden explizit genannt, weil sie eine besondere Ehrung darstellen. Im Gegensatz zu dem genannten Beispiel des Germanicus betrifft das Entgegengehen dieser großen Entfernungen bei Vespasian jedoch nur den Vorempfang des Herrschers durch eine Delegation des Senats, der vom eigentlichen Festzug zu unterscheiden ist.[65] So heißt es bei Josephus in seiner Beschreibung des *adventus* Vespasians in Rom:

> „Angesichts der Begeisterung aus allen Schichten der Bevölkerung konnten diejenigen, die durch Würden hervorragten, nicht länger warten, sondern beeilten sich, ihn soweit wie möglich vor der Stadt zu empfangen.“[66]

---

62 Einzug des Augustus 19 v. Chr. nach einer Reise nach Syrien (Rückerhalt der Partherfeldzeichen) und einem Aufenthalt auf Samos: R. Gest. div. Aug. 12.

63 Suet. Cal. 4. Vgl. für den *adventus* des Augustus 29 v. Chr. nach seinem Sieg im Bürgerkrieg und seiner Eroberung Ägyptens Cass. Dio 51,19,2–20,4.

64 Suet. Cal. 4: *sic vulgo favorabilis, ut plurimi tradant, quotiens aliquo adveniret vel sicunde discederet, prae turba occurrentium prosequentiumve nonnumquam eum discrimen vitae adisse, e Germania vero post compressam seditionem revertenti praetorianas cohortes universas prodisse obviam, quamvis pronuntiatum esset, ut duae tantum modo exirent, populi autem Romani sexum, aetatem, ordinem omnem usque ad vicesimum lapidem effudisse se.* Übersetzung: Sueton, Kaiserviten (Martinet).

65 Vgl. Lehnen, Adventus, 136.

66 Ios. bell. Iud. 7,68. Übersetzung: Josephus, Krieg (Michel/Bauernfeind). Nachfolgend wird berichtet, dass auch die *plebs* Vespasian zur Einholung entgegenströmt, dies bedeutet jedoch nicht, dass sie am Vorempfang des Senats partizipierte.

Nach seiner Rückkehr aus Ägypten zieht eine Delegation des Senats Vespasian bis nach Brundisium entgegen. Vespasian trifft „Mucianus und andere führende Männer in Brundisium, Domitian hingegen erst in Benevent“[67]. Ein solcher Vorempfang wurde zumeist durch den Senat im Sinne der Herstellung von Konsens und zum Zweck der Zurschaustellung der politischen Anerkennung des Herrschers geleistet. Dies galt insbesondere für neu erhobene Herrscher.[68] In der Mehrzahl der Quellen ist ein Zusammentreffen des Herrschers mit Senat und Volk vor den Stadttoren überliefert, so dass dies das Standardszenario bildet. Die Stadtbevölkerung stellt sich in der Nähe der Stadt auf. Lehnen nimmt aufgrund der Quellenlage die Pomeriumsgrenze bzw. die Vorstadt als Punkt für das Zusammentreffen von Herrscher und Stadtbevölkerung an. So wird die Pomeriumsgrenze auf einigen Reliefs als staatsrechtliche und religiöse Grenze abgebildet.[69] Die Formierung der für den *adventus* ausgewählten repräsentativen Stadtbevölkerung nach den *ordines* Senat und Ritter sowie das Volk für den *occursus* kann wahrscheinlich schon innerhalb der Stadt stattgefunden haben, aber die Aufstellung nach *ordines* erfolgte sicher erst an der Pomeriumsgrenze bzw. am Treffpunkt mit dem Herrscher selbst.[70] Hier konnten dann auch weitere Personen aus der Stadt bzw. der Umgebung dazukommen und an der Begrüßung des Herrschers teilnehmen.

Ein wichtiger Aspekt ist, dass es für die ländliche Bevölkerung in den Provinzen wichtig war, sich am *adventus* des Herrschers in die Stadt zu beteiligen und diesen willkommen zu heißen. So begrüßten auch die Menschen aus dem Umland den Herrscher in der Stadt. Oder der durchreisende Kaiser wurde durch die Landbevölkerung auf seinem Weg zur Stadt begrüßt.[71]

1.2.4 Begrüßung

Der *introitus* fand in einer bestimmten Formation statt – Kaiser und Heer trafen auf die ihnen entgegenziehenden Gruppen Senat und Volk unter Akklamationen von Seiten der Stadtbevölkerung sowie einer Grußgeste von Seiten des Kaisers, die in der *adventus*-Geste, also dem Ausstrecken des rechten Armes, bestanden zu haben scheint.[72] Nach der Begrüßung des Kaisers durch den *praefectus urbi*, vereinigten sich die beiden Festzüge unter Akklamationen. Eine Begrüßungsrede durch eine damit beauftragte Person oder einen Redner fand wahrscheinlich später statt und

---

67 Cass. Dio. 65,9,3. Übersetzung: Cassius Dio, Geschichte (Veh).

68 Vgl. Lehnen, Adventus, 237f.

69 Vgl. Lehnen, Adventus, 139.

70 Vgl. Lehnen, Adventus, 130.

71 Vgl. Lehnen, Adventus, 259.

72 Vgl. Lehnen, Adventus, 149.

zudem nahezu ausschließlich in Anwesenheit der Führungsschicht.[73] Dem Volk kam eine je nach Festzug zu unterscheidende Funktion zu. In seinen Akklamationen brachte es seine Anerkennung gegenüber dem Heranziehenden zum Ausdruck und legitimierte damit zugleich seine Herrschaft. Ihm standen jedoch auch die Möglichkeit des Fernbleibens sowie die Möglichkeit des Schweigens oder kritischer Zurufe zur Verfügung.[74] Dem Einziehenden wurde akklamiert – sowohl die Wahl der Titel für den Einziehenden als auch die Menge der Akklamierenden und die daraus resultierende Lautstärke der Akklamationen galten als Gradmesser für seine politische Anerkennung. So wurde Vespasian als „Wohltäter", „Retter" bzw. „Heilbringer" und „einzig würdiger Herrscher Roms"[75] akklamiert. Dies bedeutet, dass das *adventus*-Geschehen kein starres Zeremoniell war, sondern Möglichkeiten zur individuellen Gestaltung bot, womit zugleich das je individuell variierende Maß der Anerkennung für den Heranziehenden zum Ausdruck gebracht werden konnte.

1.2.5 *Ingressus*

Ein weiterer wichtiger Bestandteil des *adventus*-Rituals ist auch der *ingressus* der Stadtbevölkerung in einer bestimmten Formation. Der *ingressus* im engeren Sinn bestand zunächst im Durchschreiten des Stadttores. Das Öffnen des Stadttores stellt damit den zentralen Moment des *adventus* dar und bringt noch einmal die Akzeptanz bzw. Ehrung des Herannahenden zum Ausdruck. Anders verhält es sich bei einem *adventus* nach einer Eroberung einer Stadt. Hier findet sich häufig das Motiv des Einzugs des Eroberers durch ein zerstörtes Stadttor oder eine durch Soldaten gewalthaft hergestellte Mauerbresche. Das zerstörte Stadttor kann jedoch auch positiv die Größe des Festzuges, der ein Stadttor sprengt, veranschaulichen.[76] Auch dem Heranziehenden standen bestimmte Gestaltungsspielräume zur Verfügung. Dabei stellte die Wahl des Transport- und Einzugsmittels eine der wichtigsten Möglichkeiten zur individuellen Variation dar. So konnte der Herannahende auf dem Triumphwagen einziehen, auf dem Pferd oder als Ausdruck seiner *civilitas* zu Fuß.[77] Während in den ersten Jahrhunderten das Ideal der *civilitas* für die Kaiser entscheidend war, um ihre Übereinstimmung mit dem Senat und ihre Volksnähe zu demonstrieren und zugleich ihre freiwillige Beschränkung ihrer militärischen

73 Vgl. Lehnen, Adventus, 147.

74 Vgl. Meister, Adventus, 46.

75 Ios. bell. Iud. 7,71.

76 Vgl. Lehnen, Adventus, 167. Vgl. Ios. bell. Iud. 3,460–461. Josephus nennt vor allem die Größe des Heeres von Vespasian als Ursache für das Zerstören eines Teils der Stadtmauer; Vespasian ruft jedoch zur Gewaltlosigkeit auf.

77 Vgl. Lehnen, Adventus, 175.

Machtmittel zu inszenieren, war in der Spätantike das gängige Transportmittel der Wagen, da der Einzug immer mehr mit Elementen des Triumphzuges kombiniert wurde und mit diesem Ritual verschmolz, – der Kaiser zog also in späterer Zeit immer als Triumphator in seine Stadt ein.[78]

Zugleich wird am Modus des Einzugs die *superbia* und die *moderatio* des Herrschers verhandelt. Dieser legitimierte seine Herrscherstellung religiös über seine Gottessohnschaft.[79] Ein längeres detailliert geschildertes Beispiel bildet der *adventus* Neros:

> „Aus Griechenland zurückgekehrt, hielt er auf weißen Pferden seinen Einzug in Neapel, denn dort hatte er seinen ersten Auftritt als Künstler gehabt; dabei wurde ein Stück der Stadtmauer eingerissen, wie das üblich ist, wenn Sieger der heiligen Wettkämpfe heimkehren. Ähnlich lief sein Einzug in Antium, in Albanum und schließlich in Rom ab. In Rom aber zog er sogar auf dem Wagen ein, auf dem einst Augustus als Triumphator gestanden hatte; er trug ein purpurfarbenes Gewand und einen mit goldenen Sternen verzierten Mantel, auf dem Kopf trug er den Siegerkranz aus Olympia, in der rechten Hand hielt er den von den Pythischen Spielen, ihm voran zog der Festzug mit den übrigen Kränzen und den Tafeln, auf denen die Orte, an denen er gewonnen hatte, die Namen der Gegner und die Titel der Gesänge und der Stücke standen. Seinem Wagen folgten wie bei einem richtigen Triumphzug die Claqueure und brüllten, sie seien die Begleiter des Augustus und die Soldaten seines Triumphzuges. Von dort nahm der Zug seinen Weg durch den Circus Maximus, zuvor hatte man einen Bogen zum Einsturz gebracht, über das Velabrum und Forum zum Palatin und zum Tempel des Apollo. Überall schlachtete man unterwegs Opfertiere und besprengte die Wege mit Safran. Mit Vögeln, Bändern und Süßigkeiten wurde er überschüttet. Seine heiligen Siegerkränze legte er in seinen Schlafräumen rings um die Betten, ebenso ließ er die Statuen aufstellen, die ihn als einen Sänger, der zur Kithara singt, darstellten. Mit diesem Bild ließ er auch Münzen prägen. Nach diesen Erfolgen dachte er gar nicht daran, in seinen eifrigen Bemühungen auch nur ein bißchen kürzer zu treten; das ging so weit, daß er, um seine Stimme zu schonen, nicht einmal zu den Soldaten sprach; wenn er anwesend war, ließ er seine Ansprache von einem anderen halten. Wenn er etwas tat, sei es nun, daß es ernste Dinge waren, sei es, daß er Spaß machte, immer stand ein Gesangslehrer dabei, der ihn daran erinnern sollte, daß er ja seine Atemwege schone und ein Tuch vor den Mund halte. Vielen Leuten hat er wohl seine Freundschaft angeboten oder seine Feindschaft erklärt, je nachdem, wie viel oder wie wenig Beifall sie ihm im einzelnen gespendet hatten.“[80]

---

78 Vgl. Lehnen, Adventus, 215.221.

79 Vgl. Meister, Adventus, 180. Lehnen verdeutlicht dieses Aushandeln des religiösen Status versus das Ideal der Egalität am Einsatz des Wagens im Rahmen des Einzugs.

80 Suet. Nero 25,1–3. Übersetzung: Sueton, Kaiserviten (Martinet).

Das Beispiel des *adventus* Neros zeigt in seiner ironischen Brechung zum einen die Nähe des *adventus*-Rituals zum Triumphzug. Zugleich wird der *adventus* Neros aufgrund seines triumphalen Charakters negativ gewertet, womit deutlich wird, dass beide Festzüge zu unterscheiden und mit unterschiedlichen Funktionen verbunden sind. Gerade dem *adventus* eignete das Ideal der *civilitas* des Einziehenden, mit dem Nero grundlegend bricht. Die ganze Hyperbolik seines Einzuges wird in der Schilderung Suetons gebrochen geschildert – handelt es sich doch um einen triumphalen *adventus* angesichts eines Sieges in einem Gesangswettbewerb. Zu den ironischen Elementen bzw. den triumphalen Anteilen innerhalb des *adventus* Neros zählen die Länge der Wegstrecke des Festzuges (umgekehrter Weg des Triumphzuges) durch die Stadt sowie die Ausstattung des Festzuges: die Tafeln mit der Nennung der besiegten Gegner und der Siegesgesänge, die nachfolgenden Claqueure. In karikierender Weise ist das Durchbrechen von Mauern bzw. Torbögen hier im Kontext des *adventus* eines Wettkämpfers für die Ermöglichung eines breiteren Zuges aufgenommen.[81]

Konzentrierte sich beim Herrscher mit seiner militärischen Gewalt und seiner göttlichen Legitimation eine Machtfülle, die das Konzept des *primus inter pares* im Rahmen des Prinzipats unterlief, so konnte über die Inszenierung der Tugend der *civilitas* ein Gegengewicht geschaffen werden. Ich schließe mich der Definition Lehnens an, der *civilitas* als „Bescheidenheit im Auftreten und leutseliges, freundliches und gewinnbringendes Verhalten“[82] versteht. Dass die Wahl des Transportmittels im Rahmen des *adventus*-Geschehens eine wesentliche Möglichkeit zur Inszenierung des eigenen herrscherlichen Selbstverständnisses bildete, machen unzählige Beispiele deutlich.

Besonders eindrücklich und rezeptionsgeschichtlich interessant ist das Beispiel Trajans. Nach der Sicherung der linksrheinischen Grenze gegen die Germanen und die Sicherung und Stabilisierung der Gebiete an der mittleren Donau (für den Krieg gegen die Daker)[83] zieht Trajan zu Fuß nach Rom ein. Zudem wurde damit die Anerkennung der Herrschaft Trajans durch den Senat ausgehandelt, denn diese war ihm qua Adoption zugefallen und musste daher vom Senat akzeptiert werden.[84]

Lehnen bringt die standardisierte Verwendung des Triumphwagens beim Einzug des Herrschers ab dem 3. Jh. n. Chr. mit der erhöhten Sakralisierung der Person des Kaisers und seines Auftretens in einen Zusammenhang, der als siegreicher Retter sinnfällig auf dem Wagen inszeniert werden konnte.[85] Die Person des Kaisers ragte seit Augustus jedoch immer in die göttliche Sphäre hinein durch seine göttliche

81 Vgl. Lehnen, Adventus, 223 Anm. 176. Vgl. auch Cass. Dio. 63,20,1.
82 Lehnen, Adventus, 200.
83 Seelentag, Taten, 130f.
84 Vgl. Ronning, Herrscherpanegyrik, 77–81.
85 Vgl. Lehnen, Adventus, 177.

Herkunft, Sohn eines *divus* zu sein, und zumindest grundsätzlich das Anrecht zu besitzen nach seinem Tod ebenfalls als *divus* verehrt zu werden. Dies erweiterte und verfestigte sich unter Domitian auf die Vorstellung des Kaisers als Garant des Heiles für das gesamte Menschengeschlecht. Daneben gab es noch einen zweiten (wichtigen) Grund für die Etablierung des Wagens als Einzugsgefährt. Diese ist eng damit verbunden, dass Hauptstadt und Sitz des Kaisers nicht mehr zusammenfielen, und der Kaiser in Rom nur im Rahmen seines Antrittsbesuches als neuer Herrscher vorstellig wurde.[86] Damit inszenierte er sich zugleich als siegreicher und machtvoller Triumphator gegenüber inneren und äußeren Feinden sowie als Garant des Schutzes und des Wohles des römischen Volkes, da die Gunst der Götter mit der Person des Kaisers vermittelt wurde.[87]

Eine Möglichkeit der Formierung der vereinigten Festzüge scheint die überlieferte Variante gewesen zu sein, dass Senat und Volk vor dem Kaiser herzogen, während der von seinen Liktoren begleitete Kaiser den Mittelpunkt des Festzuges bildete, dem sein Heer nachfolgte. Aus anderen Festzugsformationen wie dem Triumphzug oder der *pompa funebris* lässt sich ableiten, dass der Senat dem Geehrten vorherzog.[88] Plinius berichtet über Trajan zudem, dass dieser den Mittelpunkt des Festzuges bildete, indem ihm seine Liktoren voranzogen und schweigend den Weg freihielten. Er war umgeben von Senatoren und Rittern, gefolgt vom Rest des Heeres[89], das geordnet nach den unterschiedlichen militärischen Einheiten war.[90]

Senat und Volk sind die beiden für den *adventus* im Sinne des „Consensusgedanken“ relevanten Größen.[91] Senatoren und die Führungsschicht der Ritter hatten das Recht auf persönlichen Kontakt zum Kaiser. Als eigene Größe werden insbesondere für die Einzüge Caligulas und Neros die Ritter als *ordo* genannt, der bei den *occursus* präsent war.[92] Auch beim *adventus* Trajans wird die Anwesenheit der Ritter als eigener *ordo* betont, führende Ritter begrüßte der Herrscher persönlich.[93] Die Liktoren übernehmen beim *adventus* Trajans eine besondere Rolle, da sie schweigsam und ohne Gewalt dem zweiten Festzug voranzogen und den Weg freimachten. Er hatte keine Leibwächter, die ihn abschirmten; die Soldaten verhielten sich bürgerlich.[94]

---

86 Vgl. LEHNEN, Adventus, 76.

87 Lehnen betont die Sakralität der Person des Kaisers, die über den Einzug auf dem Wagen hervorgehoben werden konnte, wodurch die „Idee des göttlichen Retters“ inszeniert werden konnte. LEHNEN, Adventus, 177.

88 Vgl. LEHNEN, Adventus, 159.

89 Vgl. LEHNEN, Adventus, 161. Vgl. auch Plin. paneg. 23,3.

90 Vgl. LEHNEN, Adventus, 161.

91 Vgl. LEHNEN, Adventus, 249.

92 Suet. Cal. 49,1; Cass. Dio 63,20,4. Vgl. LEHNEN, Adventus, 233.

93 Plin. paneg. 23,1. Vgl. LEHNEN, Adventus, 233.

94 Plin. paneg. 23,3. Vgl. LEHNEN, Adventus, 204; RONNING, Herrscherpanegyrik, 75f.

Zudem wird betont, dass Trajan während seines Einzuges vom ganzen Volk umgeben war.[95] Die Soldaten waren nach den militärischen Formationen gegliedert und bildeten den Zugschluss.[96] Dass die Soldaten das Ende des zweiten Festzuges bildeten, wird auch an der karikierten Darstellung des triumphalen Einzuges Neros deutlich. Denn Claqueure, die die Rolle der Soldaten einnehmen, ziehen direkt hinter Nero in seinem Triumphwagen als sogenannte *Augustiani* ein.[97] Auch für den Stand der Ritter gelten diese Kriterien: Bei der Teilnahme am *occursus* zählte die Menge der Personen sowie der Status im Sinne des (politischen) Einflusses der Einzelnen.

Die Teilnahme war für Senatoren verpflichtend. Sie standen in einem herausgehobenen Verhältnis zum Herrscher, ordneten den *adventus* an, hatten das Recht, den Herrscher als Erste zu begrüßen, und der Herrscher zog inmitten der Senatoren in die Stadt ein.[98]

In der Formel *senatus populusque romanus* ist de facto die Stadtbevölkerung Roms angesprochen. Lehnen macht deutlich, dass die Nennung des Volkes neben dem Senat als die gesellschaftspolitisch relevante Gruppe dazu dient, das Herrschaftssystem zu repräsentieren. Zudem dient sie dazu, das Volk eigens von Senat oder Rittern abzugrenzen.[99] Wie bereits dargestellt, verweist er auf die Funktion des *adventus* als Konsensritual. Lehnen rekurriert auf die „allgemeine Eintracht"[100], die in der Verwendung des Begriffs *populus* oder δῆμος in der Semantik von „‚Staatsvolk'" ihren Niederschlag findet.[101] So strömt die gesamte *civitas* Nero und Tiridates im Rahmen ihres *adventus* zur Begrüßung entgegen.[102] Senat und Volk sind dann neben der Reihung nach *ordines* auch innerhalb des eigenen *ordo* nach der *dignitas*, dem Ansehen und der Ehre des Einzelnen, gegliedert. Neben *ordo* und *dignitas* – zunächst Senatoren, dann Ritter und dann das Volk – ist die stadtrömische Bevölkerung in der literarischen Auflistung zudem nach Alter und Geschlecht gegliedert. So werden Frauen und Kinder als gesonderte Gruppe abgegrenzt von den anderen *ordines*.[103] In der Schilderung des *adventus* Trajans bei Plinius wird die Anwesen-

---

95 Plin. paneg. 23,2.

96 Vgl. Lehnen, Adventus, 161. Vgl. die Anordnung von Volk und Senat vor dem Herrscher in Tac. hist. 2,89,1–2.

97 Suet. Nero 25,1–3. Vgl. Lehnen, Adventus, 161.

98 Vgl. Lehnen, Adventus, 236.

99 Vgl. Lehnen, Adventus, 249.

100 Vgl. Lehnen, Adventus, 249.

101 Vgl. Lehnen, Adventus, 249.

102 Tac. ann. 16,24,1.

103 Vgl. zu *ordo* und *dignitas*: Lehnen, Adventus, 234f. Vgl. zur Unterscheidung der Geschlechter: Lehnen, Adventus, 250. Vgl. auch die Augustus zugestandenen Ehre, dass ihm neben den Vestalinnen, Senat, das Volk mit Frau und Kind entgegenziehen; hier sind Frauen und Kinder eigens

heit von Frauen und Kindern gesondert betont.[104] Auch Nero wird nach dem Tod seiner Mutter in der Schilderung des Tacitus von einer Menge von (Ehe-)Frauen und Kindern in Rom begrüßt.[105] Frauen der kaiserlichen Familie und der senatorischen Oberschicht sowie die Vestalinnen sind als eigene Größe von der Gruppe der Frauen auszunehmen, die damit ebenfalls noch einmal zu untergliedern ist. Frauen sind jedoch den Männern von ihrer *dignitas* her nachgeordnet und werden als Letztes bzw. gesondert genannt, wodurch die Außergewöhnlichkeit ihrer Teilnahme betont wird.[106] Der *populus* ist dann ebenfalls eine eigene Größe, der „eine nach Geschlecht und Alter genau differenzierte" Körperschaft bildet, die den *adventus* „als wichtiger Teilsektor aktiv mitgestaltete".[107] Hier ist auch noch einmal das Beispiel des Germanicus zu nennen, dem neben den Prätorianern der *populus Romanus*, also alle unabhängig von Geschlecht, Alter und Stand zuströmen.[108]

Das Volk, also die stadtrömische *plebs*, wird immer wieder als dritte Größe, die den Herrscher bei seinem *adventus* umgibt und empfängt, genannt. Dies grenzt sie zum einen von den anderen *ordines* ab und erkennt ihr zum anderen gesellschaftspolitische Relevanz zu. Denn der Rückhalt des Herrschers war nicht nur bei den Senatoren und Rittern, sondern insbesondere beim Volk entscheidend für die Legitimität und Anerkennung seiner Herrschaft. Daher ist nun noch einmal auf das Ideal der *civilitas* im Zusammenhang mit der stadtrömischen *plebs* einzugehen.

Stellten die Verwendung von Pferd oder Wagen eine Missachtung der herrscherlichen Tugend der *civilitas* dar,[109] so wurde der Einzug Neros auf dem Triumphwagen (des Augustus) als Sieger negativ gewertet. Weitere wichtige Kriterien für die *civilitas* des Herrschers im Rahmen seines *adventus* sind seine

> „Zugänglichkeit [...], der Verzicht auf übermäßigen Prunk, das Anlegen der Bürgertracht, die Reden vor Senat und Volk, das kollegiale Auftreten gegenüber der Oberschicht [sowie] das leutselige Verhalten gegenüber niederen Bevölkerungsgruppen."[110]

Die Zugänglichkeit des Kaisers und seine Sichtbarkeit für das Volk werden für Trajan bei seinem *ingressus* positiv herausgestellt. Diese Sichtbarkeit ist gewährleistet, obwohl Trajan zu Fuß in die Stadt einzieht. Plinius beschreibt diesen *adventus* als

---

genannt, um die Gesamtheit der *plebs* zu betonen. Augustus lehnt diese Ehrung ab. Cass. Dio 51,19,2–20,4. Vgl. Lehnen, Adventus, 251.

104 Plin. paneg. 22,2–3. Vgl. Lehnen, Adventus, 250.

105 Tac. ann. 14,13,2. Vgl. Lehnen, Adventus, 250f.

106 Vgl. Lehnen, Adventus, 251.

107 Lehnen, Adventus, 255.

108 Suet. Cal. 4. Vgl. zur ‚Unisonität' bei der Schilderung des *adventus*-Geschehens: Kröss, Plebs, 122.

109 Vgl. Lehnen, Adventus, 176.

110 Vgl. Lehnen, Adventus, 222.

triumphal, da Trajan alle anderen überragt zwar nicht an Pracht des Gefährtes, auf dem er einzieht, aber er überragt alle anderen an Körpergröße.[111]

Der Zugänglichkeit des *princeps* korrespondiert der Wunsch der Bürger Roms Trajan zu sehen. So wird für Trajan die Freude der Bevölkerung betont, ihn zu sehen ebenso wie die Menge des zuströmenden Volkes sowie die Enge der Gassen, die dem Einziehenden als Durchgang bleiben. Herausgestellt wird, dass Trajans Kommen allen gilt. Dies wird gleich doppelt in der Schilderung des Plinius eingeholt: Zum einen wird die Begrüßung durch die Bürger als Querschnitt aus allen Altersgruppen und beiden Geschlechtern geschildert. Zum anderen wird sein *adventus* als das enge Umdrängen durch das zuströmende Volk sowie das schützende Begleiten durch sich abwechselnde Vertreter der hervorgehobenen Statusgruppen der Senatoren und Ritter beschrieben. Die Liktoren dienen demnach nicht der Abschirmung des Kaisers, sondern der Bahnung des Weges. Als negatives Gegenbeispiel gilt in Plinius' Panegyrikus Domitian, dessen Zurückgezogenheit und damit einhergehende Verachtung des Senats und seiner Vertreter sowie der *plebs* zur Schau gestellt wurde durch sein Tragen lassen in der Sänfte.[112] Ronning stellt für die Schilderung des *adventus* Trajans die Orientierung am Verhaltensideal für die Bewerber um ein römisches Amt heraus. Schon die Formulierung „auf den Schultern von Menschen" stellt eine Anspielung auf die Idealvorstellung des *adventus* bei Cicero dar, der, orientiert an seiner eigenen Einholung, diese Beschreibung für das Geschehen wählt.[113] Diese Volksnähe bildet den wichtigsten Aspekt der *civilitas* des Amtsbewerbers. Für den Amtsbewerber werden in Ciceros *commentariolum petitionis* konkrete Verhaltensregeln für ein erfolgreiches Gelingen der Bewerberschaft im Sinne der Gewinnung der Gunst des Volkes aufgelistet. Als wichtigste Ratschläge gelten, so fasst Ronning zusammen, die ständige Begleitung durch Personen jeden (angemessenen) Alters, Geschlechts und Standes, die Festigung alter Freundschaften und Verbindungen sowie das Eingehen und Gewinnen neuer, die *comitas* im Sinne der Leutseligkeit, aber auch ein gewisser Prunk bei öffentlichen Auftritten.[114] Zwar seien einseitige Stellungnahmen für bestimmte Angelegenheiten oder Einzelpersonen zu vermeiden, aber

111 Plin. paneg. 22,1–2.

112 Vgl. Ronning, Herrscherpanegyrik, 79. Vgl. Suet. Dom. 19.

113 Plin. paneg. 22,1. Vgl. Ronning, Herrscherpanegyrik, 73. Cic. p. red. in sen. 39. Dieses Ideal wird jedoch für Trajan abgelehnt, denn Plinius inszeniert Trajan als bürgerlichen Kaiser auf Augenhöhe. Vgl. Ronning, Herrscherpanegyrik, 73. Vgl. auch zum Einzug zu Pferd oder zu Fuß: Ronning, Herrscherpanegyrik, 79.

114 Vgl. Ronning, Herrscherpanegyrik, 76.

„alle drei maßgeblichen Bezugsgruppen der *res publica* – Senatoren, Ritter, und *multitudo* – [sollen] aufgrund der bisherigen Lebensführung und Haltung des *candidatus* den Eindruck gewinnen, er werde stets um ihre Vorteile bemüht sein.“[115]

Der *popularis ratio* muss insbesondere Beachtung geschenkt werden. Ronning sieht das Verhalten Trajans bei seinem *adventus* am Vorbild eines Amtsbewerbers orientiert, der sich zudem allen drei Ständen – Senatoren, Rittern und seiner Klientel aus der *plebs* – als Beweis und erneute Sicherstellung seiner *familiaritas* in einer persönlichen Begrüßung zuwendet.[116] Er wirbt „in seinem ganzen Auftreten wie ein Politiknovize um die Unterstützung der *res publica* in ihren wesentlichen Konstituenten“[117]. Die Kontinuität in der Zurschaustellung von *civilitas* als Zeugnis echter *moderatio* wird von Plinius für Trajan betont. Der Kaiser erweist sich auch weiterhin als volksnaher Kaiser, der bei seinen öffentlichen Auftritten für jeden ansprechbar ist, jedem sein Gehör schenkt, Bittgesuche empfängt.[118]

Für die Analyse des *adventus* Jesu ist das Halten der Rede vor Senat und Volk von besonderer Wichtigkeit. So ist für Augustus das Nachholen des Opfers auf dem Kapitol am Tag nach seinem *adventus* belegt, dem aber die Begrüßung des Volkes an seinem Palast vorausging und auf das dann eine Begrüßungsrede des Augustus an den Senat erfolgte, die er aber stellvertretend durch den Quaestor verlesen ließ.[119]

„Am Tage danach begrüßte er aber das Volk in seinem Palast und zog dann zum Kapitol hinauf, um den Lorbeer von den Liktorenstäben zu nehmen und ihn auf den Knien Iuppiters niederzulegen. Und dem Volk gewährte er an diesem Tage kostenlose Benützung der Bäder und Bedienung durch die Barbiere. Er berief sodann den Senat, ergriff aber selbst infolge Heiserkeit nicht das Wort, sondern übergab die schriftliche Fassung seiner Rede dem Quaestor zum Verlesen. Darin zählte er seine Taten auf und traf weiter Anordnungen.“[120]

Auch für den erfolgreichen Feldherrn und späteren Kaiser Tiberius, der seinen Einzug in der *toga praetexta* und bekränzt mit Lorbeer im Winter des Jahres 9/10 v. Chr.

---

115 Ronning, Herrscherpanegyrik, 76.

116 Vgl. Ronning, Herrscherpanegyrik, 77.

117 Ronning, Herrscherpanegyrik, 77.

118 Vgl. Lehnen, Adventus, 222f.

119 Cass. Dio 54,25,4–5. F. Boniface Bender hebt den republikanischen Kontext des Triumphrituals hervor, das nach der sieghaften Rückkehr des *Imperators* ein Niederlegen des Lorbeers als Einlösung der *nuncupatio voti* vorsah. Vgl. Bender, Commentary, 143.

120 Cass. Dio 54,25,4–5. Übersetzung: Cassius Dio, Geschichte (Veh).

hält[121], wird berichtet, dass er vom Tribunal auf den *Saepta* aus das Volk begrüßte, ehe er dann zum Opfer in den nächstgelegenen Tempeln überging und danach Triumphspiele abhalten ließ.

> „Seinen Einzug in die Stadt hielt er aber dennoch in der Praetexta und bekränzt mit dem Lorbeer und stieg, der Senat blieb aufrecht stehen, auf das Tribunal, das man in den Saepta errichtet hatte, und nahm in der Mitte zwischen den beiden Konsuln zur gleichen Zeit wie Augustus Platz. Von dort aus begrüßte er das Volk, und man geleitete ihn zu den Tempeln in der Nachbarschaft."[122]

Er hielt diese Rede, so die präzise Angabe des Sueton, vor einem stehenden Senat, während er sich mit dem ranghöheren Augustus gleichzeitig niedersetzte. Anlass für den triumphalen Einzug sind die Siege des Tiberius in Dalmatien und Pannonien. Der Triumph, der dann 12 n. Chr. als *ovatio* abgehalten wurde, wird jedoch zunächst verschoben aufgrund der zeitgleichen Niederlage des Varus. Mary Johnston Du Four bestätigt die Klassifizierung des Einzugs als Ersatz für einen Triumph – es war keine *ovatio* – aufgrund des Tragens der *corona civica* und der *toga praetexta*.[123] Dieser Einzug und insbesondere die Inszenierung als Einheit mit Augustus hatte zudem eine wichtige Funktion bei der Sicherung der Herrschaftsnachfolge und konsolidierte die Stellung sowohl des Tiberius als auch des Germanicus, der neben den *ornamenta triumphalia* den Rang eines Prätors im Senat erhielt.[124] Auch Vitellius wählt nach seinem Sieg im Bürgerkrieg gegen Kaiser Otho und seinem *adventus* in Rom dezidiert die Ansprache an Senat und Volk, die auch einen Tag nach dem *adventus* stattfinden konnte, für die eigene Selbstvorstellung.[125]

> „Vitellius selbst, der auf stattlichem Roß, im Feldherrnmantel und schwertgegürtet von der mulvischen Brücke herkam und den Senat und das Volk vor sich herdrängte, wurde durch den Rat seiner Freunde davon abgebracht, in Rom wie in einer eroberten Stadt einzuziehen; so legte er eine purpurverbrämte Toga an und rückte mit dem Heer in Reih

121 Vgl. Schrömbges, Tiberius, 55. Vgl. Levick, Tiberius, 62; Seager, Tiberius, 44.

122 Suet. Tib. 17. Übersetzung: Suetonius, Kaiserviten (Martinet). 17,2: *triumphum ipse distulit maesta civitate clade Variana; nihilo minus urbem praetextatus et laurea coronatus intravit positumque in Saeptis tribunal senatu astante conscendit ac medius inter duos consules cum Augusto simul sedit; unde populo consalutato circum templa deductus est.* Vgl. auch Cass. Dio 56,1,1. Vgl. Suetonius, Tiberius (Lindsay), 96f.

123 Vgl. Four/Rietra, Suetonius, 97 Anm. 9. Die *Saepta* stellen eine Anlage für die Wahlversammlung der *comitia centuriata* dar. Sie wurden durch Agrippa als *Saepta Iulia* dem Augustus zu Ehren gewidmet. Four/Rietra, Suetonius, 97 Anm. 10; Levick, Tiberius, 62; Vogt, Suetonius, 95f.

124 Vgl. Levick, Tiberius, 62f; Seager, Tiberius, 43–45.

125 Tac. hist. 2,90.

> und Glied ein. An der Spitze waren die Adler von vier Legionen und zu beiden Seiten ebensoviele Abteilungen, die aus anderen Legionen abgestellt waren, dann die Banner von zwölf Reiterschwadronen und hinter den Reihen des Fußvolks die Reiterei, hernach 34 Kohorten von Hilfstruppen, nach Völkerschaften und Waffengattungen gesondert. Vor den Adlern marschierten die Lagerpräfekten, Tribunen und Obercenturionen in weißem Gewand, die übrigen Chargen jeweils neben ihren Centurien, alle im Schmuck ihrer Waffen und Ehrenzeichen; auch bei den Gemeinen blinkten die Brustgeschmeide und Halsketten: ein prächtiges Bild, ein Heer, das einen anderen Führer als den Vitellius verdient hätte. So zog dieser aufs Kapitol, wo er seine Mutter umarmte und ihr den Ehrentitel ‚Augusta' verlieh. Am folgenden Tag hielt er, als stünde er vor Senat und Volk einer ganz fremden Stadt, eine Prunkrede über seine eigene Person, reich an Lobsprüchen über seine Tätigkeit und sein maßvolles Vorgehen, und dabei waren doch alle Anwesenden, ebenso ganz Italien, das er in schläfriger Bequemlichkeit und Schlemmerei mit Schimpf und Schande durchzogen hatte, Zeugen seiner Laster. Dennoch jauchzte ihm der gedankenlose, Lüge und Wirklichkeit unterschiedslos hinnehmende, in den üblichen Schmeicheleien ausgelernte Pöbel mit lauten Zurufen entgegen und nötigte ihn trotz seiner ablehnenden Haltung den Titel ‚Augustus' anzunehmen, was für Vitellius so bedeutungslos war wie die vorherige Ablehnung.«[126]

Gunnar Seelentag hebt den Einzug des Vitellius als Negativbeispiel hervor für die Kommunikation zwischen *princeps* und Stadtbevölkerung. So werde die Durchreise bis Rom wie ein Raubzug geschildert, die dem *princeps* entgegenziehenden Senatoren und Ritter seien mit ihrer Buhlerei um die Gunst des Herrschers die größte Belästigung gewesen.[127] Auch Ronning sieht in der Schilderung des Tacitus einen Reflex auf den Einzug auf einem Pferd durch die Beschreibung des Einzugs als „feindliche[...] Besetzung"[128].

1.2.6 Opfer

Den Höhepunkt bildete das Opfer des Kaisers als dem Einlösen der *vota* auf dem Kapitol, was zugleich das Zentrum des gesamten *adventus*-Rituals bildete. Denn das Opfer des Kaisers auf dem Kapitol stellte die Verbindung zum Auszugsritual

---

126 Tac. hist. 2,89–90. Übersetzung: Tacitus, Historien (Borst).

127 Vgl. Seelentag, Taten, 205. Vitellius übernahm den Augustustitel, die anderen Titel nahm er in Abständen an. Wellesley, Emperors, 103. Tacitus beschreibt das Antragen des Titels „Augustus" durch das Volk als Zweifel an der Unterscheidung zwischen Wahrheit und Lüge, d. h. zwischen der Angemessenheit bzw. Unangemessenheit dieser Ehrung für Vitellius. Dies ist jedoch positiv als Strategie zur Sicherung der Normalität einer stabilen Herrschaft zu werten. Vgl. Morgan, Emperors, 159. Vgl. allg. Richter, Vitellius.

128 Ronning, Herrscherpanegyrik, 79 Anm. 247. Vgl. Tac. hist. 2,89,1.

dar, zugleich bildete es den Auftakt für den Zug des Kaisers zum Palast und die anschließenden Gastmähler und Spiele. Beim Auszugsritual war die Darbringung von *vota* mit der Bitte um eine Rückkehr des Kaisers und die Gesundheit und Wohlbehaltenheit des Kaisers verbunden. Beim *ingressus* des Kaisers löste dieser selbst einen Teil der von ihm geleisteten *vota* ein. Damit haben Auszugs- und Einzugsritual in Bezug auf die *vota* eine spiegelbildliche Funktion.

Der Kaiser übernahm die Funktion einer Schutzgottheit. Zugleich war er selbst Opfernder.[129] Für ihn und seine Gesundheit wurden *vota* seitens der Priester dargebracht, da der Kaiser verantwortlich war für das Wohl des Staates und den Schutz der Götter bzw. die Gewährung von Heil für das römische Volk durch die Götter. Wie eng das Wohlergehen des Kaisers und das Wohl des Staates zusammengedacht wurden, wird an der Neuausrichtung der Neujahrsvota unter Domitian deutlich. Es wurden *vota* für das Wohl des Kaisers dargebracht und dieser der Gunst der Götter anempfohlen, da diese als Schutzgötter des Staates und damit für das Heil des römischen Volkes zuständig waren. Das Wohl des Kaisers in seiner Funktion als Garant von Beständigkeit und Schützer des Römischen Reiches wird also mit dem Wohl des Reiches identifiziert, weshalb um den Schutz der Götter gebeten wird. Damit war der Kaiser „mittelbar ein wichtiger Garant für das Heil des römischen Volkes und Staates“[130], der als besonderer Günstling bzw. Schutzbefohlener der Götter den Schutz der Götter zuwandte bzw. vermittelte. Wie in Kp. II/C beim Topos des Herrschers als Brotspender deutlich wurde, garantiert der Herrscher das Funktionieren und damit das (politische) Wohl des Staates zum einen innenpolitisch durch die Versorgung der Bevölkerung mit Nahrung, zum anderen außenpolitisch durch Frieden, Sicherung der Grenzen und Schutz vor Feinden. Dem liegt jedoch der religiöse Aspekt der Sicherung der Gunst der Götter in der Person des Kaisers zugrunde, damit das Wohl des Staates gewährleistet ist. Trajan erklärt sich im Anschluss an Domitian zum „unmittelbaren Ursprung der *salus publica*“[131] und in Weiterführung Domitians in „seiner Wirksamkeit als Fundament der *tutela* (= *salus*) *generis humani*“[132], d. h. des gesamten Menschengeschlechts.

In diesem Zusammenhang ist noch einmal näher auf die Funktion des Opfers im Rahmen des *adventus*-Rituals einzugehen. Wie oben schon benannt, konstituiert sich die Bedeutung des *adventus*-Rituals durch die *profectio*, und dies gerade auch in Hinblick auf die Opfer. Die rituellen Handlungen im Rahmen der *profectio* eines Herrschers waren zweiteilig und umfassten zunächst die Opferschau für die Einholung von Vorzeichen, ob die Götter dem Vorhaben des Herrschers gegenüber wohlgesonnen waren oder ob der Zeitpunkt dafür günstig war. Den Beginn der

---

129 Vgl. PFEIFFER, Ptolemäerreich, 37.

130 SCHWARTE, Salus, 229.

131 SCHWARTE, Salus, 235.

132 SCHWARTE, Salus, 235.

eigentlichen *profectio* bildete die *nuncupatio voti*, die Bitte um Zustimmung durch Senat und Volk für das Vorhaben, die immer gewährt wurde. Dieses Bittgesuch war verbunden mit dem Geloben von *vota* im Falle eines Erfolges des Vorhabens und die durch Unterschrift getätigte vertragliche Bindung daran. Die Antwort bzw. den dritten Teil des kultischen Zeremoniells bildete die Einlösung der *vota* durch den Herrscher im Rahmen des *adventus*-Rituals als Opfer bzw. Hinterlegung der Votivgaben auf dem Kapitol bzw. durch die Aufstellung von Weihegeschenken.[133] Jörg Rüpke hält die *nuncupatio voti* gemessen an der Häufigkeit ihrer Nennung in den annalistischen Kurzberichten und ihrer Darstellung allgemein für den wichtigsten Bestandteil des Auszugsrituals.[134] Er betont zudem die Funktion der *nuncupatio voti* auf dem Kapitol als feststehendem Ablauf als eine legitimierende für das geplante Vorhaben. Eine besondere Virulenz hat die Frage nach der Legitimität der *vota*, wenn diese *vota publica* sind, d. h. ihre Finanzierung durch den Staat getragen werden soll. Alle größeren Vorhaben im staatlichen Bereich werden durch *vota* begleitet und legitimiert.[135] Rüpke hält die Unbegrenztheit der Bitten und der Versprechungen fest;[136] das *votum* im Rahmen eines Auszugs gehört jedoch zu den situativen *vota* (Notsituation)[137], so dass es in Hinblick auf die Bitte inhaltlich begrenzt ist, etwa auf das Gelingen einer Gesandtschaft oder eines Feldzuges. Jedoch können neben den standardisierten *vota* an die wichtigsten Staatsgötter individuelle *vota* an die eigens präferierte Gottheit geleistet werden.[138] Das Zeremoniell ist mit bestimmten Statuszuschreibungen verbunden:

> „Die *nuncupatio voti*, das laute Aussprechen des Gelübdes […], stellt die Verpflichtung für den *vovens* her, er bleibt *voti reus* bis die göttliche Leistung eintritt oder das möglicherweise genannte Zeitlimit für die Leistung überschritten worden ist."[139]

Bei Erfüllung des Wunsches wird der *vovens* zum „*voti damnatus*, ein Zustand, den erst die Erbringung des eigenen Versprechens (Opfer, Handlung) beendet"[140]; staatliche Sanktionen greifen nur im Fall der *vota publica* mittels der censorischen Rüge.[141] Zu bestärken ist Rüpke in seinem Negieren des Charakters der Geschäftsbeziehung der *vota*. Denn die Erfüllung der Bitte ist allein Leistung der Götter

---

133 Vgl. zu diesem Ablauf Lehnen, Profectio, 18–20.

134 Vgl. Rüpke, Domi, 131.

135 Vgl. Rüpke, Domi, 131.

136 Vgl. Rüpke, Domi, 131.

137 Vgl. Rüpke, Domi, 132.

138 Vgl. Rüpke, Domi, 132.

139 Rüpke, Domi, 131.

140 Rüpke, Domi, 131.

141 Vgl. Rüpke, Domi, 131.

und unterliegt ihrem Ermessen. Zudem erhält es dem Bittenden in einer Situation der Ohnmacht seine Handlungsfähigkeit; durch den Einsatz religiöser Mittel, die jedoch keinem Utilitarismus unterliegen, wird Aktivität ermöglicht und darüber Angst beseitigt. So ist mit Rüpke zusammenzufassen:

> „Im Rahmen der römischen Religion formuliert, kommen *vota* in akuten Notsituationen, in denen der Mensch seine eigene Ohnmacht erfährt, zur Anwendung. In dieser Situation vertraut er sich einer Gottheit an, richtet seine Bitten an sie. Die Bitte wird durch Geschenke verstärkt, die in Aussicht gestellt werden."[142]

So wird von Josephus für Vespasians Einzug in Rom berichtet, dass er nach dem *ingressus* zu seinem Palast zog, um dort den Hausgöttern Dankopfer für seine geglückte Ankunft darzubringen.[143] Auch Augustus, der den *adventus* bei Nacht bevorzugte, sah sich dennoch gegenüber der *adventus*-Inszenierung verpflichtet, so dass er am darauffolgenden Tag (das Volk in seinem Palast empfing und) zum Kapitol hinaufzog und den Lorbeer der Liktorenstäbe dem Iuppiter Capitolinus in den Schoß legte.[144] Damit wird die Bedeutung des Opfers des Herrschers bzw. die Verehrung Iuppiters herausgestellt. Auch er ließ also dieses wesentliche Element des *adventus*-Rituals nicht ausfallen, sondern nutzte die Funktion einer solchen Inszenierung für sich, indem er sie dezidiert vom Senat ablöste und sie zu „*seine*[*n* Hervorhebung im Original] Inszenierungen"[145] machte.

Lehnen sieht das Opfer im Rahmen des *adventus*, namentlich das Niederlegen des Lorbeers der Liktorenstäbe in den Schoß des Iuppiter Capitolinus als Höhepunkt des *adventus* an.[146] Dies steht in Analogie zum Triumphritual.[147] Denn beiden Festzügen eignet der Charakter der (erfolgreichen) Beendigung eines (geglückten) Vorhabens – beim Triumphzug ist das geglückte Vorhaben immer ein militärischer

---

142 Rüpke, Domi, 132.

143 Ios. bell. Iud. 7,63–74; 7,72.

144 Cass. Dio 54,25,1.3–4. Auch dem Volk gegenüber inszenierte er sich als Einziehender bzw. in Rom Angekommener durch den Empfang des Volkes im Palast. Dies hebt noch einmal das Volk als Adressat dieser Inszenierung hervor und betont zugleich die Zurückstellung des Senats. Zudem erweist sich Augustus dem Volk gegenüber als freigebiger Wohltäter durch die Gewährung der kostenlosen Benützung der Bäder und der Bedienung der Barbiere. Vgl. zur sonstigen Praxis des Augustus: Suet. Aug. 53,2: *non temere urbe oppidove ullo egressus aut quoquam ingressus est nisi vespera aut noctu, ne quem officii causa inquietaret.*

145 Ronning, Stadteinzüge, 83.

146 Vgl. Lehnen, Adventus, 181.

147 Vgl. zur Nähe zwischen *adventus* und Triumphzug: Vgl. Lau, Triumphator, 173–175. Vgl. auch Sumi, Triumph.

Sieg – und das Niederlegen der damit verbundenen Insignien.[148] Ich möchte hingegen den Charakter des Dankes und der Einlösung der geleisteten *vota* für das Opfer im Rahmen des *adventus* hervorheben. Auch Wilhelm Ehlers betont bezüglich der sakralrechtlichen Bedeutung des Triumphs die „Einlösung der beim Auszug in den Krieg gegebenen Gelübde“[149]. Bei der Schilderung des *adventus* des Augustus in Rom im Zuge der Neuordnung Galliens und Germaniens wird das Opfer auf dem Kapitol am nächsten Tag erst nachgeholt, was die Bedeutung dieser Dankesgabe deutlich macht.[150]

Welche Bedeutung das Opfern im Tempel der bewillkommnenden Stadt durch den Einziehenden hatte, wird auch deutlich daran, dass die römischen Kaiser in den Provinzen den dortigen lokalen Gottheiten Opfer darbrachten. Vespasian stattet dem Serapisheiligtum (in Alexandria) in der Tradition Alexanders des Großen ohne Begleitung einen Besuch ab, um dort wie Alexander der Große seine göttliche Legitimation als Herrscher durch einen Orakelspruch bestätigt sowie über Dauerhaftigkeit und Erfolg seiner Herrschaft Auskunft zu bekommen.[151] Diese Alexanderverehrung findet sich auch bei Augustus, der ebenfalls mit seiner Reiseroute und dem Aufenthalt in Ägypten einen Besuch des Alexandergrabes verbindet.[152] Auch Nero opferte im Heiligtum auf Korkyra, bevor er von dort aus seine Griechenlandreise antrat.[153] So heißt es bei Sueton, dass er seinen Gesang am „Altar des Iuppiter Cassius“ begann und im Anschluss die anderen Austragungsorte für Sängerwettstreite in Griechenland aufsuchte.[154] Für Jerusalem wird von Josephus der Einzug Alexanders des Großen geschildert, der vom Hohepriester Jaddus gemeinsam mit den Priestern und der Stadtbevölkerung in Sappha empfangen und begrüßt wird und nach seinem *ingressus* in Jerusalem JHWH nach den Anweisungen des Hohepriesters ein Opfer darbringt.[155] David Catchpole listet in seiner Zusammenstellung von *adventus* in Jerusalem mehrere *adventus* auf, in deren Rahmen entweder kultische Handlungen zugunsten JHWHs oder eine Reinigung des Tempels bzw. der Häuser Jerusalems vollzogen wurde, um erneut JHWH kultisch verehren zu können.[156] Judas Makkabäus zieht nach seinem Sieg

---

148 Vgl. beim Triumphzug das Niederlegen der Lorbeerkrone: Rüpke, Domi, 224. Lau geht von einem Niederlegen der *corona etrusca*, des Lorbeerzweigs und des Lorbeers der Liktorenstäbe durch den Triumphator aus. Den Lorbeerkranz durfte dieser behalten und zu besonderen Anlässen tragen. Lau, Triumphator, 228 Anm. 227.

149 Ehlers, Triumphus, 495.

150 Cass. Dio 54,25,1–4.

151 Tac. hist. 4,82; Suet. Vesp. 7,1. Vgl. Lehnen, Adventus, 181f.

152 Suet. Aug. 18,1.

153 Vgl. Halfmann, Kaiserreisen, 115.

154 Suet. Nero 22,3.

155 Ios. ant. Iud. 11,325–339.

156 Vgl. Catchpole, Entry, 319–321.

über Gorgias triumphal in Jerusalem ein (1 Makk 4,19–25). Simon Makkabäus reinigt zunächst die Häuser bei seinem Einzug in Geser (Gazara), um dann in die Stadt unter Hymnen und Lobpreis einzuziehen. Auch für Jerusalem selbst vollzieht Simon zunächst die Reinigung der Burg, um dann mit Lobgesang und Palmzweigen und unter Harfen, Zimbeln und Zithern einzuziehen (1 Makk 13,43–53).

1.2.7 Zug zum Palast

Der Einzug des Kaisers in den Palast bildete eine weitere Station des *adventus*-Rituals.[157] Als Vorbild kann hier noch einmal auf das oben angeführte Beispiel Neros verwiesen werden, der den normgerechten Ablauf des *adventus* einhält und zunächst das Opfer vollzieht und im Anschluss daran in seinen Palast einzieht.[158] Das Gegenbeispiel bildet der ebenfalls schon genannte *adventus* des Augustus, der nach seinem nächtlichen Betreten der Stadt am folgenden Tag Einzelelemente eines *adventus* nachholt und die Römer in seinem Palast begrüßt, um danach auf dem Kapitol das Opfer zu vollziehen.[159]

1.2.8 Spiele und Gesandtschaften

In den Quellen wird vom Volk beklagt, dass sich der Kaiser seinen Augen entzieht.[160] Eine der wichtigsten Möglichkeiten, in den Genuss der Nähe des Kaisers zu gelangen, war bei den im Rahmen des *adventus*-Rituals veranstalteten Spielen, die schon während des *ingressus* bzw. direkt nach der Ankunft des Kaisers stattgefunden haben können, wohl aber standardmäßig eher den Abschluss des *adventus* bildeten.[161] Im Vordergrund der Spiele stand natürlich der Aspekt der Unterhaltung. Dennoch gingen mit der Reisetätigkeit des Kaisers der gesteigerte Empfang von Gesandtschaften und das Anhören und Entscheiden über ihre Gesuche einher. Diese Funktion der Darlegung von Wünschen und Anliegen des Volkes in unmittelbarer Kommunikation mit dem Kaiser übernahmen die Spiele, deren Veranstaltungsort, das Theater, eine direkte Kontaktaufnahme mit dem Kaiser erlaubte.[162] Lehnen betont, dass der *adventus* eines Herrschers für Gesandtschaften eine gute Gelegenheit bot, ihre Wünsche und Forderungen gegenüber dem Herrscher vorzutragen, und zieht eine Verbindung zwischen dem *adventus*

---

157 Vgl. LEHNEN, Adventus, 187.

158 Suet. Nero 25,1–3.

159 Cass. Dio 54,25,1–4.

160 Vgl. LEHNEN, Adventus, 158.

161 Vgl. LEHNEN, Adventus, 193.

162 Vgl. LEHNEN, Adventus, 194.

eines Herrschers und dem daraus resultierenden Gesandtschaftsverkehr.[163] Auch Gabriele Ziethen kommt zu dem folgenden Urteil:

> „Zu den offenkundigsten Loyalitätsbekundungen gegenüber dem römischen Kaiserhaus und seinen Angehörigen gehörten Gesandtschaften, die im Auftrag von Städten und Provinzen des Reiches Gruß- und Kondolenzbotschaften nach Rom überbrachten."[164]

Für Trajan wird sein *adventus* häufig mit Friedensgesandtschaften der vor der Eroberung stehenden Städte verbunden. Innerhalb des Römischen Reiches wird sein *adventus* in Antiochia und sein dortiger Aufenthalt im Anschluss an ein Erdbeben zum Anlass für Gesandtschaften, ihre Bittgesuche und Anliegen vorzutragen:

> „Da nun Trajan den Winter dort verbrachte und anläßlich von Prozessen und Gesandtschaften, zu Handelszwecken und aus Schaulust von allen Seiten her zahlreiche Soldaten wie Privatleute dort zusammengeströmt waren."[165]

Insbesondere im Rahmen eines Herrschaftsantritts eines neuen Herrschers finden sich Gesandtschaften für die Beglückwünschung zur Akklamation zum Herrscher. Eines der zentralen Beispiele ist hier Vespasian:

> „Dieser [Vespasian] brach nun von Caesarea auf und begab sich nach Berytos, wo ihm zahlreiche Gesandtschaften aus Syrien und ebenso viele aus den anderen Provinzen entgegenkamen, die von jeder Stadt Kränze und Glückwunschadressen überbrachten. [...] Als Vespasian in Alexandrien angekommen war, trafen gerade die frohen Nachrichten von Rom ein, dazu Gesandtschaften aus allen Teilen der ihm zu eigen gewordenen Welt, die ihm Glückwünsche überbrachten."[166]

Vespasian und Trajan eint das Ideal der Arbeitsamkeit, das eng verbunden mit der Zugänglichkeit, einen Aspekt der *civilitas* des Kaisers bildet. So galten Vespasian und Trajan als vorbildlich in ihrer Arbeitseinstellung, orientiert am Ideal eines Augustus, der vom Krankenbett aus Recht sprach.[167] Ziethen führt diese Praxis darauf zurück, dass der als „*Therapeut* und *Servator*"[168] verstandene Kaiser als Kranker

---

163 Vgl. Lehnen, Adventus, 272. Vgl. für das Beispel Trajans Halfmann, Kaiserreisen, 185.188.

164 Ziethen, Gesandte, 115. Zu den Anlässen zählen vor allem „Regierungsantritte und militärische Erfolge". Ziethen, Gesandte, 115.

165 Cass. Dio 68,24,1. Übersetzung: Cassius Dio, Geschichte (Veh).

166 Ios. bell. Iud. 4,620.656. Übersetzung: Josephus, Krieg (Michel/Bauernfeind).

167 Suet. Aug. 33,1. Vgl. zu Vespasian Suet. Vesp. 21. Vgl. Ziethen, Heilung, 179 Anm. 42.

168 Ziethen, Heilung, 172.

Handlungsfähigkeit beweisen musste, um eine Beunruhigung der Bevölkerung zu vermeiden, denn Unheil i.S. von Hunger, Epidemien oder Krieg wurde in einen engen Zusammenhang mit einer „mangelnde[n] oder schlechte[n] Regierungstätigkeit eines Kaisers" gebracht.[169] Der Kaiser war damit qua Fürsorgeprinzip, das sich in der Zuwendung gegenüber den Anliegen der Gesandten spiegelte, Garant der *salus* des römischen Staates. Denn

> „einerseits sollten seine politischen Entscheidungen dem Wohl der Menschheit dienen, andererseits war jedoch nur bei gutem gesundheitlichen Befinden des Princeps – und zwar medizinisch und sittlich – eine glaubwürdige, an der Pflicht zur Fürsorge orientierte Politik zu erhoffen."[170]

Ziethen betont den Zusammenhang zwischen der Verpflichtung des Kaisers auf das Fürsorgeprinzip im Sinne der Praktizierung des Euergetismus gegenüber dem Staat als Gemeinwesen und dem Prinzip der Sakralisierung von bedeutenden Einzelpersonen, das im Zuge der Heroenkulte entstanden war.[171] Dass die *salus* des Staates von der Gesundheit des Kaisers abhängig war bzw. in einer engen Verbindung dazu stand, verdeutlicht Ziethen am Beispiel des Caligula, dessen Erkrankung das Volk Hunger, Krieg und andere Katastrophen für den römischen Staat erwarten ließ.[172] Insbesondere der Regierungsantritt eines Kaisers stellte einen kritischen Moment dar, während dessen der neue Kaiser über Audienzen und den Empfang von Gesandtschaften bzw. das Anhören von administrativen Gesuchen seine Verpflichtung auf die Fürsorge unter Beweis stellte und damit das Wohl des Staates sicherte. Damit schuf er nach Ziethen Akzente für ein „eigenes politisches Konzept", das am Erfolg des Vorgängers eben im Sinne der (Kontinuitäts-)Sicherung des Staatswohles gemessen wurde.[173]

2. Exegetische Analyse Joh 12,12–50

2.1 Kontexteinordnung von Joh 12,12–50

Innerhalb des Mikrokontextes des JohEv geht Joh 12,12–19 die Auferweckung des Lazarus sowie die daraus resultierende gespaltene Reaktion der anwesenden Juden

169 Ziethen, Heilung, 172.
170 Ziethen, Heilung, 178.
171 Vgl. Ziethen, Heilung, 176f.
172 Vgl. Ziethen, Heilung, 179.
173 Vgl. Ziethen, Heilung, 181.

auf diese Zeichentat Jesu voraus (11,45f). Viele Juden kommen zum Glauben, einige berichten den Pharisäern von diesem Zeichen Jesu. Diese reagieren mit der Einberufung einer Versammlung – hier findet συνέδριον ohne Artikel Verwendung, so dass hier zunächst nur eine Versammlung gemeint ist.[174] Als Teilnehmende sind die Hohepriester – samt dem amtierenden Hohepriester – als Erstes neben den Pharisäern gelistet. Mit dieser Teilnehmerzusammensetzung kam dieser Versammlung dieselbe Kompetenz wie dem Sanhedrin in seiner rechtsprechenden Funktion zu. Die Versammlung erfolgt, weil die Zeichentätigkeit Jesu als gefährlich eingestuft wird, da die Anziehungskraft des Wirkens Jesu zum Glauben an ihn führt. Dies geht mit Nachfolge und dem Sammeln von Anhängern einher. Auf dieser Grundlage kommt die Versammlung zu der Schlussfolgerung, dass eine vernichtende Reaktion der Römer drohe: das Nehmen der Stätte und der Nation durch ihr militärisches Eingreifen. 11,55–57 leitet mit der Beschreibung des Settings des bevorstehenden Pesach und des Hinaufziehens der Festpilger nach Jerusalem sowie der Frage, ob Jesus ebenfalls hinaufzieht, zum *adventus* Jesu über.[175] Als retardierendes Element und dazwischenliegende Szene wird in 12,1–8 von der Salbung Jesu durch Maria berichtet. In diesen Versen erfolgt die Rückkehr Jesu nach Betanien und seine gastfreundliche Aufnahme durch seinen Freund Lazarus. Im Kontext eines Mahles im Haus des Lazarus wird die Salbung von Haupt und Füßen Jesu durch Maria vollzogen – eine Salbung, die „*Maria* versteht […] als huldvolle Ehrung des messianischen Königs“[176]. Im Hintergrund könnte Hld 1,12 stehen, das den König, der zu Tisch liegt, einführt. Dieser ist betört durch den erotischen Duft des Nardenparfüms seiner Geliebten.[177] Das aufgerufene Motivrepertoire des „an der Tafel Liegens“ und des Verströmen lassens des „Duftes“ der „Narde“ lassen Jesus als König und Maria als Geliebte assoziieren bzw. in ein entsprechendes Rollenmuster eintreten. Jesus selbst deutet im Wissen um seinen bevorstehenden und freiwillig auf sich genommenen Tod diese Handlung als Salbung im Sinne der Zurüstung (ἐνταφιασμοῦ)[178] zu seinem Begräbnis, was dem Kontext des Todesbeschlusses des Synhedriums entspricht. So lässt sich mit Charles K. Barrett konstatieren: „It is as anointed king that Jesus rides into Jerusalem, and as anointed king that he dies.“[179]

---

174 Vgl. Theobald, Evangelium (RNT), 752. Theobald betont das Ersetzen der Schriftgelehrten durch Pharisäer in der Angabe der Zusammensetzung.

175 Vgl. Theobald, Evangelium (RNT), 762–764; Schnelle, Johannes (ThHK 4), 261; Beasley-Murray, John (WBC 36), 208; Brown, John (AB 29), 459.

176 Theobald, Evangelium (RNT), 778.

177 Vgl. Theobald, Evangelium (RNT), 775. Joachim Kügler negiert die intertextuelle Verbindung, da die Stichwortverbindung nicht eindeutig genug ist. Vgl. Kügler, Nase, 164f.

178 Vgl. zur Diskussion der Übersetzung von ἐνταφιασμοῦ: Theobald, Evangelium (RNT), 778.

179 Barrett, John, 405.

Zu Joh 13 und der Symposionszene anlässlich des Pesachfestes sind ein klarer zeitlicher und örtlicher Wechsel sowie ein gewandeltes Personeninventar zu erkennen. Joh 12 schließt nach einem Erzählerkommentar zur „Verhärtung" Israels und der Feststellung des Zum-Glauben-Kommens einzelner Vorsteher der Juden mit einem letzten Aufruf Jesu zum Glauben an seine mit dem Reden Gottes deckungsgleiche Offenbarung, der sich an einen nicht genannten Adressaten richtet. In Joh 13 sind kurz vor dem Pesachfest die Schüler und Jesus selbst zum Mahlhalten versammelt.

2.2 Segmentierung von Joh 12,12–19

2.2.1 Segmentierung des griechischen Textes Joh 12,12–19

12 Τῇ ἐπαύριον ὁ ὄχλος πολὺς ὁ ἐλθὼν εἰς τὴν ἑορτήν,
ἀκούσαντες
ὅτι ἔρχεται ὁ Ἰησοῦς εἰς Ἱεροσόλυμα
13 ἔλαβον τὰ βαΐα τῶν φοινίκων
καὶ ἐξῆλθον εἰς ὑπάντησιν αὐτῷ
καὶ ἐκραύγαζον·
ὡσαννά·
εὐλογημένος
ὁ ἐρχόμενος ἐν ὀνόματι κυρίου,
[καὶ] ὁ βασιλεὺς τοῦ Ἰσραήλ.
14 εὑρὼν δὲ ὁ Ἰησοῦς ὀνάριον
ἐκάθισεν ἐπ' αὐτό,
καθώς ἐστιν γεγραμμένον·
15 *μὴ φοβοῦ,*
θυγάτηρ Σιών
ἰδοὺ
ὁ βασιλεύς σου ἔρχεται,
καθήμενος ἐπὶ πῶλον ὄνου.
16 ταῦτα οὐκ ἔγνωσαν αὐτοῦ οἱ μαθηταὶ τὸ πρῶτον,
ἀλλ' ὅτε ἐδοξάσθη Ἰησοῦς
τότε ἐμνήσθησαν
ὅτι ταῦτα ἦν ἐπ' αὐτῷ γεγραμμένα
καὶ ταῦτα ἐποίησαν αὐτῷ.
17 Ἐμαρτύρει οὖν ὁ ὄχλος ὁ ὢν μετ' αὐτοῦ
ὅτε τὸν Λάζαρον ἐφώνησεν ἐκ τοῦ μνημείου
καὶ ἤγειρεν αὐτὸν ἐκ νεκρῶν.

18 διὰ τοῦτο [καὶ] ὑπήντησεν αὐτῷ ὁ ὄχλος,
ὅτι ἤκουσαν
τοῦτο αὐτὸν πεποιηκέναι τὸ σημεῖον.
19 οἱ οὖν Φαρισαῖοι εἶπαν πρὸς ἑαυτούς·
θεωρεῖτε
ὅτι οὐκ ὠφελεῖτε οὐδέν·
ἴδε
ὁ κόσμος ὀπίσω αὐτοῦ ἀπῆλθεν.

2.2.2 Segmentierung der Übersetzung Joh 12,12–19

12 Tags darauf als die große Menge, die zu dem Fest gekommen war,
gehört hatte,
dass Jesus nach Jerusalem kommt
13 nahmen sie Palmzweige,
und gingen hinaus ihm entgegen zur Einholung[180]
und akklamierten
Hosanna!
Gesegnet,
der Kommende im Namen des Herrn,
der König Israels!
14 Als Jesus ein Eselchen gefunden hatte,
setzte er sich darauf
wie geschrieben ist:
15 Fürchte dich nicht,
Tochter Zion!
Siehe,
dein König kommt,
sitzend auf dem Sohn einer Eselin.
16 Dies alles verstanden seine Schüler zunächst nicht;
aber als Jesus verherrlicht wurde,
da erinnerten sie sich,
dass es so über ihn geschrieben stand
und sie ihm dies taten.

---

180 Ὑπάντησις und seine Verbalform bezeichnen nach Lehnen das „Pars pro toto" des gesamten Rituals. Vgl. LEHNEN, Adventus, 57. Daher folge ich der Übersetzung von THEOBALD, Evangelium (RNT), 782.

17 Die Volksmenge (be)zeugte,
die bei ihm gewesen war,
als er Lazarus aus dem Grab rief
und von den Toten aufrichtete.
18 Deshalb war die Volksmenge ihm zur Einholung entgegen gegangen:
weil sie hörten,
dass er dieses Zeichen getan hat(te).
19 Die Pharisäer aber sagten zueinander:
Ihr seht,
dass es nicht von Vorteil ist!
Seht,
die Welt ging hinter ihm her!

2.3 Kompositionsanalyse von Joh 12

Das Adventusgeschehen lässt sich in drei übergeordnete thematische Abschnitte gliedern: Die Schilderung des *occursus* (12,12–19[181]), die daran anschließende Schilderung des *ingressus* (12,20–36) und den Erzählerkommentar zu der fehlenden Anerkennung des Status Jesu (12,37–50), der sich wiederum in die Verhärtungsaussage bzw. das Verstockungswort V. 37–43 und die Paränese 44–50 gliedern lässt. Drei Einschnitte berechtigen zu dieser Gliederung. Zwischen *occursus* und *ingressus* wird der Kommentar der Pharisäer zum *occursus*-Geschehen berichet. Mit dem Auftreten der Hellenen erfolgt (12,20f) eine Verschiebung des Personeninventars bis der Fokus wieder ganz auf der öffentlichen Rede Jesu liegt. Diese letzte öffentliche Rede Jesu lässt sich in leicht variierender Anlehnung an Theobald[182] abermals in drei Teile gliedern:

1) Das Kommen der „Griechen“ und die Reaktion Jesu auf ihren Wunsch (12,20–26)
2) Ein erster Wortwechsel Jesu mit der jüdischen Volksmenge (12,27–33)
3) Ein weiterer und jetzt abschließender Wortwechsel mit der Volksmenge (12,34–36).

Die Weizenkornsentenz wird dem auch in der synoptischen Überlieferung bekannten Nachfolgewort vorangestellt und durch dieses erläutert. Mit der Bitte um Verherrlichung findet sich dann eine „johanneische Umgestaltung der synoptischen

181 Coakley, Jerusalem. Vgl. auch Kinman, Parousia; Ders., Jerusalem; Freed, Entrance; Nicholson, Descent-Ascent; Petersen, Kyrios.

182 Vgl. Theobald, Evangelium (RNT), 792.

Gethsemani-Überlieferung [Hervorhebung im Original]“[183]. Auch der Erzählerkommentar in Joh 12,37–43 ist eindeutig abgegrenzt von der vorangehenden Szene, indem in V. 36 berichtet wird, dass Jesus fortgeht und sich verbirgt. Die Notwendigkeit des Verbergens Jesu wird dann in einem Erzählerkommentar erläutert und über das Verhärtungsmotiv die negative Reaktion seitens der Elite gegenüber Jesus begründet. Die Paränese Jesu schließt in V. 44–50 daran an.

Der *occursus* lässt sich zudem noch einmal untergliedern in die Einleitung, also die Schilderung der Gründe für den Ruhm Jesu (V. 9–11) sowie die Ankündigung der Ankunft (V.12) , in den *occursus* selbst, der in V. 13–15 beschrieben wird, und die darauffolgende dreigliedrige Schilderung der Reaktionen der Adressaten und Teilnehmer dieses *occursus*: die Reaktion der Schüler (V. 16), die Reaktion der Menge als Zeuge für den Einzug (V. 17f) und die Reaktion der Pharisäer in V. 19, mit der die Beschreibung des *occursus* schließt.

V. 12 Ankündigung der Ankunft
V. 13 *occursus* - Akklamationen
V. 14–15 Reaktion Jesu und Deutung durch Schriftzitat
V. 16 Reaktion der Schüler
V. 17–18 Menge als Zeugende
V. 19 Reaktion der Pharisäer

3. Der *adventus* Jesu - Ein motivkritischer Vergleich

3.1 *Occursus*

3.1.1 Ankündigung

12 Τῇ ἐπαύριον ὁ ὄχλος πολὺς ὁ ἐλθὼν εἰς τὴν ἑορτήν,
ἀκούσαντες
ὅτι ἔρχεται ὁ Ἰησοῦς εἰς Ἱεροσόλυμα

Der Satz ist über drei Verben gegliedert: Das Partizip Aorist Aktiv ἐλθὼν gibt das Gekommensein der Menge zum Fest an, das Partizip Aorist Aktiv ἀκούσαντες beschreibt das Hören der Menge vom Kommen (ἔρχεται: 3. Pers. Sg. Präs.) Jesu. In Joh 12,12 wird ebenfalls der Einzug Jesu angekündigt, denn die Volksmenge

---

183 Theobald, Evangelium (RNT), 796. Vgl. Schnackenburg, Johannesevangelium (HTKNT 4/2), 484f. Thyen, Johannesevangelium, 559–562; Zumstein, Johannesevangelium (KEK 2), 457; Schnelle, Evangelium (ThHK 4), 269; Brant, John (P.CNT), 193; Mullins, John, 290f; Wilckens, Evangelium (NTD 4), 193. Ridderbos sieht Selbständigkeit in „theology“ und „story“ gegeben. Ridderbos, John, 435f.

erfährt vom Kommen Jesu nach Jerusalem. Der *occursus* in V. 13 erfolgt durch das Hinausgehen aus Jerusalem, um Jesus zu empfangen. Johannes verwendet die Kombination von ἐξῆλθον εἰς ὑπάντησιν. Ὑπάντησις und seine Verbalform bezeichnen nach Lehnen das „Pars pro toto" des gesamten Rituals.[184] Lehnen hält fest, dass die Einholung auf die Parusie des Herrschers antwortet.[185] Diejenigen, die Jesus entgegeneilen, sind näher zu bestimmen als Menge der Festpilger. Diese Festpilger werden bereits in 11,55 eingeführt und näher beschrieben als Leute, die aus dem Umland Judäa nach Jerusalem hinaufziehen, um sich für das Pesachfest zu reinigen (Ἦν δὲ ἐγγὺς τὸ πάσχα τῶν Ἰουδαίων, καὶ ἀνέβησαν πολλοὶ εἰς Ἱεροσόλυμα ἐκ τῆς χώρας πρὸ τοῦ πάσχα ἵνα ἁγνίσωσιν ἑαυτούς). Die für das Betreten des Tempels notwendige levitische Reinigung (Num 9,6–13; 2 Chr 30,15–19), die bis zu einer Woche dauern konnte und mit einem Tauchbad endet, wird von Josephus als Praxis bestätigt.[186] Ὄχλος πολὺς betont die Größe der Menge der Festpilger, welche von Brown mit 85.000–125.000 beziffert wird.[187] Diese Festpilger setzen sich daher zum einen aus Jerusalemern selbst, zum anderen aus Juden aus dem Umland Jerusalems zusammen.[188] Dabei ist zu beachten, dass zuvor Juden aus Jerusalem nach Betanien gekommen sind, um Marta und Maria zu trösten wegen des Todes ihres Bruders Lazarus.[189] Der Bericht der Erweckung des Lazarus durch Jesus führt zu diesem *occursus*. Denn im Nachgang wird in V. 17f der Anlass für den *occursus* genannt: der Ruhm der Zeichentat Jesu an Lazarus.

3.1.2 *Occursus*

13 ἔλαβον τὰ βαΐα τῶν φοινίκων
καὶ ἐξῆλθον εἰς ὑπάντησιν αὐτῷ
καὶ ἐκραύγαζον·
ὡσαννά·
εὐλογημένος ὁ ἐρχόμενος ἐν ὀνόματι κυρίου,
[καὶ] ὁ βασιλεὺς τοῦ Ἰσραήλ.

Der *occursus* selbst wird als Nehmen der Palmzweige (3. Pers. Pl. Ind. Aor. Akt.) und als Akklamation mit dem Verb 3. Pers. Pl. Indikativ Imperfekt Aktiv von κράζω als einem typischen Verb für das Akklamieren durch das Volk beschrieben.

---

184 Vgl. Lehnen, Adventus, 57.

185 Vgl. Lehnen, Adventus, 59.

186 Ios. bell. Iud. 6,423–427; Ios. ant. Iud. 12,14. Vgl. Theobald, Evangelium (RNT), 764.

187 Brown, John (AB 29), 445. Vgl. Ios. bell. Iud. 6,423–427.

188 Im MkEv bejubeln nur die mitziehenden Festpilger den in Jerusalem einziehenden Jesus. Ich danke Stefan Schreiber für diesen Hinweis.

189 Vgl. Theobald, Evangelium (RNT), 791.

Die Akklamation wird eingeleitet durch das Hosanna (aus Ps 118,25), an das sich das Zitat aus Ps 117,26 (LXX) anschließt.[190] Das Hosanna, das sich analog zum σῶσον δή aus der LXX verhält, aber eine wortgetreue Übertragung des MT ist,[191] beinhaltet die Bitte um Rettung.[192] Andrew C. Brunson hält für das Hosanna dessen Charakter als „supplicatory" fest, aber wertet es vor allem als Bekenntnis zu JHWHs Souveränität und zu der Relationierung der Herrschaft des Königs und der Herrschaft JHWHs.[193] Das Hosanna stellt nach Andreas Obermann einen Hilferuf dar, der während des Einzugs des Pilgers geleistet wird. Dass es sich um diesen Hilferuf handelt, resultiert aus der Voranstellung des Hosanna und der klanglich gegebenen Nähe zum hebräischen הוֹשִׁ֫יעָה נָּ֥א in der Bedeutung eines Hilferufes.[194] Hosanna als phonetisches Zitat ist in der LXX ansonsten nicht belegt, daher kommt nur Ps 118,25 als Quelle in Frage.[195] Zwar kommt ישׁע häufiger im Alten Testament im Imperativ vor, aber in der emphatischen Form mit der prekativen Partikel begegnet es nur in Ps 118,25.[196]

Im Ps 118 ist Hosanna ein Ruf an Gott mit der Bitte um Hilfe: Mit Hosanna wird der Klang dieses Gebetsrufes gewahrt, einzuleiten wäre eigentlich mit „ach"[197]. Auch für das Hosanna bzw. die Hallelpsalmen geht Obermann trotz der Schwierigkeit, einen festen liturgischen Ort für das Psalmwort nur qua Rückschluss aus den rabbinischen Texten rekonstruieren zu können, von einer Verwendung im Rahmen des Pesachfestes aus.[198] Obermann versteht im narrativen Kontext des Psalms selbst „den Gebetsruf ὡσαννά als konkrete Bitte um ein göttliches Rettungshandeln – im Rahmen einer Toreinlaßliturgie."[199] Dem entspräche, dass die Priester auf die Rettungsbitte (LXX) mit einem Segenswort reagieren. Wird dem Einzelnen Rettung zugesagt, so vollzieht die Jesus entgegenziehende Menge der Festpilger im JohEv einen doppelten Sprechakt: Jesus scheint um Rettung gebeten zu werden, wobei

190 Vgl. Zumstein, Johannesevangelium (KEK 2), 447; Schnelle, Evangelium (ThHK 4), 265.

191 Vgl. Brunson, Psalm 118, 185.

192 Vgl. Morris, John (NICNT 4), 519.

193 Vgl. Brunson, Psalm 118, 205.

194 Vgl. Obermann, Erfüllung, 195.

195 Vgl. Brunson, Psalm 118, 204.

196 Vgl. Brunson, Psalm 118, 205. Vgl. auch ebd. die Bitte um Rettung gegenüber Königen: 2 Sam 14,4; 2 Kön 6,26 und gegenüber JHWH: Ps 20,9; 28,9; 60,5; 108,6.

197 Vgl. Übersetzung von Hossfeld/Zenger, Psalmen (HThKAT), 311.

198 Vgl. Obermann, Erfüllung, 193. Neben der Annahme einer mündlichen Tradition, die hinter den rabbinischen Texten steht, sieht Obermann seine These dadurch bestätigt, dass auch in den Evangelien das Hosanna nur im Kontext des Einzuges Jesu im Rahmen des Pesachfestes Verwendung findet. Vgl. Obermann, Erfüllung, 193f.

199 Obermann, Erfüllung, 197.

aufgrund der Zitataufnahme JHWH als Rettender im Hintergrund steht. Zudem wird der Segen statt der einziehenden Menge Jesus allein zugesprochen.[200]

Die Akklamation erfolgt also durch das Hosanna, an das sich die Begrüßung eines Pilgers anschließt, was durch die Akklamation als „König Israels“ seinen Höhepunkt findet. Diesen Zusammenhang macht Brunson stark:

> „Rather, the cry is a celebrative supplication, a confession of Yahweh's victorious and saving kingship actualized in the Davidic king ruling in Yahweh's name. The Hosanna is adressed not to the king, but to Yahweh.“[201]

Jesu Einzug korrespondiert mit dem Einzug des davidischen Königs in Ps 118.[202] Versuchen Brunson und Obermann das Subjekt des Segnens mit JHWH oder Jesus eindeutig festzulegen, so muss man für die Akklamation festhalten, dass uneindeutig bleibt, ob Jesus um Rettung gebeten wird oder ob JHWH Adressat des Hosanna ist.

Es scheint Ironie zu sein, wenn die Akklamation zum „König Israels“ dadurch bestimmt ist, dass er die Funktionen des hellenistischen Herrschers als Brotspender und Seewandler, als Hirte und als Heiler voll erfüllt hat. Es verweist neben der für David belegten Funktion als Hirte und Heiler daher auch auf die in der Einführung benannte Verwobenheit mit der hellenistischen Vorstellungswelt. Diese Akklamation ist zugleich eine Prolepse auf die Selbstdarstellung Jesu als Herrscher ganz im Licht von Sach 9,9 im Rahmen seines Einzugs auf einem Esel.

3.1.3 Die Funktion der Akklamation

Anhand der folgenden drei Beispiele soll der individuelle, am jeweiligen Herrscher ausgerichtetete Charakter der Akklamationen veranschaulicht werden. Daneben hatten die Akklamationen häufig die Funktion, bestimmte Hoffnungen im Sinne eines Verhaltensideals und des Erfüllens bestimmter Funktionen eines Herrschers zum Ausdruck zu bringen. Wie oben bereits genannt, wird Vespasian bei seinem von Josephus in seinem „Jüdischen Krieg“ geschilderten Einzug in Rom als „Wohltäter, Heilbringer und allein würdiger Herrscher Roms“ akklamiert.[203] Diese Titel stehen im Kontext des beendeten Bürgerkriegs gegen Vitellius, aus dem Vespasian und seine Truppen siegreich hervorgegangen sind. Der Zuruf „allein würdiger Herrscher“ anerkennt Vespasian als legitimen Herrscher; als „Retter“

---

200 Vgl. Obermann, Erfüllung, 198.

201 Brunson, Psalm 118, 213.

202 Vgl. Brunson, Psalm 118, 213.

203 Ios. bell. Iud. 7,71: τὸν εὐεργέτην καὶ σωτῆρα καὶ μόνον ἄξιον ἡγεμόνα τῆς Ῥώμης ἀνακαλοῦντες.

wird er wegen der Beendigung des Bürgerkriegs (und der Aufstände in Judäa) und der Wiederherstellung der Ordnung bezeichnet; zugleich bringt Retter und insbesondere „Wohltäter" die Hoffnung auf die Gewährleistung der Versorgung mit Nahrung, die *clementia* und *liberalitas* des Kaisers (durch Geschenke an das Volk) zum Ausdruck. Die Akklamationen spiegeln damit die Anerkennung als Herrscher, aber auch die Verpflichtung von Vespasian auf bestimmte Leistungen. Die Verpflichtung auf das Handeln als Retter und Wohltäter soll ein Agieren als Gewaltherrscher ausschließen. Das Handeln als Wohltäter bestätigt sich im Wiederaufbau des bei den Kampfhandlungen innerhalb Roms zwischen den Truppen des Vitellius und des Vespasian zerstörten Tempels des Iuppiter Capitolinus.

Caligula hingegen, der nach dem Tod des Tiberius von der Kohorte der Prätorianer zum Herrscher ausgerufen wird, wird als „Stern, Zögling und Sohn" sowie als „Püppchen" akklamiert.[204] Der Leichen- und Trauerzug für Tiberius von Misenum nach Rom wird zum *adventus* für Caligula. Die Akklamationen sind vor dem Hintergrund zu verstehen, dass Caligula als letzter und jüngster Nachkomme des Germanicus den Soldaten, der Provinzialbevölkerung und der Bevölkerung Roms nur als Sohn des Germanicus bekannt ist. Eingeprägt hat sich das Bild der Präsentation Caligulas durch Germanicus als Sohn und legitimer Erbe vor den Soldaten. Caligula meint die Bezeichnung als Soldatenstiefelchen, denn Caligula, der sich mit seiner Mutter Agrippina im Legionslager aufhielt, wurde in der Kleidung eines einfachen Soldaten zum Liebling der Legion am Rhein, deren Befehlshaber gegen die rechtsrheinischen Germanenstämme Germanicus war.[205] 17 n. Chr. feierte der äußerst beliebte Germanicus seinen Triumph; dieser zog auf dem Wagen gemeinsam mit seinen fünf Kindern innerhalb des pompösen Triumphzuges die Blicke der römischen Stadtbevölkerung auf sich.[206] Winterling konstatiert, das die Zuneigung und Achtung für den Vater Germanicus intensiviert auf Caligula als seinem letzten Nachkommen – seine Mutter und sein Bruder Drusus starben eines (gewaltsamen) Hungertodes – übertragen wurde.[207] Dieses Vater-Sohn-Verhältnis wird beim *adventus* Caligulas durch die Menge aufgerufen. Zugleich wird Caligula vom Volk in der Rolle des Heranwachsenden bestätigt. Die Feierlichkeiten für den neuen Herrscher Caligula dauern in Rom für drei Monate an – und haben mit 160.000 Opfertieren eine ungeheure Summe für den Kaiser zum Ergebnis.[208]

Trajan wird hingegen als derjenige akklamiert, dessen Anblick das Leben zur Fülle gebracht hat und dessentwegen es sich lohnt, weiter zu leben.[209] Dass der

204 Suet. Cal. 13: *super fausta nomina ‚sidus' et ‚pullum' et ‚pupum' et ‚alumnum' appellantium.*

205 Vgl. Winterling, Caligula, 19.

206 Vgl. Winterling, Biography, 20. Vgl. Tac. ann. 2,41,3.

207 Vgl. Winterling, Biography, 52.

208 Vgl. Winterling, Biography, 54. Vgl. Ferrill, Caligula, 94.

209 Plin. paneg. 22,3.

Herrschaftsantritt des Kaisers häufig in der Funktion der Inszenierung des neuen Herrschers als Retter und Vermittler von *salus* auch im Sinne von Gesundheit verbunden ist, wird bei Trajan dadurch eingespielt, dass Kranke sich vom Krankenbett aufmachen, um seiner ansichtig zu werden, als ob das Sehen der Erscheinung des Herrschers Heil im Sinne von körperlicher Gesundheit wirke.[210] Eng verbunden damit ist das ebenfalls benannte Glück von Frauen, diesem *princeps* und damit dem Römischen Reich unter seiner Herrschaft Untertanen und diesem *imperator* Soldaten geboren zu haben.[211] Dieser Fruchtbarkeitstopos im Sinne der Sicherstellung von Nachwuchs ist ebenfalls eng verbunden mit dem Konzept der *salus*. Zudem werden das allgemeine Akklamieren, Begrüßen und Zurufen und die vorherrschende Freude sowie die Größe der Trajan entgegendrängenden Menge und die mit Zuschauern und Akklamierenden voll besetzten Dächern betont.

Neben den spontanen Akklamationen durch das Volk, gab es auch feststehende Ausrufe, die nach Lehnen den Charakter von Gebetsformeln hatten. Daneben fanden Akklamationen als Lobsprüche im Sinne von „Loyalitätsbekundungen" statt, da diese durch den Senat als besonderem Sprechchor und durch Berufssänger erfolgten.[212]

Was für einen Charakter haben nun die Akklamationen gegenüber Jesus im Vergleich?

3.1.3.1 *„Der Kommende im Namen des Herrn" und „König Israels"*

Konnte für die Akklamationen von Caligula und Vespasian festgestellt werden, dass sie sich auf den neuen Herrscher im Sinne seiner öffentlichen Wahrnehmung in der Vergangenheit, aber auch insbesondere auf sein Verhalten in der Zukunft beziehen, so gilt dies auch für Jesus, den „König Israels". In der Vergangenheit hat er sich als derjenige, der im Namen des Herrn kommt, erwiesen. Jesus kommt gemäß dem Zeugnis des Täufers, der dazu auffordert, den Weg für den Herrn zu ebnen (Joh 1,23). Hier steht Jes 40,3 im Hintergrund.[213] Wengst hält die Unterscheidung zwischen der Verwendung von κύριος mit und ohne Artikel fest und sieht mit der Ebnung des Weges JHWH (κύριος ohne Artikel) adressiert.[214] Da Johannes als Stimme eines Rufenden für Jesus zeugt, werden hier nach Wengst Gott und Jesus

---

210 Plin. paneg. 22,3. Vgl. Lanzenauer, Imperator, 90f.

211 Plin. paneg. 22,3. Bereits Augustus wurde durch Matrosen und Passagiere eines alexandrinischen Schiffes bei der Einfahrt in den Hafen von Puetoli begrüßt mit *„per illum se vivere, per illum navigare, libertate atque fortunis per illum frui"*. Suet. Aug. 98,2. Vgl. Lehnen, Adventus, 148. Auch hier wird die Funktion des Kaisers als Freiheits- und Glücksgarant aufgerufen.

212 Vgl. Lehnen, Adventus, 148.

213 Vgl. Wengst, Johannesevangelium (THKNT 4), 72. Vgl. Theobald, Evangelium (RNT), 158.

214 Vgl. Wengst, Johannesevangelium (THKNT 4), 72.

„in engsten Zusammenhang"[215] gebracht. Jesus hat sich über seine Zeichen (und seine Tempelbesuche zu hohen Festtagen) als der im Namen des Herrn Kommende gezeigt. Auch der ihm zuerkannte Königstitel verweist auf die Vergangenheit und das Natanaelbekenntnis sowie den gescheiterten Versuch der Volksmenge in Joh 6,15, Jesus zum König zu machen. Die Akklamation als „König Israels" legt ihn aber zugleich auch für die Zukunft fest. In diesem Zusammenhang kann Jesus nun als der im Rang eines Königs Rettung für das Volk Verheißende verstanden werden. Auf diese Akklamation reagiert Jesus, indem er sich auf einen Esel setzt.

Sowohl Wengst als auch Theobald halten für das in Joh 12,13 aufgerufene Zitat von Ps 118,25f den Charakter des Jubels für das Hosanna fest. Beide ziehen die Analogie zu Mt 21,9, bei dessen Einzugsschilderung sich an das Hosanna der Dativus possessivus Sohn Davids anschließt.[216] Auffällig ist, dass Johannes keinen solchen Dativanschluss bietet, sondern mit εὐλογημένος ὁ ἐρχόμενος zwei Partizipien im Perfekt und Präsens vorliegen. Das Argument der aus Mt 21,9 und Did 10,6 abgeleiteten Gemeindetradition, Hosanna als Jubelruf zu verstehen, ist durch diesen Bruch mit der Sprachpraxis, einen Dativ zu verwenden, und dem neuen ‚Framing' im JohEv wirkungslos.[217] Zugleich rückt die Bitte um Rettung in den Mittelpunkt und stellt die von einem Herrscher zu erfüllende Funktion dar. Daher möchte ich, wie oben schon angedeutet, für Joh 12,13 festhalten, dass das Subjekt des Hosanna, also der der rettet, nicht deutlich ist – der gewünschte Akt des Rettens kann sich in der Tradition des Psalmes auf JHWH beziehen, in der literarisch hergestellten neuen kontextuellen Einbindung der Einzugsgeschichte kann es sich selbstverständlich auch auf Jesus als Rettenden beziehen. Obermann verankert auf der Textebene das Hosanna in der Dankfestliturgie von Ps 118 (MT). V. 26 verortet er in der Einzugs- und Torliturgie, wo er auf einen doppelten Bittruf um Rettung folgt.[218] Der Segen in Ps 118 ist dann die Antwort auf die Bitte um Rettung und Gelingen. Damit ist der Einziehende bzw. der Pilger nach Obermann „unter den Namen Gottes bzw. in Gottes Machtbereich gestellt"[219]. Dies gilt auch für Jesus. Der zentrale Bestandteil der Akklamation im Kontext der Einholung ist jedoch das Ausrufen zum „König Israels". Auffällig ist, dass mit Joh 12,13 eine ähnlich gelagerte Identifikation Jesu wie mit dem Natanaelbekenntnis vorliegt: die Angabe einer Funktion, die Angabe seines Status als in Beziehung zu JHWH Stehender und als Klimax die Angabe seines Status als „König Israels", der sowohl die Erfüllung der Funktion als auch

215 Wengst, Johannesevangelium (THKNT 4), 72.

216 Vgl. Wengst, Johannesevangelium (THKNT 4), 366; Theobald, Evangelium (RNT), 788.

217 Vgl. zur Diskussion: Wengst, Johannesevangelium (THKNT 4), 366; Theobald, Evangelium (RNT), 788.

218 Diese besteht aus drei Teilen: Danklied V. 1–4, Danklied eines Einzelnen V. 5–19, Schlussteil V. 22–29. Vgl. Obermann, Erfüllung, 187.

219 Obermann, Erfüllung, 188.

den Status als Gesegneter expliziert und offenbar macht. Wird Jesus von Natanael zunächst in der Funktion des Lehrers angerufen, wird die Funktion in der Mitte der johanneischen Jesus-Vita und im Rahmen des Einzugsszenarios als Rettung bestimmt. Die Bestimmung der Funktion erfolgt also adressatenorientiert, wobei jeweils bestimmte Aspekte seiner Funktionen als Herrscher betont werden.

3.2 *Ingressus*

14 εὑρὼν δὲ ὁ Ἰησοῦς ὀνάριον
ἐκάθισεν ἐπ' αὐτό,
καθώς ἐστιν γεγραμμένον·
15 *μὴ φοβοῦ*
θυγάτηρ Σιών
ἰδοὺ
ὁ βασιλεύς σου ἔρχεται,
καθήμενος ἐπὶ πῶλον ὄνου.

Über das Partizip Aorist und die 3. Pers. Sg. Aorist Indikativ Aktiv werden das Finden und das Setzen Jesu auf den Esel beschrieben. Diese Handlung Jesu wird gedeutet als Handeln analog zu einem Schriftzitat, dass das Einreiten des Friedenskönigs auf einem Esel beschreibt.
Gen 49,11 (LXX)
δεσμεύων πρὸς ἄμπελον τὸν πῶλον αὐτοῦ καὶ τῇ ἕλικι τὸν πῶλον τῆς ὄνου αὐτοῦ πλυνεῖ ἐν οἴνῳ τὴν στολὴν αὐτοῦ καὶ ἐν αἵματι σταφυλῆς τὴν περιβολὴν αὐτοῦ·
Gen 49,10f (MT)
לֹא־יָסוּר שֵׁבֶט מִיהוּדָה וּמְחֹקֵק מִבֵּין רַגְלָיו עַד כִּי־יָבֹא שִׁילֹה וְלוֹ יִקְּהַת עַמִּים:
אֹסְרִי לַגֶּפֶן עִירֹה וְלַשֹּׂרֵקָה בְּנִי אֲתֹנוֹ כִּבֵּס בַּיַּיִן לְבֻשׁוֹ וּבְדַם־עֲנָבִים סוּתֹה
Die gleiche Angabe zu einem kommenden König findet sich in Gen 49,11 in der Kombination von Fohlen πῶλον und Fohlen einer Eselin πῶλον τῆς ὄνου. Auch Maarten J. J. Menken geht davon aus, dass der Begriff πῶλον ὄνου aus der LXX-Variante von Gen 49,11 übernommen wurde. Gen 49,11 wird häufig in eine Verbindungslinie mit Sach 9,9 gestellt.[220] Menken wertet Sach 9,9 als rezeptionsgeschichtliche Kombination von Gen 49,11 und erklärt darüber das absolut gesetzte Kommen des Königs in Joh 12, das sich in beiden Prätexten findet. Die Übersetzung von Gen 49,10f ist zudem sehr viel eindeutiger ausgefallen im Vergleich zum Hebräischen. Im Hebräischen besteht die Schwierigkeit darin, *šîlô* richtig zu be-

---

220 Vgl. MENKEN, Zion, 94f.

stimmen, das entweder Subjekt des Satzes sein kann oder als Ortsname fungiert.[221] Die LXX übersetzt als οὐκ ἐκλείψει ἄρχων ἐξ Ιουδα καὶ ἡγούμενος ἐκ τῶν μηρῶν αὐτοῦ ἕως ἂν ἔλθῃ τὰ ἀποκείμενα αὐτῷ καὶ αὐτὸς προσδοκία ἐθνῶν und damit als das „was für ihn aufbewahrt ist" und ihn selbst als „Erwartung der Völker".[222] In V. 11 steht das Anbinden des Esels an eine Weinrebe für die verheißene Fülle, die mit dem Herrschaftsantritt des aus Juda erwarteten Herrschers einhergeht. Wein ist im Übermaß vorhanden, so dass ein vom Esel abgeäster Baum sowie das Tränken des Mantels in Wein nicht mehr länger als Torheit und Verschwendung gewertet werden müssen, sondern Zeichen der Fülle sind.[223] Τὸν πῶλον αὐτοῦ καὶ τῇ ἕλικι τὸν πῶλον τῆς ὄνου αὐτοῦ bezeichnet dann das Fohlen (des Herrschers), das Fohlen einer Eselin.[224]

Sach 9,9 (LXX)

Χαῖρε σφόδρα θύγατερ Σιων κήρυσσε θύγατερ Ιερουσαλημ ἰδοὺ ὁ βασιλεύς σου ἔρχεταί σοι δίκαιος καὶ σῴζων αὐτός πραΰς καὶ ἐπιβεβηκὼς ἐπὶ ὑποζύγιον καὶ πῶλον νέον.

Sach 9,9 (MT)

גִּילִ֨י מְאֹ֜ד בַּת־צִיּ֗וֹן הָרִ֙יעִי֙ בַּ֣ת יְרוּשָׁלַ֔͏ִם הִנֵּ֤ה מַלְכֵּךְ֙ יָ֣בוֹא לָ֔ךְ צַדִּ֥יק וְנוֹשָׁ֖ע ה֑וּא עָנִי֙ וְרֹכֵ֣ב עַל־חֲמ֔וֹר
וְעַל־עַ֖יִר בֶּן־אֲתֹנֽוֹת׃

Bei Sach 9,9 ist nicht die Rede vom Fohlen einer Eselin, trotzdem dringt diese Übersetzung von Gen 49,11 ein. Bei Sach 9,9 ist die Rede von ὑποζύγιον καὶ πῶλον νέον, d. h. einem Esel bzw. Zugtier als einem neuen Fohlen (πῶλον). Ludwig Köhler geht anhand einer semantischen Analyse von עַיִר davon aus, dass Sacharja von einem Esel spricht, einem Hengst, dem Jungen einer Eselin. Er begründet diese Übersetzung anhand einer Übersicht über die Verwendung von עַיִר als Eselshengst (Ri 10,4; 12,14; Jes 30,6; 30,24) und kommt zu dem Ergebnis, dass עַיִר als Reittier für Vornehme sowie im Rahmen der Arbeit mit Lasttieren bzw. der Arbeit der Ackerbestellung Verwendung findet und daher eher den männlichen Esel als das Füllen meint.[225] Zudem leitet er עַיִר von akkadisch urū, dem Hengst, ab; im klassischen Arabisch findet עַיִר Verwendung sowohl für den wilden wie den zahmen Esel, aber auch als ‚Herr'. Bei Köhler bleibt die Notwendigkeit der Ergänzung Eselinnenjunges unterbeleuchtet. Der Zusatz Eselinnenjunges könnte ein Verweis auf

221 Vgl. Ebach, Genesis, 601. Vgl. zur Diskussion weiterer Deutungsmöglichkeiten: Ebach, Genesis, 600–605.

222 Rösel, Genesis, 56.

223 Vgl. Ebach, Genesis, 605.

224 Vgl. zum Diminutiv ὀνάριον in Joh 12,14, wo neben der Jungheit auch die Kleinheit des Tieres betont wird: Brodie, John, 410.

225 Vgl. Köhler, Friedensfürst, 55f. Vgl. zur Begriffsbestimmung: Way, Donkey.

die Reinrassigkeit des Tieres sein und noch einmal den Unterschied zum Maultier deutlich machen bzw. die Verbindung zu Gen 49,11 stärken.[226]

Zweimal kommt der Esel in den biblischen Texten als prophetischer Spruch vor. Zunächst in Gen 49,10f, wo Juda eine führende Rolle zugesagt wird. Zum Zweiten in Sach 9,9, wo das Kommen des Königs Israels reitend auf einem Esel prophezeit wird, dem die Prädikate gerecht, gerettet und demütig[227] zugeschrieben werden. Häufig wird in der Forschung für Joh 12,15 eine Zitatkombination bzw. Angleichung von Sach 9,9 und Gen 49,11 angenommen. Der Einzug Jesu wird über die Aufnahme dieser Zitatkombination gedeutet und appliziert. Auffällig bei der in Joh 12,12–19 beschriebenen Einzugsgeschichte ist, dass Jesus als Einziehender einen sehr (re-)aktiven Interaktionspart zugeschrieben bekommt. Hier wird noch einmal deutlich, wie wenig festgefügt zumindest in der literarischen Darstellung und Deutung das antike *adventus*-Szenario war. In der johanneischen Darstellung scheint Jesus spontan auf die zum Pesachfest erfolgende Einholung durch die große Menge der Pilger zu reagieren. Das Setzen Jesu auf einen Esel wird mittels der eben genannten Zitatkombination in einen königlich-messianischen Kontext hineingestellt. Häufig wird für Sach 9,9 das Sitzen des kommenden Königs auf einem Esel als Ausdruck seiner Friedfertigkeit und Demütigkeit gedeutet.[228] Durch sein symbolpolitisches Handeln scheint sich Jesus mit dem in Sach 9,9 beschriebenen demütigen Friedensfürsten zu identifizieren. Ob das Reiten auf einem Esel wirklich als Gestus der Demütigkeit zu definieren ist, bleibt zu hinterfragen.[229] Daher ist zunächst ein kurzer Überblick über das Vorkommen und die Funktionen des Esels in den biblischen Texten und der hellenistisch-römischen Umwelt zu geben.

3.2.1 Der Esel in der hellenistisch-römischen Antike

Literarisch bekannt für die griechische Antike ist schon bei Homer der Einsatz von von Pferden gezogenen Streitwagen. Die Einrichtung einer Reiterei wird Solon

---

226 Köhler, Friedensfürst, 56. Vgl. Way, Donkey, 163; Rudolph, Haggai, 178.180f. Harrelson, Eschatology, 161.

227 Vgl. Collins, Zechariah, 38.

228 Vgl. für die Demütigkeit: Wilckens, Evangelium (NTD 4), 188.

229 Vgl. zur unterschiedlichen Einschätzung des Einzugs auf einem Esel als „königliches Reittier“: Reventlow, Propheten, 95f und dem Einzug auf dem Esel als Demütigkeitsgestus im Vergleich zu den letzten Königen Judas (Jer 17,19–25), die sich mittels eines von Pferden gezogenen Streitwagens fortbewegten: Collins, Zechariah, 38. Wilckens deutet den Esel als „Reittier des kleinen Mannes“. Wilckens, Evangelium (NTD 4), 188; als Niedrigkeitsgestus bei Schenke, Johannes, 241. Vgl. auch zur Charakterisierung als „humble“ im Sinne des Friedensfürsten als Gegenüber zum gewalttätigen Tyrann: Ridderbos, John, 423. Vgl. auch seinen Verweis auf die damit verbundene „hidden glory“. Ridderbos, John, 424.

zugeschrieben.[230] In hellenistischer Zeit war die Reiterei Alexanders des Großen etabliert und konnte mit der persischen Reiterei konkurrieren. Dagegen fanden Esel im militärischen Bereich vor allem als Transporttiere Einsatz. Das Pferd war im Gegensatz zum Esel seit Solon und der Einrichtung der *hippeis* als zweite Zensusklasse zugleich eng verbunden mit dem gesellschaftlichen Rang- und Sozialsystem und Ausdruck von Ansehen, Reichtum und Sozialprestige.[231] Diese Bedeutung des Pferdes wurde noch durch den Einsatz bei Spielen und sportlichen Wettkämpfen gesteigert. So bedingten sich der Rang des Pferdes als Statussymbol im Sinne der Zugehörigkeit zu einer bestimmten Sozialschicht bzw. Zensusklasse, die sich vorwiegend aus Adligen bzw. Reichen zusammensetzte, sowie der prestigeträchtige Einsatz von Pferden bei religiösen Festen, sportlichen Wettkämpfen oder militärischen Umzügen gegenseitig. Die Pferdewettrennen gehörten zum wesentlichen Bestandteil der Olympischen, Pythischen, Nemeischen und Isthmischen Spiele.[232] Auch im Imperium Romanum kam den Pferdebesitzern als Equiten eine eigene Klasse zu. Das Pferd hatte im militärischen Bereich, aber auch als Lasttier sowie als Transporttier im *cursus publicus* weiterhin eine hohe Bedeutung. Es galt zudem als Prestigeobjekt im Rahmen von Spielen, Pferderennen oder dem Triumphzug.[233]

Der Esel tritt in den hellenistisch-römischen literarischen Quellen vor allem in den Metamorphosen und Beschreibungen des Landlebens zumeist als Lasttier auf. Darin spiegelt sich sein Einsatz im Bereich der Landwirtschaft, aber in der Spätantike auch im Rahmen des *cursus publicus* als Transporttier wider.[234] In den Fabeln wird die Härte dieser Lasttierarbeit negativ herausgestellt. Zugleich werden dem Esel die Charakteristika der Faulheit, der Dummheit bzw. Dickköpfigkeit und der Abhärtung bzw. Leidensfähigkeit, aber auch der Arbeitstüchtigkeit und Anspruchslosigkeit beigelegt.[235] Der Esel als positives Vorzeichen und Glücksbringer findet sich nach Andreas Alföldi auf den Neujahrsmünzen.[236] Für Marius und Augustusbedeutet die Begegnung mit einem Esel die Bestätigung ihrer Sieghaftigkeit. Insbesondere in der Szene mit Augustus wird die Begegnung als Vorzeichen für den Sieg gegen Antonius bei Aktium durch die Namensgebung von Treiber (*Eutychos*) und Esel (Nikanor) herausgehoben.[237] Für Marius ist ein ihm bei seiner Flucht vor den Sullanern bei Minturnae begegnender Esel, der in Richtung Brunnen lief, Anlass, auf eine Rettung vor seinen Verfolgern auf dem Meerweg zu hoffen.

---

230 Vgl. Rapsaet, Pferd.

231 Vgl. Rapsaet, Pferd.

232 Vgl. Rapsaet, Pferd.

233 Vgl. Rapsaet, Pferd.

234 Vgl. Rapsaet, Esel.

235 Rapsaet, Esel.

236 Vgl. Alföldi, Neujahrsmünzen, 65. Vgl. Opelt, Esel, 581.

237 Suet. Aug. 96,2; Plut. Anton. 65,3. Vgl. Opelt, Esel, 581.

So wird nachfolgend erzählt, dass Marius dem Vollzug des Todesbeschlusses des Minturnaer Rates auf übernatürliche Weise entgeht und es ihm gestattet wird, seine Flucht auf dem Seeweg fortzusetzen und unter Hilfe und Einsatz der Minturnaer die notwendigen Vorbereitungen zu treffen.[238] Der Tod Alexanders des Großen wurde durch die Tötung eines Löwen durch den Hufschlag eines Esels angekündigt. Das Auftreten von Eseln im Rahmen von Prodigien findet also mehrfach mit Bezugnahme auf den Herrscher statt und konnte als Vorzeichen für den Beginn bzw. das Ende einer Herrschaft gedeutet werden.[239]

3.2.2 Der Esel im Alten Testament

Martin Rehm stellt für das Alte Testament heraus, dass der Esel das „Reittier des einfachen Mannes"[240] war. Für die Frühzeit hält er fest, dass der Esel das „Reittier der Vornehmen und Reichen"[241] war. Besonders beliebt als Reittier der Vornehmen waren weiße Eselinnen, wie aus Ri 5,10 hervorgeht, wo die Vornehmen zum Loben Gottes aufgefordert werden. Auch Achsa, die Tochter Kalebs, verhandelt den Preis ihrer Mitgift auf einem Esel sitzend (Jos 15,18; Ri 1,12–15). Die Frau von Schunem, informiert nach einem Ritt auf einer Eselin mit Treiber den Propheten Elischa über die Erkrankung ihres Sohnes und veranlasst Elischa zur Heilung des Kindes (2 Kön 4,18–37). Zuvor hatte sie dem von ihr als Gottesmann identifizierten Elischa sowohl Speise als auch Obdach geboten und diesen regelmäßig mit Nahrung versorgt sowie aufgrund der Größe und Ausstattung ihres Hauses ein voll ausgestattetes Obergemach zur Verfügung stellen können. Die Frau von Schunem wird als gĕdôlâ und damit als von hohem Status bzw. als angesehen beschrieben.[242] In Lev 19,15 wird dal (arm) mit gāḏôl kontrastiert. Das Reiten auf Eseln durch Frauen macht nach Silvia Schroer deutlich, dass Mobilität zugleich ein Statussymbol war und Frauen ebenfalls über diesen Status verfügten. In den Geschichten, in denen Frauen auf Eseln ihre Beschränkung auf das Haus aufgeben und ihren abgelegenen Zielort erreichen, werden diese zugleich als dem Mann überlegen und somit als souverän im Sinne von „aktiven Figuren in der Geschichte Gottes" inszeniert.[243]

Dass der Esel ein Reittier der Vornehmen ist, wird auch deutlich an Abigajil, deren Mann Nabal als Besitzer großer Viehherden als reich bzw. vornehm gilt. Nabal wird als wohlhabend bzw. reich näher charakterisiert. Sein Reichtum beziffert sich auf 3000 Schafe und 1000 Ziegen und wird mit diesen Zahlen angegeben.

---

238 Plut. Mar. 38,7. Vgl. Opelt, Esel, 581.

239 Plut. Alex. 73,6. Vgl. Opelt, Esel, 581.

240 Rehm, Messias, 335.

241 Rehm, Messias, 335 Anm. 352.

242 Vgl. Cogan/Tadmor, Kings (AB 11), 56.

243 Vgl. Schroer, Ikonographie, 115f.

Zudem findet sich am Wohnort Karmel, dem Weingarten Gottes, die Möglichkeit aufgrund der Furchtbarkeit des Landes erfolgreich Landwirtschaft zu betreiben. Peetz weist auf die Beträchtlichkeit des Reichtums eines einzelnen Mannes mittels der Vergleichsgröße von 1700 Schafen im größten und reichsten Dorf Palästinas im Jahr 1847 hin.[244] Peetz sieht damit den Esel als Zeichen des Wohlstands und des Reichtums an, denn der Eselbesitzer unterscheidet sich von den niederen sozialen Schichten dadurch, dass er nicht mehr länger gezwungen war, zu Fuß zu gehen.[245] So reitet Abigajil David auf einem Esel entgegen und schickt Esel beladen mit Nahrung als Geschenk an David voran (1 Sam 25,18–23). Peetz wertet diesen Akt Abigajils als „Loyalitätsbekundung" und stellt dies in Analogie zum Verhalten Zibas in 2 Sam 16,1–4.[246] Zudem sind die beladenen Esel, die mit den gewählten Waren als Ersatz für die David von Nabal vorenthaltene Gastfreundschaft fungieren, ein „Huldigungsgeschenk"[247]. Damit sind in Abigajils Übergabe der Esel an David beide Kategorien, die des Zeichens des Wohlstands der Beschenkenden sowie der Royalität bzw. Eignung als Reit- und Lasttier für den Herrscher seitens des Beschenkten, vereinigt. Besonders hervorzuheben und zu betonen ist, dass Esel bzw. Maultiere Reittiere der königlichen Familie waren.

In jedem Fall waren Esel Reittiere für hochgestelle Personen: Die 30 Söhne des Jair, der Israel 22 Jahre lang Recht verschafft und regiert, reiten auf 30 Eselsfüllen (Ri 10,4). Diese Notiz, die Aufschluss über den Reichtum der jeweiligen Familie gibt, wird wiederholt für Abdon als einem der Nachfolger Jairs in der Liste der kleinen Richter bzw. Regenten (Ri 12,14).

Esel wurden zuvor als Reittiere für die königliche Familie bestimmt. Eine besonders eindrückliche Erzählung, die das Augenmerk auf die Wahl des Reittieres bei dem Auszug Davids legt, ist 2 Sam 15,30–16,4, die den Auszug Davids aus Jerusalem mitsamt seinem Gefolge beschreibt. Die Bevölkerung Jerusalems begleitet ihn bis zum letzten Haus. David verlässt Jerusalem mit seinen Dienern und steigt barfuß und mit verhülltem Haupt den Ölberg hinauf. Der David entgegenziehende Ziba bringt Nahrung und Esel als Reittiere für die königliche Familie. Daniel Bodi definiert eine doppelte Funktion für diese Esel Zibas: Sie sind „Ziba's allegiance to David and […] a nomadic symbol of David's legitimate kingship."[248]

Zu diskutieren bleibt, ob nicht das eigentliche royale Tier für den Einzug eines Herrschers das Maultier ist. Denn Salomo's Legitimation als Nachfolger Davids als König wird nach seiner Salbung an der Gihon-Quelle durch seinen Einzug auf der

---

244 Vgl. Peetz, Abigajil, 60.

245 Vgl. Peetz, Abigajil, 124.

246 Vgl. Peetz, Abigajil, 124.

247 Peetz, Abigajil, 125.

248 Bodi, David, 36.

Mauleselin Davids inszeniert (1 Kön 1,32–40).[249] Interessant ist hier, dass Bodi den Esel als „royal symbol among Northwest Semitic tribes“[250] wertet. Sophie Lafont bestätigt die Einordnung des Esels als königliches Reittier ebenfalls anhand des Beispiels Zibas, der David nach seiner Flucht eben Esel als Reit- und Lasttier zur Verfügung stellt (2 Sam 16,1–4).[251]

Menken betont den Wechsel von „reiten“ und „sitzen“ für die Zitataufnahme von Sach 9,9, so dass hiermit auf das Sitzen auf dem Thron durch Salomo angespielt wird.[252] Zur Übersetzung des Stammes rkb Hifil finden nach Menken hauptsächlich ἀναβιβάζω und ἐπιβιβάζω in der LXX Verwendung. In Sach 9,9 bietet die LXX ἐπιβεβηκώς für das Partizip רֹכֵב.[253] (Ἐπι)κάθημαι und (ἐπι)καθίζω (gefolgt von επί + gen. oder acc.) werden in der LXX als Übersetzung von rkb Qal verwendet.[254] Κάθημαι wird verwendet für das „Reiten bzw. Sitzen des Königs oder wie ein König“ (2 Sam 13,29; 16,2; 22,11; 1 Kön 1,38.44; Jes 19,1).[255] Diese Verwendung des Verbes bestätigt die These, dass die Royalität des Einzugs Jesu hier hervorgehoben werden soll.

3.2.3 Sach 9,9 als Prätext

In den biblischen Texten wird der Esel als Last- und Reittier benannt. Zugleich fungieren der Esel und das Maultier als Reittier im Krieg (2 Sam 18,9; 13,29). Während das Pferd in Ägypten als Reittier vor allem als Zugpferd für die Streitwagen im militärischen Bereich zum Einsatz kam, erhielt das Pferd als Zugtier für Streitwagen in Israel erst unter König Salomo Einzug.[256] Eine Reiterei als militärische Formation ist für Israel erst seit den Persern bekannt.[257] Das Pferd fand also zunächst nur vereinzelt Einsatz (2 Kön 9,18–21)[258] vor allem für Botendienste und als Fluchttier.[259] In 2 Sam 15,1, 1 Kön 1,5 aber auch 2 Kön 9,18–21wird jedoch deutlich, dass Streitwagen mit Pferden als Zugtieren Fortbewegungsmittel der Führungselite und Zeichen des Herrschaftsanspruchs bzw. militärischer Sieghaftigkeit waren.[260]

---

249 Vgl. Harrelson, Motifs, 161.

250 Bodi, David, 35.

251 Vgl. Lafont, l'Étranger, 164. Vgl. Loretz, Hippologia, 310.

252 Vgl. Menken, Redaktion, 204f. Vgl. auch Brunson, Psalm, 275; Schuchard, Scripture, 81; Derrett, Law.

253 Vgl. Menken, Redaktion, 204.

254 Vgl. Menken, Redaktion, 205.

255 Menken, Redaktion, 205f. Vgl. dazu Obermann, Erfüllung, 210.

256 Vgl. Reventlow, Propheten (ATD 25,2), 96.

257 Vgl. Reventlow, Propheten (ATD 25,2), 96.

258 Vgl. Reventlow, Propheten (ATD 25,2), 96.

259 Vgl. Rehm, Messias, 335 Anm. 352.

260 Vgl. Loretz, Hippologie, 307.

Oswald Loretz sieht mit der Einführung des Pferdes „einen Vorteil an Prestige" für den Herrscher gegeben, so dass das Pferd damit neben dem militärischen Bereich auch politisch zu einer konkurrierenden Option der Herrscherinszenierung im Gegensatz zur Tradition des Eselhengstes als Reittier für Götter und Könige wird.[261] Loretz analysiert den Einfluss der Domestizierung des Wildpferdes auf die Gesellschaft Israels. Er hält die „‚hippologische Beschleunigung'" und die damit verbundene Veränderung des Kriegswesens für eine der größten Herausforderungen für (Wirtschaft und Religion von) Israel, da es nicht in der Lage war, einen großen Pferdebestand aufzubauen und zu nutzen.[262] Loretz betont die religiöse Dimension der Herausforderung Israels durch den Einsatz des Pferdes im Krieg und wertet die Rückversicherung der siegreichen Macht JHWHs auch gegen das neue Kriegsinstrument in Texten als Reaktion Israels darauf. Texte wie Ps 33,17 und 20,8f bringen diese Sieghaftigkeit und Macht JHWHs, der für Israel den Sieg erringt, eben gegen die von Pferden gezogenen Streitwagen zum Ausdruck.[263] Die aus dieser Bedrohung durch das Pferd als neues Mittel der Kriegsführung resultierende Abneigung gegenüber Pferden manifestiert sich auch in der Königsideologie und findet ihre (religiöse) Reflexion in Texten wie Dtn 17,14–20 und Sach 9,9. Loretz beschreibt Dtn 17,16 mit seinen Kriterien für die Wahl des Königs, die das Verbot für den König beinhalten, zu viele Pferde zu halten oder Pferde aus Ägypten zu importieren. Nach Loretz wird die Abwehr der Einführung eines westsemitischen und ägyptischen altorientalischen Königtums von den Verfassern als „Verstoß gegen die prophetisch formulierten Weisungen der Mosetora" und „Relativierung und Infragestellung der Königsherrschaft Gottes" gewertet.[264] Anhand von Sach 9,9f differenziert Loretz für das Selbstverständnis Israels zwischen der Anschauung, dass

> „das herkömmliche Reiten auf einem Esel das friedlich-erhabene, standesgemäße Wirken eines Königs anzeige, während Pferd und Streitwagen nicht nur generell königliche Macht signalisierten, sondern ebenso kriegerisches und unterwerfendes Auftreten eines Herrschers besagten"[265].

Loretz hebt basierend auf den Thesen von Lafont hervor, dass die Prägung der messianischen Hoffnung im Judentum auf dem Konkurrenzverhältnis von Pferd und Esel im Alten Orient beruht: Der Messias zieht in die Königsstadt Jerusalem

261 Loretz, Hippologia, 307.
262 Loretz, Hippologia, 305, der sich bezieht auf: Koselleck, Moderne, 23–29.
263 Vgl. Loretz, Hippologia, 306.
264 Loretz, Hippologia, 306.
265 Loretz, Hippologia, 307.

in „vor-hippologischer Tradition und ohne militärisches Machtgepränge“[266] auf einem Esel ein. Gen 49,11 lässt aufhorchen, da es den König reitend auf einem reinrassigen Eselhengst verheißt. Lafont bricht mit der Gleichsetzung des Einziehens auf einem Esel mit einem Zeichen für *humilitas* im Kontext von Sach 9,9f. Denn auf der Basis der Analyse von Texten aus Mari kommt sie zu dem Schluss, dass auch in Sach 9,9f der Esel als Reittier für den König bewusst gewählt und der König über dieses Reittier als herrscherlicher Friedensfürst inszeniert wird. So sei die Demut (Sach 9,9) eben nicht mit Armut zu übersetzen, sondern als Gottesergebenheit zu interpretieren.[267] Sie sieht eine Höherwertung des Reitens auf einem Esel im Gegensatz zu dem mit dem Pferd und seinem Einsatz im Krieg gegebenen militärischen Fortschritt, der verurteilt wird. Der Inszenierung des israelitischen Königs bei seinem Einzug nach Jerusalem als Friedensherrscher würde die darauffolgende Entwaffnung Israels Rechnung tragen bzw. adäquat kontextuell eingebunden sein.[268] So gibt auch Loretz für Sach 9,9f an, dass Krieg in der Herrschaft Gottes, der sich des Königs als Mittler zum Durchsetzen seiner Herrschaft bedient, in Zukunft kein politisches Mittel zur Durchsetzung von Macht ist. Der Beginn dieser Friedensherrschaft ist markiert durch die „Abrüstung von Streitwagen und ihren Zugtieren und den damit verbundenen, mit Bogen und Pfeilen bewaffneten Kriegern“[269]. Diese Deutung wird von Carol L. Meyers und Eric M. Meyers bestätigt, die die Entwaffnung der Feinde Israels, aber auch die nicht vorhandene Nutzung der Streitmittel wie Pferde, Wagen und Bogen durch Israel selbst als Voraussetzung für das universale Friedensreich werten.[270] Sie beschreiben Pferd und Wagen als Bild für JHWHs Allmacht (Sach 6,1–8), aber auch für die militärische Stärke der Feinde Israels.[271] Denn auch sie bestätigen, dass das Aufkommen von Nationenstaaten wie dem assyrischen und dem ägyptischen Königreich auf der Basis der pferdegezogenen Wagen als Streitmacht geschah. Gottes Vollmacht bewirkt, dass ganz Israel - Efraim steht synonym für das Nordreich und Juda für das Südreich - seine militärischen Streitkräfte nicht mehr nutzen muss aufgrund des mit dem Friedensherrscher angebrochenen und durchgesetzten Friedensreiches, das sich auch über die Nationen erstreckt.[272] Loretz sieht in Sach 9,9f eine späte nachgetragene nachexilische „Neudeutung der Tradition des Reitens auf einem Eselhengst“ gegeben.[273] Zu widersprechen bleibt Loretz in seiner These, dass der

266 Loretz, Hippologia, 306.
267 Vgl. Lafont, l'Étranger, 165.
268 Vgl. Lafont, l'Étranger, 165.
269 Loretz, Hippologia, 317.
270 Vgl. Meyers/Meyers, Zechariah (AB 25C), 132f.
271 Vgl. Meyers/Meyers, Zechariah (AB 25C), 133.
272 Vgl. Meyers/Meyers, Zechariah (AB 25C), 133f.
273 Loretz, Hippologia, 312.

messianische Eselhengstreiter durch den „Verzicht auf königliches Machtgehabe"[274] gekennzeichnet ist und dieser als fromm, demütig und gebeugt in seinem Verhalten und damit auch in seiner Selbstinszenierung charakterisiert ist, was sich dann in seiner literarischen Inszenierung als Eselsreiter widerspiegelt. Festzuhalten bleibt, dass man die in Texten aus Mari greifbare „vor-hippologische Tradition über das Reiten von Königen auf Eselhengsten in nachexilischen jüdischen Schriften auf den erwarteten Messias übertragen hat (Gen 49,11; Sach 9,9)"[275] und zugleich die Konkurrenz zwischen dem Esel und dem an Schnelligkeit und Stärke überlegenen Pferd eschatologisch zu werten ist als Anbruch einer Friedenszeit, in der Pferd und Streitwagen vernichtet werden.[276]

Hier muss die Royalität der Wahl des Einzugsmittels für den König in Sach 9,9 betont werden. Allerdings ist die Sieghaftigkeit des Handelns des Königs gewährleistet durch sein Stehen in der Vollmacht Gottes und eben nicht durch die Nutzung modernster Kriegstechnik. Der Herrscher wird hier als omnipotenter Machthaber aufgrund seiner Ergebenheit in Gott gezeichnet; dem etablierten Herrscherideal eines siegreichen Militärs, der aufgrund der Vernichtungskraft seiner militärischen Mittel den Sieg erringt, wird eine Absage erteilt und es wird als obsolet dargestellt. Mit dem Einzug Jesu und der Wahl des Esels als Reittier ist Jesu *adventus* hoheitsvoll.[277]

> „Der Messias, der neue König, reitet zwar unmodern, dafür aber nach Sach 9,9 und neutestamentlicher Deutung (Mt 21,1–11; Mk 11,1–10; Lk 19,29–38; Joh 12,12–19) würdevoll und friedlich auf einem Eselhengst in seine Stadt Zion-Jerusalem ein."[278]

Mit der Wahl des Reittiers ist zugleich der Einzug als *ingressus* in die eigene Stadt gekennzeichnet und Jesus eingeschrieben in die Tradition eines Friedensherrschers, so dass die mit seinem hoheitsvollen Einzug verbundene Gefahr der Anwendung militärischer Gewalt gebannt ist. Der in Deuterosacharja vorgenommene Aufruf reagiert auf das innergeschichtliche Kommen des siegreichen Königs.

Menken ist in seiner Untersuchung zu „Old Testament Quotations in the Fourth Gospel" auch der Zitatkombination in Joh 12,15 nachgegangen. Er kommt zu dem Ergebnis, dass in Joh 12,15 eine verkürzte Zitatkombination aus Sach 9,9 vorliegt,

---

274 Loretz, Hippologia, 318.

275 Loretz, Hippologia, 317.

276 Vgl. Loretz, Hippologia, 318.

277 Vgl. Brown benennt nur den königlichen Aspekt für Joh: Brown, John (AB 29), 462. Vgl. zu dem Begriff „Esel" in MT und LXX: Brown, John (AB 29), 457f. Morris betont die Royalität des Einzugs Jesu als „Prince of peace": Morris, John (NICNT 4), 520. Vgl. auch Ders., John, 516.

278 Loretz, Hippologia, 318.

wobei der zweite Teil, der den kommenden König mit den Adjektiven gerecht, gerettet und demütig belegt, ausgelassen wird.[279] Die Eigenschaften des kommenden und einziehenden Königs werden in der LXX-Fassung von Sach 9,9f als gerecht (δίκαιος), rettend (σῴζων) und sanftmütig bzw. demütig (πραΰς) beschrieben. Das Partizip Präsens Aktiv von σῴζω ist im Griechischen als „rettend" oder „Rettung bringend" zu übersetzen und bezeichnet das Handeln des Königs. Das Partizip Niphal der Wurzel *yāša* bezeichnet das Handeln Gottes am König und ist als „gerettet" zu übersetzen.[280] JHWH und Jesus sind in ihrer rettenden Funktion als König über diese Zitatanspielung parallelisiert, obwohl die Adjektive für den König im JohEv nicht als direktes Zitat aufgenommen werden.

Eingeleitet wird in Joh 12,15 der Jubelaufruf aus Sach 9,9 mit der Aufforderung „Fürchte dich nicht" aus Zef 3,16[281] oder Jes 40,9, was nicht eindeutig entschieden werden kann. „Fürchte dich nicht" ist „Teil einer heilvollen, dem Adressaten explizit zugesprochenen Zuwendung Gottes"[282]. Der Segensspruch bezieht sich nun auch auf Jesus und Jesus wird in diesen eingebunden. „Fürchte dich nicht", im AT eine Form der Heilszusage, ist „als terminus technicus für ein Heilswort zu verstehen"[283]. Der „Einzug [ist] Heilsereignis", das als solches identifiziert wird durch die Deutung des Kommens des Königs als „expliziten Heilszuspruch".[284] „Formgeschichtlich wird aus einem Aufruf zur Freude in Sach 9,9 (sowie LXX Sach 9,9,) ein stilisiertes, durch *μὴ φοβοῦ* angezeigtes Heilswort."[285]

Menken deutet diese Einleitung als verspätete Akklamation nach der Auferweckung des Lazarus und der Feststellung seiner Heilung (11,1–44) und als Vorbeugung der Interpretation Jesu als „national king", der „frightening things" tut.[286] Er begründet die von Johannes an seinen Prätexten vorgenommenen Änderungen damit, dass das Zitat über die Kombinierung mit anderen Zitaten und Kürzungen möglichst gut an den neuen Verwendungskontext angepasst werden sollte. Er sieht in der Verbindung analoger Stellen ein „geläufiges exegetisches Verfahren"[287]. Mit Jes 40,9–11 LXX hat es neben *μὴ φοβοῦ* in der 2. Pers. Pl. auch die Wortbestandteile Σιών (Ιερουσαλημ), ἰδοὺ ἔρχεται identisch. Zef 3,14–17 weist in der LXX-Variante große Ähnlichkeit zu Sach 9,9 auf – die Anfangszeilen sind komplett identisch, im hebräischen Text sind die Analogien geringer. *Μὴ φοβοῦ* kann jedoch nur aus der

279 Vgl. Menken, Redaktion, 193.

280 Vgl. Meyers/Meyers, Zechariah (AncB 25C), 126; Kooji, Zechariah, 58.

281 Vgl. Zumstein, Johannesevangelium (KEK 2), 448.

282 Obermann, Erfüllung, 208.

283 Obermann, Erfüllung, 208.

284 Obermann, Erfüllung, 208.

285 Obermann, Erfüllung, 208f.

286 Menken, Zion, 86.

287 Menken, Redaktion, 197.

hebräischen Version stammen, die LXX übersetzt hier θάρσει. Als Wortbestandteile ebenfalls identisch sind θύγατερ Σιων/Ιερουσαλημ sowie die Verwendung von ὁ βασιλεύς und σῴζω.[288]

Ein kurzes Fazit soll gezogen werden: Brunson sieht das Kommen des Königs direkt aus Ps 118 übernommen. Die Partizipialphrase mit Artikel wird nach Brunson wie ein Titel verwendet.[289] Die Verbindung von Kommen und dem Namen des Herrn findet sich ebenfalls nur in Ps 117,26 LXX. Für Brunson wird damit das Kommen Jesu im Namen des Herrn mit dem Kommen Jesu im vom Vater gegebenen Namen parallelisiert.[290]

> „The coming one network is now understood as a series of proleptic allusions to the quotation of Ps 118.26 in 12.13, a literary role that can only be appreciated with hindsight, after the reader has reached the climactic Entrance."[291]

Die Hinweise auf die herrscherlichen Obertöne des Einzugsszenarios (und der Akklamationen) bei Brunson und der von Obermann herausgearbeitete heilvolle Charakter des Einzuges (und der Akklamationen) sind hier als entscheidend festzuhalten. Für den *occursus* mit der Akklamation Jesu als „Kommender im Namen des Herrn" und als „König Israels" bleibt festzuhalten: Die Bevölkerung Jerusalems und des Umlandes verhält sich mit ihrem *occursus* und ihrer Akklamation den Normen gemäß gegenüber ihrem König. Auch Jesus verhält sich adäquat, indem er die Ehrung durch den *occursus* annimmt und durch die Wahl des königlichen Reittieres eines Friedensherrschers zu seiner Inszenierung macht. Hat Jesus in 5,41 behauptet, keine Ehren von Menschen anzunehmen, so dekonstruiert er sich hier jedoch selbst, indem er aktiv die Ehrung durch einen *occursus* annimmt. Jesus wird hier also der Falschaussage überführt, der Sprechakt von 5,41 wird durch den Vollzug des *adventus*-Rituals auf der Ebene der Makrostruktur des Textes zum Scheitern gebracht. Jesus versucht diesen *adventus* durch das Reiten auf einem Esel und den Einzug als Friedensherrscher zu seiner Inszenierung zu machen. Das Motiv der Ehrung bzw. der Verherrlichung durch Gott wird jedoch ab 12,20 im Rahmen des *ingressus* Jesu eingespielt und argumentiert.

---

288 Vgl. zu Jes 40,9 und Zef 3,16 Menken, Redaktion, 198. Vgl. Brunson, Psalm, 234–236. Interessant ist auch Jes 35,1–10, wo von einer Rückkehr JHWHs die Rede ist, in deren Zuge Lahme, Blinde geheilt werden. Der Herr kommt mit Macht, die Herrlichkeit Gottes wird offenbart werden. Da JHWH es ist, der diese Hoffnung auf Zerstörung der Feinde und auf ihn selbst als Erlöser setzt, ist Israel aufgefordert, sich nicht mehr zu fürchten.

289 Vgl. Brunson, Psalm, 260.

290 Vgl. Brunson, Psalm, 261.

291 Brunson, Psalm, 262.

3.3 Reaktionen auf den *ingressus*

16 ταῦτα οὐκ ἔγνωσαν αὐτοῦ οἱ μαθηταὶ τὸ πρῶτον,
ἀλλ᾽ ὅτε ἐδοξάσθη Ἰησοῦς
τότε ἐμνήσθησαν
ὅτι ταῦτα ἦν ἐπ᾽ αὐτῷ γεγραμμένα
καὶ ταῦτα ἐποίησαν αὐτῷ.
17 Ἐμαρτύρει οὖν ὁ ὄχλος ὁ ὢν μετ᾽ αὐτοῦ
ὅτε τὸν Λάζαρον ἐφώνησεν ἐκ τοῦ μνημείου
καὶ ἤγειρεν αὐτὸν ἐκ νεκρῶν.
18 διὰ τοῦτο [καὶ] ὑπήντησεν αὐτῷ ὁ ὄχλος,
ὅτι ἤκουσαν
τοῦτο αὐτὸν πεποιηκέναι τὸ σημεῖον.
19 οἱ οὖν Φαρισαῖοι εἶπαν πρὸς ἑαυτούς·
θεωρεῖτε
ὅτι οὐκ ὠφελεῖτε οὐδέν·
ἴδε
ὁ κόσμος ὀπίσω αὐτοῦ ἀπῆλθεν.

Die Funktion der Zeugenschaft der Menge steht im Imperfekt. Der Grund für den Vollzug des *occursus* ist die Zeugenschaft der Zeichentat Jesu an Lazarus; die Zeichentätigkeit steht im Perfekt Infinitiv und bringt damit das Weiterwirken einer vergangenen Tat in der Gegenwart zum Ausdruck. Das Volk bezeugt (3. Pers. Sg. Ipf. Ind. Akt.) die Tat Jesu. Die Pharisäer bewerten den *adventus* als Nachlaufen der Welt – hier als 3. Pers. Sg. Aorist Indikativ Aktiv gefasst, der das Abgeschlossen-Sein zum Ausdruck bringt. Auf den Bericht des Eselritts Jesu erfolgt ein dreimaliger Bericht über die Reaktion unterschiedlicher Personengruppen auf dieses Geschehen. Zunächst wird das unzureichende Verstehen der Schüler berichtet, die den Einzug Jesu in seiner Schriftgemäßheit erst nach seinem Tod und seiner Erhöhung verstehen können. Das Entgegenziehen wird jedoch positiv gekoppelt mit dem Verb ἐμαρτύρει als Angabe der Ursache. Ἐμαρτύρει heißt Zeugnis geben, was die Gegenreaktion zu denjenigen Juden bildet, die Jesu Zeichen an Lazarus an die Pharisäer weitergeben. Die entgegenziehenden Juden geben nicht nur Zeugnis von der Zeichentätigkeit Jesu, sondern in der Akklamation auch über ihre richtige Identifizierung Jesu als „König Israels". Hier wird ein Element der *profectio* eingespielt: der Anlass dessen, wozu Jesus gekommen ist; Jesu Handeln ist von Erfolg gekrönt, seinen Auftrag hat er ruhmvoll erfüllt, zugleich gilt es in Zukunft weiter im Sinne der Fürsorge für und des Schutzes einer übergeordneten Größe zu agieren.

Die letzte Reaktion, die berichtet wird, ist die der Pharisäer, die das Entgegenziehen der Volksmenge mit dem „Nachlaufen der Welt" gleichsetzen und damit zugleich ihre Machtlosigkeit gegenüber der Anziehungskraft Jesu kommentieren.

Die Volksmenge wird näher spezifiziert als diejenigen, die zum Fest nach Jerusalem hinaufgekommen waren. Die zweite Volksmenge, die Zeugnis gibt, wird näher bestimmt als diejenigen, die bei der Erweckung des Lazarus anwesend waren (V. 17).[292] Die Volksmenge, die Zeugnis gibt, gehört zu den Judäern aus dem Nahbereich von Betanien. Ich möchte die Referenz der Juden, die Zeugnis geben, näher bestimmen als benachbarte Juden aus Betanien. Dies schließt nicht aus, dass Juden aus Jerusalem zum Trauern nach Betanien gekommen sind, die in Jerusalem die Anstoßgeber für den *adventus* sind.[293] Diese geben Zeugnis gegenüber der Menge der Pilger, die zum Pesachfest nach Jerusalem gekommen sind. Lehnen betont die „große sozialpolitische Bedeutung“[294] des *adventus* für die *plebs urbana*. Denn diese war aus dem politischen Vorentscheidungsgeschehen bei der Erhebung eines neuen Herrschers komplett ausgeklammert und konnte im *adventus*-Geschehen durch „aktive Mitwirkung“[295] ihre Zustimmung oder auch Ablehnung ausdrücken. Lehnen beschreibt das *adventus*-Geschehen als „‚Stimmungsbarometer‘“ mit der Funktion der Steigerung der „Popularität“.[296] Es gab aber auch zumindest theoretisch die Möglichkeit, dass der *adventus* zum Rügeritual wird.[297] Am *adventus* des Germanicus konnte aufgezeigt werden, dass die Beteiligung der *plebs* wesentlich war und es zu Änderungen in der Zusammensetzung derer kommen konnte, die dem zu Ehrenden entgegen zogen. So werden von Sueton nur die Prätorianerkohorten und das Volk, das näher spezifiziert wird als Männer und Frauen, als Teilnehmende am *adventus* des Germanicus genannt.

Auch viele Fremde waren in einer Stadt zu einem solchen Anlass. Im JohEv sind dies die Hellenen, deren Wunsch, Jesus zu sehen, in V. 20f berichtet wird.

Auch die Pharisäer nehmen als Elite der Jerusalemer Stadtbevölkerung am *adventus* Jesu teil, was für Irritationen beim Leser sorgt, da diese zuvor als Gegner Jesu inszeniert wurden. Ihre Kommentarfunktion rückt sie zwar in ein Distanzverhältnis und schreibt ihnen ein passives Verhalten zu, aber sie sind im Sichtbereich des *adventus* und nehmen am *adventus* Jesu teil. Damit erfüllen sie ihre sozial erwünschte Rolle – hier zu vergleichen mit der Rolle der Senatsmitglieder im Rahmen eines *adventus* – zu einem Mindestmaß. Zwar ziehen sie Jesus nicht als Gesandtschaft vorab entgegen. Sie scheinen auch nicht die Spitze des *introitus* hinein in die Stadt zu bilden. Kann man sich einem performativen Akt wie dem *adventus* nicht entziehen – auch nicht durch Fernbleiben, denn es wird auch durch ein Fernbleiben im Sinne

---

292 Vgl. zur Unterscheidung der Volksmengen: Theobald, Evangelium (RNT), 791.

293 Vgl. Theobald, Evangelium (RNT), 731.791.

294 Lehnen, Adventus, 245.

295 Lehnen, Adventus, 245.

296 Lehnen, Adventus, 245.

297 Vgl. Meister, Adventus, 46.

der Ablehnung agiert – so bestätigen die Pharisäer durch ihre Teilnahme am *adventus* – sei es aktiv durch das Mitlaufen oder passiv durch das Stehen am Wegesrand – Jesus als „König Israels". Die Funktion der Nachforschung wird hier eingespielt als Bestätigung ihres Urteils in der Versammlung eines Synhedriums in 11,47, dass Jesus durch seinen Zulauf eine Gefahr im Hinblick auf ein Eingreifen der Römer darstellt. Aus der Sicht der Teilnehmer ergibt sich also ein zwiespältiges Bild der Pharisäer: Zum einen treten sie in ihrer in Kp. 1 der johanneischen Jesus-Vita eingeführten Funktion der Beobachtung und Nachforschung auf. Zum anderen wird diese Funktion dekonstruiert, indem zeitgleich durch die Teilnahme am *adventus* eine Affirmation Jesu als „König Israels" vollzogen wird und eben keine Verhaftung Jesu erfolgt. Gemäß der Poetik des Aristoteles wird hier also die Notwendigkeit des Einschreitens gegen Jesus plausibilisiert. Die Pharisäer verhalten sich in der poetischen Fiktion des JohEv – bei aller Passivität – entsprechend dem sozialen Rollenmuster ihrer Gruppe, denn die Gruppe der Senatoren als öffentlich am meisten sichtbare Gruppe und derjenige *ordo*, der die Ehrung des *adventus* gewähren konnte, standen unter dem höchsten Sozialdruck am *adventus* teil zu nehmen. Damit wird eine zweite Wahrheit plausibilisiert: Jesus ist der zu akklamierende „König Israels". Das Pesachfest bildet also das perfekte Szenario für den *adventus* Jesu. Johannes schildert ein vollständiges *occursus*-Geschehen. Die Schilderung von zwei Bestandteilen des *introitus*, die Schilderung des Durchschreitens des Stadttores und des Ziehens durch die Stadt, entfällt. Das Verb ἀπῆλθεν in Verbindung mit der Präposition ὀπίσω und Gen. könnte jedoch ein Hinweis darauf sein, dass sich der zweite Festzug bereits formiert: „Die Welt geht hinter ihm her."[298] Jesus zieht gemäß dem Ideal der *civilitas* statt des Heeres mit hinter ihm hergehender (und ihn umgebender) Volksmenge ein. Zu überlegen wäre, ob die Pharisäer erst am *introitus* teilnehmen. Mit der Ankunft der Hellenen erfolgt ein plötzlicher Sprung im Geschehen.

---

298 LIDDELL/SCOTT, Lexicon, 187; BAUER, Wörterbuch, 169.

3.4 Das Opfer auf dem Kapitol

3.4.1 Gesandtschaften

3.4.1.1 Segmentierung des griechischen Texts Joh 12,20–26

20 Ἦσαν δὲ Ἕλληνές τινες ἐκ τῶν ἀναβαινόντων
ἵνα προσκυνήσωσιν ἐν τῇ ἑορτῇ·
21 οὗτοι οὖν προσῆλθον Φιλίππῳ τῷ ἀπὸ Βηθσαϊδὰ τῆς Γαλιλαίας
καὶ ἠρώτων αὐτὸν λέγοντες·
κύριε,
θέλομεν τὸν Ἰησοῦν ἰδεῖν.
22 ἔρχεται ὁ Φίλιππος
καὶ λέγει τῷ Ἀνδρέᾳ,
ἔρχεται Ἀνδρέας καὶ Φίλιππος
καὶ λέγουσιν τῷ Ἰησοῦ.
23 Ὁ δὲ Ἰησοῦς ἀποκρίνεται αὐτοῖς λέγων·
ἐλήλυθεν ἡ ὥρα
ἵνα δοξασθῇ ὁ υἱὸς τοῦ ἀνθρώπου.
24 ἀμὴν ἀμὴν λέγω ὑμῖν,
ἐὰν μὴ ὁ κόκκος τοῦ σίτου πεσὼν εἰς τὴν γῆν ἀποθάνῃ,
αὐτὸς μόνος μένει·
ἐὰν δὲ ἀποθάνῃ,
πολὺν καρπὸν φέρει.
25 ὁ φιλῶν τὴν ψυχὴν αὐτοῦ ἀπολλύει αὐτήν,
καὶ ὁ μισῶν τὴν ψυχὴν αὐτοῦ ἐν τῷ κόσμῳ τούτῳ εἰς ζωὴν αἰώνιον
φυλάξει αὐτήν.
26 ἐάν ἐμοί τις διακονῇ,
ἐμοὶ ἀκολουθείτω,
καὶ ὅπου εἰμὶ ἐγὼ
ἐκεῖ καὶ ὁ διάκονος ὁ ἐμὸς ἔσται·
ἐάν τις ἐμοὶ διακονῇ
τιμήσει αὐτὸν ὁ πατήρ.

3.4.1.2 Segmentierung der Übersetzung Joh 12,20–26

20 Es waren aber einige Hellenen unter den Hinaufsteigenden,
damit sie anbeteten bei dem Fest;
21 diese kamen nun zu Philippus, dem aus Betsaida in Galiläa,
und sie baten ihn, sagend:
Herr,
wir wollen Jesus sehen.
22 Philippus geht,
und sagt (es) Andreas;
Andreas geht und Philippus,
und sie sagen es Jesus.
23 Jesus aber antwortet ihnen, sagend:
Gekommen ist die Stunde,
dass der Menschensohn verherrlicht wird.
24 Amen, amen, ich sage euch,
wenn nicht das Weizenkorn, gefallen in die Erde, stirbt,
bleibt es allein;
wenn es aber stirbt,
viel Frucht trägt es.
25 Der sein Leben Liebende verliert es,
und der sein Leben in dieser Welt Hassende, in das ewige Leben wird er es schützen.
26 Wenn mir jemand dient,
folge er mir nach,
und wo ich bin,
dort wird auch mein Diener sein;
wenn jemand mir dient,
wird der Vater ihn ehren.

3.4.1.3 Die Gesandtschaft der Hellenen

Die Bitte der Hellenen[299], Jesus sehen zu dürfen, stellt den Anlass für Jesus dar, das Gekommensein seiner Stunde zu benennen. Viele Exegeten stellen eine Verbindung zwischen der Abschlussnotiz des *occursus*, der Feststellung der Pharisäer, dass die Welt Jesus nachläuft, und dem Auftreten der Hellenen her. Das Nachlaufen der Welt als Kommentar zum Auftreten der Hellenen schließt die Brücke zum *occursus* Jesu und der möglichen Teilnahme der Hellenen daran und bindet damit die Hellenenszene und die letzte öffentliche Rede in das *adventus*-Geschehen ein.

---

299 Vgl. zur Bestimmung der Identität der Hellenen als gottesfürchtige Griechen Kp. II/D 4.

Hinter dem Gesuch der Hellenen und seiner Weiterleitung über Philippus an Andreas kann die Gepflogenheit von Gesandtschaften stehen, den Kontakt zum Herrscher über Mittelsmänner herzustellen.[300] Gesandtschaften fanden häufig im Rahmen eines *adventus* bzw. im Kontext der Ankunft eines Herrschers in der Stadt statt, da mit der Ankunft des Herrschers auch die Ordnung der Angelegenheiten der Stadt bzw. der Provinz erwartet wurde und dies den Rahmen für mögliche Bittgesuche und Urteile des Herrschers bot. Fest etabliert war die Entsendung von Gesandtschaften zum Herrschaftsantritt eines neuen Herrschers zur Überbringung von Glückwünschen oder anlässlich anderer herausgehobener Ereignisse in Bezug auf die Person des Herrschers.[301] Der Einzug und der Herrschaftsantritt des Herrschers Jesus stellen somit einen geeigneten Anlass für eine Gesandtschaft dar.

Jesus reagiert nicht direkt auf die Bitte der Hellenen, ihr Gesuch bildet jedoch den Auftakt zu seiner Rede. Für mehrere Kaiser ist das Halten einer Rede verbunden mit einem nachgängigen Opfer auf dem Kapitol berichtet. Dies sollte zum einen die *civilitas* des Kaisers veranschaulichen, und zum anderen diente es dazu, den Konsens zwischen Kaiser und Volk sowie Senat abzubilden. So ist für Augustus das Nachholen des Opfers auf dem Kapitol am Tag nach seinem *adventus* belegt, dem aber die Begrüßung des Volkes an seinem Palast vorausgeht und auf das dann eine Begrüßungsrede des Augustus an den Senat erfolgt, die er aber stellvertretend durch den Quaestor verlesen ließ.[302] In dieser Rede bietet er eine Auflistung „seiner Taten", also das bei der Neuordnung Galliens und der Unterwerfung der Alpenländer Geleistete sowie Anordnungen, die ein Meutern von Soldaten verhindern sollten. Nach Kienast dienen die „Neuregelung der Veteranenversorgung" dazu, die „Vollmachten des Prinzeps", insbesondere das *imperium proconsulare* für Augustus zu verlängern.[303] Auch für Tiberius, der seinen Einzug in der *toga praetexta* bekränzt mit Lorbeer hält, wird berichtet, dass er – unter Anwesenheit der Senatoren – vom Tribunal auf der *Saepta* das Volk begrüßte, bevor er dann zum Opfer in den nächstgelegenen Tempeln überging und danach Triumphspiele abhalten ließ.[304] Der *adventus* machte ihn, wie oben geschildert, sichtbar als

---

300 Schnelle stellt den griechischen Namen des Philippus heraus sowie seine Stellung in der Berufungsszene in Kp. 1. Er verweist zudem auf die Bekanntheit und Verehrung von Andreas und Philippus als „herausragende Missionare" in der Adressatengemeinde. Vgl. SCHNELLE, Evangelium (ThHK 4), 267. Ich danke Stefan Schreiber für das Stichwort Gesandtschaft, möchte aber diesen Motivhintergrund nur als Möglichkeit für ein Verstehensmodell gewichten, insbesondere weil die Gesandtschaft am falschen Ort (Tempel) und damit zum falschen Zeitpunkt stattfindet und nicht erfolgreich ist.

301 Vgl. LEHNEN, Adventus, 272. Vgl. am Beispiel Trajans HALFMANN, Kaiserreisen, 188; SEELENTAG, Taten, 88–93.

302 Cass. Dio 54,25,4–5.

303 KIENAST, Augustus, 121.

304 Suet. Tib. 17,2. Vgl. zu den Spielen im Anschluss an den Einzug Cass. Dio 56,1,1.

erfolgreichen Feldherrn und legitimen Nachfolger des Augustus. Auch Vitellius, der nach seinem Sieg gegen Kaiser Otho davon abgebracht werden muss, wie ein Eroberer in Rom einzuziehen, steigt auf das Kapitol, um dort seine Mutter zu begrüßen, und hält am darauffolgenden Tag vor Senat und Volk eine Prunkrede auf sich selbst.[305] Vitellius geht als Sieger aus dem Bürgerkrieg gegen Otho hervor und muss sich vor dem *populus Romanus* als legitim erweisen. Interessant daran ist, dass alle drei Kaiser unter hohem Legitimationsdruck standen. Jesus steht ebenfalls unter hohem Legitimationsdruck, denn die Reaktion auf die Auferweckung des Lazarus war zwiegespalten (viele kamen zum Glauben, einige berichteten über das Geschehene den Pharisäern) und hat als Ergebnis den Todesbeschluss einer zusammengerufenen Versammlung des Rates gegen Jesus.

Jesus hält mit der sogenannten Hellenenrede eine Ansprache eben nicht nur an die Hellenen, sondern wie die Reaktion auf die Stimme Gottes zeigt, auch an das Volk, das zugegen ist. Es gibt keine genaue Ortsangabe für das Szenario. Als anwesende Personen sind neben den Hellenen die Schüler Jesu vorzustellen, da namentlich Andreas und Philippus auftreten, sowie eine Volksmenge, die wahrscheinlich identisch ist mit den Jesus Einholenden. Theobald schließt aus der Abgeschirmtheit Jesu von den Hellenen auf die Möglichkeit der Situierung der Szene im inneren Vorhof des Tempels, zu dem die Hellenen im Vorhof der Heiden keinen Zutritt hatten.[306] Eine Mittlerschaft der beiden griechischnamigen Schüler, die auch schon in Joh 1 im Paar auftreten, wird neben der Sprachbarriere auch durch die örtliche Trennung notwendig gemacht. Die Szene selbst ist aber nicht näher spezifiziert im Sinne einer Angabe einer konkreten Örtlichkeit. Daher geht Theobald statt von einer „zeitgeschichtliche[n] Plausibilität"[307] von einer Hierarchisierung der Adressaten im Sinne dessen aus, dass Jesus nur Juden persönlich adressierte.[308]

Theobalds zeitgeschichtlich plausible Überlegungen zur möglichen topographischen Verortung des Geschehens sind meines Erachtens jedoch bereits ein Hinweis darauf, dass mit der Rede Jesu ein fester Bestandteil des *adventus*-Rituals eingeholt wird: Das Opfer auf dem Kapitol. Damit wird die Konnotation des *introitus* verstärkt, denn für Augustus und Tiberius ist im Rahmen des *introitus* die Begrüßung des Volkes in enger Verbindung mit dem Opfer in den Tempeln belegt. Mit dem *adventus* selbst war zudem die Möglichkeit einer Rede an das Volk gegeben, die insbesondere in Situationen von besonderem Legitimationsdruck wahrgenommen wurde. Während die Rede des Augustus und des Vitellius geprägt zu sein scheint durch eine rühmende Selbstvorstellung und die Auflistung geleisteter Taten, läuft

---

305 Tac. hist. 2,90.

306 Vgl. Theobald, Evangelium (RNT), 799.

307 Theobald, Evangelium (RNT), 799.

308 Theobald, Evangelium (RNT), 799.

die Rede Jesu nach der Einleitung seines bevorstehenden Todes durch das Weizenkorngleichnis mit der Bitte um Verherrlichung und der Antwort Gottes auf ihren Höhepunkt zu. In V. 24f folgt also zunächst das Weizenkorngleichnis. Theobald ordnet das Weizenkornbeispiel in den breiten hellenistischen Traditionsstrom ein, die Liebe zum Leben geringer zu gewichten als einen ehrenvollen Tod. Zudem scheint die verwendete antithetische Fruchtbarkeitsmetaphorik von „sterbendes Weizenkorn – viel Frucht" verwandt zu sein mit den in den Mysterienkulten verwendeten Fruchtbarkeitstopoi. Theobald geht von der These aus, dass die Christen diese Fruchtbarkeitstopoi – Leben bzw. Fruchtbarkeit nach dem Tod – in das Weizenkornwort umgeformt haben.[309] Die Logik des Weizenkornbeispiels gilt auch für die nachfolgende Sentenz des Hassens des Lebens als Voraussetzung für die Fülle von Leben.[310] Das Dienen bedeutet Nachfolge Jesu „auf seinem Weg durch den Tod hindurch ins ‚ewige Leben'"[311].

3.4.2 Der Höhepunkt der Rede des Herrschers

3.4.2.1 Segmentierung des griechischen Texts Joh 12,27–33

27 Νῦν ἡ ψυχή μου τετάρακται,
καὶ τί εἴπω;
πάτερ,
σῶσόν με ἐκ τῆς ὥρας ταύτης;
ἀλλὰ διὰ τοῦτο ἦλθον εἰς τὴν ὥραν ταύτην.
28 πάτερ,
δόξασόν σου τὸ ὄνομα.
ἦλθεν οὖν φωνὴ ἐκ τοῦ οὐρανοῦ·
καὶ ἐδόξασα
καὶ πάλιν δοξάσω.
29 ὁ οὖν ὄχλος
ὁ ἑστὼς καὶ ἀκούσας
ἔλεγεν
βροντὴν γεγονέναι,
ἄλλοι ἔλεγον·
ἄγγελος αὐτῷ λελάληκεν.
30 ἀπεκρίθη Ἰησοῦς
καὶ εἶπεν·
οὐ δι' ἐμὲ ἡ φωνὴ αὕτη γέγονεν ἀλλὰ δι' ὑμᾶς.

309 Vgl. Theobald, Evangelium (RNT), 802f.
310 Vgl. Theobald, Evangelium (RNT), 803.
311 Theobald, Evangelium (RNT), 805.

31 νῦν κρίσις ἐστὶν τοῦ κόσμου τούτου,
νῦν ὁ ἄρχων τοῦ κόσμου τούτου ἐκβληθήσεται ἔξω·
32 κἀγὼ ἐὰν ὑψωθῶ ἐκ τῆς γῆς,
πάντας ἑλκύσω πρὸς ἐμαυτόν.
33 τοῦτο δὲ ἔλεγεν
σημαίνων
ποίῳ θανάτῳ ἤμελλεν ἀποθνῄσκειν.

3.4.2.2 Segmentierung der Übersetzung Joh 12,27–33

27 Jetzt ist meine Seele erschüttert,
und was soll ich sagen?
Vater,
rette mich aus dieser Stunde?
Aber deswegen kam ich in diese Stunde.
28 Vater,
verherrliche deinen Namen!
Nun kam eine Stimme aus dem Himmel:
Und ich habe verherrlicht,
und ich werde wieder verherrlichen.
29 Die Volksmenge nun,
die dastehend und es hörend (war),
sagte:
Donner ist geworden[312],
andere sagten:
Ein Engel hat zu ihm geredet.
30 Jesus antwortete
und sprach:
Nicht wegen mir ist geworden diese Stimme, sondern wegen euch.
31 Jetzt ist Gericht dieser Welt,
jetzt wird der Herrschende dieser Welt herausgeworfen werden nach draußen.
32 Und ich, wenn ich erhöht (sein) werde von der Erde,
alle werde ich ziehen zu mir.
33 Dies aber sagte er,
anzeigend,
wie beschaffen (der) Tod (war, den) er sterben sollte.

---

312 Zu betonen ist der Geschehensaspekt: Donner ist geschehen bzw. geschah.

3.4.2.3 Die Verherrlichungsbitte Jesu

Die Rede des Herrschers an das Volk konnte zeitlich variabel eingesetzt werden und entweder im Zuge des Opfers auf dem Kapitol oder einen Tag später nach dem Höhepunkt des *adventus* stattfinden; sie gehört jedoch in den Teil des *introitus* und ist aufgrund ihres Charakters einer Prunkrede eng verbunden mit dem Opfer auf dem Kapitol. Das Opfer auf dem Kapitol ist näher zu beschreiben als Votivgabe für die glückliche Erfüllung des Vorhabens durch die Gottheit.[313] Meine These ist nun: An die Stelle des Opfers auf dem Kapitol tritt beim *adventus* Jesu die Bitte um die Verherrlichung seines Namens durch JHWH und die Bestätigung dieser Verherrlichung in der Vergangenheit und für die nahe Zukunft durch die Stimme Gottes. Denn genau an der Stelle im Ablaufplan, an der im Rahmen des antiken *adventus*-Szenarios das Opfer auf dem Kapitol stattfindet und die Synoptiker die Tempelreinigung bieten, findet im Rahmen der letzten öffentlichen Rede Jesu die Bitte um Verherrlichung statt.

In dieses Szenario passt auch die nicht vorhandene Reaktion auf das Bittgesuch der Hellenen. Während sich der ideale Herrscher durch Zugänglichkeit und auf offener Straße durch Berührbarkeit auszeichnet, wird Jesus über die Weiterleitung des Gesuchs über Philippus an Andreas als zurückgezogener Herrscher inszeniert. Auf das Gesuch der Hellenen wird keine positive Reaktion im Sinne der Gewährung der Bitte berichtet. Die Antwort, die in der Deutung des Todes Jesu als Fruchtbringen und der Deutung von Dienen als Nachfolge und Ehrung durch den Vater in V. 26 besteht, scheint sich zunächst als direkte Adressaten an Philippus und Andreas zu richten. Die fehlende Reaktion Jesu auf das Bittgesuch der Hellenen erklärt sich im Rahmen des *adventus* durch das Bevorstehen des Opfers. Denn die Kaiser werden als Opfernde, wie oben am Beipiel des Augustus beschrieben, als herausgehobene Einzelgestalt inszeniert, obwohl de facto Priester und Begleiter des Kaisers bei der Durchführung des Opfers anzunehmen sind. Auszuschließen ist der Empfang von Gesandtschaften unmittelbar vor einem Opfer, insbesondere dann, wenn der Herrscher den Tempel bereits betreten hatte. Dies gilt auch für Jesus, der ebenfalls im Tempel zu situieren ist.[314] Der Fokus liegt auf ihm als Einzelgestalt, was sich in dem langen Monolog Jesu widerspiegelt. Das Fehlen einer Reaktion auf

---

313 Markus Lau unterstreicht in seiner Darstellung des Triumphrituals die Unterscheidung zwischen blutigen Opfern und der Weihung der *corona etrusca*, des Lorbeerzweiges und des Lorbeers der Liktorenstäbe, die den Schluss- und Höhepunkt bildet. Vgl. LAU, Triumphator, 228. Dies bestärkt die These des Charakters einer Votivgabe auch für das *adventus*-Ritual.

314 Nicht auszuschließen ist die Möglichkeit, dass Jesus an unbekanntem Ort umringt ist von der Volksmenge und die Hellenen Andreas und Philippus als Boten ansprechen. Die Anfrage der Hellenen ist jedoch in jedem Fall ein Verweis darauf, dass der *introitus* zum Halten gekommen ist. Dies legt eine Situierung zumindest in der Nähe des Tempels nahe.

das Bittgesuch der Hellenen leitet also zur zentralen Szene der Verherrlichung des Namens JHWHs über.[315]

Das anstehende Verherrlichen wird in V. 23 als Aorist Konjunktiv Passiv gefasst, da Jesus durch Gott verherrlicht wird (passivum divinum).[316] Das Erregtsein der Seele wird durch νῦν eingeleitet, was Anzeichen für die darauffolgende Perfektform ist. Jesus ist jetzt erregt.[317] V. 27 stellt damit die Einleitung für die Verherrlichungsbitte in V. 28 und die Antwort Gottes dar. Für die Verherrlichungs-Bitte wird ein Imperativ Aorist verwendet. Die Reaktion Gottes auf diese Bitte, besteht aus der Bestätigung der bereits stattgefundenen Verherrlichung im Aorist (1. Pers. Sg. Ind. Akt.) und der Zusage einer zukünftigen Verherrlichung (1. Pers. Sg. Fut. Ind. Akt.). Diese Zeitstruktur findet sich auch für die Ansage der Erhöhung Jesu, der alle zu sich ziehen wird (12,32). Die Kreuzigung, die hier als Erhöhung von der Erde als Aorist Konjunktiv Passiv beschrieben wird, geht mit dem Ziehen aller zu sich einher, was wiederum als Futur (1. Pers. Sg. Ind. Akt.) gefasst wird, um die zukünftige Dimension zum Ausdruck zu bringen.

Im Folgenden werden die Kontexte für das Verstehen von 12,28 dargelegt. Zunächst wird der Akt des Verherrlichens mit dem kulturellen ‚Frame' von δόξα beleuchtet. Ebenso werden das alttestamentliche Verständnis des Namens Gottes sowie das hellenistisch-römische Verständnis des *numen* des Kaisers in ihrer Funktionalität analysiert.

3.4.2.3.1 Δόξα als relationaler Begriff in der Profangräzität und der LXX

Δόξα ist eng verbunden mit Meinen, so dass δόξα Meinen als geistiges Hin-Nehmen bedeutet. Bei Homer bedeutet δόξα die eigene Meinung. Δόξα kann aber auch die Bedeutung Ansehen, Ruf, Ruhm haben. Ruhm meint das Ansehen, das man auf der Basis der eigenen Tugendhaftigkeit oder der eigenen Taten erwirbt bzw. zugeschrieben bekommt. Die Aktivität bzw. Passivität der mit δόξα verbundenen Verben fällt auf. So kann Ruhm gegeben oder durch die Gottheit verliehen werden oder eine Tat bringt Ruhm oder man trägt Ruhm aus z. B. Wettkämpfen fort. Ruhm kann auch wieder aufgeweckt werden, so etwa der Ruhm der Vorfahren.[318] Nicole Chibici-Revneanu hält für die Profangräzität die häufigste Verwendung von δόξα im Sinne von Ruhm bzw. Ehre fest. Sie leitet dies von der Semantik von δόξα als Meinung im Sinne einer guten Meinung ab. Wird in philosophischen Diskursen zwischen δόξα als positiv konnotierter allgemein anerkannter Meinung

---

315 Zur Funktion der Hellenen im Sinne der Zusammensetzung der johanneischen Gemeinde aus Juden- und Heidenchristen und dem Führen zweier Herden durch Jesus: Vgl. Kp. II/D 4.

316 Vgl. Theobald, Evangelium (RNT), 808.

317 Ridderbos verweist auf Ps 6,4f als von Jesus verweigerte Analogie für die Reaktion auf die Konfrontation mit dem Tod. Vgl. Ridderbos, John, 435.

318 Vgl. zu diesem Überblick: Chibici-Revneanu, Herrlichkeit, 337–342.

und schlechter falscher Meinung unterschieden, so basiert die Verwendung von δόξα als Ruhm bzw. Ehre auf der aus der positiven Meinung über einen Menschen resultierenden Reputation für diesen Menschen.[319] Auch Gerhard Kittel leitet Ehre und Ruhm für δόξα von der guten Meinung ab, die man von einer Person hat, ihrem guten Ruf also.[320]

In der LXX selbst findet δόξα in Bezug auf Menschen im Sinne von Ruhm Verwendung; in Bezug auf Gott bedeutet δόξα Ehre im Sinne der Offenbarungsherrlichkeit, so dass semantisch eine Zweiteilung, differenziert nach jeweiliger irdischer oder transzendenter Bezugsgröße, gegeben ist. Δόξα als Meinung findet in der LXX keine Verwendung.[321] Die Verwendung von δόξα als Offenbarungsherrlichkeit führt Chibici-Revneanu auf die Übersetzung von *kāḇôḏ* als δόξα in der LXX zurück.[322] Im Alten Testament wird die Ehre als dasjenige bezeichnet, was einer Person Gewicht verleiht – dies kann dann auch der Reichtum oder die Stellung einer Person sein – und bezeichnet damit das Gewicht bzw. die Schwere Gottes.[323] Von Rad nimmt für die δόξα JHWHs als Verständnis „Wucht seiner Erscheinung"[324] an. Von Rad betont die enge Verbindung des Preisens der Ehre des Namens Gottes.[325] Für die LXX versteht von Rad δόξα als Herleitung von *kāḇôḏ* und damit als Macht, Pracht, Herrlichkeit, weniger als Ehre, die einem Menschen erwiesen wird, so dass sich dieser profangriechische Gebrauch in der LXX nicht zu finden scheint.[326] Auch Rainer Schwindt benennt zunächst ebenfalls die Schwere und Gewichtigkeit als physikalische Dimension des Begriffs *kāḇôḏ* und damit die Bedeutung im figurativen Sinn. Im physischen Kontext bedeutet nach ihm *kāḇôḏ* Substanz oder Masse (Hos 9,11; Nah 2,10; Jes 22,24). Zuweilen begegnet *kāḇôḏ* auch im Sinn von Kraft bzw. Macht (Ps 3,4; 145,11f; Ijob 29,20; Jes 16,14; 21,16), am häufigsten jedoch in der Bedeutung von Besitz, Reichtum, Ansehen (Gen 31,1; 45,13; Ri 18,21; Jes 10,3; 61,6; 66,12). In Bezug auf den Menschen bedeutet *kāḇôḏ* vor allem Ehre.[327] Auf Gott angewendet

---

319 Vgl. Chibici-Revneanu, Herrlichkeit, 340.

320 Vgl. Kittel, δόξα, 237. Helmuth Kittel geht von der Bedeutungsnuance „Erwartung" bei Homer aus und stellt für die Vorsokratiker ein Verständnis im Sinne von Wahrnehmung bzw. Erkenntnis summierend fest. Daraus leiten sich dann die Bedeutungsnuancen „Meinung" bzw. „Lehrsatz" und „Ansehen" ab. Für die LXX sieht er vornehmlich die Semantik von „Ehre" gegeben, unterscheidet davon aber noch einmal die Offenbarungsherrlichkeit. Vgl. Kittel, Herrlichkeit. Vgl. zur Unterscheidung von sechs Bedeutungsaspekten: Nielsen, Deutung, 98.

321 Vgl. Kittel, δόξα, 246.

322 Vgl. Chibici-Revneanu, Herrlichkeit, 355.

323 Vgl. Rad, δόξα (Altes Testament), 240.

324 Rad, δόξα (Altes Testament), 241.

325 Vgl. Rad, δόξα (Altes Testament), 245.

326 Vgl. Rad, δόξα (Altes Testament), 246.

327 Vgl. Schwindt, Herrlichkeit, 13f.

kommt δόξα die Bedeutung Ehre und Macht zu. Kittel nimmt jedoch die Herrlichkeit und Macht JHWHs als Ausfluss seines Wesens wahr. Er betont zudem δόξα als „*göttliche Erscheinungs- und Offenbarungsform* [Hervorhebung im Original]" der *kāḇôḏ* als der „Sichtbarwerdung, Selbst-Offenbarung dieses Wesens"[328]. Die Wendung bezeichnet die sichtbare Gegenwart Gottes bei seinem Volk, was eng mit der Exodusgeschichte verknüpft ist. Es ist damit zugleich „offenbarungstheologischer terminus technicus"[329]. Ein gutes Beispiel für den Zusammenhang von Offenbarung Gottes und seiner (kultischen) Präsenz ist Ex 29,43, wo es heißt, dass Gott sich im Zelt offenbaren und unter den Israeliten wohnen will, damit diese erkennen, dass er sie aus Ägypten herausgeführt hat, um bei Ihnen zu wohnen und dass er der Gott JHWH ist. Jesper Tang Nielsen sieht einen engen Zusammenhang zwischen den „Machttaten" Gottes und dem Erweis seiner „Herrlichkeit". Für Ex 14,4 nimmt er an, dass

> „diese Phrase bedeutet, dass Gott durch seine machtvollen Taten zugunsten der Israeliten seine Macht und Erhabenheit aufzeigt. So erreicht er, dass sowohl die Israeliten als auch die Ägypter seinen Status als Gott anerkennen."[330]

Das Verb δοξάζειν bezeichnet nach Chibici-Revneanu aktiv den Erwerb bzw. Erweis von Ehre, passiv das Erhalten von Ehre sowie die „Versetzung in einen Status" der Ehre bzw. Herrlichkeit.[331] Chibici-Revneanu hebt die Beziehungsdimension des Begriffs hervor und den Reziprozitätscharakter, den das Weitergeben von δόξα, also das Ehren hat.[332] Δόξα wird einem Menschen von einem anderen Menschen zugeordnet bzw. zugestanden. Interessant ist die Bezogenheit des δόξα-Begriffs auf das allgemeine Ganze, denn die δόξα einzelner Bürger ist auf das allgemeine Wohl der Polis, des übergeordneten Ganzen bezogen und trägt einen Teil zur δόξα der Polis bei. Das übersteigerte Streben nach δόξα ist dann als zu vermeidende Ehrsucht abgeurteilt.[333] Für die hier geleistete Analyse der Verherrlichung des Namens ist die Relationalität des δόξα-Begriffs und des Verbs δοξάζειν neben allen anderen Dimensionen dieses Begriffs die wichtigste Dimension.

Chibici-Revneanu hebt also die Beziehungsdimension des Begriffs hervor.

> „Die Kommunikation von δόξα kann sowohl von Menschen […] auf Gott […] hin verlaufen als auch umgekehrt von Gott […] ausgehend auf Menschen […] zu. Mitunter

---

328 Kittel, δόξα, 247.
329 Chibici-Revneanu, Herrlichkeit, 358.
330 Nielsen, Kognitive Dimension, 94.
331 Chibici-Revneanu, Herrlichkeit, 364.
332 Chibici-Revneanu, Herrlichkeit, 374–390.
333 Alexiou, Ruhm, 29.

> werden auch beide Kommunikationsvorgänge aufeinander bezogen, die Zweiseitigkeit der δόξα-Beziehung unterstrichen."[334]
> „Dass δόξα wesentlich kommunizierbar ist und/oder kommuniziert wird, kennzeichnet sie als dynamischen Relationsbegriff, der das Verhältnis zwischen A, (B und) C definiert. Ein *dynamisches* [Hervorhebung im Original] Beziehungsverhältnis ist mit δόξα insofern gekennzeichnet, als die Kontinuität eines δόξα-Verhältnisses durch punktuelle δόξα-Kommunikationen aufrecht erhalten und bestätigt wird."[335]

Daher unterscheidet sie den Kommunikationsprozess bei δόξα als Ruhm bzw. Ehre vom Kommunikationsprozess bei δόξα als Herrlichkeit. Die Kommunikation verläuft im Fall 1 von B bzw. C ausgehend auf A zu.[336] Wird einer Person A von einer Gruppe C δόξα erwiesen, so kann B in C aufgehen. Denn auch Chibici-Revneanu hält fest, dass die δόξα von einer größeren Gruppe in Geltung gehalten werden muss. Dies steht in einem engen Zusammenhang mit der Offenbarungsherrlichkeit, die eng gekoppelt ist an eine Öffentlichkeit als Adressaten. Auch wenn diese sich zunächst auf eine Einzelperson (bspw. Mose Ex 33) bezieht, ist doch immer eine größere Gruppe (das Volk Israel Ex 34) der Adressat.[337] Im Fall 2 läuft die Kommunikation der δόξα von A an (B bzw.) C.[338] Wenn Gott Geber der δόξα ist, verändert sich demnach das relationale Gefüge nach Chibici-Revneanu: Es tritt die Unmöglichkeit ein, dass C als die Gruppe, die die von B (an A) erwiesene oder verweigerte δόξα in Geltung hält, in die Funktion von B eintritt, wenn Gott B ist.[339] Für unseren Zusammenhang wichtig ist, dass Menschen einem anderen Menschen nicht die allein Gott zukommende δόξα verleihen, wohl aber die von Gott geschenkte δόξα am Anderen annehmen und achten können.[340] Wenn die Menschen Gott δόξα geben, dann in dem Sinn, dass sie sein göttliches Urteil annehmen oder als Dank.[341] Gott selbst ist jedoch vor allem Geber der δόξα. Seine δόξα ist der δόξα des Menschen qualitativ überlegen; Gott hat die alleinige Verfügungsgewalt über diese δόξα.[342] Die Bitte um Selbstverherrlichung Gottes findet sich öfter, die Bitte eines Menschen um δόξα und δοξάζειν nur im JohEv 17,1.5 (und in mysterienbezogener Frömmigkeit).[343]

---

334 Chibici-Revneanu, Herrlichkeit, 385.
335 Chibici-Revneanu, Herrlichkeit, 377.
336 Vgl. Chibici-Revneanu, Herrlichkeit, 377.
337 Vgl. Chibici-Revneanu, Herrlichkeit, 376.
338 Vgl. Chibici-Revneanu, Herrlichkeit, 377.
339 Vgl. Chibici-Revneanu, Herrlichkeit, 383.
340 Vgl. Chibici-Revneanu, Herrlichkeit, 383.
341 Vgl. Chibici-Revneanu, Herrlichkeit, 380.
342 Vgl. Chibici-Revneanu, Herrlichkeit, 382.
343 Vgl. Chibici-Revneanu, Herrlichkeit, 499.

Die Beschreibung des Beziehungsverhältnisses JHWHs zu seinem Knecht zeichnet sich über die Definition als δόξα aus. Gott ist Geber der δόξα sowohl gegenüber Menschen als auch gegenüber seinem Knecht. Die Bitte um δόξα seitens des Menschen ist äußerst selten – Mose stellt mit seiner Bitte um Verherrlichung seiner selbst und des Volkes (Ex 33,16 LXX)[344] eine Ausnahme dar - auch der erwartete Davidide wird die Menschen weiden auf der Basis der δόξα des Gottesnamens. Er kann im Gegenzug JHWH verherrlichen.[345]

3.4.2.3.2 Numen

„Das Wort numen [...] leitet sich als Deverbativum vom Verb nuere (‚nicken') her u. bezeichnet somit etymologisch [...] primär einen sakralen Akt göttlichen Handelns u. sekundär das derart wirkende göttliche Wesen."[346] Auch Pötscher stellt heraus, dass *numen* die „krafterfüllte Äußerung" bzw. die „Wirkung des Gottes oder der Götter, die das *nomen* bezeichnet"[347] ist. Das *numen* ist die Willensäußerung eines Gottes, das „Nicken [...] elementar-emotionaler Ausdruck des Willens"[348]. Es ist zugleich Wirken als auch „Offenbarung göttlichen Willens"[349].

> „The basic meaning of the word *numen* is not in doubt. As any Latin dictionary will tell us, the word means ‚divine power' or ‚divinity'/‚godhead'. It is impersonal (cf. its gender), but belongs to a god, and is the force or power by which the god manifests himself in the world. Alternatively, but of course very close to this meaning, it could, at least in the imperial age, denote the deity himself, or herself, and thus be a synonym for ‚deus' (or ‚dea'), like ‚divinity' or ‚godhead' in English."[350]

Dies ist ein Hinweis darauf, dass das *numen Augusti* die sich äußernde Kraft bzw. Wirkung einer konkreten Gottheit, in dem Fall des Kaisers, bezeichnet. Das *numen Augusti* ist erstmals in den Georgica Vergils Adressat der Verehrung.[351] Eine weitere wichtige Station bilden Horaz' Carmina, in denen Augustus in den Kreis der privat zu verehrenden Götter einbezogen und später dann auch den öffentlich zu verehrenden Göttern zugeordnet wird.[352] Interessant ist, dass Augustus dabei bereits mit anderen Vergöttlichten in eine Reihe eingeordnet wird, die das Vorbild

---

344 Vgl. Chibici-Revneanu, Herrlichkeit, 385.
345 Vgl. Chibici-Revneanu, Herrlichkeit, 387. Mi 5,3 (LXX).
346 Gärtner, Numen, 1160.
347 Pötscher, Numen, 372.
348 Pötscher, Numen, 371.
349 Pötscher, Numen, 361.
350 Gradel, Worship, 235.
351 Vgl. Gärtner, Numen, 1162. Verg. georg. 1,29f.
352 Vgl. Gärtner, Numen, 1163. Hor. carm. 4,5,29.36.

für ihn bilden. Bei Horaz werden die Vergöttlichten Castor und Herkules genannt. Dennoch wird Augustus nicht selbst als *numen* bezeichnet. Ovid schreibt Augustus ein *numen* zu und begründet dies mit seiner zukünftigen Göttlichkeit, was ihn von den etablierten Göttern unterscheidet.[353] Dabei verweist er auf das Vorbild Caesars. Erst in der Exildichtung Ovids etabliert sich der Begriff *numen* als uneingeschränkte Bezeichnung für den Kaiser und ist literarisch feststehend.[354] Diese Unterscheidung zwischen den etablierten Göttern des Olymps und den Herrschergottheiten wird durch Lukan nivelliert, der Nero schon zu Lebzeiten „numinosen Rang" zuerkennt, so dass aufgrund dessen alle anderen Inspirationsgottheiten obsolet wurden. Diese Überbietung anderer Gottheiten sieht er auch für Neros *numen* nach seinem Tod gegeben, da vor dem *numen* Neros alle anderen *numina* zurückweichen würden.[355] Mit Friedrich Pfister lässt sich resümieren: „Erst in der Literatur der augusteischen Zeit kann also n. die Gottheit und den einzelnen Gott, nicht nur eine göttliche Eigenschaft bedeuten."[356]

Um die Eigenschaften des *numen* besser zu erfassen, wird es nun vom *genius* abgegrenzt, denn *numen* und *genius* sind zwei voneinander zu unterscheidende Größen, die jedoch lange für identisch bzw. analog gehalten wurden. Diese Unterscheidung findet Bestätigung bei Fishwick, der die Aussage trifft, dass die Differenz zwischen Kaiser und *numen* kleiner sei als zwischen Kaiser und *genius*.[357] Die Unterscheidung belegen Inschriften, die der göttlichen Wirkkraft und dem Schutzgott eines Herrschers gleichzeitig gewidmet sind.[358] Zwei wichtige Weihungen an Augustus sind nun näher zu betrachten, da sie Aufschluss geben können über das Wesen des *numen* und den Beginn einer Verehrung seines *numen*. Damit können zugleich wichtige Indizien für die Entwicklung des Kaiserkultes benannt werden. Bei den hier zu betrachtenden Weihungen wird ebenfalls zwischen den beiden Größen *genius* und *numen* unterschieden: An einem dem *numen Augustum* geweihten Altar auf dem Forum Clodii werden im Zuge der Festschreibung bestimmter Riten (Inschrift 18 n. Chr.) auch die beiden *genii* von Augustus und Tiberius an Festtagen an diesen Altar zum Mahl geladen.[359] Wenn zwischen den beiden Größen *numen*

353 Vgl. Gärtner, Numen, 1163. Ov. ars 1,203f.

354 Vgl. Gärtner, Numen, 1163.

355 Vgl. Gärtner, Numen, 1164. Vgl. Lucan. 1,63. Wichtig ist auch die Kritik an der Verehrung falscher *numina* oder der Verdrängung alter Gottheiten durch neue bei Curtius Rufus (8,5,8). Lucan reflektiert kritisch auf die Beschädigung der Götterwelt durch den Kaiserkult und die damit verbundene Vergöttlichung eines Menschen Lucan. 7,75f.

356 Pfister, Numen, 1278.

357 Vgl. Fishwick, Genius, 377.

358 Vgl. Clauss, Herrscherkult, 231.

359 CIL 11, 3303 = D 154. Vgl. Fishwick, Genius, 358; Vgl. Fishwick, Ruler, 380.

und *genius* unterschieden wird, so scheinen sie voneinander getrennte Konzepte[360] vorzustellen. Fishwick definiert *numen* als das, was einen Gott zu einem Gott macht - die Manifestation seiner Wirkungsweise. Daher gilt *numen* „makes a god a god".[361] Und er sieht eine Entwicklung von der Zuschreibung eines *numen* an den *populus Romanus* oder den römischen Senat zu dem Schritt, Individuen ein *numen* zuzuschreiben. Während der *genius* und seine Verehrung sich nur auf den lebenden Kaiser beziehen können, kann sich das *numen augustorum* auch auf verstorbene Kaiser beziehen.[362] Michael Koortbojian definiert *numen* ebenfalls als „divine power" des Augustus, der der Altar in Narbo, dem zweiten Beispiel, gewidmet ist und für den die Unterscheidung zwischen *genius* und *numen* im Umkehrschluss vom Forum Clodii ebenfalls gilt.[363] *Genius* hingegen umfasst „ein von der Person verschiedenes, zu ihr hinkommendes Sein[, das] als eine Art *comes* angesehen werden kann, während *numen* dagegen die aus dem Inneren herrührende Macht darstellt."[364]

---

360 Vgl. Fishwick, Ruler, 380.

361 Fishwick, Ruler, 383.

362 Fishwick, Numina Augustorum, 388–396.

363 Für den Altar in Narbo wurde aufgrund der Ähnlichkeit der Form der kultischen Verehrung mit der des *genius* überlegt, ob *genius* hier als *numen* verehrt wird. Rückschließend von dem Altar auf dem Forum Clodii gilt diese Unterscheidung jedoch auch für den Altar in Narbo, einem der frühesten Weihebauten, der dem *numen* des Augustus gewidmet ist. Dieser wurde 11 n. Chr. geweiht und erhielt 12/13 n. Chr. seine Inschrift. CIL 12, 4333 = D 112. Vgl. Fishwick, Genius, 358.359 und Fishwick, Ruler, 379. Den entscheidenden Unterschied zwischen dem Kult in Narbo und dem auf dem Forum Clodii sieht Michael Koortbojian darin gegeben, dass Narbo der „divine power" des Augustus gewidmet ist, während der Altar auf dem Forum Clodii mit seiner Präsentation vieler Mitglieder der augusteischen *domus* das *numen* der *domus augusta* adressiert. Zugleich hält er fest, dass das *numen* eines lebenden Herrschers seine ihm eignende göttliche Macht war, die zugleich jedoch von seiner Person, dem lebenden Menschen, zu unterscheiden war. Koortbojian, Divinization, 172.178.

364 Liertz, Kaiserkult, 125. Auch Uta-Maria Liertz unterscheidet zwischen *genius* und *numen*. Unterscheidungsmerkmal des Kaisers von den anderen Menschen ist sein *numen*. Nach Liertz ist jedoch die Menschlichkeit des Herrschers gewahrt, denn im Gegensatz zu den Göttern ist Augustus weniger *numen*, sondern besitzt ein solches, so dass er nicht in die Reihe der Götter, sondern der göttlich herausgehobenen Menschen gehört. Liertz beschreibt sehr differenziert den Unterschied zwischen *genius* und *numen* für den Status der Göttlichkeit des Kaisers. Während die Verehrung des *genius* als Hausgottheit des *pater familias* jedem Römer zukam, erfuhr der *genius* des Kaisers durch die Aufnahme in den Kult der Lares Compitales und den Kult des Heeres eine Heraushebung. Der Kaiser wurde über diese Verehrung seines *genius* zum *pater familias* des Römischen Reichs und vom Wohlergehen dieses stellvertretenden herausgehobenen *pater familias* hing das Heil des ganzen Staaes ab. Vgl. Liertz, Kaiserkult, 125. Liertz wertet die Praxis der Verehrung des kaiserlichen *numen* als „seiner ‚göttlichen Wirkkraft'" als „eine klare Unterscheidung und Erhebung über die übrige Menschheit". Liertz, Kaiserkult, 125.

Vieldiskutiert innerhalb der Forschungslandschaft ist das Verhältnis von Göttlichkeit und Menschlichkeit für den Status des Kaisers und die Zuschreibung von *numen* an ihn. Fishwick hebt die Konstruktion des Nominativs *numen* mit einem Genitivattribut hervor, um den Aspekt, dass einem Individuum das *numen*, die göttliche Kraft, zugehörig ist, zu verdeutlichen. Der Kaiser wird daher zum „divine man“[365]. Dennoch betont Fishwick, dass trotz allem die Menschlichkeit des Kaisers gewahrt bleibt und er zwar ein *numen* hat, selbst aber kein *numen* ist.[366] Für die Zuschreibung von *numen* an lebende Menschen und nach dem Tod divinisierte Kaiser hält Pfister genau diese Unterscheidung fest, denn er differenziert zwischen Göttern, die *numen* sind, und Menschen, die ein *numen* haben, aber nie *numen* sind.[367] Obwohl Fishwick zugesteht, dass das *numen* „conceived as a divinized abstraction to be treated in the same way as a traditional god, though immanent in the emperor rather than concomitant like the Genius Augusti“, so ist *numen* zugleich immer „a property of the single, multiple or collective Augusti“ und nie eine vom Herrscher zu unterscheidende Gottheit.[368] Für Manfred Clauss ist es nicht möglich „numen Augusti mit ‚Macht des Augustus‘ zu übersetzen“, sondern das *numen* bezeichnet die „*göttliche[…] Macht* des Augustus oder d[ie] *Macht des Gottes* [Hervorhebung im Original] Augustus“[369]. Denn „die Wirkmächtigkeit der Gottheiten war es, die den Menschen deren Existenz bewies“[370]. Seitdem das *numen Augusti* die Wirkkraft der divinisierten Kaiser bezeichnet, wird das *numen* eine vom lebenden Kaiser unabhängige Größe, die aber jedem Kaiser als Sohn eines *divus* zukommt. Clauss gibt an, dass das *Divi-filius*-Sein das Wirken eines *numen* erleichtert, vielleicht sogar die Voraussetzung bildet.[371] Clauss versteht das Zusprechen von Göttlichkeit einem lebenden Menschen gegenüber als die höchste Ehrung für einen Menschen. Er erhebt jedoch vehementen Widerspruch gegenüber der Unterscheidung zwischen dem Besitzen eines *numen* und dem Sein eines *numen*, weil dies die „*die* [Hervorhebung im Original] charakteristische Eigenschaft einer Gottheit“ sui generis ist.[372] Für Fishwick bleibt die Unterscheidung zwischen Gott

365 Fishwick, Genius, 364.

366 Vgl. Fishwick, Genius, 364.

367 Vgl. Pfister, Numen, 1285.

368 Fishwick, Ruler, 385.

369 Clauss, Herrscherkult, 230.

370 Clauss, Herrscherkult, 230.

371 Vgl. Clauss, Herrscherkult, 231. Demgegenüber betont er jedoch auch, dass es nicht unbedingt notwendig war, erst Staatsgott zu werden, um göttliche Wirkkraft zu besitzen. Vgl. Clauss, Herrscherkult, 232. Für Clauss ist die Dedikation des Altars auf dem Forum in Narbo ein wichtiges Zeugnis für die Verehrung des Augustus als Gott. Er gilt dem lebenden Menschen Augustus und ist zugleich seiner göttlichen Wirkkraft sowie der Wirkung der Götter, die sich in ihm manifestiert, errichtet. Vgl. Clauss, Herrscherkult, 231.

372 Vgl. Clauss, Herrscherkult, 69.

und Mensch trotz aller göttlichen Attribuierung des Kaisers gewahrt. Er spricht Augustus jedwede göttliche Natur ab, sieht aber den Kaiser bzw. sein *numen* als „working of divinity through the agency of the human emperor"[373]. Diese Definition ist sehr geeignet das *numen* als Wirken einer Gottheit durch einen Menschen zu verstehen, ohne das Verhältnis Gottheit – Mensch auszubuchstabieren.

> „*Numen Augusti* bringt die **besondere** [Hervorhebung im Original] (willentliche) Wirkung, die Wirkungsweise, die exzeptionelle Wirklichkeit des Augustus im Sinne des ‚Göttlichen' zum Ausdruck; diese konnte einfach (phänomenalistisch) als solche betrachtet und verehrt werden, aber auch (stärker reflektiert und eingebettet in das Gesamt oder in einen Teil des Götterglaubens) als Wirkung der Götter im Augustus und durch den Augustus angesehen und ebenfalls verehrt werden."[374]

Damit war der Kaiser zugleich „mittelbar ein wichtiger Garant für das Heil des römischen Staates und Volkes"[375], der als besonderer Günstling und Schutzbefohlener der Götter den Schutz der Götter zuwandte bzw. vermittelte. „Die *salus omnium/universorum* hängt nun allein von der *salus* des Kaisers ab, der so Mittler und Ursprung des Heiles der gesamten im römischen Reich vereinten Menschheit wird."[376] Seit Domitian beziehen sich die für ihn ausgesprochenen *vota* auf die *salus universorum*; die *salus publica* ist seit Nero nicht mehr an eine bestimmte Leistung des Herrschers gebunden, sondern basiert auf dem Dasein des Kaisers. Waren die Neujahrsvota zunächst auf den *populus Romanus* als Adressaten und Objekt der *salus* bezogen, so wurde dieses Objekt ausgedehnt auf den ganzen Erdkreis. Dies setzte sich nicht nur unter Trajan fort, sondern wurde von diesem sogar noch verstärkt.[377]

Wie in Kp. II/C beim Topos des Herrschers als Brotspender deutlich wurde, ist der Herrscher Garant des Funktionierens und damit des (politischen) Wohl des Staates, zum einen innenpolitisch durch die Versorgung der Bevölkerung mit Nahrung, zum anderen außenpolitisch durch Frieden, Sicherung der Grenzen und Schutz vor Feinden. Im Hintergrund steht der religiöse Aspekt der Sicherung der Gunst der Götter in der Person des Kaisers zugrunde, damit das Wohl des Staates gewährleistet ist.

Zusammenfassend lässt sich sagen, dass der Grad an Göttlichkeit, der einem Herrscher zugestanden wird, schwierig zu bestimmen ist. Der Herrscher – und

---

373 Fishwick, Ruler, 387.

374 Pötscher, Numen, 391.

375 Schwarte, Salus, 229.

376 Schwarte, Salus, 229.

377 Vgl. Kp. II/B 2.2.

das ist das mindeste, was man sagen kann, wirkt in seinem Handeln wie ein Gott, was den Terminus *numen* auf den Herrscher anwendbar macht. Denn das *numen* beschreibt die Wirkkraft eines Gottes, also das tätige Wirken seines Willens. Ob dieser Herrscher vollumfänglich *numen* ist oder nur *numen* hat, muss wie in Kp. II/A geschildert, offen bleiben. Dient nach Peppel die Divinisierung des Herrschers auf Probe – z. B. durch die Verehrung seines *numen* – auch der Kontrolle seines herrscherlichen Handelns[378], so gilt für das *numen* eines Herrschers zu betonen, dass dieser auf ein bestimmtes Handeln durch die Anrufung seines *numen* – wie dies in der Poetik geschieht – verpflichtet werden konnte. Eng damit verbunden ist die Möglichkeit über das Handeln seinem *numen* gemäß Ehre zugeschrieben zu bekommen bzw. diese zu steigern. Damit wird zugleich deutlich, dass das, was als Wirkweise des Willens einer Gottheit manifest wird, auch durch einen Menschen geleistet werden kann bzw. werden soll und sich das Erlangen von Ehre in der Verehrung als Heros widerspiegelt. Der Herrscher ragte jedoch immer in die Sphäre des Numinosen hinein, so dass für ihn die Kategorie des Heros ausscheidet. Wie schon beschrieben ist in der Vorstellung und Inszenierung des Herrschers die Trennwand zwischen Mensch und *divus* besonders dünn und damit, bildlich gesprochen, durchlässig.

3.4.2.3.3 Der Name Gottes im Altes Testament

Hier ist nun näher einzugehen auf die Arbeiten, die sich damit beschäftigen, wie der Name Gottes im Rahmen der Namen-Theologie zu verstehen ist. Dabei ist zu beachten, dass *numen* und Name nicht in eins gesetzt werden. Beide sollen jedoch in ihrer Funktionalität als Wirkweise bzw. Machtmittel (eines) Gottes analysiert und erfasst werden.

Die Frage nach der näheren Identifizierung des Namens Gottes und seiner Funktion ist eng verbunden mit der Frage nach der Funktion der Namensformel, die gehäuft im Dtn vorkommt. Als Beispiel sei hier Dtn 12,11 benannt: „Die Stätte, die der HERR, euer Gott, erwählen wird, indem er dort seinen Namen wohnen lässt […].“ Rudolf Smend versteht den von Gott am Kultort hinterlegten Namen als kultische Präsenz Gottes, die angerufen werden kann an einem von Gott legitimierten Ort bzw. Altar.[379] Gerhard von Rad versteht das dtn Namensformular ebenfalls im Kontext einer Korrektur im Sinne des Wohnens einer Hypostase statt der Präsenz von Gott selbst. Um dem Dilemma des Hypostasenbegriffs zu entkommen, bestimmt von Rad das Wohnen des Namens als Präsenz der Δόξα bzw. des göttlichen Rettungswillens.[380] Benno Jacob sieht eine Übersetzung als „im Namen“,

378 Vgl. PEPPEL, Gott, 76.

379 Vgl. SMEND, Lehrbuch, 279–286.

380 Vgl. RAD, Deuteronomy, 38f.90.

d. h. in Stellvertretung Gottes als misslungen aufgrund der Unvertretbarkeit Gottes an.[381]

Zwei Vorwürfe impliziert diese Kritik Jacobs: Zum einen die falsche Übersetzung und zum anderen das Verstehen des Namens als Hypostase. Jacob übersetzt statt Name JHWHs „Jahve und zwar nominatim"[382]. Das Übersetzen der Präposition gestaltet sich ebenfalls schwierig: Entweder der Name erhält eine lokale Bedeutung (Übersetzung als „bei") oder er wird zum Instrument und Mittel (Übersetzung als „mit") oder man verlegt die Handlung und das Subjekt der Handlung in den Namen (Übersetzung als „in").[383] Es besteht eine Identifizierungsgefahr von JHWH als Namensträger mit dem Namen. Benno Jacobs berechtigte Einwände gegen das Verstehen des Namens JHWHs als Hypostase stehen im Hintergrund von Roland de Vauxs These, der das Setzen des Namens als Besitzanspruch und die Namenssetzung als Angabe des Besitztums des Kultortes durch JHWH deutet.[384] Friedrich Giesebrecht verweist auf die mit dem Namen Gottes verbundene Wirkweise als Machtmittel.[385] Das Preisen des Namens findet vor allem im Kontext der kultischen Verehrung und Anrufung Gottes statt. Nach diesem kurzen forschungsgeschichtlichen Überblick soll jetzt auf die jüngeren Arbeiten näher eingegangen werden.

Oskar Grether versteht unter dem šēm JHWHs die Anrufungsseite Gottes, da der šēm JHWHs eine herausragende Stellung im Rahmen von Gebeten oder kultischen Handlungen einnimmt. Er versteht diesen vor dem Hintergrund von Ex 23 und Jes 30 als eigenständige Hypostase. Für die Annahme des šēm JHWHs als eigenständige Hypostase führt er Ex 23,20f an. JHWH zieht mit seinem Volk durch die Wüste, vertreten durch seinen ma'lak, in dem sein Name ist. Er definiert den šēm als „Offenbarungsform für Jahwe"[386]. Verleiht der Name dem ma'lak göttliche Autorität, so ist er JHWH nicht untergeordnet, sondern dessen legitimer Repräsentant, also die „Gestalt, in der sich Jahwe offenbart"[387]. Dies impliziert für ihn, dass der šēm JHWH mit JHWH selbst nicht völlig deckungsgleich ist, da dem šēm JHWH nicht die gleiche vernichtende Majestät eignet wie JHWH selbst. Er ist nach Grether „die vorübergehende, Jahwes Wesen nicht völlig erschöpfende Erscheinung, die nicht die ganze, volle Majestät Jahwes darzustellen vermag"[388]. Grether unterscheidet jedoch dezidiert zwischen dem šēm JHWHs und JHWH

---

381 Jacob, Untersuchung, 39.

382 Jacob, Untersuchung, 39.

383 Vgl. Jacob, Untersuchung, 38.

384 Vgl. Vaux, Yahwé, 221–228.

385 Vgl. Giesebrecht, Schätzung, 41-44. Vgl. auch Grether, Name, 47.

386 Grether, Name, 29.

387 Grether, Name, 29.

388 Grether, Name, 29. Vgl. Keller, Namenstheologie, 134.

selbst, so dass er dem šēm JHWHs „volle Selbständigkeit“[389] attestieren kann. Die zweite Stelle, die Grether für die Untermauerung seiner These des šēm JHWH als eigenständige Hypostase im Sinne der Offenbarungsform JHWHs heranzieht, ist Jes 30,27f. Während JHWHs ma'lak in Ex 23,21 in der Funktion einer Schutzmacht für Israel inmitten des Volkes einherzieht, fungiert der šēm JHWHs in Jes 30,27f als Offenbarer und Vollstrecker des Zorns JHWHs gegenüber den Feinden Israels. Er übernimmt hier also die Funktionen eines Racheengels JHWHs, wenn er über seinen „brennenden Zorn, sein wuchtiges Auffahren, voller Grimm und mit verzehrendem Feuer“ näher bestimmt wird. Auch Stimme und Arm JHWHs werden gegen die Feinde Israels zu ihrer Vernichtung eingesetzt.

> „Der schem jahwe fungiert als Erscheinungsform für Jahwe. Wo es sich um solch ein konkretes Eingreifen Jahwes in die Welt handelt, wie es Jes. 30,27ff. geschildert wird, tritt nicht Jahwe selbst handelnd auf sondern der schem jahwe als die geschichtliche Offenbarung seiner selbst und zwar diesmal, im Unterschied von Ex. 23,21, nicht im mal'ak sondern – bildlich gesprochen – ganz ohne Hülle.“[390]

Den deuteronomistischen šēm-Begriff wertet er als Vergeistigung und Versittlichung der anthropomorphen Gottesvorstellung des im Tempel wohnenden JHWHs. Über das Wohnen des šēm JHWHs im Tempel werde die Bindung des Tempels an JHWH gewahrt, zugleich werde sich gegen eine falsche Bindung JHWHs an den Wohnort Tempel und ein falsches Vertrauen darauf verwahrt. Mit dem deuteronomistischen šēm-Begriff, der von einer dauerhaften Repräsentanz des Namens am Heiligtum ausgeht, geht das Verstehen des šēm JHWHs als „dauerndes Herausgetretensein“[391] einher. Grether führt den deuteronomistischen šēm-Begriff auf die Reaktion auf die Kultzentralisation und den damit einhergehenden Verlust an Ubiquität und Überweltlichkeit zurück, die über den šēm-Begriff gewährleistet bleiben sollten. Nachdtn nimmt dann im Gegenzug die Verwendung als Wechselbegriff zu. Eine andere Lesart von Jes 30,27f bietet Gillis Gerlemann, der vor dem Hintergrund seiner Untersuchung des hebräischen Nominalstils von einer „Verlebendigung des Abstraktums“[392] ausgeht, was übertragbar ist auf 30,27f. Er negiert eine Hypostasierung des šēm JHWHs, da diese eine Überinterpretation als religionstheoretische Erscheinung mit einschließe, göttliche Attribute abzuspalten. Vielmehr sei dem hebräischen Nominalstil selbst eine Verdinglichung solcher Abstrakta zu eigen.[393]

389 Grether, Name, 29.

390 Grether, Name, 30.

391 Grether, Name, 35.

392 Gerlemann, Sprachstil, 111.

393 Vgl. Gerlemann, Sprachstil, 111.

Adam S. van der Woude versteht die Namensformel im Zusammenhang mit der Tempeltheologie als Namensproklamation JHWHs für die Festlegung des Tempels als sein Besitztum, das er für sich reklamiert. An diesem Ort wird der Name JHWHs in einer Manifestation JHWHs vollmächtig proklamiert. Van der Woude widerspricht auch Grethers These des šēm JHWHs als eigenständiger Hypostase, denn JHWH werde nicht nur unter Nennung seines Namens angerufen, sondern kultische Handlungen finden auch vor dem Angesicht JHWHs statt. Er hebt hervor, dass die Anrufung unter Nennung des Namens auf die Offenbarungsseite JHWHs im Rahmen des Kultes zielt, denn dies ist „terminus technicus für die kultische Verehrung Jahwes" bzw. allgemein für das Bekennen JHWHs.[394] Er deutet Ex 20,24 daher nicht von einer dtn Namenstheologie her, sondern möchte dies vor dem Hintergrund einer „persönlichen, sich im Bereich des Kultes manifestierenden Gegenwart Jahwes"[395] verstehen und definiert daher den šēm JHWH, wenn dieser in der Kultsprache zur Anwendung kommt, als „Wechselbegriff für Jahwe"[396]. Er sieht den primären Anwendungsbereich dann auch im Bereich des Kultes und zwar eines „sich in einem Reden vollziehenden Kultus"[397]. Er negiert die Vorstellung eines šēm JHWHs als eigenständiger Hypostase und verweist für seine Argumentation darauf, dass šēm JHWH gleichbedeutend mit JHWH in Person bzw. in Herrlichkeit sei.[398] Vor diesem Hintergrund deutet er die genannten Stellen als persönliche Anwesenheit JHWHs in seinem Engel bzw. als Gericht an Asssur durch JHWH selbst. Wichtig festzuhalten bleibt, dass van der Woude neben der *kāḇôḏ*-Theologie keine zweite (weiterentwickelte) Form darstellende Namenstheologie gegeben sieht.

Auch Jarl E. Fossum hält für den Namen fest, dass dieser „the vital energy, the power of the human person or the deity"[399] ist. Er definiert den Namen JHWHs als „power which God has available for action"[400]; der göttliche Name kann aber nach Fossum auch selbst tätig werden und definiert werden als: „an often only partly independent, divine entity, which represents a more or less complete personification of a characteristic, a function, or some attribute of a higher god."[401]

Martin Keller grenzt sich von einem Verständnis des Namens als Wechselbegriff für JHWH ab, da JHWH auch selbst an seinem Namen handeln kann und daher davon zu unterscheiden ist. Ist der Name mal „machtvolles Mittel […] durch das

394 Vgl. Woude, Name, 952.
395 Woude, Name, 955.
396 Woude, Name, 956.
397 Woude, Name, 956, zitiert nach: Grether, Name, 38f.
398 Vgl. Woude, Name, 956f.
399 Fossum, Name, 84.
400 Fossum, Name, 85.
401 Fossum, Name, 85, der sich bezieht auf: Ringgren, Hypostasen, 504.

Jahwe in die Welt eingreift"[402], so ist er zugleich Objekt des Handelns Gottes. Darin besteht die Schwierigkeit einer Anwendung des Hypostasenbegriffs auf ihn. Für Ex 23,20f und Jes 30,27f besteht die Schwierigkeit einer doppelten Repräsentanz, wenn der Name Gottes voranzieht. Keller geht von Pfeifer aus, der Hypostase als „Größe, die teilhat am Wesen einer Gottheit, die durch sie handelnd in die Welt eingreift, ohne daß sich ihr Wesen im Wirken dieser Hypostase erschöpft [Hervorhebung im Original]"[403], definiert. Keller weist jedoch auf die Notwendigkeit einer Präzisierung dieser Definition auf der Basis der dtn Namensformeln in der Hinsicht hin, dass der Name Gottes direkt „ an Jahwe zurückgebunden ist, so dass ihm bei der Herbeiführung seiner wohnhaften Präsenz keinerlei Mitwirken, geschweige denn selbständiges Agieren zukommt."[404] JHWH selbst legt seinen Namen am Kultort nieder, handelt an seinem Namen, so dass auch eine räumliche Distanz sowie ein Objektverhältnis gegeben sind. In der Langform der Namensformel ist der Name Subjekt des Wohnens im Tempel, aber auch diese Präsenz ist von JHWH veranlasst. Diese doppelte Besetzung fasst Keller wie folgt: Die „spezifische Dynamis des *schem* [Hervorhebung im Original] [zeigt] sich daran [...], dass er dieses als Ort der durch ihn vermittelten Jahwe-Präsenz qualifiziert."[405] Wenn der Name Gottes Objekt ist, so ist er zugleich Anrufungsseite für menschliche Aktivität. Der im Heiligtum präsente Name Gottes ist „das unmittelbarste und wohl auch fasslichste ‚Medium' des Verkehrs des Menschen mit Gott."[406] Keller kann den Namen Gottes als Hypostase fassen, da er in den dtn Namensformeln eine „ausgeprägt reflexiv entworfene Konzeption" gegeben sieht „die den *schem* [Hervorhebung im Original] in gewollter Distinktion von Jahwe sieht"[407]. Für besser geeignet im Vergleich zum trinitätstheologisch aufgeladenen Hypostasenbegriff, hält Keller das Verstehen des Namens JHWHs als Extension JHWHs und den šēm als Ausdruck der „extensiv-dynamische[n] Seite"[408]. Keller möchte die Beziehung zwischen JHWH und seinem Namen über die alttägyptische Aspektologie kriteriell besser erfassen. Aspekte sind „einzelne Anblicke, in denen sich die Sache jeweils von einem bestimmten Gesichtspunkte aus...darstellt"; ihm wohnt ein „Moment der Ergänzungsbedürftigkeit"[409] inne; denn ein einzelner Vers bringt nur einen Aspekt der Wirklichkeit zum Aus-

402 Keller, Namenstheologie, 133.

403 Vgl. Pfeifer, Hypostasenvorstellung, 15; Keller, Namenstheologie, 139.

404 Keller, Namenstheologie, 139.

405 Keller, Namenstheologie, 140.

406 Keller, Namenstheologie, 141.

407 Keller, Namenstheologie, 141.

408 Keller, Namenstheologie, 148.

409 Keller, Namenstheologie, 149, der sich bezieht auf: Brunner-Traut, Frühformen, 5f, ein Zitat von Otto Fr. Bollnow.

druck.[410] Für Keller sichert neben der Erwählung als legitimen Kultort vor allem das Hinlegen des Namens durch JHWH den Aspekt der „Anrufbarkeit Jahwes mit dem Jahwenamen"[411]. Der Name Gottes verbürgt die Präsenz Gottes am Kultort, bringt aber auch die Unterschiedenheit der Repräsentation JHWHs am Kultort und im Himmel zum Ausdruck.[412]

Nach diesem Forschungsüberblick ist noch einmal festzuhalten, dass im Sinne Benno Jacobs Vorsicht walten zu lassen ist mit der Gleichsetzung des Namens Gottes mit einer Hypostase. Die Definitionen von Fossum oder auch Keller und Giesebrecht sind differenzierter. Wichtig in diesem Zusammenhang ist jedoch auch, dass mit dem Namen und der Funktion immer auch ein Verweis auf das Handeln Gottes gegeben ist und dies als Argument, seinem Namen zu entsprechen, verwendet wird. Damit ist der Verwendung des Namens zugleich auch immer die Konnotation ‚Meinung von' und damit Ehre inhärent. Auf diesen Zusammenhang ist für die Auslegung von Joh 12 nun näher einzugehen.

Dass JHWH einen Namen hat, wird in Dan 9,15 darauf zurückgeführt, dass er Israel aus Ägypten herausgeführt hat. In Ez 20,9.14.22 wird das Motiv des Verhinderns der Entweihung des Gottesnamens mit der Erinnerung an das gottgemäße Handeln der Herausführung aus Ägypten kombiniert. Der Verlust des eigenen Volkes lässt den Namen Gottes in Zweifel kommen. Ulrich Berges weist darauf hin, dass die Gefahr besteht, dass die Völker sich über JHWH lustig machen würden,[413] was verhindert werden muss. Gott ist in Ez 36,23 und 39,7.25 selbst darauf verpflichtet, mittels seines Handelns seinen Namen zu heiligen. Dies dient zugleich dazu, eine Möglichkeit der Gotteserkenntnis herzustellen. Über die Kenntnis des Namens Gottes und das Bekenntnis zu ihm wird zudem die Bindung zwischen Gott und seinem Volk erneuert bzw. gestärkt[414] - etwa in Jes 52,6. In Jes 25,1 ist der Name Gottes preisungswürdig, weil Gott Wunder vollbracht hat und aus der Ferne wirkt. Gott handelt in Jes 48,9 gegen bzw. mit seinem Zorn und verschont das Volk Israel damit vor der Vernichtung. Dies wird begründet mit einem Handeln um der Ehre des Namens Gottes willen. So kann JHWH in Ps 53,3 (LXX) durch seinen Namen retten und dem Beter gegen den sich Fremde erheben, Recht verschaffen. Auch in Ps 108,21 (LXX) bittet der Beter JHWH gemäß seinem Namen an ihm zu handeln, was gleichzusetzen ist mit Gnade im Sinne eines befreienden Handelns – Rettung des Lebens aus Armut und vor feindlichen Verleumdern. Am interessantesten für unseren Zusammenhang sind Ps 78,9 (LXX) und 142,11 (LXX), in denen JHWH um Rettung bzw. Erhaltung des Lebens wegen der Ehre seines Namens gebeten

410 Vgl. Brunner-Traut, Frühformen, 154.

411 Keller, Namenstheologie, 151.

412 Vgl. Keller, Namenstheologie, 152.

413 Num 14,15f; Jer 14,7.9; Ps 79,9f; 115,1f. Vgl. Berges, Jesaja (HThKAT), 529.

414 Vgl. Berges, Jesaja (HThKAT), 529.

wird. Auch die Herausführung aus Ägypten geschah um der Ehre seines Namens willen und für das Zeigen seiner Macht (Ps 105,8 LXX). Name und Herrlichkeit JHWHs werden synonym verwendet in Ps 101,16 (LXX); ihnen gilt die Furcht der Völker und der Könige.

Der Name JHWHs gewinnt an Ehre, wenn er sich treu und huldvoll, d. h. in Kontinuität zu seinem bisherigen Handeln verhält. Grether weist auf den engen Zusammenhang hin zwischen der Anrufung des Namens im Rahmen des Kultes, der Verwendung des Namens als Wechselbegriff, der die Gegenwart Gottes beschreibt, und dem Namen, dessen Nennung Ruhm erzeugt, da er ebenfalls auf der Gegenwart Gottes und der Durchsetzungskraft seiner Macht basiert.[415]

> „Der schem als Ausdruck der Ehre und des Ruhmes Jahwes steht zum Wohlergehen und Gedeihen Israels im Verhältnis direkter Proportionalität. Israel kann sich auf den schem jahwe berufen und hat in ihm die Garantie, daß Jahwe es nicht verderben läßt."[416]

Hat der šēm nach Grether damit einen „gewissen Grad Objektivität" erlangt,[417] ist dies bereits die Verbindung zum šēm als Machtmittel. Zudem hat der Name Offenbarungsfunktion, denn der Name ist nach Grether die Seite der Zuwendung Gottes gegenüber dem Menschen.[418] „Das Tun, welches Gott in der Offenbarung übt, ist Handeln des mit einem Namen nennbaren Gottes."[419]

> „Also nicht auf den etymologischen Inhalt des Namens sondern auf das, was sich an Vorstellungen mit dem Namen verbindet, kommt es […] an. Im Namen einer berühmten Persönlichkeit faßt sich alles zusammen, was sie gewirkt und geleistet hat. An den Namen Gottes heftet sich alles, was er im Werk der Schöpfung und der Erhaltung der Welt, in der Erwählung und Führung seines Volkes getan hat."[420]

Damit sind die wesentlichen Funktionen des Namens als Machtmittel und Offenbarung benannt. In Analogie zum *numen* lässt sich zusammenfassend feststellen: *Numen* und Name JHWHs rekurrieren auf die Wirkkraft des Gottes und sind funktional analog eingesetzt: Sie geben das sichtbare Wirken eines Gottes an. Auch für den Namen Gottes gilt, dass seine Anrufung mit dem Ziel, Gott auf ein be-

415 Vgl. Grether, Name, 26.
416 Grether, Name, 26.
417 Vgl. Grether, Name, 26.
418 Vgl. Grether, Name, 40.
419 Grether, Name, 30.
420 Grether, Name, 57.

stimmtes Handeln seinem Namen gemäß zu verpflichten, erfolgen kann. Eng damit verbunden ist die Möglichkeit der Steigerung der δόξα für die Gottheit.

3.4.2.3.4 Die Verherrlichungsbitte Jesu in der Funktion einer Votivgabe

Das Opfer auf dem Kapitol war fest mit dem Hochsteigen zum Kapitol verbunden und fand dann in Distanz zum Volk im Kreis ausgewählter Personen statt. Es war in der literarischen Beschreibung zudem durch das alleinige Handeln des Kaisers gekennzeichnet, denn Augustus legt als herausgehobene Einzelgestalt den Lorbeer auf dem Kapitol nieder und über Vitellius wird allein von der herausgehobenen Begrüßung seiner Mutter auf dem Kapitol berichtet.

Wie gestaltete sich nun das Opfer als der Einlösung der *vota* auf dem Kapitol?

Van Straten beschreibt das Beziehungsverhältnis zwischen der Gottheit und dem Aufsteller des Weihegeschenks als geprägt von Dankbarkeit für die *Arete* der Gottheit und ihre Gnade. Schreiber stellt in Anlehnung an Jörg Rüpke die Votivgabe als „Vorleistung oder Dank für eine Leistung der Gottheit" dar.[421] Die größte Differenz zwischen einer Votivgabe und einem Opfer ist die Dauerhaftigkeit der Gabe. Dem entspricht, dass auch das Verhältnis zwischen Bittendem und Gottheit auf Dauer gestellt wird. Die Votivgabe ist nicht nur Erinnerung an die rettende Handlung der Gottheit, sondern auch Bitte um die Zugewandtheit der Gottheit in der Zukunft. „The series prayer/vow – gratification – votive offering/new prayer can easily be extended into a continuous interaction between man and god."[422]

Der Votivgabe liegt die Beziehungsstruktur der Ehrung der Gottheit für bzw. wegen ihrer Gnade zugrunde. Zugleich dient die Votivgabe als Beweis der Ehre des Betenden, denn sie zeichnet ihn als Liebling der Götter sowie je nach Größe der Votivgabe als Wohlhabenden aus, der sein gesellschaftliches Prestige zur Schau stellt.[423]

Michael L. Satlow, der vor allem Votifstiftungen an Synagogen ab dem 4. Jh. untersucht, bestätigt dies und sieht zudem den Aspekt der Immanenz der Gottheit, d. h. JHWHs betont: „The religious sentiment underlying these votives, in short, was that of divine immanence."[424] Satlow wertet den Aspekt der Aufdauerstellung der Beziehung zu einer Gottheit auch sehr viel stärker als den Aspekt, dass der Geber in der Synagogengemeinschaft an Ansehen gewinnt. „[...] it was also an expression of piety that, like the votive offerings to the Jerusalem temple, created and reinforced a personal relationship to the divine."[425] Satlow sieht jedoch sowohl in Gesetzestexten wie auch erzählenden Texten des ATs die Praxis der Gabe als

421 Schreiber, Weihegeschenk, 102.

422 van Straten, Gifts, 73.

423 Vgl. zum Ruhm für den Betenden van Straten, Gifts, 76.

424 Satlow, Giving, 94.

425 Satlow, Giving, 102.

Dankesgabe, Votivgabe oder freiwillige Gabe breit belegt.[426] Satlow sieht seinen Untersuchungsgegenstand nicht nur bereits im Alten Testament belegt, sondern auch für die Zeit des herodianischen Tempels. Im Vergleich mit der hellenistisch-römischen Praxis der Votivgaben hält er fest, dass die Stiftungen der Juden im 4. Jh. sich auf Geldspenden zum Bau bzw. Ausbau der Synagogen und eben nicht auf das Stiften von Statuen beziehen.[427] Festzuhalten mit Satlow bleibt bei allen Unterschieden:

> „Those inscriptions that exhort a reader (e. g., ‚remember for good') are not addressed to the community as much as they are addressed to God. They are permanent markers of personal piety. And in this respect they are functionally equivalent to Roman votive inscriptions."[428]

Er unterscheidet dabei zwei Varianten von Votivinschriften in Bezug auf die zugrundeliegenden Zeitdimensionen und Bedingungsgefüge:

> „The Jewish votive inscriptions that explicitly use vow terminology fall roughly into two groups. One uses the language of freewill and thanksgiving offerings. These inscriptions appear to thank God for particular perceived acts of divine intervention. God has helped the donor weather an illness or perhaps even find a lost coat, and the donor repays God with a gift to the ‚holy place'.
> […] Alternatively, they may serve more as down payments against which one plans to draw future divine favor. In either case, they establish a cycle: the donor gives a gift in order that God might continue to give. God is thus drawn into a continuing relationship with the donor. The second type of explicit votive offerings employs actual ‚vow' terminology […]. According to some literary sources, vows were conditional: if you do x for me, I will do y for you. Unlike the unconditional vows found in modern Jewish liturgy (e. g., ‚I vow to give money in memory of x'), these vows demanded that God fulfill the condition, and do so prior to the gift."[429]

3.4.2.3.5 Die Bitte Jesu um Verherrlichung

Der *adventus* ist die Zuweisung von Ehre an den Kaiser im Rahmen seiner Rückkehr nach dem erfolgreichen Erfüllen seines Vorhabens. Das Opfer auf dem Kapitol ist die Einlösung der für diesen Erfolg seines Vorhabens versprochenen *vota*. Jesus,

---

426 Vgl. Satlow, Giving, 96f.

427 Vgl. Satlow, Giving, 102.

428 Satlow, Giving, 102.

429 Satlow, Giving, 94f.

dem die Ehre eines *adventus* nach seinem Sieg über den Tod durch die öffentlichkeitswirksame Erweckung des Lazarus zugestanden wird, leistet kein Opfer. Er bittet vielmehr um die Verherrlichung des Namens durch JHWH.

Auch der König Jesus hält im Rahmen seines *adventus* eine öffentliche Rede. Allerdings ist es keine Begrüßungsrede an das Volk, auch keine Auflistung seiner Ruhmestaten, sondern eine appellative Rede mit abschließendem Gebet.[430] Statt der Bitte um Rettung aus dieser Stunde, wendet sich Jesus mit der Bitte um Verherrlichung des Namens an Gott. Während die δόξα Jesu durch den *adventus* Jesu vor dem profanhellenistischen Hintergrund zum Ausdruck kommt, ist mit der Verherrlichung des Namens die religiöse Dimension des *adventus* aufgerufen. Der Kaiser ist beim Opfer auf dem Kapitol zum einen selbst Gott, zum anderen aber zugleich eine Gottheit Verehrender, einer Gottheit Opfernder. Welche Bedeutung das Opfern im Tempel der bewillkommnenden Stadt durch den Einziehenden im Rahmen des *adventus*-Geschehens hatte, wird beim Einzug in Rom daran deutlich, dass der Kaiser Iuppiter oder der kapitolinischen Trias opferte. Und auch Jesus erhält eine Antwort auf seine Bitte um Verherrlichung. Gott antwortet darauf, dass er seinen Namen bereits verherrlicht hat und wieder verherrlichen wird. Bezieht sich der Akt der Verherrlichung auf die Vergangenheit, so ist damit zunächst der *adventus* im Blick, aber auf einer übergeordneten Ebene die δόξα, die in Jesu wunderwirksamen Handeln sichtbar wird.[431]

Im Unterschied zur alttestamentlichen Namensverehrung JHWHs durch das Volk Israel und der (Selbst-)Verpflichtung JHWHs zur Treue gegenüber seinem Namen, verherrlicht JHWH selbst hier seinen Namen in der Person Jesu. Deswegen ist mit diesem Motiv der Verherrlichung des Namens JHWHs viel eher das Motiv des Handelns um (der Ehre) seines eigenen Namens willens verbunden. Das theologisch bzw. christologisch Spannende liegt nun gerade darin, dass Jesus bzw. das Handeln Jesu und sein kommender Tod zur Rettung einer übergeordneten Größe mit diesem Verherrlichungshandeln JHWHs identifiziert werden. Damit tritt es in einen doppelten Gegensatz zum Opfer des Kaisers auf dem Kapitol. Während der Kaiser seine *vota* als Dankesgabe einlöst, bittet Jesus um die Verherrlichung des Namens JHWHs. Dies spiegelt die Funktion der Vertiefung und Aufdauerstellung der Gottesbeziehung durch eine Votivgabe. Während der Kaiser als Opfernder keine Gottheit darstellt, wird Jesus mit dem Namen JHWHs identifiziert. Jesus ist damit der Name JHWHs – und damit zugleich Verlebendigung JHWHs. Gilles Quispel identifiziert Jesus mit dem Namen Gottes.[432] Auch Adelheid Ruck-Schröder stellt

---

430 Einen Anklang an das Vaterunser (1. Bitte) sehen THEOBALD, Evangelium (RNT), 808; MULLINS, John, 291; BROWN, John (AB 29), 476.

431 Vgl. zu dieser Möglichkeit THEOBALD, Evangelium (RNT), 809.

432 Vgl. QUISPEL, Qumran, 150. Er kategorisiert Jesus aufgrund dessen als „essential revelation of God". QUISPEL, Qumran, 150.

fest: „Christus, der den Namen Gottes von Gott selbst erhalten hat (17,11) und diesen nun der Gemeinde offenbart (17,6), ist in gewissem Sinn selbst dieser Name."[433] Fossum definiert den Namen über die rettende Funktion und die Funktion des Preisens des Namens. Auch Charles A. Gieschen identifiziert Jesus als göttlich, weil dieser den Namen mit JHWH teilt.[434]

Erinnert Joh 12,28 an die Stimme Gottes beim Taufgeschehen bei den Synoptikern, die der Identifizierung Jesu als geliebter Sohn dient, so liegt es nahe zu fragen, ob Jesus hier in die Funktion des Namens JHWHs hineingestellt wird. Gott ist hier Geber der δόξα an Jesus. Während nach Chibici-Revneanu eine Repräsentation von Gott (B) durch A oder die Gruppe C ausgeschlossen ist, wird in V. 28 diese Repräsentation von Gott durch Jesus als A eingeholt.[435]

Wenn das Geben von δόξα an Jesus gleichzusetzen ist mit der Verherrlichung des Namens Gottes, so ist hier Jesus mit Fossum zu verstehen als „an often only partly independent, divine entity, which represents a more or less complete personification of a characteristic, a function, or some attribute of a higher god"[436]. Auch die Analogien und Unterschiede zum *numen* eines Kaisers sind deutlich zu benennen. *Numen* bezeichnet das sichtbare Wirken eines Gottes in diesem Fall des Kaisers. Jüdischerseits gibt es keine zwei Götter: Als Name ist Jesus immer das Wirken und damit zugleich die Offenbarung des einzigen Gottes: JHWH.[437]

Numen beschreibt nach Pötscher den „Ausdruck des Willens (also der gewollte Ausdruck) und de[n] Wille[n] der Gottheit als solcher selbst, ja in der Kaiserzeit sogar die Gottheit selbst"[438]. „Das *numen* ist der wirkende Ausdruck des göttlichen Willens in der Form des Zunickens, das *fatum* aber in der Form des Spruches."[439] In der Wirkmächtigkeit und Durchsetzungskraft des Kaisers – rituell eingeholt durch *adventus* und Triumph, offenbart sich sein *numen*. Jesus ist hier mit der Definition von Fossum zu verstehen. Dies entspricht der Definition von *numen* im hellenistisch-römischen Kontext durch Fishwick und Liertz. Auch der Name ist Machtmittel Gottes und zeigt Gott in Übereinstimmung mit seinem Willen. Juden(christliche) Lesende konnotieren mit der Nennung des Namens Gottes den präsenten, sich geschichtlich durch sein Handeln offenbarenden Gott. Der Name ist zudem eng verbunden mit der Ehre Gottes, die sich im Ruhm seines Namens

433 Ruck-Schröder, Name, 211. Vgl. auch Brown, John (AB 29A), 756. Vgl. allg.: Coutts, Name; Ronning, Targums, 70–83; Roukema, Name, 207–223; Gieschen, Christology; Ders., Angelomorphic, 270–293.

434 Vgl. Gieschen, Christology, 388.

435 Vgl. Chibici-Revneanu, Herrlichkeit, 389.

436 Fossum, Mysticism, 85, der sich bezieht auf: Ringgren, Hypostasen, 504.

437 Vgl. zum bleibenden Monotheismus: Lincoln, Name, 164.

438 Pötscher, Fatum, 399.

439 Pötscher, Fatum, 411.

spiegelt. Der Ruhm und die Heiligkeit des Namens sind abhängig davon, ob Gott Israel gegenüber treu ist. Indem Gott Jesus verherrlicht, verherrlicht er seinen Namen, d. h. mehrt den Ruhm seines Namens und bleibt sich in seinem Willen treu. Wenn die Verherrlichung des Namens durch JHWH zu trennen ist vom Zuteilen von δόξα an Jesus, dann verherrlicht Gott seinen Namen, indem er Jesus zu seinem wirkmächtigen Handeln in Wort und Zeichen befähigt und zu einem wirksamen Sterben bevollmächtigt sowie durch das Handeln Jesu Ehre erhält. Diese These wird gestützt durch Joh 17,11, wo von Jesus die Aussage getroffen wird, dass er den Namen Gottes trägt. Δέδωκάς ist 2. Pers. Sg. Indikativ Perfekt Aktiv von δίδωμι und ist zu übersetzen als: gegeben hast. In Jesus offenbart sich Gott; Jesus ist zudem Träger des Namens Gottes, der den Willen Gottes durchsetzt. Schon hier changiert also das Bild und wechselt von der Identifikation Jesu mit dem Namen[440] hin zur Bestimmung als Träger des Namens Gottes. Brown betont in diesem Zusammenhang den Namen in der Funktion als Schutzmacht (Spr 18,10).[441] Er geht davon aus, dass der Name „egō eimi" ist.[442] Kaum erfolgt die Differenzierung, wird am Ende von Joh 17,11 betont: Gott und Jesus sind eins (ἵνα ὦσιν ἓν καθὼς ἡμεῖς).

Das Verherrlichen braucht jedoch ein öffentliches Forum, eine Gemeinschaft für die es sichtbar wird. Dies bildet die Funktion des *adventus* und der Erhöhung ab. Der Geber der δόξα wäre JHWH an Jesus, der diese δόξα an JHWH in seinem Handeln zurückgibt. JHWH wäre zugleich Subjekt und Objekt seines Verherrlichungshandelns. Diese Struktur findet sich auch in der Verherrlichungsnotiz in Joh 13,31f. Ὅτε οὖν ἐξῆλθεν, λέγει Ἰησοῦς νῦν ἐδοξάσθη ὁ υἱὸς τοῦ ἀνθρώπου καὶ ὁ θεὸς ἐδοξάσθη ἐν αὐτῷ·32[εἰ ὁ θεὸς ἐδοξάσθη ἐν αὐτῷ], καὶ ὁ θεὸς δοξάσει αὐτὸν ἐν αὐτῷ, καὶ εὐθὺς δοξάσει αὐτόν.

31 Als er hinausgegangen war, sagt Jesus: Jetzt wurde der Menschensohn verherrlicht und Gott ist in ihm verherrlicht. 32 Wenn Gott in ihm verherrlicht ist, wird auch Gott ihn in sich verherrlichen und er wird ihn bald verherrlichen.

Das Verherrlichen Gottes bezieht sich in Joh 12,28 sowohl auf die Vergangenheit als auch auf die Zukunft. Die Antwort Gottes, dass er seinen Namen erneut verherrlichen wird (Futur), bezieht sich auf die Erhöhung Jesu am Kreuz, die noch aussteht. Für die Vergangenheit des Verherrlichens ist ein breiterer Bezugspunkt als der Todesgehorsam Jesu gewährleistet, wenn man das vergangene Verherrlichen seines

---

440 Chibici-Revneanu konstatiert die Gleichheit des Verherrlichungsgeschehens und das Zusammenfallen der beiden Bitten von Joh 12,28 und 17,1–5: „indem er *Jesus* verherrlicht, letztlich seinen eigenen *Namen* verherrlicht. [Hervorhebungen im Original]" Chibici-Revneanu, Herrlichkeit, 499.

441 Vgl. Brown, John (AB 29), 764.

442 Vgl. Brown, John (AB 29), 764.

Namens durch JHWH auf die semeia Jesu bezieht.[443] Für diesen Bezug spricht, dass der *adventus* aufgrund der Lazaruserweckung stattfindet. Zudem erweist dies die Stichwortverbindung zu Joh 11,4, wo Jesu eigenen Worten zufolge die Lazaruserweckung zur Herrlichkeit Gottes stattfindet. Wurde bereits dargelegt, dass Gott seinen Namen ehrt bzw. verherrlicht, indem er sich selbst entspricht, so können hier nur die Zeichen Jesu gemeint sein. Die enge Verbindung zur Ehre (der Menschen) wird jedoch auch im *adventus* sinnfällig, denn die Menschen reagieren performativ mit der Auszeichnung durch menschliche Ehren. Den größtmöglichen Bezugspunkt bildet selbstverständlich die These, dass Jesus in seinem ganzen irdischen Wirken Gottes Namen verherrlicht hat.[444] Dies würde mit 17,4 korrespondieren und der Feststellung, dass Jesus Gott auf Erden verherrlicht. Sichtbarster Ausdruck dieses Verherrrlichens bleiben jedoch die Zeichen Jesu.

Das Verherrlichen und seine zeitliche Erstreckung ist nun noch einmal vertieft auch unter Bezugnahme auf das Motiv der Stunde zu analysieren: Der Aorist ἐδόξασα ist entweder atemporal gnomisch oder komplexiv.[445] So stellt Frey die Frage, ob in dieser Abgeschlossenheit auch bereits der Tod als Verherrlichungsgeschehen mit eingeschlossen ist.[446] Nach Chibici-Revneanu kann neben dem irdischen Wirken auch der Kreuzestod dem ἐδόξασα zugeordnet und das δοξάσω entweder auf den Kreuzestod oder auf das nachösterliche Heilsgeschehen bzw. das Wirken des Erhöhten bezogen werden.[447] Mit ihr lässt sich jedoch festhalten, dass „weniger ein zeitliches Hintereinander zweier δοξάζειν im Blick ist als vielmehr die Kontinuität des einen δοξάζειν durch die Zeiten“[448], da beide Verbformen durch πάλιν verknüpft sind.

Frey zieht für die Beantwortung der Frage die Verherrlichungsansagen in 13,31f heran, deren Bitemporalität programmatisch ist. Νῦν verortet die Verherrlichung in 13,31f in der Stunde.

---

443 Vgl. Schnackenburg, Johannesevangelium (HTKNT 4/2), 486, der sowohl den Todesgehorsam Jesu als auch die semeia Jesu als Bezugspunkt vorschlägt, sich aber letztlich für das ganze „irdische […] Werk Jesu“ entscheidet. Vgl. dazu auch Zumstein (KEK 2), 459; Ridderbos, John, 437. Vgl. zur Diskussion: Mullins, John, 292. Die Anteilhabe Jesu an Gottes δόξα wird betont bei Barrett, John (KEK), 425. Zudem ist eine Gleichsetzung bei Barrett mit der Anfechtung gegeben. Von Wahlde betont den Zusammenhang der Erweckung des Lazarus und der Verherrlichung Gottes. Vgl. Wahlde, John (ECC), 545.

444 Vgl. zu dieser Möglichkeit als einer neben anderen Bezugsmöglichkeiten: Theobald, Evangelium (RNT), 809.

445 Vgl. Frey, Herrlichkeit, 652.

446 Vgl. Frey, Herrlichkeit, 652f.

447 Vgl. Chibici-Revneanu, Herrlichkeit, 186.

448 Vgl. Chibici-Revneanu, Herrlichkeit, 187. Vgl. Schnackenburg, Johannesevangelium (HTKNT 4/2), 486.

„Die Schwierigkeit ist nur so zu lösen, daß in diesem Kettenspruch ein und dasselbe Geschehen der Verherrlichung Jesu in seiner ‚Stunde' aus zwei verschiedenen Blickrichtungen angesprochen wird: aus der Prospektive, die in der Abschiedssituation auf Jesu Tod vorausblickt, und der Retrospektive, die dieses Geschehen bereits aus der nachösterlichen Sicht der Gemeinde thematisiert."[449]

Das Verherrlicht-Werden Jesu ist im JohEv eng verbunden mit dem Motiv der Stunde und damit dem Tod Jesu. Dennoch ist die Vorstellung eines δοξάζειν durch die Zeiten denkmöglich, da das Weinwunder in Kana mit der Offenbarung der Herrlichkeit Jesu (2,11) ebenso wie die Auferweckung des Lazarus mit einem Verherrlicht-Werden des „Sohnes Gottes" (passivum divinum 11,4) verknüpft sind.[450] Jesus wird erneut bei seinem Sterben am Kreuz als seiner Erhöhung und bei seiner Auferstehung vor seiner Rückkehr zum Vater verherrlicht.

An die Stelle des Opfers auf dem Kapitol tritt beim *adventus* Jesu die Bitte um die Verherrlichung seines Namens durch JHWH und die Bestätigung dieser Verherrlichung in der Vergangenheit und für die nahe Zukunft.[451] Das Motiv der Verherrlichung des Namens akzentuiert den bereits eingeführten festen Topos der Verherrlichung des „Menschensohnes", der zudem fest verbunden ist mit dem Motiv der Stunde. Denn Jesus eröffnet seine „Hellenenrede" als Reaktion auf die Bitte der Hellenen, ihn sehen zu dürfen, mit der Feststellung, dass die Stunde (der Verherrlichung) des „Menschensohnes" gekommen ist. Dreimal verkündet er im Rahmen seines öffentlichen Auftretens, dass seine Stunde noch nicht gekommen ist: zunächst im Rahmen des Zeichens der wunderbaren Wandlung von Wasser in Wein (Joh 2,4 gegenüber seiner Mutter); dann in 7,30 für die Begründung des fehlenden Vollzuges der Gefangennahme Jesu und ebenso in 8,20. In der Kopplung der Motive von Stunde, Verherrlichen und Tod Jesu wird abermals das johanneische Konzept vom Tod als Erhöhung Jesu sichtbar sowie die Bindung des Motivs der Stunde an die Öffentlichkeit seines Anspruchs.

Ein weiteres wichtiges Motiv ist mit dem Motiv der Stunde bzw. der Verherrlichung des „Menschensohnes" verbunden: Das Eintreten der Stunde ist zugleich

---

449 Frey, Herrlichkeit, 653.

450 Beide Stellen sind entweder mit dem Motiv der „Stunde" oder mit dem Motiv (des Vorausschauens auf) des Todes und der Auferstehung Jesu verbunden, so dass Theobald zuzustimmen ist: Das Verherrlicht-Werden steht „in einem inneren Konnex mit seiner Verherrlichung *am Kreuz* [Hervorhebung im Original]." Theobald, Evangelium (RNT), 727. Zugleich sind sie auch immer mit Öffentlichkeit verbunden. Zu überlegen bleibt, ob Jesus nicht auch in Joh 6, insbesondere in der Aufnahme des Ich-bin in der Seewandelperikope, aber auch in seinen Heilungswundern (der Blindgeborene vollzieht in 9,38 eine Proskynese vor Jesus nach seiner Heilung) ohne Anknüpfung an die Stunde des Todes δόξα offenbart.

451 Eine Kritik am Tempelkult sehe ich nicht im Vordergrund stehen. Den Hinweis, Vorsicht walten zu lassen bei der Annahme einer Kultkritik, verdanke ich Thomas Schumacher.

der Beginn des Gerichts über den Herrscher der Welt (Joh 12,31). Das Verb „hinauswerfen" deutet darauf hin, dass mit dem Herrscher der Welt Satan gemeint ist. Denn „hinauswerfen" ist terminus technicus für Exorzismen; „Herrscher" und „Fürst der Welt" sind einschlägig bekannt für den Satan.[452] Die Ansage des Gerichts kulminiert in der Aussage, das Jesus bei seiner Erhöhung alle zu sich ziehen wird, was als Bild für die Aufnahme in die personale „Gemeinschaft mit ihm *jenseits des Todes* [Hervorhebung im Original]"[453] gewertet werden kann (12,32). Das Gericht über den Herrscher der Welt und der Herrscherwechsel, der für alle sichtbar in der Inthronisation Jesu am Kreuz wird, bedingen sich gegenseitig, so dass Jesus alle zu sich ziehen wird.

Zusammenfassend lässt sich feststellen: Die Funktion der Votivgabe wird hier eingeholt und erfüllt durch die Bitte um Verherrlichung des Namens. Das Dankopfer findet nicht statt. Die Bitte um Verherrlichung des Namens ist Bestätigung des Erfolges des Handelns Jesu und zugleich Bitte und Vertiefung der Beziehung zum Vater.[454] Dabei wird Jesus changierend mit dem Namen Gottes und als Träger des Namens Gottes identifiziert, was beides darauf verweist, dass er die Funktion des Namens Gottes, Gottes Willen durchzusetzen, übernimmt. Dem entspricht die Wirkung des *numen* eines Herrschers, der ebenfalls changierend selbst als *numen* angerufen und als Träger eines *numen* identifiziert wird.

3.4.3 Die Reaktion auf die Verherrlichungsbitte Jesu

3.4.3.1 Segmentierung des griechischen Texts Joh 12,34–36

34 Ἀπεκρίθη οὖν αὐτῷ ὁ ὄχλος·
ἡμεῖς ἠκούσαμεν ἐκ τοῦ νόμου
ὅτι ὁ χριστὸς μένει εἰς τὸν αἰῶνα,
καὶ πῶς λέγεις σὺ
ὅτι δεῖ ὑψωθῆναι τὸν υἱὸν τοῦ ἀνθρώπου;
τίς ἐστιν οὗτος ὁ υἱὸς τοῦ ἀνθρώπου;
35 εἶπεν οὖν αὐτοῖς ὁ Ἰησοῦς·
ἔτι μικρὸν χρόνον τὸ φῶς ἐν ὑμῖν ἐστιν.
περιπατεῖτε
ὡς τὸ φῶς ἔχετε,
ἵνα μὴ σκοτία ὑμᾶς καταλάβῃ·
καὶ ὁ περιπατῶν ἐν τῇ σκοτίᾳ οὐκ οἶδεν
ποῦ ὑπάγει.

---

452 Vgl. Wengst, Johannesevangelium (THKNT 4), 377; Theobald, Evangelium (RNT), 812f.

453 Theobald, Evangelium (RNT), 815.

454 Zumstein deutet die Verherrlichung des bzw. den Namen als Offenbarung und Anerkennung der Präsenz Gottes unter den Menschen. Vgl. Zumstein, Johannesevangelium (KEK 2), 458.

36 ὡς τὸ φῶς ἔχετε,
πιστεύετε εἰς τὸ φῶς,
ἵνα υἱοὶ φωτὸς γένησθε.
ταῦτα ἐλάλησεν Ἰησοῦς,
καὶ ἀπελθὼν
ἐκρύβη ἀπ' αὐτῶν.

3.4.3.2 *Segmentierung der Übersetzung Joh 12,34–36*

34 Durch die Volksmenge wurde ihm nun geantwortet:
Wir hörten aus dem Gesetz,
dass der Christos bleibt in den Äon,
und wie sagst du:
Es muss erhöht werden der Menschensohn?
Wer ist dieser, der Menschensohn?
35 Jesus sprach nun zu ihnen:
Noch eine kurze Zeit ist das Licht bei euch.
Geht umher,
solange wie ihr das Licht habt,
damit euch nicht Dunkelheit befalle;
und der Umhergehende in der Dunkelheit weiß nicht,
wohin er fortgeht.
36 Solange wie ihr das Licht habt,
glaubt an das Licht,
damit ihr Söhne des Lichts werdet!
Dieses sagte Jesus,
und weggehend
verbarg er sich vor ihnen.

3.4.3.3 *Die Reaktion der Volksmenge*

Das Unverständnis der Menge spiegelt sich in ihren Erklärungsversuchen des auditiven Offenbarungshandeln Gottes als Donner oder Stimme eines Engels in Joh 12,29. Letztere Erklärungsvariante nimmt zumindest das Einbrechen des Göttlichen wahr. Die erneute Frage nach der richtigen Identifizierung des „Menschensohnes", der entgegen aller messianischen Erwartungsmuster nicht in Ewigkeit bleibt, sondern stattdessen erhöht wird, zeigt das weiterhin anhaltende Unverständnis der Menge. Theobald korreliert das Rekurrieren auf das Gesetz des Mose mit der Erwartung der ewigen Dauer der messianischen Herrschaft, statt der dauerhaften Präsenz des Messias.[455] Auch ein Bezug zu Ps 89,37 und der ewigen Dauer des

455 Vgl. THEOBALD, Evangelium (RNT), 816.

Geschlechts Davids ist möglich.[456] Mit der Aufforderung an das Licht zu glauben, um Söhne des Lichts zu werden, wird die Sendung Jesu zur Rettung und nicht zum Gericht betont.[457] Der Appell, an das Licht der Welt zu glauben und damit zum Sohn des Lichts[458] zu werden, verstärkt die Hoffnungsvorstellung, dass Jesus alle zu sich ziehen wird (Joh 12,32) und benennt die aktive Dimension der Freiheitsentscheidung des Einzelnen. Die Notiz zum Verbergen Jesu beendet die Szene des Dialogs Jesu mit der Volksmenge und leitet zum Erzählerkommentar über.

Dass Jesu Rede mit einem Appell endet, bereitet thematisch den nachfolgenden Abschnitt vor: Das Verhältnis von Verstehen und Unverständnis bei den Adressaten der Rede Jesu wird in V. 37–50 expliziert.

4. Die pragmatische Reflexion: Eine Erklärung für die Ablehnung Jesu

4.1 Segmentierung von Joh 12,37–50

4.1.1 Segmentierung des griechischen Texts Joh 12,37–50

37 Τοσαῦτα δὲ αὐτοῦ σημεῖα πεποιηκότος ἔμπροσθεν αὐτῶν
οὐκ ἐπίστευον εἰς αὐτόν,
38 ἵνα ὁ λόγος Ἠσαΐου τοῦ προφήτου πληρωθῇ
ὃν εἶπεν·
κύριε,
τίς ἐπίστευσεν τῇ ἀκοῇ ἡμῶν;
καὶ ὁ βραχίων κυρίου τίνι ἀπεκαλύφθη;
39 διὰ τοῦτο οὐκ ἠδύναντο πιστεύειν,
ὅτι πάλιν εἶπεν Ἠσαΐας·
40 *τετύφλωκεν αὐτῶν τοὺς ὀφθαλμοὺς*
καὶ ἐπώρωσεν αὐτῶν τὴν καρδίαν,
ἵνα μὴ ἴδωσιν τοῖς ὀφθαλμοῖς
καὶ νοήσωσιν τῇ καρδίᾳ
καὶ στραφῶσιν,
καὶ ἰάσομαι αὐτούς.

---

456 Vgl. Wengst, Johannesevangelium (THKNT 4), 378; Theobald, Evangelium (RNT), 816.

457 Vgl. Theobald, Evangelium (RNT), 818; Schnackenburg, Johannesevangelium (HTKNT 4/2), 497.

458 Vgl. zum Terminus „Söhne des Lichts“ Theobald, Evangelium (RNT), 818.

41 ταῦτα εἶπεν Ἠσαΐας
ὅτι εἶδεν τὴν δόξαν αὐτοῦ,
καὶ ἐλάλησεν περὶ αὐτοῦ.
42 ὅμως μέντοι καὶ ἐκ τῶν ἀρχόντων πολλοὶ ἐπίστευσαν εἰς αὐτόν,
ἀλλὰ διὰ τοὺς Φαρισαίους οὐχ ὡμολόγουν
ἵνα μὴ ἀποσυνάγωγοι γένωνται·
43 ἠγάπησαν γὰρ τὴν δόξαν τῶν ἀνθρώπων μᾶλλον ἤπερ τὴν δόξαν τοῦ θεοῦ.

44 Ἰησοῦς δὲ ἔκραξεν
καὶ εἶπεν·
ὁ πιστεύων εἰς ἐμὲ οὐ πιστεύει εἰς ἐμὲ
ἀλλ' εἰς τὸν πέμψαντά με,
45 καὶ ὁ θεωρῶν ἐμὲ θεωρεῖ τὸν πέμψαντά με.
46 ἐγὼ φῶς εἰς τὸν κόσμον ἐλήλυθα,
ἵνα πᾶς ὁ πιστεύων εἰς ἐμὲ ἐν τῇ σκοτίᾳ μὴ μείνῃ.
47 καὶ ἐάν τίς μου ἀκούσῃ τῶν ῥημάτων
καὶ μὴ φυλάξῃ,
ἐγὼ οὐ κρίνω αὐτόν·
οὐ γὰρ ἦλθον
ἵνα κρίνω τὸν κόσμον,
ἀλλ' ἵνα σώσω τὸν κόσμον.
48 ὁ ἀθετῶν ἐμὲ καὶ μὴ λαμβάνων τὰ ῥήματά μου ἔχει τὸν κρίνοντα αὐτόν·
ὁ λόγος ὃν ἐλάλησα
ἐκεῖνος κρινεῖ αὐτὸν ἐν τῇ ἐσχάτῃ ἡμέρᾳ.
49 ὅτι ἐγὼ ἐξ ἐμαυτοῦ οὐκ ἐλάλησα,
ἀλλ' ὁ πέμψας με πατὴρ αὐτός μοι ἐντολὴν δέδωκεν
τί εἴπω
καὶ τί λαλήσω.
50 καὶ οἶδα
ὅτι ἡ ἐντολὴ αὐτοῦ ζωὴ αἰώνιός ἐστιν.
ἃ οὖν ἐγὼ λαλῶ,
καθὼς εἴρηκέν μοι ὁ πατήρ,
οὕτως λαλῶ.

4.1.2 Segmentierung der Übersetzung Joh 12,37–50

37 Soviele seiner Zeichen er aber getan hatte vor ihnen,
glaubten sie nicht an ihn,
38 damit das Wort Jesajas, des Propheten, erfüllt würde,
das er sprach:
Herr,
wer glaubte unserer Rede?
Und der Arm des Herrn, wem wurde er offenbart?
39 Deswegen konnten sie nicht glauben,
weil wieder sprach Jesaja:
40 *Blind gemacht hat er ihre Augen,*
und machte hart[459] *ihr Herz,*
damit sie nicht sehen mit den Augen
und verstehen mit dem Herzen
und umkehren,
und ich sie heilen werde.
41 Dieses sprach Jesaja,
weil er sah seine Ehre,
und er redete über ihn.
42 Dennoch freilich glaubten auch von den Vorstehern viele an ihn,
aber wegen der Pharisäer bekannten sie nicht,
damit sie nicht zu aus der Synagoge Ausgestoßenen würden;
43 denn sie liebten die Ehre der Menschen mehr als die Ehre Gottes[460].
44 Jesus aber schrie
und sprach:
Der an mich Glaubende glaubt nicht an mich,
sondern an den mich Sendenden,
45 und der Sehende mich, sieht den mich Sendenden.
46 Ich bin als Licht in die Welt gekommen,
damit jeder an mich Glaubende nicht in der Dunkelheit bleibt.

---

459 Liddell/Scott, Lexicon, 1561 verweisen insbesondere auf den Effekt des Verhärtens/Verdickens und im metaphorischen Sinn auf „obiuseness".

460 Meines Erachtens verschwimmen die Grenzen des Bedeutungsspektrums von δόξα spätestens an dieser Stelle. Hier ist zu übersetzen mit Ehre, obwohl δόξα sonst Herrlichkeit meint. Dass hier Ehre zu übersetzen ist, kann zurückwirken auf V. 41. Für das JohEv ist daher auch der Begriff δόξα fluide, denn die Bitte um Verherrlichung sowie das Konstatieren der schon stattgefundenen Verherrlichung finden im Setting des *adventus* und damit im Rahmen der Ehrung durch Menschen statt. Für δοξάζω wird trotzdem verherrlichen übersetzt, um die Möglichkeit einer qualitativen Differenz des Ehrens durch Gott sowie für die δόξα Gottes abzubilden.

47 Und wenn jemand hört meine Worte
und sie nicht bewahrt,
richte nicht ich ihn;
denn nicht kam ich,
damit ich richte die Welt,
sondern damit ich rette die Welt.
48 Der Verwerfende mich und nicht Annehmende meine Worte hat den ihn Richtenden:
Das Wort, das ich redete,
jenes wird ihn richten am letzten Tag.
49 Denn ich redete nicht aus mir selbst heraus,
sondern der Vater, der mich Sendende, er hat mir Auftrag gegeben,
was ich sprechen
und was ich reden soll.
50 Und ich habe gewusst,
dass sein Auftrag ewiges Leben ist.
Was ich also rede,
so wie der Vater zu mir gesagt hat,
so rede ich.

Den Zeichen, die Jesus getan hat (Perfekt), wird nicht geglaubt und damit auch Jesus selbst nicht. Um diesen ‚Unglauben' zu erläutern, wird das Verhärtungswort aus Jes 6,9 angeführt. Dieses Zitat soll im Vergleich des MT, seiner Variante in der LXX und der johanneischen Variante analysiert und darüber die johanneische Variante in ihrer Eigenart und Akzentsetzung erfasst werden. In Joh 12 wird dem Zitat von Jes 6,9f Jes 53,1 durch die Aufnahme der Frage, wer der Predigt Jesajas getraut hat und (über) wem der Arm des Herrn offenbar geworden ist, vorangestellt. Wird dies als Zitat Jesajas eingeleitet, so kann hier nur die Botschaft Jesajas gemeint sein. Dennoch ist es aufgrund der passiven Verbform auch möglich, hier die Predigt Jesu bzw. der Menschen, die die „Botschaft von ihm" verkündigen, vorgestellt sein zu lassen.[461] Eine ähnliche Unschärfe in der Angabe des Objekts findet sich auch in Joh 12,41, wo nicht genau geklärt ist, wessen Herrlichkeit Jesaja sah – die Gottes oder die Jesu. Da V. 41 eine Legitimation der Zeichen Jesu und des Unberechtigtseins des Nichtglaubens gegenüber Jesus darstellt, kann davon ausgegangen werden, dass aus der Argumentationslogik heraus hier nur das Sehen der δόξα des präexistenten Jesus vor seiner Inkarnation durch Jesaja gemeint sein kann.[462] Jesaja bezeugt also

461 Vgl. THEOBALD, Evangelium (RNT), 825.

462 Vgl. THEOBALD, Evangelium (RNT), 829. Aufgerufen wird der Konnex des Thronsaales und der Übergabe von Herrschaft, Königtum und Würde an den Menschensohn in Dan 7,14.

die von Anbeginn gegebene Herrlichkeit Jesu, die von Gott für die Vergangenheit, erkennbar an den Zeichentaten Jesu bestätigt, und auch für die Zukunft festgestellt wird.

4.2 Die Pragmatik der Perikope: Bleibende Verhärtung des Herzens oder weitere Chance?

Die Frage nach dem Warum der Ablehnung Jesu wird im Kp. 12 im Text selbst reflektiert und stellt eine Diskussion der bisher zwiegespaltenen Reaktionen und der Frage aus V. 34: „Wer ist dieser, der Menschensohn?" dar. Die Gründe für das Scheitern der performativen Akte der (Selbst-)Inszenierung Jesu als König werden benannt.

Die Diskussion der Verhärtungsaussage aus Jes 6,9f entzündete sich forschungsgeschichtlich vor allem an Röm 11,25f und der Diskussion eines ‚Sonderweges' für Israel. In den letzten Jahren verlagerte sich dann der Fokus auf Apg 28,26f. Sowohl Martin Karrer als auch Volker A. Lehnert kamen auf methodologisch unterschiedlichen Wegen zu einer anderen, eben nicht mehr als Gerichtsaussage über Israel zu verstehenden Lesart des von Jes 6 (LXX) übernommenen Verhärtungswortes. Karrer argumentiert philologisch und übersetzt ἰάσομαι als Indikativ Futur im Sinne eines Ersatzes für den fehlenden Konjunktiv und damit als Bruch mit der Reihe der mit μήποτε aufgemachten Trias an Konjunktiven „dass nicht …". Er versteht das ἰάσομαι jedoch gerade nicht als weitere zu vermeidende Folge, sondern durch den Modus- und Subjektwechsel als syntaktischen Einschnitt.[463] Lehnert versteht vor dem Hintergrund seines leserorientierten Zugangs Jes 6,9f als „paradoxe Intervention"[464], die weniger eine Erklärung für die Verstockung liefern, als vielmehr durch (rhetorische) Provokation überwunden werden soll.[465] Durch die aufgebotene Rhetorik wird der Adressat zum Widerspruch provoziert und nach dem von Lehnen aus der Suggestivtherapie übernommenen Analyseinstrumentarium mittels der „Symptomverschreibung" ein Impuls zur Umkehr gesetzt.[466]

Auch für das JohEv entzündet sich forschungsgeschichtlich die Diskussion an der Frage, ob der Schluss mit der Ansage der Heilung in die Reihe der Verneinungen mit einbezogen wird oder diese als positiver (eschatologischer) Ausblick zu werten ist. Roman Kühschelm sieht in die Negativreihung in Joh 12,39f auch die Form ἰάσομαι mit einbezogen. Dass dies zwar deterministisch klingt, aber nicht so zu werten ist, zeigt der Verweis Kühschelms auf die Textpragmatik, dass

---

463 Vgl. Karrer, Verstockungsmotiv, 258f.

464 Lehnert, Provokation, 115.

465 Vgl. Lehnert, Provokation, 120.

466 Lehnert, Provokation, 120.

> „hinter aller Ablehnung und Verweigerung, hinter jeder noch so deprimierenden Erfahrung der Gemeinde dennoch Gott selber steht, daß sich auch im dunkelsten Geschehen sein – letztlich heilschaffender Wille – realisiert.“[467]

Das Verhärtungswort ist damit nach Kühschelm

> „Ausdruck des prophetisch-missionarischen Selbstverständnisses und Ringens der joh Gemeinde, die damit die negativen Erfahrungen von Verweigerung und Verhärtung gegenüber ihrer eigenen Verkündigung zu deuten sucht.“[468]

Schnelle stellt die Frage, ob derjenige, der verhärtet, Gott ist, in das Zentrum seiner Diskussion und gibt zwei Lösungsvorschläge, um diese Konsequenz zu vermeiden: Entweder ist Satan der Agens der Verhärtung oder man versteht das Nicht-glauben-Können ‚der Juden‘ als bewussten Willensakt: sie wollen nicht glauben.[469] Die Erklärung des Unglaubens mittels der Verhärtung durch Gott dürfe jedoch „nicht verabsolutiert und instrumentalisiert“[470] werden.

Leon Morris bezieht ebenfalls die Aussage der Heilung in die Negativreihung mit ein und sieht Gott als Subjekt all der negativen Konsequenzen. Er bezieht das Verhärtungsmotiv auf die Aussage Jesu, dass das Kommen zu Jesus bzw. der Glaube an Jesus das Gezogen-Werden durch Gott als Voraussetzung hat.[471]

Thyen sieht die Möglichkeit der Heilung in die Reihe der Verneinungen eingeschlossen. Diese Verhärtung hat jedoch keine anthropologische Dimension, sondern macht die Entscheidung jedes Einzelnen notwendig. Dies sieht er an dem Beispiel der Oberen, die zum Glauben an Jesus kommen, ablesbar. Er lehnt eine Deutung der Verhärtungssaussage als definitiven Ausschluss ‚der Juden‘ aus der Heilsgeschichte sowie die Deutung als alleinige Gültigkeit des Neuen Bundes aus Heiden oder aus Juden und Heiden ab.[472]

Welche Rhetorik bietet das JohEv auf in seiner Art und Weise der Zitierung und Kontextualisierung von Jes 6,9f und welche Wirkungsabsicht ist damit verbunden?

In Joh 12,39f nimmt Johannes Jes 6,9f als direktes Zitat auf – allerdings lässt sich seine Variante weder auf den hebräischen Text noch auf den Text der Septuagintavariante zurückführen.

Der Dialog in Jes 6,9f (MT) zwischen dem Propheten und Gott findet im Rahmen einer Thronsaalszene statt, während derer er die Herrlichkeit JHWHs schaut und

467 Kühschelm, Verstockung, 192.
468 Kühschelm, Verstockung, 195.
469 Vgl. Schnelle, Evangelium (ThHK 4), 272.
470 Schnelle, Evangelium (ThHK 4), 273.
471 Vgl. Morris, John (NICNT 4), 537.
472 Vgl. Thyen, Johannesevangelium (HNT 6), 570.

sich zur Ausführung des Auftrags JHWHs bereit erklärt. Die entscheidenden Fragen in diesem Zusammenhang sind: Worin besteht der Auftrag Jesajas, wer ist der Urheber der Verhärtung und wer ist der Adressat des Auftrags des Propheten?

9: וַיֹּאמֶר לֵךְ וְאָמַרְתָּ לָעָם הַזֶּה שִׁמְעוּ שָׁמוֹעַ וְאַל־תָּבִינוּ וּרְאוּ רָאוֹ וְאַל־תֵּדָעוּ׃
10: הַשְׁמֵן לֵב־הָעָם הַזֶּה וְאָזְנָיו הַכְבֵּד וְעֵינָיו הָשַׁע פֶּן־יִרְאֶה בְעֵינָיו וּבְאָזְנָיו יִשְׁמָע וּלְבָבוֹ יָבִין וָשָׁב וְרָפָא לוֹ׃

„Jesaja soll die Hauptsinnesorgane Augen (10cd) und Ohren (be) und das Erkenntnisorgan, das Herz (10af), funktionsunfähig machen.“[473] Der MT bietet also Imperative im Rahmen einer Gottesrede, die gerichtet sind an den Propheten. Subjekt der Zerstörung der Sinnes- und Erkenntnisorgane ist im MT der Prophet. Zuvor bietet der MT den Auftrag an den Propheten zur Predigt gegenüber dem Volk. Obermann stellt für V. 9 die parallele Struktur der Imperative an das Volk und ihre negative Wirkung in der Botschaft des Propheten heraus. In V. 10 entsteht eine chiastische Struktur. Zunächst werden die Imperative zur (Zer-)Störung der Sinnesorgane gereiht nach Herz, Ohren, Augen, dann die intendierte Wirkung der Verhärtung in umgekehrter Reihenfolge Augen, Ohren, Herz als Imperfekt (יִרְאֶה, יָבִין יִשְׁמָע) geschildert.[474] Obermann hält für die erweiterten Folgen der Verhärtung und der Verunmöglichung einer Heilung das Volk als Subjekt der Verben fest. Das לוֹ in V. 10 ist jedoch reflexiv und das Volk würde (für sich) Heilung finden.[475] Der MT vereindeutigt auf die Heilsaussage. Hans Förster betont, dass Gott fast immer Subjekt von רפא ist, zudem werde die chiastische Struktur durch ורפא ושב durchbrochen. Zudem liegt mit וָשָׁב וְרָפָא jeweils ein Perfekt cons. vor.[476]

Die LXX erklärt das Ich JHWHs zum Subjekt der Gottesrede.

9 καὶ εἶπεν Πορεύθητι καὶ εἰπὸν τῷ λαῷ τούτῳ Ἀκοῇ ἀκούσετε καὶ οὐ μὴ συνῆτε καὶ βλέποντες βλέψετε καὶ οὐ μὴ ἴδητε·

10 ἐπαχύνθη γὰρ ἡ καρδία τοῦ λαοῦ τούτου, καὶ τοῖς ὠσὶν αὐτῶν βαρέως ἤκουσαν καὶ τοὺς ὀφθαλμοὺς αὐτῶν ἐκάμμυσαν, μήποτε ἴδωσιν τοῖς ὀφθαλμοῖς καὶ τοῖς ὠσὶν ἀκούσωσιν καὶ τῇ καρδίᾳ συνῶσιν καὶ ἐπιστρέψωσιν καὶ ἰάσομαι αὐτούς.

Das Blenden der Augen und das Verfetten des Herzens ist nicht mehr länger Auswirkung des Handelns Gottes, sondern beschreibt die Haltung des Volkes. So sind Verblendung, Taubheit und Verfettung (παχύνομαι) die Zustandsbeschreibung des Volkes und nicht mehr die Beauftragung durch den Propheten. Statt Imperativen und aufgrund ihrer Verneinung klar erkennbaren Jussiven als Folge werden in

---

473 Gross, Prophet, 130.

474 Vgl. Obermann, Erfüllung, 237.

475 Vgl. Obermann, Erfüllung, 238.

476 Vgl. Förster, Vorschlag, 65. Dies ist mit Wengst als Hinweis auf einen Bruch zu deuten. Vgl. Wengst, Johannesevangelium (THKNT 4), 383.

V. 9 eine Kombination aus Futurformen (2. Pers. Pl. Ind. Akt.) und Aoristformen (2. Pers. Pl. Konj. Akt.) als Folge geboten, die den zukünftigen negativen Zustand des Volkes beschreiben. Die Begründung für V. 9 wird in V. 10 durch das passivum divinum ἐπαχύνθη geleistet. Statt der Imperative im MT werden Aoristformen (3. Pers. Pl. Ind. Akt.) in V. 10 verwendet, deren Subjekt das Volk ist und die die Beschreibung des aktiven Handelns des Volkes im Sinne des Schwer-Hörens und des Schließens der Augen leisten. Die Folgen werden als Aoristformen (3. Pers. Pl. Konj. Akt.) wiedergegeben: um nicht zu sehen, zu hören, zu verstehen, umzukehren. Dominik Helms bestätigt zudem die Angabe der dahinterliegenden Absicht des Volkes in dem durch μήποτε eingeleiteten Satz.

> „Der an den Begründungszusammenhang von V. 9.10a anschließende Finalsatz (μήποτε V. 10b) erläutert die mit dieser Haltung verbundene Absicht. Insofern Subjekt der vorangehenden Handlungen das Volk (bzw. dessen Herz) ist, spiegelt sich darin dessen eigene Intention wider. Diese wird in einer negierten, viergliedrigen Reihung (ἴδωσιν, ἀκούσωσιν, συνῶσιν, ἐπιστρέψωσιν) entfaltet."[477]

Obermann stellt für die LXX-Variante einen deutlichen Einschnitt fest zwischen diesen Aoristformen und dem durch καὶ eingeleiteten Heilungsschluss, dessen Verb ἰάσομαι die 1. Pers. Sg. und damit einen Subjektwechsel sowie den Tempuswechsel zum Futur aufweist. Er geht auf der Grundlage dieses grammatikalischen Einschnitts auch von einem inhaltlichen Einschnitt aus, der die Möglichkeit einer Heilung durch Gott bietet und damit die Entlastung des Propheten und Gott als Subjekt der Verhärtung sowie der Folgen der Verhärtung im negativen wie im positiven Sinn unterstellt.[478]

Als auffälligste Abweichungen in der Variante des Johannes fallen vor allem auf, dass Gott als Subjekt der Verhärtung betont wird und die Reduzierung der in einer palindromischen Struktur gebotenen Trias von Herz-Ohren-Augen auf den Parallelismus von Augen-Herz.[479] Im Gegensatz zum MT nennt Johannes das Wahrnehmungsorgan Auge und das Erkenntnisorgan Herz in Schlussstellung im Rahmen seines Parallelismus membrorum in Joh 12,40. Das Herz ist nach Menken der Sitz des Glaubens.[480] Menken bindet diese Reduzierung daran zurück, dass im JohEv das Sehen der Zeichen und das Erkennen mittels des Herzens eine wichtige Stellung einnehmen und auch für Joh 11 eine besondere Bedeutung haben.[481]

---

477 Helms, Septuaginta, 252.

478 Vgl. Obermann, Erfüllung, 240.

479 Vgl. Menken, Blinded, 105.

480 Vgl. Menken, Blinded, 105f.107.

481 Vgl. Menken, Blinded, 106f.

Als Subjekt des Blindmachens fungieren weder Satan noch Jesus, sondern Gott. Damit folgt Johannes dem MT von Jes 6, der den Propheten zwar als vermeintliches Subjekt der Verhärtung Israels benennt, aber als eigene Ursache natürlich JHWH im Hintergrund sieht. Die LXX-Variante sieht als Subjekt des Verhärtetseins das Volk.

> „Inhaltlich ist eine Steigerung zu beobachten: Sehen und Hören, Verstehen, Umkehren. Das Volk selbst will Sehen und Hören sowie das Verstehen unterbinden und jede damit unmittelbar verbundene Umkehr (ἐπιστρέψωσιν) zu Gott vermeiden."[482]

Semantisch ist im JohEv τετύφλωκεν als blenden oder blind machen und ἐπώρωσεν allgemein als „mit Fett überziehen" bzw. „gefühllos machen"[483] zu präzisieren. Τυφλόω ist hapax legomenon und wird im JohEv als 3. Pers. Sg. Perfekt Indikativ Aktiv gebildet. Πωρόω ist ebenfalls hapax legomenon und wird als 3. Pers. Sg. Aorist Indikativ Aktiv gebildet.[484] Beide Aktivitäten zielen damit auf die Verunmöglichung, sowohl der (kognitiven) Erkenntnisfähigkeit über das Auge, das Sehen der Missstände, als auch der Erkenntnisfähigkeit des Herzens, wobei das Herz Sitz der Erkenntnis ist. „Nicht der Zustand des Herzens (als Subjekt) in seiner Verstockung wird dargelegt, sondern das Handeln Gottes (als neuem Subjekt) an dem Herzen des Volkes (als Objekt)."[485] Alle drei Folgen, das Nicht-Sehen, das Nicht-Erkennen und das Nicht-Umkehren (Passiv), werden in der 3. Pers. Pl. Aorist Konjunktiv geboten.

Meines Erachtens sollte man aber den Wechsel zum Indikativ Futur und den Subjektwechsel zur 1. Pers. Sg. in Joh 12,40 nicht unterbewerten. Damit fällt das mit καὶ angebundene ἰάσομαι αὐτούς aus der Reihe der Verneinungen heraus.

Ἰάσομαι bezeichnet zunächst als Indikativ Futur ein weiteres Ergebnis im Sinne der Folge, die real zu werden scheint.[486] Dies impliziert das grammatische Phänomen, dass das Futur Indikativ dem Aorist Konjunktiv entspricht und eine weitere zu erwartende Folge beschreibt.[487] Hier wäre dann καὶ als καὶ consecutivum zu übersetzen. Sieht man keinen grammatikalischen Bruch gegeben, wäre eine Heilung durch Jesus ausgeschlossen. Alternativ wäre zu überlegen, ob καὶ hier adversativ zu verstehen ist und damit das Futur von ἰάομαι zusammen mit dem Wechsel des Subjekts aus der Reihe der Negativfolgen heraustritt.[488] Geht man von einem gram-

482 Helms, Septuaginta, 252; Evans, Isaiah, 63.
483 Kellenberger, Verstockung, 269.
484 Vgl. Obermann, Erfüllung, 247.
485 Obermann, Erfüllung, 247.
486 Vgl. Karrer, Verstockungsmotiv, 258.
487 Vgl. Wengst, Johannesevangelium (THKNT 4), 383.
488 Vgl. Wengst, Johannesevangelium (THKNT 4), 383.

matikalischen Bruch aus aufgrund des Wechsels des Subjekts, des Tempus und des Modus, so beschreibt ἰάσομαι gegenüber der vorangehenden Negativreihung „eine eschatologische Wende gegenüber der Verstockung“[489] – Gott wird durch Jesus heilen.[490] Findet zudem die Futurform von ἰάομαι und damit die Verbform der LXX-Variante bei Johannes Verwendung, so muss hier übersetzt werden „damit/so dass ich sie heilen werde“ in Übereinstimmung mit dem Auftrag Jesu. Die Finalität der Aussage wird bei Joh zudem durch die Verwendung von ἵνα μή statt wie in der LXX von μήποτε hervorgehoben. Während μήποτε auch als Fragepartikel oder adverbial als „vielleicht“ übersetzt werden kann, ist ἵνα johanneischer Vorzugsbegriff[491], der nach Menken mit „damit“ zu übersetzen ist, um die Finalität anzugeben. Nach Wengst kann nach ἵνα μή ein Futur nach einem Konjunktiv ebenfalls eine weitere Folge benennen. Wengst betont hier den Subjektwechsel und den Wechsel der Verbform vom Aorist Konjunktiv ins Futur innerhalb von Jes 6,10 LXX für die Begründung eines inhaltlichen Einschnitts im Sinne der Möglichkeit einer Heilung durch Gott. Als Analogie für einen Bruch aufgrund des Subjekt- und Tempuswechsels des Verbs ins Futur trotz vorangehendem Aorist Konjunktiv in einem durch μήποτε eingeleiteten Nebensatz führt er das Beispiel Herm. sim. 9,7,6 an, dessen Verneinung aber deutlich gemacht wird durch οὐκ.[492] Wengst hebt jedoch trotz der fehlenden expliziten Verneinung vor ἰάσομαι den Bruch in der Kohärenz des Satzes hervor, der durch den Subjekt- und Zeitwechsel des Verbs ausreichend markiert ist. Das Subjekt der Verhärtung und der Heilung ist für Wengst sowohl in der LXX als auch in der johanneischen Variante Gott (und nicht Jesus); der Subjektwechsel markiert dann „den Übergang zur Verheißung heilvoller Zuwendung“[493].

Die Kombination von Perfekt und Aorist für die Verben des Blindmachens und Verhärtens betont nach Menken die Abgeschlossenheit des Vorgangs und die Ergebnishaftigkeit des Prozesses, der immer noch Auswirkungen auf die Gegenwart hat und die fehlende Einsicht in die richtige Identifizierung Jesu erklärt.[494]

Die Verhärtung bezieht sich auf das Verstehen der Predigt und der Taten Jesu.

Menken stellt für den Akt des Blindwerdens einen Bezug zu Joh 9,39–41 her, wo die Gruppe der Gegner Jesu, die Pharisäer, von Jesus als vermeintlich Sehende das Blind-Werden in Aussicht gestellt bekommen.[495] Hier wird von Jesus ihre Identität als Schriftgelehrte und damit Sehende in das Gegenteil verkehrt und die eigene Behauptung Sehende zu sein von Jesus zur bleibenden Sünde erklärt.

---

489 Obermann, Erfüllung, 249.

490 Vgl. Obermann, Erfüllung, 249f.

491 Vgl. Menken, Zion, 116.

492 Vgl. Wengst, Johannesevangelium (THKNT 4), 383.

493 Wengst, Johannesevangelium (THKNT 4), 383.

494 Vgl. Menken, Zion, 111.

495 Vgl. Menken, Zion, 112.

Während hier keine direkte Zitataufnahme im Sinne der Verwendung des gleichen Verbs bzw. Verbform stattfindet, so ist Menken jedoch in der Bestimmung der Adressatengruppe der Blindwerdung zuzustimmen.

Das Verhärtungswort in 12,40 scheint als Adressaten insbesondere auf die Vorsteher bezogen zu sein, denn gerade diese Gruppe wird in V. 42 als zum Glauben kommend angeführt, was noch einmal die Abtrennung des ἰάσομαι aus der Negativreihung betont.

Dass dieses Verhärtungswort in die Zeit der Abfassung des JohEv hineingeschrieben ist, macht Theobald an der Nennung der Pharisäer fest.[496] Sie führen in Kp. 9 die Befragung des Geheilten durch und gehören damit zu den Entscheidungsträgern bezüglich eines Synagogenausschlusses. Dass sie in 12,42f als diejenigen identifiziert werden, denen gegenüber man Christus nicht bekennen darf, aus Angst vor sozialen Konsequenzen wie dem Ehrverlust bestätigt diese Funktion und lässt sie mit ‚den Juden' gegenüber denen man Christus nicht bekennt (7,13; 9,22; 19,38) identifizieren.[497] Zur Gruppe der Vorsteher gehören als Positivbeispiel eines ‚Christus-Gläubigen' Josef von Arimathäa und Nikodemus, der zugleich der Gruppe der Pharisäer (3,1) zugeordnet ist. Wenn diese in Joh 19 als sich zu Jesus Bekennende eingeführt werden, indem sie dem Skript des noble death folgend eine zeitnahe und insbesondere königliche Bestattung leisten, wird nicht nur die Verweigerung des Glaubens der Predigt Jesu durch ganz Israel und damit die Verhärtung der Gesamtheit der Größe Israel ad absurdum geführt, sondern auch die der Gegner Jesu widerlegt. Denn auch die für die Gruppe der Gegner in 9,39–41 konstatierte Blindwerdung der Pharisäer wird dekonstruiert. Daher kommt Nikodemus als Pharisäer mit seinem öffentlichen ‚Bekenntnis' zu Jesus *exemplum*-Fähigkeit zu und bricht zugleich mit der (Vor-)Verurteilung einer ganzen Gruppe. Welche Qualität diesem ‚Bekenntnis' im Kontext des Konflikts mit ‚den Juden' zukommt wird in Kp. II/G 3.2.6 dargelegt.

Das Kapitel schließt mit dem Rekurs Jesu auf den Inhalt seiner Beauftragung durch Gott: das Retten statt dem Richten der Welt (12,47). Abermals wird die Einheit der Rede Jesu mit der Offenbarung Gottes betont und das Wort Jesu wird mit der Offenbarung Gottes gleichgesetzt. Das Gericht wird sich durch das Wort bzw. längs des Wortes vollziehen. Die Zukünftigkeit des Gerichts – am letzten Tag (V. 48) – ist zu betonen; ein präsentisches Selbstgericht ist daher auszuschließen.[498] Zu diskutieren bleibt, ob der Richtende mit dem Logos aus dem Prolog zu

---

496 Vgl. Theobald, Evangelium (RNT), 830f.

497 Vgl. Theobald, Evangelium (RNT), 831. Vgl. auch zu seiner Definition des aus Pharisäern und Hohepriestern zusammengesetzten Synhedriums als „Jersualemer Behörde" Theobald, Evangelium (RNT), 159f.

498 Vgl. Theobald, Evangelium (RNT), 840.

identifizieren ist. Erinnert der Prolog in seinem Sprachgestus in 1,1 an die Schöpfung mittels des Wortes in Gen 1, so käme dem Wort am letzten Tag richtender Charakter[499] zu. Einzuwenden ist mit Theobald dagegen, dass der Logos mit Jesus identifiziert wird[500], während das Wort Gottes von Jesus unterschieden und die Abhebung betont wird.[501] Dass das Wort richtende Funktion übernimmt, ist frühjüdisch anschlussfähig, denn auch dem Gesetz oder dem Logos wird diese Funktion zugesprochen.[502] Vor dem Hintergrund des für Joh 12,37–43 Dargelegten ist mit V. 50 herauszustellen: Die Gabe ewigen Lebens und damit die Rettung der Welt (3,17) ist das Ziel der Sendung Jesu, nicht das Gericht. Wird mit σώσω das Konzept der σωτηρία aufgerufen, so ist zugleich die Analogie zur Vorstellung der Herstellung von *salus* im Sinne des Wohles einer Gesamtheit nahegelegt.[503]

Zusammenfassend lässt sich festhalten: Wir haben in Kp. 12 einen idealen *adventus* inszeniert: Der Herrscher zieht auf dem Reittier eines Königs unter Akklamationen seitens der ihn einholenden Volksmenge in die Stadt Jerusalem ein. Auch für die Pharisäer ist zu überlegen, ob diese an dem *adventus* teilnehmen. Gegenüber der gängigen Darstellung ist zu betonen, dass auch ein *introitus* erfolgt, der in die Verherrlichungsbitte im Tempel – dem Ersatz für das Opfer auf dem Kapitol – mündet. In dieser Verherrlichungsbitte wird erneut zugleich die Identität Jesu verhandelt. Jesus bittet um die Verherrlichung des Namens Gottes, der zuvor als sichtbare Wirkweise JHWHs definiert wurde. Damit scheint eine Gleichsetzung mit dem Namen Gottes impliziert. In 17,11 wird Jesus dann als Träger des Namens Gottes identifiziert.[504] So changieren die Zuschreibungen an ihn. In jedem Fall ist festzuhalten, dass in Jesu Handeln das Wirken bzw. die Vollmacht Gottes sichtbar werden. Dieses Handeln gereicht Jesus und dem Namen Gottes zur Ehre, hier liegt also eine Identifikation des Objekts vor, und mündet in den *adventus*. War der Auslöser für das Verhärtungswort die irritierte Reaktion der Volksmenge auf die Identifikation Jesu als Gesalbter und „Menschensohn", der nicht in Ewigkeit bleibt, so bleibt das öffentliche Bekenntnis zu Jesus als König als Möglichkeit aktualisierbar. Dass er der „König Israels" ist, zeigt die Kontinuität zum Erbe Israels an. Dass man den Herrscher ehrt und mit ihm zugleich den „Sohn Gottes", ist sowohl für Juden

---

499 Zur Diskussion einer „Nähe" oder eines „intertextuellen Spiel[s]" mit Dtn 18,18f: Thyen, Johannesevangelium (HNT 6), 578f; Theobald, Evangelium (RNT), 840f; Brown, John (AB 29), 491f.

500 Thyen identifiziert den „Menschensohn" als „Licht des ersten Schöpfungstages". Thyen, Johannesevangelium (HNT 6), 565.

501 Vgl. Theobald, Evangelium (RNT), 840.

502 Vgl. den von ihm hergestellten Verweiszusammenhang: Logos: Weish 18,15f; Hab 3,5 (LXX); Vgl. Theobald, Evangelium (RNT), 840.

503 Vgl. Kp. II/B 2.2.

504 Vgl. auch Joh 3,17.

als auch für Heiden anschlussfähig. Das Verherrlichen findet seine Fortsetzung im Sterben Jesu am Kreuz und seiner Auferstehung.

Ob Jesus das Ziel seiner Sendung erreicht, wird im Sterben (und in der Auferstehung) Jesu sichtbar. Zugleich erweist er sich in seinem Sterben eines noble death als „König der Juden". Daher soll nun ein Blick auf das Sterben des Königs Jesus geworfen werden. Die Inszenierung des öffentlichen Sterbens Jesu am Kreuz folgt der Performanz eines noble death. Im folgenden Kapitel wird zunächst die Kreuzigung als Todesstrafe sozialhistorisch eingeordnet. Anhand der drei Beispiele von Sokrates, Cato und Otho werden die Kriterien für eine gelungene performative Inszenierung eines noble death eruiert. Diese werden in einem weiteren Schritt einem Vergleich mit dem Sterben Jesu unterzogen und es wird versucht Analogien aufzuzeigen.

G „Es ist vollbracht!" (Joh 19,30) – Der König Jesus als rühmlich Sterbender

Das Sterben Jesu am Kreuz hat im Rahmen seiner Herrschervita zugleich Anklänge an eine Inthronisation.[1] Zwischen zwei Verbrechern gebührt Jesus am Kreuz der „königliche[...] Ehrenplatz"[2]. Dass Anklänge an eine Inthronisation vorliegen, wird zudem sinnfällig in der emblematischen Angabe der Schuld des Delinquenten: „König der Juden" (Joh 19,19), was zugleich die richtige Identifizierung Jesu durch Natanael als „König Israels" und „Sohn Gottes" (1,49) aus römischer Perspektive wiederholt. „König der Juden" ist bei Josephus (Ant. 14,13,1) der als Zitat von Strabo belegte Titel für den Hasmonäer Alexander Jannäus (und Herodes den Großen).[3] Frey weist darauf hin, dass zwischen der Ecce-homo-Szene, wo Pilatus den Gegeißelten nach der Königsparodie als König vorführen lässt, und dem Erreichen Golgothas kein Kleiderwechsel stattfindet, so dass Jesus sein Kreuz im Spottornat des Königs zur Kreuzigungsstätte trägt.[4] Hier ist mit Markus Lau der ganz allgemeine Anklang des Purpurmantels (ἱμάτιον πορφυροῦν) an das Gewand eines Herrschers und der Verweis durch die Farbe Purpur auf „Herrschaft, Macht und Reichtum"[5] zu betonen. Deutlich mehr Indiz für eine Inthronisation ist die Ausstattung des Königs mit einem στέφανον ἐξ ἀκανθῶν. Auf die Besonderheit dieser Insignie wird unten detailliert eingegangen. Trotz der Akklamation Jesu durch die Soldaten zum „König der Juden" erfolgt der Akt der Inthronisation für alle öffentlich zugänglich am Kreuz. Für Frey ist das Kreuz der „Thron" von wo aus Jesus „seine universale βασιλεία ausübt"[6]. Da die Kreuzigung als Inthronisation inszeniert wird und über die dreisprachige Aufschrift Aufsehen erregt – viele von den Juden lasen diese (19,20) – lässt sich hier ein weiterer Höhepunkt bzw. Knotenpunkt der ἀκμή Jesu erkennen.

---

1 Vgl. Wengst, Johannesevangelium (THKNT 4), 526; Zumstein, Johannesevangelium (KEK 2), 716.

2 Wengst, Johannesevangelium (THKNT 4), 526.

3 Vgl. Trost, King, 85, zitiert nach: Brown, Death, 731.

4 Vgl. Frey, Pilatus, 384.

5 Lau, Triumphator, 341. Lau negiert einen Gewandwechsel sowie eine Verwendung eines Purpurgewands als festen Bestandteil einer Inthronisation und verweist als passenderen Allusionskontext auf das Anlegen der *vestis triumphalis*. Vgl. Lau, Triumphator, 341. Der Jesus um das Haupt gelegte στέφανος ἐξ ἀκανθῶν ist mit Lau vom Diadem, das bei der Inthronisation eines Herrschers zur Verwendung kam, zu unterscheiden. Vgl. Lau, Triumphator, 346. Er ähnelt jedoch der Strahlenkrone eines Herrschers. Auch in der vorliegenden Arbeit wird die Figuration eines Herrschers am Kreuz durch Jesus eher als Anklang an eine Inthronisation gewertet.

6 Frey, Herrlichkeit, 657.

1. Der Tod des Königs und der noble death in der hellenistisch-römischen Antike

Cicero bezeichnet die Kreuzigung in seiner ungehaltenen Rede gegen Verres als *crudelissimum taeterrimumque supplicium.*[7] Diodors Weltgeschichte macht zudem deutlich, dass die Kreuzigung für den Römer und Griechen eine menschenunwürdige Art der Bestrafung und des Sterbens darstellt und der Ursprung der Kreuzesstrafe den Barbaren zugeschrieben wird. Sie gilt damit „ in der Antike als eine Exekutionsweise *barbarischer Völker* [Hervorhebung im Original] überhaupt“[8].

Die Kreuzigung als Strafe fand vor allem in Fällen der politischen Auseinandersetzung aber auch bei Verstoß gegen religiöse Sitten Anwendung.[9]

Die politische Dimension der Verhängung der Kreuzesstrafe wird zudem an den Kreuzigungen im Raum Palastinä vor dem Ausbruch und während des Jüdisch-Römischen Kriegs sichtbar. So werden Unruhen seitens der Juden nach dem Tod des Königs Herodes des Großen durch den syrischen Statthalter Varus niedergeschlagen, der 2000 Aufständische kreuzigen lässt. Das Kreuzigen einer großen Menge von Aufständischen mit dem Ziel der Abschreckung setzte sich unter den Prokuratoren Felix und Gessius Florus fort. Der spätere Kaiser Titus ließ während der Belagerung Jerusalems sowohl Kreuzigungen von Einzelpersonen zur Brechung der Moral als auch Kreuzigungen von Massen gefangengenommener, aus Jerusalem geflohener Juden zur Förderung der Übergabe der Stadt und zur Verhöhnung durchführen.[10]

Nach Cicero entspricht die Anwendung der Kreuzesstrafe für Sklaven im Fall des Aufstands dem *mos maiorum.*[11] Die Zusatzbedingung des Aufstandes ist wesentlich und findet Bestätigung in der massenhaften Kreuzigung von (aufständischen) Sklaven im Zuge der großen Sklavenunruhen (1. Sizilischer Sklavenkrieg, Spartacus-Aufstand).[12] Dies verweist bereits auf die politische Dimension dieser Strafe.

Tacitus (und Sueton) bewerten den christlichen Glauben als (verderblichen) Aberglauben.[13] Die wesentliche Begründung, erstens das Sterben und zweitens eines schlimmen Todes, für diese Abwertung liefert ein von Porphyrios berichtetes Orakel

---

7 Vgl. zur Diskussion der Einordnung der Kreuzesstrafe Hengel, Mors, 614 Anm. 66. Vgl. Cic. Verr. 2,5,165–168. Vgl. auch Kuhn, Kreuzesstrafe, 747. Vgl. allgemein: Cook, Crucifixion.

8 Hengel, Mors, 607. Vgl. Diod. 2,18,1.

9 Hengel, Mors, 615. Vgl. auch Hengel, Mors, 615 Anm. 68.

10 Vgl. zu den Ausführungen zu den Kreuzigungen unter Varus, Felix, Gessius Florus und Titus: Kuhn, Kreuzesstrafe, 714f. Vgl. auch Ios. bell. Iud. 2,253.305–308; 5,289.

11 Vgl. Kuhn, Kreuzesstrafe, 684 Anm. 197. Vgl. Cic. Verr. 2,5,12. Kuhn ordnet dies jedoch als sekundär ein. Vgl. auch Kuhn, Kreuzesstrafe, 685f.

12 App. civ. 1,120. Vgl. Hengel, Mors, 627.

13 Plin. epist. 10,96; Tac. ann. 15,44,3–4; Suet. Nero 16,2. Vgl. Hengel, Mors, 596.

des Apollo, das den leeren Wahn definiert als: einen toten Gott zu besingen, den ein schlimmer Tod getötet hat.[14] Hier wird eine Gegenüberstellung des Sterbens eines Gottes und eines schlimmes Todes vorgenommen, da beides eigentlich unvereinbar ist. An dieser Gegenüberstellung von schimpflichem Tod als Verbrecher und Gott-Sein ändert auch das Beispiel des Prometheus bei Lukian nichts, der bewusst diese Provokation hervorruft und dessen Prometheus von Vornherein seiner Abnahme als Lebender vom Kreuz gewiss ist.[15] Lukians Prometheus, aber auch der Abschnitt zur Kreuzigung des medischen Königs Pharnos durch den assyrischen König Ninos, dem aus dem Alten Testament bekannten Nimrod (Gen 10,8-12; 1 Chr 1,10), aus der Weltgeschichte Diodors und Curtius Rufus Schilderung des Todes von Ariamazes bilden mit ihrem Bericht einer Kreuzigung eines Titanen als auch der eines (in einer Schlacht unterlegenen) Herrschers eher eine Ausnahme.[16] Ist es daher überhaupt legitim Jesu Tod in der Kategorie des Sterbens eines Königs und *divus* zu verstehen? Seine Anerkennung als Herrscher scheint im Sterben eines Todes würdig eines Verbrechers oder Sklavens erneut in Frage gestellt zu werden.

Der Kreuzestod war spätestens in der römischen Antike die Todesart, die vornehmlich für Verbrecher und Sklaven Anwendung fand. Er gehört, sowohl was die Charakterisierung des Sterbens, als auch die Adressatengruppe betrifft, zu den unrühmlichsten Arten zu sterben. Die politische Dimension im Falle des Aufstands ist im Kontext der beschriebenen *hostis*-Erklärung durch das Synhedrium und den Vorwurf des *crimen maiestatis* als dominant zu gewichten. Die genannten Beispiele des Nimrod und Ariamazes bestätigen zudem die Möglichkeit der Kreuzigung eines königlichen politischen Gegners.

Im Gegensatz zum Kreuzestod Jesu wird der Tod des Sokrates als der schönste und edelste von denen, die erinnerungswürdig sind bzw. Aufnahme in das kollektive im engeren Sinn kulturelle Gedächtnis[17] fanden, gewertet. So lässt sich mit Xenophons Erinnerungen an Sokrates festhalten: „denn darüber besteht allgemeine Übereinstimmung, daß kein Mensch je unter allen denen, die in der Erinnerung leben, den Tod in würdigerer Art ertragen hat."[18]

---

14 Vgl. Hengel, Mors, 596. Aug. civ. 19,23.

15 Lukian. Prometheus 1,1.

16 Lukian. Prometheus 1,1; Diod. 2,1,10. Vgl. die Schilderung der Kreuzigung vom sogdianischen Herrn Ariamazes und seinen Begleitern nach der Besetzung seiner Felsenburg im Zuge von Verhandlungsgesprächen über die bedingungslose Übergabe bei Curt. 7,11,28. Ebenfalls wichtig zu erwähnen ist die Kreuzigung des Gegners des Königs Sardanapal bei Lukian sowie die Kreuzigung des Kyros durch die Skythen bei Diodor. Vgl. Lukian. Iuppiter confutatus 16; Diod. 2,44,2. Vgl. Hengel, Mors, 607 Anm. 44 und 45. Vgl. zu Prometheus: Hengel, Mors, 601f; Kuhn, Kreuzesstrafe, 741.743f.

17 Vgl. Huebenthal, Gedächtnis, 131. Vgl. für die Einordnung der *exempla* in das kulturelle Gedächtnis: Hölkeskamp, Gedächtnis. Vgl. zur Etablierung von *exempla*: Roller, Models.

18 Xen. mem. 4,8,2. Übersetzung: Xenophon, Erinnerungen (Jaerisch).

Die Gewaltsamkeit des Todes des Sokrates wird in Platos Politeia in Verbindung mit seinem *exemplum* als Gerechter gebracht.

> „Sie werden also sagen: wenn der Gerechte so gesinnt ist, dann wird man ihn schlagen und foltern und einkerkern; man wird ihm die Augen ausbrennen und ihn nach all diesen Mißhandlungen zuletzt ans Kreuz schlagen. Und dann wird er zur Einsicht kommen, daß man nicht danach streben soll, gerecht zu *sein*, sondern gerecht zu *scheinen* [Hervorhebungen im Original].“[19]

Hier wird bereits deutlich, dass in der Politeia mit dem zu Unrecht leidenden Gerechten Sokrates identifiziert wird. Aus einer christlichen Perspektive ist die Analogie zu Jesus deutlich zu erkennen.[20] Rezeptionsgeschichtlich wird dieses Platowort vom gekreuzigten Gerechten nur bis zu den Kirchenvätern wahrgenommen und findet seinen Niederschlag bei Clemens von Alexandrien. So führt Clemens von Alexandrien als Übereinstimmung zwischen Erkenntnissen der Philosophie und der jüdischen Tradition an:

> „Und ist es ferner nicht dem Schriftwort: ‚Laßt uns den Gerechten beseitigen, denn er ist uns lästig‘ ähnlich, wenn Platon beinahe mit einer Weissagung auf den Heilsplan des Erlösers im zweiten Buche des Staates so spricht: ‚Wenn der Gerechte sich so verhält, wird er gegeißelt, gefoltert, in Ketten gelegt, an beiden Augen geblendet und schließlich nach allen Martern noch ans Kreuz geschlagen werden?‘“[21]

Die literarische Strategie, die hinter der Inszenierung des Sterbens des Sokrates als noble death steht, ist die Verschleierung der Gewalttätigkeit eines von außen verfügten Todes des Gerechten. Zu einer Glaubensfrage hat sich die Möglichkeit der Analogiebildung zwischen dem noble death eines Sokrates aus der paganen Umwelt und dem Kreuzestod Jesu entwickelt.

> „Similarly, Jesus' ‚calmness‘ when facing death and his exemplary status are too general to qualify as allusions to Socrates' noble death and fail to account for Jesus' agony in prayer (Luke 22:44) and his painful and *ignoble* [Hervorhebung im Original] crucifixion.“[22]

---

19 Plat. rep. 361e–362a. Übersetzung: Platon, Der Staat/Politeia (Rufener).

20 Vgl. Theobald, Pilatus-Prozess, 233–265; Müller, Kreuzestod; Opelt, Sokrates, 192–207; Döring, Exemplum; Benz, Sokrates.

21 Clem. Al. strom. 5,108,2f; 4,52,1f. Übersetzung: Clemens, Teppiche (Stähling). Vgl. Hengel, Mors, 611 Anm. 59. Die Begriffe Kreuzigen und Pfählen werden unscharf und teilweise synonym verwendet.

22 Tabb, Martyr, 300.

Nach Brian J. Tabb ist neben der Agonie im Gebet des lukanischen Jesus vor allem der Kreuzestod sui generis „ignoble" und damit per se jenseits jeglicher Analogie mit dem würdigen Sterben eines Sokrates.

Dass diese Frage zu einer Glaubensfrage werden kann, liegt daran, dass im Hintergrund die Frage nach dem ‚richtigen' religionsgeschichtlichen Verstehenskontext für eine angemessene Deutung des Todes Jesu steht. Die Feststellung Tabbs, dass Sokrates und Jesus als *exemplum* qua „calmness" präsentiert werden und damit den einzigen Vergleichspunkt bildet, bleibt unzureichend. Hier muss ein differenzierter Vergleich der literarischen Inszenierung der Idealisierung der hier gewählten *exempla* mit der Inszenierung von Jesus erfolgen. Daher soll im Folgenden die Analyse der literarischen Idealisierung des Sterbens des jeweiligen Vorbildes im Zentrum stehen.

Ein zweiter Einwand gegen die Heranziehung des noble death als möglichen Vergleichspunkt für eine Analyse des Sterbens Jesu ist das JohEv selbst mit seiner Gegenüberstellung der Ehre Gottes und der Ehre der Menschen. So heißt es in 12,43: „Denn sie liebten die Ehre bei den Menschen mehr als die Ehre bei Gott." Frey und Chibici-Revneanu weisen beide auf die Auffälligkeit hin, dass im JohEv zwar mit dem Anbruch der Stunde Jesu – die Zeit ist gekommen für die Verherrlichung des „Menschensohns" nach dem Auftreten der Hellenen beim Einzug nach Jerusalem (12,20f) – auch seine Verherrlichung einhergeht, aber im Passionsgeschehen selbst δόξα oder δοξάζειν kein einziges Mal vorkommen. Beide kommen zu dem Ergebnis, dass die Offenbarung der δόξα in der Kreuzigung Jesu sich über die Inthronisation als König vollzieht und damit über ein anderes Motivinventar bzw. mit anderen Mitteln beschrieben wird. Mit Chibici-Revneanu lässt sich festhalten: „Das Königsmotiv in der Passionsgeschichte greift Erwartungen auf, die durch die Ausrichtung des δοξάζεσθαι Jesu auf die ‚Stunde' aufgebaut worden sind"[23]. Frey bestätigt:

> „Auch ohne die Verwendung der δόξα-Terminologie wird das Geschick Jesu im johanneischen Passionsbericht so erzählt, daß die Leser im Gekreuzigten den wahren König und insofern den Verherrlichten erkennen können […]."[24]

Die Frage, wo die δόξα beim Sterben Jesu am Kreuz bleibt, ist nach antiker Sicht höchst berechtigt und die entscheidende Frage. Denn van Hooff hält für die Antike fest:

---

23 Chibici-Revneanu, Herrlichkeit, 531. Δόξα als Ehre im Sinne von Gewicht oder Persönlichkeit und als Offenbarungsherrlichkeit Gottes im Sinne der sichtbaren Gegenwart Gottes – im Zeigen seiner Offenbarungsherrlichkeit wird Gott sichtbar, ohne sich selbst zu zeigen. Vgl. Chibici-Revneanu, Herrlichkeit, 357.

24 Frey, Herrlichkeit, 657.

> „The anxiety of losing face is one of the strongest motives among ancient people. In the modern western world keeping one's honour is a value which is only strong in certain closed domains of society, like the military. There one finds ‚individuals with a high commitment to a particular self image'. They possess a rigid personality and are highly sensitive to failure. Then they are overtaken by ‚great shame'. Ancient society was oriented to the heroic ideal and as a whole can be regarded as a ‚shame-society'."[25]

Da sich im Sterben der Charakter und die Lebensführung eines Einzelnen verdichtet und wie im Brennspiegel zeigen, kommt der literarischen Inszenierung des Sterbens besondere Bedeutung zu. Jesu Prozess und Verurteilung vor Pilatus sowie sein Tod werden als Tod des „Königs der Juden" inszeniert. Damit ist eng verknüpft das Ideal, das im Sterben die im Leben eingeprägte Identität sichtbar wird und sich als wirklich bzw. wahrhaftig erweist.

Ulrich Huttner hält für die Antike eine „besonders ausgeprägte Sichtweise vom Sterben als essentiellem Akt, der die Summe des Lebens zieht"[26] fest und verweist insbesondere am Beispiel des Otho darauf, dass „das Sterben dem Leben eine Art Siegel aufdrückt und der Sterbende in Verhalten und Rede die Summe aus einem Leben zieht"[27]. So hält auch Valerie M. Hope fest:

> „Whereas a good death reflected a good life, a bad death reflected a bad life. To die well even in potentially awful circumstances symbolized the brave and resolute [...]; whereas to be afraid, to chatter nervously or to weep uncontrollably in the face of death was characteristic of the weak and the dishonourable."[28]

Mit Antonius Ronconi lässt sich für die Schilderung des Todes der römischen Kaiser als Charakteristikum das Ziel der Herabsetzung statt der Verherrlichung festhalten.[29] Die Untersuchung von Tobias Arand zum „Schmählichen Ende des Kaisers" bestätigt dies, da er nur zwei vollends von allen Autoren positiv bewertete Kaiser – Titus und Nerva – aufführt, während die restlichen Kaiser differenziert oder rein negativ bewertet werden, was dann auch in ihrer Darstellung als Sterbende seinen Niederschlag findet.[30] Die Schlechtigkeit eines Kaisers und seine Illegitimität als Herrscher zeigen sich in der Schimpflichkeit seines Todes, der häufig gewaltsam und durch ein von außen verfügtes Sterben qua Mord oder Hin-

---

25 Hooff, Suicide, 107f, der sich bezieht auf: Taylor, Suicide, 134.

26 Huttner, Sterben, 315.

27 Huttner, Sterben, 317.

28 Hope, Death, 62.

29 Vgl. Ronconi, Exitus, 1263.

30 Vgl. Arand, Ende; Herrmann, Todesdarstellung, 225f.

richtung herbeigeführt wird.[31] Der gute Herrscher, ein Kyros oder ein Augustus, stirbt eines natürlichen Todes im Kreis seiner Gefährten und/oder der Familie oder im Kampf. Denn aus römischer Sicht ist der Tod im Kampf zwar gewaltsam, aber rühmenswert (*virtus*), so dass nach Arand der Tod schlechter Kaiser im Kampf einen überraschend geringen Anteil hat.[32]

Hier fällt bereits auf, dass der Tod Jesu als eines verurteilten Verbrechers, der durch die gewaltsamste und schändlichste Art der Hinrichtung, die Kreuzigung, herbeigeführt wird, nicht so eindeutig dem schändlichen Sterben eines schlechten Herrschers zuzuordnen ist. Zwar galt Erhängen als Tod der Armen und Verzweifelten[33] und der Kreuzestod als schändlicher Tod. Schwert, Gift oder Aderöffnen waren für Griechen und Römer Zeichen eines noble death.[34] Neben der reinen Wahl der Art der Selbsttötung, zeichnete sich ein gutes Sterben auf der physischen Ebene durch wenig Leiden und ein schnelles Sterben sowie aus philosophischer Perspektive durch ein Sterben im Status der Tugend bzw. der „moral purity“[35] aus. Hope betont die Vereinbarkeit dieser drei Optionen eines guten Sterbens:[36]

> „In general, all the ideals promoted the idea that death should match life and should measure up to the individual's bravery, happiness or morality in whatever combination. For many people who were not philosophically minded nobles risking their lives for the state and emperor, the ‚good death‘ aspired to was probably one that was as comfortable, painless and dignified as was humanly possible.“[37]

Diese Kriterien finden sich auch beim noble death. Für eine Charakterisierung des Sterbens als noble death ist im Zweiten auch die Motivation für die Selbsttötung entscheidend:

> „On the one hand, suicide could be viewed suspiciously, as an act motivated by a guilty conscience or weak resolve. On the other hand, suicide was viewed as a brave and respected choice made in the face of real adversity.“[38]

Jesus begeht keinen Suizid, sondern wird zum Tod am Kreuz verurteilt – seine Kontrahenten sind die Jerusalemer Führungsschicht und die römische Zentralgewalt in

31 Vgl. Arand, Ende, 203f.

32 Vgl. Arand, Ende, 103f.213; Herrmann, Todesdarstellung.

33 Vgl. Hooff, Suicide, 78.

34 Vgl. Hope, Death, 58.

35 Hope, Death, 56.

36 Vgl. Hope, Death, 56.

37 Hope, Death, 56f.

38 Hope, Death, 57.

der Gestalt des Pilatus. Für den johanneischen Jesus am Kreuz und die literarische Inszenierung seines Sterbens lässt sich trotz der Verurteilung als Verbrecher (*crimen maiestatis*) zum Sklaventod festhalten: Ein noble death „could make a fitting end to a noble life, or even add a crowning dimension."[39] Denn innerhalb der Rahmenhandlung der Verurteilung durch Pilatus und Kreuzigung finden sich Topoi aus dem Bereich des Sterbens eines guten Herrschers, wie die Allusion auf die siegreiche Auseinandersetzung des Herrschers mit den gegnerischen Truppen bei der Verhaftung Jesu. Dieser Topos wird während des Prozesses im Gespräch mit Pilatus durch Jesus erneut in Joh 18,36 aufgerufen, sowie der Tod im Kreis der Gefährten bzw. Familie. Nur bei Joh sind der geliebte Schüler sowie die Mutter Jesu anwesend beim Kreuz und werden durch den sterbenden König einander im Modus der fürsorgenden Liebe zugeordnet als *exemplum* für die Stabilisierung der Gemeinschaft. Solche Aufwertungsstrategien in der literarischen Inszenierung des Todes eines Herrschers finden sich auch bei anderen Herrschern der hellenistisch-römischen Antike. Diese Aufwertungsstrategien folgen dem Muster: „If death was sudden, unexpected or violent, one could still achieve dignity by exhibiting bravery."[40] Berühmtestes Beispiel einer solchen Aufwertung eines schlechten Herrschers in seinem selbst qua Selbstmord herbeigeführten Tod ist Kaiser Otho. Arand hebt für Otho hervor, dass

> „einige wenige Selbstmordschilderungen in Widerspruch zur Negativwertung [stehen], indem sie versuchen, durch die Schilderung eines ehrenwerten Selbstmordes das schlecht bewertete Leben im Tode aufzuwerten."[41]

Auch Peter Schunck sieht die Möglichkeit gegeben, dass „der ehrenvolle Tod [...] auch ein wertloses Leben sühnen"[42] kann. War das Sterben in der Antike zumindest in der literarischen Inszenierung der exitus-Literatur immer ein semi-öffentlicher Akt, so war neben der Zurschaustellung von Ehre vor allem auch die Möglichkeit letztgültiger Selbstdefinition gegeben: „Among the élite, then, suicide was rarely seen as the negative act of the desperate, but a rational choice, and in politically unstable times it could be the ultimate means of self-definition."[43] Hope bringt

---

39 Hope, Death, 58.

40 Hope, Death, 55f. Hope betont hier das Ideal eines rühmlichen Sterbens im Kampf, das durch „military virtue and bravery" gekennzeichnet ist. Hope, Death, 55. Das gute Sterben eines jeden Römers zeichnete sich ebenfalls durch „bravery, resignation and calmness of mind" aus. Hope, Death, 54.

41 Arand, Ende, 103.

42 Schunck, Sterben, 26.

43 Hope, Death, 58.

es anhand des Beispiels Senecas auf den Punkt: Es geht nicht um das früher oder später Sterben, sondern um gutes oder schlechtes Sterben.[44]

> „We saw that a full ritual was developed which aimed at creating a sphere of dignity and wisdom around the self-chosen — or forced — death. ‚Going to die, a Roman senator did not call a priest, but received spiritual comfort from a philosopher'."[45]

Und hier ist noch einmal zu betonen, dass es weniger um die Todesart geht als vielmehr um das Wie des Sterbens, denn auch ein Suizid kann ein schlechtes Sterben beinhalten.[46] Dass die literarische Inszenierung kontrafaktisch sein kann, hält Ash für die taciteische Darstellung des Suizids Othos fest:

> „His extraordinary suicide, moving and exemplary, but paradoxical and futile, neither stops the civil war nor saves his soldiers from further suffering. Yet T. still ennobles and adds pathos to the death-scene."[47]

Ebenso kann ein Sterben eines Verbrechertodes über literarische Mittel und Verweiszusammenhänge positiv im Sinne eines noble death aufgewertet werden. Dem wird im Folgenden nachgegangen. Die Inszenierung des Todes Othos sowie des Todes von Cato und Sokrates wird als Vergleich für das Sterben Jesu herangezogen. Die Wahl des Sterbens von Sokrates, Cato und Otho liegt darin begründet, dass ihnen von ihrer Umwelt bzw. der Nachwelt *exemplum*-Fähigkeit zugebilligt wird. Catharine Edwards spricht für den stoic suicide, der hier als Vergleichspunkt mit den Exponenten Sokrates, Cato und Otho im Fokus stehen soll, von einem mit Cato etablierten „script"[48], das dem Vorbild des Sokrates folgt. Über dieses Skript wird über intertextuelle Verweise, wie zum Beispiel das Bad vor dem Sterben, das Opfern der Gottheit, das philosophische Gespräch mit Freunden, die Zeuge der letzten Worte werden[49] etc., ein Rollenvorbild aufgerufen, dem man unter individuellen Abweichungen gerecht zu werden versucht. Dabei ist zu betonen, dass man sich nach Edwards selbst das script schreibt.[50] Meinem Vergleich liegt ein aus dem Ver-

---

44 Vgl. Hope, Death, 56.

45 Hooff, Suicide, 77, der sich bezieht auf: Bickermann, Consecratio, 12.

46 Trotzdem muss mit van Hooff Folgendes festgehalten werden: „The preoccupation with *dignitas* in living and dying is of course strongest in the elite which adheres to the values of manliness: only metal befits the representative of *virtus*. Even the domestic form of soldierly death, i. e. opening the veins, is superior to modern fiddling with razorblades." Hooff, Suicide, 77.

47 Tacitus, Histories (Ash), 199.

48 Edwards, Self-Actualisation, 390.

49 Vgl. zu den Parallelen auch Schunck, Sterben, 61f.

50 Vgl. Edwards, Self-Actualisation, 389.

gleich von einschlägigen antiken Texten aus unterschiedlichen Gattungen von der Poesie bis zur Historiographie zum „Sterben für" gewonnenes festes Motivinventar zugrunde.[51] Dieses greift über die Sterbeszene an sich hinaus und ist damit auf einer Metaebene angelegt, die die mit der Sterbeszene verbundenen übergeordneten Motive in den Blick nimmt. Der Vergleich beinhaltet also die Motive der Freiwilligkeit des Sterbens, der Fürsorge, der *constantia*, des „Sterben für" sowie der Reaktion der Umwelt und des Begräbnisses. Auch die Autoren der Sterbeszene der hier ausgewählten Exponenten folgen damit einem – so die These – Skript, das das übergeordnete Motiv bedient, aber individuell variiert und auf die entsprechende Person, d. h. auf ihren Charakter und ihre bisherige Biographie angepasst ist. Denn so lässt sich wiederum mit Edwards am Beispiel Catos formulieren:

> „His earlier life had served to set up certain expectations about how ‚Cato' would behave, setting a trajectory – so that one might see Cato's mode of death as implicit in the earlier course of his own life."[52]

Während Edwards also das „script" für die „performance", d. h. die Habitualisierung der eigenen Rolle, die das Schicksal einem auferlegt hat[53], in den Blick nimmt, steht im Folgenden der literarische Vergleich der individuellen Aktualisierung des benannten Motivinventars im Zentrum.

2. Der noble death von Sokrates, Cato und Otho

2.1 Sokrates

Die Vorwürfe gegenüber Sokrates und Jesus im JohEv decken sich in gewisser Hinsicht. Es gibt einen religiösen und einen politischen Anklagepunkt. Die Anklage gegen Sokrates ist eine Dreifache: Ihm wird die Nichtanerkennung der städtisch bekannten Götter, die Einführung neuer Götter und die Verführung und Korruption der Jugend vorgeworfen.[54] Auch eine politische Ursache wie die Einflussnahme auf Vertreter der Dreißig wie Alkibiades (im Sinne der Unterstützung einer Oligarchie) liegt dem politischen Erklärungsmodell für die Anklage gegen Sokrates

---

51 Anstoß dazu gab die Arbeit von Peter Schunck zum Römischen Sterben, der bereits die Sterbeszenen einzelner *viri illustribus* miteinander in ihrer Darstellung verglich. Freiwilligkeit, Fürsorge, *ostentatio*, Begräbnis sind auch bei ihm wiederkehrende, literarisch strukturell etablierte Motive.

52 Edwards, Self-Actualisation, 384f.

53 Edwards, Self-Actualisation, 384.

54 Plat. apol. 24b–c; Xen. mem. 1,1,1. Auf Xenophons Erinnerungen an Sokrates wird im Folgenden nicht näher eingegangen.

zugrunde.[55] Der daraus resultierende Bürgerkrieg, der mit der Wiederherstellung der Demokratie in Athen 403 v. Chr. endet, fordert eine hohe Opferzahl. Auch vier Jahre nach der Einigung auf vollständige Amnestie gegen die Unterstützer der Dreißig wird der Prozess gegen Sokrates von dieser Vorgeschichte und diesen Zeitumständen beeinflusst wahrgenommen. Auf mögliche Analogien zu der hier analysierten Struktur der Anklagegründe zu der Anklage gegen Jesus wird unter Punkt 3 einzugehen sein.

Sokrates enthebelt die religiöse Dimension der Vorwürfe durch das Argument, dass er zu der Ausübung seiner Tätigkeit der Prüfung der Argumente seines Gegenübers durch eine vom Orakel von Delphi bestätigte besondere Weisheit befähigt sei und darin nur seinem δαιμόνιον folge. Die von ihm eingeführten „andere[n] neue[n] dämonische[n] Mächte“[56] seien Götter. Xenophon und Plato bestätigen Sokrates die Orthopraxie des Opferns.[57] Auch der im Phaidon berichtete letzte Ausruf des Sokrates, dem Asklepios einen Hahn als Opfer zu schulden und die Aufforderung dies nach seinem Tod einzulösen, scheint Ausdruck dessen zu sein.[58] Sokrates bricht insofern mit dem religiösen Vorstellungshintergrund der Zeit, dass er die Götter als unbedingt gut und das Gute wollend bestimmt, so dass Opfer nicht mehr notwendig sind. Diese Ethisierung der Götter führt zu einem Bruch mit der athenischen Orthopraxie des Opferns. Gregory Vlastos attestiert Sokrates eine Neukonzeption von Frömmigkeit: „**Piety is doing god's work to benefit human beings** [Hervorhebung im Original].“[59] Sokrates rationales Anerkennen der Weisung des Orakels und Umsetzen in Orthopraxie basiert auf diesem Grundsatz. Zudem ist die Ausgangsbasis für diese These, dass die Götter gut sind und sich damit in ihrem Wesen von ihrer Beschreibung als Wesen mit menschlichen Neigungen bei Dichtern unterscheiden. Anhand einer rationalen Kausalkette und des Schlusses a minore ad maius kommt er zu dem Schluss, dass das Wissen um Gut und Böse im Menschen auch seine *virtus* zur Folge habe, dies ebenso für die Götter

55 Vgl. Ralkowski, Politics, 307. So identifiziert Sokrates sich mit dem, dem Unrecht angetan wird und der Unrecht erleidet, während die Richter mit ihrem Unrecht tun durch seine Verurteilung größere Schuld auf sich laden. Er handelt auch bei seinem Plädoyer für ein Strafmaß nach dem Maßstab, kein Unrecht wissend zu verüben, und möchte demnach weiterhin seinem göttlichen Auftrag folgen sowie andere in ihrer Lebensführung prüfen. Dies schließt jedoch ein, dass er sich selbst kein Unrecht antun möchte und daher die Forderung einer Strafzahlung als Ersatzstrafe stellt. Vgl. Platon, Apologie (Heitsch), 151–153. Vgl. allg.: Breitbach, Prozess; Scholz, Prozeß; Demandt, Sokrates.

56 Plat. apol. 24b–c. Übersetzung: Platon, Apologie (Heitsch). Vgl. allg.: Plato, Phaedo (Rowe).

57 Xen. mem. 1,1,1–2; 4,8,11.

58 Plat. Phaid. 118a.

59 Vlastos, Piety, 155. Vgl. auch Bussanich/Smith, Socrates; Brickhouse/Smith, Trial. Vgl. insbesondere McPherran, Piety; Gill, Death; Prior, Socrates; Vlastos, Piety; Brickhouse/Smith, Trial.

in ihrer im Vergleich mit den Menschen größeren Weisheit gilt, deren Wissen das des weisesten Menschen übersteigt, so dass sie zugleich auch diejenigen mit der besten *virtus* sind. Da *virtus* nichts Schlechtes verursachen kann, können Götter auch nur Gutes hervorbringen.[60] Er wendet sich damit auch gegen die Opferpraxis gemäß dem *do-ut-des*-Prinzip und gegen ein kommerzielles Verständnis der eigenen Gottesbeziehung.[61]

Auch Vlastos geht davon aus, dass Sokrates in Götter Vertrauen hat, denn mit seiner Folgsamkeit gegenüber dem im Orakel mitgeteilten göttlichen Willen stellt er dies unter Beweis. Auch sein Glauben an daimones schließt den Glauben an Götter (theoi) ein, denn daimones seien Götter. Vlastos schließt aber aus, dass Sokrates an die Götter Athens glaubt und verweist auf den Bruch des Sokrates mit der Vorstellung von Göttern, denen man opfern muss im Sinne des *do ut des*.[62] Vielmehr werden diese ethisiert in dem Sinne, dass sie frei über die Verwendung ihres Opfers verfügen könnten.[63] Zudem sieht Vlastos das δαιμόνιον des Sokrates, dem er folgt, als Exponent für die Ethisierung der Götter gegeben.[64] McPherran führt diesen Punkt noch ein wenig weiter. Er geht davon aus, dass Sokrates aus der Unmöglichkeit ein Übel durch ein anderes Übel zu rechtfertigen Götter ableitet, die ebenfalls dazu nicht in der Lage sind und damit nur das Gute wollen.[65] Gegen Vlastos nimmt er für Sokrates die Vorstellung an, dass Götter freiwillig Gaben spenden. Sie fördern die Gerechtigkeit in Korrespondenz zu der Tugend der Gläubigen.[66] Sokrates verstößt nach McPherran gegen die Orthopraxie des Opferns und gegen die kleineren Götter denen man die Hilfe im Gegenzug gegen ein Opfer zutraute.[67] Nach Brickhouse und Smith wird er des Atheismus angeklagt.[68]

> „Many Athenians would have thought this about any number of the sophists and nature philosophers, and insofar as they were inclined to see no important distinction between those fellows and Socrates, a charge of complete atheism would come naturally to mind. [...] Had Meletus attempted to select Socrates' other option, therefore, he would be committed to showing Socrates in a very new light, in which the old prejudices must

---

60 Vgl. zu diesem Zusammenhang: Vlastos, Piety, 149.

61 Vgl. Vlastos, Piety, 154.

62 Vgl. Vlastos, Piety, 154.

63 Vgl. Vlastos, Piety, 154.

64 Vgl. Vlastos, Piety, 154f. Vlastos sieht mit dem δαιμόνιον Sokrates in der Verantwortung den guten Willen der Götter zu vollziehen und damit Frömmigkeit zu üben.

65 Vgl. McPherran, Socratic, 263. Vgl. auch McPherran, Piety, 167.

66 McPherran, Socratic, 263.

67 McPherran, Socratic, 266.

68 Brickhouse/Smith, Charges, 475f.

be abandoned, for now it would turn out that Socrates was in fact religious in some recognizable sense, even though his religious beliefs were not the customary ones."[69]

Mark Ralkowski bestreitet zu Recht eine rein religiöse Ursache im Sinne einer solchen Ethisierung der Götter für die Anklage gegen Sokrates. Er argumentiert, dass die religiöse und politische Sphäre miteinander verbunden waren und geht davon aus, dass das schon bei Vlastos im Mittelpunkt stehende „divine sign" des Sokrates als einer persönlichen Gottheit Anlass im politischen Sinn zu einer Anklage gegen Sokrates gab. Denn als private Gottheit war es „unavailable to other Athenians to worship, and it positioned Socrates as an extreme outsider who questioned the authority of traditional religious institutions and thus the authority of the Assembly."[70]

Eine weitere entscheidende Frage in Hinblick auf mögliche Analogien zu Jesus ist, wie eben schon angedeutet, die Frage nach einem möglichen politischen Hintergrund für die Verurteilung des Sokrates: Ob Sokrates hier als Aufständischer im Sinne der Unterstützung der Herrschaft der Dreißig und Bejaher der Oligarchie verurteilt wird? Für einige Vertreter ist dies ausgeschlossen allein aufgrund dessen, dass es eine wirkungsvolle Amnestie gab, so dass ein solcher Prozess von vornherein unmöglich war.[71] Andere vermuten dennoch ein politisches Motiv, wenn nicht die Unterstützung, so doch die Befürwortung der Oligarchie durch Sokrates, als im Hintergrund stehend.[72] War Sokrates Befürworter oder Unterstützer der oligarchischen Herrschaftsform? Sokrates äußert sich positiv über die Herrschaft von Sparta und Theben, welche beides Oligarchien waren. Vlastos unterscheidet strikt zwischen der Darstellung des Sokrates bei Plato und Xenophon.[73] Während Sokrates bei Plato als Demokrat im Sinne eines inklusiven Verständnisses von Bürgersein gezeichnet wird, wird er bei Xenophon charakterisiert als jemand, der der „royal art" anhing im Sinne einer Ablehnung der Teilnahme des Volkes bei Abstimmungen und Losentscheidungen.[74] Interessant ist auch der Hinweis, dass das Sokrates jeweils zugeschriebene Tugendverständnis nach Vlastos entscheidend

69 Brickhouse/Smith, Charges, 476.

70 Ralkowski, Politics, 326. Er bestreitet die Trennung zwischen einer religiösen und einer politischen Ursache für die Anklage und meint zudem, dass nichts Kriminelles oder Unfrommes an Sokrates' „divine sign" hafte, im Gegenteil „religious innovation" sei „something the city sponsored". So schließt er: „The crucial point here is that apart from political concerns about the welfare of the city, the impiety charge would not have mattered to the city." Ralkowski, Politics, 326.

71 Vgl. Ralkowski, Politics, 303.

72 Ralkowski, Politics, 307.

73 Vgl. Vlastos, Democracy, 29.

74 Vgl. Vlastos, Democracy, 37.

ist für die Beantwortung der Frage, ob Sokrates Demokrat oder Oligarch war. Vlastos geht für Plato ebenfalls von einem Verständnis von Tugend als dem Erreichen von Eudaimonie für die Seele aus, das für jeden Bürger möglich ist und damit eine egalitäre, demokratische Tendenz hat.[75] Währenddessen ist Tugend bei Xenophon elitär im Sinne der royal art und des „knowledge of the instrumentalities of the good life"[76].

Sokrates unterwirft sich dem Gesetz der athenischen Demokratie, auch wenn das Urteil ungerecht sein sollte wie im Falle seiner Verurteilung. Jedoch ist er als Demokrat zu benennen, denn jenseits der Willfährigkeit gegenüber dem Gesetz, die auch in einer Oligarchie gilt, in der die Gesetze Unrecht schaffen, gilt das beste Argument, das in παρρησία vorzubringen ist und das zu einem bestmöglichen Verfahren und Urteil führen soll.

> „The view proposed here, in a nutshell, is that Socrates associated justice with obedience to authority (this much is already generally conceded in the literature), but that one authority rises above state authority as decisive for giving him direction for living a just life: *logos* or ‚the argument'. [...] When it came to deciding what he should do, or how he should live, Socrates would heed other authorities but ultimately put *logos* in the commanding position. [...] He may well have believed the same should be true for everyone else – ‚the unexamined life is not worth living' – seems like an adage he intends universally, but strictly speaking he claims *logos* as the ultimate guide only for himself and his immediate interlocutor, not a general precept for all people."[77]

Im Hintergrund der Verhaftung Jesu und der Überstellung an Pilatus steht sein Image als Königsprätendent sowie der Vorwurf, dass er verführe und die Welt ihm nachlaufe (Joh 7,12; 12,19). Der das JohEv durchziehende Konflikt ist die Anerkennung Jesu in seinem Status gegenüber Gott und der Vorwurf, dass er sich selbst Gott gleich macht (Joh 5,18).

2.1.1 Die Freiwilligkeit des Sterbens

In Platos Kriton wird die Möglichkeit einer Flucht aus der Haft eröffnet. So war es durchaus möglich bei entsprechender Bezahlung der Wärter eine Flucht zu organisieren. Sokrates lehnt jedoch eine Flucht ab, denn Verurteilung und Tod entsprechen seinem δαιμόνιον.[78] Sokrates folgt im Prozess seinem δαιμόνιον. Dass

---

75 Vgl. Vlastos, Democracy, 38.

76 Vlastos, Democracy, 35.

77 Johnson, Philosophy, 251f.

78 Plat. Crit. 44b–46a.

der Tod des Sokrates von einer Gottheit verfügt ist und sich Sokrates in diesen Willen fügt, wird auch im Phaidon in der Aussage des Berichtenden deutlich, dass der Gang des Sokrates in den Hades der „göttlichen Fügung" entspricht.[79] Denn die Götter haben die Interessen der guten Menschen im Blick.[80] Dies wird zweifach deutlich: es gibt für gute Menschen kein Übel[81] und es „mag gehen, wie es dem Gott gefällt".[82] Zudem hat sich Sokrates als ein Gerechter während des Prozesses erwiesen, denn er hat die Ausübung von Unrecht im Sinne der verwerflichen Durchführung seiner Verteidigung vermieden und er ist seinem δαιμόνιον gefolgt. Er hat die Existenz von Göttern durch das Vermeiden von Bitten und Mitleid doppelt bewiesen, denn er folgt seinem δαιμόνιον und bringt die Richter nicht durch Bitten und Flehen von ihrem Glauben an die Götter ab.[83]

2.1.2 Das Prinzip der Fürsorge

Sokrates lässt seine Frau und seinen Sohn nach Hause bringen, als der bevorstehende Abschied des Sokrates von seinen Freunden sie aus der Fassung bringt und ihre Trauer und ihr Wehklagen zu groß werden lässt.[84] Zudem verabschiedet sich Sokrates von seinen Söhnen und seiner Frau und gibt letzte Aufträge zur Regelung seiner Angelegenheiten an die Frauen in seinem Haus weiter.[85] Das Bad, das er nimmt, ist seine Totenwaschung. Er erspart diese damit seinen Angehörigen.[86]

2.1.3 *Constantia*

Die *constantia* des Sokrates überträgt sich auf die Anwesenden. So berichtet Phaidon, dass er selbst in einer „seltsamen Stimmung" ohne „Mitgefühl"[87] war, ausgelöst durch die Fassung und den festen Sinn des Sokrates, der trotz des bevorstehenden Todes die angestrebte Eudaimonie mittels Beherrschung der „unteren Seelenkräfte"[88] erreicht hatte.[89] Für die Seelenlehre Platos gilt, dass frei allein die Ausrichtung auf das wirklich Gute macht. „Frei in seiner Wahl ist, wer das als wirklich gut

---

79 Plat. Phaid. 58e. Übersetzung: Platon, Phaidon (Ebert).

80 Plat. apol. 41d.

81 Plat. apol. 41d.

82 Plat. apol. 19a. Übersetzung: Platon, Apologie (Heitsch).

83 Plat. apol. 35d.

84 Plat. Phaid. 60a.

85 Plat. Phaid. 116a–b.

86 Vgl. Platon, Phaidon (Ebert), 455.

87 Plat. Phaid. 58e. Übersetzung: Platon, Phaidon (Ebert).

88 Erler, Platon, 389.

89 Plat. Phaid. 117e.

Erkannte will, d.h., wer in Übereinstimmung mit der Vernunft handelt."[90] Dies wird durch Beherrschung der unteren Seelenkräfte erreicht.[91] So zögert Sokrates die Einnahme des Giftes nicht zeitlich hinaus, da dies nicht gewinnbringend für ihn wäre, was durch die Übereinstimmung mit dem philosophischen Ziel der Wahrheitserkenntnis, ob die Seele unsterblich ist, begründet wird. Ein Hinauszögern des Sterbens stände zudem nicht in Übereinstimmung mit dem philosophischen Lebensideal und würde ihn daher der Lächerlichkeit preisgeben.[92] So nimmt Sokrates den Becher mit dem Gift heiter, ohne Zittern und mit festem Blick entgegen und trinkt diesen ruhig und ohne Widerwillen aus.[93] Sokrates allein bewahrt die Fassung und gibt als Ziel in Gebet und „Andacht" zu sterben an.[94] Er folgt den Vorschriften des Dieners und bewegt sich, damit das Gift seine volle Wirkung entfaltet. Er verhüllt während des Sterbeprozesses und der schrittweisen Lähmung das Haupt.[95]

2.1.4 Sterben für

Sokrates stirbt für den Erweis seiner *pietas*. Denn er möchte von dem Gift den Göttern zunächst eine Libation zueignen; trinkt das Gift dann aber unter einem Gebet, dass die Reise in den Hades unter einem „guten Stern" steht.[96] Er stirbt für den Erweis der Wahrheit.[97] Er erweist sich zudem als der „edelste[...], umgänglichste[...] und beste[...] Mann".[98] Er ist der Beste, weil er Einsicht besitzt und gerecht ist, was nach Ebert aristotelisch näher zu spezifizieren ist als dass „er ‚sich an die Gesetze [...] hält und die Gleichheit beachtet [...]'"[99]. Er stirbt für die Erkenntnis der Wahrheit, die erst nach der Trennung der Seele vom Leib möglich ist. Er stirbt in Übereinstimmung mit dem philosophischen Ideal der Kontrolle der Affekte und für den Erweis der Richtigkeit dieser Lebenshaltung. Als letzten Sprechakt gibt Sokrates die Aufforderung, dem Asklepios ein Opfer darzubringen, an seine Freunde weiter und erweist damit ein weiteres Mal seine *pietas*.[100] Auf die

90 Erler, Platon, 389.
91 Vgl. Erler, Platon, 389.
92 Plat. Phaid. 117a.
93 Plat. Phaid. 117b–c.
94 Plat. Phaid. 117e. Übersetzung: Platon, Phaidon (Ebert).
95 Plat. Phaid. 118a.
96 Plat. Phaid. 117b–c. Übersetzung: Platon, Phaidon (Ebert).
97 Vgl. Platon, Phaidon (Ebert), 459, der dies spezifiziert als Erweis des Stehens des Sokrates in der pythagoreischen Tradition, als Erweis als Erfüller religiöser Pflichten gegenüber Asklepios und damit als Erweis der Unhaltbarkeit des Vowurfs der Asebie.
98 Plat. Phaid. 116c. Übersetzung: Platon, Phaidon (Ebert).
99 Aristot. eth. Nic. V 2, 1129a33–34.. Zitiert nach: Platon, Phaidon (Ebert), 462.
100 Plat. Phaid. 118a. Vgl. Platon, Phaidon (Ebert), 460.

Nachfrage nach weiteren letzten Worten antwortet Sokrates nicht mehr und stirbt mit einem letzten Zucken.[101]

2.1.5 Die Reaktion der Umwelt

Die Freunde des Sokrates brechen in Tränen aus, verhüllen das Haupt und beweinen den Verlust eines solchen Freundes wie Sokrates – sie werden dem Ideal der *constantia* nicht gerecht.[102] Auf den Vergleich der Freunde mit Frauen und die Ermahnung des Sokrates, die Fassung zu bewahren, beenden die Freunde des Sokrates ihr Weinen und Klagen und sind voller Scham. Sie beruhigen sich wieder.[103] Miriam Griffin betont insbesondere für Seneca und Cato neben der „calmness" den sozialen Charakter des Sterbens eines Weisen, denn die Anwesenheit seiner Freunde ist sozial erwünscht und notwendig, um die Weiterführung des alltäglichen Lebens (Diskutieren, Argumente austauschen, sich überzeugen lassen) auch im Angesicht der Ausnahmesituation zu inszenieren.[104] Damit eng verbunden ist der Aspekt der Theatralität[105], denn das geforderte Publikum ist zugleich Zeuge der stoischen Haltung und damit der Nobilität dieses Sterbens.

2.1.6 Der Umgang mit dem Leichnam

Dem Verstorbenen werden die Augen und der Mund geschlossen.[106] Er wird ein weiteres Mal durch den Ich-Erzähler als der „Beste" und der Mann mit der größten „Einsicht"/Weisheit und „Gesetzestreue"/Gerechtigkeit, der alle anderen darin übertrifft, gelobt.[107] Das Begräbnis des Leichnams ist für Sokrates unerheblich, da nur sein Körper, nicht seine unsterbliche Seele bestattet wird. Die Bestattung und ihre Bedeutung werden im philosophischen Diskurs in Hinblick auf die Bedeutung von Körper und Seele thematisiert und als zukünftig erfolgend vorweggenommen.[108]

---

101 Plat. Phaid. 118a.

102 Plat. Phaid. 117c–d.

103 Plat. Phaid. 117d–e.

104 Griffin, Suicide, 66.

105 Griffin, Suicide, 65. Schon Schunck weist auf die Notwendigkeit der *ostentatio* hin. Vgl. Schunck, Sterben, 85.

106 Plat. Phaid. 118a.

107 Plat. Phaid. 118a. Übersetzung: Platon, Phaidon (Ebert).

108 Plat. Phaid. 115c–e.

2.2 Cato

Der Tod Kaiser Othos wird von Martial in eine Linie gestellt mit dem Sterben des Cato, ja übertrumpft dieses noch an Würdigkeit.[109] Schunck bescheinigt in seiner Untersuchung zu „Römisches Sterben" dem jungen Cato einen fast „legendären Charakter"[110] und die Verehrung des großen Republikaners sei ein Topos der römischen Literatur geblieben. Die Analogie zwischen dem Sterben des Cato, der in seinen letzten Stunden über Sokrates liest, und dem Tod des Sokrates hat Ronconi bereits herausgearbeitet.[111] Cato ist nach Schunck, „der Mittler, über den sich die sokratische Haltung im Sterben zu einem Leitgedanken römischen Vorbilddenkens entwickelt"[112]. Seinem Beispiel im Sterben folgt Otho. Die Nähe der beiden Selbstmorde begründet sich aus ihrer Kontextualisierung im jeweiligen Bürgerkrieg: Bei Cato ist der Kontext der Bürgerkrieg zwischen Caesar und Pompeius 49 v. Chr., bei Otho ist es der von Vitellius ausgelöste „Bürgerkrieg" 69 n. Chr.

Cato unterstützt als Vertreter der Optimaten und republikanisch Gesinnten Pompeius in seinem Krieg gegen Caesar, unterliegt jedoch Caesar in der Schlacht bei Thapsus, woraufhin sich Cato per Dolchstoß tötet.[113]

2.2.1 Die Freiwilligkeit des Sterbens

Sowohl Cato als auch Otho sind bereit zu sterben und lassen sich durch andere nicht davon abbringen. Beide entscheiden sich sofort nach der Niederlage in einer entscheidenden Schlacht für den Tod.[114] In Plutarchs Biographie, der ausführlichsten Beschreibung des *exitus* dieses *vir illustris*, lehnt Cato ein Gnadengesuch bei Caesar ab;[115] später wird erörtert, dass Caesar sich ihm gegenüber wahrscheinlich als großmütig erwiesen hätte.[116] Die große Wahrscheinlichkeit einer Begnadigung wird mit der Ruhmsucht Caesars – sie hätte seinen Ruhm (δόξα) gemehrt – und der Anekdote, dass Caesar Cato den Tod nicht gönnt, weil Cato Caesars σωτηρία

109 Mart. 6,32. Vgl. dazu Huttner, Sterben, 311.

110 Schunck, Sterben, 58.

111 Ronconi, Exitus, 1259.

112 Schunck, Sterben, 62.

113 Plut. Cato minor 64–73; App. civ. 2,98–99; Cass. Dio 43,11. Im Folgenden wird nur auf die ausführlichste Version der Beschreibung des Sterbens Catos bei Plutarch eingegangen. Vgl. allgemein zu Cato: Fehrle, Cato; Stein-Hölkeskamp, Cato. Vgl. zu Cato in der Literatur der römischen Antike: Goar, Legend; Ruffing, Wahrnehmung; Wünsch, Bild. Stanley H. Rauh analysiert den Wandel in der literarischen Inszenierung des Suizids Catos vor dem Hintergrund der politischen Situation bzw. Ausrichtung des Autors: Rauh, Cato.

114 Vgl. Schunck, Sterben, 63.

115 Plut. Cato minor 66,2.

116 Plut. Cato minor 72,2.

im Sinne der Erhaltung seines Lebens verweigert hat, begründet.[117] Bei Plutarch betont Cato, dass seine Entscheidung zu sterben auch die unmittelbare Tatfolge, d. h. die Selbsttötung implizieren muss, damit eine Übereinstimmung mit seinen guten Meinungen und Argumenten, die ihn bis jetzt durchs Leben begleitet haben,[118] gegeben ist. Seine Entscheidung zu leben oder zu sterben darf weder vom Sohn erzwungen (durch Entwenden des Schwertes) noch von Caesars Gnade abhängig sein. Sie muss gemäß seiner Lebensführung in Freiheit – Cato muss er selbst sein als Herr über sich[119] – erfolgen. Van Hooff konstatiert:

> „Whenever a source *explicitly* [Hervorhebung im Original] states that a ‚loss of face' was the main motive for suicide or that somebody was unwilling to subject himself *shamefully* [Hervorhebung im Original] to the clemency of the victor, his suicide is not counted as committed *desperata salute*, but caused by *pudor*."[120]

Neben einem „act of freedom and reason"[121] liegt Catos Suizid nach van Hooff ein weiteres Motiv zugrunde:

> „Whenever the divine *logos* orders death ‚you must dissolve yourselves'. Cato Uticensis and Socrates are above any suspicion of frivolous motives. They both received a godly order to migrate from ‚these darknesses to yonder light'. Cato, the republican as well as the Stoic hero, was called away and dismissed as it were by a magistrate or by legal authority."[122]

2.2.2 Das Prinzip der Fürsorge

Sowohl Cato als auch Otho sichern den Abzug der eigenen Truppen und sorgen für einen Ausgleich zwischen denen, die sich dem Gegner ergeben wollen und denen, die dies verweigern. Diese Fürsorge ist eng verbunden mit dem stoischen Ideal der ἀπάθεια: „The need for *apatheia* also serve to help one care."[123] Der professionelle Aspekt des Bekleidens einer bestimmten Funktion bzw. des Innehabens eines bestimmten Amtes spielt ebenso eine Rolle: „To truly care, the official needed to

---

117 Plut. Cato minor 72,2.

118 Plut. Cato minor 69,2: ἵνα τὰς προτέρας δόξας ἐκείνας καὶ λόγους οἷς συμβεβιώκαμεν ἐκβαλόντες καὶ γενόμενοι διὰ Καίσαρα σοφώτεροι, μείζονα χάριν εἰδῶμεν αὐτῷ;

119 Plut. Cato minor 70,1: „Νῦν ἐμός εἰμι," […]. Plut. Cato minor 69,2: καίτοι βεβούλευμαι μὲν οὐθὲν ἔγωγε περὶ ἐμαυτοῦ· δεῖ δέ με βουλευσάμενον εἶναι κύριον οἷς ἔγνωκα χρῆσθαι.

120 Hooff, Suicide, 90.

121 Hooff, Suicide, 190.

122 Hooff, Suicide, 190.

123 Scherz, Death, 13.

retrain his passions."[124] Beide kümmern sich also um die Versorgung der Freunde und Verwandten. Plutarch zufolge nimmt Cato Arbeit und Mühe auf sich, trägt Sorgen und Schmerzen, um alle in Sicherheit zu bringen.[125] Cato trägt Sorge für einen geordneten Auszug aus Utica, indem er, so Plutarch, gegen Gewalttätige vorging, Aufständische besänftigte, Mittellose mit dem Nötigsten versah.[126] Auch den raubenden Reitern nimmt er den Raub wieder ab.[127]

Nach der Ermahnung zum Zusammenstehen und zur gegenseitigen Rettung beaufsichtigt und sichert Cato die Einschiffung von Freunden und Verwandten.[128] Direkt vor seinem Tod schickt er zweimalig den Freigelassenen Butas zum Hafen für die Bestätigung, dass alle abgereist sind und niemand durch den starken Seegang zurückgetrieben worden ist.[129] Ein Akt der Fürsorge ist zudem, dass er dem Sohn die Möglichkeit gibt, sich von ihm zu verabschieden und ein Abschiedsgespräch zu führen.[130]

2.2.3 *Constantia*

Die Bewertung des Sterbens als ruhmvoll bemaß sich daran, rechtzeitig und mutig aus dem Leben zu scheiden sowie in einer würdevollen Haltung.[131] Sowohl Cato als auch Otho verwenden das Schwert für die Ausführung des tödlichen Stoßes und die Herbeiführung des Todes. Ideal war die Feststellung der „Übereinstimmung von Sterben und Lebensführung"[132], was sich bei dem Tod von Stoikern wie Cato in ihrer Furchtlosigkeit gegenüber dem Tod sowie in der Weiterführung ihrer alltäglichen Lebenshandlungen als auch ihrer Heiterkeit widerspiegelt. Dem liegt ihre

---

124 Scherz, Death, 13.

125 Plut. Cato minor 64,2: Πάλαι δὲ ἄνθρωπος ἑαυτὸν ἐγνωκὼς ἀνελεῖν δεινοὺς πόνους ἐπόνει καὶ φροντίδας καὶ ὠδῖνας εἶχεν ὑπὲρ ἄλλων, ὅπως εἰς ἀσφαλὲς καταστήσας ἅπαντας ἀπαλλάξαιτο τοῦ ζῆν.

126 Plut. Cato minor 65,1–2. Vgl. auch insgesamt zur Fürsorge Catos: Plut. Cato minor 65,5: αὐτὸς δὲ τοὺς λοιποὺς συνεκπέμπων καὶ χρηματίζων τοῖς δεομένοις τήν τε νύκτα διέτριβε περὶ ταῦτα καὶ τῆς ἐπιούσης ἡμέρας τὸ πλεῖστον μέρος.

127 Plut. Cato minor 65,3.

128 Vgl. zu dieser Fürsorge Catos Plut. Cato minor 65,3–4: ὁ δὲ Κάτων εἰς τὴν πόλιν τοὺς Ἰτυκαίους συναγαγὼν ἐδεῖτο περὶ τῶν τριακοσίων, μὴ παροξῦναι Καίσαρα κατ' αὐτῶν, ἀλλὰ καὶ κοινῇ τὴν σωτηρίαν πράττειν ἀλλήλοις. εἶτα πάλιν τραπόμενος πρὸς τὴν θάλατταν ἐπεσκόπει τοὺς ἐμβαίνοντας, καὶ τῶν φίλων καὶ ξένων ὅσους ἔπεισεν ἠσπάζετο καὶ προὔπεμπε.

129 Plut. Cato minor 70,3.

130 Plut. Cato minor 66,3; 68,1.

131 Plut. Cato minor 65,4–5. Ἀπάθεια wird definiert weniger als Fehlen von „motion, drive, and emotion", sondern als Fehlen der vier πάθη. Vgl. George, Cato, 247.

132 Hugenschmidt, Sterben, 38. Catos ‚Festigkeit' im Sinne der Verweigerung eines Gnadengesuchs an Caesar und der Flucht findet als *exemplum* Nachahmung durch Statyllios. Dieser stirbt im Rahmen des Kampfs bei Philippi (Plut. Cato minor 73,4).

Orientierung an der Eudaimonie, dem sittlich guten Leben, durch die Vermeidung falscher Urteile im Sinne der Kontrolle der Affekte zugrunde. Maximilian Forschner definiert für die Stoa Affekte als „urteilende Stellungnahmen zu uns selbst, zu anderen, zu Dingen und Ereignissen", denn die „krisis" als „Akt" beinhaltet eine „Meinung bzw. Überzeugung" mit einem „schlechte[n] bzw. falsche[n] Werturteil" oder der Wirkung dessen.[133]

> „Das Urteil, die zustimmende falsche Bewertung eines Sachverhalts, die den Kern des Affekts ausmacht, [ist] ein kurzfristiger Akt (*energeia*) des (ungefestigten) menschlichen *hēgemonikon* […], dem schnell eine andere Sicht der Dinge folgen kann."[134]

Das Werturteil „über einen im Tun anvisierten Sachverhalt" setzt zugleich einen Verhaltensimpuls, so dass Affekte „ganz wesentlich zu verstehen [sind] als falsches Handlungsmotiv"[135]. Wichtig ist in unserem Zusammenhang darauf hinzuweisen, dass die Stoa daneben auch eine natürliche Neigung des Menschen im Sinne einer Bewertung von Sachverhalten als seiner Natur gemäß und damit in Übereinstimmung mit der Eudaimonie wie etwa Leben, Gesundheit etc.,[136] also auch der Hilfeleistung im Fall der Verletzung gegeben sieht. Affekte sind also, so lässt sich zusammenfassend sagen, eine „gefühls- und strebensmäßig […] unvernünftige Bewegung der Seele"[137], die jedoch kein praktisches Urteil beinhaltet, sondern zunächst eine „frische" Meinung zu einem gegenwärtigen Sachverhalt, die in gewisser Hinsicht sogar berechtigt ist, etwa Trauer bei einem Todesfall, aber einem falschen Werturteil entspringt.[138]

> „An affective response is primarly a cognitive judgement on the value of a state of affairs. These judgements subsequently lead to actions and affections, but they are fundamentally judgements that can be accepted, rejected, and over the course of time altered by the intellect. […] Incorrect judgments of the value of a thing or situation lead to the four passions (*pathē*) of desire, pleasure, fear, and distress, which drive faulty moral reasoning and vicious action. […] On the other hand, correct judgments lead to different affective responses (*eupatheia*) that are rational and peaceful. There is a corresponding eupathic

133 Forschner, Stoa, 225. Im Unterschied zu Plato verorten die Stoiker sowohl Verstand als auch Affekt im logos als dem „leitende[n] Organ des Menschen", dem Sitz des „Denkens, Fühlens und Strebens". Forschner, Stoa, 226. Vgl. auch zum Affekt in der Stoa: Hossenfelder, Antike.

134 Forschner, Stoa, 227.

135 Forschner, Stoa, 228.

136 Vgl. Forschner, Stoa, 229.

137 Forschner, Stoa, 232.

138 Vgl. Forschner, Stoa, 230.

response for all of the passions save for distress: wish or will corresponding to desire, joy corresponding to pleasure, and caution corresponding to fear."[139]

In der Schilderung Plutarchs wird daher die Fortführung alltäglicher Gewohnheiten für Cato betont. Er nimmt zunächst ein Bad, speist danach wie gewöhnlich im Sitzen im Kreis seiner Freunde, unternimmt nach dem Symposion wie üblich einen Spaziergang.[140] Gemäß seinem Vorbild im Sterben verbringt er die Zeit vor seinem Tod im Rahmen des Symposions im philosophischen Gespräch, dem Diskutieren der „Stoischen Paradoxa", dass nur der gute Mensch frei – der schlechte Mensch ein Sklave ist. Deutlichster Hinweis, welchem *exemplum* er im Sterben nacheifert, ist das zweimalige Lesen von Platos Dialog „Von der Seele Phaidon".[141]

Alexander Hugenschmidt stellt die „rasche Durchführung"[142] und das entschiedene Handeln für ein gelingendes ruhmvolles Sterben heraus. Für Cato wird die Schwäche des ersten Schwertstoßes mit einer Verletzung seiner Hand bei der tätlichen Auseinandersetzung mit Sklaven für den Wiedererhalt seines Schwertes entschuldigt. Nach der Entdeckung seines Selbsttötungsversuches und des bewusstlos mit hervorquellenden Eingeweiden daliegenden Sterbenden durch den Sohn und seine Freunde, zerreißt Cato nach Wiedererlangung des Bewusstseins seine Eingeweide während des Rettungsversuches durch den Arzt.[143] Das Herausreißen der Gedärme entspricht dann nicht dem Sterben in „calmness", ist aber im Einklang

139 Scherz, Death, 10f.

140 Plut. Cato minor 67–68.

141 Plut. Cato minor 68,2: εἰσελθὼν δὲ καὶ κατακλιθεὶς ἔλαβεν εἰς χεῖρας τῶν Πλάτωνος διαλόγων τὸν περὶ ψυχῆς· καὶ διελθὼν τοῦ βιβλίου τὸ πλεῖστον καὶ ἀναβλέψας ὑπὲρ κεφαλῆς, ὡς οὐκ εἶδε κρεμάμενον τὸ ξίφος (ὑφῄρητο γὰρ ὁ παῖς ἔτι δειπνοῦντος αὐτοῦ), καλέσας οἰκέτην ἠρώτησεν ὅστις λάβοι τὸ ἐγχειρίδιον. Vgl. auch Plut. Cato minor 68,3. Vgl. zum Diskutieren der Stoischen Paradoxa Plut. Cato minor 67,1–2.

142 Vgl. Hugenschmidt, Sterben, 26.

143 Plut. Cato minor 70,5–6: ἐξελθόντος δὲ τοῦ Βούτα σπασάμενος τὸ ξίφος ἔωσε μὲν ὑπὸ τὸ στῆθος, τῇ δὲ χειρὶ κουφότερον διὰ τὴν φλεγμονὴν χρησάμενος οὐκ εὐθὺς ἀπήλλαξεν ἑαυτόν, ἀλλὰ δυσθανατῶν ἐξέπεσε τῆς κλίνης καὶ ψόφον ἐποίησε, καταβαλὼν ἀβάκιόν τι τῶν γεωμετρικῶν παρακείμενον, ὥστε τοὺς θεράποντας αἰσθομένους ἀναβοῆσαι καὶ τὸν υἱὸν αὐτίκα καὶ τοὺς φίλους ἐπεισελθεῖν. ἰδόντες δὲ πεφυρμένον αἵματι καὶ τῶν ἐντέρων τὰ πολλὰ προπεπτωκότα, ζῶντα δ' αὐτὸν ἔτι καὶ βλέποντα, δεινῶς μὲν ἅπαντες ἔσχον, ὁ δὲ ἰατρὸς προσελθὼν ἐπειρᾶτο τῶν ἐντέρων ἀτρώτων διαμεινάντων ταῦτά τε καθιστάναι καὶ τὸ τραῦμα διαρράπτειν. ὡς οὖν ἀνήνεγκεν ὁ Κάτων καὶ συνεφρόνησε, τὸν μὲν ἰατρὸν ἀπεώσατο, ταῖς χερσὶ δὲ τὰ ἔντερα σπαράξας καὶ τὸ τραῦμα ἐπαναρρήξας ἀπέθανεν. Tim Duff und Alexei V. Zadorojnyi zweifeln den stoizistischen Charakter des Sterbens Catos unter anderem aufgrund seines übertriebenen Zornes angesichts des Fehlens des Schwertes und seinem Rausreißen der Eingeweide an. Sie sehen darin anticatonische Überlieferungen bzw. die Kritik Plutarchs am Stoizismus fortwirken. Vgl. Duff, Virtue; Zadorojnyi, Suicide.

mit dem Freiheitsideal und korrespondiert mit der eupatheia d. h. hier dem festen Willen (zu sterben).

2.2.4 Sterben für

Hugenschmidt fasst diese Kategorie als „erhabene Beweggründe“[144] für die Selbsttötung. Movens für die Entscheidung sich selbst den Tod zu geben, ist bei Cato das Sterben für die *res publica*.[145] Denn Cato ist zum Schutz der Verfassung der *res publica* und der Verteidigung der Freiheit bereit, den Tod auf sich zu nehmen.[146] Es handelt sich nach Eschner um Todesfälle bzw. einen Einsatz bis hin zum Tod „welche Menschen zur Bewahrung ihrer eigenen Überzeugung auf sich nehmen“[147]. Als Angehöriger der Partei der Optimaten und Vertreter der republikanischen Staatsordnung wertet Cato die Verweigerung eines Gnadengesuchs an Caesar als Wahrung der Unbesiegbarkeit und Unüberwindbarkeit. Cato wirft Caesar Missachtung der Gesetze und seiner Herrschaft Gesetzlosigkeit im Sinne der Tyrannis vor.[148] Durch den Krieg gegen Pompeius sei dieser, so Cato, bereits besiegt und zugleich schuldig gesprochen, denn seine Absichten seien entlarvt und eine Leugnung seines feindlichen Handelns sei nicht mehr möglich.[149] Cato ist also, um noch einmal Eschner zu zitieren, eine Person, die im

> „Zusammenhang einer innenpolitischen Auseinandersetzung [...] einen politischen Gegner mit politischen Mitteln [...] daran hindern woll[te], die Freiheit zu beseitigen bzw. eine Tyrannis zu errichten, und sich in diesem Rahmen zum Sterben ‚für‘ die Freiheit bereit erklär[t]“[150].

---

144 Hugenschmidt, Sterben, 32.

145 Schunck, Sterben, 63.

146 David B. George sieht Seneca negativ in der Wertung des Einsatzes Catos für die Republik bis hin zum „Sterben für“. Dieser habe kein politisches Ziel im Sinne der Rettung des Staates angestrebt und nur Chaos in sein Leben gebracht. Vgl. George, Cato, 245. Vgl. Zur Wertung Catos bei Plutarch: Swain, Lives.

147 Eschner, Gestorben II, 221.

148 Plut. Cato minor 66,2: „Ἐμοὶ γάρ,“ εἶπεν, „εἰ σώζεσθαι χάριτι Καίσαρος ἐβουλόμην, αὐτῷ βαδιστέον ἦν πρὸς ἐκεῖνον μόνον. οὐ βούλομαι δὲ τῷ τυράννῳ χάριν ἔχειν ὑπὲρ ὧν παρανομεῖ. παρανομεῖ δὲ σώζων ὡς κύριος ὧν αὐτῷ δεσπόζειν οὐδὲν προσῆκεν. ὅπως μέντοι παραιτήσῃ τοὺς τριακοσίους κοινῇ σκοπῶμεν, εἰ βούλει.“

149 Plut. Cato minor 64,5.

150 Eschner, Gestorben II, 219. Eschner stellt die Verwendung von ἀγωνίζεσθαι als Verweis auf den Einsatz und die Anstrengungen von Menschen heraus und hält seinen Gebrauch in einer Verbindung mit der Zielangabe des Sterbens für die Freiheit Catos im Zuge seiner Bewerbung um ein Amt fest. Vgl. Eschner, Gestorben II, 225 Anm. 296.219 Anm. 279.

Dabei findet die Metaphorik des Sieges im Kampf Verwendung: Cato bleibt durch die Gerechtigkeit seiner Sache Caesar überlegen. Er bleibt Sieger über den Gesetzesbrecher Caesar in allem, was „gut und gerecht" ist.[151] Denn die Inanspruchnahme des Rechts zur Begnadigung bricht zugleich das Gesetz, wenn er Menschen begnadigt, über die er keine Gewalt hat.[152] Cato wird hier zudem als der Wahrheit verpflichtet und als Liebender der *patria* identifiziert. Ein „suicide is laudable as long as it happens on behalf of (*hyper*) the fatherland."[153] Über seine Selbsttötung bewahrt Cato seine Freiheit und seine *virtus* und stellt sie in seinem Tod erneut unter Beweis. Denn im Rahmen der vor seinem Tod stattfindenden symposialen Diskussion wird der gute Mensch mit der Freiheit verbunden, der schlechte Mensch als Sklave gewertet.[154] Für die Seelenlehre Platos gilt, dass frei allein die Ausrichtung auf das wirklich Gute macht. „Frei in seiner Wahl ist, wer das als wirklich gut Erkannte will, d. h. wer in Übereinstimmung mit der Vernunft handelt".[155] Cato rettet über die Gewalttätigkeit gegen sich selbst an Stelle Caesars seine Freiheit und bleibt „Herr" über sich selbst.[156] Dies bedeutet zugleich die innere Freiheit zu bewahren – auch nach außen gegenüber dem Tyrannen und der von ihm verfügten Verhaftung bzw. dem Tod.

2.2.5 Die Reaktion der Umwelt

Eine Reaktion des nächsten Umfelds Catos – seines Sohnes[157], seiner Freunde oder der Sklaven – auf seinen Selbstmord wird von Plutarch nicht berichtet. Die Beschreibung des Todes Catos ist eine Mischform: Er tötet sich mittels eines Schwertstoßes ohne Publikum. Die Publikumswirksamkeit wird dann hergestellt über das Stürzen Catos, das erneut den Sohn und die Freunde auf den Plan ruft. Ihr Verhalten gegenüber Cato ist ambivalent. Ihr Wunsch, den Tod Catos durch ein Entwenden des Schwertes zu verhindern, sein Weiterleben erzwingen[158] zu wollen, wird negativ

151 Plut. Cato minor 64,5: ἀλλὰ καὶ νικᾶν ἐφ' ὅσον ἐβούλετο καὶ κρατεῖν Καίσαρος τοῖς καλοῖς καὶ δικαίοις […].
152 Plut. Cato minor 66,2.
153 Hooff, Suicide, 185.
154 Plut. Cato minor 67,1–2.
155 Erler, Platon, 389.
156 Plut. Cato minor 70,1.
157 Zu betonen ist, dass der Sohn aus Anhänglichkeit bleibt, dies aber nicht seinen Interessen widerspricht, denn im Gegensatz zu Statyllios, einem dezidierten Gegner Caesars, der ebenfalls die Abreise verweigert, droht Catos Sohn keine Gefahr durch Caesar. Vgl. Plut. Cato minor 65,4–5.
158 Plut. Cato minor 69,3. Vgl. die Verwendung der Verben πείθω und βιάζομαι.

im Sinne eines Affekts[159] gewertet und führt zu Zornesausbrüchen bei Cato.[160] Die Erste-Hilfe-Maßnahme nach der Selbsttötung Catos stimmt jedoch mit dem familiären Ethos und der natürlichen Neigung das Leben aufrecht zu erhalten überein, beraubt Cato aber seiner Freiheit.[161] Auf die Nachricht vom Tod Catos versammeln sich die Dreihundert und die ganze Bevölkerung Uticas, um Cato zu ehren und als Wohltäter und Retter, als Freien und Unbesiegten zu preisen.[162] Für die *exemplum*-Fähigkeit braucht es jedoch das Publikum, das als Zeuge die Nobilität des Sterbens bestätigt.[163]

2.2.6 Der Umgang mit dem Leichnam

Der Leichnam Catos wird umgehend prächtig geschmückt, ein feierlicher Leichenzug wird veranstaltet und die Bestattung findet direkt im Anschluss nahe am Meer[164] statt. Die Ehrung Catos durch ein würdiges Begräbnis wird der Rettung des Einzelnen und der Stadt in der Schilderung Plutarchs vorgeordnet.[165] Plutarch bestätigt für Cato, dass er (Freiheit und) αρετή in seinem Leben, aber insbesondere in seinem Sterben erreicht hat. Die Tochter Catos und auch Statyllios folgen dem *exemplum* Catos – so bewertet zumindest Plutarch ihr Sterben.[166]

2.3 Otho

Der Kontext des „Sterben für" Othos ist aus Kp. II/E bekannt.

2.3.1 Die Freiwilligkeit des Sterbens

Als Motivation für sein „Sterben für" ist weniger eine nicht zu verhindernde Niederlage oder die Vorwegnahme eines sicheren Todes bei einer Niederlage zu veranschlagen. Vielmehr wird in den wichtigsten Zeugnissen bei Tacitus, Sueton, Plutarch und Cassius Dio die Möglichkeit eines Sieges basierend auf der Stärke der noch zur Verfügung stehenden Truppeneinheiten für Otho herausgestellt.[167]

---

159 Plut. Cato minor 68,3–4. Vgl. ἄχρι οὗ κλαίων ὁ υἱὸς εἰσέδραμε μετὰ τῶν φίλων καὶ περιπεσὼν ὠδύρετο καὶ καθικέτευεν.

160 Plut. Cato minor 68,3.

161 Plut. Cato minor 68,4–69; 69,2–3: δεῖ δέ με βουλευσάμενον εἶναι κύριον οἷς ἔγνωκα χρῆσθαι.

162 Plut. Cato minor 71.

163 Griffin, Suicide, 66.

164 Plut. Cato minor 71,2.

165 Plut. Cato minor 71,2.

166 Plut. Cato minor 73,3–4.

167 Cass. Dio 63,12; Plut. Otho 15,4–5; Suet. Otho 9,3; Tac. hist. 2,46,3. Vgl. auch Tac. hist. 2,48,2: *non enim ultima desperatione, sed poscente proelium exercitu remisisse rei publicae novissimum*

Darüber ist die Freiwilligkeit des Sterbens Othos betont.[168] Wird im Kontext der Schilderung der konkreten Selbsttötung Othos durch das Schwert/Dolch auch die Reaktion der Soldaten auf den Selbstmord – die Selbsttötung über dem Leichnam Othos – beschrieben, so führt Cassius Dio als Motivation für die Selbsttötung die Liebe der Soldaten zu ihrem Feldherren an, die sich deswegen den Tod geben, während Tacitus als Movens Anhänglichkeit und Streben nach Ruhm angibt.[169] Auch dies dient der Betonung der Freiwilligkeit des Sterbens Othos, denn seinen Soldaten mangelt es nicht an Kampfbereitschaft.

2.3.2 Das Prinzip der Fürsorge

Othos Hingeben in den Tod liegt zugleich das Motiv der Fürsorge zugrunde, denn Ziel des Todes Othos ist, und bei Cassius Dio auch explizit genannt, die Freistellung seiner Soldaten und die Möglichkeit früher und freier (Übertritts-)Verhandlungen mit Vitellius für die Sicherung des eigenen (Über-)Lebens.[170] Das Treueverhältnis zwischen Soldat und Feldherr wird in der Kategorie eines Liebesverhältnisses zwischen Vater und Kind beschrieben.[171] Auch bei Tacitus schützt Otho die Soldaten vor ihrer Treue durch ihre Entlassung, damit diese nicht das Unglück der Fortsetzung des Bürgerkriegs trifft.[172]

Tacitus, Sueton, Plutarch und Cassius Dio schildern unter anderem die Vernichtung von belastenden Briefen (Schmähbriefe gegen Vitellius) und Eingaben für die Freunde Othos und seine Soldaten sowie die Senatoren[173], die Bereitstellung

---

casum. Shochat schließt von der mit der Möglichkeit des Sieges gegebenen Freiwilligkeit des Todes Othos auf seine Hochherzigkeit bzw. einen „spark of spiritual greatness" im Sinne einer „nobility of spirit and readiness to die, in order to prevent slaughter". Vgl. Shochat, Attitude, 376. Zur Möglichkeit den Krieg siegreich fortzusetzen vgl. Chilver, Commentary, 210–212; Tacitus, Historien (Heubner), 184.

168 Cass. Dio 63,14,3: ὑμεῖς δέ, εἴπερ ὄντως φιλεῖτέ με, ἐάσατέ με ἀποθανεῖν ὡς βούλομαι, καὶ μή με ζῆσαι ἄκοντα ἀναγκάσητε, ἀλλὰ πρός τε τὸν κεκρατηκότα ἄπιτε καὶ ἐκεῖνον κολακεύετε.
Im Gegensatz zu Cato und Otho ergreift Vitellius zunächst die Flucht. Suet. Vit. 16. Vgl. auch Tac. hist. 3,84,4–5.

169 Tac. hist. 2,49,4: *sed aemulatione decoris et caritate principis.* Vgl. auch Cass. Dio. 63,12.

170 Cass. Dio 63,13,3: ἀλλ᾽ ὑμεῖς μὲν ἐπὶ τὸν κεκρατηκότα ἄπιτε καὶ ἐκεῖνον θεραπεύετε [...].

171 Cass. Dio 63,14,1: Τοιαῦτα μὲν Ὄθων εἶπεν· οἱ δὲ δὴ στρατιῶται, ἐξ ὧν ἤκουον, καὶ ἐθαύμαζον ἅμα καὶ ἠλέουν εἴ τι πείσοιτο, καὶ δάκρυσί τε ἔκλαιον καὶ ἐθρήνουν, πατέρα τε ἀνακαλοῦντες καὶ παίδων καὶ γονέων φίλτερον ὀνομάζοντες.

172 Vgl. Tacitus, Histories (Ash), 202.

173 Cass. Dio 63,15,1; Plut. Otho 16,1; Suet. Otho 10; Tac. hist. 2,48,1. Caroline A. Perkins gibt als Beispiel für die Fürsorge Othos seine Fürbittbriefe vor seinem Suizid an und zeigt auch an diesem Beispiel die taciteische Negativdarstellung Othos auf. Vgl. Perkins, Tacitus, 854. Ash verortet das Fürsorgeverhalten in der Tradition eines Cato, so dass dieser Suizid hier stilbildend gewesen zu sein scheint. Vgl. Tacitus, Histories (Ash), 200.

von Fahrzeugen und die Verteilung von Geld als Maßnahmen Othos[174], die einen Parteiwechsel der Soldaten zu Vitellius bzw. die Flucht der Dienerschaft erleichtern sollten.[175] Bei Tacitus beachtet Otho in seinem Fürsorgeverhalten Alter und Rang der Empfänger.[176] Daneben wird das Verhindern allzu großer Trauer um seine Person bei den Freunden und den Soldaten sowie das Spenden von Trost gegenüber seinem Neffen geschildert.[177] Im Lob des Neffen „Otho uses techniques associated with the ideal commander to lay the ground for his own death."[178] Während charakteristischerweise dem Sterbenden Trost gespendet wird, spendet dieser in der platonisch-stoischen Tradition eines Sokrates oder Senecas selbst den Trost an die Hinterbliebenen.[179] In der konsolatorischen Rede Othos gegenüber seinem Neffen zeigt sich bei Tacitus das Potential Othos als Herrscher, da die Redefähigkeit im Sinne des „laudando" und „castigando" Merkmal eines guten Herrschers war.[180] In der Schilderung Plutarchs verweigert Otho dem Neffen bis zur Entscheidung der Schlacht die Adoption zum Schutz vor der Ermordung des Vitellius im Falle einer Niederlage.[181]

Otho wünscht seinen Soldaten ein längeres Leben als er es haben wird und verkehrt damit „one traditional articulation of personal devotion to the emperor, namely the hope that the *princeps* will outlive the speaker"[182]. Es ist ein Vater-Kind-Verhältnis assoziiert, denn eine solche Hoffnung brachten Eltern gegenüber ihren Kindern zum Ausdruck.[183] Otho beruhigt zudem einen Tumult unter den Soldaten, der entstanden ist durch die Bedrohung und Belagerung der Abreisenden, durch besänftigende Worte an die kontrahierenden Gruppen.[184] Otho vergewissert sich bei Plutarch als Letztes der Sicherheit (der Abreise) der Senatoren, bevor er sich zur Ruhe legt, und auch die Unschuldigkeit eines Freigelassenen an seinem Tod

---

174 Cass. Dio 63,15,1; Suet. Otho 10; Tac. hist. 2,48,1. Vgl. zum Geldgeschenk Othos: Schmidt, Geldgeschenk. Otho's Geldgeschenke zuvor dienten der Herrschaftssicherung im Zuge der Sicherung seines Aufstiegs und der Nachfolge Galbas. Vgl. Shochat, Attitude, 369. Vgl. auch für die Erleichterung und Sicherung der Abreise die Parallele zum Verhalten Catos. Vgl. Tacitus, Histories (Ash), 208.

175 Suetonius, Lives (Shotter), 156.

176 Das gegenteilige Verhalten kennzeichnet einen schlechten Herrscher bzw. Tyrannen während der Bürgerkriege. Vgl. Tacitus, Histories (Ash), 207.

177 Plut. Otho 16,2; Suet. Otho 10; Tac. hist. 2,48,2. Für Tacitus ist zu betonen, dass Otho mit seinem „Sterben für" und der Rettung der Familie des Vitellius auf die „*gratia*" des Vitellius und die „*clementia*" des Siegers und damit die Schonung seines Neffen spekuliert.

178 Tacitus, Histories (Ash), 208.

179 Vgl. Tacitus, Histories (Ash), 206.

180 Tac. hist. 2,48,2. Vgl. Tacitus, Histories (Ash), 208.

181 Plut. Otho 16,2.

182 Tacitus, Histories (Ash), 206. Vgl. auch Versnel, Destruction, 568–572.

183 Vgl. Tacitus, Histories (Ash), 206.

184 Cass. Dio 63,15,1; Plut. Otho 16,3; Suet. Otho 11,1; Tac. hist. 2,49,1.

soll bewiesen sein, indem er sich offen zeigt.[185] Bei Tacitus vergewissert er sich der Abreise der Freunde.[186]

2.3.3 *Constantia*

Bei Otho wird die *constantia* durch die Hervorhebung, dass er heiter und gelassen blieb literarisch inszeniert.[187] Nach der Nachricht über die sichere Abreise und das Verlassen der Stadt durch die Freunde, d. h. die senatorischen Begleiter „wirkt die von allen Zweckbestimmtheiten schon gelöste Ruhe des Kaisers jetzt als seelische Gebärde, die keiner äußeren Begründung mehr bedarf."[188] Ash betont, dass Otho bescheinigt wird, seine innere Unruhe unter äußerer Gelassenheit zu maskieren und damit dem Ideal der *constantia* gerecht zu werden. Auf diese Gelassenheit und seine Fürsorgepflicht ist die Unterbrechung seiner Todesgedanken (curas animo) durch die Beruhigung des Aufstandes der Soldaten zurückzuführen.[189] Dieser Gelassenheit gemäß berichtet Tacitus nur von „increpitis seditionis auctoribus regressus vacavit" gegenüber den Soldaten und nachfolgenden (beruhigenden) Worten vor allem an die Senatoren.[190] Die Ruhe Othos bzw. seine Willensfestigkeit zum Sterben zeigt sich bei Tacitus zudem im Vermeiden von Racheakten und Lästerungen gegenüber Menschen oder Göttern.[191] Während Cato dem alltäglichen Tagesablauf mit einem Symposion und dem Konsum von Wein bei philosophischen Gesprächen folgt und damit seine Ruhe zum Ausdruck gebracht wird, trinkt Otho bei Tacitus Wasser.[192] Beide töten sich in der Morgendämmerung, so dass es hier erneut eine Parallele gibt; bei beiden kann dieses Motiv als „rejection of life" gewertet werden.[193] Beide testen ihre Tötungsinstrumente und bewahren diese unter dem Kissen bzw. Bett.[194] Bei beiden wird die Ruhe des Schlafes er-

---

185 Plut. Otho 17,2.

186 Tac. hist. 2,49,2. Vgl. Tacitus, Histories (Ash), 212.

187 Plut. Otho 15,3: Ἀλλὰ τούτων οὐδὲν ἐπέκλασε τὸν Ὄθωνα, φαιδρῷ δὲ καὶ καθεστῶτι προσώπῳ πανταχόσε τὰς ὄψεις περιαγαγών.

188 Tacitus, Historien (Heubner), 188.

189 Tac. hist. 2,49,1. Vgl. Tacitus, Histories (Ash), 210. Bei Plutarch (Plut. Otho 16,3) wird die Festigkeit Othos betont: οὐκέτι δεητικὸς οὐδὲ πρᾶος, ἀλλὰ τραχὺς ὀφθείς, καὶ μετ᾽ ὀργῆς εἰς τὸ θορυβοῦν μάλιστα διαβλέψας.

190 Tac. hist. 2,49,1. Vgl. auch Tacitus, Histories (Ash), 210.211.

191 Vgl. Tacitus, Histories (Ash), 207.

192 Tac. hist. 2,49,2. Vgl. Tacitus, Histories (Ash), 211. Die Ruhe Othos und sein planmäßiges Vorgehen zeigen sich auch sprachlich in der gleichen Endstellung der Verben 3. Pers. Perf. Vgl. Tacitus, Histories (Ash), 211. Vgl. Hugenschmidt, Sterben, 31.

193 Vgl. Tacitus, Histories (Ash), 212.

194 Plut. Cato minor 69,5; Tac. hist. 2,49,2. Vgl. zum Ort des Versteckens bei Tacitus Tacitus, Historien (Heubner), 198f.

wähnt.[195] Für Otho ist nur ein einziger Stoß notwendig für die Herbeiführung des Todes; Otho benötigt also keinen zweiten Stoß, d. h. er war nicht zu zaghaft oder bat um Hilfe für die Durchführung des tödlichen Stoßes.[196] Sueton wertet dies als „animo", was übersetzt ist als Beherztheit, aber hier auch als Seelenstärke gelten kann.[197] Während Otho bei Sueton und Tacitus mittels eines (Dolch-)Stoßes in Analogie zu Cato stirbt,[198] stirbt Otho bei Plutarch durch Stürzen in das aufrecht stehende Schwert zur Verringerung der (Äußerung von) Schmerzen.[199] Dass dieser

---

195 Plutarch nennt das laute Schnarchen, was aber den gleichen Effekt haben soll. Suet. Otho 11,2; Tac. hist. 2,49,2; Plut. Otho 17,2. Vgl. HUGENSCHMIDT, Sterben, 31.

196 Suet. Otho 11,2. Ein Sterben ohne Hilfe mit nur einer Wunde (von vorne in die Brust zugefügt) gilt als ehrenhaft in Analogie zum Sterben eines Soldaten mit möglichst vielen Wunden auf der Brustseite des Körpers. Vgl. TACITUS, Histories (Ash), 212. Das Zeichen für die Tötung ist bei Otho ein Stöhnen statt des Fallens Catos, was wiederum die Herrscherwürde Othos betont. Vgl. TACITUS, Histories (Ash), 212.

197 Suet. Otho 12,1. Vgl. Übersetzung: SUETON, Kaiserviten (Martinet). Bei Tacitus lässt sich Otho die Dolche bringen, was sein Herrschergebaren zum Ausdruck bringt. Auch Nero testet die Dolche, gerät dabei aber in Furcht. Vgl. TACITUS, Histories (Ash), 211. „T. takes pains to show Othos qualities of character absent from his Nero." TACITUS, Histories (Damon), 257. „A suicide weapon could be symbolic [...]; and the *pugio* is especially apt for Otho, as it denoted emperors' powers of life and death over citizens." TACITUS, Histories (Ash), 211.

198 Suet. Otho 11,2; Tac. hist. 2,49,2. Die Prüfung zweier Dolche bei Tacitus stellt möglicherweise eine Anspielung auf das Sterben Neros in Suet. Nero 49,2 dar. Vgl. CHILVER, Commentary, 213.

199 Plut. Otho 17,3: ἐξελθόντος δὲ τοῦ ἀνθρώπου τὸ ξίφος ὑποστήσας ὀρθὸν ἀμφοτέραις ταῖς χερσί, καὶ περιπεσὼν ἄνωθεν, ὅσον ἅπαξ στενάξαι μόνον ᾔσθετο τοῦ πόνου καὶ τοῖς ἐκτὸς αἴσθησιν παρέσχεν.

Suet. Otho 11,2: *post hoc sedata siti gelidae aquae potione arripuit duos pugiones et explorata utriusque acie, cum alterum pulvino subdidisset, foribus adopertis artissimo somno quievit. et circa lucem demum expergefactus uno se traiecit ictu infra laevam papillam irrumpentibusque ad primum gemitum modo celans modo detegens plagam exanimatus est et celeriter, nam ita praeceperat, funeratus, tricensimo et octavo aetatis anno et nonagensimo et quinto imperii die.*

Tac. hist. 2,49,1–3: *Post quae dimotis omnibus paulum requievit. atque illum supremas iam curas animo volutantem repens tumultus avertit, nuntiata consternatione ac licentia militum; namque abeuntibus exitium minitabantur, atrocissima in Verginium vi, quem clausa domo obsidebant. increpitis seditionis auctoribus regressus vacavit abeuntium adloquiis, donec omnes inviolati digrederentur. vesperascente die sitim haustu gelidae aquae sedavit. tum adlatis pugionibus duobus, cum utrumquepertemptasset, alterum capiti subdidit. et explorato iam profectos amicos, noctem quietam, utque adfirmatur, non insomnem egit: luce prima in ferrum pectore incubuit. ad gemitum morientis ingressi liberti servique et Plotius Firmus praetorii praefectus unum volnus invenere.* Vgl. zur Unterscheidung der Schilderungen bei Sueton und Plutarch/Tacitus: SUETONIUS, Lives (Shotter), 157. Vgl. zur Fürsorge Othos: HUTCHINSON, Literature, 259. Er betont neben der Fürsorge die enge Verknüpfung des „Sterben für" Othos in der Schilderung des Tacitus mit dem Erwerb von Reputation. Zudem sieht er als Gattung die Aufforderung gegeben, die Kürze der Regierung Othos zu preisen, was sie im Nachhinein legitimiert. Tacitus kommt daher auch für die Gesamtheit des Lebens zu einem gemischten Fazit. Er zeichnet Otho als eine Persönlichkeit, die im Schlechten, aber vor allem auch im Guten die Erwartungen überbietet. Vgl. HUTCHINSON, Literature, 261. Bruce F. Harris betont

Tod nobel war, wird bei Tacitus mit dem Verweis, dass es nur eine Wunde gibt, implementiert.[200] Beide sterben einen ‚stoischen Tod', denn Cato bewahrt sich seine Furchtlosigkeit gegenüber dem Tod und die im Leben eingeübte Haltung im Tod selbst, und auch Othos Tod ist durch *constantia* ausgezeichnet. *Constantia* meint nach Schunck „Ertragen" im Sinne der „Härte im Dulden"[201]. Durch diese „Standhaftigkeit im Sterben", d. h. das Ertragen von Schmerz und der Furchtlosigkeit gegenüber dem Tod, konnte man sich Ruhm erwerben.[202] Ein rational entschiedener, geplanter und in Ruhe durchgeführter Suizid ist nach Seneca das ideale Sterben eines stoischen Weisen und ist mit erhöhtem κῦδος verbunden.[203]

2.3.4 Sterben für

Ich möchte das Prinzip der Fürsorge als entscheidendes Movens für das herrscherliche Handeln Othos herausstellen. Denn Otho verhindert eine Fortsetzung des Krieges bzw. eine weitere kriegerische Auseinandersetzung. Seinem „Sterben für" eignet damit ein Sterben „anstelle von".[204] Das Sterben *unum pro multis* ist motiviert durch die Liebe des Herrschers zum Volk.[205] Otho bindet bei Plutarch die Legitimation zur Herrschaft über die Römer (würdig der Herrschaft über die Römer) an seine Bereitschaft zum Geben seines Lebens für das Vaterland.[206] Frieden, Eintracht und ein Verhindern der Fortsetzung des Bürgerkriegs kann nur durch den Tod Othos herbeigeführt werden, so argumentiert Otho in seiner Rede an die Soldaten, und sein Tod hat damit den größten Nutzen im Vergleich zu einem Sieg.[207] Rühmenswert für einen Herrscher ist also die liebende Fürsorge für die Soldaten und Römer, die ihre maximale Steigerung in dem Einsatz des Lebens im Sinne des „Sterben für" finden kann. Auch für Tacitus hält Heubner fest, dass „Otho

---

die positive Wertung des Todes Othos durch Tacitus: Harris, Tacitus. Zustimmend auch Joseph, Tacitus, 153–167. Zum Abgleich die Beschreibung des Todes bei Cass. Dio 63,15,1: καὶ οὕτως ἐπεὶ μηδὲν ἔτι ταραχῶδες ἐγίνετο, τι ξιφίδιον λαβὼν ἑαυτὸν διεχρήσατο.

200 Tac. hist. 2,49,3.

201 Schunck, Sterben, 77.

202 Schunck, Sterben, 78.

203 Vgl. für Seneca und Otho: Tacitus, Histories (Ash), 201.

204 Vgl. grundsätzlich Eschner, Gestorben II, 173. Eschner schließt den Ersatzgedanken für die Gesamtheit der Römer aus. Vgl. Eschner, Gestorben II, 282.

205 Vgl. Eschner, Gestorben II, 281. Cass. Dio 63,13,1: φιλῶ πάντας Ῥωμαίους, κἂν μὴ ὁμολογῶσί μοι.

206 Plut. Otho 15,4.6: πιστεύσατε πολλάκις ὅτι δύναμαι κάλλιον ἀποθανεῖν ἢ ἄρχειν. Erst über das rühmenswerte Sterben Othos erweist er sich nach Plutarch als legitimer Herrscher.

207 Plut. Otho 15,6: οὐ γὰρ ὁρῶ τί τηλικοῦτον Ῥωμαίοις ὄφελος ἔσομαι κρατήσας, ἡλίκον ἐπιδοὺς ἐμαυτὸν ὑπὲρ εἰρήνης καὶ ὁμονοίας, καὶ τοῦ μὴ πάλιν ἡμέραν τοιαύτην ἐπιδεῖν τὴν Ἰταλίαν.

seine Haltung unablässig mit der Verpflichtung des Princeps den Bürgern und der des Römers dem Vaterlande gegenüber begründet."[208]

Otho gibt in der Schilderung Plutarchs an: „Beraubt (mich) nicht des Größeren (Verdienstes): gut zu sterben für viele vortreffliche Bürger"[209]. Hier werden die Vortrefflichkeit der Bürger und damit der Status der durch den Tod begünstigten Gemeinschaft hervorgehoben - ein ruhmvolles Sterben scheint der Vortrefflichkeit der römischen Bürger angemessen.

Nach Sueton möchte Otho seine Soldaten nicht mehr länger einer Gefahr aussetzen.[210] Tacitus berichtet, dass Otho die Tapferkeit bzw. *virtus* seiner Soldaten nicht weiteren Gefahren aussetzen möchte.[211] Das Hinopfern der Jugend und des Heeres muss beendet werden. Und auch bei Tacitus findet eine Anspielung auf das etablierte Verhältnis zwischen Herrscher und Soldaten statt, das hier eine Verkehrung erfährt, denn die Soldaten sterben nicht für den Sieg bzw. die Rettung des Herrschers, sondern Otho entsagt tapfer dem Leben für die Sicherstellung des Überlebens der Soldaten und gibt einen Beweis seiner *virtus* durch seinen unverzüglichen Tod.[212]

> „Nach der Auffassung des Tac., die er aus kritischer Auseinandersetzung mit der Überlieferung gewonnen hat, bedeutete der Freitod des Kaisers eine auf freier und unerzwungener Entscheidung beruhende Opfertat."[213]

Bei Cassius Dio wird das Sterben Othos in die Reihe von Vorbildern eines Mucius, Decius, Curtius und Regulus im Rahmen eines noble-death-Spiegels eingeordnet und zugleich vom Sterben von Verursachern eines Bürgerkriegs bzw. Diktatoren

---

208 Tacitus, Historien (Heubner), 184.

209 Plut. Otho 15,4: ἀλλὰ μὴ μείζονος ἀποστερεῖτε, τοῦ καλῶς ἀποθανεῖν ὑπὲρ τοσούτων καὶ τοιούτων πολιτῶν. „Vortrefflich" ist hier angelehnt an die Übersetzung von Konrad Ziegler, der bereits übersetzt im Sinne der Tugendhaftigkeit der Bürger, wörtlich heißt es „von solcher Art bzw. so beschaffen". Dies bringt jedoch nach Liddell-Scott häufig eine Qualität wie „so good, so noble, so bad" zum Ausdruck, so dass hier der Übersetzung als vortrefflich zuzustimmen ist. Vgl. Liddell/Scott, Lexicon, 1802. Vgl. Plutarch, Vitae parallelae (Ziegler).

210 Suet. Otho 10,1: *hoc viso proclamasse eum aiebat, non amplius se in periculum talis tamque bene meritos coniecturum.*

211 Tac. hist. 2,47,1: *„hunc" inquit „animum, hanc virtutem vestram ultra periculis obicere nimis grande vitae meae pretium puto."*

212 Tac. hist. 2,47,3: *an ego tantum Romanae pubis, tot egregios exercitus sterni rursus et rei publicae eripi patiar? eat hic mecum animus, tamquam perituri pro me fueritis, sed este superstites. nec diu moremur, ego incolumitatem vestram, vos constantiam meam. plura de extremis loqui pars ignaviae est.*

213 Tacitus, Historien (Heubner), 188f.

wie Cinna, Marius und Sulla abgerückt.[214] Otho möchte im Gegensatz zu diesen die Vernichtung einer gewaltigen Menschenmenge aufgrund eines Zwiespaltes wegen eines einzelnen Mannes verhindern. Auch hier ist die Verkehrung des Verhältnisses Herrscher – Soldaten maßgeblich. Denn der Herrscher gibt sich hier für seine Soldaten hin und nicht umgekehrt.[215] Daher ist dies zugleich unter den Aspekt der Fürsorge einzuordnen. Zugleich macht dies deutlich, wie um die Legitimität der Herrschaft durch die Inszenierung und Interpretation des Todes gerungen wird und wird daher unter 2.3.5 Die Reaktion der Umwelt noch einmal vertieft betrachtet.

2.3.5 Die Reaktion der Umwelt

Tacitus, Sueton und Plutarch schildern übereinstimmend Lobgesänge, Küsse auf die Wunde und ebenso wie Cassius Dio Selbsttötungen neben dem Scheiterhaufen durch einige Soldaten im Zuge des Begräbnisses.[216] Ash betont, dass sowohl die Küsse auf die Wunde als auch die Handküsse die Emotionalität der Reaktion der Soldaten ästhetisch verkörpern und zum Ausdruck bringen.[217] Plutarch und Tacitus betonen zudem, dass die Selbsttötungen aus Anhänglichkeit bzw. Liebe und nicht aus Furcht vor Vitellius stattfinden.[218] Othos Tod ist damit eben nicht verlassen,

---

214 Cass. Dio 63,13,2-3: καὶ γὰρ ἐγὼ Μούκιος καὶ Δέκιος καὶ Κούρτιος καὶ Ῥήγουλος μᾶλλον ἂν ἐλοίμην ἢ Μάριος καὶ Κίννας καὶ Σύλλας, ἵνα μὴ καὶ τοὺς ἄλλους εἴπω, γενέσθαι. μήτ᾽ οὖν βιάσησθέ με ἕνα τούτων ὧν μισῶ γενέσθαι, μήτε φθονήσητέ μοι ἕνα ἐκείνων ὧν ἐπαινῶ μιμήσασθαι· Otho folgt mit seinem Sterben also ebenfalls *exempla* und reiht sich in den *mos maiorum* römischen Sterbens ein. Der Tod Catos wird bei Horaz ebenfalls in das rühmliche Sterben der militärischen Bewahrer Roms eingeordnet. Ihm wird zudem *exemplum*-Charakter zugesprochen im Sinne der Inspiration späterer Generationen für die Loyalität gegenüber dem Staat. Vgl. Brown, Horace, 334f.

215 Vgl. die wichtige Terminologie: οὐχ ὑμᾶς ὑπὲρ ἑαυτοῦ ἀλλ᾽ ἑαυτὸν ὑπὲρ ὑμῶν δέδωκε.

216 Tac. hist. 2,49,3-4; Suet. Otho 12,2; Plut. Otho 17,3-5; Cass. Dio 63,15,1.

217 Vgl. Tacitus, Histories (Ash), 213.

218 Tac. hist. 2,49,4: *non noxa neque ob metum, sed aemulatione decoris et caritate principis.* Bei Tacitus geschehen die Selbsttötungen aus Anhänglichkeit an bzw. Liebe zu Otho und dem Streben nach Ruhm, d. h. hier wird das *exemplum* Othos bereits aktualisiert. Später wird die Beliebtheit der Todesart unter den Soldaten betont. Shochat macht ebenfalls auf die Loyalität der Soldaten aufmerksam und nimmt sie bereits für die Störung des Banketts Othos zugunsten der Senatoren in Anspruch. Vgl. Shochat, Attitude, 373. Bei Plutarch wird die Theatralität noch gesteigert, weil zunächst die Diener den Tod Othos bemerken und durch Weinen darauf reagieren. Im Zweiten wird der Tod durch die Soldaten bezeugt und auch hier wird das Motiv der Notwendigkeit des Verhinderns des Suizids im Sinne der Verpflichtung auf die Lebenserhaltung eingespielt. Plutarch betont, dass niemand bis zum voll durchgeführten Begräbnis die Flucht vorzeitig ergreift und berichtet ebenfalls, dass die Selbsttötungen auf die Anhänglichkeit der Soldaten und weniger auf ihre Furcht vor Vitellius zurückzuführen sind. Diese Einschätzung bestätigt er durch einen Kommentar, der die Anhänglichkeit der Soldaten für diesen Herrscher als einmalig hervorhebt und den Zusatz, dass die Trauer auch nach dem Begräbnis anhält und dann in Hass gegen Vitellius

sondern auch sein Sterben wird als edel bezeugt durch diejenigen, die zu ihm eilen und seinen Tod feststellen.

Von Tacitus werden die Untaten Othos, d. h. die Ermordung Galbas gegen sein freiwilliges Sterben in der Bewertung seiner Person gestellt, so dass sein Nachruf gemischt ausfällt.[219] Hier ist also nun näher darauf einzugehen, in welchem Verhältnis die Lebensführung Othos zu seinem Sterben steht. Dabei ist auch die Frage nach der erreichten *exemplum*-Fähigkeit Othos und seinem eigenen Nacheifern von *exempla* zu stellen.

Das vom Sterbenden gegebene *exemplum* wird in der Antike als „letzte Selbstoffenbarung und -einschätzung des Sterbenden selbst"[220] in Übereinstimmung mit seinem bisherigen Leben gewertet. Bei Otho ist es jedoch geradezu die Verkehrung seines bisherigen Lebenswandels. „T. certainly ennobles Otho, but this exposes the historian to charges of inconsistency, as the emperor's noble, altruistic end abruptly reverses the pattern of his sordid life."[221] So bestätigt Plutarch die Erfüllung dieses Strebens Othos in seiner Wertung, dass Otho zwar nicht besser als Nero gelebt, aber würdiger gestorben sei.[222] Nach Ludwig Braun hebt Plutarch diesen Gegensatz zwischen dem bisherigen Leben und dem Sterben Othos besonders hervor. Er zeichnet ihn als ängstlichen Mann dessen „edles" Sterben dazu in Kontrast steht; nach Braun liegt dies für Plutarch in der moralischen Wirksamkeit dieses Kontrastes begründet.[223] Cassius Dio, Plutarch und Tacitus rechnen sein besseres Sterben gegen seine Leistungen bzw. seinen Ruhm beim Regieren auf.[224] Tacitus wertet das Sterben Othos als hervorragende bzw. ehrenswerte Tat, die „bonae famae" würdig ist.[225] Er macht damit einen Gegensatz zur Bewertung seines bisherigen Lebens auf. Yanir Shochat sieht darin den Ausgangspunkt für die Rückfrage, ob die Bewertung des bisherigen Lebens Othos mit seinen Leistungen durch Tacitus verzerrt war und durch die Art seines Sterbens eines Besseren belehrt wird.[226] Sueton gibt in seinem Fazit zu Otho die Möglichkeit seines Sterbens für die Wiederherstellung

umschlägt. Plut. Otho 17,3-5. Vgl. im Gegensatz dazu das Sterben des Vitellius: Nach seiner Rückkehr in seinen Palast nach der Benachrichtigung über die Bitte um die Möglichkeit eines Friedensschlusses an die Truppen Vespasians wird seine vollkommene Verlassenheit betont, auch seine Fluchthelfer überlassen ihn den feindlichen Soldaten. Vgl. Suet. Vit. 16.

219 Vgl. Tacitus, Historien (Heubner), 189.

220 Hugenschmidt, Sterben, 36.

221 Tacitus, Histories (Ash), 200.

222 Plut. Otho 18,2. βιώσας γὰρ οὐδὲν ἐπιεικέστερον Νέρωνος ἀπέθανεν εὐγενέστερον.

223 Braun, Otho, 98f.

224 Vgl. Martin, Tacitus, 83.

225 Tacitus, Histories (Ash), 214f. Vgl. Tac. hist. 2,50,1.

226 Vgl. Shochat, Attitude, 365.376f. Tac. hist. 2,50,1. Auch Ash wirft Tacitus diese Inkonsistenz für seine Charakterzeichnung Othos vor, verweist aber darauf, dass „Otho's predisposition to suicide is foreshadowed before he even makes his bid for power [...] (1.21.2)." Tacitus, Histories (Ash), 200.

der Republik und der Freiheit an, konterkariert dies jedoch sofort, indem er damit die Ermordung Galbas als die eigentliche Voraussetzung für die Herrschaft Othos verknüpft.[227] Damit hat er in seiner Bewertung eine Nähe zu Tacitus.[228] Auch Cassius Dio wägt das bisherige schimpfliche Dasein als Mensch und die Verworfenheit Othos gegen sein nobles Sterben, das seiner Funktion als Herrscher würdig war ab.[229]

Othos Sterben folgt dem Beispiel des Soldaten, der für die glaubwürdige Bezeugung der Nachricht von der Niederlage in der Schlacht bei Bedriacum sich ins Schwert stürzte.[230] Bei Cassius Dio wertet Otho selbst sein Sterben als Folgen dem *exemplum* dieses Soldaten, der für die Bekräftigung der Wahrhaftigkeit seiner Nachrichten und damit seiner Dienstbereitschaft sich selbst tötete.[231] Otho stellt sich damit bei Cassius Dio in eine Linie mit den dienstbereiten Herrschern. Bei Plutarch folgt Otho dem Beispiel eines Soldaten, der seine Dienstbereitschaft bis hin zum Geben seines Lebens für den Herrscher durch seinen Suizid zur Schau stellt.[232] Auch Otho stürzt sich unter Geringachtung seines Lebens ins Schwert.

Bei Cassius Dio wird, wie oben schon beschrieben, das Sterben Othos in die Reihe von Vorbildern eingeordnet und zugleich vom Sterben von Verursachern eines Bürgerkriegs bzw. Diktatoren abgerückt.[233] Diese Reihung von *exempla* dient der Veranschaulichung einer bestimmten Tugend, der *virtus*, sowie der moralischen Ermahnung zur Einübung dieser Tugend.[234] Otho distanziert sich von denen, die er hasst und bittet um die Möglichkeit seine Vorbilder nachzuahmen.

Edwards betont, dass die *exemplum*-Fähigkeit im Sinne des Erweises von *constantia* und *gravitas* davon abhing[235], ob der Sterbende sich der vom Schicksal zugedachten Rolle würdig erwies und diese ‚performte'. Auch van Hooff bestätigt:

> „The world as a stage on which everybody has to play his role is a metaphor with which the Stoics are familiar. To any man the *logos* has attributed his specific place and it is his task to fulfil well the task given to him. A good actor plays the role, a slave with as much conviction as a king."[236]

---

227 Suet. Otho 12,2.

228 Tac. hist. 2,50,1.

229 Cass. Dio 63,15,2.

230 Cass. Dio 63,11,1–2; Suet. Otho 10,1: *hoc viso proclamasse eum aiebat, non amplius se in periculum talis tamque bene meritos coniecturum.*

231 Cass. Dio 63,14,2–3.

232 Plut. Otho 15,3.

233 Cass. Dio 63,13,2–3.

234 Wardle, Virtus.

235 Edwards, Death, 148. Vgl. zum Rollenspiel beim Performen des guten Sterbens: Hill, Mors; Plass, Game.

236 Hooff, Suicide, 189.

Zugleich diente das Performen der Rolle damit der Bestätigung und Affirmierung der eigenen Identität. So hält Edwards für das Beispiel Catos fest: „Cato above all affirms his own identity in choosing death at a particular point in history. This is to take the Roman Stoic project of self-fashioning to its extreme."[237] Sie versteht den Tod Catos als „enactment of the death of *libertas*"[238].

Dieses Sterben in Übereinstimmung von Lebensführung und Haltung im Tod kann jedoch nur noch für den Neffen Othos gelingen. Denn die *imitatio* eines *exemplum* vollzieht sich zudem gebunden an die eigene *gens*, die zu einem rühmlichen Sterben ob ihres Status verpflichtet. So fasst Hugenschmidt treffend zusammen: „Die Zugehörigkeit zu einer bestimmten *gens* prägt allerdings auch die Vorstellungen, mit denen der einzelne beobachtet wird."[239] So wird der Neffe Othos auf das rühmenswerte Beispiel des Onkels in seinem Sterben verwiesen[240], das die Erinnerung an Otho als seine Pflichten erfüllender Kaiser wachhalten sollte. Denn Otho verweist darauf, dass er mit der Verschonung der Vitellius-Familie Vitellius auf die Gunst des Überlebenlassens des Neffen verpflichtet habe und der zur Milde verpflichtete Vitellius dem Gewähr leisten würde.[241] Otho reflektiert damit auf seine eigene Vorbildlichkeit und innerhalb des Settings auf seinen im „Sterben für" zu erlangenden Ruhm. Zudem ist er der Erste aus seiner emporkommenden Familie, der die Herrscherwürde erlangt hat; er habe sich selbst einen Namen gemacht und das Ansehen der Familie erhöht.[242]

2.3.6 Der Umgang mit dem Leichnam

Otho wird zeitlich schnellstmöglich beigesetzt, um einer Leichenschändung zuvorzukommen.[243] Um möglichen Grabschändungen oder einem Begräbnis an unbekanntem Ort ohne Grabmal vorzubeugen, wird er direkt vor Ort statt in seinem Heimatort beigesetzt.[244]

---

237 Edwards, Death, 152.

238 Edwards, Death, 155.

239 Hugenschmidt, Sterben, 42.

240 Hugenschmidt, Sterben, 42f.

241 Plut. Otho 16,2; Tac. hist. 2,48,2.

242 Tac. hist. 2,48,2.

243 Suet. Otho 11,2; Tac. hist. 2,49,3–4; Cass. Dio 63,15,1. Plutarch betont die Schlichtheit des Grabmales und der Inschrift: Plut. Otho 18,1.

244 Vgl. Tacitus, Histories (Ash), 213. Vgl. dazu das Sterben des Vitellius: Er wird mit Dolchstichen zu Tode gefoltert und in den Tiber geschleift. Zuvor wird er im zerrissenen Gewand, gefesselt und an einem Strick um den Hals (als Vorschau auf den tödlichen Ausgang und die Entehrung s. Punkt 1 Tod durch Erhängen) über das Forum geschleift und der Verspottung preisgegeben, wobei er fortwährend dazu gezwungen wird, sein Gesicht preiszugeben wie bei einem Verbrecher üblich. Suet. Vit. 17; Tac. hist. 3,85. Die Parallelen zur Inszenierung des Kreuzwegs Jesu sind deutlich.

Da der Tod Othos und Catos *exemplum*-fähig und eines stoischen Weisen würdig sein muss, kommen sowohl Strategien der Einordnung in die *exemplum*-Tradition und damit eine literarische Überhöhung als auch eine Ästhetisierung des Sterbens zum Tragen.[245] Nun ist eine Analyse des Sterbens Jesu in Bezug auf seine literarische Stilisierung und ästhetische Überhöhung im Hinblick auf einen noble death anhand der erarbeiteten Kategorien notwendig.

3. Exegetische Analyse von Joh 19,1–42 im Zusammenhang mit Joh 11,51f und Joh 18,1–27

3.1 Jesu Sterben im Johannesevangelium: Der Anklagegrund im Prozess vor Pilatus

Der Prozess gegen Jesus wird erzählerisch eingeleitet mit der Versammlung eines Synhedriums und dem Beschluss, dass es besser sei, wenn einer stirbt anstelle des gesamten Volkes. Er wird daher narrativ mit der Auferweckung des Lazarus sowie mit der daraus resultierenden Popularität von Jesus und Lazarus verbunden, so dass in Joh 12,10 berichtet wird, dass die Hohepriester auch den Entschluss fassten, Lazarus zu töten. Denn viele kommen zum Glauben an Jesus aufgrund seiner Zeichentat und in 12,19 konstatieren die Pharisäer bei der Einholung des Königs Jesus in die Stadt Jerusalem: „alle Welt läuft ihm hinterher". Dies schließt auch die Hellenen ein, die wie die Juden zuvor Lazarus nach seiner Heilung nun ebenso Jesus im Rahmen seiner Einholung (durch die Judäer) sehen wollen. Jesu Verurteilung zum Kreuzestod lässt sich aus politischen und religiösen Gründen ableiten, die den Anklagegründen gegen Sokrates ähneln.

Heinz-Wolfgang Kuhn leitet aus der Praxis der Kreuzesstrafe in Palästina ab, dass Jesus „als politischer Rebell von den Römern verurteilt und hingerichtet worden [ist], eine Feststellung, die heute auch allgemein gilt."[246] Dem wird im JohEv narrativ Rechnung getragen mit den Fragen im Verhör durch Pilatus nach dem Königsein

---

Beispiel für ein schlechtes Sterben im Rahmen eines Suizids ist das Sterben Neros auf seiner Flucht. Dieser stößt sich den Dolch in die Kehle allerdings unter Mithilfe seines Sekretärs während er zuvor als klagend und zögerlich, sich selbst zur Besonnenheit ermahnend beschrieben wird. Der Suizid erfolgt unter dem Druck des Herannahens der Reiter mit dem Befehl zur Verhaftung Neros. Positiv konnotierte Motive sind die Treue seiner Freigelassenen, die ihn nicht verlassen, das Vorbereiten einer Verbrennung mit Begräbnis, was beides nach seinem Suizid gewährt wird, sowie das Motiv der Hilfeleistung durch den Centurio, was jedoch durch Sueton als Farce markiert wird. Suet. Nero 49.

245 „Otho visualises his death ‚as a specimen of courage almost aesthetically attractive'." Tacitus, Histories (Ash), 204, der sich bezieht auf: Hutchinson, Literature, 260.

246 Kuhn, Kreuzesstrafe, 733.

Jesu und mit der dreisprachigen Kreuzesinschrift. Christoph Niemand bezeichnet diese politische Ursache für den historischen Jesus treffend als „basileia-basileus-Kurzschluss"[247]. Derjenige, der für die Botschaft von der faktischen Durchsetzung einer neuen göttlich legitimierten Herrschaft zeugt, wird als Repräsentant dieser Königsherrschaft Gottes auch als König eingeordnet.

Neben diesem politischen Aspekt gibt es einen möglichen religiösen Anklagepunkt, der dem Vorwurf der Verführung der Jugend bei Sokrates am nächsten kommt: Die Verführung eines Einzelnen und die Verleitung einer Menge zum Götzendienst, die in der Mischna Sanh 7,4 in der Auslegung von Dtn 13,7–19 als Grund für die Hinrichtung durch Steinigung angegeben wird. Dies wird in der Baraita Sanh 43a für Jesus in Anspruch genommen.[248] In Joh 7,12.47 findet sich eine mögliche Anspielung auf den Vorwurf der (Volks-)Verführung.[249] Während für die Verurteilung des historischen Jesus sicher seine Tempelaktion und das damit verbundene Tempelwort ein Auslöser für das Vorgehen der Jerusalemer Führungsschicht waren, fokussiert das JohEv in seiner endredigierten Fassung auf den Vorwurf, dass Jesus sich selbst Gott gleich (Joh 5,18; 10,33) und sich selbst zum „Sohn Gottes" mache und Gott lästere. Theobald sieht hierin eine Konkretisierung des Vorwurfs der Verführung.[250]

Auch Sokrates wird Verführung – und zwar der Jugend – vorgeworfen. Plato dreht die Anklagepunkte in der Fassung der Verteidigung des Sokrates im Vergleich zu Xenophon um, so dass die Verführung der Jugend an erster Stelle steht und dann näher definiert wird als Nichtanerkennung der Götter der Stadt Athen und der Einführung neuer daimonia, also als Gottlosigkeit.[251] Hier soll keine literarische Abhängigkeit zwischen den Vorwürfen gegenüber Sokrates und Jesus behauptet werden; die strukturelle Analogie der möglichen Ineinssetzung der Vorwürfe legt sich bei beiden nahe. Gegen den Vorwurf der Gleichmachung mit Gott wirken die Vorwürfe gegenüber Sokrates, die städtischen Götter nicht anzuerkennen und neue Götter einzuführen, harmlos. Sokrates und Jesus sehen sich beide in einer außerordentlichen Stellung zu einer Gottheit – Jesus in Beziehung zu JHWH und Sokrates in Beziehung zu seinem δαιμόνιον. Wir finden also im Hinblick auf die Gründe für die Anklage und die Verurteilung Jesu wiederum eine Kombination aus politischen und religiösen Gründen.

247 Niemand, Kreuz, 473.

248 Vgl. Niemand, Kreuz, 362. Vgl. Goldschmidt, Talmud, 674.631f.

249 Niemand lehnt die Vorwürfe für den historischen Jesus ab. Vgl. Niemand, Kreuz, 362f.400f.451f. Zustimmend für den Evangelisten vgl. die Diskussion bei Theobald, Evangelium (RNT), 513.

250 Theobald, Evangelium (RNT), 513.

251 Plat. apol. 19b. Vgl. Xen. mem. 1,1,1. Vgl. Brickhouse/Smith, Charges, 459.

3.2 Jesu Sterben als noble death – Ein motivkritischer Vergleich

3.2.1 Die Freiwilligkeit des Sterbens

In Joh 12,23 wird die Stunde Jesu als Zeit der Verherrlichung des „Menschensohnes“ definiert. Die Getsemani-Szene aus der Passionsgeschichte der Synoptiker findet ihren Konterpart in der (deliberativen) Frage, wie Jesus jetzt beten, bitten, sprechen soll (Joh 12,27). Er verweigert die Bitte um Rettung aus dieser Stunde (σῶσόν με ἐκ τῆς ὥρας ταύτης 12,27) und bestätigt, dass er in die Stunde gekommen ist, um diese anzunehmen (sein Leben zu geben für viel Frucht), nicht um vor dieser geschützt zu werden.[252] Daher bittet er stattdessen um die Verherrlichung des Namens Gottes (δόξασόν σου τὸ ὄνομα 12,28). Mit Nicklas ist hier die Aktivität des Sohnes zu betonen:

> „Die Stunde ist nun nicht nur gekommen, Jesus selbst ist aktiv in diese Stunde gegangen. Jesu Handeln in absoluter Übereinstimmung mit dem Willen des Vaters bedeutet somit nicht Passivität.“[253]

Im Rahmen der Fußwaschung treibt Jesus bei seiner Identifizierung des Verräters Judas seinen eigenen Verrat durch Judas voran, indem er diesen auffordert, das, was er tun müsse, schnell zu tun (ὃ ποιεῖς ποίησον τάχιον Joh 13,27). Dies lässt Jesus als „Regisseur der eigenen Auslieferung“[254] auftreten und offenbart eine Souveränität in seiner Haltung gegenüber dem Tod. Jesus weiß um das kommende Geschehen und die Erfüllung der Schrift im Geschehen, aber er ist, um es mit Wengst zu formulieren, der „eigentlich Handelnde in diesem Geschehen, der es nicht ahnungslos erleidet, sondern es selbst bewirkt und vollzieht“[255]. Er ist der Handlungssouverän, der seinen Verrat und seine Verhaftung für die Erfüllung der Schrift selbst in Gang setzt.

Jesus bekennt sich zu seinem Königtum und präzisiert: „Mein Königtum ist nicht aus dieser Welt“ (ἡ βασιλεία ἡ ἐμὴ οὐκ ἔστιν ἐκ τοῦ κόσμου τούτου Joh 18,36). Jesu Königtum ist nicht von dieser Welt, weil es – genauso wie die Vollmacht des Pilatus – „von oben“, d. h. von Gott gegeben ist (οὐκ εἶχες ἐξουσίαν κατ᾽ ἐμοῦ οὐδεμίαν εἰ μὴ ἦν δεδομένον σοι ἄνωθεν Joh 19,11).[256] Ein weiteres Indiz dafür, dass das

---

252 Vgl. Theobald, Evangelium (RNT), 807.

253 Nicklas, Wiederholung, 309. Vgl. allg.: Beutler, Stunde; O'Day, Time.

254 Wengst, Johannesevangelium (THKNT 4), 405. Vgl. auch Frey, Pilatus, 358; Frey, Theologia Crucifixi, 536.

255 Wengst, Johannesevangelium (THKNT 4), 405.

256 Söding, Wahrheit. Vgl. auch Frey, Pilatus, 378f. Frey betont die Vollmacht Jesu, sein Leben zu geben und wieder zu nehmen. Die *potestas* des Pilatus führt er auf den Kaiser und „in einem tieferem

Königtum Jesu nicht aus dieser Welt ist, ist das von Jesus selbst gegebene Beispiel des fehlenden Kampfeinsatzes seiner Diener zur Verteidigung ihres Herrn und zur Verhinderung seiner Auslieferung an ‚die Juden' (Joh 18,36). Spannend bleibt jedoch, dass Petrus genau diese Kampfbereitschaft an den Tag legt – er hieb Malchus, dem Diener des Hohepriesters, ein Ohr ab –, Jesus jedoch den Einsatz von Gewalt verhindert und sich stattdessen beruft auf seine Bereitschaft, den Becher (des Zorns Jes 51,17; Jer 25,15f[257]), den ihm sein Vater gibt, zu trinken (βάλε τὴν μάχαιράν εἰς τὴν θήκην τὸ ποτήριον ὃ δέδωκέν μοι ὁ πατήρ, οὐ μὴ πίω αὐτό Joh 18,10f). Die Standhaftigkeit Jesu in der johanneischen Inszenierung steht in scharfem Kontrast zur Getsemani-Szene bei den Synoptikern, in der Jesus sich als „angefochtener Mensch" in dreimaligem Ringen, „‚in den Willen seines himmlischen Vaters erst hineinfinden, gleichsam ‚hineinbeten' mußte'"[258]. Jesus agiert in der johanneischen Variante des Gebetskampfes wie der Beste aller Stoiker. Er argumentiert zunächst die Ablehnung des Bechers und damit die Ablehnung des Todes und des Heilswillen Gottes. Aus seinem vernunftgemäßen Einverständnis mit dem Willen Gottes wählt er aktiv unter Einbeziehung der Vernunft den Becher und damit den Tod und überwindet zugleich den Affekt, ja sogar die natürliche Neigung zum Lebenserhalt. Im Rahmen der unter Punkt 2.2.3 geschilderten idealen Verhaltenspraxis eines Stoikers lässt sich für Jesus festhalten: Sein kognitives Urteil über die Wertigkeit der Situation im Sinne der Einwilligung in den Willen des Vaters ist angemessen und führt zu der idealen „affective response[...] (*eupatheia*) that [is] rational and peaceful": wish bzw. will statt desire.[259]

Zugleich kommt Jesus im Zuge seiner Selbstidentifizierung als ἐγὼ εἰμί bei der Verhaftung die (Voll-)Macht zu, alle Soldaten zu Boden fallen zu lassen (ὡς οὖν εἶπεν αὐτοῖς ἐγώ εἰμι, ἀπῆλθον εἰς τὰ ὀπίσω καὶ ἔπεσαν χαμαί Joh 18,6), was Zeichen des Sieges und der Unterwerfung der feindlichen Soldaten ist und zugleich auf den Ursprung seiner Vollmacht verweist.[260] Zudem vollzieht sich dies nicht nach den militärischen Spielregeln irdischer Machtdurchsetzung. So verhindert Jesus die militante Gegenwehr des Petrus bei seiner Verhaftung durch die römische

---

Sinne" auf Gott zurück. Frey, Pilatus, 379. Damit wird nach Frey Gott hier als geschichtsmächtig wirkender Herrscher ein- und absetzender Gott gezeichnet, dessen Heilswillen sich auch im Agieren des Pilatus vollzieht. Ronald A. Piper sieht deswegen den Charakter eines „divine triumph" statt einer menschlichen Tragödie eingetragen. Piper, Characterisation, 157. Vgl. auch Rensberger, Politics, 409.

257 Vgl. Wengst, Johannesevangelium (THKNT 4), 487 Anm. 254. Vgl. Ez 23,32–34.

258 Blank, Johannes, 39f. Frey betont hier ebenfalls das Element der Freiwilligkeit: Jesus nahm „bewusst und freiwillig den Gang ins Leiden und den Todesbecher auf sich". Frey, Pilatus, 369. Er sieht damit jedes zelotische Element negiert.

259 Scherz, Death, 11.

260 Ich danke Stefan Schreiber für den Hinweis auf die Szene der Gefangennahme als Erweis der militärischen Vollmacht (eines Siegers).

Kohorte und die Diener der Hohepriester und Pharisäer im Garten zum Schutz der ihm von Gott Anvertrauten. Dieser Schutz gilt in der beschriebenen Situation für die Schüler Jesu, aber auch für die römischen Soldaten und die Gerichtsdiener. Zugleich wird die von Gott gegebene Vollmacht Jesu, eine ganze Kohorte sowie die Gerichtsdiener zu Boden fallen zu lassen, deutlich. Hier ist der Zusammenhang zwischen Ich-bin-Wort und dem Bezwingen der römischen Kohorte und der Diener der Hohepriester im Modus der Epiphanie zu betonen.[261] Und es wird bereits das Zentrum der literarischen Inszenierung des Sterbens und des Todes Jesu spürbar: Jesus stirbt hoheitsvoll und zugleich in Erfüllung seiner Schutz- und Fürsorgepflicht. Er geht souverän, in Übereinstimmung mit und Erfüllung des Willens des Vaters in den Tod.

Im Rahmen des Verhörs durch Pilatus[262] ist das Schweigen Jesu, was seine Selbstidentifizierung angeht, bedeutsam. Für Jesus wie für Sokrates stellt sich die Frage, inwieweit sie ihre Verurteilung zum Tod durch ihr provokantes normwidriges Verhalten während des Prozesses selbst herbeigeführt und damit freiwillig auf sich genommen haben. Pilatus konfrontiert Jesus zunächst mit der Frage nach seiner Identität - „Bist du der König der Juden?“, die er dann als Frage nach seinen Taten spezifiziert (Joh 18,33–35). Zugleich wird deutlich, dass diese Identifizierung im Sinne einer Anklage von Seiten des Volkes und der Hohepriester zu verstehen ist und mittels dieser Jesus durch Volk und Hohepriester an Pilatus ausgeliefert wurde (18,35). Jesus begegnet dem mit einer Definition seines Königtums als nicht aus dieser Welt, was sich im Verneinen jeglichen Kampfesgeschehens um den Herrschaftsanspruch spiegelt. Dies korrespondiert mit dem Fürsorgemotiv, dass er diejenigen, die Jesus von Gott in die Hand gegeben sind, nicht gefährdet und nicht verliert (Joh 10,28f). Wichtig ist, dass in 10,28f ein Verweis auf das ewige Leben erfolgt, was an die Bedingung geknüpft wird, in die Hand Jesu gegeben zu sein. Die Ursache, dass ein Zugrundegehen unmöglich ist, liegt darin, dass τὰ πρόβατα τὰ ἐμὰ Jesus von Gott gegeben sind und damit zugleich in die Hand Gottes gegeben sind, der sie niemand entreißen kann.

---

261 Hinrichs, Ich bin, 90–93; Thyen, Johannesevangelium (HNT 6), 707. Wengst betont die Präsenz Gottes, der sich mit dem Leidenden identifiziert. Vgl. Wengst, Johannesevangelium (THKNT 4), 485. Wengst betont ebenso die Schutzfunktion im Sinne des Verschaffens eines „freien Abzug[s]“. Wengst, Johannesevangelium (THKNT 4), 486; Thyen, Johannesevangelium (HNT 6), 707; Brant, John (P.CNT), 235f; Mullins, John, 363; Ridderbos, John, 576f; Brown, John (AB 29A), 811; Beasley-Murray, John (WBC 36), 322f; Barrett, John (KEK), 520; Morris, John (NICNT 4), 658f; Wilckens, Evangelium (NTD 4), 271f.

262 Vgl. allg. zum Prozess vor Pilatus: Diebold-Scheuermann, Pilatus; Baum-Bodenbender, Christologie; Bammel, Trial. Vgl. zu Pilatus: Tolmie, Pilate; Stowasser, Pilatus; Herzer, Machtstreben; Tuckett, Pilate; Boer, Function.

Im zweiten Teil dieses ersten direkten Dialogs zwischen Jesus und Pilatus erfolgt eine Präzisierung (Joh 18,37f). Im Vergleich zum MkEv (Mk 15,2) beantwortet Jesus die Frage des Pilatus, ob er (doch) ein König sei, mit der Aussage: Du sagst, dass ich ein König bin! (σὺ λέγεις ὅτι βασιλεύς εἰμι 18,37). Ich möchte mich hier dem Übersetzungsvorschlag von Thyen anschließen, der mit Walter Bauer übersetzt als: „Gewiß, ich bin ein König".[263] Denn im Unterschied zum MkEv folgt daraufhin eine weitere Präzisierung seines Herrscherverständnisses als Zeuge für die Wahrheit (ἵνα μαρτυρήσω τῇ ἀληθείᾳ Joh 18,37). Pilatus stellt in V. 38 die konterkarierende Rückfrage: „Was ist Wahrheit?".

Auch im zweiten direkten Dialog zwischen Jesus und Pilatus nach der Geißelung Jesu geht es um die richtige Identifizierung Jesu (Joh 19,9–11): Der Vorwurf ‚der Juden', Jesus habe sich zum „Sohn Gottes" gemacht (19,6–8), verängstigt Pilatus, der daraufhin Jesus auf seine (göttliche) Herkunft hin befragt (καὶ εἰσῆλθεν εἰς τὸ πραιτώριον πάλιν καὶ λέγει τῷ Ἰησοῦ πόθεν εἶ σύ; ὁ δὲ Ἰησοῦς ἀπόκρισιν οὐκ ἔδωκεν αὐτῷ. 19,9). Jesus reagiert in 19,10 nicht auf die Befragung des Pilatus, er gibt keine Antwort. Theobald weist in seinem Aufsatz zum Schweigen Jesu völlig zu Recht auf das im Hintergrund stehende Modell des Habitus eines Philosophen hin.[264] Er verweist auf die Überlieferung vom Schweigen des Sokrates vor Gericht, eine späte Bildung, von der er annimmt, dass sie keinen Einfluss auf die Inszenierung des Joh genommen hat; vielmehr habe das Schweigen Jesu das Bild des Sokrates vor Gericht beeinflusst.[265] Zu überlegen wäre, ob Jesu Schweigen trotzdem analog zum Verhalten des Sokrates bei seinem Prozess ist. Denn seine Befragung seines Anklägers Meletus diente nicht der Widerlegung der einzelnen Anklagepunkte, sondern der Offenbarung der Vor- und falschen Urteile des Meletus.[266] Diese Strategie kommt auch gegenüber Pilatus zur Anwendung.

Zugleich weckt dieser Dialog Assoziationen an den Kaiser als *divi filius*. Wenn Jesus nun in V. 11 die Macht des Pilatus als gottgegeben definiert (in ihrer Funktion für die Erfüllung der Schrift), so ist zugleich auch sein Status als „König der Juden" dem Willen Gottes gemäß. Die Definition der Macht des Pilatus als „von oben" stammend durch den Juden Jesus lässt für Pilatus nur die Schlussfolgerung zu, dass JHWH diese Vollmacht so verteilt hat. Trotzdem lässt er sich in der literarischen Konstruktion des JohEv von den Hohepriestern durch das Argument des Verra-

263 Thyen, Johannesevangelium (HNT 6), 718, der sich bezieht auf: Bauer, Johannesevangelium (HNT 6), 216. Frey sieht das markinische σὺ λέγεις aus Mk 15,2 assoziiert. Vgl. Frey, Pilatus, 368.

264 Vgl. Theobald, Pilatus-Prozess, 246.

265 Theobald, Pilatus-Prozess, 250.

266 Vgl. Brickhouse/Smith, Charges.

tes am Kaiser, wenn er einen anderen *divi filius* und König begnadigt, zu einer Verurteilung Jesu verleiten.[267]

Exkurs: Das Agieren der Gruppe der Hohepriester

Die Hohepriester nehmen bei der Verurteilung Jesu durch Pilatus aufgrund der fehlenden Kapitalgerichtsbarkeit nicht die Rolle der Richter (wie im Synhedrium) ein, sondern die Rolle der Ankläger. Sie agieren auch hier als Gruppe, daher ist hier eigentlich ein Vergleich unzulässig mit dem Auftreten eines ausgewählten Anklägers vor dem Gericht. Die dreimalige Bejahung der Kreuzigung Jesu reagiert auf die inakzeptable Verwendung des Titels König der Juden in 18,39 und 19,14f durch Pilatus, da er die Illoyalität der Hohepriester gegenüber dem Kaiser markieren würde, wenn sie diesen als Zuschreibung an Jesus akzeptieren würden; die Verwendung des Titels ist eine Provokation des Pilatus gegenüber den Hohepriestern.[268] Die Hohepriester überstellen Jesus an Pilatus als König der Juden. Nach seiner Präsentation nach seiner Geißelung als „Mensch" im Königsornat erheben sie ihm gegenüber die Anklage, er mache sich zum Sohn Gottes, was den Blasphemievorwurf und damit als Konsequenz die Todesstrafe inhäriert. Diese beiden Vorwürfe – er mache sich zum König (der Juden) (18,33–35) und er mache sich zum Sohn Gottes (19,7) - kombinieren in polemischer Form die Akklamation des Natanael. Der Vorwurf sich Gott gleich zu machen wird hier aufgegriffen durch die Anklage, sich zum Sohn Gottes zu machen, was dem Königstitel aus israelitischer Perspektive immer schon inhärent war. Jesus wird von Seiten der Hohepriester der Königstitel und damit auch die Zuschreibung Sohn Gottes abgesprochen. Er wird als illegitimer Königsprätendent angeklagt. Damit wird hier abermals wie in Kp. 5 und 10 die Selbstidentifizierung als Sohn Gottes (und damit als König) für Jesus inkriminiert.

Pilatus und Jesus haben jeweils ihre Gewalt „von oben". Frey weist darauf hin, dass der Rezipient zunächst davon ausgehen könnte, dass die Macht des Pilatus vom Kaiser gegeben sei, da er durch diesen in der Provinz als Präfekt eingesetzt wird. Er verweist für ein Verstehen der Figur des Pilatus im JohEv auf die alttestamentlichen Analogien, in denen sich Gott eines Herrschers als Werkzeug bzw. Hilfsmittel bedient. Frey sieht die Vollmacht Jesu neben der Macht des Gottessohnes auch in seinem eschatologischen Richteramt.[269] Zu betonen ist, dass die

---

267 Vgl. zur Bezeichnung „Freund des Kaisers": FREY, Pilatus, 380f; WENGST, Johannesevangelium (THKNT 4), 518. Die Hohepriester erpressen Pilatus und geben ihre Loyalität gegenüber dem Kaiser kund, der die Macht des Pilatus überbietet. Vgl. auch FREY, Pilatus, 383; THYEN, Johannesevangelium (HNT 6), 728; WENGST, Johannesevangelium (THKNT 4), 518f; SCHNELLE, Evangelium (RNT), 360; BLANK, Evangelium, 99f.

268 Vgl. WENGST, Johannesevangelium, 521.

269 FREY, Pilatus, 379.

Vollmacht Jesu ebenso wie die Vollmacht des Pilatus von Gott gegeben ist. Jesu Vollmacht besteht im Schutz der Gemeinschaft und der Rettung der Welt durch das Ausüben aller Herrscherfunktionen in idealer Weise – auch über die Machtlosigkeit einer fehlenden Gegenwehr bei einer Verhaftung. Pilatus ist im Vergleich zu Jesus der schlechtere Herrscher aufgrund seiner Herrschaftspraxis und aufgrund seiner Funktionalität, die ihm jedoch im Heilsplan Gottes zukommt: Die Verurteilung Jesu zum Tod am Kreuz. Während Pilatus einen ‚üblichen' Herrscher darstellt, der sein Machtinstrumentarium einsetzt, um Aufstände niederzuschlagen[270], gehört Jesus zu jenen Besten aller Herrscher, die versuchen im Vorhinein eines Krieges Unheil von ihrer Gemeinschaft abzuwenden, so dass es gar nicht erst zu einer Schlacht kommt. Auch Jesus erfüllt also das Herrscherideal voll und gibt niemanden, der von Gott in seine Hand gegeben ist, preis. Auch Jesus verhindert, ähnlich wie ein Kodros, den Beginn einer kriegerischen Auseinandersetzung, nicht indem er seine Identität maskiert, sondern indem er sich selbst preisgibt, ja den Soldaten, den Dienern des Hohepriesters und der römischen Kohorte seine Identität verrät.

3.2.2 Das Prinzip der Fürsorge

Bei der Kreuzigungsszene entspricht die Szene zwischen dem geliebten Schüler und der Mutter Jesu (Joh 19,25–27) in besonderem Maß der Fürsorge eines Kaisers Otho oder eines Cato für die Mitglieder der eigenen Gruppe, d. h. die Freunde und die Soldaten.[271]

Εἱστήκεισαν δὲ παρὰ τῷ σταυρῷ τοῦ Ἰησοῦ ἡ μήτηρ αὐτοῦ καὶ ἡ ἀδελφὴ τῆς μητρὸς αὐτοῦ, Μαρία ἡ τοῦ Κλωπᾶ καὶ Μαρία ἡ Μαγδαληνή. Ἰησοῦς οὖν ἰδὼν τὴν μητέρα καὶ τὸν μαθητὴν παρεστῶτα ὃν ἠγάπα, λέγει τῇ μητρί· γύναι, ἴδε ὁ υἱός σου. εἶτα λέγει τῷ μαθητῇ· ἴδε ἡ μήτηρ σου. καὶ ἀπ᾽ ἐκείνης τῆς ὥρας ἔλαβεν ὁ μαθητὴς αὐτὴν εἰς τὰ ἴδια. Auch Jesus sorgt für das gesellschaftliche Überleben bzw. die soziale Absicherung seiner Mutter, indem er sie dem geliebten Schüler anvertraut und in seine Obhut gibt. Hier ist Neyrey entsprechend zu zitieren:

---

270 Ios. bell. Iud. 2,175–177. Josephus schildert die Niederschlagung eines Aufstandes der Juden wegen des Baus eines Äquadukts mit Mitteln des Tempelschatzes. Ios. bell. Iud. 2,169–174 schildert eine gewaltfreie Lösung im Sinne des Entfernens der Legionsfeldzeichen aus Jerusalem nach der Bitte um Zurücknahme der Feldzeichen und einem Sitzstreik seitens der Juden. Die Feldzeichen im Palast des Herodes werden erst nach der Bitte der Juden im Einverständnis mit Pilatus entfernt Vgl. Stowasser, Pilatus, 92–94.

271 Vgl. auch Frickenschmidt, Biographie, 449–452.456.

> „She will suffer a tragic loss of honor with his death. But Jesus defends her honor by adopting as ‚brother' the Beloved Disciple, and by ensuring that his new kinsman will defend his mother's honor by ‚taking her into his own house'[...].“[272]

Auch in seinem Kommentar argumentiert er ähnlich: „Correspondingly, he changes the role and status of the Beloved Disciple to that of son, fictive kin but guardian. [...] The hero's mother, then, comes under the protection of a Beloved Disciple.“[273]

Jean Zumstein hebt die Schaffung einer neuen Familie hervor, einer *familia dei*, die jenseits der geprägten blutsverwandtschaftlichen Strukturen, sich verpflichtet fühlt auf die Liebe untereinander nach dem Maßstab der Liebe Jesu, die sich im Dienst am anderen zeigt.[274] Mary L. Coloe fasst diese Schaffung einer *familia dei* als Eintreten des geliebten Schülers in die Gotteskindschaft, der hier vermittelt über das doppelte „siehe“ an die Mutter Jesu verwiesen wird. Dies wertet sie als die Verwendung eines Adoptions- oder Offenbarungsformulars.[275] Das Eintreten in die Geschwisterschaft zu Jesus bedeutet göttliche Sohnschaft bzw. Kind Gottes zu sein.[276]

3.2.3 *Constantia*

Wird bei der Geißelung kein Wort über die Schmerzen, die Tortur dieses Verfahrens verloren, so findet auch Jesu potentielle *constantia* keine Erwähnung. Die erste Leerstelle im Bericht bedingt die zweite. Ex negativo kann man für den Akt der Geißelung, der Schläge durch die Soldaten, bei der Verspottung Jesu und der Kreuzigung Jesu auf seine *constantia* schließen, die mit seiner Festigkeit in der

---

272 Neyrey, John (NCBC), 131. Denn es ist anzunehmen, dass Jesu Mutter eine Witwe ist. Vgl. auch die Ausführungen von Watt, Family, 334; Neyrey, John (NCBC), 314. Neyrey identifiziert Jesus als ältesten Sohn, der nach seinem Tod seine Mutter vor dem Verlust von Ehre bewahrt. Vgl. Neyrey, John (NCBC), 309f.

273 Neyrey, John (NCBC), 310.

274 Vgl. Zumstein, Family, 642.

275 Vgl. Coloe, Mother, 208. Vgl. Brown, John (AB 29A), 907, der kein Adoptionsformular gegeben sieht (Siehe-Einführung statt Du-bist-Einführung wie in Ps 2,7). Vielleicht ist mit Brown für 19,25–27 die Übereignung der Mutter an eine ausgewählte Person durch die sterbende Person anzunehmen. Barrett nimmt ein Adoptionsformular an. Vgl. Barrett, John (KEK), 552. Beasley-Murray betont, dass Jesus die Mutter dem geliebten Schüler und seiner Fürsorge anvertraut und nicht umgekehrt. Vgl. Beasley-Murray, John (WBC 36), 349. Der Standarddiskurs behandelt die Frage der Maria als neuer Eva, Maria und der Sohn als Bild für die Kirche aus Juden- und Heidenchristen, das Anvertrautwerden der Mutter an eine Rechtsperson, die den Sohn vertritt. Brant sieht diese „adoption“ im Rahmen der römischen Rechtsordnung stehen. Brant, John (P.CNT), 256f; Beasley-Murray, John (WBC 36), 348f; Morris, John (NICNT 4), 718.

276 Vgl. Coloe, Mother, 208.

Entscheidung zu sterben (Joh 12,27; 18,11) und der literarischen Inszenierung als Herr des Geschehens im Prozess vor Pilatus und bei seiner Kreuzigung konvergiert. Während des Prozesses vor Pilatus (Joh 18,28–19,16a), in dessen ersten Teil die Frage der Identität Jesu und in dessen zweiten Teil nach der Geißelung die Frage von Macht und Ohnmacht und ihres Gottesbezugs verhandelt wird, bleibt Jesus der Souverän, der durch seine Antworten bzw. die Verweigerung von Antworten das Gespräch lenkt.

Jesus, der sein Kreuz selbst zur Hinrichtungsstätte trägt (καὶ βαστάζων ἑαυτῷ τὸν σταυρὸν ἐξῆλθεν εἰς τὸν λεγόμενον Κρανίου Τόπον 19,17), behält im Rahmen der Kreuzigung jederzeit die vollkommene Kontrolle über das Geschehen und sich selbst. Mit dem Hinweis auf seinen Durst (διψῶ 19,28)[277] bleibt er Regisseur des eigenen Sterbens[278] für die Vollendung der Schrift und erhält Essig auf einem Ysopzweig - das Sterben als leidender Gerechter nach Ps 69,22 ist hier alludiert.[279] Über diese (Schrift-)Anspielung ist Gott als Handelnder im Sinne des sicheren Rettens (es wird Gottes Name gelobt und gedankt in Ps 69,31) gemäß seiner Treue (Ps 69,14) aufgerufen. Die literarische Inszenierung des Todes Jesu endet mit der Feststellung, dass es vollbracht ist, seinem aktiven Neigen des Hauptes und der aktiven Übergabe des Geistes – nach Ps 31,6 in die Hand des treuen Gottes (τετέλεσται, καὶ κλίνας τὴν κεφαλὴν παρέδωκεν τὸ πνεῦμα Joh 19,30).[280] Nach Wengst nimmt „Johannes [...] hier in der Beschreibung des Todes Jesu sachlich auf, [...] dass er nämlich von sich aus sein Leben einsetzt."[281]

„Es ist vollbracht" findet Verwendung in V. 28 in Kommentarfunktion durch den Erzähler und als kommentierende Aussage Jesu in V. 30. In V. 28 ist ὅτι ἤδη πάντα τετέλεσται gemeinsam mit dem Zusatz ἵνα τελειωθῇ ἡ γραφή zunächst eng

---

277 Vgl. Beutler, Johannesevangelium, 505f. Vgl. zur handschriftlichen Überlieferung und zu Änderungen bzgl. Ysop bei Joh: Beasley-Murray, John (WBC 36), 352; Morris, John (NICNT 4), 719 Anm. 75; Carson, John (PNTC), 620f; Brown, John (AB 29A), 909f.930; Hoskyns, John, 531. Ysop würde nach Thyen und Beasley-Murray die Kontextualisierung mit dem Pesachlamm verstärken. Zudem liegt der Unmitttelbarkeit der Reaktion der Soldaten als Befehlsempfänger, die diesem Befehl Folge leisten, eine Umkehrung der Befehls- und Sozialverhältnisse zugrunde: Der Inthronisierte befiehlt den Ausführenden der römischen Besatzungsmacht. Dies ist ein ungewöhnlicher Zug. Vgl. Thyen, Johannesevangelium (HNT 6), 740f; Beasley-Murray, John (WBC 36), 352; Barrett, John (KEK), 553; Lindars, John (NCB), 581f. Kritisch: Schenke, Johannes, 362; Schnackenburg, Das Johannesevangelium (HTKNT 4/3), 331.

278 Vgl. Wengst, Johannesevangelium (THKNT 4), 532.

279 Vgl. Thyen, Johannesevangelium (HNT 6), 739.

280 Vgl. Wengst, Johannesevangelium (THKNT 4), 533.

281 Wengst, Johannesevangelium (THKNT 4), 534. Zur Allusion an 13,1, dass Jesus die Seinen bis zum Ende geliebt hat. Vgl. Labahn, Vollendet, 148. Vgl. zur Diskussion von τετέλεσται Thyen, Johannesevangelium (HNT 6), 738–740; Beasley-Murray, John (WBC 36), 352f. Als vollendeter Auftrag und vollendete Liebe: Mullins, John, 389.

bezogen auf die Erfüllung der konkreten Schriftallusion, d. h. Psalm 69 und das Ingangsetzen der Soldaten für das Reichen des Essigs.

Findet nach Thyen für die Erfüllung einer Einzelschrift πληρόω als Vorzugswort bei Joh Verwendung, ist τελειόω der geprägte Begriff im Kontext der Vollendung der ἔργα des Vaters, d. h. des Auftrags und der Sendung Jesu (Joh 5,20.36).[282] Τετέλεσται als Passiv von τελέω bezieht sich daher auf die gesamte Schrift im Sinne der Offb der Worte und Taten und des Willens Gottes. Thyen sieht mit Bergmeier über die gleiche Satzstruktur eine direkte Rahmung von Joh 19,28 mit Joh 13,1 gegeben.[283] Über das Stichwort εἰς τέλος ist vor allem ein Bezug zum Lieben der Seinen bis zur (Voll-)Endung sichtbar. Im Rahmen des noble death finden selten letzte denkwürdige Worte statt, bei den herangezogenen Fallbeispielen fallen sie gänzlich aus. Vielmehr wird die Deutung des Aktes des Selbstmordes geschildert und in das Zentrum der Rede der Personen gestellt. Auch der Verweis des Sokrates, der sterbend darum bittet dem Asklepios zu opfern, ist dahingehend zu verstehen. Aber die Kommentierung des Sterbens durch die Vollbracht-Sentenz offenbart die Selbstdeutung des Sterbens (und Lebens) Jesu und die Erfüllung seines Auftrags, was analog der Übereinstimmung mit dem Willen der Gottheit beim „Sterben für" ist.

3.2.4 Sterben für

Jesus ist der parrhesia, wie er nach seiner Verhaftung im Rahmen seiner Befragung gegenüber Hannas in Joh 18,20 angibt, sowie der Wahrheit verpflichtet. Dies scheint durch Jesus im Dialog mit Pilatus in einen Gegensatz zum Königsein gestellt zu werden (18,28–19,16a). Denn Jesus betont zunächst, dass Pilatus sagt, dass Jesus ein König ist (18,37). Das λέγεις ist durch das Personalpronomen σὺ akzentuiert, während Jesus keine direkte Selbstaussage zu treffen scheint. Diese Bejahung seines Königseins vollzieht er jedoch performativ in der Art und Weise seines Sterbens. Jesus stellt sein Zeugen für die Wahrheit als Ursache für seine Geburt und sein Kommen in die Welt heraus. Die Verpflichtung eines Herrschers auf die Wahrheitsliebe ist seit Platos „Der Staat" und seiner Vorstellung eines idealen Herrschers als Philosoph etabliert.[284] Diese Wahrheitsliebe ist als Liebe zur Erkenntnis bzw. als Erkenntnisinteresse des hinter dem Seienden stehenden Prinzips, der Ideen gefasst. So ist nach Plato jedes Konkrete durch die Idee als solche bestimmt. Ziel ist damit die Erfassung des Bestimmenden hinter allen Geschehensprozessen. Es gilt,

---

282 Vgl. Thyen, Johannesevangelium (HNT 6), 738f.

283 Vgl. Thyen, Johannesevangelium (HNT 6), 739f. Vgl. R. Bergmeier, TETELESTAI. Joh 19,30, in: ZNW 79 (1988), 282–290.

284 Plat. rep. 437c–d.

zu einem allgemeingültigen Urteil über die Erfahrungswirklichkeit zu kommen.[285] Das konkrete Seiende partizipiert an Ideen, diese wiederum partizipieren an einer Idee der Ideen als dem Guten als dem „Anfangsgrund“[286]. Die Idee des Guten ist das bedeutendste Wissen für den Philosophenkönig, „durch den das Gerechte und ‚das andere, zusätzlich Gebrauchte‘ nützlich wird“[287]. Denn sie „verleiht allen Tugenden Funktion und Zweck und ist Ziel allen Handelns und Strebens“[288]. Im Aristeasbrief erhält König Ptolemaios als Antwort auf seine Frage, wie er wahrhaftig sein kann, die Empfehlung die Lüge als eine Schande zu meiden mit dem Verweis auf die Wahrheitsliebe Gottes. Die Herrschaft ist an denjenigen verliehen worden, dessen Charakter es verdient.[289] Auch das Liebesverhältnis von Herrscher und Volk wird thematisiert. In der Frömmigkeit, deren Stärke die Liebe ist, hat der Herrscher alle Güter. Zugleich ist er zur Fürsorge gegenüber den Untertanen verpflichtet und diese sind ihm durch Liebe und Vertrauen zugeneigt.[290] Dio Chrysostomus nimmt diese Herrschertugend als Verpflichtung auf Geradheit und Wahrhaftigkeit auf.[291] Damit gehört die Wahrhaftigkeit in den Tugendkatalog eines Herrschers und Jesus erfüllt dieses Ideal im Vollbild. Während in den vorangegangenen Kapiteln Jesus als König alle herrscherlichen Funktionen voll erfüllt hat, bleibt beschränkt auf die (Selbst-)Präsentation vor Pilatus festzuhalten, dass Jesu Herrschaft ein „Königtum im Wort und in der Wahrheit“[292] ist. Für welche Wahrheit legt Jesus nun mit seinem „Sterben für“ Zeugnis ab?

In der Antike war das Saken-Fest bekannt, in dessen Rahmen ein zum Tode verurteilter Gefangener für mehrere Tage „König spielen“ darf und hier ist noch einmal Dio Chrysostomus zu zitieren[293]: „sie setzen ihn auf einen Thron des Königs, geben ihm königliche Gewänder und lassen ihn Befehle erteilen, trinken und prassen […].“

Während hier das Herrschersein einer Persiflage unterzogen wird durch die Beschränkung der Ausübung von Herrschaft auf „befehlen“, „trinken“ und „prassen“, wird dem Rezipienten mit Jesus als Spottkönig in der Szene seiner Verspottung durch die Soldaten (Joh 19,1–3) der ideale Herrscher vorgeführt, in dessen Erscheinung seine Gottunmittelbarkeit sichtbar wird, was auf die Herkunft dieses Herrschers und seiner Herrschaft verweist. Frey betont, dass „eine ‚optische Umsetzung‘

285 Vgl. Erler, Platon, 368.

286 Erler, Platon, 370.

287 Erler, Platon, 402. Vgl. Plat. rep. 505a.

288 Erler, Platon, 402.

289 Ar. Ep. 206.219.

290 Ar. Ep. 229.

291 Dion Chrys. 1,26.

292 Frey, Pilatus, 390.

293 Dion Chrys. 4,67.

eines Königszeremoniells mit Krönung, Einkleidung und Huldigung" stattfindet bei gleichzeitiger Entehrung des Geehrten durch Geißelung und Schläge, so dass diese Inszenierung zur „Königsparodie" wird.[294] Dies findet seine Fortsetzung in der Inthronisation zwischen zwei Verbrechern.

Dass dieser Herrscher von Gott eingesetzt ist, wird auch in der Präsentation Jesu gegenüber den Hohepriestern durch Pilatus in 19,5 deutlich. Ἰδοὺ ὁ ἄνθρωπος ist, so hat es Dieter Böhler herausgearbeitet, ein Zitat von 1 Sam 9,17 (LXX) – Kontext ist die „Begründung des Königtums" Israels durch die „Designation Sauls" als König durch Samuel.[295] Als Samuel Saul sieht, bestätigt Gott die Erwählung Sauls als König mit den Worten: „‚Ἰδοὺ ὁ ἄνθρωπος, von dem ich dir gesagt habe: Der wird über mein Volk herrschen.'"[296] Pilatus wird von Böhler mit Samuel funktional analogisiert, der wahre Handelnde bleibt natürlich Gott. Daher sei Böhler noch einmal direkt zitiert:

> „Wie damals Jahwe dem Seher Samuel mit den Worten ‚ἰδοὺ ὁ ἄνθρωπος, das ist der Mensch!' den noch unerkannt vor dem Seher und dem Volk stehenden Saul als von Gott erwählten König Israels offenbarte, so designiert Gott nun durch Pilatus den unerkannt vor dem Statthalter und dem Volk stehenden König Israels, den er, Gott, erwählt hat."[297]

Damit ist die Gottheit – JHWH –, die durch den Spottkönig Jesus im Purpurmantel und mit dorniger Strahlenkrone repräsentiert wird und in deren Vollmacht er handelt, eindeutig identifiziert.[298] Frey sieht hier einen engen Konnex zu den anderen Stellen, wo Jesus sich selbst oder von anderen als „Mensch" bezeichnet wird – insbesondere zu dem Sterben des einen Menschen für das Volk.[299] Zugleich erfolgt in der siebten Szene die Identifizierung Jesu als „König der Juden" durch Pilatus. Die

---

294 Frey, Pilatus, 373.

295 Böhler, Ecce homo, 106.

296 Böhler, Ecce homo, 106. Im Hintergrund können auch Jes 40,9 und Sach 6,9–15 stehen. Jes 40,9 steht dabei im Kontext der Rückkehr der Exulanten aus Babel, die mit ihrem Gott (siehe da, euer Gott) in Jerusalem einziehen. In Sach 6,11f steht die Beschreibung des Krönungsszenarios an dem Hohepriester Joshua als dem Mann (siehe, ein Mann), der den Tempel bauen und auf dem Thron in Hoheit sitzen und herrschen wird und der über die durch Sacharja im Auftrag des HERRN zu vollziehende Symbolhandlung als messianischer Spross identifiziert wird. Vgl. Theobald, Mensch, 366f.

297 Böhler, Ecce homo,107f.

298 Frey, Pilatus, 374. καὶ οἱ στρατιῶται πλέξαντες στέφανον ἐξ ἀκανθῶν ἐπέθηκαν αὐτοῦ τῇ κεφαλῇ καὶ ἱμάτιον πορφυροῦν περιέβαλον αὐτὸν καὶ ἤρχοντο πρὸς αὐτὸν καὶ ἔλεγον χαῖρε ὁ βασιλεὺς τῶν Ἰουδαίων·καὶ ἐδίδοσαν αὐτῷ ῥαπίσματα. (Joh 19,2f) Hier ist die Gewalttätigkeit des Aktes zu betonen, denn ein idealer Herrscher wie Caesar lehnte, wie in Kp. II/C 2 geschildert, das ihm angetragene Diadem ab.

299 Vgl. Frey, Pilatus, 376.

dreisprachige Aufschrift auf der Tafel, die den Kreuzigungsgrund angibt, bestätigt öffentlich diesen Wahrheitsanspruch. Wichtig ist wie oben schon dargestellt der Hinweis Freys, dass Jesus das Königsornat bis zur Kreuzigung anbehält; es erfolgt kein Kleiderwechsel.[300] Dies ist zugleich Spott, aber auch Verweis auf den wahren König.

Hat Pilatus Jesus seine Vollmacht zur Geißelung und zur Entscheidung über Freilassung und Kreuzigung vor Augen geführt, so weist Jesus Pilatus im nachfolgenden zweiten Verhör zur Herkunft Jesu darauf hin, dass die Vollmacht des Pilatus „von oben" (Joh 19,11) gegeben sei. Diese Aussage schillert in typisch johanneischer Ironie. Pilatus ist letztlich dem Kaiser des Römischen Reiches verpflichtet – Jesus nimmt jedoch auf die Gabe der Vollmacht durch Gott, über Leben und Tod Jesu zu entscheiden, Bezug. Die Verurteilung zum Tod entspricht dem Willen Gottes und erfolgt schriftgemäß. Damit wird die Wahrheit Jesu identifiziert mit der Wahrheit bzw. Wirklichkeit Gottes. Seine Wahrhaftigkeit bürgt für die Wahrhaftigkeit Gottes. So lässt sich mit Peter G. Kirchschläger festhalten:

> „Jesus ist nicht nur der Weg zum Vater, dem der Mensch folgen muss, wenn er zum Vater gelangen will, sondern darüber hinaus diese göttliche Wirklichkeit selbst, zu der der Weg führt, also dessen Ziel, das Leben in Überfülle, das ebenfalls Jesus selbst ist."[301]

In 18,14 wird im Zuge der Verhaftung Jesu an die Kajaphasprophezeiung erinnert, dass es besser sei, wenn ein einziger Mensch stirbt für das ganze Volk (ὅτι συμφέρει ἕνα ἄνθρωπον ἀποθανεῖν ὑπὲρ τοῦ λαοῦ). Frey macht darauf aufmerksam, dass sich hier das Motiv des „Menschen" wiederholt, wie in der Selbstbezeichnung Jesu in 8,40 gegenüber seinen Gegnern und wie im Vorwurf, dass sich Jesus als Mensch zu Gott macht (10,33).[302] Das Motiv *unum pro multis* ist mit einem lebenshingebenden Eingreifen verbunden, das dauerhaft Rettung schafft. „Es handelt sich in Jes 53 demnach um kausale Wendungen, wogegen die griechisch-römische Tradition final ausgerichtet ist."[303] Wie beschrieben ist dies über den Motivzug der Bekanntmachung des Willens der Gottheit im Sinne der Zuschreibung einer „rettende[n] Bedeutung durch eine übergeordnete und mächtigere Instanz"[304] gewährleistet. So stirbt Jesus für die Abwendung der Vernichtung der heiligen Stätte; er stirbt für die Abwendung der Vernichtung des Volkes (Joh 11,50), denn durch seine Vollmacht,

---

300 Vgl. Frey, Pilatus, 384.

301 Kirchschläger, Wahrheit, 213. Hier ist zu verweisen auf Joh 5,19, das die Unterordnung des Sohnes unter den Vater betont, zugleich jedoch ihre Einheit im Wirken zum Ausdruck bringt.

302 Vgl. Frey, Pilatus, 376.

303 Schröter, Heilsbedeutung, 126.

304 Eschner, Gestorben II, 267.

das Leben zu geben und wieder zu nehmen[305], überwindet er die Macht des Todes, so dass er ewiges Leben (11,25f) spendet. Diese Vollmacht wird theologisch über eine komplexe Begründungsstruktur argumentiert: die Wiedergabe des Auftrags Jesu als dem Vorbild des Vaters folgend in 5,18–23, seinen Status als Namensträger (17,11f) sowie die damit einhergehende Bevollmächtigung zum gegenseitigen Verherrlichen (17,1–5).

Es ist ein Sterben zugunsten des ἔθνος und der ἔθνη (Joh 11,52). Die Größe für die Jesus stirbt wird jedoch auch als Welt (3,16f) oder als diejenigen, die Gott in Jesu Hand gegeben hat und die damit zugleich in der Hand Gottes sind (10,28f), definiert. Der Tod Jesu wird demnach als „Sterben für" gedeutet, durch das er ihnen die größtmögliche Form der Liebe erwiesen und zugleich ein Vorbild für das Verhalten untereinander gegeben hat.[306] So lässt sich mit Schröter festhalten: „Die Lebenshingabe Jesu wird [...] nicht unmittelbar mit der Beseitigung von Sünden verknüpft und deshalb auch nicht mit Hilfe opferkultischer Metaphorik gedeutet"[307], sondern sein Tod wird über das Lexem des ἀποθνῄσκειν ὑπέρ verständlich gemacht. Wird das Motiv des „Sterben für" mehrfach und in unterschiedlicher Ausrichtung in Joh 10 und Joh 11 als Konstitution der μία ποίμνη, in Joh 15 im Rahmen der Freundschaftsethik als Sterben für die Seinen aufgenommen, so ist Schröter zuzustimmen, wenn er den Tod Jesu dadurch profiliert sieht, dass das „Sterben für" Jesu „in den Weg Jesu insgesamt eingezeichnet wird".[308] Dies wird eben nicht nur theologisch als „vollkommene Liebe" und ermöglichendes nachösterliches „Verständnis"[309], sondern auch narratologisch eingelöst.

Über den Ysopzweig (Joh 19,29), auf dem Jesus der mit Essig gefüllte Schwamm zur Stillung seines Durstes gereicht wird und das im Umgang mit dem Leichnam geschilderte Vermeiden des Zerbrechens der Knochen (Joh 19,33) wird der Kontext des Pesach aufgerufen. Da das Pesach, das im Wandel eines vielfältigen jüdischen Traditionsstroms steht, analog zu dem hellenistisch fundierten Modell des „Sterben für" ebenfalls die Funktion einer Schutzleistung für eine Gemeinschaft übernimmt, wird im Folgenden näher eingegangen auf das Pesachfest und die Beschreibung seiner Funktion insbesondere anhand der Untersuchung von Christine Schlund zum Pesach, die die mit dem „Sterben für" korrelierenden Aspekte des Schutzes und der Identitätssicherung von Gemeinschaft hervorhebt.[310]

---

305 Theobald fasst dies als „Selbsterweckung" im Unterschied zu einem „göttliche[n] Rettungsgeschehen *an Jesus*". Theobald, Evangelium (RNT), 682.

306 Schröter, Heilsbedeutung, 127.

307 Schröter, Heilsbedeutung, 128.

308 Schröter, Heilsbedeutung, 128.

309 Schröter, Heilsbedeutung, 128.

310 Schlund, Knochen.

Schon bei Eckhart Otto in seiner Analyse der Pesach-Initiation in Ex 12 verschiebt sich der Fokus von einem Entsühnungsritus hin zu einem Ritus, der dem Schutz der Familie dient. Ausgangspunkt ist die eingehende Analyse des Stammes psḥ und der diachron differenzierten Herleitung von lahmen bzw. hinken, das weiter zu fassen ist als ein durch einen Stoß verursachtes Gebrechen, sowie überspringen bzw. verschonen. Durchgesetzt hat sich die Ableitung von der gemeinsamen Wurzelbedeutung, d. h. stoßen bzw. schlagen.[311]

> „In der Grundbedeutung von psḥ ‚stoßen' schließen sich zwei zusammengehörende Perspektiven [...] zusammen. psḥ bezeichnet die Bewegung von außen gegen den Widerstand eines Gegenstandes (1 Kön 18,26) oder einer Machtsphäre (1 Kön 18,21). psḥ bezeichnet aber auch in entgegengesetzter Perspektive das Zurückstoßen oder Abstoßen einer zukommenden Bewegung, so in Jes 31,5 der eines angreifenden Feindes."[312]

Damit kann der Blutritus des Pesach erklärt werden als der Widerstand, der dem mashit bzw. JHWH (durch das an die Häuser angestrichene Blut) entgegenschlägt.

> „Der *pæsaḥ*-Ritus bewirkt aus der Perspektive des sich Schützenden das Zurückstoßen der Macht (*mašḥît*; JHWH) des Schlages (*ngp*), aus der Perspektive dieser Macht das Gegenstoßen gegen die Macht des Blutes, die den Schlag verhindert."[313]

Nach Otto täuscht das Blut als Zeichen für den bereits am Lebewesen gewaltsam eingetretenen Tod den mashit. In der späteren Redaktion hält JHWH dann selbst den mashit vom Haus und damit von der Familie fern.[314] Durch die Verbindung mit der Erinnerung an den Exodus wird die schützende Größe von der Familie auf die Größe Volk Israel transponiert.[315] Christoph Dohmen hebt für Ex 12,23f in seiner Auslegung des Pesach-Ritus ebenfalls auf den Skopus der Rettung Israels ab.[316] Für die spätere redaktionelle Stufe des mashit als Werkzeug Gottes ist nach

---

311 Otto, פסח, 664f; Dohmen, Exodus, 297f.

312 Otto, פסח, 666.

313 Otto, פסח, 667.

314 Vgl. Otto, פסח, 671f.

315 Vgl. Otto, פסח, 673.

316 Vgl. Dohmen, Exodus (HThKAT), 302f. Zwar gibt es keine genaue Anweisung, mit welcher Ritualhandlung Pesach zu erinnern ist. Eindeutig ist nach Dohmen jedoch, dass es am Pesach bzw. den Ereignissen in Ägypten zu orientieren ist und der Erinnerung dient. Clemens Leonhard betont, den Bruch zwischen dem Pesach in Ex 12 und der Feier des Pesach zur Zeit des Tempels sowie in der Auslegung des Pesach durch die Rabbinen: „Das Mahl des Pesach-Tieres zur Zeit des Tempels und der Seder 70 n. Chr. sind weder als Imitation noch im Hinblick auf den Gegenstand der Anamnese Nachfolger des ägyptischen Pesach." Leonhard, Festlegende, 258.

Dohmen ebenfalls der Terminus des Scheidens wichtig: JHWH unterscheidet zwischen der Erstgeburt Ägyptens und der Erstgeburt Israels. Dieser Terminus legt die Übersetzung von פסח als σκεπάζω im Sinne von „schützen" nahe.[317]

Nach dieser Klärung des semantischen Bedeutungsspektrums von פסח und des Sitzes im Leben ist nun insbesondere auf der Basis der Arbeit von Christine Schlund auf den Zusammenhang von פסח als Schützen in der LXX einzugehen. Schlund hält für die LXX zwei unterschiedliche Bedeutungsspektren fest: die Auslegungstradition als „Vorbeigehen" sowie als „Schützen/Bewahren".[318] Jes 31,5 bietet פסח in Verbindung mit anderen Verben des Schützens und wird hier als Medium περιποιέομαι übersetzt. Schlund sieht σκεπάζω im Kontext des Bedeckens mit Kleidern (1 Sam 26,1) und als Ausdruck für das Verhältnis Patron – Untergebener im Sinne eines Schützens gegeben.[319] In Ex 12,23 übersetzt die LXX statt wie in V. 13 und 27 mit „schützen" als „vorübergehen", wobei im hebräischen פסח על steht.[320] Schlund sieht im angegebenen Objekt den Grund für die semantische Differenzierung gegeben.

> „Der Übersetzer zeigt also, dass er zwei unterschiedliche Möglichkeiten der Übersetzung von פסח kennt, er präferiert die Wiedergabe mit σκεπάζω, wo dies aber aufgrund des Objekts nicht möglich ist, trägt er die Übersetzungsvariante mit παρέρχομαι ein. Das Nomen פֶּסַח aber wird von ihm stets mit dem offensichtlich liturgisch vertrauten πασχα wiedergegeben (Ex 12,11.27.48). […] LXX definiert also nicht explizit das Pesach als Ereignis bzw. Fest des Schutzes und der Bewahrung (bzw. das Pesachtier als Verkörperung dieser Aspekte), aber sie kennt eine Interpretation, die das Verb פסח mit Schutz und Bewahrung in Verbindung bringt."[321]

Schlund bewertet diese Interpretationslinie aufgrund ihrer dauerhaften Gültigkeit, die sich spiegelt in Übersetzungen des Exodus ins Griechische bis zu den rabbinischen Targumen und damit aufgrund ihrer Kontinuität in unterschiedlichen geographischen und sozialen Milieus und Gattungen als äußerst relevant für das

---

317 Vgl. Dohmen, Exodus (HThKAT), 298. Wird nach Dohmen unter diesen Terminus das gesamte Bedeutungsspektrum subsumiert tritt auch die etymologische Unterscheidung zwischen einem Ritus im Kontext des Weidewechsels von Hirten und dem apotropäischen Ritus zur Abwehr eines Dämons zurück.

318 Schlund, Knochen, 21.

319 Vgl. Schlund, Knochen, 21. Vgl. zum Bezug zum Pesachlamm: Thyen, Johannesevangelium (HNT 6), 745; Schnackenburg, Johannesevangelium (HTKNT 4/3), 341f, (der Ex 12,10.46, Num 9,12, aber auch Ps 34,21 diskutiert); Brown, John (AB 29A), 937f.952f.

320 Vgl. Schlund, Knochen, 22.

321 Schlund, Knochen, 22f.

Pesachverständnis der neutestamentlichen Zeit.[322] „Ὥρα Jesu und der Beginn des Pesach korrelieren miteinander. [...] Wichtig ist, dass der Anbruch des Pesach und der Anbruch der Stunde Jesu, des wahren Königs zusammenfallen."[323] Schlund weist auf den engen Zusammenhang hin zwischen der Benennung des Zweiges für das Reichen des Schwamms mit Essig an Jesus als Ysop und dem Pesach in Ex 12, wo die Türen der Häuser mittels Ysopzweigen mit dem Blut des Pesachtieres bestrichen wurden. Als pragmatische Funktion dieses Verweises definiert sie: „Der Hysop stellt Jesu Tod grundsätzlich in den Deutungsrahmen eines feierlichen kultischen Akts."[324] Jedoch sieht sie diesen Zusammenhang eher als sublim an, da er im 1. Jh. n. Chr. nur noch „historische Reminiszenz" war, aber „keine Rolle in der konkreten Pesachfeier" spielte.[325] Schlund definiert φυλάσσω (und τηρέω) als Bewahren vor Unheil im JohEv.[326] Der Zusammenhang des Bewahrens vor Unheil legt sich auch im Zusammenhang des Pesach nahe.

> „In der gesamten bislang betrachteten Tradition ist Pesach der Moment einer Konfrontation der Israeliten mit der Personifikation einer zerstörenden, tötenden Macht, die in unterschiedlicher Nähe zu Gott lokalisiert wird. Der geschützten Gruppe der Israeliten kann aber diese Macht nichts anhaben, sie bleibt – hinsichtlich der Israeliten – ‚außen vor'."[327]

Für das Johannesevangelium reformuliert sie den Aspekt des Schutzes wie folgt:

> „Pesach symbolisiert die Konfrontation der Israeliten mit dem Zerstörer/Satan/Teufel, aus der sie jedoch nicht nur unversehrt, sondern in ihrer Identität bestärkt – als eine neue Art von Gemeinschaft – hervorgehen. Analog geht es der Gemeinschaft der johanneischen Gotteskinder: auf sie, wie auf Jesus selbst (14,30) hat das Böse keinen Zugriff, ja, es wird aus dieser Gruppe ‚herausgeworfen'."[328]

Sie setzt also das Hinauswerfen des Herrschenden gleich mit dem Gehindertwerden des mašḥit und parallelisiert die Präsenz Jesu mit dem Mittel zur Herstellung eines „Heils-Raumes":

322 Vgl. SCHLUND, Knochen, 23.
323 SCHLUND, Knochen, 121f.
324 Vgl. SCHLUND, Knochen, 122.
325 Vgl. SCHLUND, Knochen, 123.
326 Vgl. SCHLUND, Knochen, 134.
327 SCHLUND, Knochen, 156.
328 SCHLUND, Knochen, 156.

„An Pesach wird die Ohnmacht des Bösen sichtbar – im Hinblick auf eine bestimmte, von Gott getragene und geschützte Gruppe. Deren Widersacher ist vom Ankläger zum Gerichteten geworden [...], er hat im Heils-Raum keine Macht mehr (Joh 12,31), sondern ist gebunden (Jub 48,15) und beschämt (Jub 48,12). Dieser Heils-Raum ist markiert durch die Präsenz Jesu bzw. durch das Zeichen des Blutes.“[329]

Für Schlund ist daher das Sehen des Erhöhten am Kreuz verbunden mit der Rettung, die denjenigen Israeliten vor den tödlichen Schlangen zuteil wird, die auf die auf einem Stab erhöhte Schlange sehen (Num 21,8f; Joh 3,14–16).[330] Die neu aus dem Pesach hervorgegangene Gemeinschaft sieht sie analog zur Einheit der johanneischen Gemeinde aus zwei Herden, dem Volk Israel und den Heiden als den Schafen aus dem anderen Stall (Joh 10) und in Joh 12 repräsentiert durch die Hellenen und die Sammlung aller, die an den Namen Jesu glauben.[331] *„Jesu Wirken und Tod dienen also der Zusammenführung und Neukonstitution von Gemeinde.“*[332] Damit wird hier das „Sterben für“ Jesu zum Schutz seiner Gemeinschaft, das aus griechisch-hellenistischen ‚Kon-Texten‘ entstammt, und ein dezidiert in jüdischer Tradition verankertes Konzept einer zeichenhaften Präsenz zum Schutz der Gemeinschaft korreliert. Schlund selbst macht den Zusammenhang stark zwischen ihrer Pesachhermeneutik und dem Konzept des „Sterben für“ Jesu zur Rettung und zum Schutz der Gemeinschaft.[333]

3.2.5 Die Reaktion der Umwelt

Seine Autorität setzt Pilatus gegen die Hohepriester bei der Anbringung des Kreuzestitels durch (Joh 19,19–22). Die Gruppe der Hohepriester möchte die Aufschrift „der König der Juden“ korrigiert wissen in, dass „jener sprach: König bin ich der Juden“. Pilatus hält jedoch an seiner Aufschrift fest. Die Gruppe der Hohepriester wird hier ebenfalls dekonstruiert, denn Jesus hat selbst nie behauptet König zu sein; dies ist allein Zuschreibung von außen und zwar seitens des ἔθνος τὸ σὸν – sei es in Kp. 6 oder in Kp. 12 oder als Begründung, so scheint es zumindest, für die Übergabe Jesu an Pilatus in Kp. 18. Zugleich werden sie indirekt zur Anerkennung Jesu als König durch die Autorität des Pilatus gezwungen.

Die dreisprachige Aufschrift in Hebräisch, Lateinisch und Griechisch – der lingua franca der Antike, die die Deutung und Anerkennung Jesu als König durch Pilatus spiegelt, offenbart zugleich den den Sklaventod sterbenden, zwischen zwei

329 Schlund, Knochen, 156.
330 Vgl. Schlund, Knochen, 129.
331 Vgl. Schlund, Knochen, 144.
332 Schlund, Knochen, 144.
333 Vgl. Schlund, Knochen, 135.

Verbrechern inthronisierten König Jesus, in dessen Erhöhung die Sehenden erkennen werden, dass „ich es bin" und der ihn Schickende „mit mir ist", weil er das Gott Wohlgefällige tut (Joh 8,28f). Die Aufschrift wird aufgrund ihrer Mehrsprachigkeit und der Notiz, dass viele Juden sie lasen, zur „Verkündigungsszene"[334]. Denn wer Jesus sieht, sieht den Vater. Bereits im Gespräch mit Nikodemus macht Jesus deutlich, dass er als Gesandter Gottes Gottes Worte redet und seine Taten in Gottes Vollmacht (Joh 3,34f) vollzieht, so dass die Annahme seines Zeugnisses die Wahrheit als Wirklichkeit Gottes „besiegelt" (Joh 3,33). Ἀληθής ist hier näher zu bestimmen als Prädikativum und kann neben „wahr", „wahrhaftig" auch mit „wirklich" übersetzt werden.[335] Diese Übersetzung lässt sich auch anhand des Prologs 1,17 plausibilisieren. Wengst weist auf die Verbindung voll Gnade und Wahrheit als exakte Übersetzung des hebräischen rav chésed ve-emét aus Ex 34,6 hin. Gott stellt sich in Ex 34,6 selbst als „barmherzig und gnädig, langmütig und reich an Gnade und Treue" vor. Wengst übersetzt in diesem Zusammenhang emét mit Treue aufgrund der Kontextgebundenheit, da dies auch ein Aspekt der Barmherzigkeit Gottes sei. Er fügt jedoch an, dass dieses „Wirklichkeit [setzt] und [...] insofern natürlich auch ‚wahr'"[336] sei. Festzuhalten bleibt, dass Gott sich als wirklich erweist, indem er sich immer wieder treu (und barmherzig) gegenüber seinem Volk Israel zeigt: sei es durch die Befreiung aus Ägypten, sei es durch das zweimalige Erhalten der „Gabe der Tora"[337] als Zeichen des Bundesschlusses. Gemäß dem JohEv manifestiert sich die Wahrheit, d. h. die Treue bzw. Wirklichkeit Gottes im Sohn, durch dessen Erhöhung die Welt gerettet wird. Jesus ist in seiner Wort- und Wirkeinheit mit dem Vater Zeuge der Wahrheit, denn er ist und bezeugt die Wirklichkeit Gottes. So lässt sich mit Kirchschläger festhalten:

> „Jesus bezeugt ‚Wahrheit' als die göttliche Wirklichkeit in sich selbst, als die Offenbarung Gottes in sich selbst für die Menschen – als der ‚Wahrheit' also – in der Welt zu sein."[338]

Die Funktion der Aufschrift am Kreuz ist doppeldeutig: sie offenbart die Wahrheit Jesu und gibt zugleich sein Verbrechen und die Ursache für die Kreuzesstrafe an. Bei der Kreuzigung Jesu wird keine direkte Reaktion von dem geliebten Schüler und den Frauen am Kreuz geschildert. Es findet im Vergleich zu den Synoptikern keine Schmähung oder Verspottung Jesu durch unterschiedliche Gruppen statt.

---

334 Wengst, Johannesevangelium (THKNT 4), 527, der sich bezieht auf „Scene of proclamation": Brodie, John, 545.

335 Vgl. zur Semantik Bauer, Wörterbuch, 71f; Bultmann, ἀληθής, 248f. Als Angabe der Qualität: Liddell/Scott, Lexicon, 64.

336 Vgl. Wengst, Das Johannesevangelium (ThKNT 4/1), 67.

337 Wengst, Johannesevangelium (THKNT 4/1), 67.

338 Kirchschläger, Wahrheit, 247f.

Zwei weitere Leerstellen sind hier gegeben. Der Zeuge, auf den im Folgenden näher einzugehen ist, übernimmt die Funktion des Publikums.

3.2.6 Der Umgang mit dem Leichnam

Das gewalttätige Verstümmeln des Körpers vor oder nach dem Tod galt als Schändung der Person und Ehrverlust.[339] Bei Jesus fällt ein solcher Akt der Gewalt, das Zerbrechen der Beine für die Herbeiführung eines schnellen Todes, dadurch dass der Tod Jesu bereits eingetreten ist, aus. Diese Leerstelle ist zudem schriftgemäß, da Jesus hier in Analogie zum Pesachlamm gesetzt wird, dessen Beine nach Ex 12,46 nicht zerbrochen werden durften. Ich schließe mich hier der Deutung Christine Schlunds an, die die Funktion des Schutzes für das Pesachlamm festhält und die Feier des Pesachfestes als Akt der Gemeinschaftskonstitution nach krisenhaften Einschnitten in der Geschichte Israels wertet. Sie sieht mit dem Zitat in 19,36 eine Pesach-Lamm-Anspielung (Ex 12,46; Num 9,12 mit der Verwendung des gleichen Verbstamms mit Sg. ὀστοῦν und Sg. αὐτοῦ während Ps 33,21 LXX die gleiche Verbform bietet) zu Jesus aufgebaut[340]: Jesus erweist sich „als das Pesachtier, das der sich um ihn scharenden Gemeinschaft Schutz vor Tod und Verderben bietet, so wie es die Funktion der ursprünglichen ägyptischen Pesachtiere war."[341]

> „Nur vordergründig geht es hier um das Geschick Jesu, die eigentliche Intention aber liegt in den Konsequenzen für die Glaubenden. Für sie bedeutet Jesu Tod als Pesachtier Schutz und Leben – kein Knochen wird ihnen gebrochen werden."[342]

Ein gewalttätiger Akt am Leichnam wird durch den Lanzenstoß des Soldaten in die Seite vollzogen (ἀλλ' εἷς τῶν στρατιωτῶν λόγχῃ αὐτοῦ τὴν πλευρὰν ἔνυξεν, καὶ ἐξῆλθεν εὐθὺς αἷμα καὶ ὕδωρ Joh 19,34), der ebenfalls durch ein Schriftzitat aus Sach 12,10 als dem göttlichen Willen gemäß legitimiert wird. Nach Schlund lässt sich auch für den Kontext von Sach 12,9f der Schutz, den JHWH den Bewohnern Jerusalems durch Ausgießung des Geistes gewährt, belegen.[343] Damit ist dies auch schon ein Vorverweis auf die Deutung des Herausfließens von Blut und Wasser aus der Seite Jesu. Für die *exemplum*-Fähigkeit braucht es eigentlich das Umfeld als Publikum, das als Zeuge die Nobilität des Sterbens bestätigt. Hier tritt nun jedoch der Zeuge auf, dessen Zeugnis wahr ist und der bezeugt, damit andere dem

339 Tacitus, Histories (Ash), 212f.
340 Vgl. Schlund, Knochen, 124f.
341 Schlund, Knochen, 130.
342 Schlund, Knochen, 128.
343 Vgl. Schlund, Knochen, 129.

Beispiel des geliebten Schülers folgend zum Glauben kommen (καὶ ὁ ἑωρακὼς μεμαρτύρηκεν, καὶ ἀληθινὴ αὐτοῦ ἐστιν ἡ μαρτυρία, καὶ ἐκεῖνος οἶδεν ὅτι ἀληθῆ λέγει, ἵνα καὶ ὑμεῖς πιστεύ[σ]ητε. Joh 19,35). Thyen argumentiert überzeugend mit dem jüdischen Zeugnisrecht und der Unterscheidung zwischen ἑωρακὼς als dem Soldaten und ἐκεῖνος οἶδεν als Verweis auf den geliebten Schüler für den römischen Soldaten als Zeugen in dieser Szene und sieht damit einen engen Zusammenhang zu dem Zeugnis des *centurio* im MkEv gegeben.[344]

Die Bestattung Jesu erfolgt direkt nach seinem Tod, begründet durch den Zeitpunkt seines Todes am Rüsttag des Sabbats, was die Abnahme der Leichname notwendig machte (Dtn 21,22f). Die Bestattung Jesu wird durch Josef von Arimathäa und den schon seit Joh 3 bekannten Vorsteher Nikodemus durchgeführt. Jesus erhält eine „königliche" Bestattung aufgrund der Menge (und Exquisität) der verwendeten Materialien – die Umwicklung des Leichnams mit Leinenbinden erfolgt mit Myrrhe und Aloe um 100 Liter (φέρων μίγμα σμύρνης καὶ ἀλόης ὡς λίτρας ἑκατόν Joh 19,39) – in einem neuen Grab.[345] Die Myrrhe gilt im AT und in der römischen Antike als Luxusartikel. Sie wird wegen ihres Duftes und ihrer desinfizierenden Wirkung sowohl römischer- als auch jüdischerseits bei der Konservierung der Toten verwendet.[346] Zudem ist mit Neyrey der hohe gesellschaftliche Status von Nikodemus und Josef von Arimathäa zu betonen.[347]

Über den öffentlichen Akt der Abnahme vom Kreuz und des Begräbnisses durch Josef von Arimathäa und Nikodemus wird ein Weiteres sichtbar argumentiert. Denn Josef von Arimathäa und Nikodemus ehren, wenn sie Jesus als „König Israels" begraben, sowohl Jesus als auch (den *divus* bzw. Träger des Namens) Gott(es). Ein ‚Bekenntnis' wird also über diesen öffentlichen performativen Akt geleistet. Ebenso wie im *adventus* ehren sie den „König Israels" mit menschlichen Ehren und geben

344 Vgl. zur Identität des Zeugen den Diskurs bei Thyen, Johannesevangelium (HNT 6), 746f.

345 Neyrey betont die „royalty" des Begräbnisses aufgrund des verwendeten „volume of spices". Neyrey, John (NCBC), 315. Vgl. auch Wahlde, John (ECC), 830. Die Salbung und Verwendung von Myrrhe und Aloe sind zugleich jüdischen Begräbnisriten je nach Wohlstand der Familie zuzuordnen. Vgl. Neyrey, John (NCBC), 315. Vgl. zur These der Bestattung eines Königs: Beasley-Murray, John (WBC 36), 359 unter Verweis insbesondere auf das Begräbnis von König Asa 2 Chr 16,14 und auf das Begräbnis Herodes des Großen in Ios. ant. Iud. 17,199; ebenfalls mit Belegstellen 2 Chr 16,14; Ios. ant. Iud. 17,199 und Ps 45,9 Thyen, Johannesevangelium (HNT 6), 752f; mit Belegstelle Ps 45,9 Wengst, Johannesevangelium (THKNT 4), 541; Morris, John (NICNT 4), 729, der auf „royal burials" wie in 2 Chr 16,14 verweist; Moloney, John (SaPaSe 4), 510f; Mullins, John, 396; Brown, John (AB 29A), 960; Zangenberg ordnet das Begräbnis Jesu als Begräbnis im Kontext der lokalen reichen Oberschicht ein. Vgl. Zangenberg, Buried, 873–900.

346 Vgl. Siede, Myrrhe, 371–374. Vgl. zur Diskussion von Einbalsamierung oder Ölung: Barrett, John (KEK), 559f; Beasley-Murray, John (WBC 36), 359f; Ridderbos, John, 626f; Carson, John (PNTC), 630.

347 Vgl. Neyrey, John (NCBC), 315.

damit gleichzeitig vor den Menschen im Rahmen des antiken honour-shame-Schemas[348] Jesus Ehre und Gott. Nikodemus gibt ein Beispiel für einen öffentlichen performativen Akt im Sinne eines ‚Bekenntnisses' zu Jesus als „König Israels" und damit ist eine Zuschreibung gewählt, die zugleich den Anspruch eines Herrschers, „Sohn Gottes" zu sein,[349] legitimieren bzw. widerlegen kann. Dieses ‚Bekenntnis' wird zudem in der narrativen Gesamtstruktur des JohEv an interessanter Stelle und damit erzählpragmatisch geschickt erzählt: Nachdem Jesus erhöht wurde und „alle zu [sich] ziehen" wird (12,32f). Damit ist insbesondere die Öffentlichkeit seines ‚Bekenntnisses' an dieser Stelle im JohEv pointiert gesetzt. Denn es ist zu betonen, dass eine innere Entwicklung der Figur des Nikodemus nicht (re-)konstruiert werden kann – ob und wann es eine Geburt aus dem Geist gab. Im Vergleich zum Natanaelbekenntnis fällt auf, dass die gleiche Identifikation Jesu als „Rabbi" (3,2) und als „König Israels" (19,39–42) bei Nikodemus zeitlich zerdehnt stattfindet. Am *exemplum* des Vorstehers und Pharisäers Nikodemus wird das Verhärtungswort aus 12,40 dekonstruiert. Daher ist nun auf die *exemplum*-Tauglichkeit Jesu in seinem Sterben, ihre spezifische Qualität und damit verbunden ihre Pragmatik einzugehen.

4. Analyse der pragmatischen Funktion im Kontext des Gruppenkonfliktes mit ‚den Juden': Jesus als Vollender – die identitätsstiftenden Potentiale des noble death

Die Schilderung des Todes des Sokrates sowie des Sterbens Catos und Othos folgt dem motivlichen Interesse am Tod des *vir illustris*, was sich zu einem eigenen Formschema des *exitus illustrium virorum* verdichtet und über die Rhetorenschulen Verbreitung findet bis es dann nach Ronconi eine eigene Gattung bildet, die spätestens bei Plinius dem Jüngeren mit seinen Vermerken *exitus occisorum* des C. Fannius und *exitus illustrium virorum* des T. Capito fassbar wird. Diese Gattung ist nach Ronconi geprägt durch die rhetorische Ausdeutung von Geschichte mit dem Ziel des Gebens eines idealisierten *exemplums* zur Erbauung im dramatisch-

348 Auch das Begräbnis eines schlechten Herrschers wie Nero ist positiv konnotiert, denn dies spiegelt die Loyalität gegenüber dem Herrscher sowie die Einhaltung der Bräuche (*mos maiorum*).

349 Ein ‚Bekenntnis' zum „Sohn Gottes" als Wortereignis ist explizit nicht geleistet. Eine Ehrung als „Sohn Gottes" unabhängig von einer konkreten Skalierung von Göttlichkeit kann in diesem performativen Akt impliziert sein. Theobald verweist darauf, das für den Verfasser des JohEv ein ‚Bekenntnis' zu Jesus als „Messias und Prophet[…]" und damit ein Verbleiben „christliche[r] Existenz *in* [Hervorhebung im Original] der Synagoge" inakzeptabel war. THEOBALD, Evangelium (RNT), 831. Die Zuschreibung „Messias", obwohl positiv in der Berufungsszene Jesus zugeschrieben und mehrfach für Jesus als Identifikation in Anspruch genommen, war zuletzt in Joh 12,34 hinterfragt worden.

pathetischen Stil.[350] Dies deckt sich mit der Wirkungsabsicht der johanneischen Jesus-Vita als Gesamttext, die Jesus als *exemplum* vorführt. Schreiber hält das Geben eines *exemplums* anhand der Fußwaschung und für die (Leidens-)Nachfolge als Orientierung für die Gemeinschaft fest und fasst dies im Wort vom neuen Gebot der Liebe untereinander.[351] Damit ist bereits die literarische Strategie der Idealisierung angesprochen. Das JohEv inszeniert das Leben Jesu unter dem Paradigma der Vita eines idealen Königs[352] oder präziser gefasst: den Stationen der Durchsetzung eines Herrschaftsanspruchs bis zur Inthronisation des neuen universalen Herrschers und Retters der Welt. Diese Jesus-Vita führt dem Leser allerdings einen König unter Rechtfertigungsdruck vor Augen: von der Königsakklamation durch die eigene Gruppe (Natanaelbekenntnis Joh 1,49), über die Königsakklamation durch das Volk nach den herrscherlichen Wohltaten bzw. Geschenken an das Volk (Joh 6,1–15), über den *adventus* Jesu in Jerusalem (Joh 12,12–19), bis hin zur Passion und seiner Inthronisation am Kreuz (Joh 18,1–19,42). Die Gattung der Biographie hat ihre Vorläufer im Enkomion, insbesondere in der Variante von Isokrates als Prosa-Lobrede auf Verstorbene bzw. der *laudatio funebris*, in der das Leben, d. h. die Worte und Taten einer Person gewürdigt werden.[353] Das Enkomion besitzt eine moralische Akzentsetzung, denn „das Lob einer literarisch dargestellten Person soll stets vor allem ihren sittlichen Eigenschaften gelten"[354]. Häufig war damit zugleich auch ein apologetisches Interesse verbunden, das ich für die Vita Jesu ebenfalls in Anschlag bringen möchte. Die Abfassung der Vita des Königs Jesus dient jedoch weniger der Rechtfertigung einzelner Taten Jesu, sondern der Legitimation seines Identitätsanspruchs „Sohn Gottes" zu sein.

Hier muss noch einmal kurz auf die Verspottungsszene eingegangen werden. In der Erscheinung Jesu als König, der von den Soldaten mit Schlägen statt mit Küssen begrüßt und der von Pilatus mit den Worten ἰδοὺ ὁ ἄνθρωπος den Hohepriestern und Dienern in seinem „Spott-Ornat"[355] vorgestellt wird, wird der Status als „Sohn Gottes" sichtbar. Das Gewand im Königspurpur, Joh verwendet den Begriff τὸ πορφυροῦν ἱμάτιον statt κλαμύς (Militärmantel), sowie die Dornenkrone, kennzeichnen ihn eindeutig als König. Die Dornenkrone verweist jedoch weniger auf das Diadem als der Königsbinde hellenistischer Herrscher. Vielmehr wird mit der Verwendung der Bezeichnung στέφανον (Kranz), so Rita Amedick, die Strahlenkrone eines Herrschers persifliert und die Divinität des Herrschers zum

350 Vgl. Ronconi, Exitus, 1259.

351 Schreiber, Vita, 141.

352 Schreiber, Vita, 127–154.

353 Vgl. Sonnabend, Biographie, 32; Dihle, Entstehung, 21. Vgl. auch Ders., Biographie; Ders., Studien; Leo, Biographie.

354 Dihle, Entstehung, 15.

355 Amedick, Rex, 58.

Ausdruck gebracht.[356] Als Abbild der Strahlen der Sonne findet sich die Strahlenkrone schon bei Porträts der hellenistischen Zeit, ist aber seit der frühen Kaiserzeit vor allem auf Münzprägungen zu finden, so dass dies ikonographisch prägend wird und auf die unmittelbare Verbindung von Gottheit und Herrscher verweist.[357] Der Herrscher garantiert das Wohl des Reiches, weil er sowohl der Liebling der Götter ist, als auch den Göttern die Ehre erweist. Die Person des Kaisers ragte seit Augustus immer in die göttliche Sphäre über den Kult für sein *numen* bis hin zu seiner göttlichen Herkunft Sohn eines *divus* zu sein und zumindest grundsätzlich das Anrecht zu besitzen nach seinem Tod ebenfalls als *divus* verehrt zu werden, was sich verfestigte auf die Vorstellung des Kaisers als Garant des Heiles für das gesamte Menschengeschlecht. Wie in Kp. II/F geschildert, werden *vota* für das Wohl des Kaisers dargebracht und dieser der Gunst der Götter anempfohlen, da diese als Schutzgötter des Staates und damit für das Heil des römischen Volkes zuständig sind. Der Kaiser war im Gegenzug als besonderer Schutzbefohlener der Götter ein Vermittler des Schutzes der Götter. Jesus mittelt diesen Schutz des Gottes JHWH.

Die „Vorstellung vom numinosen Ursprung herrscherlicher Macht und von der besonderen, eben nur numinos faßbaren Natur des Herrschers“[358] bedingt die Einbeziehung des Königtums in die Sakralsphäre. Dies findet sich auch in Teilen der philosophischen Tradition, v. a. den hellenistischen Fürstenspiegeln. Die offizielle Herrscherideologie des Hellenismus ist für Dihle orientiert am philosophischen Herrscherideal.[359] Die Idealvorstellung des wahren Königs findet sich in den Reden des Dio Chrysostomus und beinhaltet nach Ragnar Höistad durch die Unterwerfung „to the philosopher's instruction“[360] das Erlernen der Selbstbeherrschung bevor man andere beherrscht sowie die Aneignung von Dienstbarkeit – das Sklave Werden – für die Vermeidung einer schädlichen Ausübung einer „false kingship“.[361]

---

356 Vgl. Amedick, Rex, 62–66.

357 Vgl. Amedick, Rex, 62. Karl Matthias Schmidt stellt in seiner Analyse der Relecture der Verspottung Jesu im MkEv die Nähe des στέφανος zur generischen Verwendung des acanthus als Gesträuch, das brennen und stechen kann, heraus, also die Möglichkeit, den Dornenkranz als Strahlenkrone zu interpretieren, die ikonographisch wirksam war. Er möchte jedoch die Vergleichbarkeit des στέφανος ausgehend von der Akanthus-Staude mit ihren breiten, weichen Blättern mit dem sehr viel häufiger bildlich und auch literarisch belegten und damit bekannteren Lorbeerkranz eines Triumphators nicht ausschließen. Für eine Anspielung auf die Strahlenkrone kann ein Beleg bei Philo Gai 103 gelten, der die Strahlenkrone als στέφανον ἀκτινωτόν bezeichnet, während Joh στέφανον ἐξ ἀκανθῶν verwendet. Vgl. Schmidt, Erzählstrukturen, 418–424 bes. 420 Anm. 361. Vgl. Bonner, Crown, 47f; Hart, Thorns.

358 Dihle, Entstehung, 55.

359 Vgl. Dihle, Entstehung, 54.

360 Höistad, Cynic, 218.

361 Vgl. Höistad, Cynic, 218.

Beides – der numinose Ursprung sowie das Sklavewerden – ist mit dem Tod des „Königs der Juden" am Kreuz eingeholt.

Dass hier tatsächlich ein König am Kreuz stirbt, verdankt sich der gelungenen literarischen Inszenierung des JohEv. Denn, so argumentiert Michael Stemmler, „die Semantik von *exempla* setzt ihren Schwerpunkt auf der konnotativen, nicht auf der denotativen Ebene."[362]

Die hier benannten fiktiven Erweiterungen von *exempla* sind erst dann wirklich untragbar, wenn sie eindeutig der Empirie zuwiderlaufen.

> „Das Fiktionale in seiner spezifischen Ausprägung als potentielle Wirklichkeit [wird fruchtbar gemacht für den Bereich] der Geschichte – nämlich einer Geschichte, die sich nicht nur im indikativischen Praeteritum historischer Faktizität, sondern auch im Potentialis einer Geschichtsphilosophie schreiben lässt, die *mos maiorum* heißt."[363]

Denn *exempla* schaffen auch für die gegenwärtige Situation „keine Fakten im Sinne von Beweisen für Tatsachen, sondern Prädispositionen und Stimmungen, evokative Bilder, die dem Bereich des Wahrscheinlichen und Möglichen zugeordnet sind."[364] Auch der johanneische Jesus am Kreuz, der einen noble death nach allen Regeln der Kunst stirbt, ist Verweis auf die wahrscheinlich gegebene Wirklichkeit der Königsherrschaft Gottes, die sich in ihrem Repräsentanten durchsetzt. Denn hier ist wiederum mit Michael Stemmler zu betonen:

> „Ein *exemplum* ist nicht dann fehlerhaft und angreifbar, wenn es ahistorisch ist, sondern eben erst dann, wenn es widerlegbar ist beziehungsweise wenn man seine Glaubwürdigkeit untergraben kann."[365]

Dies korrespondiert mit Jesus in seiner Zeugenfunktion. Zugleich muss der Leser über die Wahrhaftigkeit der Inszenierung des noble death Jesu Glaubwürdigkeit bezüglich seines Zeugens für die Wahrheit erhalten. „Das logische Beispiel mag belegen, beweisen kann es nicht. Das symbolische Beispiel hingegen überzeugt, insinuiert."[366] Stemmler betont deswegen auch die „Anschaulichkeit" und „Emotionalität" der *exempla*, die die Argumentation „verstärken" und die „rationale Begründung" sublimieren.[367] Das *exemplum* des Königs am Kreuz, das Jesus gibt,

---

362 Stemmler, Auctoritas, 165.

363 Stemmler, Auctoritas, 176f.

364 Stemmler, Auctoritas, 177 Anm. 127.

365 Stemmler, Auctoritas, 173.

366 Stemmler, Auctoritas, 164f.

367 Stemmler, Auctoritas, 161.

ist die Wahrheit, die zugleich die kontingente Wirklichkeit in Hinblick auf die potentielle und wahrscheinlichere Wirklichkeit überschreitet.[368] Entscheidend bei einem *exemplum* wie es Jesus am Kreuz liefert, so kann man Michael Stemmler reformulieren, ist die „Potentialität" bzw. „Gewißheit", „daß es so oder so ähnlich gewesen sein [muss!]."[369]

Damit schließt sich ein Bogen zum Natanaelbekenntnis von Kp. 1, so dass sich zusammenfassend festhalten lässt:

Die Juden lesen die Aufschrift – ihnen gegenüber wird derjenige, der am Kreuz hängt abermals wie gegenüber Natanael als König und damit als „Sohn Gottes" offenbart. Eine Reaktion wird nicht berichtet. Diese Leerstelle hält den Ausgang des Wirkens Jesu - Annahme oder Ablehnung seiner Identifizierung – mindestens offen, wenn nicht hinreichend gesteigert durch das Exempel des Nikodemus im Sinne einer Anerkennung seines Status als König.

Cato, die personalisierte Idee der *res publica*, stirbt als vom *imperator* Caesar Unbesiegter und Herr seiner selbst in Bewahrung der (inneren) Freiheit gegenüber dem Tyrannen. Otho erweist sich in seinem Sterben für die *patria* aus Liebe zum Volk trotz seiner Herrschaftsübernahme qua Mord in seiner Erfüllung der Schutz- und Fürsorgefunktion als der legitime Herrscher. Jesus erweist in seinem Sterben (als Zeuge für) die Wahrheit, dass der am Kreuz inthronisierte König Jesus Gottes Wirklichkeit repräsentiert. Der „König der Juden" vollerfüllt die herrscherliche Funktion der Fürsorge und des Schutzes bis hin zum Lebenseinsatz, der dauerhaft Rettung durch Leben in Fülle schafft, und erweist sich damit als der ideale Herrscher. Dass der König diese Funktion übernehmen kann, hat auch einen Ursprung in der hellenistisch-römischen Herrscherideologie eines Alexanders des Großen und eines Augustus. Dass dies im JohEv in dieser detailreichen und verdichteten literarischen Idealisierung geschieht, verdankt sich dem römischen Interesse an der *exitus*-Literatur und an den Viten über *viri illustres*, die sich aufgrund ihrer *virtus* in Bewährungssituationen zum Vorbild eignen.[370]

War im Rahmen der hermeneutischen Vorbemerkungen auf die Definition eines gelungenen performativen Sprechakts durch Austin eingegangen worden, so

---

368 Dies entspricht der These von Martin Hose, dass im Rahmen der aristotelischen Poetik ψεῦδος der ἀλήθεια (philosophisch) überlegen ist in dem Sinne, dass diese „nicht als Wahrheit, sondern eher als platte, kontingente Wirklichkeit gemeint ist." Stemmler, Auctoritas, 171.
Martin Hose definiert unter Berufung auf Leopold Schmidt ψεῦδος als „‚die berechnete Unwahrheit, den unbewußten Irrtum und die von der Wirklichkeit sich entfernende poetische Ausschmückung', wobei zunächst die Tendenz vorliegt mit ψεῦδος etwas Falsches im ontologischen Sinn, also etwas Nichtvorhandenes zu bezeichnen." Hose, Fiktionalität, 268, der sich bezieht auf: Schmidt, Ethik, 411.

369 Stemmler, Auctoritas, 176.

370 Vgl. Scholz, Autobiographien, 399.

muss hier als Fazit gezogen werden: Jesus wird de facto als Verbrecher ans Kreuz geschlagen zum Vollzug der Todesstrafe. Vor dem Hintergrund der dieser Arbeit zugrundeliegenden Theorie der Performanz über soziales Handeln stirbt Jesus ruhmvoll und erweist sich in seinem Sterben als idealer Herrscher. Die Angabe des Verbrechens macht zugleich die Wirklichkeit der Herrschaft Gottes an ihrem Repräsentanten sichtbar. Vorläufige Zustimmung zu dieser „Wahrheit“ im Sinne eines geglückten performativen (Sprech-)Aktes gibt es nicht nur seitens des Pilatus, sondern – gezwungenermaßen – auch seitens der Hohepriester. Anhand des *exemplums* des Nikodemus wird diese Zustimmung im Begräbnis Jesu als „König Israels“ freiwillig performativ vollzogen. Im Rahmen einer Herrschervita ist der Tod und das Begräbnis jedoch noch nicht der letzte Akt. Die Apotheose und mit ihr das Urteil aller über die Legitimität dieses Herrschers steht noch aus. Ist mit der Kreuzigung noch nicht der letzte Akt erfolgt und steht der perlokutionäre Effekt dieses Sterbens Jesu noch unter Vorbehalt, so muss nun ein Blick auf die Apotheose des „Königs der Juden“ geworfen werden.

H „Halte mich nicht fest; denn ich bin noch nicht zum Vater hinaufgegangen." (Joh 20,17) – Die Apotheose des Königs Jesus

> „Die Divinisierung läßt sich demnach als ein Akt auffassen, in welchem der Senat seinen Konsens sowohl mit dem verstorbenen Kaiser und seiner Herrschaft als vor allem auch mit dem vom Verstorbenen ausgewählten Nachfolger demonstriert. In diesem ritualisierten Konsensakt zeigt sich besonders deutlich, daß der Prinzipat, wie Flaig in seiner Arbeit zur Usurpation betont, auf einem gesellschaftlichen ‚Akzeptanz-System' beruht."[1]

Hier ist nun der Bogen zum Anfang der Jesus-Vita zu ziehen. Dort wurde auf der Basis der Arbeiten von Lisa Cordes und Matthias Peppel das Verhalten des Kaisers und damit seine Taten zum Maßstab seiner Legitimation und seiner Göttlichkeit auf Vorschuss erklärt. In dieser Arbeit wird basierend auf den Quellen ebenfalls eine „funktionalistische Auffassung von Göttlichkeit"[2] vertreten, die von der Wirkmächtigkeit des Gottes ausgeht und damit per se performativ angelegt ist. Während Peppel diese Performanz sehr allgemein als helfendes Eingreifen der Gottheit umreißt, wurde in dieser Arbeit Jesus als Wohltäter, Heilender und „Sterbender für" sichtbar. Diese performative Auffassung von Göttlichkeit unterliegt zugleich der ständigen diskursiven Überprüfung und Einforderung durch die sozialen Rollenträger. Dies gilt auch für das JohEv, in dem das Volk positiv reagiert, die Elite ablehnend bleibt. Der Status Jesu als legitimer Herrscher und *divus* bleibt jedoch bei beiden Gruppen bis zuletzt unbestätigt. Denn weder durch das Volk noch durch die Pharisäer und Hohepriester bzw. ein Synhedrium erhält Jesus als aufgefahrener *divus* seine Anerkennung. Diese Leerstelle ist eng mit der Zeugenschaft der Epiphanie Jesu und dem Wiedererkennen als Rabbi durch Maria Magdalena verknüpft. Denn diese Epiphanie (Joh 20,11–18) nach spurlosem Verschwinden (leeres Grab Joh 20,1–10) folgt dem Modell des Romulus.[3]

Im Zentrum des Vergleichs steht die Funktion der Apotheose, auf die auch schon in Kp. II/A eingegangen wurde. So wird der Bogen zum Anfang der Jesus-Vita geschlossen. Zunächst wird der Ablauf der Apotheose insbesondere im Zusammenhang mit dem Auftreten eines Zeugen rekapituliert. Liegt der Vergleichspunkt auf der Funktion der Apotheose und ihrer Bezeugung, so wird auch bei der Analyse der

---

1 Peppel, Gott, 74, der sich bezieht auf: Flaig, Usurpation, 12 [1992].

2 Peppel, Gott, 78.

3 Liv. 1,16.

Apotheose Jesu der Fokus darauf gelegt. Daher wird unter Punkt 2 keine Exegese des Textes von 20,11–18 vorgenommen, sondern es erfolgt eine kurze Kontexteinordnung sowie eine kurze Orientierung über 20,18, um dann den Bogen zur Funktion der Divinisierung nach dem Tod des Königs Jesus und der Vollerfüllung all seiner herrscherlichen Funktionen in Sterben und Auferstehung zu ziehen.

1. Die Apotheose des Herrschers in der hellenistisch-römischen Antike

Die Bedeutung der Apotheose des Romulus auch in der Form seiner Schilderung und der als wesentlich markierten Bestandteile wird in der Analogie der Gestaltung der Apotheose des Augustus sichtbar. Dietrich Boschung hat für die Apotheose des Augustus herausgearbeitet, dass seine Auffahrt zum Himmel nach dem Modell des Romulus bestätigt wurde und auffallend wenig analog dem Modell Caesars, der unter die Sterne versetzt wurde, nachgebildet war. Daher folgt nun ein längerer Ausschnitt aus der Beschreibung der Apotheose des Romulus in Livius Römischer Geschichte:

> „Als er nach diesen unsterblichen Taten zur Musterung des Heeres auf dem Marsfeld beim Ziegensumpf eine Heeresversammlung durchführte, brach plötzlich mit lautem Tosen und Donnern ein Unwetter los und hüllte den König in einen so dichten Sturzregen, daß die Versammelten ihn nicht mehr sehen konnten; und danach war Romulus nicht mehr auf Erden. Der Schrecken legte sich schließlich, als nach diesem Gewittersturm das Tageslicht heiter und ruhig zurückkehrte. Da sahen die Männer von Rom den Platz des Königs leer; sie glaubten zwar den Senatoren, die direkt dabeigestanden hatten, voll und ganz, daß der Sturm ihn emporgerissen habe, waren aber doch eine Zeitlang sprachlos vor Kummer, als hätte die Angst, nunmehr verwaist zu sein, sie gelähmt. Als dann einige wenige den Anfang machten, grüßten sie alle Romulus als Gott, von einem Gott gezeugt, als König und Vater der Stadt Rom; und sie flehten um seinen Beistand, daß er huldvoll und gnädig sein Volk immer behüten möge. Es gab aber, glaube ich, auch damals schon einige, die im stillen die Senatoren beschuldigten, den König eigenhändig in Stücke gerissen zu haben. Denn auch diese Version breitete sich aus, wenn auch nur in ganz dunklen Andeutungen. Jene andere dagegen setzte sich infolge der Bewunderung, die der Mann genoß, und infolge des Schrekkens, der die Menschen befallen hatte, allgemein durch. Und die Sache soll auch durch den klugen Einfall eines einzelnen Mannes noch glaubhafter geworden sein. Denn während die Bürgerschaft durch den Schmerz über den Verlust ihres Königs aufgewühlt war und den Senatoren grollte, trat Proculus Julius, eine, wie es heißt, gewichtige Autorität auch in einer so bedeutenden Sache, vor die Volksversammlung und sagte: ‚Mitbürger! Heute beim ersten Licht des Tages kam Romulus, der Vater dieser Stadt,

plötzlich vom Himmel herab und trat mir entgegen. Als ich, von Schauer durchbebt und in tiefer Ehrfurcht vor ihm stand und ihn bat, ihm ins Antlitz blicken zu dürfen, sagte er: ‚Geh und verkünde den Römern, es sei der Wille der Himmlischen, daß mein Rom das Haupt des Erdkreises sei. Sie sollen also das Kriegswesen pflegen, und sie sollen es wissen und es an ihre Nachkommen weitergeben, daß keine Macht der Welt den Waffen Roms widerstehen kann.' ‚Nach diesen Worten', sagte er, ‚entschwand er in die Höhe.' Es ist erstaunlich, wieviel Glaube der Mann mit diesen Worten fand und wie der Schmerz um Romulus beim Volk und beim Heer gelindert wurde, nachdem seine Unsterblichkeit als erwiesen galt."[4]

Auch Augustus wurde konsekriert aufgrund des Augenzeugenberichts eines Prätors, der Augustus zum Himmel auffahren sah.[5]

„Und da gab es auch einen Mann vom Rang eines Praetors, der schwor, daß er gesehen habe, wie das Abbild des Verbrannten in den Himmel aufgestiegen sei. Die sterblichen Überreste sammelten die vornehmsten Angehörigen des Ritterstandes in der Tunika, ohne Gürtel und barfüßig auf und setzten sie im Mausoleum bei."[6]

Hier war der Augenzeugenbericht Anlass für die Divinisierung, d. h. den Beschluss des Senats, den Kaiser zur Staatsgottheit zu erheben. Dem war sein Staatsbegräbnis vorausgegangen. Dies wurde durch den Senat bestätigt.[7] Für den Vollzug bzw. den Beschluss der Divinisierung gelten folgende Kriterien: sichtbares Ereignis in der Öffentlichkeit, Augenzeugenbericht bzw. juristische Beglaubigung und historische Tradition bzw. Präzedenzfall.[8]

Wichtig für die Bestätigung der Himmelfahrt des Romulus ist der Augenzeugenbericht nach dem Verschwinden des Romulus über das Erscheinen des Romulus in voller Waffenrüstung und die Wiedergabe der Deutung seines Verschwindens als Wiederbewohnung des Himmels, aus dem er kam. Romulus ist der, der er immer war, der „gnädige Gott Quirinus"[9]. Die Himmelfahrt des eingeäscherten Bildnisses des Augustus wird ebenfalls durch einen Augenzeugen bestätigt. Für Augustus sieht Boschung damit auch die Kontinuität des Status als Gottheit gegeben und damit die Rückkehr in den eigentlichen, ursprünglichen Bereich der Götter.

---

4 Liv. 1,16. Übersetzung: Livius, Geschichte (Hillen).

5 Suet. Aug.100,4: *nec defuit vir praetorius, qui se effigiem cremati euntem in caelum vidisse iuraret. reliquias legerum primores equestris ordinis tunicati et discincti pedibusque nudis ac Mausoleo condiderunt.* Vgl. auch Cass. Dio 56,42; 56,41,9; 56,46,1; 61,35,2.

6 Suet. Aug. 100,4. Übersetzung: Sueton, Kaiserviten (Martinet).

7 Vgl. Boschung, Divus, 174f.

8 Vgl. Boschung, Divus, 176.

9 Plut. Rom. 28,2–3.

> „Aber anders als Caesar ist Augustus nicht am Sternenhimmel verewigt worden, vielmehr ist er wie Romulus zu den Göttern zurückgekehrt, nachdem er seine Aufgabe auf der Erde erfüllt hatte. Anders als bei Caesar war nicht ein Komet Zeuge der Vergöttlichung, sondern wie bei Romulus bürgte ein angesehener Augenzeuge in Rom für den Aufstieg zum Himmel."[10]

Auch Jesu Erweckung und seine bevorstehende Apotheose werden durch eine Führungsperson in der johanneischen Gemeinde – Maria Magdalena – bezeugt;[11] hier ist jedoch hervorzuheben, dass diese Epiphanie vor dem Aufsteigen erfolgt. Und es gibt eine zweite Epiphanie nach dem Aufstieg – das Erscheinen vor den Schülern Jesu (20,19–23).

Die Konsekration hatte die Verbrennung zur Voraussetzung sowie in der Folge die Einrichtung eines Kultes. Mit Claudius etablierte sich die Reihenfolge Divinisierung, die Staatsbegräbnis und Konsekration legitimiert. Kierdorf sieht dies in der Tendenz begründet,

> „je mehr sich der Prinzipat stabilisiert, um so bereitwilliger zeigen sich Senat und Herrscher, die allmählich gewachsenen und teilweise besonderen Umständen verdankten Ämter und Ehren gleichsam auf einen Schlag zu verleihen bzw. in Anspruch zu nehmen. [...] Dieser Trend, früher verliehene Auszeichnungen als selbstverständlichen Ausgangspunkt global zu übernehmen und allenfalls um weitere Ehren zu erweitern, begegnet aber nicht nur beim Regierungsbeginn der Kaiser, sondern auch in anderen Zusammenhängen und besonders bei Sterbefällen im Kaiserhaus [...] Die Apotheose ist dabei vermutlich eingeschlossen."[12]

Nach Peppel wird die Divinisierung – seit Vespasian werden fast durchgängig alle Kaiser bis Marc Aurel zu *divi* erklärt – zu einer „selbstverständlichen Ehrung"[13]. Zu betonen bleibt jedoch insbesondere für den Begründer des Prinzipats, Augustus, die Reihenfolge (Staats-)Begräbnis und, im Anschluss nach dem Auftritt eines

---

10 Boschung, Divus, 178f. Vgl. zu Romulus (und Herakles) als Vorbild für eine Apotheose: Price, Consecration, 73f.

11 Vgl. zu Maria als Erstzeugin: Taschl-Erber, Maria; Wengst, Johannesevangelium (THKNT 4), 555f; Thyen, Johannesevangelium (HNT 6), 761f. Vgl. zum Motiv des Nichtberührens: Baert/Bieringer/Demasure, Tangere. Die Erscheinung vor Thomas ist hier nicht weiter zu behandeln, da hier vor allem die öffentlichkeitswirksamen Performanzen des Herrschers Jesu im Zentrum stehen. Obwohl bei Sueton belegt, ist die Verwendung der Titelkombination „Herr und Gott" als von Domitian eingeforderter Titel historisch nicht belegt. So kommen die Titel jeweils einzeln bei den Hofdichtern Statius und Martial vor. Die inschriftlichen Belege geben nur die Bezeichnung *dominus* für Domitian seitens seiner Sklaven wieder. Vgl. Gering, Domitian, 130–139.

12 Kierdorf, Kaiserapotheose, 63f.

13 Peppel, Gott, 71.

Zeugen, die vom Senat dekretierte Konsekration. „In diesen Fällen findet die Divinisierung nach dem Modell eines Prodigiums statt, das in seiner Gültigkeit erst vom Senat bestätigt werden muß.“[14] Gradel zeigt jedoch die Schwierigkeit einer Festlegung der Reihenfolge von Begräbnis und Senatsdekret auf - neben vielen anderen Beispielen wurde auch für Tiberius die Konsekration durch Caligula bereits vor seinem Begräbnis erbeten.[15] Für diesen letzten kleinen motivgeschichtlichen Vergleich ist jedoch vor allem die Funktion des Zeugen relevant. Die Apotheose wurde von Augustus bis Drusilla durch einen Zeugen belegt.[16] Peppel bringt jedoch die Automatisierung des Senatsbeschlusses bzw. die geänderte Reihenfolge vor dem Begräbnis mit dem Fehlen eines Zeugenberichts in einen Zusammenhang;[17] dieser verlor an Relevanz und war in der veränderten Struktur nicht mehr notwendig.

2. Die Apotheose Jesu

Die Begegnung zwischen Maria Magdalena und dem Erweckten findet nach dem Besuch und dem Auffinden des leeren Grabes durch Maria Magdalena statt. Ausgelöst durch den Bericht Marias vom leeren Grab kommt es zum Wettlauf zwischen dem geliebten Schüler und Petrus zum Grab; das Zeugnis Marias wird durch die beiden kontrahierenden Führungsgestalten der johanneischen Gemeinde bestätigt. Und auch Maria Magdalena kehrt zurück zum Grab und begegnet dort zwei Engeln (Joh 20,11–13).[18] Erzählstrategisch geschickt erfolgt im Zuge der Frage an die Engel, wo der Herr hingelegt wurde, die Umwendung der Blickrichtung auf den Auferweckten, der ihr als Gärtner begegnet (V. 14). Im Nichterkennen Jesu und der fast schon ironisch[19] aufgeladenen Bitte an den Auferstandenen, ihr zu sagen, wo er liege (V. 15) - Andrea Taschl-Erber sieht das Stehen Jesu als Zeichen seiner Lebendigkeit an[20], wird die „Diskontinuität zum irdischen Jesus“[21] sichtbar. Die wechselseitig richtige Identifikation findet erst nach der Anrede Marias durch Jesus mit ihrem Vornamen statt. Maria spricht Jesus im Gegenzug als ῥαββουνί an und bringt damit ihr Beziehungsverhältnis zum Ausdruck (V. 16).

---

14 Peppel, Gott, 71.

15 Cass. Dio 59,3,7. Vgl. Gradel, Worship, 300. Vgl. zum Ablauf der Kaiserapotheose: Price, Funerals; Kunst, Leichnam; Zanker, Apotheose; Ebner, Kreuzestheologie; Ders., Evangelium; Kierdorf, Apotheose; Bickermann, Kaiserapotheose; Charlesworth, Herrscherkult, 163–200.

16 Vgl. Peppel, Gott, 71.

17 Vgl. Peppel, Gott, 71.

18 Petersen, Maria; Ruschmann, Maria; Attridge, Mary; Bieringer, Resurrection, 209–235; Ders., Repetitions, 609–630; van den Eynde, Love, 901–912; Schneiders, Touching 153–176.

19 Vgl. Taschl-Erber, Maria, 135.

20 Vgl. Taschl-Erber, Maria, 132.

21 Taschl-Erber, Maria, 140.

Jesus antwortet auf diese Identifikation, die mit einer Berührung einherzugehen scheint, mit einem Berührungsverbot (V. 17). In diesem Verbot kommt nach Barrett die Aufforderung Jesus nicht festzuhalten zum Ausdruck. Der verneinte Imperativ Präsens bezeichnet den Abbruch oder die Unterlassung einer angestrebten Handlung.[22] Die Begründung des Berührungsverbots, Jesus ist noch nicht hinaufgestiegen, verweist in doppelter Weise auf die Nichtfassbarkeit des Auferstandenen, deklariert jedoch keinen Zwischenzustand.[23] Taschl-Erber geht von einer durchgeführten Berührung Jesu durch Maria Magdalena aus[24] und deutet das Berührungsverbot in der Weise, dass sich der Auferstandene einem „Festhalten-, Bleiben- und Verfügenwollen"[25] entzieht. Die Begründung ist, dass das noch ausstehende Aufsteigen, Taschl-Erber betont den futurischen Aspekt des Präsens von ἀναβαίνω[26], noch nicht erfolgt bzw. zum Ende gekommen ist. Findet das Wiedererkennen Jesu durch Maria, hier kommt das Motiv der Wiedererkennung aus hellenistisch-römischen Liebesromanen der Kaiserzeit zur Anwendung[27], nach ihrer Ansprache mit ihrem aramäischen Namen statt, so besteht der Wendepunkt des Gesprächs in der wechselseitigen richtigen Identifikation. So charakterisiert „Marias Suche den Auferstandenen als einen Christus [...], den es wieder zu finden und mit dem es aufgrund seiner Andersartigkeit eine neue Beziehung zu knüpfen gilt."[28] Die Begründung für das Berührungsverbot ist die Notwendigkeit der Rückkehr des Gesandten zum Auftraggeber sowie die Sendung Jesu von Maria [29], die ebenfalls einen Auftrag erhält (V. 17): Das Zeugen über den (bevorstehenden) Aufstieg Jesu zu seinem und ihrer Geschwister (i.S. der Schüler Jesu)[30] Vater und Gott.

---

22 Vgl. Barrett, John (KEK), 565. Vgl. auch Thyen, Johannesevangelium (HNT 6), 761.

23 Vgl. Wengst, Johannesevangelium (THKNT 4), 555.

24 Bieringer geht davon aus, dass das Verbot Maria Magdalena gilt, die dabei ist, sich Jesus für den Vollzug einer Proskynese zu nähern. Μή μου ἅπτου ist hier als Bewegungsverb (Übersetzung LXX von קרב) verstanden und wird zugleich in einem kultischen Zusammenhang in Korrelation etwa zu Num 17,28 und 18,3f (LXX) gedeutet. Er übersetzt das μή μου ἅπτου mit: „„Do not come near to me the way one approaches the tabernacle"". Bieringer, Ascending, 232.231.

25 Taschl-Erber, Maria, 139.

26 Vgl. Taschl-Erber, Maria, 139.

27 Vgl. Taschl-Erber, Maria, 215f. Taschl-Erber möchte jegliche erotische Konnotation ausschließen, sondern verweist auf eine „typologische Dimension". Taschl-Erber, Maria, 216. So hat das Motiv des Wiedererkennens eine allegorische Dimension: „Die glückliche Wiedervereinigung ist auch hier eine endgültige, der Geliebte bleibt anwesend, aber die Form der Beziehung ändert sich." Taschl-Erber, Maria, 216.

28 Taschl-Erber, Maria, 140.

29 Vgl. Taschl-Erber, Maria, 139.

30 Vgl. zur Terminologie Geschwister: Taschl-Erber, Maria, 101.

Jesus wird als θεός (1,1) bezeichnet. Zugleich gibt es nur einen einzigen (wahren) Gott (5,44; 17,3).[31] Diese Uneindeutigkeit wird in der johanneischen Jesus-Vita bis zum Schluss nicht aufgelöst. Mit der Erweckung Jesu und seiner Ankündigung seines Aufsteigens zum Vater schließt sich jedoch der Kreis zum Prolog und damit im Rahmen der johanneischen Erzählung die Vita Jesu. Auch ein Bezug zur Verherrlichung mit der δόξα in der Präexistenz als Logos (17,5) ist gegeben. Das Gesandtenmotiv der Rückkehr zum himmlischen Auftraggeber nach Erfüllung des Dienstes ist analog. Nun ist die Funktion der Apotheose Jesu in einen Vergleich zu setzen und zu analysieren.

Wurden die Hohepriester und Pharisäer und ein Synhedrium funktional in ihrem sozialen Rollenverhalten analog gesetzt mit dem Senat, so lässt sich rekapitulieren, dass die Zustimmung des Senats zur Divinisierung Jesu nicht erzählt wird und damit abhängig von der Qualität der Zeugenschaft der Anhänger Jesu einen Entscheidungsraum offen hält.[32] Auch eine Reaktion des Volkes bleibt aus.[33] Denn bezüglich dieser beiden sozialen Gruppen, die herrschaftslegitimierende Funktion haben, findet sich im JohEv die Leerstelle, dass ein (Augenzeugen-)Bericht über die Erscheinung Jesu nur an die Schüler Jesu erfolgt (20,18; Erscheinung vor den Schülern und vor Thomas 20,19–29; Erscheinung vor den Schülern 21). Auch die zweite Adressatengruppe der Heiden erreicht die Zeugenaussage Maria Magdalenas nicht; dies wird zumindest nicht berichtet. Der Lesende ist nun in der Verantwortung.

Denn für die Deutung des Verschwindens des Romulus gibt es noch eine zweite Variante: Die Tötung und das Zerreißen in Stücke durch die Senatoren wegen des Auftretens des Romulus als Tyrann. Hier wurde der sich als schlechter Herrscher, als Tyrann gerierende Romulus für sein Verhalten durch den Senat abgestraft.[34] Auch in unserer Jesus-Vita gibt es zwei mögliche Deutungen des Sterbens Jesu am Kreuz: Es stirbt ein Verbrecher wegen Anmaßung des Königstitels und des Status

---

31 Vgl. Burz-Tropper, Theo-Logie, 76.

32 Vgl. das Beispiel Galbas, der zunächst vom Senat zum *hostis* erklärt und dann als Kaiser anerkannt wird.

33 Ein positives Beispiel für die Reaktion des Volkes nach dem Tod Caesars: Das Volk übernahm Caesars Leiche und brachte sie zum Kapitol. Dort wurde ihnen der Zugang zum Tempel verwehrt. So dass sie in einem spontanen Akt Material sammelten für die Verbrennung der Leiche. Das Feuer wurde nach Sueton durch die Dioskuren entzündet. Caesars Freigelassene sammelten die Knochen auf und bestatteten sie im Familiengrab. Das Volk errichtete daraufhin ein Monument zur kultischen Verehrung Caesars am Ort der Verbrennung. Ehrungen wie ein Gott (die Einrichtung eines Kultes) waren schon vor dem Tod Caesars für ihn beschlossen worden, wurden aber erst nach dem *sidus iulium* umgesetzt. App. civ. 2,148; Cass. Dio 44,50,2–3; Cic. Phil. 1,4–5; 2,107.111f. Vgl. auch App. civ. 3,3.

34 Liv. 1,16; Plut. Rom. 27 (Volcanus-Heiligtum); App. civ. 2,114; auch Cic. rep. 2,20 und Ov. fast. 2,497. Vgl. zu der Deutung dieser Version als Wiederholung der Kosmogonie Burkert, Caesar. Vgl. zu den Stellen Burkert, Caesar, 365 Anm. 45.

Sohn Gottes zu sein und damit wegen des Majestätsverbrechens gegenüber dem Kaiser am Kreuz, und am Kreuz offenbart sich der (anerkannte) „König Israels“ und „Sohn Gottes“. Welche Variante für überzeugender gehalten wird, muss weiterhin dialogisch ausgehandelt werden. Dies wird in der Leerstelle der fehlenden Reaktion der Elite und des Volkes sichtbar.

Wurde in der Einführung die ‚Wahrheitsdimension‘ als Übereinstimmung von performativer Äußerung und Weltzustand definiert, so kann der Erweis der Wahrheit nur durch die Adressaten des performativen Aktes und als Reaktion auf das Handeln des Repräsentanten der Herrschaft Gottes erfolgen, und eben nicht allein durch den, der autorisiert spricht bzw. handelt. Hier verkehrt sich die in der Einführung aufgestellte These, dass in der Makrostruktur des Textes der johanneischen Jesus-Vita performative Akte scheitern. Die performativen Teilakte des Herrschers sind in den Kp. 5, 6, 10, 11, 12 und 18–19 zunächst von Erfolg gekrönt. Jedoch werden in den darauffolgenden Dialogen Jesu zwiespältige Reaktionen auf diese performativen Akte sichtbar. Die Heilung des ‚Gelähmten‘ führt zum Zusammenströmen der Volksmenge; ‚die Juden‘ reagieren mit den Vorwürfen des Sabbatbruchs und der Gleichstellung mit Gott, die den die ganze Jesus-Vita bestimmenden Konflikt bilden. Nach dem Versuch der Akklamation Jesu zum König durch das Volk, kommt es zum „Murren“ ‚der Juden‘ im Rahmen der Brotrede und am Ende von Kp. 6 wenden sich Schüler Jesu von ihm ab. Die Hirtenrede führt Jesus im Dialog mit den Pharisäern, die ihm gegenüber eine kritische und überprüfende Funktion einnehmen. Auf die Auferweckung des Lazarus erfolgt ebenfalls eine zwiegespaltene Reaktion. Nach der Einholung Jesu durch die Volksmenge steht erneut die Frage: „Wer ist dieser, der Sohn des Menschen?“ (12,34). Erst auf das Sterben Jesu erfolgt durch die Gestalt des Nikodemus (und damit auch der Gruppe der Gegner Jesu) als *exemplum* eine bejahende Reaktion durch den Vollzug eines königlichen Begräbnisses. Die Summe dieser einzelnen performativen Akte, die als erste Reaktion bei den Adressaten ein Gelingen vermuten lassen, legt zunächst auch für die Makrostruktur des Textes der johanneischen Jesus-Vita ein Gelingen im Sinne der Anerkennung Jesu als König und damit als „Sohn Gottes“ nahe. Denn wie für das Natanaelbekenntnis gezeigt wurde, besteht zwischen den beiden Titeln ein synthetischer Parallelismus membrorum. Eine Entscheidung über den Grad der Göttlichkeit und die Zueignung von Divinität ist damit nicht impliziert. Jedoch kann einem Herrscher im Rahmen seiner Herrschaft auf Vorschuss Divinität im Sinne göttlicher Wirkmächtigkeit zugeschrieben werden. Diese findet ihre endgültige Bestätigung erst nach seinem Tod in dem Auftreten eines Zeugen und im Senatsbeschluss. Zugleich wird über das Zugestehen der Apotheose über die Legitimität und Anerkennung des Herrschers geurteilt. Das Fehlen einer Reaktion auf die Erweckung Jesu bzw. auf die Zeugenschaft darüber durch die Elite und das Volk ist also eine echte Leerstelle. Das Zeugen der Jesus-Anhänger gegenüber dem Kosmos hat noch nicht eingesetzt.

Bisher wurde zu wenig beachtet, dass in der johanneischen Jesus-Vita das Auftreten Jesu als Heiler, Gastmahlgeber und Einziehender performativ ist und auf eine Reaktion aller Adressatenkreise zielt. Daher ist das Sich-Sehen-Lassen des Auferstandenen und das Aufsteigen zum Vater ebenfalls dialogisch angelegt und braucht notwendig Zeugenschaft. Dass diese Zeugenschaft wiederum – ähnlich wie bei der Heilung des ‚Gelähmten' und der Auferweckung des Lazarus – erneut adressatenorientiert ist und eine Reaktion ‚der Juden' notwendig macht, ist radikal ernst zu nehmen. Tauchen die Hellenen nur in Kp. 12 kurz auf, so liegt die Wirkungsabsicht des JohEv in der Ermunterung zur Zeugenschaft. Das JohEv ist daher radikal dialogisch angelegt, denn nur eine Reaktion auch ‚der Juden', d. h. hier der Elite und des Volkes, kann diesen performativen Akt gelingen lassen. Dabei besteht weiterhin die Möglichkeit, dass auch der durch Jesus gesetzte letzte performative Akt des Aufsteigens zum Vater und der Erscheinung seitens ‚der Juden' plausibel dekonstruiert wird oder sich selbst dekonstruiert in der Art und Weise der Zeugenschaft. Der ‚perlokutionäre Aufschub' bleibt daher bestehen.

III. Der johanneische Jesus als Herrscher

A Bündelung und Fazit

Das Ziel dieser Arbeit war Jesu Agieren als Handeln nach dem Ideal des hellenistisch-römischen Herrschers zu erweisen. Anhand der wichtigsten Stationen einer antiken Herrscherbiographie wurde auch die Herrschervita des Königs Jesus strukturiert. Dies gelang für den Herrscher als Heiler, Brotgeber und Seewandler sowie als Einziehender in eine Stadt. Dabei wurde zudem die jeweilige Funktion der Herrschaftslegitimation und der Sicherung der Anhängerschaft dargelegt. Eröffnet wird die Königsvita Jesu mit der Akklamation als „König Israels" und „Sohn Gottes" durch die Schüler Jesu in der vorbildhaften Gestalt des Natanael. Die Zweiseitigkeit der politischen und religiösen Dimension der richtigen Identifizierung werden schon im Rahmen der ersten Akklamation durch seine Anhänger deutlich. Zugleich verschiebt sich mit der Akklamation bereits das Legitimationsgefälle: Jesus muss den Nachweis – insbesondere gegenüber der auch zur Person des Täufers nachforschenden Gruppe der Pharisäer – erbringen, dass die ihm zugeschriebene Identifikation legitim ist. Ihm selbst wird im JohEv nur die Selbstidentifikation als Sohn Gottes in den Mund gelegt. Über die Zuschreibung König wird durch das Natanaelbekenntnis die Möglichkeit zur Brückenbildung zwischen dem Sohn des Josefs und dem sich Gott gleichmachenden Sohn Gottes gegeben. Damit ist die Identifikation Jesu als König auf performative Teilhabe angewiesen.

Nach der Akklamation dient die Heilung des Gelähmten dem Erweis der göttlichen Wirkmächtigkeit Jesu, so dass die Frage nach der Wirkmächtigkeit und Legitimität des Herrschers auch in der johanneischen Jesus-Vita gleich von Beginn an verknüpft ist mit der narrativen Darstellung der johanneischen Christologie. Im Vergleich mit dem Beispiel Vespasians und seiner Heilung eines Gelähmten/Handerkrankten und eines Blinden mit der Heilung des Gelähmten durch Jesus in Joh 5 wird auch die Funktion des Herstellens von Öffentlichkeit für den neu ernannten Herrscher deutlich sowie das Zuerkennen von Legitimität. Mit dem Agieren des Herrschers als Heiler ist zugleich das Konzept der *salus publica*, also die sich exemplarisch am Individuum vollziehende (Wieder-)Herstellung des Wohlergehens der Gesamtheit eingeführt. Wird Vespasians Wirken als Heiler als Handeln des Werkzeugs einer Gottheit gedeutet, so ist für das JohEv das Motiv der Beauftragung Jesu durch JHWH zu betonen. Über sein Handeln als Sohn und Offenbarer Gottes mit seinem Höhepunkt in Jesu „Sterben für" am Kreuz wird die *salus publica* offenbar.

Das Agieren als Fürsorgender ist ebenfalls zentral für das Handeln des Herrschers als Brotspender und damit zugleich als Wohltäter. Damit verbunden ist die funktionale Absicherung seines Herrschaftsanspruchs durch die Stärkung und Vergrößerung seiner Machtbasis qua Gewinnung der Gunst seiner Klientel. Eingeführt in die allgemeine (ethische) Verpflichtung des Herrschers zur Freigebigkeit und zum Wohltätertum wurde anhand des Beispiels Alexanders des Großen. An der Person des Kaisers Augustus konnte diese Verpflichtung auch und vor allem als Übernahme der *cura annonae* sowohl auf der Ebene der „staatlichen" *frumentationes* sowie der kaiserlichen Fürsorgepraxis der Getreidespende oder des Geldgeschenks nachgewiesen werden. Vorreiter für die Etablierung einer festen Struktur von Freigebigkeit und ein Agieren als Wohltäter als Strategie zur Amts- und Herrschaftssicherung waren die *epula* Caesars. Dabei wurde auch die strategische Funktion der Ablehnung des Königstitels sowie die Mäßigung in der Annahme von Titeln wie dem *pater patriae*-Titel oder die *recusatio imperii* untersucht. Beide Handlungsmuster eines idealen Herrschers aktualisiert Jesus in der johanneischen Variante der Speisung der 5000 in Joh 6, einer vollgültigen *cena recta* bei der der Herrscher selbst bedient, und seinem Reagieren auf die mögliche Antragung des Königstitels mit dem Entweichen bzw. Rückzug auf den Berg. Zu betonen ist, dass das Agieren Jesu als herrscherlicher Gastgeber einer *cena recta* dem Volk den Anlass gibt, Jesus den Königstitel anzutragen. Der gesetzte performative Akt Natanaels, Jesus zum König zu akklamieren, findet in Joh 6 eine größere Anhängerschaft. Dabei kommt die für die Umwelt des JohEv aufgezeigte feste Verbindung zwischen dem Agieren als Wohltäter und der Klientelgewinnung sowie der Absicherung der eigenen Machtposition zum Tragen. Zugleich wird durch die Ablehnung des Titels als der Zurschaustellung der uneinholbaren Machtposition ein Düpieren der sozialen Elite vermieden. Jesus wird im Anschluss als der ideale Überwinder unüberwindbarer Elemente in herrscherliche Vorbilder wie Xerxes, Alexander der Große, Caesar oder Caligula eingeschrieben. Agiert ein Caligula in der literarischen Inszenierung nach dem Vorbild eines Alexanders des Großen oder eines Xerxes (als Opfernder), steht bei den anderen Herrschern die enge Verbindung zwischen einer göttlichen Größe – Fortuna bei Caesar, das Glück des Sohnes des Zeus Alexanders des Großen und bei Xerxes das Opfer an die Meeresgottheit – und dem Gelingen des Überwindens des unüberbrückbaren Hindernisses im Vordergrund. Auch Jesus gibt sich in der Identifizierung „Ich bin es" mit den Worten Gottes (Jes 43,10f) zu erkennen und ordnet damit sein Überwinden des Wassers des See Gennesaret (im Unterschied zu den anderen Herrschergestalten ohne jegliche Hilfsmittel) in das Vorbild JHWHs ein.

Im Monolog Jesu in Kp. 10 des JohEv und dem dort aufgenommenen und neu inszenierten Motiv des Herrschers als Hirte wird die Funktion der Fürsorge als Vorsorge, Bewahrung und Schutz durch den Herrscher vor Angreifern bis zum Einsatz seines Lebens gesteigert. Demgegenüber reicht das dem Völkerhirten Kyrus und dem platonischen Ideal des Völkerhirten verbundene Hirtenideal des Freundes der Götter und des mit dem Wissen und der *virtus* der Götter Vertrauten in den

Königsreden des Dio Chrysostomus nur zur Verteidigung der Herde gegenüber einem feindlichen Angreifer. Dies vollzieht sich im Modus des Agierens als Fürsorgender und Schützender und kann das Sterben des Herrschers implizieren, ist jedoch nicht von vornherein darauf angelegt. Jesus überbietet mit seiner Verteidigung seiner Herde(n) im Einklang mit dem Willen der Gottheit JHWH zur Rettung einer übergeordneten Größe vor der Vernichtung das bis dato bekannte Hirtenideal. Er löst das auf der Grundlage der Arbeiten von Christina Eschner anhand der Beispiele der herrscherlichen Gestalten des Kodros, des Kaisers Otho und der Tochter des Herakles erarbeitete Konzept des „Sterben für" damit vollgültig ein. Der gesetzte Horizont lässt das Sterben Jesu am Kreuz als Sterben (anstelle von und) zugunsten der beiden zu führenden Herden und damit zugunsten des λαός der zusammengeführten Kinder Gottes, der das ἔθνος und die ἔθνη inkludiert, deuten.

Der *adventus* wird als idealer Einzug für Jesus in Jerusalem in Kp. 12 geschildert; idealtypisch werden die Ankündigung der Ankunft des Herrschers, das Schmücken der Teilnehmenden sowie der *occursus* mit seinen Akklamationen gegenüber dem Herrscher für Jesus bebildert. Konnte nachgewiesen werden, dass die Akklamationen neben den feststehenden Rufen und Gesängen auch individuell auf die einziehenden Herrscher abgestimmt waren, so bleibt dies für die Akklamation Jesu durch einen den *consensus universorum* abbildenden Festzug ebenfalls festzuhalten. Denn am *adventus* nehmen sowohl stadtfremde Pilger und Teile der Jerusalemer Stadtbevölkerung teil sowie sozial differenziert das akklamierende Volk und die kommentierende Elite der Pharisäer. Nachgewiesen wurde die Möglichkeit des Übergangs vom *occursus* in einen regelrechten *ingressus* basierend auf der These von Michael Theobald und seiner Verortung der Hellenenszene im Tempel von Jerusalem. Anstatt des Opfers auf dem Kapitol findet die Bitte um Verherrlichung durch den Vater statt, die in ihrer bestätigenden Beantwortung durch den Vater alle Funktionen der auf dem Kapitol stattfindenden Einlösung der *vota* erfüllt. Zum einen wird eine vorangegangene Verherrlichung (in seinem irdischen Wirken und insbesondere seiner Zeichentätigkeit) bestätigt und zum anderen die Verherrlichung für die Zukunft (in der Erhöhung am Kreuz und dem Wirken des Erhöhten) vorausgesagt, so dass ein Ausstatten mit δόξα kontinuierlich erfolgt. Auch das Einlösen der bei der *profectio* festgelegten *vota* nach erfolgreicher Rückkehr ist Zeichen der Bestätigung der (vorangegangenen und im Erfolg der Rückkehr und/oder des Sieges sichtbaren) Gunst der Götter und verbunden mit der Festigung und Intensivierung der Beziehung zur jeweiligen (Stadt-)Gottheit in der Zukunft. Für Jesus bleibt zudem auf der Grundlage der geleisteten Untersuchung zu *numen* als Konzept und Größe in der römisch-hellenistischen Umwelt sowie zum Konzept des Namens Gottes in der LXX zu konstatieren, dass er analog zum Konzept des *numen* in die Funktion des Namens Gottes eintritt. Er wird in Joh 12,28 identifiziert mit dem Namen Gottes, in Joh 17,11 ist er Träger des Namens Gottes. Dies bedeutet, dass er die Funktionen des Namens Gottes vollgültig übernimmt.

Galt in der Antike das Sterben am Kreuz als Widerspruch zu einem hoheitsvollen Sterben, so konnte ein Sterben Jesu nach dem Skript des noble death in Joh 18–19 nachgewiesen werden. Das Skript des noble death wurde auf der Basis des losen Motivinventars von Peter Schuncks „Römisches Sterben" anhand der Beispiele des Sterbens des Sokrates, des Cato und des Kaisers Otho erarbeitet und erweitert und ist durch die Freiwilligkeit des Sterbens, Fürsorge, *Constantia* im Sterben, das Motiv des „Sterben für" sowie die Reaktion der Umwelt und ihren Umgang mit dem Leichnam konstituiert. Jesu Sterben wird im JohEv, wie aufgezeigt, besonders hoheitsvoll und herrschaftlich inszeniert, wozu das Motiv der Freiwilligkeit, er verweigert die Rettung aus der Stunde und gibt den Auftrag zur Auslieferung an Judas selbst, den Ausgangspunkt bildet. Sodann ist sein Sterben durch ein hoheitsvolles Neigen des Hauptes (es werden keine Schmerzensäußerungen oder ein Verlassenheitsschrei geleistet) und damit durch *constantia* gekennzeichnet. Seine Fürsorge zeigt sich in der Sorge um den Schutz seiner Schüler bei seiner Gefangennahme vor Gewalt und Haft sowie im Anvertrauen seiner Mutter dem geliebten Schüler zur Aufrechterhaltung ihres sozialen Status. Sein Sterben ist ein „Sterben für" die Gabe ewigen Lebens wie es schon in der Hirtenrede Jesu entfaltet wurde. Eine direkte Reaktion der Umwelt auf das Geschehen wird weder durch die Gegner Jesu, die römischen Soldaten noch durch die bereits geflohenen Schüler Jesu geschildert; berichtet wird der Verrat des Petrus und nachgetragen wird der Rückzug und das Verstecken der Schüler. Die Kreuzigungsszene wird jedoch zugleich zur Verkündigungsszene des als Zeugen für die Wahrheit als der Wirklichkeit Gottes auftretenden König Jesus. Das Element des Umgangs mit dem Leichnam wird als königliches Begräbnis durch Josef von Arimathäa und Nikodemus geschildert und stellt eine wichtige Verbindung zur Apotheose Jesu dar. In dieses Motiv wird über das Verbot des Zerschlagens der Knochen die Anspielung auf Ex 12,46 eingetragen sowie die Kontextualisierung des Sterbens Jesu für mit der Funktion des Schutzes und der Identitätskonstituierung und -sicherung für eine Gemeinschaft durch das Pesach.

Die Vita eines Herrschers endet in der literarischen Darstellung nicht mit seinem Tod, sondern in der Bewertung seiner Herrschaft als legitim oder illegitim über den Akt der Divinisierung bzw. der *damnatio memoriae*. Auch hier wird die Verschränkung von politischer und religiöser Sphäre sichtbar. Die dem Herrscher zugeschriebene „Göttlichkeit" ist in seinem erfolgreichen Agieren als Heiler, Wohltäter, (siegreich) Einziehender sichtbar geworden und hat sich in seinem „Sterben für" erwiesen. Für die römisch-hellenistische Umwelt wurde das Beispiel der Apotheose des Romulus und das Auftreten eines Zeugen im Abgleich mit der Divinisierung Caesars in seiner Wirkmächtigkeit für die Darstellung der Divinisierung des Augustus und nachfolgend für die Etablierung der Reihenfolge der

Einzelakte im Rahmen einer Divinisierung untersucht. Die Zeugenschaft Maria Magdalenas der Auferstehung Jesu und des (Bevorstehens des) Aufsteigens zum Vater bildet die Voraussetzung für die postume Anerkennung Jesu als *divi filius* und damit als legitimer König Israels durch die Elite als Repräsentantin des *consensus universorum*.

Jesus wird in 1,49 zum Herrscher akklamiert; es wird ihm mit der Zuschreibung „Sohn Gottes" ein nicht genau zu skalierender Grad an Göttlichkeit quasi auf Vorschuss zugestanden, dessen er sich mittels seiner „exemplum-Tauglichkeit" als würdig erweisen muss. Der Bogen der johanneischen Herrschervita über den König Jesus spannt sich daher von der Akklamation bis hin zur Zeugenschaft seiner bevorstehenden Apotheose durch Maria Magdalena.

Die durch den Herrscher gesetzten performativen Akte sind per se auf Öffentlichkeit und eine Reaktion im Sinne der Perlokution angewiesen. Daher wurde das Verhalten des Herrschers in seiner Bezogenheit auf die Reaktion seiner Adressatenschaft mit der sozialen Interaktion der *ordines* der römischen Gesellschaft mit dem Herrscher in Analogie gesetzt. Im Agieren der Pharisäer und Hohepriester als den Gegnern Jesu wird das Ziel der Bewahrung JHWHs vor Blasphemie durch die Gleichsetzung Jesu mit Gott argumentiert, indem sie die von Jesus angemaßte Identität als „Sohn Gottes" und erwarteter „Messias" in Frage stellen. Zudem wird in ihrem Handeln ihr Ziel des Schutzes der Stätte und der Nation vor einem Angriff und einer Vernichtung durch die Römer, ausgelöst durch die Provokation des Anhänger um sich scharenden „Königs der Juden", plausibilisiert. Jesu Ziel seiner Sendung ist identisch mit dem Ziel seiner Gegner. Sein in der Metapher des guten Hirten veranschaulichtes „Sterben für" dient ebenfalls dem Schutz der Nation. Gemäß der Zusammensetzung der johanneischen Gemeinde ist sein Führen der zweiten Herde auf die Heidenchristen bezogen. Damit dient sein „Sterben für", wie für Joh 11,47–53 dargestellt, der Rettung der Gemeinschaft der aus zwei Herden bestehenden μία ποίμνη. Durch die Gabe ewigen Lebens erweist er sich, wie der Kaiser, nicht nur als Geber individuellen Heils, sondern als Garant des Wohles einer übergeordneten Größe.

Beide Ziele werden über die Setzung performativer Akte der Protagonisten – sei es durch Jesus oder durch die Pharisäer und Hohepriester etwa in ihrer *hostis*-Erklärung inszeniert und argumentiert durch die Orientierung am herrscherlichen Ideal bzw. durch das Bedrohungsszenario eines Anhänger sammelnden Königsprätendenten.

Die gesetzten performativen Akte werden in schöner Regelmäßigkeit durch die Gegengruppe dekonstruiert.[1] Nach einer ersten unmittelbar positiven Reaktion wie

1 Jesus dekonstruiert sich sogar selbst durch das Annehmen der durch Menschen zugestandenen Ehre eines adventus.

etwa dem Zusammenlaufen der Volksmenge in Kp. 5 oder dem Versuch Jesus zum König zu machen in Kp. 6, folgen jeweils Zweifel an Jesu Anspruch und Identität. Auch der Anspruch der Gegner Jesu, Stätte und Nation zu retten, wird de facto durch die Geschichte, die Zerstörung des Tempels durch Titus, dekonstruiert. Zugleich wirken sie mit an der Erfüllung des „Sterben für" Jesu, so dass auch ihr Ziel – ohne ihre Kenntnis – erreicht wird.

Die Vita eines Herrschers und ein erfolgreiches Agieren des Protagonisten im Sinne des Erreichens von *exemplum*-Tauglichkeit ist auf seine Adressaten notwendig angewiesen. Hier ist nochmal an die Funktion der performativen Akte als „Vergesellschaftung unter Anwesenden"[2] zu erinnern. Nur die Adressaten dieser Akte können Sprechenden Legitimität zuerkennen. Daher ist der Text des JohEv per se dialogisch gestaltet. Diese Dialogizität bleibt aufrechterhalten bis zur Apotheose, denn Göttlichkeit kann nur durch den Senat, der stellvertretend den *consensus universorum* zum Ausdruck bringt, per Dekret bestätigt werden und damit der Kaiser in seinem Wirken affirmiert werden. Daher bleibt auch die Frage nach dem Erweis der Legitimität Jesu als König und damit zugleich als „Sohn Gottes" dem Urteil der Adressaten des Wirkens des Herrschers vorbehalten. Diese Dialogizität in Bezug auf den Schülerkreis und die Volksmenge ist radikal in Anspruch zu nehmen auch für die Gegner Jesu, die in der Funktion eines Senats agieren. Ihnen bleibt das letzte Wort.

In der johanneischen Jesus-Vita werden Legitimierungsstrategien eines Herrschers ohne militärische Machtbasis erprobt. Die Schüler Jesu, insbesondere Natanael, der stellvertretend Jesus als „König Israels" und „Sohn Gottes" akklamiert, agieren in Kp. 1 in der Funktion der Prätorianergarde. In Kp. 10 und bei der Gefangennahme Jesu kommen die Topoi des Kampfes und der Verteidigung vor. Der johanneische „König Israels" ist jedoch ohne militärische Machtbasis, seine Diener kämpfen nicht für ihn, und er ist damit für die Durchsetzung seines Anspruchs in der Defensive. Die Gegner Jesu handeln im Modus des Befragens und Überpüfens in Joh 1 und ab Joh 11 im Rahmen des Synhedriums, das den Tod Jesu mit dem Zweck des Sterbens des Einen für das Wohl der Nation und zum Schutz vor einer Gefährdung durch die Römer beschließt. Die Legitimierungsforderung wechselt seinen Adressaten und nun sind es nicht mehr ‚die Juden', die wegen ihrer Nichtanerkennung Jesu unter Rechtfertigungsdruck stehen, sondern Jesus selbst, der sich als „König Israels" über seine performativen Akte als legitim erweisen muss. Hier ist also das Diktum Zumsteins, mit dem er die der Lebensbrotrede zugrundeliegende Problematik in Joh 6 umreißt, zu negieren und das Gegenteil zu behaupten: „Das Problem liegt nicht in der von ihm beanspruchten Identität, sondern in der

2 Hölkeskamp, Verlierer, 12.

seiner Opponenten."[3] Für die einzelnen Königsszenen beginnend mit der Akklamation zum König im Natanaelbekenntnis wurde jeweils herausgestellt, dass eine Umkehrung der Legitimierungsforderung vorliegt: Nicht ‚die Juden' müssen ihre Ablehnung von Jesus argumentieren, sondern Jesus muss die Legitimität seines Anspruchs performativ überzeugend umsetzen. Mit diesem Perspektivwechsel und der Plausibilisierung anhand (der Reaktion) der antiken Statusgruppen liegt in dieser Arbeit ein Neuentwurf für die Deutung des Konfliktes mit ‚den Juden' im JohEv vor. Die Umkehrung der Legitimierungsforderung ist für die in dieser Arbeit ausgewählten Königsperikopen zu betonen. Wenn Jesus sich dann als idealer Herrscher erweist, hat dies den appellativen Charakter, ihn anzuerkennen. Auch die Redeanteile, die solch einen Anerkennungsdruck erzeugen (vgl. etwa 5,41–47) oder der harten, polemisch übersteigerten Zurückweisung dienen (Joh 8) und die hier nicht Teil der Analyse waren, scheinen auf der Basis dieses Perspektivwechsels neu gewichtet werden zu müssen.

Die Funktion des Zeugen, auf dessen Zeugnis hin die Divinisierung erfolgt, bleibt herausragend. Zu betonen bleibt, dass auch das performative Agieren der Zeugen (Maria Magdalena, der Kreis der Schüler, Thomas) (immer wieder) hinterfragt und angezweifelt werden kann und plausibilisiert werden muss. Das Zeugen über und damit die Möglichkeit der Anerkennung des letzten performativen Aktes Jesu, sein Aufstieg zum Vater und damit der Erweis seiner Göttlichkeit, unterliegt dem perlokutionären Aufschub. Die Lesenden der johanneischen Jesus-Vita sind angesprochen.

3 Zumstein, Johannesevangelium (KEK 2), 267.

Literatur

Biblische Schriften werden nach den Loccumer Richtlinien abgekürzt.

Die Abkürzungen für Reihen, Lexika, Corpora und Zeitschriften richten sich nach: Siegfried M. Schwertner, Internationales Abkürzungsverzeichnis für Theologie und Grenzgebiete, Berlin ^{3}2014.

Antike Quellentexte werden nach dem erweiterten Abkürzungsverzeichnis in: Der Neue Pauly, herausgegeben von Hubert Cancik, Helmuth Schneider, Manfred Landfester: http://dx-doi-org.uaccess.univie.ac.at/10.1163/1574-9347_dnp_COM_004 abgekürzt.

Bibelausgaben

Einheitsübersetzung der Heiligen Schrift. Gesamtausgabe, hg. im Auftrag der Deutschen Bischofskonferenz, der Österreichischen Bischofskonferenz, der Schweizer Bischofskonferenz u. a., Stuttgart 2016.

Die Bibel. Elberfelder Studienbibel mit Sprachschlüssel und Handkonkordanz, Dillenburg ^{5}2015.

Biblia Hebraica Stuttgartensia, hg. von K. Elliger und W. Rudolph, Stuttgart ^{5}1997 [1967/1977].

Hainz, Josef (Hg.), Münchener Neues Testament. Studienübersetzung, Düsseldorf ^{6}2002.

Nestle-Aland. Novum Testamentum Graece, begründet von E. und E. Nestle, hg. von B. und K. Aland u. a., 28 revidierte Auflage hg. vom Institut für Neutestamentliche Textforschung Münster/Westfalen unter der Leitung von H. Strutwolf, Stuttgart ^{28}2012.

Rahlfs, Alfred, Septuaginta. Id est Vetus Testamentum graece iuxta LXX interpretes. Duo volumina in uno, Stuttgart 2006.

Hilfsmittel

Bauer, Walter, Griechisch-deutsches *Wörterbuch* zu den Schriften des Neuen Testaments und der frühchristlichen Literatur, hg. von K. und B. Aland, Berlin ^{6}1988.

Liddell, Henry G./Scott, Robert, A Greek-English *Lexicon.* A New Edition Revised and Augmented throughout by Sir H.S. Jones With a Supplement, Oxford 1968.

Passow, Franz, *Handwörterbuch* der griechischen Sprache I/1–2, Darmstadt 2004/2008.

https://www.vatican.va/archive/hist_councils/ii_vatican_council/documents/vat-ii_decl_19651028_nostra-aetate_ge.html. Abgerufen am 30.08.2022.

Quellen

Bringmann, Klaus/Wiegandt, Dirk, *Augustus.* Schriften, Reden und Aussprüche, TzF 91, Darmstadt 2008.

Augustus, Res gestae divi Augusti. Meine Taten. Lateinisch-griechisch-deutsch, hg. von Ekkehard Weber, übers. von Marion Giebel, Sammlung Tusculum, Berlin u. a. [7]2015.

Clemens von Alexandrien, *Teppiche*, übers. Von O. Stählin, BKV 2. Reihe XX, Bd. 5, München 1938.

Appian, Roman History, with an English Translation by H. White, LCL 2–5, Cambridge u. a. 1972 [Reprint].

Arrian, Der *Alexanderzug*. Indische Geschichte. Griechisch-deutsch, hg. und übers. von G. Wirth und O. von Hinüber, Sammlung Tusculum, München u. a. 1985.

Aelius Aristides, Die Romrede, hg., übers. und mit Erläuterungen versehen von R. Klein, Darmstadt 1983.

Aristoteles, Poetik. Einleitung, Text, Übersetzung und Kommentar von Martin Hose. Mit Einem Anhang: Texte Zur Aristotelischen Literaturtheorie, Bd. 1, Berlin u. a. 2022.

Aurelius Augustinus, Aurelius Augustinus Werke in deutscher Übersetzung: Der Gottesstaat, 2 Bd., übers. von C.J. Perl und P. Simon, Paderborn 1979.

Becker, Jürgen, Die Testamente der zwölf Patriarchen, in: H. Lichtenberger (Hg.), Unterweisung in lehrhafter Form, JSHRZ 3, Gütersloh 2001, 15–163.

Berger, Klaus, Das Buch der Jubiläen, in: H. Lichtenberger (Hg.), Unterweisung in erzählender Form, JSHRZ 2, Gütersloh 1973, 275–575.

Chilver, Guy E.F., A Historical *Commentary* on Tacitus‘ Histories I and II, Oxford 1979.

Marcus Tullius Cicero, Sämtliche Reden, 7 Bd., hg. von M. Fuhrmann, Düsseldorf 2000.

Marcus Tullius Cicero, Die Philippischen Reden. Lateinisch-deutsch, übers. von M. Fuhrmann, hg., überarbeitet und eingeleitet von R. Nickel, Sammlung Tusculum, Berlin 2013.

Marcus Tullius Cicero, Die Prozessreden. Lateinisch-deutsch, hg., übers. und erläutert von M. Fuhrmann, Sammlung Tusculum 2 Bd., Zürich u. a. 1997.

Marcus Tullius Cicero, Die politischen Reden. Lateinisch-deutsch, hg., übers. und erläutert von M. Fuhrmann, Sammlung Tusculum Bd. 2, München 1993.

Marcus Tullius Cicero, Die Reden gegen Verres/In C. Verrem. Lateinisch-deutsch, hg., übers. und erläutert von M. Fuhrmann, Sammlung Tusculum 2 Bd., Zürich 1995.

Marcus Tullius Cicero, Der *Staat*/De re publica. Lateinisch-deutsch, hg. und übers. von R. Nickel, Sammlung Tusculum, Mannheim 2010.

Quintus Curtius Rufus, Historiae Alexandri Magni/History of Alexander, with an English Translation by J.C. Rolfe, LCL 368–369, Cambridge u. a. 1946.

Cassius Dio, Roman History, with an English Translation by E. Cary/H. B. Foster, LCL 9 Bd., Cambridge u. a. 1914–1927.

Cassius Dio, Römische *Geschichte*, übers. von O. Veh, Die Bibliothek der Alten Welt, 5 Bd., Düsseldorf 2007.

Dessau, Hermann, Inscriptiones Latinae Selectae, Bd. 1, Weidmann, Berlin 1892. https://archive.org/details/inscriptioneslat01dessuoft/page/32/mode/2up. Abgerufen am 25.11.2020.

Diodorus Siculus, Griechische *Weltgeschichte*/Bibliotheca historia, 10 Bd., übers., von G. Wirth und O. Veh, Stuttgart 1998–2009.

Diodorus of Sicily, The Library of History with an Eglish Translation by R. M. Geer/ C. H. Oldfather/C. L. Sherman/F. R. Walton/C. B. Welles, LCL 12 Bde., Cambridge u. a. 1933–1967.

Dio Chrysostom, *Discourses*, with an English Translation by J.W. Cohoon and H. Lamar Crosby, LCL 5 Bd., Cambridge u. a. 1932–1951.

Dion Chrysostomos, Sämtliche *Reden*, eingeleitet, übers. und erläutert von W. Elliger. Die Bibliothek der Alten Welt, Zürich u. a. 1967.

Euripides, The *Children* of Heracles with an Introduction, Translation and Commentary by W. Allan, Warminster 2001.

Euripides, *Heraclidae* with Introduction and Commentary by J. Wilkins, Oxford 1993.

Euripides, Sämtliche Tragödien und Fragmente. Die Kinder des Herakles. Hekabe. Andromache, Griechisch-deutsch, übers. von E. Buschor, hg. von G.A. Seeck, Sammlung Tusculum Bd. 2, München 1972.

Goldschmidt, Lazarus, Der babylonische *Talmud*, Bd. 8, Berlin 1933.

Herodot, *Historien*. Griechisch-deutsch, Sammlung Tusculum 2 Bd., hg. von J. Feix, Düsseldorf ^{7}2006.

Homer, *Ilias*. Griechisch-deutsch, übertragen von H. Rupé, mit Urtext, Anhang und Registern, Sammlung Tusculum, Berlin ^{16}2013.

Homer, *Odyssee*. Griechisch-deutsch, übertragen von A. Weiher, mit Urtext, Anhang und Registern, Einführung von A. Heubeck, Sammlung Tusculum, Berlin ^{14}2013.

Quintus Horatius Flaccus, Sämtliche *Werke*, hg. und übers. von N. Holzberg, Sammlung Tusculum, Berlin u. a. 2018.

Josephus, Jewish Antiquities/The Jewish War, with an English Translation by H.S.J. Thackerey/R. Marcus u. a., LCL 9 Bd., Cambridge u. a. 1926–1965.

Josephus, Jewish Antiquities/The Jewish War, with an English Translation by H.S.J. Thackerey/R. Marcus u. a., LCL 9 Bd., Cambridge u. a. 1997.

Flavius Josephus, De bello Judaico – Der Jüdische *Krieg*. Griechisch-deutsch, hg. und mit einer Einleitung sowie mit Anmerkungen versehen von O. Michel und O. Bauernfeind, Darmstadt ^{2}2013.

Flavius Josephus, Jüdische *Altertümer*, übers. und mit einer Einleitung versehen von H. Clementz, Wiesbaden ^{3}2012.

Titus Livius, Römische *Geschichte* I/Ab urbe condita Buch I–III. Lateinisch-deutsch, hg. von H.J. Hillen, Sammlung Tusculum, Düsseldorf u. a. ^{4}2007.

Lona, Horacio E., Der erste *Clemensbrief*, KAV 2, Göttingen 1998.

Lucanus, *Bellum* civile. Bürgerkrieg, hg. und übers. von W. Ehlers, Sammlung Tusculum, München u. a. ^{2}1978.

Lucian, *Werke*, with an English Translation by A. M. Harmon/K. Kilburn/Matthew D. MacLeod, LCL 8 Bd., Cambridge u. a. 1913–1967.

Lykurg, *Rede* gegen Leokrates, hg., eingeleitet und übers. von J. Engels, TzF 93, Darmstadt 2008.

Martial, *Epigramme*. Lateinisch-deutsch, hg. und übers. von N. Holzberg, Sammlung Tusculum, Stuttgart 2008.

Meisner, Norbert, Aristeasbrief, in: H. Lichtenberger (Hg.), Unterweisung in erzählender Form, JSHRZ 2, Gütersloh 1973, 37–87.

Merkelbach, Reinhold, Kritische *Beiträge* zu antiken Autoren. Mit den Fragmenten des Ekphantos „Über das Königtum", BKP 47, Meisenheim a.G. 1974.

P. Ovidius Naso, *Liebeskunst*. Lateinisch-deutsch, hg. und übers. von N. Holzberg, Sammlung Tusculum, Berlin ^{5}2011.

P. Ovidius Naso, *Fasti*/Festkalender. Lateinisch-deutsch, hg. und übers. von N. Holzberg, Sammlung Tusculum, Zürich 1995.

Körtner, Ulrich J./Leutsch, Martin, *Papiasfragmente*. Hirt des Hermas, eingeleitet, hg., übertragen und erläutert von U.J. Körtner und M. Leutsch, Schriften des Urchristentums 3, Darmstadt 1998.

Philo Alexandrinus, Werke, with an English Translation by F. H. Colson/G. H. Whitaker, LCL 10 Bde., Cambridge u. a. 1929–1962.

Plato, Phaedo, edited by C.J. Rowe, Cambridge Greek and Latin Classics, Cambridge 1993.

Platon, *Apologie* des Sokrates. Übersetzung und Kommentar von E. Heitsch, Platon Werke XII, Göttingen 2002.

Platon, *Phaidon*. Übersetzung und Kommentar von T. Ebert, Werke I/4, Göttingen 2004.

Platon, *Politikos*. Übersetzung und Kommentar von F. Ricken, Werke II/4, Göttingen 2008.

Platon, *Der Staat*/Politeia. Griechisch-deutsch, übers. von R. Rufener. Einführung, Erläuterung, Inhaltsübersicht und Literaturhinweise von T.A. Szlezák, Sammlung Tusculum, Düsseldorf u. a. 2000.

Platon, *Werke*. Griechisch-deutsch, hg. von G. Eigler, 8 Bd., Darmstadt 1990.

Gaius Plinius Caecilius Secundus, *Briefe*/Epistularum Libri Decem. Lateinisch-deutsch, hg. von H. Kasten, Sammlung Tusculum, Düsseldorf u. a. ^{8}2003.

Plinius der Jüngere, *Panegyrikus/Lobrede auf Kaiser Trajan*, hg. von W. Kühn, Darmstadt ^{2}2008.

Plutarch, Große Griechen und Römer, übers. von K. Ziegler, Sammlung Tusculum 6 Bd., Zürich 1954–1965.

Plutarch, Lives, with an English Translation by B. Perrin, LCL 11 Bd., Cambridge u. a. 1914–1926.

Plutarch, Moralia, with an English Translation by F.C. Babbitt, LCL 17 Bd., Cambridge u. a. 1962–1967.

Plutarch, Moralia, hg. von C. Weise und M. Vogel unter Mitarbeit von S.E. Kleeber, 2 Bd., Wiesbaden 2012.

PLUTARCH, *Vitae parallelae.* Fünf Doppelbiographien. Griechisch-deutsch, übers. von K. Ziegler und W. Wuhrmann. Ausgewählt von M. Fuhrmann. Mit einer Einführung und Erläuterung von K. Ziegler, Sammlung Tusculum Bd. 1, Düsseldorf [2]2001.

SCHULTE, J. MANUEL, *Speculum* Regis. Studien zur Fürstenspiegel-Literatur in der griechisch-römischen Antike, Antike Kultur und Geschichte 3, Münster 2001.

L. ANNAEUS SENECA, *De Clementia.* De Beneficiis. Über die Milde. Über die Wohltaten, Philosophische Schriften. Lateinisch-Deutsch, übers., eingeleitet und mit Anmerkungen versehen von M. Rosenbach, Darmstadt [2]2011.

SENECA, *Hercules* Furens. Einleitung, Text, Übersetzung und Kommentar von M. Billerbeck, Mnemosyne: Bibliotheca Classica Batava. Supplementum 187, Leiden u. a. 1999.

IOANNIS STOBAEI, Anthologivm Libri dvo priores qvi inscribi solent ecologae physicae et ethicae, rec. C. Wachsmuth, 4 Bd., Berolini 1958.

C. SUETONIUS TRANQUILLUS, Die *Kaiserviten.* De vita Caesarum/Berühmte Männer. De viri illustribus. Lateinisch-deutsch, hg. und übers. von H. Martinet, Sammlung Tusaligulau-lum, Düsseldorf [3]2006.

SUETONIUS, *Caligula,* edited with Introduction and Commentary by H. Lindsay, London 1993.

SUETONIUS, *Domitian,* edited with Introduction, Commentary and Bibliography by B.W. Jones, London 2001.

SUETONIUS, Lives of Galba, Otho & Vitellius, edited with Translation and Commentary by D.C.A. Shotter, Warminster 1993.

SUETONIUS, *Tiberius,* edited with Introduction, Commentary and Bibliography by H. Lindsay, London 1995.

SUETONIUS, *Vespasian,* edited with Introduction, Commentary and Bibliography by B.W. Jones, London 2001.

C. SUETONI TRANQUILLI, De *Vita* Caesarum Libri VII–VIII. With Introduction, Translation, and Commentary by G.W. Mooney, New York 1979 [1930].

P. CORNELIUS TACITUS, *Historien*/Historiae. Lateinisch-deutsch, hg. und übers. von J. Borst unter Mitarbeit von Helmut Hross und Helmut Borst, Sammlung Tusculum, Mannheim [7]2010.

P. CORNELIUS TACITUS, *Annalen.* Lateinisch-deutsch, hg. von P. Heller mit einer Einführung von M. Fuhrmann, Sammlung Tusculum, Mannheim u. a. [6]2010.

TACITUS, *Histories.* Book I, edited by C. Damon, Cambridge Greek and Latin Classics, Cambridge 2003.

TACITUS, *Histories.* Book II, edited by R. Ash, Cambridge Greek and Latin Classics, Cambridge 2007.

P. CORNELIUS TACITUS, Die *Historien.* Kommentar von H. Heubner, Bd. 2, Heidelberg 1968.

P. VERGILIUS MARO, Aeneis, hg. und übers. von G. Fink, Sammlung Tusculum, Düsseldorf u. a. 2005.

P. VERGILIUS MARO, *Georgica*/Vom Landbau, hg. und übers. von O. Schönberger, Stuttgart 1994.

VELLEIUS PATERCULUS, Römische *Geschichte*/Historia Romana. Lateinisch-deutsch, hg. von M. Giebel, Stuttgart 1998.
VOGT, WOLFGANG, C., *Suetonius* Tranquillus. Vita Tiberii, Kommentar, Würzburg 1975.
WARDLE, DAVID, Suetonius' Life of *Caligula*. A Commentary, CollLat 225, Brüssel 1994.
WARDLE, DAVID, Suetonius: Life of *Augustus*, translated with Introduction and Historical Commentary, Clarendon Ancient History Series, Oxford 2014.
XENOPHON, *Erinnerungen* an Sokrates. Griechisch-deutsch, hg. von P. Jaerisch, Sammlung Tusculum, München u. a. [4]1987.
XENOPHON, *Kyrupädie*. Die Erziehung des Kyros. Griechisch-deutsch, hg. und übers. von R. Nickel, Sammlung Tusculum, München u. a. 1992.

Sekundärliteratur

Kommentare

Johannesevangelium

BARRETT, CHARLES K., The Gospel according to St. *John*. An Introduction with Commentary and Notes on the Greek Text, Nashville [2]1978.
– , Das Evangelium nach *Johannes*, KEK Sonderband, Göttingen 1990.
BAUER, WALTER, Das *Johannesevangelium*, HNT 6, Tübingen [3]1933.
BEASLEY-MURRAY, GEORGE R., *John*, WBC 36, Nashville [2]1999.
BECKER, JÜRGEN, Das *Evangelium* nach Johannes, ÖTK 4,1–2, Würzburg u. a. [3]1991.
BEUTLER, JOHANNES, Das *Johannesevangelium*. Kommentar, Freiburg i. Br. u. a. 2013.
BLANK, JOSEF, Das Evangelium nach *Johannes*, Band I–III, Düsseldorf 1977/1981.
BRANT, JO-ANN A., *John*, P.CNT, Grand Rapids 2011.
BRODIE, THOMAS L., The Gospel according to *John*. A Literary and Theological Commentary, New York u. a. 1993.
BROWN, RAYMOND E., The Gospel acccording to *John* I–II, AB 29/29A, New York 1966/1970.
BULTMANN, RUDOLF, Das Evangelium des *Johannes*, KEK 2, Göttingen [21]1986.
CARSON, DON A., The Gospel according to *John*, PNTC, Grand Rapids u. a. 1991.
DIETZFELBINGER, CHRISTIAN, Das *Evangelium* nach Johannes, ZBK.NT 4, Zürich [2]2004.
EDWARDS, MARK, *John*, BBC, Malden u. a. 2004.
HAENCHEN, ERNST, Das *Johannesevangelium*. Ein Kommentar, hg. von U. Busse, Tübingen 1980.
HOSKYNS, EDWYN C., The Fourth *Gospel*, edited by Francis Noel Davey, London 1947.
LINCOLN, ANDREW T., The Gospel according to St. *John*, BNTC, London u. a. 2005.
LINDARS, BARNABAS, The Gospel of *John*, NCB, London 1972.
MALINA, BRUCE J./ROHRBAUGH, RICHARD L., Social-Science *Commentary* on the Gospel of *John*, Minneapolis 1998.

McHugh, John F., A Critical and Exegetical Commentary on *John* 1–4, ICC 4,1, edited by Graham N. Stanton, London u. a. 2009.

Moloney, Francis J., The Gospel of *John*, SaPaSe 4, Collegeville 1998.

Morris, Leon, The Gospel according to *John*. Revised Edition, NICNT 4, Grand Rapids 1995.

Mullins, Michael, The Gospel of *John*: A Commentary, Blackrock 2003.

Neyrey, Jerome H., The Gospel of *John*, NCBC, Cambridge 2007.

Odeberg, Hugo, The *Fourth Gospel*. Interpreted in its Relation to Contemporaneous Religious Currents in Palestine and the Hellenistic-Oriental World, Amsterdam 1974 [Uppsala 1929].

Peterson, Erik, Ausgewählte Schriften 3: *Johannesevangelium* und Kanonstudien, Würzburg 2003.

Ridderbos, Herman N., The Gospel according to *John*. A Theological Commentary, ECBC, Grand Rapids ^{2}1999.

Schenke, Ludger, *Johannes*. Kommentar, Düsseldorf 1998.

Schnackenburg, Rudolf, Jesus *Christus* im Spiegel der vier Evangelien (Akzente), Freiburg u. a. 1998 [HThK.S 4, Freiburg u. a. 1993].

– , Das *Johannesevangelium*, HTKNT 4/1–4, Freiburg u. a. ^{3}1984.^{4}1985.^{6}1992.^{7}1992.

Schnelle, Udo, Das *Evangelium* nach Johannes, ThHK 4, Leipzig ^{5}2016.

Schwank, Benedikt, *Evangelium* nach Johannes. Praktischer Kommentar, St. Ottilien 1996.

Theobald, Michael, Das *Evangelium* nach Johannes. Kapitel 1–12, RNT, Regensburg ^{4}2009.

Thyen, Hartwig, Das *Johannesevangelium*, HNT 6, Tübingen ^{2}2015.

Tilborg, Sjef van, Das *Johannes-Evangelium*. Ein Kommentar für die Praxis, Stuttgart 2005.

Wahlde, Urban C. von, The Gospel and Letters of *John* 2. Commentary on the Gospel of John, ECC, Grand Rapids 2010.

Wengst, Klaus, Das *Johannesevangelium*. Neuausgabe, THKNT 4, Stuttgart 2019.

– , Das *Johannesevangelium*, THKNT 4/1, Stuttgart 2000.

Wilckens, Ulrich, Das *Evangelium* nach Johannes, NTD 4, Göttingen ^{17}1998.

zumstein, Jean, Das *Johannesevangelium*, KEK 2, Göttingen 2016.

Altes Testament

Berges, Ulrich, *Jesaja* 40–48, HThKAT, Freiburg i. Br. 2008.

Cogan, Mordechai/Tadmor, Hayim (Hg.), II *Kings*. A New Translation with Introduction and Commentary, AB 11, New York 1988.

Craigie, Peter C./Tate, Marvin E., *Psalms* 1–50, WBC 19, Grand Rapids ^{2}2004.

Dohmen, Christoph, *Exodus* 1–18, HThKAT, Freiburg i. Br. 2015.

Ebach, Jürgen, *Genesis* 37–50, HThKAT, Freiburg i. Br. 2007.

Fischer, Georg, *Jeremia* 1–25, HThKAT, Freiburg i. Br. 2005.

Greenberg, Moshe, *Ezekiel* 21–37, HThKAT, Freiburg i. Br. 2005.

HOSSFELD, FRANK-LOTHAR/ZENGER, ERICH, *Psalmen* 101–150, HThKAT, Freiburg i. Br. 2008.

KRAUS, HANS-JOACHIM, *Psalmen* 1–59, BK XV/1, Neukirchen-Vluyn [4]1972.

MEYERS, CAROL L./MEYERS, ERIC M., *Zechariah* 9–14. A New Translation with Introduction and Commentary, AB 25C, New York 1993.

REVENTLOW, HENNING GRAF, Die *Propheten* Haggai, Sacharja und Maleachi, ATD 25,2, Göttingen [9]1993.

RUDOLPH, WILHELM, *Haggai* – Sacharja 1–8 – Sacharja 9–14 – Maleachi. Mit einer Zeittafel von Alfred Jepsen, KAT 13,4, Gütersloh 1976.

SEDLMEIER, FRANZ, Das Buch *Ezechiel*. Kapitel 25–48 (FS Mosis Rudolf), NSK.AT 21/2, Stuttgart 2013.

Monographien, Aufsätze, Artikel

AALDERS, GERHARD J.D., Political Thought in Hellenistic Times, Amsterdam 1975.

ALEXIOU, EVANGELOS, *Ruhm* und Ehre. Studien zu Begriffen, Werten und Motivierungen bei Isokrates, Bibliothek der Klassischen Altertumswissenschaften 2,93, Heidelberg 1995.

ALFÖLDI, ANDREAS, Asina. Eine dritte Gruppe heidnischer *Neujahrsmünzen* im spätantiken Rom, in: Schweizer Münzblätter 13, 1951, 57–66.

AMEDICK, RITA, „Iesus Nazarenus *Rex* Iudaiorum". Hellenistische Königsikonographie und das Neue Testament, in: P. von Gemünden/A. Weissenrieder/F. Wendt (Hg.), Picturing the New Testament. Studies in Ancient Visual Images, WUNT II/193, Tübingen 2005, 53–66.

ANDERSON, PAUL N., The *Christology* of the Fourth Gospel. It's Unity and Disunity in the Light of John 6, WUNT II/78, Tübingen 1996.

ARAND, TOBIAS, Das schmähliche *Ende*. Der Tod des schlechten Kaisers und seine literarische Gestaltung in der römischen Historiographie, Prismata XIII, Frankfurt a. M. 2002.

D'ARMS, JOHN H., Between *Public* and Private: The *epulum publicum* and Caesar's *horti trans Tiberim*, in: M. Cima/E. La Rocca (Hg.), Horti Romani. Atti del convegno internazionale, Roma, 4–6 maggio 1995, Rom 1998, 33–44.

ASHTON, JOHN, The Identity and Function of the *Ἰουδαῖοι* in the Fourth Gospel, in: NT 27, 1985, 40–75.

ATTRIDGE, HAROLD W., „Don't Be Touching Me. Recent Feminist Scholarship on Mary Magdalene", in: A.-J. Levine (Hg.), A Feminist Companion to John, Bd. 2, Feminist Companion to the New Testament and Early Christian Writings 5, London – New York 2003, 140–166.

AVERY, HARRY C., Euripides' „*Heracleidai*", in: AJP 92, 1971, 539–565.

BAERT, BARBARA/BIERINGER, REIMUND/DEMASURE, KARLIJN (Hg.), Noli Me *Tangere* in Interdisciplinary Perspective. Textual, Iconographic and Contemporary Interpretations, BETL 283, Leuven 2016.

Ball, David M., ‚I am' in John's Gospel. Literary *Function*, Background and Theological Implications, JSNTSup 124, Sheffield 1996.

Balsdon, John P.V.D., Sulla *Felix*, in: JRS 41, 1951, 1–10.

– , The *Emperor* Gaius (Caligula), Oxford 1934.

Bammel, Ernst, The *Trial* before Pilate, in: Ders./C.F.D. Moule (Hg.), Jesus and the Politics of His Day, Cambridge u. a. 1984, 415–452.

Barceló, Pedro, *Alexander* der Große, Darmstadt 2007.

– , Basileia, Monarchia, Tyrannis. Untersuchungen zu Entwicklung und Beurteilung von Alleinherrschaft im vorhellenistischen Griechenland, Hist.E 79, Stuttgart 1993.

Baroja, Julio C., Honour and *Shame*. A Historical Account of Several Conflicts, in: J.G. Peristiany (Hg.), Honour and Shame. The Values of Mediterranean Society, London u. a. 1966, 79–138.

Barrett, Anthony A., *Caligula*. The Corruption of Power, London 1993.

Baum-Bodenbender, Rosel, Hoheit in Niedrigkeit. Johanneische *Christologie* im Prozeß Jesu vor Pilatus (Joh 18,28–19,16a), FzB 49, Würzburg 1984.

Baynham, Elizabeth, *Alexander* the Great. The Unique History of Quintus Curtius, Ann Arbor 2004.

Beacham, Richard C., *Spectacle* Entertainments of Early Imperial Rome, New Haven, Connecticut u. a. 1999.

Bender, F. Boniface, Historical *Commentary* on Cassius Dio 54, Pennsylvania 1961.

Bennema, Cornelis, The Chief *Priests*: Masterminds of Jesus' Death in: S.A. Hunt/D.F. Tolmie/R. Zimmermann (Hg.), Character Studies in the Fourth Gospel. Narrative Approaches to Seventy Figures in John, WUNT 314, Tübingen 2013, 382–387.

– , The *Identity* and Composition of Οἱ Ἰουδαῖοι in the Gospel of John, in: TynBul 60, 2009, 239–263.

Benz, Ernst, Christus und *Sokrates* in der alten Kirche. Ein Beitrag zum altkirchlichen Verständnis des Märtyrers und des Martyriums, in: ZNW 43, 1951, 195–224.

Berger, Klaus, Im *Anfang* war Johannes - Datierung und Theologie des vierten Evangeliums, Gütersloh ³2004.

Bernsdorff, Hans, *Hirten* in der nicht-bukolischen Dichtung des Hellenismus, Palingenesia 72, Stuttgart 2001.

Beutler, Johannes, Die *Heilsbedeutung* des Todes Jesu im Johannesevangelium nach Joh 13,1–20, in: Ders., Studien zu den johanneischen Schriften, SBAB 25, Stuttgart 1998, 43–58.

– , Die *Stunde* Jesu im Johannesevangelium, in: Ders., Studien zu den johanneischen Schriften (SBAB 25), Stuttgart 1998, 317–322.

– , Zur *Struktur* von Johannes 6, in: Ders., Studien zu den johanneischen Schriften (SBAB 25), Stuttgart 1998, 247–262.

– , Der alttestamentlich-jüdische Hintergrund der *Hirtenrede* in Johannes 10, in: Ders./R.T. Fortna (Hg.), The Shepherd Discourse of John 10 and its Context. Studies by Members of the Johannine Writings Seminar, MSSNTS 67, Cambridge u. a. 1991, 18–32.

BICKERMANN, ELIAS, Consecratio, in: Ders. (Hg.), Le culte des souverains dans l'empire romain. Sept exposés suivis de discussions, Vandoeuvres – Genève 28 aout – 2 sept. 1972. Entretiens de la Fondation Hardt 19, Genf 1973, 1–26.

–, Die Römische Kaiserapotheose, in: Antonie Wlosok (Hg.), Römischer Kaiserkult, WdF 372, Darmstadt 1978.

BIERINGER, REIMUND, „They have taken away my Lord": Text-Immanent Repetitions and Variations in John 20,1-18, in: G. van Belle/M. Labahn/P. Maritz (Hg.), Repetitions and Variations in the Fourth Gospel. Style, Text, Interpretation, BETL 223, Leuven u. a. 2009, 609–630.

–, „I am ascending to my Father and your Father, to my God and your God"(John 20:17): Resurrection and Ascension in the Gospel of John; in: Ders./C. R. Koester (Hg.), The Resurrection of Jesus in the Gospel of John, WUNT 222, Tübingen 2008, 209–235.

– /POLLEFEYT, DIDIER/VANDECASTEELE-VANNEUVILLE, FREDERIQUE (Hg.), *Anti-Judaism* and the Fourth Gospel. Papers of the Leuven Colloquium 2000, Jewish and Christian Heritage Series 1, Assen 2001.

–, Wrestling with Johannine *Anti-Judaism*, in: Ders. (Hg.), Anti-Judaism and the Fourth Gospel. Papers of the Leuven Colloquium 2000, Jewish and Christian Heritage Series 1, Assen 2001, 3–44.

–, Traditionsgeschichtlicher *Ursprung* und theologische Bedeutung der ΥΠΕΡ-Aussagen im Neuen Testament, in: F. van Segbroeck u. a. (Hg.), The Four Gospels 1992 (FS Frans Neirynck), BETL 100, Leuven 1992, 219–248.

BINDER, GERHARD, Die Aussetzung des Königskindes: Kyros und Romulus, BKP 10, Meisenheim am Glan 1964.

BLATZ, HEINZ, Die Semantik der Macht. Eine zeit- und religionsgeschichtliche Studie zu den markinischen *Wundererzählungen*, NTA NF 59, Münster 2016.

BLEICKEN, JOCHEN, *Augustus*. Eine Biographie, Reinbek 2010.

–, *Senatsgericht* und Kaisergericht. Eine Studie zur Entwicklung des Prozeßrechtes im frühen Prinzipat, Göttingen 1962.

BLUM, ERHARD, Ps 2,7c – eine performative *Aussage*, in: Ders., Grundfragen der historischen Exegese. Methodologische, philologische und hermeneutische Beiträge zum Alten Testament, hg. von W. Oswald/K. Weingart, FAT 95, Tübingen 2015, 129–132.

BODI, DANIEL, *David* as an 'Apiru in 1 Samuel 25 and the Pattern of Seizing Power in the Ancient Near East, in: Ders. (Hg.), Abigail, Wife of David, and other Ancient Oriental Woman, HBM 60, Sheffield 2013, 24–59.

BÖHLER, DIETER, „*ECCE HOMO!*" (Joh 19,5) ein Zitat aus dem Alten Testament, in: BZ 39, 1995, 104–108.

BOER, MARTINUS C. DE, The Narrative *Function* of Pilate in John, in: G.J. Brooks/J.-D. Kaestli (Hg.), Narrativity in Biblical and Related Texts, BETL 149, Leuven 2000, 141–158.

BOLKESTEIN, HENDRIK, Wohltätigkeit und Armenpflege im vorchristlichen Altertum. Ein Beitrag zum Problem „Moral und Gesellschaft", Utrecht 1939.

BONNER, CAMPBELL, The *Crown* of Thorns, in: HTR 46, 1953, 47f.

Borgen, Peder, Bread from Heaven. An Exegetical Study of the Concept of Manna in the Gospel of John and the Writings of Philo, NT.S 10, Leiden 1981 [1965].

Boschung, Dietrich, *Divus* Augustus. Das Charisma des Herrschers und seine postume Beglaubigung, in: Ders./J. Hammerstaedt (Hg.), Das Charisma des Herrschers, Morphomata 29, Paderborn 2015, 173–186.

Bosworth, Albert B., *Conquest* and Empire. The Reign of Alexander the Great, Cambridge 1988.

–, A Historical *Commentary* on Arrian's History of Alexander, 2 Bd., Oxford 1980/1995.

Boulet, Bernhard, The *Philosopher-King*, in: M. Beck (Hg.), A Companion to Plutarch, Blackwell Companions to the Ancient World 98, Chichester 2014, 449–462.

Braun, Ludwig, Galba und *Otho* bei Plutarch und Sueton, in: Hermes 120, 1992, 90–102.

Breglia, Laura, Roman Imperial *Coins*. Their Art and Technique, London 1968.

Breitbach, Michael, Der *Prozess* des Sokrates - Verteidigung der oder Anschlag auf die athenische Demokratie? Ein Beitrag aus rechtswissenschaftlicher Perspektive, in: Gym. 112, 2005, 321–343.

Bremmer, Jan N., The *Atonement* in the Interaction of Jews, Greeks, and Christians, in: Ders./ F.G. Martínez (Hg.), Sacred History and Sacred Texts in Early Judaism: A Symposium in Honour of A.S. van der Woude (FS Adam S. van der Woude), CBET 5, Kampen 1992, 75–93.

Breytenbach, Cilliers, „Christus starb für uns": Zur Tradition und paulinischen Rezeption der sogenannten „*Sterbeformeln*", in: Ders., Grace, Reconciliation, Concord. The Death of Christ in Graeco-Roman Metaphors, NT.S 135, Leiden u. a. 2010, 95–126.

Brickhouse, Thomas C./Smith, Nicholas D., The *Trial* and Execution of Socrates. Sources and Controversies, New York u. a. 2002.

–, Socrates on Trial, Oxford 1989 [Reprint 2002].

–, The Formal *Charges* Against Socrates, in: JHP 23, 1985, 457–481.

Broer, Ingo, *Einleitung* in das Neue Testament, Würzburg ^{3}2010.

Brown, Raymond E., The *Community* of the Beloved Disciple, London 1979.

Brown, Raymond, The Death of the Messiah, New York 1994.

Brown, Robert D., „Catonis Nobile Letum" and the List of Romans in *Horace* „Odes" 1.12, in: Phoe. 45, 1991, 326–340.

Brunner-Traut, Emma, *Frühformen* des Erkennens. Am Beispiel Altägyptens, Darmstadt ^{2}1992.

Brunson, Andrew C., *Psalm* 118 in the Gospel of John. An Intertextual Study on the New Exodus Pattern in the Theology of John, WUNT II/158, Tübingen 2003.

Bultmann, Rudolf, Art. *ἀληθής*, in: ThWNT I, 1933, 248f.

Burkert, Walter, Caesar und Romulus-Quirinus, in: Hist.11, 1962, 356–376.

Burnett, Anne, *Tribe* and City, Custom and Decree in Children of Heracles, in: CP 71, 1976, 4–26.

BURZ-TROPPER, VERONIKA, Joh 1,18 als *Paradigma* einer *Theo-Logie* des Johannesevangeliums, in: Dies. (Hg.), Studien zum Gottesbild im Johannesevangelium, WUNT II/483, Tübingen 2019, 59–79.

–, „Ich bin die Tür" (Joh 10,7.9). Die Eröffnung neuer *Räume* durch Jesus (Gott) im Johannesevangelium, in: PZB 26, 2017, 65–83.

BUSSANICH, JOHN/SMITH, NICHOLAS D. (Hg.), The Bloomsbury Companion to *Socrates*, London u. a. 2013.

BUSSE, ULRICH, *Metaphorik* und Rhetorik im Johannesevangelium: Das Bildfeld vom König, in: J. Frey/J.G. van der Watt/R. Zimmermann (Hg.), Imagery in the Gospel of John. Terms, Forms, Themes, and Theology of Johannine Figurative Language, WUNT 200, Tübingen 2006, 279–317.

–, Open *Questions* on John 10, in: J. Beutler/R.T. Fortna (Hg.), The Shepherd Discourse of John 10 and its Context. Studies by Members of the Johannine Writings Seminar, MSSNT 67, Cambridge u. a. 1991, 6–17.

CARLIER, PIERRE, L'idée de monarchie imperiale dans la *Cyropédie* de Xénophon (The Idea of Imperial Monarchy in Xenophon's Cyropaedia), in: V.J. Gray (Hg.), Xenophon, Oxford Readings in Classical Studies, New York u. a. 2010, 327–366.

CARTER, WARREN, John and *Empire*. Initial Explorations, New York u. a. 2008.

CASSIDY, RICHARD J., John's Gospel in New *Perspective*. Christology and the Realities of Roman Power, New York 1992.

CATCHPOLE, DAVID R., The ‚Triumphal' *Entry*, in: E. Bammel/C.F.D. Moule (Hg.), Jesus and the Politics of his Day, Cambridge u. a. 1984, 319–334.

CEBULJ, CHRISTIAN, Ich bin es. Studien zur *Identitätsbildung* im Johannesevangelium, SBB 44, Stuttgart 2000.

CHANIOTIS, ANGELOS, Der *Kaiserkult* im Osten des Römischen Reiches im Kontext der zeitgenössischen Ritualpraxis, in: H. Cancik/K. Hitzl (Hg.), Die Praxis der Herrscherverehrung in Rom und seinen Provinzen, Tübingen 2003, 3–28.

–, The *Divinity* of Hellenistic Rulers, in: A. Erskine (Hg.), A Companion to the Hellenistic World, Malden 2003, 431–445.

CHARLESWORTH, MARTIN P., Einige Beobachtungen zum *Herrscherkult*, besonders in Rom, in: A. Wlosok (Hg.), Römischer Kaiserkult, WdF 372, Darmstadt 1978 [1935], 163–200.

CHIBICI-REVNEANU, NICOLE, Die *Herrlichkeit* des Verherrlichten. Das Verständnis der δόξα im Johannesevangelium, WUNT II/231, Tübingen 2007.

CLAUSS, MANFRED, Kaiser und Gott. *Herrscherkult* im Römischen Reich, München u. a. 2001 [2013].

COAKLEY, J.F., Jesus Messianic Entry into *Jerusalem* (John 12,12–19 par.), in: JThS 46, 1995, 104–121.

COLLINS, ADELA Y., *Rulers*, Divine Men, and Walking on the Water (Mark 6:45–52), in: L. Bormann/A. Standhartinger/K. Del Tredici (Hg.), Religious Propaganda and Missionary Competition in the New Testament World (Essays Honoring Dieter Georgi), NT.S 74, Leiden u. a. 1994, 205–227.

Collins, John J., The *Interpretation* of Psalm 2, in: F.G. Martínez (Hg.), Echoes from the Caves. Qumran and the New Testament, Studies on the Texts of the Desert of Judah 85, Leiden u. a. 2009, 49–66.

Collins, Terry, The Literary Contexts of *Zechariah* 9:9, in: C. Tuckett (Hg.), The Book of Zechariah and its Influence, Cornwall 2003, 29–40.

Coloe, Mary, The *Mother* of Jesus: A Woman Possessed, in: S.A. Hunt/D.F. Tolmie/R. Zimmermann (Hg.), Character Studies in the Fourth Gospel. Narrative Approaches to seventy Figures in the Gospel of John, WUNT 314, Tübingen 2013, 202–213.

Cook, John G., *Crucifixion* in the Mediterranean World, WUNT 327, Tübingen 2014 [^{2}2019].

Cordes, Lisa, Kaiser und Tyrann. Die Kodierung und Umkodierung der *Herrscherrepräsentation* Neros und Domitians, Ph.S 8, Berlin u. a. 2017.

Coutts, Joshua J.F., The Divine *Name* in the Gospel of John. Significance and Impetus, WUNT II/447, Tübingen 2017.

Culpepper, R. Alan, *Anatomy* of the Fourth Gospel. A Study in Literary Design, Foundations and Facets: New Testament, Philadelphia 1983.

Dahlheim, Werner, Julius *Caesar*. Die Ehre des Kriegers und die Not des Staates, Paderborn ^{3}2011.

–, *Augustus*. Aufrührer – Herrscher – Heiland. Eine Biographie, München 2010.

–, „I have overcome the World" (John 16:33): Narrative Time in John 13–17, in: Semeia 53, 1991, 153–166.

Demandt, Alexander, *Alexander* der Große. Leben und Legende, München 2009.

–, Sokrates vor dem Volksgericht in Athen, in: Ders. (Hg.), Macht und Recht. Große Prozesse in der Geschichte, München 1990, 9–26.

Deppermann, Arnulf, *Grammatik* und Semantik aus gesprächsanalytischer Sicht, Linguistik – Impulse und Tendenzen 14, Berlin 2007.

Derrett, J. Duncan M., *Law* in the New Testament: The Palm Sunday Colt, in: NT 13, 1971, 241–258.

Diebold-Scheuermann, Carola, Jesus vor *Pilatus*. Eine exegetische Untersuchung zum Verhör durch Pilatus (Joh 18,28–19,16a), SBB 32, Stuttgart 1996.

Diefenbach, Manfred, Der *Konflikt* Jesu mit den „Juden". Ein Versuch zur Lösung der johanneischen Antijudaismus-Diskussion mit Hilfe des Antiken Handlungsverständnisses, NTA NF 41, Münster 2002.

Dietzfelbinger, Christian, *Sühnetod* im Johannesevangelium?, in: J. Ådna/S.J. Hafeman/O. Hofius (Hg.), Evangelium – Schriftauslegung – Kirche (FS Peter Stuhlmacher), Göttingen 1997, 65–76.

Dihle, Albrecht, Die *Entstehung* der historischen Biographie, SHAW.PH 3, Heidelberg 1987.

–, Die Evangelien und die griechische *Biographie*, in: Peter Stuhlmacher, (Hg.), Das Evangelium und die Evangelien. Vorträge vom Tübinger Symposium 1982, WUNT 28, Tübingen 1983, 383–411.

–, *Studien* zur griechischen Biographie, AAWG.PH 3,37, Göttingen ^{2}1970.

DILLERY, JOHN, Xenophon and the History of his Times, London u. a. 1995.

DOBESCH, GERHARD, Caesars Apotheose zu Lebzeiten und sein Ringen um den *Königstitel*. Untersuchungen über Caesars Alleinherrschaft, Wien 1966.

DÖRING, KLAUS, *Exemplum* Socratis, Studien zur Sokratesnachwirkung in der kynisch-stoischen Popularphilosophie der frühen Kaiserzeit und im frühen Christentum, Hermes.E 42, Wiesbaden 1979.

DONAHUE, JOHN, The Roman *Community* at Table during the Principate, Ann Arbor 2004.

DONNER, HERBERT, *Adoption* oder Legitimation? Erwägungen zur Adoption im Alten Testament auf dem Hintergrund der altorientalischen Rechte, in: OrAnt 8, 1969, 87–119.

DORMEYER, DETLEV, *Augenzeugenschaft*, Geschichtsschreibung, Biographie, Autobiographie und Evangelien in der Antike, in: J. Schröter/A. Eddelbüttel (Hg.), Konstruktion von Wirklichkeit. Beiträge aus geschichtstheoretischer, philosophischer und theologischer Perspektive, Theologische Bibliothek Töpelmann 127, Berlin u. a. 2004, 237–261.

DREYER, BORIS, *Heroes*, Cults, and Divinity in: W. Heckel/L.A. Tritle (Hg.), Alexander the Great. A New History, Malden u. a. 2009.

DROGE, ARTHUR J./TABOR, JAMES D., A Noble *Death*: Suicide and Martyrdom Among Christians and Jews in Antiquity, New York u. a. 1992.

DUFF, TIM, Plutarch's *Lives*. Exploring Virtue and Vice, Oxford 1999.

DUNN, JAMES D.G., *Christology* in the Making: A New Testament Inquiry into the Origins of the Doctrine of the Incarnation, London 1980.

EBNER, MARTIN, *Kreuzestheologie* im Markusevangelium, in: A. Dettwiler/J. Zumstein (Hg.), Kreuzestheologie im Neuen Testament, WUNT 151, Tübingen 2002, 151–168.

– , *Evangelium* contra Evangelium. Das Markusevangelium und der Aufstieg der Flavier, in: BN 116, 2002, 28–42.

EDELMANN, BABETT, Religiöse *Herrschaftslegitimation* in der Antike. Die religiöse Legitimation orientalisch-ägyptischer und griechisch-hellenistischer Herrscher im Vergleich, Pharos 20, St. Katharinen 2007.

EDWARDS, CATHARINE, Acting and *Self-Actualisation* in Imperial Rome: Some Death Scenes, in: P. Easterling/E. Hall (Hg.), Greek and Roman Actors. Aspects of an Ancient Profession, Cambridge 2002,

– , *Death* in Ancient Rome, New Haven 2007.

EFFE, BERND, Der Herrschaftsanspruch des Wissenden: *Politikos*, in: T. Kobusch/B. Mojsisch (Hg.), Platon. Seine Dialoge in der Sicht neuer Forschungen, Darmstadt 1996, 200–212.

EHLERS, WILHELM, Art. *Triumphus*, in: RE II/13, 1939, 493–511.

ENGSTER, DORIT, Der Kaiser als Wundertäter – *Kaiserheil* als neue Form der Legitimation, in: N. Kramer/C. Reitz (Hg.), Tradition und Erneuerung. Mediale Strategien in der Zeit der Flavier (BzA 285), Berlin 2010, 289–307.

ERDKAMP, PAUL, The Grain *Market* in the Roman Empire: A Social, Political and Economic Study, Cambridge 2005.

ERLER, MICHAEL, *Platon*, Grundriss der Geschichte der Philosophie. Die Philosophie der Antike 2/2, Basel 2007.

Eschner, Christina, *Gestorben* und hingegeben „für" die Sünder. Die griechische Konzeption des Unheil abwendenden Sterbens und deren paulinische Aufnahme für die Deutung des Todes Jesu. I: Auslegung der paulinischen Formulierungen, WMANT 122,1, Neukirchen-Vluyn 2010.

–, *Gestorben* und hingegeben „für" die Sünder. Die griechische Konzeption des Unheil abwendenden Sterbens und deren paulinische Aufnahme für die Deutung des Todes Jesu. II: Darstellung und Auswertung des griechischen Quellenbefundes, WMANT 122,2, Neukirchen-Vluyn 2010.

Evans, Craig A., To See and Not Perceive. *Isaiah* 6.9–10 in Early Jewish and Christian Interpretation, JSOTS 64, Sheffield 1989.

Eynde, Sabine van den, Love, Strong as Death? An Inter- and Intratextual Perspective on John 20,1-18, in: G. van Belle (Hg.), The Death of Jesus in the Fourth Gospel, BETL 200, Leuven u. a. 2007, 901–912.

Falkenstein, Adam/Soden, Wolfram von, Sumerische und Akkadische Hymnen und Gebete, Zürich 1953.

Farber, J. Joel, The *Cyropaedia* and Hellenistic Kingship, in: AJP 100, 1979, 497–514.

Farmer, William R., The Palm *Branches* in John 12,13, in: JThS 3, 1952, 62–66.

Fears, Rufus F., The Cult of *Virtues*, in: ANRW II 17.2, 1981, 827–948.

Feddern, Stefan, Der antike *Fiktionalitätsdiskurs*, Göttinger Forum für Altertumswissenschaft. Beihefte N.F. 8, Berlin u. a. 2018.

Fehrle, Rudolf, *Cato* Uticenis, Darmstadt 1983.

Fell, Martin, Optimus princeps? *Anspruch* und Wirklichkeit der imperialen Programmatik Kaiser Trajans, Quellen und Forschungen zur antiken Welt 7, München 1992.

Fellmeth, Ulrich, *Brot* und Politik. Ernährung, Tafelluxus und Hunger im antiken Rom, Stuttgart 2001.

Ferrill, Arther, *Caligula*. Emperor of Rome, London 1991.

Finnern, Sönke, *Narratologie* und biblische Exegese. Eine integrative Methode der Erzählanalyse und ihr Ertrag am Beispiel von Matthäus 28, WUNT II/285, Tübingen 2010.

Fishwick, Duncan, Genius and Numen, in: Ders., Studies in the *Ruler* Cult of the Western Provinces of the Roman Empire. The Imperial Cult in the Latin West, Bd. 2.1, Études préliminaires aux religions orientales dans l'Empire romain 108/2A, Leiden u. a. 1991, 373–387.

–, Numina Augustorum, in. Ders., Studies in the *Ruler* Cult of the Western Provinces of the Roman Empire. The Imperial Cult in the Latin West, Bd. 2.1, Études préliminaires aux religions orientales dans l'Empire romain 108/2A, Leiden u. a. 1991, 388–396.

–, *Genius* and Numen, in: HTR 62, 1969, 356–367.

Flaig, Egon, Den Kaiser herausfordern. Die *Usurpation* im Römischen Reich, Frankfurt a. M. ^{2}2019.

–, The *Transition* from Republic to Principate. Loss of Legitimacy, Revolution, and Acceptance, in: J.P. Arnason/K.A. Raaflaub (Hg.), The Roman Empire in Context. Historical and

Comparative Perspectives, The Ancient World: Comparative Histories, Chichester u. a. 2011, 67–84.

Fohrer, Georg, Art. *υἱός*, in: ThWNT VIII, 1969, 340–355.

Förster, Hans, Ein *Vorschlag* für ein neues Verständnis von Joh 12,39–40, in: ZNW 109, 2018, 51–75.

Forschner, Maximilian, Die Philosophie der *Stoa*. Logik, Physik und Ethik, Darmstadt 2018.

Fossum, Jarl E., The Son of Man's Alter Ego. John 1:51, Targumic Tradition and Jewish *Mysticism*, in: Ders., The Image of the Invisible God. Essays on the Influence of Jewish Mysticism on Early Christology, NTOA 30, Göttingen 1995, 135–151.

– , The *Name* of God and the Angel of the Lord. Samaritan and Jewish Concepts of Intermediation and the Origin of Gnosticism, WUNT 36, Tübingen 1985.

Du Four, Mary J./Rietra, Joannes R., *Suetonius* on the Life of Tiberius, Latin Texts and Commentaries, New York 1979.

Frankemölle, Hubert, *Evangelium* - Begriff und Gattung. Ein Forschungsbericht, SBB 15, Stuttgart [2]1994.

Freed, Edwin D., *Egō* Eimi in John 1:20 and 4:25, in: CBQ 41, 1979, 288–291.

– , The *Entrance* into Jerusalem in the Gospel of John, in: JBL 80, 1961, 329–338.

Frenschkowski, Marco, Τὰ βαΐα τῶν φοινίκων (Joh 12,13) und andere Indizien für einen ägyptischen *Ursprung* des Johannesevangeliums, in: ZNW 91, 2000, 212–229.

Frey, Jörg, Jesus und *Pilatus*. Der wahre König und der Repräsentant des Kaisers im Johannesevangelium, in: G. van Belle/J. Verheyden (Hg.), Christ and the Emperor, BToSt 20, Leuven 2014, 337–393.

– , Auf der Suche nach dem *Kontext* des vierten Evangeliums. Zur religions- und traditionsgeschichtlichen Einordnung, in: Ders., Die Herrlichkeit des Gekreuzigten. Studien zu den Johanneischen Schriften I, hg. von Juliane Schlegel, WUNT 307, Tübingen 2013, 45–87.

– , „... daß sie meine *Herrlichkeit* schauen" (Joh 17,24). Zu Hintergrund, Sinn und Funktion der johanneischen Rede von der δόξα Jesu, in: Ders., Die Herrlichkeit des Gekreuzigten, Studien zu den Johanneischen Schriften I, hg. von Juliane Schlegel, WUNT 307, Tübingen 2013, 639–662.

– , ‚Die Juden' im Johannesevangelium und die Frage nach der ‚*Trennung* der Wege' zwischen der johanneischen Gemeinde und der Synagoge, in: Ders., Die Herrlichkeit des Gekreuzigten. Studien zu den Johanneischen Schriften I, hg. von Juliane Schlegel, WUNT 307, Tübingen 2013, 339–377.

– , Die „*theologia crucifixi*" des Johannesevangeliums, in: Ders., Die Herrlichkeit des Gekreuzigten, Studien zu den Johanneischen Schriften I, hg. von Juliane Schlegel, WUNT 307, Tübingen 2013, 485–554.

– , Edler *Tod* – wirksamer Tod – stellvertretender Tod – heilschaffender Tod. Zur narrativen und theologischen Deutung des Todes Jesu im Johannesevangelium, in: Ders., Die Herrlichkeit des Gekreuzigten I, hg. von Juliane Schlegel, WUNT 307, Tübingen 2013, 555–584.

–, *Heiden* – Griechen – Gotteskinder. Zu Gestalt und Funktion der Rede von den Heiden im vierten Evangelium, in: Ders., Die Herrlichkeit des Gekreuzigten. Studien zu den johanneischen Schriften I, hg. von Juliane Schlegel, WUNT 307, Tübingen 2013, 297–338.

–, *Probleme* der Deutung des Todes Jesu in der neutestamentlichen Wissenschaft. Streiflichter zur exegetischen Diskussion, in: Ders./J. Schröter (Hg.), Deutungen des Todes Jesu im Neuen Testament, Stuttgart u. a. [2]2012, 3–50.

–, Das *Johannesevangelium* und seine Gemeinden im Kontext der jüdischen Diaspora Kleinasiens, in: R. Deines/J. Herzer/K.-W. Niebuhr (Hg.), Neues Testament und hellenistisch-jüdische Alltagskultur. Wechselseitige Wahrnehmungen. III. Internationales Symposium zum Corpus Judaeo-Hellenisticum Novi Testamenti 21.–24. Mai 2009 in Leipzig, WUNT 274, Tübingen 2011, 99–132.

–, Das *Bild* „der Juden" im vierten Evangelium und die Geschichte der johanneischen Gemeinde, in: M. Labahn/K. Scholtissek/A. Strotmann (Hg.), Israel und seine Heilstraditionen (FS Johannes Beutler), Paderborn 2004, 33–53.

–, Die johanneische *Eschatologie*, Bd. 2: Das johanneische Zeitverständnis, WUNT 110, Tübingen 1998.

Frickenschmidt, Dirk, Evangelium als *Biographie*. Die vier Evangelien im Rahmen antiker Erzählkunst, TANZ 22, Heidelberg 1997.

Friesen, Steven J., Twice Neokoros. Ephesus, Asia, and the cult of the Flavian imperial family (Religions in the Graeco-Roman World 116), Leiden u. a. 1993.

Fürst, Alfons, Christentum als Intellektuellen-Religion. Die Anfänge des Christentums in Alexandria, SBS 123, Stuttgart 2007.

Galinsky, Karl, Augustus. Sein Leben als *Kaiser*, Darmstadt 2013.

Galsterer, Hartmut, Art. *Ordo*, in: Der Neue Pauly, hg. von H. Cancik/H. Schneider/M. Landfester, 2006. <http://dx-doi-org.uaccess.univie.ac.at/10.1163/1574-9347_dnp_e900330>. Abgerufen am 29.05.2021.

Garnsey, Peter, *Food* and Society in Classical Antiquity (Key Themes in Ancient History), Cambridge 1999 [2000; 2002].

–, *Famine* and Food Supply in the Graeco-Roman World. Responses to Risk and Crisis, Cambridge 1989 [1988; 1993; 2009].

Gärtner, Thomas, Art. *Numen*, in: RAC 25, 2013, 1160–1172.

Gelzer, Matthias, *Caesar*. Der Politiker und Staatsmann, Stuttgart 2008 [1983].

Gemünden, Petra von, Die *Palmzweige* in der johanneischen Einzugsgeschichte (Joh 12,13). Ein Hinweis auf eine symbolische Uminterpretation im Johannesevangelium?, in: Dies./A. Weissenrieder/F. Wendt (Hg.), Picturing the New Testament. Studies in Ancient Visual Images, WUNT II/193, Tübingen 2005, 207–227.

George, David B., Lucan's *Cato* and Stoic Attitudes to the Republic, in: ClA 10, 1991, 237–258.

Gera, Deborah L., Xenophon's *Cyropaedia*. Style, Genre, and Literary Technique, OCM, Oxford 1993.

Gering, Jens, *Domitian*, dominus et deus? Herrschafts- und Machtstrukturen im Römischen Reich zur Zeit des letzten Flaviers, Osnabrücker Forschungen zu Altertum und Antike-Rezeption 15, Rahden/Westf. 2012.

Gerlemann, Gillis, Bemerkungen zum alttestamentlichen *Sprachstil*, in: Studia biblica et semitica (FS Theodoor C. Vriezen), Wageningen 1966.

Gesche, Helga, Die *Divinisierung* der römischen Kaiser in ihrer Funktion als Herrschaftslegitimation, in: Chiron 8, 1978, 377–390.

Gieschen, Charles A., The Divine Name that the Son Shares with the Father in the Gospel of John, in: G. Boccaccini/B.E. Reynolds (Hg.), Reading the Gospel of John's *Christology* as Jewish Messianism. Royal, Prophetic, and Divine Messiahs, AGJU 106, Leiden u. a. 2018, 387–410.

– , The Divine Name in Ante-Nicene Christology, in: *VC* 57, 2003, 115–158.

– , *Angelomorphic* Christology: Antecedents and Early Evidence, AGJU 42, Leiden u. a. 1998.

Giesebrecht, Friedrich, Die alttestamentliche *Schätzung* des Gottesnamens und ihre religionsgeschichtliche Grundlage, Königsberg i.Pr. 1901.

Gilbert, Rolf, Die Beziehungen zwischen *Princeps* und stadtrömischer Plebs im frühen Principat, Bochum 1976.

Gill, Christopher, The *Death* of Socrates, in: T.C. Brickhouse/N.D. Smith (Hg.), The Trial and Execution of Socrates. Sources and Controversies, New York u. a. 2002, 251–255.

Goar, Robert J., The *Legend* of Cato Uticensis from the First Century B.C. to the Fifth Century A.D. With an Appendix on Dante and Cato, Revue D'Études Latines, Brüssel 1987.

Görg, Manfred, Die *Wiedergeburt* des Königs (Ps 2,7b), in: Ders., Studien zur biblisch-ägyptischen Religionsgeschichte, SBAB 14, Stuttgart 1992, 17–31.

Goodenough, Erwin R., Politische *Philosophie* des hellenistischen Königtums, in: H. Kloft (Hg.), Ideologie und Herrschaft in der Antike, WdF 528, Darmstadt 1979, 27–89.

Gradel, Ittai, Emperor *Worship* and Roman Religion, OCM, New York 2002.

Grant, Michael, Roms *Cäsaren*. Von Julius Caesar bis Domitian, Bindlach 1985.

Greindl, Max, Eine bedeutungsgeschichtliche *Untersuchung* des epischen und lyrischen Sprachgebrauchs, Lengerich i.W. 1938.

Grether, Oskar, *Name* und Wort Gottes im Alten Testament, BZAW 64, Giessen 1934.

Griffin, Miriam, Urbs Roma, *Plebs* and Princeps, in: L. Alexander (Hg.), Images of Empire, JSOT 122, Sheffield 1991, 19–46.

– , Philosophy, Cato, and Roman *Suicide*: I, in: *GR* 33, 1986, 64–77.

– , *Nero*. The End of a Dynasty, New York 1984 [1987; 2001].

Gross, Walter, Kann Gottes *Prophet* scheitern? Gott verstockt Israel (Jes 6,1–11), in: Ders., Studien zur Priesterschrift und zu alttestamentlichen Gottesbildern, SBAB 30, Stuttgart 1999.

Güting, Eberhard, *Kritik* an den Judäern in Jerusalem. Literarkritische Beiträge zu einem unabgeschlossenen Gespräch über den Evangelisten Johannes, in: F. Siegert (Hg.), Israel als Gegenüber. Vom alten Orient bis in die Gegenwart. 25 Studien zur Geschichte eines wechselvollen Zusammenlebens, SIJD 5, Göttingen 2000, 15–201.

Gunderson, Erik, The Flavian *Amphitheater*: All the World as Stage, in: A.J. Boyle/W.J. Dominik (Hg.), Flavian Rome. Culture, Image, Text, Leiden u. a. 2003, 637–658.

Gussmann, Oliver, Das *Priesterverständnis* des Flavius Josephus, TSAJ 124, Tübingen 2008.

Haake, Matthias, *Writing* Down the King. The Communicative Function of Treatises On Kingship in the Hellenistic Period, in: N. Luraghi (Hg.), The Splendors and Miseries of Ruling Alone. Encounters with Monarchy from Archaic Greece to the Hellenistic Mediterranean, Studies in Ancient Monarchies 1, Stuttgart 2013, 165–206.

–, Zwischen *Alexander* dem Großen und Arcadius, von Anaxarchos von Abdera zu Synesios von Kyrene. Die Gattung Über das Königtum im Kontext antiker Alleinherrschaften – eine Skizze, in: Quaestio 11, 2012, 65–82.

–, Warum und zu welchem Ende schreibt man *peri basileias*? Überlegungen zum historischen Kontext einer literarischen Gattung im Hellenismus, in: K. Piepenbrink (Hg.), Philosophie und Lebenswelt in der Antike, Darmstadt 2003, 83–138.

Habicht, Christian, *Gottmenschentum* und griechische Städte, München ^{2}1970.

Haehling, Raban von, Der römische Kaiser – ein *Wunderheiler*?, in: L. Hauser/F.R. Prostmeier/C. Georg-Zöllner (Hg.), Jesus als Bote des Heils. Heilsverkündigung und Heilserfahrung in frühchristlicher Zeit (FS Detlev Dormeyer), SBB 60, Stuttgart 2008, 226–236.

Haehling von Lanzenauer, Brigitte, *Imperator* Soter. Der römische Kaiser als Heilbringer vor dem Hintergrund des Ringens zwischen Asklepioskult und Christusglauben, Düsseldorfer Arbeiten zur Geschichte der Medizin 68, Düsseldorf 1996.

Häsner, Bernd u. a., *Text* und Performativität, in: K.W. Hempfer/J. Volbers (Hg.), Theorien des Performativen: Sprache – Wissen – Praxis. Eine kritische Bestandsaufnahme, Edition Kulturwissenschaft 6, Bielefeld 2014, 69–96.

Halfmann, Helmut, Itinera principum. Geschichte und Typologie der *Kaiserreisen* im Römischen Reich, Stuttgart 1986.

Hamilton, James R., *Plutarch*: Alexander. A Commentary, Oxford 1969.

Hammond, Nicholas G.L., *Sources* for Alexander The Great. An analysis of Plutarch's Life and Arrian's Anabasis Alexandrou, Cambridge 1993.

–, Alexander the Great. King, Commander and Statesman, London 1981.

Hands, Arthur R., Charities and Social Aid in Greece and Rome, Aspects of Greek and Roman Life, London 1968.

Harrelson, Walter, Nonroyal *Motifs* in the Royal *Eschatology*, in: B.W. Anderson/W. Harrelson (Hg.), Israel's Propehtic Heritage (FS James Muilenberg), New York 1962, 147–165.

Harris, Bruce F., *Tacitus* on the Death of Otho, in: CJ 58, 1962, 73–77.

Hart, H.S.J., The Crown of *Thorns* in John 19,2–5, in: JThS N.S. 3, 1952, 66–75.

Haubold, Johannes, *Homer*'s People. Epic Poetry and Social Formation, Cambridge Classical Studies, Cambridge 2000.

HAUSES, REGINA, Salus-Vorstellungen der Antike: Die *Gesundheit* des Einzelnen und das Wohl des Staates, in: D.H.W. Grönemeyer/T. Kobusch/H. Schott (Hg.), Gesundheit im Spiegel der Disziplinen, Epochen, Kulturen, Ars medicinae, Tübingen 2008, 91–107.

HEIL, JOHN P., Jesus *Walking* on the Sea. Meaning and Gospel Functions of Matt 14:22–33, Mark 6:45–52 and John 6:15b–21, AnBib 87, Rom 1981.

HEININGER, BERNHARD, „Politische Theologie" im *Markusevangelium*. Der Aufstieg Vespasians zum Kaiser und der Abstieg Jesu ans Kreuz, in: Ders., Die Inkulturation des Christentums. Aufsätze und Studien zum Neuen Testament und seiner Umwelt, WUNT 255, Tübingen 2010, 181–204.

HELMS, DOMINIK, Die neue Akzentsetzung der *Septuaginta* in Jes 6,8–13, in: BZ 60, 2016, 248-263.

HENGEL, MARTIN, *Mors* turpissima crucis. Die Kreuzigung in der antiken Welt und die „Torheit" des „Wortes vom Kreuz", in: Ders., Studien zum Urchristentum. Kleine Schriften VI, hg. von Claus-Jürgen Thornton, WUNT 234, Tübingen 2008 [2011], 594–652.

– , Das früheste *Christentum* als eine jüdische messianische und universalistische Bewegung, in: Ders., Judaica, Hellenistica et Christiana. Kleine Schriften II, WUNT 109, Tübingen 1999 [2002], 200–218.

– /MARKSCHIES, CHRISTOPH, Das Problem der *Hellenisierung* Judäas im 1. Jahrhundert nach Christus, in: Ders., Judaica et Hellenistica. Kleine Schriften I, WUNT 90, Tübingen 1996, 1–90.

– , *Jerusalem* als jüdische und hellenistische Stadt, in: Ders., Judaica, Hellenistica et Christiana. Kleine Schriften II, WUNT 109, Tübingen 1999, 115–156.

– , *Reich* Christi, Reich Gottes und Weltreich im Johannesevangelium, in: Ders./A. M. Schwemer (Hg.), Königsherrschaft Gottes und himmlischer Kult im Judentum, Urchristentum und in der hellenistischen Welt, WUNT 55, Tübingen 1991, 163–184.

– , Die *Schriftauslegung* des 4. Evangeliums auf dem Hintergrund der urchristlichen Exegese, in: JBTh 4, 1989, 249–288.

– , *Judentum* und Hellenismus. Studien zu ihrer Begegnung unter besonderer Berücksichtigung Palästinas bis zur Mitte des 2. Jh. v. Chr., WUNT 10, Tübingen ^{3}1988.

– , The *Atonement*. A Study of the Origins of the Doctrine in the New Testament, London 1981.

HENRIX, HANS H./RENDTORFF, ROLF (Hg.), Die *Kirchen* und das Judentum, 2 Bd., Paderborn 1988/2001.

HENTEN, JAN WILLEM VAN, The Maccabean *Martyrs* as Saviours of the Jewish People. A Study of 2 and 4 Maccabees, JSJ.S 57, Leiden u. a. 1997.

HERRMANN, FLORIAN, Strategien der *Todesdarstellung* in der Markuspassion: Ein literaturgeschichtlicher Vergleich, NTOA 86, Göttingen 2010.

HERZ, PETER, *Emperors*: Caring for the Empire and Their Successors, in: J. Rüpke (Hg.), A Companion to Roman Religion, Blackwell Companions to the Ancient World, Malden u. a. 2007, 304–316.

– , Der römische Kaiser und der *Kaiserkult*. Gott oder primus inter pares? in: D. Zeller (Hg.), Menschwerdung Gottes – Vergöttlichung von Menschen, NTOA 7, Göttingen u. a. 1988, 115–140.

Herzer, Jens, Zwischen Loyalität und *Machtstreben*. Sozialgeschichtliche Aspekte des Pilatusbildes bei Josephus und im Neuen Testament, in: C. Böttrich/Ders. (Hg.), Josephus und das Neue Testament. Wechselseitige Wahrnehmungen. II. Internationales Symposium zum Corpus Judaeo-Hellenisticum 25. –28. Mai 2006, Greifswald, WUNT 209, Tübingen 2007, 429–450.

Hill, John S., Τὰ βαΐα τῶν φοινίκων (John 12:13). *Pleonasm* or Prolepsis?, in: JBL 101, 1982, 133–135.

Hill, Timothy, Ambitiosa *Mors*. Suicide and Self in Roman Thought and Literature, Studies in Classics 10, New York u. a. 2004.

Hillard, Tom, *Velleius* 2.124.2 and the reluctant princeps: The Evolution of Roman Perceptions of Leadership, in: E. Cowan (Hg.), Velleius Paterculus. Making History, Wales 2011, 219–251.

Himmelmann, Nikolaus, Über Hirten-Genre in der antiken Kunst, ARWAW 65, Opladen 1980.

Hinrichs, Boy, „*Ich bin*". Die Konsistenz des Johannes-Evangeliums in der Konzentration auf das *Wort* Jesu, SBS 133, Stuttgart 1988.

Höistad, Ragnar, *Cynic* Hero and Cynic King. Studies in the Cynic Conception of Man, Uppsala 1948.

Hölkeskamp, Karl-Joachim, *Verlierer* in der ‚Konkurrenz unter Anwesenden'. Agonalität in der politischen Kultur der römischen Republik, in: Ders./H. Beck (Hg.), Verlierer und Aussteiger in der ‚Konkurrenz unter Anwesenden'. Agonalität in der politischen Kultur des antiken Rom, Stuttgart 2019, 11–29.

– , „*Performative Turn*" meets "Spatial Turn". Prozessionen und andere Rituale in der neueren Forschung, in: D. Boschung/Ders./C. Sode (Hg.), Raum und Performanz. Rituale in Residenzen von der Antike bis 1815, Stuttgart 2015, 15–74.

– , Exempla und mos maiorum. Überlegungen zum kollektiven *Gedächtnis* der Nobilität, in: H.-J. Gehrke/A. Möller (Hg.), Vergangenheit und Lebenswelt. Soziale Kommunikation, Traditionsbildung und historisches Bewußtsein, ScriptOralia 90, Tübingen 1996, 301–338.

Hölscher, Tonio, *Victoria* Romana. Archäologische Untersuchungen zur Geschichte und Wesensart der römischen Siegesgöttin von den Anfängen bis zum Ende des 3. Jh. n. Chr., Mainz am Rhein 1967.

Hoff, Ralf von den/Stroh, Wilfried/Zimmermann, Martin, Divus *Augustus*. Der erste römische Kaiser und seine Welt, München 2014.

Hooff, Anton J.L. van, From Autothanasia to *Suicide*. Self-killing in Classical Antiquity, London u. a. 1990 [^{2}2002].

Hope, Valerie M., Roman *Death*. The Dying and the Dead in Ancient Rome, London u. a. 2009.

Hose, Martin, *Fiktionalität* und Lüge. Über einen Unterschied zwischen römischer und griechischer Terminologie, in: Poetica 28, 1996, 257–274.

Hossenfelder, Malte, Die Philosophie der Antike 3. *Stoa*, Epikureismus und Skepsis (Geschichte der Philosophie III), München 1985.

Huebenthal, Sandra, Das Markusevangelium als kollektives *Gedächtnis*, FRLANT 253, Göttingen [2]2018.

Hugenschmidt, Alexander, Magnae mortes. Im *Sterben* bewiesene Größe bei den Römern, Freiburg i. Br. 1960.

Humphrey, John W., An Historical Commentary on Cassius Dio's Roman *History* 59 (Gaius Caligula), Vancouver 1976.

Hunt, Steven A., *Rewriting* the Feeding of the Five Thousand: John 6:1–15 as a Test Case for Johannine Dependence on the Synoptic Gospels, SBLit 125, New York 2011.

Hunziker-Rodewald, Regine, Hirt und Herde. Ein Beitrag zum alttestamentlichen *Gottesverständnis*, BWANT 155, Stuttgart 2001.

Hutchinson, Gregory O., Latin *Literature* from Seneca to Juvenal. A Critical Study, Oxford 1993.

Huttner, Ulrich, *Sterben* wie ein Philosoph. Zur Inszenierung des Todes in der Antike, in: M. Zimmermann (Hg.), Extreme Formen von Gewalt in Bild und Text des Altertums, München 2009, 295–320.

Instinsky, Hans U., *Consensus* universorum, in: H. Oppermann (Hg.), Römische Wertebegriffe, WdF 34, Darmstadt [3]1983, 209–228.

Jacob, Benno, Im Namen Gottes. Eine sprachliche und religionsgeschichtliche *Untersuchung* zum Alten und Neuen Testament, Berlin 1903.

Jehne, Martin, *Caesar*, München [3]2004.

– , Der *Staat* des Dictators Caesar, Passauer Historische Forschungen 3, Köln 1987.

Johnson, Curtis N., Socrates' Political *Philosophy*, in: J. Bussanich/N.D. Smith (Hg.), The Bloomsbury Companion to Socrates, London u. a. 2013, 233–256.

Jones, Christopher P., The Roman World of Dio *Chrysostom*, Loeb Classical Monographs, Cambridge u. a. 1978.

Jonge, Marinus de, Jesus: Stranger from Heaven and Son of God. Jesus Christ and the Christians in the Johannine Perspective, SBLSBS 11, Missoula 1977.

Joseph, Timothy A., *Tacitus* the Epic Successor. Virgil, Lucan, and the Narrative of Civil War in the Histories, Mn.S 345, Leiden u. a. 2012.

Kampling, Rainer (Hg.), „Nun steht aber diese Sache im Evangelium…". Zur *Frage* nach den Anfängen des christlichen Antijudaismus, Paderborn 1999.

Karrer, Martin, „Und ich werde sie heilen". Das *Verstockungsmotiv* aus Jes 6,9f in Apg 28,26f, in: Ders./W. Kraus/O. Merk (Hg.), Kirche und Volk Gottes (FS Jürgen Roloff), Neukirchen-Vluyn 2000, 255–271.

– , Der *Gesalbte*. Die Grundlagen des Christustitels, FRLANT 151, Göttingen 1991.

Keitel, Elizabeth, Otho's *Exhortations* in Tacitus' ‚Histories', in: GR 34, 1987, 73–82.

Keller, Martin, Untersuchungen zur deuteronomisch-deuteronomistischen *Namenstheologie*, BBB 105, Weinheim 1996.

Kellenberger, Edgar, Heil und *Verstockung*. Zu Jes 6,9f. bei Jesaja und im Neuen Testament, in: TZ 48, 1992, 268–275.

Kerr, John L., The Role and Character of the Praetorian Guard and the Praetorian *Prefecture* until the Accession of Vespasian, Glasgow 1991.

Kertelge, Karl, Die *Wunder* Jesu im Markusevangelium. Eine redaktionsgeschichtliche Untersuchung, StANT 23, München 1970.

Kiefer, Odo, Die *Hirtenrede*. Analyse und Deutung von Joh 10,1–18, SBS 23, Stuttgart 1967.

Kienast, Dietmar, *Augustus*. Prinzeps und Monarch, Darmstadt [4]2009.

– , Alexander, Zeus und Ammon, in: J. Heinrichs/W. Will (Hg.), Zu Alexander dem Großen, Bd. 2 (FS Gerhard Wirth), Amsterdam 1987, 309–333.

Kierdorf, Wilhelm, *Apotheose* und postumer Triumph Trajans, in: Tyche 1, 1986, 147–156.

– , „Funus“ und „consecratio“. Zu Terminologie und Ablauf der römischen *Kaiserapotheose*, in: Chiron 16, 1986, 43–69.

Kierspel, Lars, The *Jews* and the World in the Fourth Gospel. Parallelism, Function, and Context, WUNT II/220, Tübingen 2006.

Kim, Sehyun, The *Kingship* of Jesus in the Gospel of John, Eugene 2018.

Kindstrand, Jan F., *Homer* in der Zweiten Sophistik. Studien zu der Homerlektüre und dem Homerbild bei Dion von Prusa, Maximos von Tyros und Ailios Aristeides, SGU 7, Uppsala 1973.

Kinman, Brent, *Parousia*, Jesus' „A-Triumphal“ Entry, and the Fate of Jerusalem (Luke 19:28–44), in: JBL 118, 1999, 279–294.

– , Jesus' Entry into *Jerusalem*. In the Context of Lukan Theology and the Politics of His Days, AGJU 28, Leiden u. a. 1995.

Kirchschläger, Peter G., Nur ich bin die *Wahrheit*. Der Absolutheitsanspruch des johanneischen Christus und das Gespräch zwischen den Religionen, HBS 63, Freiburg u. a. 2010.

Kirk, David R., Heaven Opened. *Intertextuality* and Meaning in John 1:51, in: TynB 63, 2012, 237–256.

Kittel, Gerhard, Art. *δόξα*, in: ThWNT II, 1935, 235–240.245–258.

Kittel, Helmuth, Die *Herrlichkeit* Gottes. Studien zu Geschichte und Wesen eines neutestamentlichen Begriffs, BZNW 16, Gießen 1934.

Kleijwegt, Marc, Caligula's ‚*Triumph*‘ at Baiae, in: Mn. 47, 1994, 652–671.

Kloft, Hans, *Liberalitas* principis. Herkunft und Bedeutung. Studien zur Prinzipatsideologie, KHAb 18, Köln 1970.

Klose, Friedrich, Die Bedeutung von *honos* und honestus, Breslau 1933.

Kloss, Gerrit, *Möglichkeit* und Wahrscheinlichkeit im 9. Kapitel der Aristotelischen *Poetik*, in: RMP 146, 2003, 160–183.

Knoche, Ulrich, Der römische *Ruhmesgedanke*, in: H. Oppermann (Hg.), Römische Wertbegriffe, WdF 34, Darmstadt [3]1983, 420–445.

Knöppler, Thomas, Die *theologia* crucis des Johannesevangeliums. Das Verständnis des Todes Jesu im Rahmen der johanneischen Inkarnations- und Erhöhungschristologie, WMANT 69, Neukirchen-Vluyn 1994.

Köhler, Ludwig, Das Reittier des *Friedensfürst*, in: Ders., Kleine Lichter. Fünfzig Bibelstellen erklärt, Zürich 1945, 52–56.

Kosseleck, Reinhart, Der Aufbruch in die Moderne oder das Ende des Pferdezeitalters, in: Historikerpreis der Stadt Münster 2003. Dokumentation der Feierstunde der Verleihung am 18. Juli 2003 im Festsaal des Rathauses zu Münster, Münster 2003, 23–29.

Köstenberger, Andreas J., Jesus the Good *Shepherd* Who Will Also Bring Other Sheep (John 10:16). The Old Testament Background of a Familiar Metaphor, in: BBR 12, 2002, 67–96.

Kooij, Arie van der, The Septuagint of Zechariah as Witness to an Early Interpretation of the Book, in: C. Tucket (Hg.) The Book of Zechariah and its Influence, Cornwall 2003, 53–64.

Koortbojian, Michael, The *Divinization* of Caesar and Augustus. Precedents, Consequences, Implications, New York 2013.

Kowalski, Beate, Die *Hirtenrede* (Joh 10,1–18) im Kontext des Johannesevangeliums, SBB 31, Stuttgart 1996.

Krämer, Sybille/Stahlhut, Marco, Das „*Performative*" als Thema der Sprach- und Kulturphilosophie, in: Paragrana 10, 2001, 35–64.

Kraus, Wolfgang, Die Bedeutung von Dtn 18,15–18 für das Verständnis Jesu als *Prophet*, in: ZNW 90, 1999, 153–176.

Kröss, Katja, Die politische Rolle der stadtrömischen *Plebs* in der Kaiserzeit, Impact of Empire 24, Leiden u. a. 2017.

Kügler, Joachim, Das *Johannesevangelium*, in: M. Ebner/S. Schreiber (Hg.), Einleitung in das Neue Testament, KStTh 6, Stuttgart ^{3}2020, 210–230.

– , Die Macht der *Nase*. Zur religiösen Bedeutung des Duftes, (Religionsgeschichte, Bibel, Liturgie), SBS 187, Stuttgart 2000.

– , Der andere *König*. Religionsgeschichtliche Perspektiven auf die Christologie des Johannesevangeliums, SBS 178, Stuttgart 1999.

– , *Pharao* und Christus? Religionsgeschichtliche Untersuchung zur Frage einer Verbindung zwischen altägyptischer Königstheologie und neutestamentlicher Christologie im Lukasevangelium, BBB 113, Bodenheim 1997.

Kühnen, Angela, Die *Imitatio* Alexandri in der Römischen Politik (1. Jh. v. Chr.–3. Jh. n. Chr.), Münster 2008.

Kühschelm, Roman, *Verstockung*, Gericht und Heil. Exegetische und bibeltheologische Untersuchung zum sogenannten „Dualismus" und „Determinismus" in Joh 12,35–50, BBB 76, Frankfurt a. M. 1990.

Kuhn, Annika B., The Dynamics of Social *Status* and Prestige in Pliny, Juvenal and Martial, in: Dies. (Hg.), Social Status and Prestige in the Graeco-Roman World, Stuttgart 2015, 9–28.

Kuhn, Heinz-Wolfgang, Die *Kreuzesstrafe* während der frühen Kaiserzeit. Ihre Wirklichkeit und Wertung in der Umwelt des Urchristentums, in: ANRW II 25.1, 1982, 648–793.

Kunst, Christiane, Der *Leichnam* des Princeps zwischen Consecratio und Damnatio, in: Potestas 1, 2008, 79–100.

Kurczyk, Stephanie, *Nero* im Zerrspiegel – Selbstempfehlung und Herrscherkritik in Senecas *De clementia*, in: C. Jostkleigrewe u. a. (Hg.), Geschichtsbilder. Konstruktion – Reflexion – Transformation, Europäische Geschichtsdarstellungen 7, Köln u. a. 2005, 31–53.

Labahn, Michael, Die *Gabe* des Lebens und kaiserliche Wohltaten. Ein unvermeidlicher Gegensatz: Der Jesus des vierten Evangeliums als Wundertäter und der römische Kaiser, in: G. van Belle/J. Verheyden (Hg.), Christ and the Emperor. The Gospel Evidence, BToSt 20, Leuven u. a. 2014, 249–277.

– , „Heiland der Welt". Der gesandte *Gottessohn* und der römische Kaiser – ein Thema johanneischer Christologie?, in: Ders./J. Zangenberg (Hg.), Zwischen den Reichen: Neues Testament und Römische Herrschaft. Vorträge auf der Ersten Konferenz der European Association for Biblical Studies, TANZ 36, Tübingen 2002, 147–173.

– , *Offenbarung* in Zeichen und Wort. Untersuchungen zur Vorgeschichte von Joh 6,1–25a und seiner Rezeption in der Brotrede, WUNT II/117, Tübingen 2000.

– , „Verlassen" oder „*Vollendet*". Ps 22 in der „Johannespassion" zwischen Intratextualität und Intertextualität, in: D. Sänger/Ders. u.a. (Hg.), Psalm 22 und die Passionsgeschichten der Evangelien: [Tagung (13. - 15. März 2006) der Projektgruppe "Biblische Intertextualität" der Wissenschaftlichen Gesellschaft für Theologie], BTS 88, Neukirchen-Vluyn 2007, 111–153.

Lafont, Sophie, Le Roi, le Juge et *l'Étranger* a Mari et dans la Bible in: RA 92, 1998, 161–181.

Lamarche, Paul, *Zacharie* IX–XIV. Structure littéraire et messianisme, Études bibliques, Paris 1961.

Lane Fox, Robin, *Alexander* der Große. Eroberer der Welt, Reinbek 204.

– , Alexander der Große. Eine *Biographie*, Düsseldorf 1974.

Lang, Bernhard, Der vergöttlichte König im polytheistischen Israel, in: D. Zeller (Hg.), Menschwerdung Gottes – Vergöttlichung von Menschen, NTOA 7, Göttingen u. a. 1988, 37–59.

Lang, Manfred, Art. *Hirte*, in: Das wissenschaftliche Bibellexikon im Internet, 2008. https://www.bibelwissenschaft.de/stichwort/46901/ Abgerufen am 06.03.2018.

Langner, Cordula, Was für ein *König* ist Jesus?, in: M. Labahn/K Scholtissek/A. Strotmann (Hg.), Israel und seine Heilstraditionen (FS Johannes Beutler), Paderborn 2004, 247–268.

Lau, Markus, Der gekreuzigte *Triumphator*. Eine motivkritische Studie zum Markusevangelium, NTOA 114, Göttingen 2019.

Lauffer, Siegfried, *Alexander* der Große, München 1978.

Lehnen, Joachim, *Profectio* Augusti. Zum kaiserlichen Zeremoniell des Abmarsches, in: Gym. 108, 2001, 15–33.

– , *Adventus* Principis. Untersuchungen zu Sinngehalt und Zeremoniell der Kaiserankunft in den Städten des Imperium Romanum, Prismata VII, Frankfurt a. M. 1997.

Lehnert, Volker A., Die *Provokation* Israels. Die paradoxe Funktion von Jes 6,9–10 bei Markus und Lukas. Ein textpragmatischer Versuch im Kontext gegenwärtiger Rezeptionsästhetik und Lesetheorie, Neukirchener Theologische Dissertationen und Habilitationen 25, Neukirchen-Vluyn 1999.

Leo, Friedrich, Die griechisch-römische *Biographie* nach ihrer literarischen Form, Leipzig 1901.

Leonhard, Clemens, Die Erzählung Ex 12 als *Festlegende* für das Pesachfest am Jerusalemer Tempel, in: M. Ebner (Hg.), Das Fest. Jenseits des Alltags, Neukirchen-Vluyn 2004, 233–260.

Levick, Barbara, *Augustus*. Image and Substance, Harlow 2010.

– , *Vespasian*, Roman Imperial Biographies, London u. a. 2017 [1999].

– , *Tiberius* the Politician, London u. a. ²1999 [1976 und 1986].

Liertz, Uta-Maria, Kult und Kaiser. Studien zu *Kaiserkult* und Kaiserverehrung in den germanischen Provinzen und in Gallia Belgica zur römischen Kaiserzeit, Acta Instituti Romani Finlandiae/AIRF 20, Rom 1998.

Lincoln, Andrew T., God's *Name*, Jesus' Name, and Prayer in the Fourth Gospel, in: R.N. Longenecker (Hg.), Into God's Presence. Prayer in the New Testament, Grand Rapids 2002/1, 155–180.

Loos, H. van der, The Miracles of Jesus, Leiden 1954.

Loretz, Oswald, *Hippologia* Ugaritica. Das Pferd in Kultur, Wirtschaft, Kriegführung und Hippiatrie Ugarits. Pferd, Esel und Kamel in biblischen Texten. Mit einem Beitrag von M. Stol über Pferde, Pferdekrankheiten und Pferdemedizin in altbabylonischer Zeit, AOAT 386, Münster 2011.

Lowe, Malcolm, Who Were the ΙΟΥΔΑΙΟΙ?, in: NT 18, 1976, 101–130.

Lütgert, Wilhelm, Die Juden im *Johannesevangelium*, in: A. Deissmann/H. Windisch (Hg.), Neutestamentliche Studien für C.F. Georg Heinrici (FS C.F. Georg Heinrici), UNT 6, Leipzig 1914, 147–154.

Luhmann, Niklas, Soziale Systeme. Grundriß einer allgemeinen Theorie, Frankfurt am Main 1984.

– , Die Gesellschaft der Gesellschaft, Frankfurt am Main 1998.

Luke, Trevor S., A Healing Touch for *Empire*. Vespasian's Wonders in Domitianic Rome, in: GR 57, 2010, 77–106.

Madden, Patrick J., Jesus' *Walking* on the Sea. An Investigation of the Origin of the Narrative Account, BZNW 81, Berlin 1997.

Malitz, Jürgen, Nero, Blackwell Ancient Lives, Malden u. a. 2005.

Malloch, Steve J.V.C., *Gaius*' Bridge at Baiae and Alexander-Imitatio, in: CQ 51, 2001, 206–217.

Martin, Ronald, *Tacitus*, London 1981.

Martitz, Wülfing vom, Art. *υἱός*, in: ThWNT VIII, 1969, 334–340.

Martyn, J.L., *History* and Theology in the Fourth Gospel, The New Testament Library, Nashville [2]1979. [3]2003.

Matthews, Monica, Caesar and the *Storm*. A Commentary on Lucan De Bello Civili, Book 5 lines 476–721, Bern 2008.

McCauley, Barbara, Euripides' *Heracleidae* and the Cult of Heroes, in: ClB 85, 2009, 43–56.

McGroarty, Kieran, Did Alexander the Great read *Xenophon*, in: Her. 181, 2006, 105–124.

McPhee, Brian D., Walk, Don't Run: Jesus's Water *Walking* Is Unparalleled in Greco-Roman Mythology, in: JBL 135, 2016, 763–777.

McPherran, Mark L., Does *Piety* Pay? Socrates on Prayer and Sacrifice, in: T.C. Brickhouse/N.D. Smith (Hg.), The Trial and Execution of Socrates. Sources and Controversies, New York u. a. 2002, 162–190.

–, Socratic Reason and Socratic Revelation, in: W. Prior (Hg.), Socrates. Critical Assessments. Issues Arising from the Trial of Socrates, Bd. II, London 1996, 167–194.

–, *Socratic* Theology and Piety, in: J. Bussanich/N.D. Smith (Hg.), The Bloomsbury Companion to Socrates, London u. a. 2013, 257–275.

Meeks, Wayne A., The *Prophet-King*. Mose Tradition and the Johannine Christology, NT.S 14, Leiden 1967.

Mehring, Hanna-Maria, Jesus - der Herrscher als *Hirte*. Eine motivkritische Spurensuche, in: PZB 27, 2018, 42–72.

–, *Motivkritik*, in: M. Lau/N. Neumann (Hg.), Das biblische Methodenseminar. Kreative Impulse für Lehrende, Göttingen 2017, 236–255.

Meier, Christian, *Caesar*, Darmstadt 2004.

Meier, Mischa, *Caesar* und das Problem der Monarchie in Rom, SPHKHAW 52, Heidelberg 2014.

Meister, Jan B., *Adventus* und Profectio: Aristokratisches Prestige, Bindungswesen und Raumkonzepte im republikanischen und frühkaiserzeitlichen Rom, in: MH 70, 2013, 33–56.

Menken, Marten J.J., „Do Not Fear, Daughter *Zion*…" (John 12:15), in: Ders. (Hg.), Old Testament Quotations in the Fourth Gospel. Studies in Textual Form, Contributions to Biblical Exegesis and Theology 15, Kampen 1996, 79–97.

–, „He Has *Blinded* Their Eyes…" (John 12:40), in: Ders., Old Testament Quotations in the Fourth Gospel. Studies in Textual Form, Contributions to Biblical Exegesis and Theology 15, Kampen 1996, 99–122.

–, Die *Redaktion* des Zitates aus Sach 9,9 in Joh 12,15, in: ZNW 80, 1989, 193–209.

Merz, Annette/Theissen, Gerd, Der historische *Jesus*. Ein Lehrbuch, Göttingen [3]2001.

Miano, Daniele, From Saviours to *Salvation*. Salus in Republican Italy, in: Ders./E. Bispham (Hg.), Gods and Goddess in Ancient Italy, New York u. a. 2020, 137–157.

Mittag, Peter F., Die Ewigkeit des Kaisers und das *Wohlergehen* des Reiches, in: H. Beck u. a. (Hg.), Von Magna Graecia nach Asia Minor (FS Linda-Marie Günther), Philippika 116, Wiesbaden 2017, 339–347.

Moenikes, Ansgar, Psalm 2,7b und die *Göttlichkeit* des israelitischen Königs, in: ZAW 111, 1999, 619–621.

Moles, John, *Dio* und Trajan, in: K. Piepenbrink (Hg.), Philosophie und Lebenswelt in der Antike, Darmstadt 2003, 186–207.

– , The *Kingship* Orations of Dio Chrysostom, in: F. Cairns/M. Heath (Hg.), Papers of the Leeds International Latin Seminar 6: Roman Poetry and Drama, Greek Epic, Comedy, Rhetoric, ARCA 29, Leeds 1990, 297–375.

Moling, Josef, *Dion* von Prusa und die klassischen Dichter, Innsbruck 1959.

Morenz, Siegfried, *Vespasian*, Heiland der Kranken: Persönliche Frömmigkeit im antiken Herrscherkult?, in: WJA 4, 1949/50, 370–378.

Morgan, Gwyn, 69 A.D.: The Year of Four *Emperors*, New York 2006.

Morris, Ian/Powell, Barry, A New Companion to *Homer*, Mnemosyne: Bibliotheca Classica Batava. Supplementum 163, Leiden u. a. 1997.

Motyer, Steven, Your *Father* the Devil? A New Approach to John and ‚the Jews', PBTM, London 1997.

Müller, Klaus W., Schierlingstrank und Kreuzestod. Anmerkungen zu den Prozessen gegen Sokrates und Jesus, in: AuA 32, 1986, 66–88.

Müller, Peter, *Sohn* und Sohn Gottes: Übergänge zwischen Metapher und Titel. Verbindungslinien zwischen Metaphorik und Titelchristologie am Beispiel des Sohnestitels, in: J. Frey/J. Rohls/R. Zimmermann (Hg.), Metaphorik und Christologie, Theologische Bibliothek Tölpelmann 120, Berlin u. a. 2003, 75–92.

Müller, Sabine, Maßnahmen der *Herrschaftssicherung* gegenüber der makedonischen Opposition bei Alexander dem Großen, Europäische Hochschulschriften 974, Frankfurt a. M. 2003.

Müller, Ulrich B., Die *Heimat* des Johannesevangeliums, in: ZNW 97, 2006, 44–63.

Mueller-Goldingen, Christian, Untersuchungen zu Xenophons *Kyrupädie*, BzA 42, Stuttgart u. a. 1995.

Nadon, Christopher, Xenophon's *Prince*. Republic and Empire in the *Cyropaedia*, Berkeley u. a. 2001.

Neumann, Natascha C., Der *Ausnahmezustand* in der Römischen Republik, Wien 2010.

Neyrey, Jerome H., ‚Despising the Shame of the Cross'. Honor and Shame in the Johannine Passion Narrative, in: Semeia 68, 1994, 113–137.

– , The Jacob *Allusions* in John 1:51, in: CBQ 44, 1982, 586–605.

Nicholson, Godfrey C., Death as Departure. The Johannine *Descent-Ascent* Schema, SBLDS, Chico 1983.

Nicklas, Tobias, Für immer *Teufelskinder*? Die „Juden" im vierten Evangelium, in: T. Hieke/K. Huber (Hg.), Bibel falsch verstanden. Hartnäckige Fehldeutungen biblischer Texte erklärt, Stuttgart 2020, 217–225.

– , *Wiederholung* und Variation: Das Motiv der „Stunde" im Johannesevangelium, in: G. van Belle/M. Labahn/P. Maritz (Hg.), Repetitions and Variations in the Fourth Gospel. Style, Text, Interpretation, BETL 223, Leuven u. a. 2009, 295–320.

– , Die *Prophetie* des Kajaphas. Im Netz johanneischer Ironie, in: NTS 46, 2000, 589–594.

– , „Unter dem *Feigenbaum*". Die Rolle des Lesers im Dialog zwischen Jesus und Natanael (Joh 1.45–50), in: NTS 46, 2000, 193–203.

Nielsen, Jesper T., Die *kognitive Dimension* des Kreuzes. Zur Deutung des Todes Jesu im Johannesevangelium, WUNT II/263, Tübingen 2009.

Niemand, Christoph, Jesus und sein Weg zum *Kreuz*. Ein historisch-rekonstruktives und theologisches Modellbild, Stuttgart 2007.

Nippel, Wilfried, *Aufruhr* und „Polizei" in der römischen Republik, Stuttgart 1988.

Nock, Arthur Darby, *Soter* and Euergetes, in: Ders./Z. Stewart (Hg.), Essays on Religion and the Ancient World II, Oxford 1972, 720–735.

– , ΣΥΝΝΑΟΣ *ΘΕΟΣ*, in: Ders./Z. Stewart (Hg.), Essays on Religion and the Ancient World I, Oxford 1972, 202–251.

– /Roberts, Colin/Skeat, Theodore C., The *Gild* of Zeus Hypsistos, in: Ders./Z. Stewart (Hg.), Essays on Religion and the Ancient World I, Oxford 1972, 414–443.

Norden, Eduard, Agnostos Theos. Untersuchungen zur *Formengeschichte* religiöser Rede, Leipzig ^{7}1996 [1923].

North, John A., *Caesar* at the Lupercalia, in: JRS 98, 2008, 144–160.

Noth, Martin, *Gott*, König, Volk im Alten Testament (Eine methodologische Auseinandersetzung mit einer gegenwärtigen Forschungsrichtung), in: Ders. (Hg.), Gesammelte Studien zum Alten Testament, ThB 6, München ^{3}1966.

Obermann, Andreas, Die christologische *Erfüllung* der Schrift im Johannesevangelium. Eine Untersuchung zur johanneischen Hermeneutik anhand der Schriftzitate, WUNT II/83, Tübingen 1996.

O'Day, Gail R., „I have overcome the World" (John 16:33): Narrative Time in John 13–17, in: Semeia 53 (1991), 153–166.

– , *John* 6:15–21: Jesus Walking on Water as Narrative Embodiment of Johannine Christology, in: R.A. Culpepper (Hg.), Critical Readings of John 6, BiInS 22, Leiden 1997, 149–159.

Onuki, Takashi, *Gemeinde* und Welt im Johannesevangelium. Ein Beitrag zur Frage nach der theologischen und pragmatischen Funktion des johanneischen „Dualismus", WMANT 56, Neukirchen-Vluyn 1984.

Opelt, Ilona, Das Bild des *Sokrates* in der christlichen lateinischen Literatur (FS Heinrich Dörrie), JAC.E 10, Münster 1983, 192–207.

– , Art. *Esel*, in: RAC 6, 1964, 564–595.

Otto, Eckhart, Art. פסח, in: ThWAT VI, 1989, 659–682.

Painter, John, The Quest for the *Messiah*. The History, Literature and Theology of the Johannine Community, Edinburgh ^{2}1993.

Parkin, Anneliese, „You do him no service". An Exploration of Pagan Almsgiving, in: M. Atkins/R. Osborne (Hg.), Poverty in the Roman World, Cambridge/New York 2006, 60–82.

Pax, Elpidius, Art. *Epiphanie*, in: RAC 5, 1962, 832–909.

Peetz, Melanie, *Abigajil*, die Prophetin: Mit Klugheit und Schönheit für Gewaltverzicht. Eine exegetische Untersuchung zu 1 Sam 25, FzB 116, Würzburg 2008.

Pelling, Christopher, Plutarch *Caesar*, translated with an Introduction and Commentary, Clarendon Ancient History Series, Oxford/New York 2011.

Peppel, Matthias, *Gott* oder Mensch? Kaiserverehrung und Herrschaftskontrolle, in: H. Cancik/K. Hitzl (Hg.), Die Praxis der Herrscherverehrung in Rom und seinen Provinzen, Tübingen 2003, 69–95.

Perkins, Caroline A., *Tacitus* on Otho, in: Latomus 52, 1993, 849–855.

Petersen, Erik, Die Einholung des *Kyrios*, in: ZSTh 7, 1929, 682–702.

Petersen, Silke, Maria aus Magdala. Die Jüngerin, die Jesus liebte, Biblische Gestalten 23, Leipzig 2011.

–, Brot, Licht und Weinstock. Intertextuelle *Analysen* johanneischer Ich-bin-Worte, NT.S 127, Leiden 2008.

–, Die Ich-bin-Worte als Metaphern am Beispiel der *Lichtmetaphorik*, in: J. Frey/J.G. van der Watt/R. Zimmermann (Hg.), Imagery in the Gospel of John. Terms, Forms, Themes, and Theology of Johannine Figurative Language, WUNT 200, Tübingen 2006, 121–138.

Pfeifer, Gerhard, Ursprung und Wesen der *Hypostasenvorstellung* im Judentum, AzTh 31, Stuttgart 1967.

Pfeiffer, Stefan, Herrscher- und Dynastiekulte im *Ptolemäerreich*. Systematik und Einordnung der Kultformen, MBPF 98, München 2008.

Pfister, Friedrich, Art. *Numen*, in: RE 17, 1937, 1273–1291.

Piper, Ronald A., The *Characterisation* of Pilate and the Death of Jesus in the Fourth Gospel, in: G. van Belle (Hg.), The Death of Jesus in the Fourth Gospel, BETL 200, Leuven u. a. 2007, 121–162.

Pitt-Rivers, Julian, *Honour* and Social Status, in: J.G. Peristiany (Hg.), Honour and Shame. The Values of Mediterranean Society, u. a. 1966, 19–78.

Plass, Paul, The *Game* of Death in Ancient Rome. Arena Sport and Political Suicide, Wisconsin Studies in Classics, Wisconsin 1995.

Pötscher, Walter, ‚*Numen*' und ‚numen' Augusti, in: ANRW II 16.1, 1978, 355–392.

–, Das römische *Fatum* - Begriff und Verwendung, in: ANRW II 16.1, 1974, 393–424.

Polman, G.H., Chronological Biography and *Akme* in Plutarch, in: CP 69, 1974, 169–177.

Poplutz, Uta, The *Pharisees*: A House Divided, in: S.A. Hunt/D.F. Tolmie/R. Zimmermann (Hg.), Character Studies in the Fourth Gospel. Narrative Approaches to Seventy Figures in John, WUNT 314, Tübingen 2013, 116–126.

Prell, Marcus, Sozialökonomische Untersuchungen zur Armut im antiken Rom. Von den Gracchen bis Kaiser Diokletian, Beiträge zur Wirtschafts- und Sozialgeschichte 77, Stuttgart 1997.

Price, Simon, From Noble Funerals to Divine Cult: The *Consecration* of Roman Emperors, in: D. Cannadine/Ders. (Hg.), Rituals of Royalty. Power and Ceremonial in Traditional Societies, PaP.S, Cambridge/New York u. a. 1987, 56–105.

– , Gods and Emperors: The Greek Language of the Roman Imperial *Cult*, in: JHS 104, 1984, 79–95.

– , *Rituals* and Power. The Roman Imperial Cult in Asia Minor, Cambridge/New York 1984.

– , Between Man and God: *Sacrifice* in the Roman Imperial Cult, in: JRS 70, 1980, 28–43.

Prior, William (Hg.), *Socrates*. Critical Assessments. Issues Arising from the Trial of Socrates, Bd. II, London 1996.

Purcell, Nicholas, Eating *Fish*. The Paradoxes of Seafood, in: J. Wilkins (Hg.), Food in Antiquity, Exeter 1995.

– , *Rome* and Its Development under Augustus and his Successors, in: A.K. Bowman/E. Lintott (Hg.), The Cambridge Ancient History, Bd. 10: The Augustan Empire, 43B.C.–A.D.69, Cambridge [2]1996, 782–811.

Quispel, Gilles, *Qumran*, John and Jewish Christianity, in: J.H. Charlesworth (Hg.), John and Qumran, London 1972, 137–155.

Rad, Gerhard von, Studies in *Deuteronomy*, London 1966.

– , Art. *δόξα*, in: ThWNT II, 1935, 240–245.

Ralkowski, Mark, The *Politics* of Impiety: Why was Socrates Prosecuted by the Athenian Democracy?, in: J. Bussanich/N.D. Smith (Hg.), The Bloomsbury Companion to Socrates, London u. a. 2013, 301–327.

Rapsaet, Georges, Art. *Esel*, in: Der Neue Pauly, hg. von H. Cancik/H. Schneider/M. Landfester, 2006. https://referenceworks-brillonline-com.uaccess.univie.ac.at/entries/der-neue-pauly/esel-e402470?s.num=0&s.f.s2_parent=s.f.book.der-neue-pauly&s.q=esel. Abgerufen am 9.11.2020.

– , Art. *Pferd*, in: Der Neue Pauly, hg. von H. Cancik/H. Schneider/M. Landfester, 2006. https://referenceworks-brillonline-com.uaccess.univie.ac.at/entries/der-neue-pauly/pferd-e917030?s.num=0&s.f.s2_parent=s.f.book.der-neue-pauly&s.q=pferd. Abgerufen am 9.11.2020.

Rauh, Stanley H., *Cato* at Utica: The Emerge of a Roman Suicide Tradition, in: AJP 139, 2018, 59–91.

Reese, Alfred, Die Bürger und ihr Kaiser. Die *plebs urbana* zwischen Republik und Prinzipat. https://hss-opus.ub.ruhrunibochum.de/opus4/frontdoor/deliver/index/docId/4080/file/diss.pdf. Abgerufen am 9.11.2020.

Rehm, Martin, Der königliche *Messias* im Licht der Immanuel-Weissagungen des Buches Jesaja, Eichstätter Studien N.F. 1, Kevelaer 1968.

Reim, Günter, Zur Lokalisierung der johanneischen Gemeinde, in: BZ 32, 1988, 72–86.

– , Studien zum alttestamentlichen Hintergrund des Johannesevangeliums, MSSNTS 22, Cambridge 1974.

Rein, Matthias, Das *Johannesevangelium*, in: K.-W. Niebuhr (Hg.), Grundinformation Neues Testament. Eine bibelkundlich-theologische Einführung, Göttingen [5]2020, 139–168.

Rensberger, David, The *Politics* of John: The Trial of Jesus in the Fourth Gospel, in: JBL 103, 1984, 395–411.

RICHTER, BRIGITTE, Vitellius. Ein Zerrbild der Geschichtsschreibung. Untersuchungen zum Prinzipat des A. Vitellius, Prismata III, Frankfurt a. M. 1992.

RICKEN, FRIEDO, Dihairese Mythos Beispiel. Literarische Werkzeuge der philosophischen Argumentation in Platons *Politikos*, in: Ders. (Hg.), Kontexte der Vernunft, Stuttgart 2015, 10–17.

RICKMAN, GEOFFREY, The *Corn* Supply of Ancient Rome, Oxford 1980.

RIEMER, ULRIKE, *Wundergeschichten* und ihre Erzählabsicht im Kontext antiker Herrscherverehrung, in: Klio 86, 2004, 218–234.

RINGGREN, HELMER, Art. Hypostasen, in: RGG III, ^{3}1959, 504–506.

RISSI, MATHIAS, Die ‚*Juden*' im Johannesevangelium, in: ANRW II 26.3, 1996, 2099–2141.

RÖSEL, MARTIN, Die Interpretation von *Genesis* 49 in der Septuaginta, in: BN 79, 1995, 54–70.

ROLLER, MATTHEW B., *Models* from the Past in Roman Culture. A World of Exempla, Cambridge 2018.

RONCONI, ANTONIUS, Art. *Exitus* illustrium virorum, in: RAC 6, 1966, 1258–1268.

RONNING, CHRISTIAN, *Herrscherpanegyrik* unter Trajan und Konstantin. Studien zur symbolischen Kommunikation in der römischen Kaiserzeit, STAC 42, Tübingen 2007.

– , *Stadteinzüge* in der Zeit der römischen Republik. Die Zeremonie des *Adventus* und ihre politische Bedeutung, in: Ders. (Hg.), Einblicke in die Antike. Orte – Praktiken – Strukturen, München 2006, 57–86.

RONNING, JOHN, The Jewish *Targums* and John's Logos Theology, Peabody, MA 2010.

ROTH, DIETER T., The *Boy* with Loaves and Fish: Picnic, Plot, and Pattern, in: S.A. Hunt/D.F. Tolmie/R. Zimmermann (Hg.), Character Studies in the Fourth Gospel. Narrative Approaches to Seventy Figures in John, WUNT 314, Tübingen 2013, 356–359.

ROUKEMA, RIEMER, Jesus and the Divine *Name* in the Gospel of John, in: G.H. van Kooten (Hg.), The Revelation of the Name YHWH to Moses. Perspectives from Judaism, the Pagan Graeco-Roman World, and Early Christianity, Themes in Biblical Narrative 9, Leiden 2006, 207–223.

RUBEL, GEORG, *Erkenntnis* und Bekenntnis. Der Dialog als Weg der Wissensvermittlung im Johannesevangelium, NTA N.F. 54, Münster 2009.

RUCK-SCHRÖDER, ADELHEID, Der Name Gottes und der Name Jesu. Eine neutestamentliche Studie, WMANT 80, Neukirchen-Vluyn 1999.

RUDICH, VASILY, Political *Dissidence* under Nero. The Price of Dissimulation, London u. a. 1993 [2005].

RÜPKE, JÖRG, *Domi* militiae. Die religiöse Konstruktion des Krieges in Rom, Stuttgart 1990.

RUFFING, KAI, Cato Uticensis und seine *Wahrnehmung* in der Antike, in: U. Niggemann/Ders. (Hg.), Antike als Modell in Nordamerika? Konstruktion und Verargumentierung 1763–1809, HZ.B N.F. 55, München 2011, 175–202.

RUSCHMANN, SUSANNE, Maria von Magdala im Johannesevangelium. Jüngerin – Zeugin – Lebensbotin, NTA.NF 40, Münster 2002.

Saïd, Suzanne, Dio's Use of *Mythology*, in: S. Swain (Hg.), Dio Chrysostom. Politics, Letters, and Philosophy, Oxford 2000, 161–186.

Satlow, Michael L., *Giving* for a Return: Jewish Votive Offerings in Late Antiquity, in: D. Brakke/Ders./S. Weitzmann (Hg.), Religion and the Self in Antiquity, Bloomington u. a. 2005, 91–108.

Saur, Markus, Die *Königspsalmen*. Studien zur Entstehung und Theologie, BZAW 340, Berlin u. a. 2004.

Sauter, Franz, Der römische *Kaiserkult* bei Martial und Statius, TBAW 21, Stuttgart u. a. 1934.

Schäfer, Christian, *Herrschen* und Selbstbeherrschung: Der Mythos des Politikos, in: Ders./M. Janka (Hg.), Platon als Mythologe. Neue Interpretationen zu den Mythen in Platons Dialogen, Darmstadt 2002, 115–136.

Schenke, Ludger, Das *Szenarium* von Joh 6,1–25, in: TTZ 92, 1983, 191–203.

– , Die wunderbare *Brotvermehrung*. Die neutestamentlichen Erzählungen und ihre Bedeutung, Würzburg 1983.

Scherz, Paul, Grief, *Death*, and Longing in Stoic and Christian Ethics, in: JRE 45, 2017, 7–28.

Schimanowski, Gottfried, Juden und Nichtjuden in Alexandrien. Koexistenz und Konflikte bis zum Pogrom unter Trajan (117 n. Chr.), MJSt 18, Münster 2006.

Schlund, Christine, „Kein *Knochen* soll gebrochen werden". Studien zu Bedeutung und Funktion des Pesachfests in Texten des frühen Judentums und im Johannesevangelium, WMANT 107, Neukirchen-Vluyn 2005.

Schmidt, Karl Matthias, Wege des Heils. *Erzählstrukturen* und Rezeptionskontexte des Markusevangeliums, NTOA 74, Göttingen 2010.

Schmidt, Leopold, Die Ethik der alten Griechen, Bd. 2, Berlin 1882.

Schmidt, Manfred G., Otho's letztes *Geldgeschenk*, in: Phil 139, 1995, 163–166.

Schneider, Johannes, *Doxa*. Eine bedeutungsgeschichtliche Studie, Gütersloh 1932.

Schneiders, Sandra M., Touching the Risen Jesus: Mary Magdalene and Thomas the Twin in John 20, in: R. Bieringer/Craig R. Koester, The Resurrection of Jesus in the Gospel of John, WUNT 222, Tübingen 2008, 153–176.

Schnelle, Udo, *Einleitung* in das Neue Testament, Göttingen 1994 [^{9}2017].

Scholtissek, Klaus, „Eine größere Liebe als diese hat niemand, als wenn einer sein Leben hingibt für seine Freunde" (Joh 15,13). Die hellenistische *Freundschaftsethik* und das Johannesevangelium, in: J. Frey/U. Schnelle (Hg.), Kontexte des Johannesevangeliums. Das vierte Evangelium in religions- und traditionsgeschichtlicher Perspektive, WUNT 175, Tübingen 2004, 413–439.

Scholz, Peter, *Autobiographien* hellenistischer Herrscher und republikanischer *nobiles* – „Ein Unterschied der Volksindividualität"?, in: M. Erler/S. Schorn (Hg.), Die griechische Biographie in hellenistischer Zeit: Akten des internationalen Kongresses vom 26.–29. Juli 2006 in Würzburg, BzA 245, Berlin u. a. 2007, 385–405.

– , Der *Prozeß* gegen Sokrates. Ein „Sündenfall" der athenischen Demokratie? in: L. Burckhardt/J. von Ungern-Sternberg (Hg.), Große Prozesse im antiken Athen, München 2000, 157–173.

Schreiber, Stefan, *Begleiter* durch das Neue Testament, Ostfildern 2018/2022 [Neuausgabe].

– /Schuhmacher, Thomas (Hg.), Antijudaismen in der Exegese? Eine *Diskussion* 50 Jahre nach Nostra Aetate, Freiburg i. Br. 2015.

– , *Gesalbter* und König. Titel und Konzeptionen der königlichen Gesalbtenerwartung in frühjüdischen und urchristlichen Schriften, BZNW 105, Berlin 2000.

– , *Rätsel* um den König. Zur religionsgeschichtlichen Herkunft des König-Titels im Johannesevangelium, in: Ders./A. Stimpfle (Hg.), Johannes aenigmaticus. Studien zum Johannesevangelium für Herbert Leroy (FS Herbert Leroy), BU 29, Regensburg 2000, 45–70.

– , Die *Vita* des Königs Jesus. Über die Gattung des Johannesevangeliums, in: T. Schmeller (Hg.), Historiographie und Biographie im Neuen Testament und seiner Umwelt, NTOA 69, Göttingen 2009, 127–154.

– , Das *Weihegeschenk* Gottes. Eine Deutung des Todes Jesu in Röm 3,25, in: ZNW 97, 2006, 88–110.

Schreiner, Josef, *Ezechiel* 34 im Hintergrund des johanneischen Wortes vom guten Hirten, in: C. Mayer u. a. (Hg.), Nach den Anfängen fragen: Herrn Prof. Dr. theol. Gerhard Dautzenberg zum 60. Geburtstag am 30. Januar 1994 (FS Gerhard Dautzenberg), Gießener Schriften zur Theologie und Religionspädagogik des Fachbereichs Evangelische Theologie und Katholische Theologie und Deren Didaktik der Justus-Liebig-Universität 8, Gießen 1994, 589–606.

Schrömbges, Paul, *Tiberius* und die Res publica Romana. Untersuchungen zur Institutionalisierung des frühen römischen Principats, Habelts Dissertationsdrucke Reihe Alte Geschichte 22, Bonn 1986.

Schroer, Silvia, Gender und *Ikonographie* – aus der Sicht einer feministischen Bibelwissenschaftlerin, in: Dies. (Hg.), Images and Gender. Contributions to the Hermeneutics of Reading Ancient Art, OBO 220, Göttingen 2006, 107–124.

Schröter, Jens, Die *Heilsbedeutung* von Sterben und Tod Jesu Christi im Neuen Testament, in: KuD 62, 2016, 115–134.

– , *Sterben* für die Freunde. Überlegungen zur Deutung des Todes Jesu im Johannesevangelium, in: A. von Dobbeler/K. Erlemann/R. Heiligenthal (Hg.), Religionsgeschichte des Neuen Testaments (FS Klaus Berger), Tübingen u. a. 2000, 263–287.

– , *Sühne*, Stellvertretung und Opfer Zur Verwendung analytischer Kategorien zur Deutung des Todes Jesu, in: J. Frey/Ders. (Hg.), Deutungen des Todes Jesu im Neuen Testament, Stuttgart u. a. ^{2}2012, 51–71.

Schubart, Wilhelm, Das *Königsbild* des Hellenismus. Mit 7 Abbildungen, in: Die Antike 13, 1937, 272–288.

SCHUCHARD, BRUCE G., *Scripture* within Scripture: The Interrelationships of Form and Function in the Explicit Old Testament Citations in the Gospel of John, SBLDS 133, Atlanta 1992.

SCHUMACHER, LEONHARD, *Herrschaftsübertragung* im frühen Prinzipat: Die Rolle von Senat, Volk und Heer bei der Kaisererhebung, in: Index. Quaderni Camerti Studi Romanistici 15, 1987, 315–332.

SCHUNCK, PETER, Römisches *Sterben*: Studien zu Sterbeszenen in der kaiserzeitl. Literatur, insbes. bei Tacitus, Heidelberg 1955.

SCHWANKL, OTTO, „Kommt, und ihr werdet sehen". Aspekte der *Jüngerberufung* im Johannesevangelium, in: U. Busse/M. Reichardt/M. Theobald (Hg.), Erinnerung an Jesus. Kontinuität und Diskontinuität in der neutestamentlichen Überlieferung (FS Rudolf Hoppe), BBB 166, Göttingen 2011, 421–443.

SCHWARTE, KARL-HEINZ, *Salus* Augusta Publica. Domitian und Trajan als Heilsbringer des Staates, in: A. Lippold/N. Himmelmann (Hg.), Bonner Festgabe Johannes Straub. Zum 65. Geburtstag am 18. Oktober 1977 (FS Johannes Straub), BoJ.B 39, Bonn 1977, 225–246.

SCHWEIZER, EDUARD, *Ego* eimi. Die religionsgeschichtliche Herkunft und theologische Bedeutung der johanneischen *Bildreden*, zugleich ein Beitrag zur Quellenfrage des vierten Evangeliums, FRLANT 38 N.F., Göttingen ^{2}1965.

SCHWINDT, RAINER, Gesichte der *Herrlichkeit*. Eine exegetisch-traditionsgeschichtliche Studie zur paulinischen und johanneischen Christologie, HBS 50, Freiburg 2007.

SCHWINGE, ERNST-RICHARD, *Aristoteles* über Struktur und Sujet der Tragödie. Zum 9. Kapitel der Poetik, in: RMP 139, 1996, 111–126.

SCOTT, KENNETH, The Imperial *Cult* under the Flavians, Ancient Religion and Mythology, New York 1975 [1936].

SEAGER, ROBIN, *Tiberius*, Malden u. a. ^{2}2005.

SEELENTAG, GUNNAR, *Trajan*, Hadrian und Antoninus Pius. Deutungsmuster und Perspektiven, in: A. Winterling (Hg.), Zwischen Strukturgeschichte und Biographie. Probleme und Perspektiven einer neuen Römischen Kaisergeschichte 31 v. Chr.–192 n. Chr., Schriften des Historischen Kollegs 75: Kolloquien, München 2011, 295–315.

–, *Taten* und Tugenden Trajans. Herrschaftsdarstellung im Prinzipat, Hermes.E 91, Stuttgart 2004.

SEELEY, DAVID, The Noble Death. Graeco-Roman *Martyrology* and Paul's Concept of Salvation, JSNTS 28, Sheffield 1990.

SEIBERT, ILSE, *Hirt* – Herde – König. Zur Herausbildung des Königtums in Mesopotamien, SSA 53, Berlin 1969.

SEIBERT, JAKOB, *Alexander* der Große, Darmstadt ^{4}1994.

SHOCHAT, YANIR, Tacitus' *Attitude* to Otho, in: Latomus 40, 1981, 365–377.

SHOTTER, DAVID C.A., *Tiberius* Caesar, Lancaster Pamphlets in Ancient History, London u. a. ^{2}2004.

SIEDE, MECHTHILD, Art. *Myrrhe*, in: RAC 25, 2013, 370–378.

SIGNER, MICHAEL A., 40 Jahre nach *Nostra aetate*. Gibt es im Dialog neue Inhalte?, in: J. Sinkovits/U. Winkler (Hg.), Weltkirche und Weltreligionen. Die Brisanz des Zweiten Vatikanischen Konzils 40 Jahre nach *Nostra aetate*, STSud 28/StSud.I 3, Innsbruck 2007, 97–114.

SIMONIS, ADRIANUS J., Die *Hirtenrede* im Johannes-Evangelium. Versuch einer Analyse von Joh 10,1–18 nach Entstehung, Hintergrund und Inhalt, AnBib 29, Rom 1967.

SIRKS, BOUDEWIJN, *Food* for Rome: The Legal Structure of the Transportation and Processing of Supplies for the Imperial Distributions in Rome and Constantinople, Amsterdam 1991.

SITTIG, FLORIAN, Psychopathen in Purpur. Julisch-claudischer *Caesarenwahnsinn* und die Konstruktion historischer Realität, Hist.E 249, Stuttgart 2018.

SKEMP, JOSEPH B., Plato's *Statesman*. A Translation of the Politicus of Plato, with Introductory Essays and Footnotes, London 1952.

SMALL, ALASTAIR, (Hg.), *Subject* and Ruler: The Cult of the Ruling Power in Classical Antiquity. Papers presented at a Conference held in The University of Alberta on April 13–15, 1994, to celebrate the 65th Anniversary of Duncan Fishwick (FS Duncan Fishwick), JRArS 17, Ann Arbor 1996.

SMEND, RUDOLF, *Lehrbuch* der Alttestamentlichen Religions-Geschichte, Sammlung theologischer Lehrbücher 9, Freiburg i. Br. 1893.

SÖDING, THOMAS, Die Macht der *Wahrheit* und das Reich der Freiheit. Zur johanneischen Deutung des Pilatus-Prozesses (Joh 18,28–19,16), in: ZThK 93, 1996, 35–58.

SONNABEND, HOLGER, *Nero*. Inszenierung der Macht, Historische Biografie, Darmstadt 2016.

–, Geschichte der antiken *Biographie*. Von Isokrates bis zur Historia Augusta, Stuttgart 2002.

SOUTHERN, PAT, *Augustus*, London 1999.

SPAHLINGER, LOTHAR, Sueton-Studien II: Der wundertätige Kaiser *Vespasian* (Sueton, Vesp. 7,2–3), in: Ph. 148, 2004, 325–346.

SPENCER, DIANA, Roman *Alexander*. Epistemology and Identity, in: W. Heckel/L.A. Title (Hg.), Alexander the Great. A New History, Malden u. a. 2009, 251–274.

STANDHARTINGER, ANGELA, „Und alle aßen und wurden satt" (Mk 6,42 par.). Die *Speisungserzählungen* im Kontext römisch-hellenistischer Festkulturen, in: BZ 57, 2013, 60–81.

STAVRIANOPOULOU, EFTYCHIA, Die Bewirtung des Volkes: Öffentliche *Speisungen* in der Römischen Kaiserzeit, in: O. Hekster/S. Schmidt-Hofner/C. Witschel (Hg.), Ritual Dynamics and Religious Change in the Roman Empire. Proceedings of the Eighth Workshop of the International Network Impact of Empire (Heidelberg, July 5–7, 2007), Impact of Empire 9, Leiden 2009, 159–183.

STEGEMANN, EKKEHARD W./STEGEMANN, WOLFGANG, *König* Israels, nicht König der Juden? Jesus als König im Johannesevangelium, in: E.W. Stegemann (Hg.), Messias-Vorstellungen bei Juden und Christen, Stuttgart 1993, 41–56.

STEIN-HÖLKESKAMP, Elke, Marcus Porcius *Cato* – der stoische Streiter für die Republik, in: K.-J. Hölkeskamp/Dies. (Hg.), Von Romulus zu Augustus. Große Gestalten der römischen Republik, München ^{2}2010, 292–306.

Steinkopf, Gerhard, Untersuchungen zur Geschichte des *Ruhmes* bei den Griechen, Würzburg 1937.

Stemberger, Günter, *Pharisäer*, Sadduzäer, Essener, SBS 144, Stuttgart 1991.

Stemmler, Michael, *Auctoritas* exempli. Zur Wechselwirkung von kanonisierten Vergangenheitsbildern und gesellschaftlicher Gegenwart in der spätrepublikanischen Rhetorik, in: B. Linke/Ders. (Hg.), *Mos Maiorum*. Untersuchungen zu den Formen der Identitätsstiftung und Stabilisierung in der Römischen Republik, Hist.E 141, Stuttgart 2000, 141–205.

Stoll, Oliver, Terror im Gebirge: Xenophon und die Anforderungen transkultureller *Kriegführung*. Der Rückzug des griechischen Söldnerkontingentes in Xenophons „Anabasis" und die Schilderung von Flussübergängen, Pässen und Bergbewohnern, in: Göttinger Forum für Altertumswissenschaft 16, 2013, 277–345.

Stovell, Beth M., *Mapping* Metaphorical Discourse in the Fourth Gospel. John's Eternal King, Linguistic Biblical Studies 5, Leiden 2012.

Stowasser, Martin, Pontius *Pilatus* in der Darstellung des Bellum Iudaicum, in: PZB 17, 2008, 91–103.

Straten, F.T. van, *Gifts* for the God, in: H.S. Versnel (Hg.), Faith, Hope and Worship. Aspects of Religious Mentality in the Ancient World, Studies in Greek and Roman Religion, Bd. 2, Leiden 1981, 65–151.

Strelan, Rick, A Greater Than *Caesar*: Storm Stories in Lucan and Mark, in: ZNW 91, 2000, 166–179.

Strobel, Karl, Kaiser *Traian*. Eine Epoche der Weltgeschichte, Regensburg [2]2019.

Sumi, Geoffrey S., Art. *Triumph*, in: The Oxford Encyclopedia of Ancient Greece and Rome 7, 2010, 121–124.

Svenson, Dominique, *Darstellungen* hellenistischer Könige mit Götterattributen, Archäologische Studien 10, Frankfurt a. M. u. a. 1995.

Swain, Simon (Hg.), Dio Chrysostom. Politics, Letters, and Philosophy, Oxford 2000.

– , Plutarch's *Lives* of Cicero, Cato and Brutus, in: Hermes 118, 1990, 192–203.

Tabb, Brian J., Is the Lucan Jesus a „*Martyr*"?. A Critical Assessment of a Scholarly Consensus, in: CBQ 77, 2015, 280–301.

Taeger, Fritz, *Charisma*. Studien zur Geschichte des antiken Herrscherkultes I, Stuttgart 1957.

Tarn, William W., The Hellenistic *Ruler-Cult* and the Daemon, in: JHS 48, 1928, 206–219.

Taschl-Erber, Andrea, *Maria* von Magdala - erste Apostolin? Joh 20,1–18: Tradition und Relecture, HBS 51, Freiburg u. a. 2007.

Tatum, James, Xenophon's Imperial *Fiction*. On The Education of Cyrus, Princeton Legacy Library 970, Princeton 1989.

Taylor, Lily Ross, The *Divinity* of the Roman Emperor, Philological Monographs/American Philological Association 1, Philadelphia 1975 [1931].

Taylor, Steve, Durkheim and the Study of *Suicide*, London 1982.

Thatcher, Tom, Greater than *Caesar*. Christology and Empire in the Fourth Gospel, Minneapolis 2009.

Theissen, Gerd, Das Neue *Testament*, München 2002.

–, Urchristliche *Wundergeschichten*. Ein Beitrag zur formgeschichtlichen Erforschung der synoptischen Evangelien, SNT 8, Gütersloh ^{6}1990 [1974].

Theobald, Michael, Ecce homo – Christus und der geschundene *Mensch*. Eine exegetisch-rezeptionsgeschichtliche Betrachtung zu Joh 19,4–7, in: ThQ 197, 2017, 359–374.

–, „[...] er aber schwieg" (Mk 14,61; vgl. 15,5). Die Frage nach der Verantwortlichkeit Jesu im *Pilatus-Prozess*, in: U. Busse/M. Reichardt/Ders. (Hg.), Erinnerung an Jesus. Kontinuität und Diskontinuität in der neutestamentlichen Überlieferung (FS Rudolf Hoppe), BBB 166, Göttingen 2011, 233–265.

–, *Herrenworte* im Johannesevangelium, HBS 34, Freiburg i. Br. 2002.

–, *Schriftzitate* im „Lebensbrot"-Dialog Jesu (Joh 6). Ein Paradigma für den Schriftgebrauch des Vierten Evangelisten, in: Ders., Studien zum Corpus Iohanneum, WUNT 267, Tübingen 2010, 309–348.

Thyen, Hartwig, *Exegese* des Neuen Testaments nach dem Holocaust, in: R. Rendtorff/E.W. Stegemann (Hg.), Auschwitz, Krise der christlichen Theologie. Eine Vortragsreihe, Abhandlungen zum christlich-jüdischen Dialog 10, München 1980, 140–158.

–, Das *Heil* kommt von den Juden, in: Ders., Studien zum Corpus Iohanneum, WUNT 214, Tübingen 2007, 111–133.

–, Ich bin das *Licht* der Welt. Das Ich- und Ich-Bin-Sagen Jesu im Johannesevangelium, in: JbAC 35, 1992, 19–46.

–, *Johannes 10* im Kontext des vierten Evangeliums, in: Ders, Studien zum Corpus Iohanneum, WUNT 214, Tübingen 2007, 134–154.

–, Zu den zahllosen *Versuchen*, die vermeintlichen Aporien der Hirtenrede von Joh 10 auf literarkritischen Wegen zu beseitigen, in: Ders., Studien zum Corpus Iohanneum, WUNT 214, Tübingen 2007, 578–590.

Tilborg, Sjef van, Reading John in *Ephesus*, NT.S 83, Leiden 1996.

Timpe, Dieter, Untersuchungen zur *Kontinuität* des frühen Prinzipats, Hist.E 5, Wiesbaden 1962.

Thin, Tran Tam, Les *Empereurs* Romains versus Isis, Sérapis, in: A. Small (Hg.), Subject and Ruler. The Cult of the Ruling Power in Classical Antiquity (FS Duncan Fishwick), JRArS 17, Ann Arbor, 1996, 215–230.

Tolmie D. Francois, Pontius *Pilate*: Failing in More Ways Than One, in: S.A. Hunt/D.F. Tolmie/R. Zimmermann (Hg.), Character Studies in the Fourth Gospel. Narrative Approaches to Seventy Figures in John, WUNT 314, Tübingen 2013, 578–597.

Trapp, Michael, *Plato* in Dio, in: S. Swain (Hg.), Dio Chrysostom. Politics, Letters, and Philosophy, Oxford 2000, 213–239.

Trost, Travis D., Who Should be *King* in Israel? A Study on Roman Imperial *Politics*, the Dead Sea Scrolls, and the Fourth Gospel, SBLit 139, New York 2010.

Tuckett, Christopher M., *Pilate* in John 18–19. A Narrative-Critical Approach, in: G. J. Brooks/J.-D. Kaestli (Hg.), Narrativity in Biblical and Related Texts, BETL 149, Leuven 2000, 131–140.

Turner, John D., The *History* of Religions Background of John 10, in: J. Beutler/R.T. Fortna (Hg.), The Shepherd Discourse of John 10 and its Context. Studies by Members of the Johannine Writings Seminar, MSSNTS 67, Cambridge u. a. 1991, 33–52.

Ungern-Sternberg, Jürgen, Art. *Plebs*, in: Der Neue Pauly, hg. von H. Cancik/H. Schneider/M. Landfester, 2006. http://dx-doi-org.uaccess.univie.ac.at/10.1163/1574-9347_dnp_e927820 Abgerufen am: 12.06.2021.

Vaux, Roland de, Le lieu que *Yahwé* a choisi pour y établir son nom, in: F. Mass (Hg.), Das ferne und das nahe Wort (FS Leonhard Rost), BZAW 105, Berlin 1967.

Versnel, Henk S., *Destruction*, Devotio and Despair in a Situation of Anomy: The Mourning for Germanicus in Triple Perspective, in: U. Bianchi/G. Piccaluga (Hg.), Perennitas. Studi in onore di Angelo Brelich, Rom 1980, 541–618.

– , Making *Sense* of Jesus' Death. The Pagan Contribution, in: J. Frey/J. Schröter (Hg.), Deutungen des Todes Jesu im Neuen Testament, Stuttgart u. a. ²2012, 213–294.

Veyne, Paul, Brot und Spiele. Gesellschaftliche Macht und politische Herrschaft in der Antike, Theorie und Gesellschaft 11, Frankfurt u. a. 1976.

Vittinghoff, Friedrich, Der *Staatsfeind* in der römischen Kaiserzeit. Untersuchungen zur „damnatio memoriae", Neue deutsche Forschungen Abteilung Alte Geschichte 2, Berlin 1936.

Vlastos, Gregory, Socratic *Piety*, in: W. Prior (Hg.), Socrates. Critical Assessments. Issues Arising from the Trial of Socrates, Bd. II, London 1996, 144–166.

– , Socratic Studies, hg. von Myles Burnyeat, Cambridge 1994 [Reprint 1995; 2009].

– , The Historical Socrates and Athenian *Democracy*, in: W. Prior (Hg.), Socrates. Critical Assessments. Issues Arising from the Trial of Socrates, Bd. II, London 1996, 25–45.

– , Socrates: Ironist and Moral Philosopher, Ithaca 1991[Reprint 1992/1997].

Vössing, Klaus, Die sportulae, der Kaiser und das Klientelwesen in Rom, in: Latomus 69, 2010, 723–739.

– , Mensa Regia. Das *Bankett* beim hellenistischen König und beim römischen Kaiser, BzA 193, München 2004.

Wahlde Urban C. von, The Johannine „*Jews*": A Critical Survey, in: NTS 28, 1982, 33–60.

Walbank, Frank W., Könige als Götter. Überlegungen zum *Herrscherkult* von Alexander bis Augustus, in: Chiron 17, 1987, 375–382.

– , *Monarchies* and Monarchic Ideas, in: Ders./A.E. Astin (Hg.), The Cambridge Ancient History 7,1: The Hellenistic World, Cambridge u. a. ²1984, 62–100.

Waldherr, Gerhard H., *Nero*. Eine Biographie, Regensburg 2005.

Walter, Uwe, Der *Princeps* als Produkt und Gestalter. Augustus, Tiberius und ihre neueren Biographen, in: A. Winterling (Hg.), Zwischen Strukturgeschichte und Biographie. Probleme und Perspektiven einer neuen Römischen Kaisergeschichte 31 v. Chr.–192 n. Chr., Schriften des Historischen Kollegs 75: Kolloquien, München 2011, 235–252.

Wardle, David, Art. *Virtus*, in: Der neue Pauly, hg. von H. Cancik/H. Schneider/M. Landfester, 2006. http://dx-doi-org.uaccess.univie.ac.at/10.1163/1574-9347_dnp_el2205670. Abgerufen am 29.02.2020.

Watt, Jan G. van der, *Family* of the King: Dynamics of Metaphor in the Gospel According to John, BiInS 47, Leiden 2000.

Watts, James W., *Psalm* 2 In The Context Of Biblical Theology, in: Horizons in Biblical Theology 12, 1990, 73–91.

Way, Kenneth C., *Donkeys* in the Biblical World. Ceremony and Symbol, HACL 2, Winona Lake 2011.

Weeber, Karl-Wilhelm, Panem et circenses. *Massenunterhaltung* als Politik im antiken Rom, Zaberns Bildbände zur Archäologie 15, Mainz 1994.

–, *Brot* und Spiele. Massenunterhaltung als Politik im antiken Rom, Herrsching 1989.

Weinreich, Otto, Antikes *Gottmenschentum*, in: A. Wlosok (Hg.), Römischer Kaiserkult, WdF 372, Darmstadt 1978 [1926], 55–81.

–, Studien zu *Martial*. Literarhistorische und religionsgeschichtliche Untersuchungen, TBAW 4, Stuttgart 1928, 74–165.

Weinstock, Stefan, Divus *Julius*, Oxford 1971.

Weiss, Roslyn, *Statesman* as ἐπιστήμων. Caretaker, Physician, and Weaver, in: C.J. Rowe (Hg.), Reading the Statesman. Proceedings of the III. Symposium Platonicum, International Plato Studies 4, Sankt Augustin 1995, 213–222.

Wellesley, Kenneth, The Year of the Four *Emperors*, London u. a. ^{3}2000.

Welwei, Karl-Wilhelm, Das Angebot des Diadems an Caesar und das *Luperkalienproblem*, in: Hist. 16, 1967, 44–69.

Wengst, Klaus, Jesus zwischen Juden und Christen. *Re-Visionen* im Verhältnis der Kirche zu Israel, Stuttgart ^{2}2004.

–, Bedrängte *Gemeinde* und verherrlichter Christus. Ein Versuch über das Johannesevangelium, München ^{3}1990.

–, Christologische *Formeln* und Lieder des Urchristentums, SNT 7, Gütersloh 1972.

Wiemer, Ulrich, *Alexander* der Große, München 2005.

Wilamowitz-Möllendorff, Ulrich von, Excurse zu Euripides' *Herakliden*, in: Hermes 17, 1882, 337–364.

Will, Wolfgang, *Alexander* der Große. Geschichte und Legende, Darmstadt 2009.

–, Alexander der Große. Geschichte Makedoniens 2, Stuttgart 1986.

Williams, Catrin H., I am He. The *Interpretation* of 'Anî Hû in Jewish and Early Christian Literature, WUNT II/113, Tübingen 2000.

Williams, Sam K., Jesus' *Death* as Saving Event: The Origin of a Concept, HDR 2, Missoula 1975.

Willmes, Bernd, Die sogenannte *Hirtenallegorie* Ez 34. Studien zum Bild des Hirten im Alten Testament, BET 19, Frankfurt a. M. 1984.

Winkler, Lorenz, *Salus*. Vom Staatskult zur politischen Idee. Eine archäologische Untersuchung, Archäologie und Geschichte 4, Heidelberg 1995.

WINTERLING, ALOYS, *Caligula*. Eine Biographie. München 2012.

– , Caligula. A *Biography*, Berkley u. a. 2011.

WITETSCHEK, STEPHAN, Art. Ephesos, 1-17 in: Das wissenschaftliche Bibellexikon im Internet, 2021. https://www.bibelwissenschaft.de/stichwort/47890/. Abgerufen am 01.10.2022.

WOUDE, ADAM S. VAN DER, Art. שֵׁם, in: THAT II, ^{3}1984/^{2}1979, 935–963.

WÜNSCH, WALTER, Das *Bild* des Cato von Utica in der Literatur der neronischen Zeit, Karburg 1949.

YAVETZ, ZVI, *Tiberius*. Der traurige Kaiser. Biographie, München 1999.

ZADOROJNYI, ALEXEI V., Cato's Suicide in Plutarch, in: CQ 57, 2007, 216–230.

ZANGENBERG, JÜRGEN, „*Buried* According to the Customs of the Jews": John 19,40 in Its Material and Literary Context, in: G. van Belle (Hg.), The Death of Jesus in the Fourth Gospel, BETL 200, Leuven u. a. 2007, 873–900.

ZANKER, PAUL, Die *Apotheose* der römischen Kaiser: Ritual und städtische Bühne [erweiterte Fassung eines Vortrags, gehalten in der Carl-Friedrich-von-Siemens-Stiftung am 4. Dezember 2000], München 2004.

ZENGER, ERICH, „Wozu tosen die Völker…?" *Beobachtungen* zur Entstehung und Theologie des 2. Psalms, in: E. Haag/F.-L. Hossfeld (Hg.), Freude an der Weisung des Herrn. Beiträge zur Theologie der Psalmen (FS Heinrich Groß), Stuttgart 1986, 49–511.

ZIETHEN, GABRIELE, *Gesandte* vor Kaiser und Senat. Studien zum römischen Gesandtschaftswesen zwischen 30 v. Chr. und 117 n. Chr., Pharos 2, St. Katharinen 1994.

– , *Heilung* und römischer Kaiserkult, in: Sudhoffs Archiv 78, 1994, 171–191.

ZIMMERMANN, HEINRICH, Das Absolute ICH BIN als biblische *Offenbarungsformel*, Bonn 1953.

ZIMMERMANN, MARTIN, Die Darstellung des kaiserlichen *Status* und seines Prestiges, in: A.B. Kuhn (Hg.), Social Status and Prestige in the Graeco-Roman World, Stuttgart 2015, 189–203.

ZIMMERMANN, RUBEN, *Christologie* der Bilder im Johannesevangelium. Die Christopoetik des vierten Evangeliums unter besonderer Berücksichtigung von Joh 10, WUNT 171, Tübingen 2004.

ZUGMANN, MICHAEL, „*Hellenisten*" in der Apostelgeschichte. Historische und exegetische Untersuchungen zu Apg 6,1; 9,29; 11,20, WUNT II/264, Tübingen 2009.

ZUMSTEIN, JEAN, The Mother of Jesus and the Beloved Disciple: How a New *Family* is Established Under the Cross, in: S.A. Hunt/D.F. Tolmie/R. Zimmermann (Hg.), Character Studies in the Fourth Gospel. Narrative Approaches to seventy Figures in the Gospel of John, WUNT 314, Tübingen 2013, 641–645.

Register

Biblische Literatur

Altes Testament

Neues Testment

Antike jüdische, griechisch-römische und christliche Literatur

Epigraphik, Numismatik und Papyrologie

Personen und Erzählfiguren